U0529520

国家社科基金重大项目"北洋集团与近弋社会变迁研究"（项目编号：18ZDA197）阶段性成果

全国高校古籍整理项目"锡良年谱长编"结项成果

锡良年谱长编

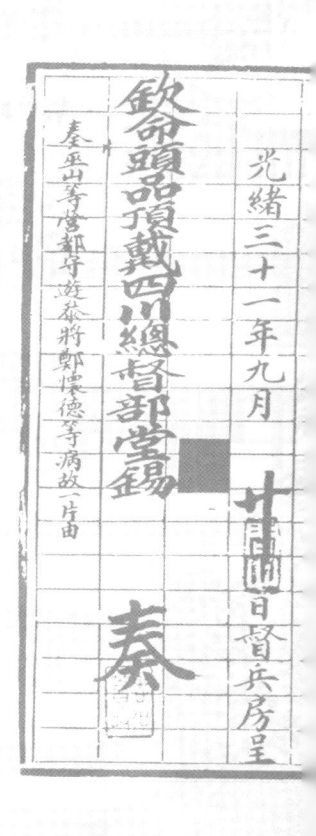

XILIANG NIANPU CHANGBIAN

丁 健 ◎ 编著

中国社会科学出版社

图书在版编目（CIP）数据

锡良年谱长编／丁健编著．—北京：中国社会科学出版社，2023.8
ISBN 978-7-5227-2282-5

Ⅰ.①锡… Ⅱ.①丁… Ⅲ.①锡良—年谱 Ⅳ.①K827=52

中国国家版本馆 CIP 数据核字（2023）第 133465 号

出 版 人	赵剑英
责任编辑	耿晓明
责任校对	李　军
责任印制	李寡寡

出　版	中国社会科学出版社
社　址	北京鼓楼西大街甲 158 号
邮　编	100720
网　址	http://www.csspw.cn
发 行 部	010-84083685
门 市 部	010-84029450
经　销	新华书店及其他书店

印刷装订	北京君升印刷有限公司
版　次	2023 年 8 月第 1 版
印　次	2023 年 8 月第 1 次印刷

开　本	710×1000　1/16
印　张	48
字　数	739 千字
定　价	268.00 元

凡购买中国社会科学出版社图书，如有质量问题请与本社营销中心联系调换
电话：010-84083683
版权所有　侵权必究

编辑说明

1. 编写以历史唯物主义和辩证唯物主义为根本指导，以年谱长编为体例，恪守客观态度，尽量完整、系统记录锡良生平履历。对谱主的政治活动、经济主张、思想言行，只作客观记录，不加评论，旨在为学界提供一本切实可靠的参考性工具书。

2. 引用谱主文字，其中有些词句或已不合时宜，甚至存在着不同程度的错误与纰漏，但从保存文献史料原貌、真实记录谱主言行，为研究者提供第一手资料的角度出发，不作改动或删除，敬请读者正确阅读评判。

3. 谱主本事按公元纪年年月日顺序编列，括号内注以旧历或干支。凡每一日有多条内容者，第二条以下标明"是日"，凡有年、月可考而日无可考者，列于各该月之末，标明月份或称"是月"，凡有年可考而月、日无可考者，列于各该年之末，标明年份或称"是年"。

4. 内容主要采集自锡良奏稿、日记、著述、函牍、报刊及档案史料等，兼取与之密切关联的其他人员的函稿奏牍，以及上谕等多种文献。

5. 引文力求采用档案原件、影印件或报刊最初文本，原件无标点者，按照常用标点符号用法标点。对原文中的繁异字，一般以现行简化字处理，有些古体字，则保留原字。

6. 为便于读者查考，每一条目均注明出处，书籍标注页码，报刊标注日期。所引档案、书籍等文献，一般采用简称，以省篇幅。引文中的明显错讹、漏字及异体字径改。对原文中因字迹模糊而辨别不清的用"□"标识。书写错误的，照录原字，正字加〔 〕说明；脱漏字或省略字，用（ ）将拟补字写入其中；衍文增字，照录原文，但对衍字加〈 〉。

7. 记录谱主的活动，起首处省略主语。本谱为记述方便起见，正文中对谱主直呼其名，对所涉及的其他人物，一般也径称其名。

8. 一些需要说明的人物、事件背景或补充材料，以脚注形式处置。若同一事件不同资料来源记述有差异者，亦于脚注中加以说明。

9. 由于谱主青少年时期和民国时期史料十分匮乏，为了保证连续性，于是年份谱主本事前列有"本年大事"若干则，或列有谱主同时代之人物，以供参照。

10. 附录部分收录本书征引资料书目，以及编写各年"大事记"的直接参用书目，其余一般参考书目从略。本谱所收材料尽管经过长期搜罗整理，但由于编者学识有限，视野所及，肯定仍有很多不足之处，倘蒙读者不吝赐以补充及纠正，以匡余之未逮，则不胜感幸。

前　　言

　　锡良（1853—1918），字清弼，是清末蒙古族中有杰出才干的封疆大吏，历经同治、光绪、宣统三朝，颇得清廷赏识。其由山西知县屡次拔擢，先后任山西巡抚、河南巡抚、热河都统、四川总督、云贵总督、东三省总督等要职。锡良为官一方，勤恳任事；治理社会，恩威并举；发展经济，不遗余力；重视教化，政声卓著，对晚清社会变迁产生了深刻的影响。因此，以年代为经，以事件为纬，博观约取，科学审慎地将锡良的一生要事大事进行完整地编排，不仅十分必要，而且具有重要的学术价值与意义。

一　主要内容

　　（一）锡良主要政治、经济、教育、外交等活动。这部分内容是锡良年谱长编的主体，其不仅充分利用中国社会科学院近代史所藏清代名人稿本抄本中锡良档案资料——《近代史所藏清代名人稿本抄本》第3辑（18—140册）、《锡良遗稿（奏稿）》及《锡良戊戌己亥日记》等资料，而且充分吸收了散见于各类已出版的档案资料集中相关锡良史料，如《义和团档案史料》《清末预备立宪史料》《光绪朱批奏折》《光绪朝东华录》《清德宗实录》《宣统政纪》《政治官报》《满铁史资料》《清末川滇边务档案史料》《清代档案史料丛编》《清季外交史料》等。以此突出展现锡良不同时期为官历程及其主要政治、经济、教育、外交等活动，其中山西为官时期、民国时期内容略少，清末最后十年，体量较重。

　　（二）锡良主要交游网络。这部分内容主要通过以下方式实现：1. 整理和点校锡良与朋僚的函札、电报、公牍。其主要来源于《近代史所藏清代名人稿本抄本》《荣禄存札》《张之洞全集》《清代名人书札》《李鸿章全集》《愚斋存稿》、赵尔巽档案及其他官私档案等文献，其中函札的内容涵盖了祝寿、请托、贺年、具体事件的禀报、朋僚交往等；而电报、公牍则多为政府的公事，包括编制团练、查探灾情、兴修水利、禁烟等。2. 整理和辨正与锡良共事之同僚、京官及驻华外交使节等所遗留的各种史料。如英日外交档案文书，时人年谱、日记（如《汪荣宝日记》《荣庆日记》《那桐日记》《郑孝胥日记》《恽毓鼎澄斋日记》《王文韶日记》等）、笔记小说，其后人、亲戚、仆人的口述史料等。

（三）锡良主要社会活动及其他。梳理档案、报刊、地方志、碑刻中有关锡良社会活动史料，这部分资料数量众多。档案史料如前述，报刊方面：中文如《邸抄》《政治官报》《内阁官报》《盛京时报》《大公报》（天津版）、《申报》《时报》等；英文如《泰晤士报》(*The Times*)等；地方志主要有：《土默特志》《归绥县志》《山西通志》《四川省志》等；碑刻主要有《明清山西碑刻资料选》等。

纵观锡良一生经历，其由基层为官继而升任地方督抚大员，参与诸多国家重要事务，其在政治、经济、军事、外交、人事、社会控制与管理等方面，都颇有建树，是清末在地方治理上卓有成效的重要历史人物。本书力图对之详略兼顾，全面反映。此外，还特别注意处理好锡良与清廷、社会之间的关系，将其活动置于晚清政治、社会发展变化的时代环境之中，避免拘囿于其个人事功单一化、平面化的弊端，使锡良形象更加多维化、立体化。

二 主要观点

（一）锡良一生为官三十余年，以正直清廉、勤政务实而著称；清末十余年任封疆大吏，所历大事、要事颇多，是清末十分重要的历史人物，并对晚清政治经济等产生深刻影响。

（二）锡良作为晚清重要大员，督抚一方，既遵循清廷意旨，积极实施新政，整顿吏治，又因地制宜，铁路修筑，发展地方文教；在四川、云南、东三省等实施了改土归流和移民实边，兼收开发与巩固边疆之效。在云南时的禁烟、东三省的宪政改革、防疫等是其地方施政中的亮点。

| 前　　言 |

（三）外交上，锡良不是因循守旧，而是积极维护国家主权利权，其对外交涉稳健，据理力争，注意利用地方干才展开外交斡旋，特别是其在四川总督、东三省总督任内对外交涉卓有成效。

因年谱长编的体例、性质要求，行文上难以如一般学术论著那样对学术观点直接而充分地展开论说和阐发，而主要是通过丰富、翔实的资料，按时序全面系统地揭示锡良生平经历、言行事功，兼而体现和反映整理者对锡良的把握、认识。并将观点寓于史实材料之中，不溢美、不隐恶，避免主观评判。

三　研究方法

（一）以辩证唯物主义和历史唯物主义为根本指导方法。成果以年谱长编为体例，恪守客观态度，尽量完整、系统记录锡良生平。准确把握年谱长编体裁规范，立足于史料，注意处理好锡良个人核心史料与其他相关多种资料的关系，避免纷歧杂乱。对锡良的政治活动、经济主张、思想言行等，只作客观记录，不加评论。

（二）实证研究法。校勘锡良原始奏折、函札等史料时，反复研读，准确点校。收录其有关报刊文献资料时，持慎重态度，严格辨伪，确信无误后再收录。

（三）文献筛选法。对录入文献，以锡良第一手史料为主干，兼及其他文献资料，以中文文献为主干，兼采外文文献；在文献选取方面，以反映锡良一生活动，尤其是重大转折时期活动的史料为主，稀见珍贵史料全录，前后多次重复出现史料择录。

四　学术创新

第一，首次比较完整地通过丰富、翔实的史料，按时序系统和实事求是地揭示锡良生平经历、言行事功及社会影响，以年谱长编形式，弥补学界锡良研究的不足，推动这一问题研究走向深入。

第二，增补资料。更全面更系统地收集、整理和利用锡良档案文献及报刊文献。中国科学院历史研究所第三所主编的《锡良遗稿·奏稿》（中华书局1959年版）是研究锡良的重要文献来源，也是笔者撰写本年谱长编的重要参考书目，但该著仅限于锡良奏稿的整理，对其大量电报、信札及杂牍并未涉及。尽管《近代史资料》陆续整理部分锡良函稿、日记，但仍有诸多内容需要进一步整理。另外，有关锡良的报刊资料也很多，以往未被系统整理和利用，本书对此亦给予了充分的关注。

第三，辨正纠误。校勘锡良原始奏折、函札等文书时，准确点校；收录其有关报刊文献资料时，进行严格比对，确保无误时才收录。在此基础上对学界流传有关锡良一生中的错讹之处进行纠正和辨析，如锡良生卒。

五 学术价值

（一）锡良作为晚清一位重要的历史人物，其年谱类著述目前尚付之阙如，本书的出版可以弥补这一缺憾。

（二）本书较以往出版的锡良文献资料有着更大更丰富的体量，其以较大篇幅地引证相关史料作为坚实支撑，但又不同于单纯的人物资料长编，而是将谱传和资料长编有机结合。这一方面方便研究者检索锡良文献，另一方面有利于增进人们对锡良的整体认知与了解。

（三）锡良年谱长编的辑录与出版，不仅有助于深化对锡良的研究，改变学界对清末蒙古贵族的刻板印象，而且有助于丰富人们对清末满蒙群体的了解和认识。

总之，锡良年谱长编记述了清季地方社会变化的诸多面相，对于推动晚清史的研究走向深入，并拓宽晚清研究史视野和领域，均具有十分重要的学术价值。

目 录

1853年（咸丰三年　癸丑）1岁 ………………………………………（1）
1854年（咸丰四年　甲寅）2岁 ………………………………………（2）
1855年（咸丰五年　乙卯）3岁 ………………………………………（3）
1856年（咸丰六年　丙辰）4岁 ………………………………………（4）
1857年（咸丰七年　丁巳）5岁 ………………………………………（5）
1858年（咸丰八年　戊午）6岁 ………………………………………（6）
1859年（咸丰九年　己未）7岁 ………………………………………（7）
1860年（咸丰十年　庚申）8岁 ………………………………………（8）
1861年（咸丰十一年　辛酉）9岁 ……………………………………（9）
1862年（同治元年　壬戌）10岁 ……………………………………（10）
1863年（同治二年　癸亥）11岁 ……………………………………（11）
1864年（同治三年　甲子）12岁 ……………………………………（12）
1865年（同治四年　乙丑）13岁 ……………………………………（13）
1866年（同治五年　丙寅）14岁 ……………………………………（14）
1867年（同治六年　丁卯）15岁 ……………………………………（15）
1868年（同治七年　戊辰）16岁 ……………………………………（16）
1869年（同治八年　己巳）17岁 ……………………………………（17）
1870年（同治九年　庚午）18岁 ……………………………………（18）
1871年（同治十年　辛未）19岁 ……………………………………（19）
1872年（同治十一年　壬申）20岁 …………………………………（20）
1873年（同治十二年　癸酉）21岁 …………………………………（21）
1874年（同治十三年　甲戌）22岁 …………………………………（22）

1875年（光绪元年　乙亥）23岁 …………………………………………（23）
1876年（光绪二年　丙子）24岁 …………………………………………（24）
1877年（光绪三年　丁丑）25岁 …………………………………………（25）
1878年（光绪四年　戊寅）26岁 …………………………………………（26）
1879年（光绪五年　己卯）27岁 …………………………………………（28）
1880年（光绪六年　庚辰）28岁 …………………………………………（29）
1881年（光绪七年　辛巳）29岁 …………………………………………（31）
1882年（光绪八年　壬午）30岁 …………………………………………（33）
1883年（光绪九年　癸未）31岁 …………………………………………（35）
1884年（光绪十年　甲申）32岁 …………………………………………（36）
1885年（光绪十一年　乙酉）33岁 ………………………………………（37）
1886年（光绪十二年　丙戌）34岁 ………………………………………（40）
1887年（光绪十三年　丁亥）35岁 ………………………………………（42）
1888年（光绪十四年　戊子）36岁 ………………………………………（44）
1889年（光绪十五年　己丑）37岁 ………………………………………（45）
1890年（光绪十六年　庚寅）38岁 ………………………………………（46）
1891年（光绪十七年　辛卯）39岁 ………………………………………（47）
1892年（光绪十八年　壬辰）40岁 ………………………………………（48）
1893年（光绪十九年　癸巳）41岁 ………………………………………（51）
1894年（光绪二十年　甲午）42岁 ………………………………………（53）
1895年（光绪二十一年　乙未）43岁 ……………………………………（54）
1896年（光绪二十二年　丙申）44岁 ……………………………………（55）
1897年（光绪二十三年　丁酉）45岁 ……………………………………（57）
1898年（光绪二十四年　戊戌）46岁 ……………………………………（61）
1899年（光绪二十五年　己亥）47岁 ……………………………………（65）
1900年（光绪二十六年　庚子）48岁 ……………………………………（80）
1901年（光绪二十七年　辛丑）49岁……………………………………（110）
1902年（光绪二十八年　壬寅）50岁 ……………………………………（153）
1903年（光绪二十九年　癸卯）51岁 ……………………………………（208）
1904年（光绪三十年　甲辰）52岁 ………………………………………（257）

| 目　　录 |

1905年（光绪三十一年　乙巳）53岁……………………………（288）

1906年（光绪三十二年　丙午）54岁……………………………（328）

1907年（光绪三十三年　丁未）55岁……………………………（348）

1908年（光绪三十四年　戊申）56岁……………………………（389）

1909年（宣统元年　己酉）57岁…………………………………（426）

1910年（宣统二年　庚戌）58岁…………………………………（547）

1911年（宣统三年　辛亥）59岁…………………………………（689）

1912年（民国元年　壬子）60岁…………………………………（741）

1913年（民国二年　癸丑）61岁…………………………………（745）

1914年（民国三年　甲寅）62岁…………………………………（746）

1915年（民国四年　乙卯）63岁…………………………………（747）

1916年（民国五年　丙辰）64岁…………………………………（748）

1917年（民国六年　丁巳）65岁…………………………………（749）

1918年（民国七年　戊午）66岁…………………………………（750）

参考文献……………………………………………………………（751）

后　记………………………………………………………………（757）

1853年(咸丰三年 癸丑)1岁

1月8日(咸丰二年十一月二十九日) 曾国藩奉命在湖南帮办团练,招募湘勇,后逐渐将之扩编和整合为湘军。

3月19日(二月初十日) 太平军攻克南京。

3月29日(二月二十日) 太平天国领袖洪秀全进入南京,改两江总督衙门为天王官殿,改南京为天京,定为首都。

7月1日(五月二十五日) 张謇出生。字季直,号啬庵,江苏南通人。光绪二十年(1894年)殿试状元,近代实业家,曾创办多处民族企业和学校、博物馆、图书馆等文教事业,卒于1926年。

9月7(八月五日) 上海小刀会起义,迅速占领上海县城。

是年,于式枚出生,广西贺县(今贺州)人,字晦若,号穗生。光绪进士,授兵部主事。后充政务处帮提调、大学堂总办及泽学馆监督等。1905年任广东学政、总理广西铁路。1907年擢邮传部右侍郎,出洋考察宪政,后历迁礼部、吏部、学部侍郎,修订法律大臣及国史馆副总裁。

是年,严复出生。字又陵,后名复,福建侯官人,中国近代启蒙思想家、翻译家和教育家,翻译了《天演论》,创办了《国闻报》。

2月28日(正月二十一日) 锡良出生,字清弼,姓巴岳特氏,蒙古镶蓝旗人。其生于北京机织卫胡同,兄弟六人,其父为鋆篱。

1854年（咸丰四年　甲寅）2岁

2月25日（正月二十八日）　曾国藩率团练湘军，会集湘潭，发布《讨粤匪檄》，进攻太平天国，太平军与清军互有胜负。

7月5日（六月十一日）　《上海英法美租界租地章程》公布。

10月10日（八月十九日）　英美公使自上海抵大沽要求修约。

12月14日（十月二十五日）　张勋出生，字少轩，江西奉新县赤田村人，行伍出身，历任江南提督、长江巡阅使、定武上将军。民国六年（1917）发动政变，拥戴宣统皇帝复位，旋即失败，1923年病逝。

是年，清廷批准以铁代铜，在平定河底镇设宝泉分局，鼓铸铁钱，名"咸丰通宝"。

1855年（咸丰五年　乙卯）3岁

2月17日（正月初一日）　上海小刀会起义失败，领袖刘丽川、周秀英、徐耀等战死虹桥。
10月23日（九月十三日）　徐世昌生于河南省卫辉府府城汲县。
11月24日（十月十五日）　石达开攻入江西。

1856年（咸丰六年　丙辰）4岁

1月21日（十二月二十六日）　文廷式生于广东潮州，为陈澧入室弟子。

2月29日（正月二十四日）　法国神甫马赖因非法潜入广西西林县活动而被拿获正法。

5月10日（四月初七日）　彝族李文学在云南哀牢山区天生营率领彝民起义，提出"驱逐满贼、铲尽赃官、杀绝庄主"的口号。

9月2日（八月初四日）　太平天国内讧，北王韦昌辉杀死东王杨秀清，天京变乱事起。

10月8日（九月初十日）　英国制造"亚罗号"事件。随后英法当局以"亚罗号"事件和马神甫事件为借口，联合发动第二次鸦片战争。

1857年（咸丰七年 丁巳）5岁

6月2日（五月十一日）　翼王石达开因遭天王洪秀全疑忌，擅自离京，自皖南铜陵渡江。

12月29日（十一月十五日）　英法联军攻陷广州，两广总督叶名琛逃匿。

是年　戊戌六君子之一的杨锐出生于四川绵竹。

是年　近代著名立宪派人物汤寿潜出生于浙江。

是年　辜鸿铭出生。

1858年（咸丰八年　戊午）6岁

3月19日（二月初五日）　康有为生于广东南海。
5月28日（四月十六日）　中俄《瑷珲条约》签订。
9月26日（八月二十日）　陈玉成、李秀成联合破德兴阿军于浦口，解天京围。
是年　升允出生。

1859年（咸丰九年 己未）7岁

3月30日（二月二十六日） 萨镇冰生于福州。

4月22日（三月二十日） 洪秀全族弟洪仁玕由香港抵天京。不久，被封为干王，总理朝政。

6月25日（五月二十五日） 英法舰队进犯大沽，被僧格林沁击退。

9月16日（八月二十日） 袁世凯生于河南项城。

是年 梁鼎芬生于广东番禺。

是年 李盛铎生于江西九江。

是年 锡良过继给叔父铦麟为嗣。

1860年（咸丰十年　庚申）8岁

9月22日（八月初八日）　咸丰帝从圆明园逃往热河。

10月18日（九月初五日）　英使额尔金发动3500名英兵纵火烧毁圆明园。

是年　郑孝胥生于福建闽县。

是年　唐绍仪生于广东香山。

是年　严修生于直隶天津。

1861年(咸丰十一年　辛酉)9岁

1月20日(十二月初十日)　清政府设立总理各国通商事务衙门,办理外交和洋务事宜。

6月12日(五月初五日)　贵阳教案发生,这是《北京条约》订立后的第一起教案,又名青岩教案。

8月22日(七月十七日)　咸丰帝病死热河,载淳继位,定次年改元祺祥。

11月2日(九月三十日)　慈禧太后与恭亲王奕䜣合谋发动辛酉政变,将载垣、肃顺、端华三人革职拿问。

是年　端方出生。

1862年（同治元年　壬戌）10岁

2月8日（正月初十日）　清政府发布上谕，决心"借师助剿"。
8月24日（七月二十九日）　京师同文馆在北京设立。
9月22日（八月二十九日）　洋枪队头目美国人华尔在浙江宁波毙命。

1863年(同治二年 癸亥) 11岁

3月11日(正月二十二日) 李鸿章奏仿北京同文馆例,设广方言馆于上海。

9月21日(八月初九日) 上海公共租界成立。

11月16日(十月初六日) 赫德任海关总税务司。

是年 锡良应童子试。

1864 年（同治三年　甲子）12 岁

6月3日（四月二十九日）　洪秀全病逝。
7月19日（六月十六日）　天京失守，太平天国失败。
8月7日（七月初六日）　曾国藩处死李秀成。
10月7日（九月初七日）中俄签订《勘分西北界约记》。
是年　叶德辉出生于湖南湘潭。
是年　黎元洪出生于湖北黄陂。

1865年（同治四年 乙丑）13岁

3月10日（二月十三日） 谭嗣同生于北京。
4月2日（三月初七日） 恭亲王奕䜣被革去一切差使。
5月18日（四月二十四日） 捻军击毙僧格林沁。
8月29日（七月初九日） 四川发生酉阳教案。
9月29日（八月初十日） 江南机器制造局成立。
12月3日（十月十六日） 唐文治生于江苏太仓。

1866年（同治五年　丙寅）14岁

6月25日（五月十三日）　闽浙总督左宗棠奏设福州船政局，购买机器，募雇洋匠，试造轮船。
8月8日（六月二十八日）　罗振玉出生于江苏淮安。
9月25日（八月十七日）　清政府命左宗棠为陕甘总督。
11月12日（十月初六日）　孙中山出生于广东香山县。

1867年（同治六年　丁卯）15岁

3月20日（二月十五日）　倭仁等上奏反对奕䜣选用科甲正途人员入同文馆学习。

5月29日（四月二十六日）　天津机器制造局开工。

6月19日（五月十八日）　美国海军陆战队180多人在台湾琅峤登陆，被台湾同胞击退。

10月25日（九月二十八日）　张元济出生于浙江海盐。

是年　唐才常出生于湖南浏阳。

是年　锡良以成年秀才补弟子员。

1868 年（同治七年　戊辰）16 岁

7月28日（六月初九日）　《中美续增条约》由蒲安臣与美国国务卿西华德在华盛顿签字。

8月22日（七月初五日）　扬州教案发生。

10月17日（九月初二日）　江南制造局设立翻译学馆，聘华蘅芳、徐寿、徐建寅等笔述，英国人伟列亚力、美国人傅兰雅、玛高温任口译，翻译格致、制造等西方科学书籍。

是年，蔡元培出生于浙江绍兴山阴。

1869年(同治八年 己巳)17岁

1月12日(十一月三十日) 章炳麟出生于浙江余杭。

6月14日(五月初五日) 贵州遵义群众愤恨教会侵略,捣毁法国教堂。

9月16日(八月十一日) 山东巡抚丁宝桢将太监安德海就地正法。

11月3日(九月三十日) 安庆发生教案。

11月26日(十月二十三日) 美国传教士丁题良任京师同文馆总教习。

1870年（同治九年　庚午）18岁

6月21日（五月二十三日）　天津法领事丰大业被天津人民殴毙，法国教堂及英美讲堂被焚，法死者13人，俄3人，比2人，英、意各1人，酿成天津教案。

10月10日（九月十六日）　曾国藩、李鸿章奏请清政府派幼童赴美留学。

11月12日（十月二十日）　清政府裁撤三口通商大臣，改其为北洋通商大臣，由直隶总督李鸿章兼任。

是年　胡思敬出生于江西宜丰。

1871年（同治十年　辛未）19岁

1月6日（十一月十六日）　左宗棠进攻陕甘回军，宁夏地区回民起义失败。

7月4日（五月十七日）　俄国乘阿古柏入侵新疆之际，派兵占领惠远城，侵略伊犁。

1872 年（同治十一年 壬申）20 岁

4月30日（三月二十三日）　英商美查在上海创办《申报》。初以油光纸铅字排印，隔日出版一期，4个月后改为日报。

8月12日（七月初九日）　陈兰彬率领的第一批赴美留学幼童自上海启程。包括詹天佑、梁敦彦、蔡绍基等30人。随后先后派出四批，每批30人，共120人。其中最幼者10岁，最长者16岁，平均年龄为12岁。以籍贯而论，广东84名、江苏21名、浙江8名、福建2名、山东1名。留美幼童以美国哈特福城为活动基地。

是年　锡良由廪生考取吏部笔帖式，为同治癸酉科顺天乡试举人。

1873年（同治十二年 癸酉）21岁

1月14日（十二月十六日）　上海轮船招商局成立。
2月23日（一月二十六日）　慈禧太后归政，同治帝当政。
9月22日（八月初一日）　清政府派陈兰彬去古巴，查明华工受虐情形。
12月24日（十一月初五日）　刘永福督率黑旗军与法军战于河内，杀法国军官安邺。
是年　侨商陈启沅于广东南海开设继昌隆缫丝厂。
是年　梁启超出生于广东新会。

1874年（同治十三年　甲戌）22岁

5月8日（三月二十三日）　日本出兵侵略我国台湾。

8月23日（七月十二日）　清廷命左宗棠为大学士，仍留陕督任。同日，授乌鲁木齐都统景廉为钦差大臣，督办新疆军务。

是年　锡良是年甲戌科会试第七十名，殿试三甲第七十名，朝考三等第六十八名。五月七日由吏部带领引见，以知县签发山西。八月初三日，锡良到达山西省城太原。

1875年(光绪元年 乙亥)23岁

1月12日(十二月初五日)　同治帝载淳病死,立醇亲王奕譞之子载湉继文宗为嗣皇帝,是为德宗。

2月21日(正月十六日)　英驻华使馆翻译官马嘉理带领武装探路队闯入云南蛮允地方被群众阻拦,在争执中被杀死。

8月31日(八月初一日)　总署奏准以候补侍郎郭嵩焘为出使英国钦差大臣,是为正式派遣驻使之始。

12月8日(十一月十一日)　锡良收署布政使札派押解京饷赴京文。(《近代史所藏清代名人稿本抄本》第3辑,第128册,第695—700页)

是年,锡良在恩科山西乡试中任同考试官。(《山西文献总目提要》,第42页)

光绪元年(1875年)至四年(1878年)之间,中国华北地区发生一场罕见的特大旱灾饥荒。

1876年（光绪二年　丙子）24岁

3月1日（二月初六日）　锡良收护理冀宁道遵布政司咨札知充任内帘出力给予奖励文。（《近代史所藏清代名人稿本抄本》第3辑，第128册，第648—656页）

锡良呈会查永济县荒地禀并查复永济东乡鼠旱各灾并及清单。（《近代史所藏清代名人稿本抄本》第3辑，第129册，第570—590页）

3月14日（二月十九日）　郭嵩焘让在山西为官的锡良代印书籍。"以银二两托之锡清弼大令，带山西代刷吴瀹斋中丞《植物名实考证》一书。"（《郭嵩焘全集》第10册，第17页）

九月　锡良委勘旱灾，并报灾未准，劝谕绅富自办村赈示。又会查永济县荒地。（《近代史所藏清代名人稿本抄本》第3辑，第125册，第123—128页）

10月26日（九月初十日）　锡良上抚藩道在任孝义县旱灾请委员勘办禀文。（《近代史所藏清代名人稿本抄本》第3辑，第129册，第594—602页）

1877年（光绪三年 丁丑）25岁

6月15日（五月初五日）　上海设立有线电报，是日第一次拍电。

11月17日（十月十三日）　中国与西班牙签订《会订古巴华工条款》十六条。

1月4日（十一月二十日）　锡良收署山西布政使等札委会同办理交待结算事务文。（《近代史所藏清代名人稿本抄本》第3辑，第128册，第593—595页）

6月27日（五月十七日）　收山西巡抚曾（曾国荃）札委拦车镇厘卡委员文。（《近代史所藏清代名人稿本抄本》第3辑，第129册，第7—11页）

1878年（光绪四年　戊寅）26岁

6月22日（五月二十二日）　慈禧命吏部左侍郎崇厚为全权大臣，使俄索还伊犁。

7月24日（六月二十五日）　开平矿务局正式成立。

8月21日（七月二十三日）　左宗棠在兰州筹设织呢局。

10月25日（九月三十日）　清廷命左宗棠统筹新疆方略。

1月30日（十二月二十八日）　锡良收山西巡抚曾（曾国荃）札委协助吴太史经理拦车镇设立馍厂赈灾事务文。（《近代史所藏清代名人稿本抄本》第3辑，第129册，第11—16页）

2月20日（正月十九日）　锡良上吴太史大澂禀文。（《近代史所藏清代名人稿本抄本》第3辑，第125册，第132—134页）

2月21日（正月二十日）　奉委兼办拦车镇馍厂事宜禀获督办山西捐输总局署布政使批文。（《近代史所藏清代名人稿本抄本》第3辑，第129册，第56—60页）

2月22日（正月二十一日）　上现查各村及清理女厂暨预筹妥遣截留妇女请示遵行禀，并获督办山西南路赈粮转运事宜翰林院编修吴（吴大澂）批。（《近代史所藏清代名人稿本抄本》第3辑，第129册，第86—91页）

5月2日（四月初一日）　上拦车各厂赈粮开放情形预请酌拨别项赈粮接济请示遵行禀，并获督办山西捐输总局署布政使批。（《近代史所藏清代名人稿本抄本》第3辑，第129册，第83—86页）

5月12日（四月十一日）　上拦车各厂赈粮开放情形预请酌拨别项赈粮接济请示遵行禀，获山西巡抚曾（曾国荃）批。（《近代史所藏清代名

| 1878 年（光绪四年　戊寅）26 岁 |

人稿本抄本》第 3 辑，第 129 册，第 71—75 页）

7 月 1 日（六月初二日）　上现办详细情形及清查户口请示遵行禀，获山西巡抚曾（曾国荃）批文。（《近代史所藏清代名人稿本抄本》第 3 辑，第 129 册，第 91—95 页）

9 月 15 日（八月十九日）　收到转运小麦赈粮脚价银两报销事移凤台县文。（《近代史所藏清代名人稿本抄本》第 3 辑，第 129 册，第 106—108 页）

9 月 16 日（八月二十日）　收到赈粮赈款收捉。（《近代史所藏清代名人稿本抄本》第 3 辑，第 129 册，第 99—101 页）

9 月 29 日（九月初四日）　兼办拦车镇馍厂事宜业已撤厂禀获督办山西捐输总局署布政使批文。（《近代史所藏清代名人稿本抄本》第 3 辑，第 129 册，第 60—63 页）

10 月 1 日（九月初六日）　锡良兼办拦车镇馍厂事宜业已撤厂禀获山西巡抚曾（曾国荃）批文并原禀。（《近代史所藏清代名人稿本抄本》第 3 辑，第 129 册，第 109—114 页）

12 月 1 日（十一月初八日）　上泽州府委代理高平县事并请委员前来接办拦车镇厘卡禀，并获总办山西筹饷局事务丁（丁鸿臣）等批文。（《近代史所藏清代名人稿本抄本》第 3 辑，第 129 册，第 67—71 页）

1879年（光绪五年 己卯）27岁

3月30日（三月初八日） 日本侵占琉球，废琉球国王，改置为冲绳县。

10月2日（八月十七日） 崇厚与沙俄签订《里瓦基亚条约》，引起国内舆论大哗。

11月10日（九月二十七日） 上海英商祥生船厂工人修理日本三菱公司轮船时，被督工英人借故殴打，引发罢工。

正月 锡良移交凤台县兼办拦车馍粮米银钱总数清册。（《近代史所藏清代名人稿本抄本》第3辑，第129册，第114—151页）

4月27日（闰三月初七日） 锡良收山西巡抚曾（曾国荃）札知奏准奖叙办赈出力人员文。

5月6日（闰三月十六日） 锡良收督办山西捐输总局布政使葆（葆亨）等札知吏部议奏奖叙办赈出力人员文。（《近代史所藏清代名人稿本抄本》第3辑，第128册，第569—589页）

7月16日（五月二十七日） 锡良收督办山西捐输总局布政使葆（葆亨）等札委赴永济县会同县令李荣和勘查勘荒地文。（《近代史所藏清代名人稿本抄本》第3辑，第128册，第536—569页）

1880年（光绪六年 庚辰）28岁

光绪六年，锡良谕令裁撤平遥县善后局。"省城各局所现在正奉札裁并，查县属前当大祲，经汪前县设立赈抚各局，督绅办理，悉臻妥洽，赈务既竣，理应即行裁撤。各该绅因尚有善后事宜，遂易名善后局，经理有年，并未申报，值此时和岁稔，正当吾民修养生息。况该绅等非授读为生，即懋迁为业浠更岁月，舍己芸人，殊非体恤之道，且善后中仅剩买补社谷一事。现已一律报竣，别无未完事件，所有上年新立实兴文社，原定条款止限一月集事，早应收有成数，而县属本有大成社即系实兴事务，该绅尽可归并一社，公同协办。夫多一局则有一局之费，无论取之于众，与自备资斧，皆属无益之用。本县均所不忍亟应立限裁撤，为此谕知该绅士等奉到后，即将经手局中账目一切赶紧清厘，文社事遵谕办理，限本月十五日将该局封闭，房屋即交主持庙祝照旧妥为看守，毋再违延。"（《近代史所藏清代名人稿本抄本》第3辑，第93册，第527—528页）

锡良在平遥县知县任内发布劝种树示："一自县城东至祁县，西至介休，西北至汾阳各交界大道两旁拟定五步一株，两行对植。一县城周围共十二里有奇，于沿壕外亦按五步倡种柳树一株，共一千八百株，照大道例责成该管地段乡社依前领种、灌溉；一各村小官道应专责各该村社首倡劝，无论何树两行，按步数量力分栽。一山坡隙地废基，不能耕种五谷之土，普劝地主山主广种果木杂树，各随土宜、人力，多多益善，不予定限。"（《近代史所藏清代名人稿本抄本》第3辑，第93册，第527—528页）

平遥知县锡良发动北城士民捐资疏北面城壕。（《平遥县志》，第308页）

1月8日（十一月二十七日） 收督办山西善后总局布政使葆（葆亨）等据凤台县知县许涵度禀请札委帮办查荒事宜文。（《近代史所藏清代

名人稿本抄本》第 3 辑，第 128 册，第 656—670 页）

  10 月 3 日（八月二十九日） 收护理山西巡抚葆（葆亨）札知吏部奏准办赈出力奖叙文。（《近代史所藏清代名人稿本抄本》第 3 辑，第 129 册，第 1—7 页）

1881年（光绪七年　辛巳）29岁

三月　平遥任内试办核减差徭章程告示与章程。(《近代史所藏清代名人稿本抄本》第3辑，第130册，第222—237页)

四月　锡良禀平遥县香乐等村上年被灾九分，请将豁除及带征节年钱粮照例分别递年缓征以纾民力文。

光绪七年四月初七日，蒙札转发平遥县上年被灾村庄缓征眷黄下县等因，遵即分发香乐等村张贴去后。兹据各该村耆老社首任康泰等来案面禀……小民拮据异常，力有未逮，可否恳祈据情转详酌予分年递缓等语，据此覆查例载各省被灾缓征者，于次年麦熟后启征催征旧欠，其基本年钱粮准于九月后催征，若深冬积水方退者，缓至次年秋收催征，如被灾九分者，该年缓征钱粮分作三年带征等语。上年会禀册内业经查照声明，拟请将豁余钱粮分作三年带征在案，今据香乐等村面禀，查系实情，拟请仍照原禀将豁余钱粮照例分作三年带征，原缓上忙及带征五年分钱粮，再行分年递缓，以纾民力，再现下麦熟在即，一俟奉批至日即当分别饬遵。(《近代史所藏清代名人稿本抄本》第3辑，第93册，第532—533页)

七月　锡良禀续修平遥县志告成，禀为："奉札开晋省通志年久失修，前经通饬所属将各处志乘纂辑成帙，先行录稿呈送，以凭发给通志局汇办，限于八月内先行壮丁成帙，专差赍送等因到县，当经前任平遥县恩令遵照设局集资延请名士纂修……到任当与王农部武进士随时商定志稿，督令书手缮正，兹者业已脱稿，系属新旧合编，共为六帙，理合专足赍呈请即发通志总局鉴定后，连同应载督修总纂各衔名一并批发下县，以便觅匠刊印装订成书，再行呈送。"(《近代史所藏清代名人稿本抄本》第3辑，第93册，第534—535页)

闰七月　锡良遵札续修志书现已告成呈送鉴定发局由。(《近代史所藏清代名人稿本抄本》第3辑，第129册，第605—612页)

八月　钦加同知衔特授平遥县正堂锡良劝办丰备仓谷事宜，指出"古者三年耕而有一年之蓄，九年耕而有三年之蓄，仓箱丰盈，有备无患"。并发布条规，令各村公耆、绅富、士庶人等知悉。(《近代史所藏清代名人稿本抄本》第3辑，第94册，第205—214页)

1882年(光绪八年　壬午)30岁

三月　阳曲县知县锡良制定裁减阳曲县差徭及章程,阳曲县丈清地粮以后永定章程。(《近代史所藏清代名人稿本抄本》第3辑,第93册,第369—426页)

5月21日(四月初五日)　平遥知县锡良躬帅吏民祈雨,结果天降甘霖,"众庶欣慰"。(《明清山西碑刻资料选》续一,第641页)

6月5日(四月二十日)　山西巡抚张之洞上奏清廷褒奖锡良,曰:阳曲县知县锡良,守清识定,自其候补时抽厘办赈,卓著贤声,到阳曲任两月,革除差累,商民咸悦。(《张之洞全集》第1册,第99页)郭嵩焘对此评论道:"一省之大,乃得良吏六人,此则其可喜也。"(《郭嵩焘全集》第11册,第497页)

8月29日(七月十六日)　锡良在平遥县创立宾兴①文社一事上发挥了重要作用,慷慨捐资白银200两。可谓"君子以作事谋始,锡公有焉"。(《明清山西碑刻资料选》续一,第671页)

是年　锡良因断案有力,被邑人古董商王希闵送"除暴安良"匾额一块。

是年　锡良修《平遥县志》。(《山西通志》第50卷,附录,第1173页)并撰写跋:"从来志乘与国史相表里。子舆氏举晋《乘》、楚《梼杌》与鲁《春秋》相提并论,则志之修,固不重哉?岁丁丑,三晋荐饥,升任大中丞威毅伯曾公,同各宪长勤宣朝廷德意,多方赈恤,民赖以苏。时

---

① 宾兴是一种主要由民间捐资设立的教育公益基金,它利用田产、银钱、店房等资产的增值收入,无偿资助本地士子参加各级科举考试。

当博济功成之后，吏治民风思所以澄叙而转移之，俾得观感奋兴之资也，爰有重修晋志之命。

"良于庚辰春初莅汾西，适际斯役，乃自二百年来，未尝补辑秉笔者，苦无采择。由是访轶事于野老农夫之口，寻断碣于荒烟蔓草之中。仅就见闻所及，连缀成篇，文体庞杂，至今犹以为憾。若夫陶则帝尧始封之都也，乃志之失修，年亦与汾西相埒。微奉上游之檄，亦当以此为先务。良既量移来此，方愧学识才之一无所长。又地处冲繁，心劳政拙，将汾志之所谓率尔操觚者，亦几无暇计及。而犹幸前任恩大令设局采访，延揽名流，先已共治其事。如王农部、武大令暨在事诸君，皆实事求是，悉心编校，分体辨例，至详且尽。阅一岁而志成。共执卷示良，且嘱一言为叙。良景夫前贤令经始之善，又乐观诸君子图成之功，谨详巅末，以志梗概。至于萃众长以辑是编，诚有与史笔相辉映者。良得挂名简末，亦云幸矣，又何敢叙焉。知县事蒙古锡良识。"（《平遥县志》光绪八年刊刻本，跋，第1—3页）

　　是年　锡良修《汾西县志》。（《上海图书馆地方志目录》，第71页）

1883年(光绪九年 癸未)31岁

1月1日(十一月二十三日) 李德培致锡良书。(《近代史所藏清代名人稿本抄本》第3辑,第108册,第498—501页)

2月15日(十二月二十八日) 锡良收马丕瑶函。(《近代史所藏清代名人稿本抄本》第3辑,第108册,第582—585页)

六月(农历) 山西巡抚张之洞主张严禁鸦片,"通饬各属实力奉行,刊布告示,开陈利害祸福,行之以渐,动之以诚。与农民约,今年不得再种,即以栽种之有无,定地方官之功过,痛切告戒,至再至三"。作为张之下属,时任阳曲县知县锡良极力禁行农户种植罂粟,颇有成效。(《张之洞全集》第1册,第202页)

1884年（光绪十年　甲申）32岁

1月9日（十二月十二日）　山西巡抚张之洞为查禁罂粟尤为出力的所属各县知县请奖，其中包括阳曲县知县锡良。(《张之洞全集》第1册，第203—204页)

二月，张之洞奏请以阳曲县知县锡良升补代州知州。(《张之洞年谱长编》上，第114页)

5月21日（四月二十七日）　锡良详藩宪转请给咨赴部引见文。(《近代史所藏清代名人稿本抄本》第3辑，第128册，第625—629页)

7月5日（闰五月十二日）　锡良等人因递解秋审人犯，因未慎选妥役、小心防范，致要犯中途脱逃，殊属疏忽，而遭交部照例议处。(《光绪朝东华录》第2册，第1736页)

10月1日（八月十三日）　锡良收署山西巡抚奎（奎斌）札委会文案处副总办文。(《近代史所藏清代名人稿本抄本》第3辑，第128册，第595—599页)

1885年(光绪十一年　乙酉) 33岁

1月25日(十二月初十日)　锡良收署山西巡抚奎斌札知保荐循良一折奉到上谕文并附原奏。(《近代史所藏清代名人稿本抄本》第3辑,第128册,第599—612页)

3月5日(正月十九日)　锡良等禀列宪会同查看代州灾赈情形。是为：敬禀者,卑职等前奉宪檄,会办大同代州等处接济事宜,叩辞后,于月之十九日驰抵代州,一路情形尚不甚苦,及入州城,见灾黎填街塞巷,扶老携幼,虽不至如丁戊灾祲之重……迨见余牧振芳,始知常平仓谷已放,办法则系据各村社约开报,先是七十九村,户口二万九千有余,开放时骤增至四万数千口,贫民迫不及待,余牧无如之何,遂尽七千数百石仓谷散之四万数千口村民,其意未必不欲认真,特地大灾广,谷少人多,亦只尽数匀散,以求暂安民心耳,而未报各村纷纷求赈,迄今尚无底止,将来补报,尚不知有多少村庄,有多少户口。闻其困苦且有重于已报之七十九村者,当嘱随来各员改装易服到处暗查及亲加访问。盖缘代郡连岁歉收,去秋又被普灾,其幸薄有收成,仅属中解峪口、峨口、滹沱河左近等村,余则或苦于旱,或伤于雨,或害于虫,至有顷地获收不及一石者,岭前、岭后、南山为尤重,其流亡转徙,卖妻鬻女,饿殍人口,种种情状,不一而足。在小民诉苦或多,过当而访之官幕及流寓人民,亦复同声嗟叹……只看大路镇店,遂以为尚无灾象,而不身入其境,留心访求者不知也……日夜焦愁,别无妙策,惟有竭心尽力,切实清查户口,严杜冒滥,将来所查应赈的系贫困灾民,即或人数较多,尔惟有叩求大人鸿慈,多发帑金,但求有济民生,问心亦两无愧。(《近代史所藏清代名人稿本抄本》第3辑,第93册,第495—499页)

3月16日（正月三十日）　锡良禀列宪查看大怀山应四州县灾赈情形。

是为：敬禀者，窃卑职与许牧于正月十九日驰抵代州，当将查看情形禀明在案，发禀后，卑职起程出关，历山阴、应州、怀仁，二十七日行至大同府，沿途先令随来委员刘府经景林、陆巡检炽改装易服，分途赴各被灾村庄暗查。卑职随后经过地方，目击贫民嗷嗷待哺，其能以糊口者，仅用秕糠麻饼掺和少许粮食度命。目下不但粮价日增，即粗糠且贵至一百余钱一斗，贫民求糠而亦不可得，安分忍饿，情尤可悯。卑职初不意该处被灾如此其甚也。计山阴、应州最重，怀仁、大同次之。查该四州县，已报灾之村固属民命难堪，而僻陋村庄愚不晓事，同一灾歉当时不知禀报，遂至向隅。自去冬至今困饿不支，纷纷求食者，似不能置之度外。卑职嘱该牧令赶紧清查户口，必须确实贫民，方与接济。该四州县各仅数十村，平路康庄，十余日即可查毕。一面请款，款至而户口亦清，散放自能着实，总期民沾实惠，帑无虚糜。（《近代史所藏清代名人稿本抄本》第3辑，第93册，第500—503页）

关于锡良汇报大怀山应四州县遭灾及所筹赈灾办法，得到署山西巡抚奎俊的肯定，并回锡良信，大致内容为：大同一郡之灾，查以山阴、应州最重，大怀次之，闻深轸系，所筹办法均极妥善，第清查户口虽在核实，有贵神速，早放一日之赈粮，即早活无数之民命，务望会同印委赶紧办理。（《近代史所藏清代名人稿本抄本》第3辑，第93册，第504—506页）

署山西藩宪高崇基亦复锡良信，指出：办赈应力求实际，若同是灾区，未便因其漏报致令向隅，自当如来示力图周济，惟大同谷石只敷大同之用，山怀、应州应如何设法调济之处，务祈会商妥议，速为请款，俾得早救灾黎，再省城现有存仓蚕豆杂粮，以此救饥，可资接济，但道远运艰，应否拨用，还请大才酌定示复，以便派员速运为盼。（《近代史所藏清代名人稿本抄本》第3辑，第93册，第507—508页）

3月17日（二月初一日）　正任代州直隶州知州锡良会陈大同府属应大怀山四州县被灾歉收拟请赐发银两接济禀。其内容为：卑职锡良奉委驰抵大同后，业将到府日期并会商卑府启泰饬委候补知县易令德容将山阴赈银监放完竣，前赴应州帮同石牧查报户口缘由禀明宪鉴在案。卑

| 1885 年（光绪十一年　乙酉）33 岁 |

职锡良此次出关亲勘大同所属境地，随时访察并令随员陆巡检、刘经历改装易服潜伏各村暗查被灾情形……如此灾荒，非亲历者必不深信，倘再拘牵文法，不为破例赈施，恐难补救于万一……再四思维，惟有禀请宪台酌加赈之一法，将来赈施既毕，各州县仍归借给籽粮册报，但常用之银必须另册详请宪恩设法弥补，庶报销无容顾虑，民命亦得保全，舍此权宜，殆无他术……敢乞恩施格外，迅赐如数饬发大同各属赈银二万八千两，委员解送到郡，以便卑府启泰及早分别督放，无任迫切盼祷之至。（《近代史所藏清代名人稿本抄本》第3辑，第93册，第511—518页）

3月30日（二月十四日）　署山西巡抚奎俊批锡良前禀，是为：据禀该府所属一州三县灾歉各村贫民困苦情形，深堪怜悯，亟应抚恤，俾拯穷黎，应州、山阴、怀仁等州县请领赈银二万八千两，已饬清源局迅速筹款委解，其大同一县现存仓谷并应赶紧查明，分别散给平粜，惟灾赈事宜，有冒支之弊，即多应给不给之人，因滥而遗，势所必至，该守等务须督率官绅核实散放，以杜浮冒而恤民生，其余各节候行司局覆核详夺，另檄饬遵，仰即知照。（《近代史所藏清代名人稿本抄本》第3辑，第93册，第519—520页）

1886年（光绪十二年　丙戌）34岁

7月14日（六月十三日）　台湾建省。

11月6日（十月十一日）　《天津时报》创刊，李提摩太任主笔。

7月17日（六月十六日）　锡良收署山西布政使嵩（嵩昆）札委赈恤灾民文。（《近代史所藏清代名人稿本抄本》第3辑，第128册，第642—648页）

7月31日（七月初一日）　锡良收总理山西全省防练诸军营务处札委帮办赴河西督率军民治河文。（《近代史所藏清代名人稿本抄本》第3辑，第128册，第635—642页）

8月1日（七月初二日）　锡良收总办山西河工赈务局布政使张（张煦）等札委总办汾河西岸开挖引河工程文。（《近代史所藏清代名人稿本抄本》第3辑，第129册，第361—365页）

8月31日（八月初三日）　锡良收总办山西河工赈务局布政使张（张煦）等札派左右营哨驻守汾河引河修筑堤坝文。（《近代史所藏清代名人稿本抄本》第3辑，第129册，第328—335页）

9月17日（八月二十日）　锡良收山西清源局兼办善后筹防交代事务布政使张（张煦）等札饬抚恤灾民文。（《近代史所藏清代名人稿本抄本》第3辑，第129册，第337—339页）

9月18日（八月二十一日）　锡良收督办山西河工赈务局布政使张（张煦）等札委办理护城堤工事宜文并附应办事宜章程及委员衔名。（《近代史所藏清代名人稿本抄本》第3辑，第128册，第670—695页）

9月22日（八月二十五日）　锡良收布政使张（张煦）等札催交清积欠摊派银两文。（《近代史所藏清代名人稿本抄本》第3辑，第128册，第705—714页）

| 1886 年（光绪十二年　丙戌）34 岁 |

9 月 25 日（八月二十八日）　锡良收太原府正堂沈（沈晋祥）移知河工赈务局批开送河西挑河工程出力员弁衔名文。(《近代史所藏清代名人稿本抄本》第 3 辑，第 128 册，第 714—716 页)

12 月 23 日（十一月二十八日）　锡良收总理山西全省防练诸军营务处札委兼办营务处及军装局事务文。(《近代史所藏清代名人稿本抄本》第 3 辑，第 128 册，第 726—730 页)

1887年(光绪十三年 丁亥)35岁

二月 锡良收太原府正堂沈(沈晋祥)移奉河工赈务局札委修筑城墙文。(《近代史所藏清代名人稿本抄本》第3辑,第129册,第335—337页)

3月14日(二月二十日) 锡良收督办山西河工赈务局布政使张(张煦)等札委会同总办修筑太原城墙事务文。(《近代史所藏清代名人稿本抄本》第3辑,第128册,第718—726页)

4月2日(三月初十日) 锡良收山西巡抚刚(刚毅)批驳禀请开去军装局营务处差使文。(《近代史所藏清代名人稿本抄本》第3辑,第128册,第425—429页)

4月21日(三月二十九日) 锡良收署太原府正堂俞(俞廉三)移知河工赈务局札委会同办理城工文。(《近代史所藏清代名人稿本抄本》第3辑,第128册,第421—423页)

5月2日(四月初四日) 锡良收署太原府正堂俞(俞廉三)移知按察使批请开去军装局营务处差使文。(《近代史所藏清代名人稿本抄本》第3辑,第128册,第423—425页)

5月28日(闰四月初六日) 锡良收山西布政使张(张煦)札知前冀宁道(马丕瑶)为堤堰等工完竣禀抚宪文。(《近代史所藏清代名人稿本抄本》第3辑,第129册,第339—361页)

9月1日(七月十四日) 收许涵度来函。(《近代史所藏清代名人稿本抄本》第3辑,第109册,第65—70页)

10月1日(八月十五日) 收何才价来函并回复。(《近代史所藏清代名人稿本抄本》第3辑,第109册,第43—46页)

12月9日(十月二十五日) 收文玉来函。(《近代史所藏清代名人稿本抄本》第3辑,第109册,第51—53页)

| 1887 年（光绪十三年　丁亥）35 岁 |

12 月 23 日（十一月初十日）　收李秉彝来函。(《近代史所藏清代名人稿本抄本》第 3 辑，第 109 册，第 58—63 页)

12 月 24 日（十一月初十日）　收童春来函。(《近代史所藏清代名人稿本抄本》第 3 辑，第 109 册，第 53 页)

1888年（光绪十四年 戊子）36岁

8月21日（七月十四日） 锡良在绛州（今新绛县）直隶州任上，将该两州册造奉拨领解款内长拨银两拟请改拨各款分晰造册呈送查核。内容包括："应领同治十三年并光绪二年繁费实银四十六万两六分，内除奉拨光绪十年繁费三成银六两，系应解之款，应补批申送外，惟有奉拨同治九年缺荒银三两七钱九厘一款。查同治九年缺荒应解银三十四两一钱三分七厘于十年二月初二日奉札在于九年秋季应领廉银内，已如数拨收讫，今复奉拨银三两七钱九厘系属长拨。又有奉拨同治十年缺荒银二十两九钱七分七厘一款，查同治十年缺荒应解银三十四两一钱三分七厘，于十一年二月初二日奉批准在于应领十年秋冬季繁费项下拨银一十三两一钱六分，余银二十两九钱七分七厘系同治十一年清查案内欠解之款。"（《近代史所藏清代名人稿本抄本》第3辑，第94册，第175—204页）

9月4日（七月二十八日） 收马吉樟来函。（《近代史所藏清代名人稿本抄本》第3辑，第109册，第93—98页）

10月16日（九月十二日） 为筹办民团等事宜谕阆州甲保乡地人等告示。（《近代史所藏清代名人稿本抄本》第3辑，第130册，第154—164页）

1889年（光绪十五年 己丑）37岁

二月 锡良申卑州奉拨领解款内长拨银两请改拨各款清册稿。（《近代史所藏清代名人稿本抄本》第3辑，第94册，第147—175页）

9月11日（七月初五日） 收沈晋祥来函。（《近代史所藏清代名人稿本抄本》第3辑，第109册，第444—449页）

9月11日（八月十七日） 收马丕瑶来函。（《近代史所藏清代名人稿本抄本》第3辑，第109册，第435—439页）

9月17日（八月二十三日） 收荫曾来函。（《近代史所藏清代名人稿本抄本》第3辑，第109册，第441—444页）

1890 年（光绪十六年　庚寅）38 岁

1月8日（十二月十八日）　绛州直隶州知州锡良禀请山西巡抚豫山，为绛州绅士光禄寺署正职衔高正甲、绛州同知衔毛清佐，照例建坊。(《光绪朝朱批奏折》第28辑，第82页)

1月18日（十二月二十八日）　清廷以"才识迈众，足备任使，予山西绛州直隶州知州锡良，军机处存记"。(《德宗实录》，第728页)

6月29日（五月十三日）　锡良收山西巡抚刘（刘瑞祺）札知因办理河工赈务出力经吏部奏准请奖以知府在任候补文。(《近代史所藏清代名人稿本抄本》第3辑，第128册，第417—421页)

十二月　锡良为绛州任内欠解平好铁银两自行清理，并由接任知州傅淇将正杂等款核算清楚暂先接收，恳请示遵事禀藩宪、清源局。(《近代史所藏清代名人稿本抄本》第3辑，第129册，第375—379页)

是月　锡良禀交代绛州知州任内平好铁银两欠款及正杂各款回旗丁忧文，并附应交杂款银两清折及平好铁银两欠单。(《近代史所藏清代名人稿本抄本》第3辑，第129册，第390—398页)

是月　锡良详奉拨领解款内查有长拨各款造册呈请拨收平好铁银两详折。(《近代史所藏清代名人稿本抄本》第3辑，第129册，第398—409页)

是年　因候补知府锡良前在绛州任内经征光绪十五十六两年，并平遥县任内经征光绪七年分各钱粮均数在五万两以上，统计前后三年，每年奏销之前均能扫数全完毫无蒂欠洵属催科勤奋，山西巡抚刘瑞祺奏请清廷将候补知府锡良照例给予加六级，并赏加三品升衔，以励前劳而昭激劝。(《光绪朝朱批奏折》第7辑，第193页)

1891年（光绪十七年　辛卯）39岁

1月26日（十二月十七日）　收齐福田来函。(《近代史所藏清代名人稿本抄本》第3辑，第109册，第659—661页)

6月13日（五月初七日）　存查拿教案首要上谕。(《近代史所藏清代名人稿本抄本》第3辑，第109册，第430—434页)

1892年（光绪十八年 壬辰）40岁

4月24日（三月二十八日） 收护理山西巡抚胡（胡聘之）札委确查详办归化城厅公议车马局情形文。（《近代史所藏清代名人稿本抄本》第3辑，第130册，第655—668页）

5月11日（四月十五日） 锡良禀列宪查办归化差徭文，内容为："十一日在右玉县发禀后，十二日出杀虎口北赴宁远，历舍必厓至归化，一面差人西赴和林格尔，历什拉乌苏至归化，沿途访查情形和林格尔东南乡、西南乡，微有雨泽，勉强播种，东北西北两乡亢旱未种，宁远南乡间有种植，余则一片赤土，归化所亢旱太甚，后山尤重。访闻丰镇、包头、托城大致相同……十四日到归化，张署丞先一日接任，会晤筹商一切，并进谒文道，平粜如何办法，尚无定见。差徭之事，现正调查账卷，与张署丞妥议办理，以期仰副委任之至意，肃此具禀，虔请钧安，伏乞垂鉴。"（《近代史所藏清代名人稿本抄本》第3辑，第93册，第429—431页）

5月16日（四月二十日） 查明归厅筹议采买平粜以济民艰情形。（《近代史所藏清代名人稿本抄本》第3辑，第130册，第629—634页）

5月17日（四月二十一日） 锡良禀列宪查办归化差徭情形。是为："十四日到归化，于平粜差徭二事留心查访，口外七厅除清水河得雨外，余则至今无雨……此次来归，奉命而出，只知仰能勤恤民隐，意为商民力除疾苦，不遑于他计也。"（《近代史所藏清代名人稿本抄本》第3辑，第93册，第432—435页）

5月20日（四月二十四日） 查过萨拉齐南海子等处存粮并来源情形。（《近代史所藏清代名人稿本抄本》第3辑，第130册，第624—629页）

是日 收张汝梅来函。（《近代史所藏清代名人稿本抄本》第3辑，第110

1892 年（光绪十八年 壬辰）40 岁

册，第 13—16 页）

四月 锡良议裁撤公正局改为清徭局一切条规章程，奉委查明公正局支差情形现议章程禀请核示由，呈归化公正局斗捐号套折价清单禀。(《近代史所藏清代名人稿本抄本》第 3 辑，第 130 册，第 634—668 页)

5 月 31 日（五月初六日） 锡良再陈抚恤各事禀修改稿二件。(《近代史所藏清代名人稿本抄本》第 3 辑，第 131 册，第 158—169 页)

6 月 2 日（五月初八日） 锡良禀查明归厅筹议采买平粜以济民艰情形由护抚宪胡（胡聘之）批文。(《近代史所藏清代名人稿本抄本》第 3 辑，第 131 册，第 435—437 页)

6 月 4 日（五月初十日） 锡良禀列宪筹议归化支差情形并制定筹议归化差局章程。(《近代史所藏清代名人稿本抄本》第 3 辑，第 93 册，第 436—448 页)

6 月 5 日（五月十一日） 锡良拟定七厅抗旱须预谋加赈并陈财力竭蹶请派员接办禀抚宪臬宪修改稿二件。(《近代史所藏清代名人稿本抄本》第 3 辑，第 131 册，第 173—179 页)

6 月 9 日（五月十五日） 锡良禀现办抚恤口粮已买就粮一万八千余石领过银六万两请再筹拨银两由护抚宪胡（胡聘之）署藩宪张（张煦）批文。(《近代史所藏清代名人稿本抄本》第 3 辑，第 131 册，第 428—432 页)

6 月 19 日（五月二十五日） 锡良复署首道玉放粮妥慎经营不敢放松禀修改稿。(《近代史所藏清代名人稿本抄本》第 3 辑，第 131 册，第 214—216 页)

6 月 23 日（五月二十九日） 锡良复署藩宪张（张煦）购粮情形禀修改稿。(《近代史所藏清代名人稿本抄本》第 3 辑，第 131 册，第 216—220 页)

五月，山西巡抚派候补知府锡良来绥设局赈恤，极、次贫民共 132932 口，六、七两月散放赈粮仓米 24108 石二升九合。秋赈过银 10114.299 两，粮 1467.77 石，市钱 6023 吊 684 文（一吊为 1000 文）。因锡良"本廉能吏，办赈重审户，散放颇核实，故全活甚众"。(《土默特志》上册，第 984 页，又见《归绥县志》，第 250 页)

五月，筹议归萨各厅抚恤事宜。(《近代史所藏清代名人稿本抄本》第 3 辑，第 130 册，第 569—575 页)

6 月 29 日（六月初六日） 锡良拟详陈饥民苦况拟再放两个月口粮禀修改稿。(《近代史所藏清代名人稿本抄本》第 3 辑，第 131 册，第 223—228 页)

7月14日（六月二十一日）　锡良复陈署臬宪俞（俞廉三）粮运事宜禀修改稿。（《近代史所藏清代名人稿本抄本》第3辑，第131册，第228—233页）

7月15日（六月二十二日）　锡良详陈抚藩宪各厅得雨情形放粮竣事撤局禀稿并再禀。（《近代史所藏清代名人稿本抄本》第3辑，第131册，第239—243页）

8月1日（闰六月初九日）　锡良拟动用银谷未能截数暨各厅雨后补种秋禾情形禀修改稿。（《近代史所藏清代名人稿本抄本》第3辑，第131册，第251—255页）

8月14日（闰六月二十二日）　锡良复署藩宪（张煦）缕陈动用谷数银数及办理抚恤情形禀修改稿。（《近代史所藏清代名人稿本抄本》第3辑，第131册，第261—266页）

9月6日（七月十六日）　锡良呈抚藩宪等口外抚恤竣事禀原稿，并获护抚宪胡（胡聘之）批。（《近代史所藏清代名人稿本抄本》第3辑，第131册，第413—422页）

10月5日（八月十五日）　锡良收署理山西布政使张（张煦）转饬护理抚部院胡（胡聘之）为锡良禀请口外抚恤报销及请奖事批文。（《近代史所藏清代名人稿本抄本》第3辑，第131册，第59—73页）

10月30日（九月初十日）　锡良收督办山西赈捐局署布政使张（张汝梅）等札委为赈捐局总办文。（《近代史所藏清代名人稿本抄本》第3辑，第128册，第388—396页）

11月30日（十月十二日）　收刘启彤来函。（《近代史所藏清代名人稿本抄本》第3辑，第110册，第381—383页）

1893年（光绪十九年 癸巳）41岁

1月10日（十一月二十三日） 收周天麟来函。（《近代史所藏清代名人稿本抄本》第3辑，第110册，第391—397页）

1月14日（十一月二十七日） 锡良详布政使胡（胡聘之）前在绛州平遥等处经征钱粮扫数全完恳请援例转详优叙文并胡聘之批文。（《近代史所藏清代名人稿本抄本》第3辑，第128册，第381—388页）

1月22日（十二月初五日） 锡良收山西布政使胡（胡聘之）按察使张（张汝梅）札委帮办太原府谳局清厘案件文。（《近代史所藏清代名人稿本抄本》第3辑，第128册，第376—381页）

2月14日（十二月二十八日） 锡良收督办山西赈捐局布政使胡（胡聘之）等饬委办理口外各厅春抚文。（《近代史所藏清代名人稿本抄本》第3辑，第131册，第73—82页）

2月24日（正月初八日） 锡良收督办山西赈捐局布政使胡（胡聘之）等饬知筹办口外七厅春抚文。（《近代史所藏清代名人稿本抄本》第3辑，第131册，第53—59页）

3月2日（正月十四日） 收山西布政使胡（胡聘之）札知经征钱粮全完文并附山西巡抚张煦报奖原奏。（《近代史所藏清代名人稿本抄本》第3辑，第128册，第370—376页）

4月13日（二月十七日） 山西巡抚张煦委派候补知府锡良前往归化，开设春抚总局，督同省委正佐三十余员暨各地方文武员绅妥速查放，认真经理。（《光绪朝朱批奏折》第31辑，第455页）

是年春，锡良与直隶办理晋边协赈委员北洋委用道刘启彤会商口外各厅协赈义赈，或划地分办，或相间轮放。（《光绪朝朱批奏折》第31辑，第

510页）

是年春，锡良复来绥办理春抚。赈册载：自十九年二月至六月底止，共放钱米3次。第1次每大口放给一个半月口粮，仓米1.35斗；第2次每大口放给一个月口粮，仓米0.9斗；有地贫民每大口放赎取农具制钱150文；第3次每大口放给一个月口粮，仓米0.9斗。此次赈济地区甚广，总计归化、萨拉齐、和林格尔、托克托、清水河五厅，小口折合大口（两小口折一大口）共济灾民50余万口。（《土默特志》上册，第984页）

8月11日（六月三十日）　锡良禀抚宪咨藩司赈捐局禀丰托和三厅应修仓廒请派员承修由。（《近代史所藏清代名人稿本抄本》第3辑，第131册，第109—118页）

11月11日（十月初四日）　收山西布政使胡（胡聘之）札知经征钱粮五万两以上三年全完文。（《近代史所藏清代名人稿本抄本》第3辑，第128册，第362—365页）

1894年（光绪二十年　甲午）42岁

11月3日（十月初六日）　山东巡抚李秉衡奏请锡良迅速来东，折中评论道："山西候补知府锡良，廉明干练，勇于任事，历任郡守州县，卓著循声。"（《光绪朝朱批奏折》第44辑，第95页）

11月10日（十月十三日）　山西候补知府锡良著张煦饬该员迅往山东，交李秉衡差遣委用。（《德宗实录》卷351，第24页）

1895年(光绪二十一年 乙未)43岁

6月10日(五月初十八日) 李秉衡奏明保山西候补知府锡良。"山西候补知府锡良,廉正朴诚,实事求是,爱民勤政,屡膺荐章。光绪十八九年山右七厅千余里大灾,该员总理赈务,奔走救死,经营劳瘁,多人所不能堪,因得全活无算,邻省咸争道弗衰。"(《李忠节公(鉴堂)奏议》,第647页)

7月23日(六月初二日) 李秉衡上奏暂时留任锡良办理营务。奏折为:"山西候补知府锡良蒙恩简放山东沂州府知府,即应饬赴新任。惟该员自奏调来东即委办臣军营务多所匡襄。现虽防务稍松,仍未就绪,沿海千数百里未敢弛备,应暂留该员综理一切,以资熟手,一俟局势粗定,再行饬令赴任。"(《光绪朝朱批奏折》第10辑,第715页)

1896年（光绪二十二年　丙申）44岁

6月27日（五月十七日）　山东巡抚李秉衡奏请饬沂州府知府锡良赴新任兖沂曹济道供职，以便升任按察使毓贤交卸道篆北上。（《光绪朝朱批奏折》第11辑，第560页）

7月30日（六月二十四日）　因兖沂曹济道毓贤升授按察使，新任兖沂曹济道锡良到任未久，正赖实任武职大员坐镇其间，山东巡抚李秉衡奏请敕催曹州镇总兵万本华迅速来山东。（《李忠节公（鉴堂）奏议》，第938—939页）

六月　锡良上山东巡抚李秉衡文。（《近代史所藏清代名人稿本抄本》第3辑，第125册，第134—140页）

10月6日（八月三十日）　就河防交接事宜及开字五营裁撤问题，锡良禀山东抚宪李秉衡："敬禀者，窃职道于八月二十六日赴上游河工，业将公出日期禀报在案。兹于二十九日抵贾庄工次，除将上游河防事宜交接清楚，另行禀报外，当与马道开玉晤商一切，据云该道所带开字五营于八月二十五日接奉宪檄，截至八月底止一律裁撤，应即恪遵办理。惟五营人数甚众，所有收缴军装，遣撤起程，稽查弹压在在需人，如遽同时并撤，深恐稍有不慎，或致别生事端，有关大局拟恳宪恩，准将开字后营选拔精壮二百名，并留哈乞克斯枪一百杆，其余号令、旗帜、马步、差弁、文案、哨书等项一概遣撤。"（《近代史所藏清代名人稿本抄本》第3辑，第95册，第330—332页）

10月9日（九月初三日）　锡良禀山东巡抚李秉衡接办河防事宜。（《近代史所藏清代名人稿本抄本》第3辑，第95册，第332—333页）

12月24日（十一月二十日）　锡良禀山东巡抚李秉衡接办河防事

宜。禀曰："敬禀者，职道十一月十三日自兖起身，次日至安山，十五日抵十里堡，一路查看运河情形，连日大雪，十七日始晴，天气奇冷，黄河流凌，十九二十等日孙楼上下封河，安山北之坡河结冻，运河冰凝二三寸，探听回空船只头帮甫抵梁家，后帮到魏家湾、戴家湾等处停泊，南来无期，坡河既冻，必须由十里堡拖坝。"（《近代史所藏清代名人稿本抄本》第3辑，第95册，第345—346页）

1897年（光绪二十三年　丁酉）45岁

1月2日（十一月二十九日）　锡良将所属兖沂曹济三府一州各员贤否出具切实密考缮呈。（《近代史所藏清代名人稿本抄本》第3辑，第95册，第353—357页）

2月19日（正月十八日）　锡良禀李秉衡据实密禀署泗水县周家齐居官政绩。"政治人和，实心任事，从少上控之案。"（《近代史所藏清代名人稿本抄本》第3辑，第95册，第366—367页）

3月13日（二月十一日）　锡良禀山东巡抚李秉衡，报"巨野、城武、郓城三处近日地方如何情形，拟即派人密查，一面亲往查访务得实际，再行禀复"。（《近代史所藏清代名人稿本抄本》第3辑，第95册，第367—369页）

3月30日（二月二十八日）　锡良就宁阳县命案、督办团防、拿获巨匪等事宜，禀告山东巡抚李秉衡。（《近代史所藏清代名人稿本抄本》第3辑，第95册，第370—374页）

4月1日（二月三十日）　锡良禀李秉衡，谨将访明各属缉拿未获著名盗匪姓名住址缮具清折呈交。（《近代史所藏清代名人稿本抄本》第3辑，第95册，第377—383页）

4月20日（三月十九日）　锡良由十里堡发山东巡抚李秉衡禀，将桃汛抢险平稳情形及查看修培各工遵照宪札谆谕承监修各员先尽临河用土等及时禀告。（《近代史所藏清代名人稿本抄本》第3辑，第95册，第384—386页）

是日　就万镇个人问题，锡良禀李秉衡："密禀者，蒙谕万镇勇而器小，嘱为窃查等因，昨在贾庄邵守、宋令先后来谒，询问万镇居官一切，据称该镇人好体面，尚非龌龊嗜利者流。现在修署虽用钱无多，却系自捐，并未摊派颇勤，掺演营规亦严。惟初任地方官，情形不熟，率意而行，迹未免顺心自用。综计其居官为人，宪台一语尽之，刻下将才难得，赫赫知名者大半爱财而又惜命，求如万镇之精神奋发勇敢有为夐夐乎难。若再能扩充器识，虽古名将何以加焉。"（《近代史所藏清代名人稿本抄本》第3辑，第95册，第386—388页）

4月29日（三月二十八日）　锡良再就万镇问题禀李秉衡。其指出："万镇掺持，虽不敢信其冰清玉洁，然必不至不顾局面，一味贪鄙，且性质朴拙，无巧滑习气，只因骤膺总镇，兴高采烈，遇事不肯虚心。至其经理队伍，讲求掺演，较之东路李王二统将，似为实在。职道往来曹郡数次，为避酬应，绕由城外行走，未得晤面，现拟明日赴曹，冀以所见证之所闻，得其确切情形，即当飞禀。"（《近代史所藏清代名人稿本抄本》第3辑，第95册，第388—389页）

5月5日（四月初四日）　锡良禀李秉衡，就东路统将需人问题，其认为："夏庚堂军门虽亦非长于肆应，惟其诚勇廉明，沉毅稳练，声威资品，器识才略似均在万镇之上，可否以万镇接办李定明之营，而与孙万林、王宝华均归夏庚堂节制，威望既足以餍服人心，声势亦可以联贯一气。王宝华再为更易，庶几皆成劲旅矣，愚昧之见，是否有当，乞钧裁。"（《近代史所藏清代名人稿本抄本》第3辑，第95册，第389—390页）

七月　锡良、万本华等上山东巡抚李秉衡禀文。（《近代史所藏清代名人稿本抄本》第3辑，第125册，第140页）

11月5日（十月十一日）　锡良收巨野县许廷瑞禀教案缘由并本道批文及咨文。（《近代史所藏清代名人稿本抄本》第3辑，第132册，第497—501页）

11月7日（十月十三日）　锡良为巨野发生教案事札知嘉祥县令（叶大可）前往巨野查明案情。（《近代史所藏清代名人稿本抄本》第3辑，第132册，第501—502页）

11月11日（十月十七日）　锡良收抚宪李（李秉衡）札查教案缘由文并复北京总理衙门电。（《近代史所藏清代名人稿本抄本》第3辑，第132册，第503—506页）

11月12日（十月十八日）　锡良收抚宪李（李秉衡）为奉总理衙门电传根究教案谕旨札文。（《近代史所藏清代名人稿本抄本》第3辑，第132

| 1897 年（光绪二十三年　丁酉）45 岁 |

册，第 506—508 页）

11 月 13 日（十月十九日）　锡良为巨野发生教案事札知汶上县曹令（曹榕）查明教案情由文，并收嘉祥县叶大可禀教案情形文并本道批文及叶大可禀文。锡良禀抚宪（李秉衡）亲往曹属督缉大概情形文并抚宪李（李秉衡）批文。(《近代史所藏清代名人稿本抄本》第 3 辑，第 132 册，第 509—512 页）

11 月 14 日（十月二十日）　锡良收巨野县许廷瑞禀办案情形文并本道批文。(《近代史所藏清代名人稿本抄本》第 3 辑，第 132 册，第 518—520 页）

11 月 15 日（十月二十一日）　锡良收汶上县曹榕禀是否停考办案文并复文及札朝城县叶令（叶大可）文。(《近代史所藏清代名人稿本抄本》第 3 辑，第 132 册，第 520—522 页）

11 月 16 日（十月二十二日）　臬司毓贤、兖沂曹济道锡良致山东巡抚李秉衡电。

济南抚帅钧鉴：养电谨悉。遵即飞饬许令赶紧取赃，速拿逸犯，明日到巨。贤、良禀。祃。(《德国侵占胶州湾史料选编（1897—1898）》，第 131 页）

是日　锡良毓贤会禀抚宪李（李秉衡）会商同往巨野查办缘由文。锡良收济南衡（李秉衡）告知许廷瑞续获匪犯一名赶紧取赃，并电督催许廷瑞电及复抚宪电。(《近代史所藏清代名人稿本抄本》第 3 辑，第 132 册，第 522—524 页）

11 月 17 日（十月二十三日）　臬司毓贤、兖沂曹济道锡良致山东巡抚李秉衡电。

济南抚宪钧鉴：顷到巨续获四犯，起获真赃八件，事主认明。贤、良叩。漾。(《德国侵占胶州湾史料选编（1897—1898）》，第 132 页）

是日　锡良毓贤济南抚宪（李秉衡）电。(《近代史所藏清代名人稿本抄本》第 3 辑，第 132 册，第 524 页）

11 月 18 日（十月二十四日）　良收抚宪李（李秉衡）札知复总署函请遵照办理并附总署来函等三件；锡良收抚宪李（李秉衡）札知总理衙门受德国使臣恐吓催办教案文。(《近代史所藏清代名人稿本抄本》第 3 辑，第 132 册，第 524—533 页）

11 月 19 日（十月二十五日）　锡良收抚宪李（李秉衡）札知总理

衙门传旨确办巨野教案文；济南衡（李秉衡）来电并复电。(《近代史所藏清代名人稿本抄本》第3辑，第132册，第540—541页)

11月20日（十月二十六日）　锡良毓贤会禀抚宪李（李秉衡）获盗起赃情形文并附清单。(《近代史所藏清代名人稿本抄本》第3辑，第132册，第541—542页)

11月21日（十月二十七日）　锡良收巨野县许廷瑞禀续获凶盗四名连前共计九名讯供大略情形文并本道批文。(《近代史所藏清代名人稿本抄本》第3辑，第132册，第544—547页)

11月23日（十月二十九日）　锡良收抚宪李（李秉衡）札知具奏查参疏防教堂被劫各员遵旨摘顶勒缉一折文并附原奏及札行相关府县文。(《近代史所藏清代名人稿本抄本》第3辑，第132册，第548—551页)

11月24日（十一月初一日）　锡良收候补县朱俊阳谷县胡建枢会禀县属郑家垓教堂并无闹教及实在情形文并本道批文及抚宪李（李秉衡）批文。(《近代史所藏清代名人稿本抄本》第3辑，第132册，第551—555页)

11月25日（十一月初二日）　锡良毓贤会禀抚宪李（李秉衡）提讯巨野教案人犯拟议缘由。(《近代史所藏清代名人稿本抄本》第3辑，第132册，第555—559页)

12月1日（十一月初八日）　锡良收济南梅（张汝梅）传旨来电并转札曹州府及所属十一州县奉旨确查境内有无驱逐教民欲毁洋人之事。(《近代史所藏清代名人稿本抄本》第3辑，第132册，第573—574页)

12月31日（十二月初八日）　兖沂曹济道锡良为曹州未有驱逐教民等事致山东巡抚张汝梅电：

济南。抚帅钧鉴：顷奉阳电谨悉。曹属未闻有驱逐教民等事，已飞檄地方官确查，实力保护。职道锡良禀。庚。(《义和团档案史料续编》上册，第67页)

是日　锡良收济南梅（张汝梅）传旨来电并转札曹州府及所属十一州县奉旨确查境内有无驱逐教民欲毁洋人之事。收抚宪张（张汝梅）札知总理衙门传旨查明曹州有否闹教之事文并转札曹州府菏泽县巨野县候补府经复璞遵札办理文及禀复抚宪文及批文。(《近代史所藏清代名人稿本抄本》第3辑，第132册，第573—579页)

1898年（光绪二十四年　戊戌）46岁

1月2日（十二月初十日）　锡良收抚宪张（张汝梅）札查明撤办曹州总兵万本华倡言欲杀害洋人之事文并转札曹州府菏泽县文。（《近代史所藏清代名人稿本抄本》第3辑，第132册，第581—582页）

1月4日（十二月十二日）　收巨野县许廷瑞禀查明实无匪人滋扰文，收候补府经程璞禀查明实无匪人滋扰文，禀复抚宪张（张汝梅）曹州并无匪人滋扰文。（《近代史所藏清代名人稿本抄本》第3辑，第132册，第584—588页）

1月5日（十二月十三日）　收抚宪张（张汝梅）札开奉旨查办曹州驱逐教民之事并附初九日致总署电和初十日总署复电及札知曹州府文。《近代史所藏清代名人稿本抄本》第3辑，第132册，第590—592页）

1月8日（十二月十六日）　兖沂曹济道锡良等为英人在曲阜与人口角事致山东巡抚张汝梅电：

济南。抚帅钧鉴：咸电谨悉。英使所称在兖被殴，即初七日英人在曲阜卖书及游庙，与人口角之事。前经禀明并饬县查究。职道锡良、卑府叶修禀。铣。（《义和团档案史料续编》上册，第76页）

1月15日（十二月二十三日）　因山东巨野教案，兖沂曹济道锡良遭交部议处。（《德国侵占胶州湾史料选编（1897—1898）》，第191页）

是日　收兖州府王藻修禀遵札查结英教士被人殴打及口角之事文。（《近代史所藏清代名人稿本抄本》第3辑，第132册，第592—594页）

1月29日（正月初八日）　锡良收抚宪张（张汝梅）札知总署具奏曹州教案办结胶澳划界议租一折奉到朱批立即转行办理文并附总署原奏二件。（《近代史所藏清代名人稿本抄本》第3辑，第132册，第599—607页）

2月1日（正月十一日）　清廷对锡良给以撤职处分。（《德国侵占胶州湾史料选编（1897—1898）》，第203页）

2月8日（正月十八日）　收驻藏办事大臣讷钦咨送具奏藏番遵允勘界折。（《近代史所藏清代名人稿本抄本》第3辑，第43册，第275—279页）

2月11日（正月二十一日）　锡良收藩司移知抚宪张（张汝梅）奉旨札知查明境内已有教堂公断民教词讼按约切实保护教士文并转札各属文。（《近代史所藏清代名人稿本抄本》第3辑，第132册，第613—616页）

4月3日（三月十三日）　到山西，立即晋谒陕西巡抚胡聘之①。（《近代史所藏清代名人稿本抄本》第3辑，第88册，第197页）

4月4日（三月十四日）　被委署藩篆，并谒见山西巡抚胡聘之，谈款项。（《近代史所藏清代名人稿本抄本》第3辑，第88册，第197页）

4月5日（三月十五日）　俞方伯（俞廉三）②来询款项事。（《近代史所藏清代名人稿本抄本》第3辑，第88册，第197页）

4月6日（三月十六日）　谒见山西巡抚胡聘之。（《近代史所藏清代名人稿本抄本》第3辑，第88册，第198页）

4月7日（三月十七日）　俞方伯等为锡良新职庆贺。（《近代史所藏清代名人稿本抄本》第3辑，第88册，第198页）

4月8日（三月十八日）　约吴涕生、李葆生、赵养云、孚子安、许四弟吃饭。（《近代史所藏清代名人稿本抄本》第3辑，第88册，第198页）

4月9日（三月十九日）上清廷接署晋藩谢恩折。

窃奴才于山东兖沂曹济道任内，蒙恩调补山西冀宁道，于光绪二十四年三月十三日驰抵山西省城。旋奉抚臣札知，以山西布政使俞廉三调补湖南布政使，所遗藩篆，委奴才署理等因。十七日准调任布政使俞廉三将信印文卷，委员齐送前来，当即恭设香案，望阙叩头谢恩，祗领任事。

---

① 胡聘之，清代湖北天门人，字蕲生。同治进士，选庶吉士。历任河南道、太仆寺少卿。光绪十六年（1890）任顺天府尹。次年任山西布政使。二十一年（1895）擢陕西巡抚，旋调任山西巡抚。

② 俞廉三，清光绪十五年（1889），晋补冀宁道，寻迁湖南按察使，授头品顶戴山西布政使。二十四年（1898）迁湖南布政使，正值戊戌变法，赞助巡抚陈宝箴推行新政，遂升湖南巡抚，兼湖南学正。

| 1898 年（光绪二十四年　戊戌）46 岁 |

伏念奴才蒙古世仆，牧令起家。西晋服官，廿岁而郡符浒摄；东州奉役，五年而特简频邀。察俗鲁邦，未效涓埃之报；量移冀部，渥承稠叠之恩。兹复暂绾藩条，倍殷悚惕。查山右地邻秦、豫，藩司任重句宣；矧值时事多艰，度支奇绌。理财为裕军之本，开节宜筹；安民以察使为先，激扬并重。奴才梼昧，深惧弗胜。惟有禀承抚臣，认真经理，不敢以暂时摄篆，稍涉因循，以冀仰答高厚鸿慈于万一。（《锡良遗稿·奏稿》，第 1 页）

4 月 10 日（三月二十日）　上院，四弟来谈。还益和祥银二十四两。（《近代史所藏清代名人稿本抄本》第 3 辑，第 88 册，第 199 页）

4 月 11 日（三月二十一日）还益和祥银二十四两。（《近代史所藏清代名人稿本抄本》第 3 辑，第 88 册，第 199 页）

4 月 13 日（三月二十三日）　日记中写道："子纯回忻，考晋阳书院生童诗赋。"（《近代史所藏清代名人稿本抄本》第 3 辑，第 88 册，第 199 页）

5 月 6 日（闰三月十六日）　致总税务司赫德驻藏大臣请留亚东关好税司办理边事由。（《近代史所藏清代名人稿本抄本》第 3 辑，第 43 册，第 292—293 页）

7 月 13 日（五月二十五日）　收驻藏大臣文海咨送附奏拟办边务委员勘界等片稿由。（《近代史所藏清代名人稿本抄本》第 3 辑，第 43 册，第 293—298 页）

10 月 20 日（九月初六日）上清廷补授晋臬谢恩折。

窃奴才于光绪二十四年九月初五日接奉山西抚臣胡聘之行知："准吏部咨：八月二十二日内阁奉上谕：锡良著补授山西按察使，等因。钦此。当即恭设香案，望阙叩头谢恩讫。

伏念奴才蒙古世仆，知识庸愚，历由晋阳牧令，浒升东鲁监司。冀部量移，愧乏涓埃之报；藩条暂摄，渥承稠叠之恩。兹复仰荷鸿慈，擢陈臬事，自天闻命，伏地增惭。查晋省为右辅要区，臬司乃刑名总汇。举凡诘奸除暴、察吏安民诸大端，在在胥关紧要。奴才愚昧，深惧弗胜。惟有吁恳天恩，俯准奴才趋叩阙廷，跪聆圣训，俾得有所遵循，以期仰答高厚生成于万一。

朱批：著来见。（《光绪朝朱批奏折》第 13 辑，第 473 页）

11月19日（十月初六日）收驻藏办事大臣文海咨送具奏由藏起程查阅后藏等处折由。（《近代史所藏清代名人稿本抄本》第3辑，第43册，第304—307页）

12月16日（十一月初四日） 收驻藏办事大臣裕钢具奏谢恩一折奉到朱批知照由。（《近代史所藏清代名人稿本抄本》第3辑，第43册，第307—308页）

12月24日（十一月十二日） 收总税务司赫德印藏免纳进出口税五年届满或将欲订税则各事向印度政府声明或听印度如何商办之处祈酌夺由。（《近代史所藏清代名人稿本抄本》第3辑，第43册，第308—310页）

12月29日（十一月十七日） 致总税务司赫德函送驻藏大臣电码请转寄由。（《近代史所藏清代名人稿本抄本》第3辑，第43册，第310—312页）

1899年（光绪二十五年　己亥）47岁

1月5日（十二月二十四日）　收总税务司赫德函复寄驻藏大臣电码一件转致由。(《近代史所藏清代名人稿本抄本》第3辑，第43册，第312—314页)

1月12日（十二月初一日）上清廷晋臬到任谢恩折。

窃奴才光绪二十四年八月二十二日，于冀宁道任内，钦奉恩命补授山西按察使，当经具折谢恩，恳请陛见，奉朱批："著来见。钦此。"遵即入都，仰蒙召见三次，训诲周详，无微不至；并谕以力戒因循，破除情面；跪聆之下，钦感莫名。陛辞后，傲装启程，于十一月二十六日行抵山西省城，奉抚臣胡聘之饬知赴任。于二十九日准署按察使。河东道杨宗濂派员将印信文卷赍送前来。奴才当即恭设香案，望阙叩头，祗领任事。

伏念奴才渥受国恩，涓埃未报，兹陈臬事，悚惕弥深。查山西当关、陇要冲，臬司为刑名总区。诘奸除暴，在情法之持平；饬纪振纲，贵激扬之悉当。奴才愚昧，深惧弗胜。惟有恪遵谕旨，力戒因循，破除情面，随时随事，禀商抚臣，加意讲求，实心经理，以冀仰答高厚鸿慈于万一。(《锡良遗稿·奏稿》，第2—3页)

1月12日（十二月初一日）　收总税务司赫德印藏一事亚东税司来电内有文大臣致总署电码祈查收由。(《近代史所藏清代名人稿本抄本》第3辑，第43册，第314—315页)

1月23日（十二月十二日）　收驻藏办事大臣文海咨送具奏到边日期及办理大概情形片稿由。(《近代史所藏清代名人稿本抄本》第3辑，第43册，第315—316页)

2月8日（十二月二十八日）　收驻藏办事大臣文海咨送与英员问答

节略并照会驻印大臣文稿由并节略。(《近代史所藏清代名人稿本抄本》第3辑，第43册，第316—331页)

3月3日（正月二十二日）上清廷辅授湘臬谢恩折。

窃奴才接奉山西抚臣胡聘之行知："光绪二十五年正月二十日钦奉电传上谕：'锡良著调补湖南按察使'。"等因。钦此。当即恭设香案，望阙叩头谢恩讫。

伏念奴才蒙古世仆，知识庸愚。前蒙恩擢授山西臬司，甫经到任，涓埃未报，兢惕方深。兹复恭膺简命，调补湖南，愈重仔肩，益加感悚。查湖南当江、岭要冲。臬司实刑名总汇，举凡诘奸除暴、察吏安民，在在胥关紧要。奴才愚昧，深惧弗胜。惟有仰恳天恩，俯准奴才入都陛见，跪聆圣诲，冀得遵循。

朱批："著来见。"(《光绪朝朱批奏折》第13辑，第793页)

3月24日（二月十三日）上清廷辅授湘藩谢恩折。

窃奴才前蒙恩命，调补湖南按察使，当经具折叩谢天恩，吁请陛见，奉朱批："著来见。钦此。"正在料理交卸间，接奉山西抚臣胡聘之行知："钦奉电传光绪二十五年二月初四日上谕：'湖南布政使著锡良补授。'"自天闻命，伏地增惭，当即恭设香案，望阙扣头谢恩。

伏念奴才一介庸愚，屡叨简畀，量移湘臬，兢惕方深；兹复荐绾藩条，悚惶益切。查湖南当粤、鄂之冲，藩司有旬宣之责。值此库储支绌，民困未苏，用人理财，胥关紧要。自维梼昧，惧弗克胜。现在幸蒙圣慈准予陛见，奴才即当趋叩阙廷，跪聆训诲，俾办理一切得有遵循，以冀仰答高厚生成于万一。(《近代史所藏清代名人稿本抄本》第3辑，第105册，第139—146页)

6月6日（四月二十八日）上清廷湘藩到任谢恩折。

窃奴才在山西按察使任内，蒙恩调补湖南按察使，旋于光绪二十五年二月初四日奉上谕："湖南布政使著锡良补授。钦此。"当两次具折谢恩，并吁恳陛见，钦奉朱批："著来见。钦此。"遵即交卸北上，趋诣阙廷，仰蒙召见三次，训诲周详，莫名钦感。陛辞后，即取道天津，航海溯江，于四月二十四日行抵湖南省城，奉抚臣俞廉三饬知赴任。二十六日，准署布政使但湘良将印信文卷移交前来。当即恭设香案，望阙扣头，祗领任事。

伏念奴才甫调冀方，旋陈枭事，会涓埃之未效，乃迁擢之频膺，固深感恩图报之忱，益增任重材轻之惧。查湖南山丛水衍，本属粤区；地隘人稠，素非饶富；政务綦剧，治理维艰。藩司责在理财，职当察吏。值此库储奇绌，指拨繁而开裕殊难；况当时事孔殷，自治亟而需才弥切。凡此用人筹款，实为目前紧要大关，顾省驽庸，倍虞蚊负。惟有恪遵圣训，遇事认真，不敢怠逸以旷官，尤戒瞻徇而附下；仍随事随时禀商督抚臣，悉心经理，勉竭知能，以冀仰答高厚生成于万一。（《近代史所藏清代名人稿本抄本》第3辑，第105册，第146—154页）

9月21日（八月十七日）上清廷接护湘抚谢恩折。

窃奴才奉抚臣俞廉三咨行："光绪二十五年八月初九日差弁赍回原折，奉朱批：'俞廉三著来京陛见，湖南巡抚著锡良护理。钦此。'"旋于八月十七日，准抚臣俞廉三委员将湖南巡抚关防并王命旗牌、文卷等件赍送前来。当即恭设香案，望阙叩头谢恩，祗领任事。

伏念奴才一介庸愚，毫无知识。藩条忝绾，方惭报称之未能；抚篆命权，更觉悚惶之无地。查湖南外通江汉，内控湖山，本上游要冲之区，值时局艰难之会。辰星拱卫，自强则军政宜修；未雨绸缪，先事则饷源当裕。剔税厘之中饱，财重节流；兴矿垦之利源，事方图始。况岳州开埠，交涉日繁，宜保自主之权，预杜外侵之渐。与夫肃吏治，厚民生，固疆防，正学术，以及团练、保甲诸大端，在在均关紧要。奴才梼昧，惧弗克胜。幸抚臣俞廉三筹办各具规模，惟有殚竭血诚，倍加勤慎，一切事宜，督同司道，熟思审处，遇有要件，随时电咨督臣，悉心经理，不敢以暂时护篆，稍涉因循，以冀仰答高厚鸿慈于万一。（《近代史所藏清代名人稿本抄本》第3辑，第105册，第154—161页）

10月10日（九月六日）上筹饷练兵折。

窃照本任抚臣俞廉三承准军机大臣字寄："光绪二十五年正月二日奉上谕：'练兵为当今要务，叠经谕令各直省将军、督抚，各就本省饷力，妥定章程，认真办理。该将军、督抚等受恩深重，自当共体时艰，力图振作，迅速举行。现在某省实能筹饷若干，练兵几营，何人统率，未据切实奏到。著各督抚凛遵历次谕旨，通筹妥议，限一月内迅即覆奏。督抚均有提督军务兼理粮饷之责，提镇为专阃大员，兵事尤责无旁贷。所有此次练兵，有提督省分，应责成提督统领通省各营，无提督省分，应于各镇中遴选熟谙军事之员总司营务，总以痛除缺额、蚀饷为第一要义；然后申明纪律，勤加训练，务期一兵得一兵之用。该督抚仍不时校阅，赏罚严明，以节制之师，为缓急之用。'"等因。钦此。当经抚臣俞廉三督同在省司道筹画，咨商督臣张之洞，奴才前在藩司任内，随同悉心参酌。

查湖南绿营抚、提等三十标营兵丁，遵旨裁汰，俟五年裁清后，存兵一万一千三百三十名，合免裁之镇篔兵四千六十一名，辰沅道所辖练勇一千名，共一万六千三百九十一名；内中于同治年间挑选练军两营，果能力除积习，训练有方，用以守疆御侮，不致饷项虚糜。方今时局艰难，自强之道，首在筹饷练兵，圣训谆切，凡有血气之伦，莫不同深敌忾。湘省旧有陆军防勇十三旗并卫队、巡缉等勇共四千九百三十九名，水师三营，共弁勇二千三百九十六名，均于属境扼要分扎，以资镇卫。嗣添练信字二旗，系补用参将陶廷樑统带，威字五旗，系候选内阁中书黄忠浩统带，每旗三百六十人；近练劲字五营，每营五百人，系永州镇总兵熊铁生统带，署长沙协副将崧煜帮统；共信、威、劲三军练勇五千二十人；其信字一军驻扎岳州，劲、威两军驻扎省城，便于就近督操。所有各营旗军制、饷章，历经前抚臣陈宝箴、抚臣俞廉三奏明在案。

湘省库储支绌，饷项本属不敷，新练劲军五营，更难筹备。奏请盐斤加价二文，收以充用，尚虞入不敷出。奴才接护疆符，整军讲武，是为要图，惟有竭其知能，力求振作。驻省劲、威两军即由奴才随时校阅，期其枪炮命中，步伐整齐，明定功过，以为劝惩。省外水陆各军，严饬统带各官一体勤加训练。并明查暗访，其有操防不懈、勇丁精实者，酌量奖励；倘有缺额、蚀饷、操防不力等弊，得实立予参究。庶赏罚明而人知感奋，以冀仰副圣慈有备无患之至意。（《近代史所藏清代名人稿本抄本》第3辑，第105册，第165—176页）

是日　奏报长江水师提督黄少春到湘。

长江水师定章，提督以半年驻上江，半年驻下江，周历巡阅，历经奏报在案。

| 1899 年（光绪二十五年 己亥）47 岁 |

兹长江提督黄少春，于本年八月十四日自镇江府防次起椗，泝流上驶，历汉江、岳州两标，按营考察官兵勤惰，周巡洞庭，行抵长沙省城，与奴才面商一切应办事宜，定于九月十五日由省起程，仍循长江下驶，依次校阅。

所有到省及启程日期，谨会同长江水师提督臣黄少春循例附片奏报。（《近代史所藏清代名人稿本抄本》第 3 辑，第 105 册，第 256—260 页）

10 月 22 日（九月十八日）上本年早稻收成分数折。

窃照湖南省种植稻谷，有早中晚之分，随田土之高下，分收成之先后。本年各属早稻，现已刈获登场。据署布政使但湘良查明收成分数，造册具详前来。

奴才覆加查核，湖南省七十六厅州县，除永绥、桂东二厅县向不种植早稻外，其余各属早稻收成分数内，九分有余者一县，八分有余者四厅县，八分者二县，七分有余者三十八厅州县，七分者五县，六分有余者十四州县，六分者三州县，五分有余者四州县，五分者一县，四分有余者二县：合计通省收成实六分有余。

现在中、晚稻亦已次第熟，容俟各属查明收成分数禀报到日，另行汇奏外，所有湖南省光绪二十五年分早稻收成分数，谨循例恭折具奏，并缮清单，敬呈御览。（《近代史所藏清代名人稿本抄本》第 3 辑，第 105 册，第 327—340 页）

10 月 28 日（九月二十四日）上解本年末批俸饷片。

湖南每年应解另款加复节饷银八千两，经前抚臣吴大澂奏请自光绪十九年起，于节省长夫尾存项下照数动支，作正开销，业经按年解清，并解过光绪二十五年头、二、三三批库平银六千两，随时奏咨在案。

兹据善后、报销总局司道详称，"现又在于节省长夫尾存项下筹备本年分末批库平银二千两，合湘平银二千七十八两四钱，交末批京饷委员候补同知柏盛、议叙知县夏辅清搭解赴部交纳"等情，详请奏咨前来。奴才覆核无异。（《近代史所藏清代名人稿本抄本》第 3 辑，第 105 册，第 357—362 页）

是月 汇解九月限期认还俄法款银。

准户部咨奏每年应还俄、法、英、德两款本息，数巨期促，拟由部库及各省关分别认还各折片，于光绪二十二年五月初八准奏，本日均奉旨："依议。钦此。"刷印原奏清单、附片，飞咨来南。业饬司局遵将派拨还俄、法一款自光绪二十二年九月限期起，至二十五年三月期限止，共计银三十万两，均经依限如数汇解江海关查收，先后分别奏咨在案。

兹据湖南善后厘金局及藩司，粮、盐二道等会详称："光绪二十五年分应解俄、法一款，九月限期已届，不得不竭力筹解，以免贻误。现拟请在于茶糖、百货二成厘金及司库减平项下动支银四万两，又汇费银六百两，于光绪二十五年九月十五日发交乾盛亨、协同庆、蔚泰厚、百川通四商号各承领银一万两，均限于是月底汇解江海关兑收，守候库收批照回销，以期迅速而济要需"等情，详请奏咨前来。奴才复核无异。（《锡良遗稿·奏稿》，第7—8页）

11月1日（九月二十八日）上奏更换劲字后营管带。

光绪十五年十月十八日奉上谕："各直省防营，如有更换管带员弁，著随时奏闻"等因，钦此。历经钦遵办理在案。

查湖南省遵旨挑练新军劲字五营；其劲字后营管带官，前委留南补用参将杨定得在案。今据该营禀报，该员在营病故，所遗后营员缺，亟应委员接管。查有该后营帮带、花翎补用游击周振斌，堪以委令接管。递遗帮办，查有候选同知周朋寿，堪以委令接充。（《近代史所藏清代名人稿本抄本》第3辑，第105册，第350—354页）

11月6日（十月初四日）提前汇解冬月英德款。

准户部咨奏每年应还俄、法、英、德两款本息，数巨期促，拟由部库及各省关分别认还各折片，于光绪二十二年五月初八日奏，本日均奉旨："依议。钦此。"刷印原奏、清单，咨行来湘。当经转饬遵照依限筹解，业将光绪二十二、三、四三年认还英、德一款，共计银四十二万两，均经分限如数解清，并已筹解光绪二十五年二、五、八三个月限期银共十万五千两，先后奏咨各在案。

兹据善后、厘金各总局并藩司，粮、盐二道等会详称："奉札，准户部电，应解二十五年分冬月英、德一款，提前在十月内解到等因，自应遵照设法筹解，以免贻误。拟请在于藩库、粮道、厘金局凑筹铁路经费项下借拨库平银三万五千两，又汇费银五百二十五两，于光绪二十五年

| 1899 年（光绪二十五年　己亥）47 岁 |

十月十四日发交乾盛亨、协同庆、蔚泰厚三商号各承领银九千两，百川通商号承领银八千两，均限于十月三十日汇解江海关查收，守候库收批照回销，以期迅速，而济要需。"等情，详请奏咨前来。奴才覆核无异。

除咨户部外，所有湖南省奉派认还英、德一款，本年冬月限期应解银两提前汇解江海关道查收缘由，理合会同督臣张之洞附片具陈。（《近代史所藏清代名人稿本抄本》第 3 辑，第 105 册，第 369—375 页）

11 月 8 日（十月初六日）报解末批京饷折。

奏为报解本年末批地丁、厘金、盐厘、京饷及漕折、固本等银，恭折仰祈圣鉴事：窃照湖南省本年奉部原拨、续拨京饷共地丁银二十五万两，厘金、盐厘银共十万两，业经委员解过头、二、三批地丁银十九万两，盐厘、厘金银共八万两，又三次解过奉拨本年东北边防经费厘金银七万二千两，固本军饷银四万五千两，漕折二米漕费等银十二万四千一百九十三两五分二厘，均经抚臣俞廉三会核奏报在案。

兹据署藩司但湘良详称，筹备地丁银六万两，本年冬季三个月固本军饷银一万五千两；又会同厘金总局补用道夏献铭筹备盐厘银一万两，厘金银一万两，边防经费厘金银二万四千两，以上共银十一万九千两，作为本年末批京饷，又据署粮储道蔡乃煌详称，在于光绪二十五年新漕折价项下动支银两万两，一并委派补用同知柏盛、议叙知县夏辅清管解赴部交纳，分案详请咨奏前来。奴才复核无异。

除分别缮具咨批护牌，饬发该委员小心领解，另取启程日期咨报，一面分咨沿途各饷属妥为拨护外，所有报解本年末批京饷缘由，谨会同湖广总督臣张之洞恭折具奏。

再，本年应解地丁、厘金、盐厘、京饷及边防经费、固本饷银，均已扫数解清，合并声明。（《近代史所藏清代名人稿本抄本》第 3 辑，第 105 册，第 362—369 页）

是日　上筹解备荒经费片。

再，据湖南署布政使但湘良会同总理厘金局务补用道夏献铭详称："前奉部咨，指拨湖南备荒经费每月厘金银一千两，行令随同京饷搭解赴部等因，遵办在案。兹筹备光绪二十五年分备荒经费银一万二千两，现有管解光绪二十五年末批京饷委员补用同知柏盛、议叙知县夏辅清，

堪以附便搭解"等情，详请奏咨前来。(《近代史所藏清代名人稿本抄本》第3辑，第105册，第375—379页)

11月19日（十月十七日） 上奏更换防营管带片。

光绪十五年十月十八日奉上谕："各直省防营，如有更换管带员弁，著随时奏闻"等因，钦此。历经钦遵办理在案。

兹查督带亲军前旗副将谭尚贵在营病故，所有营务事件，查有管带信字左旗补用参将徐建盛堪以接带；遗出信字左旗事务，查有管带选锋水师左营补用参将徐建盛堪以接带；递遗选锋左营事务，查有补用都司高明经堪以接充。(《近代史所藏清代名人稿本抄本》第3辑，第105册，第421—425页)

11月21日（十月十九日） 上奏岳州关开办日期折。

窃照岳州开设商埠，前经督臣张之洞、本任抚臣俞廉三。请将分守岳常澧道移驻岳州，兼管岳州关监督事务，并请颁监督关防，奏蒙恩准在案。

奴才接护抚篆后，以关务繁重，委派熟悉交涉之署粮道蔡乃煌前往，会同署岳常澧道张鸿顺，将开关事宜，妥慎商办，务伸自主之权。兹据会详称："勘定岳州城迤北附近洞庭湖水入江之处名城陵矶，设关最便，一切修造关廨、屯栈等事，公费繁巨，商由税务司详细估计，斟酌次第举办。现就原有官房，略加缮葺，暂为办公之所。于本年十月十一日开关，所有验货征税，均按照关章办理；并由关道照会驻汉口各国领事，转饬商民知道"等情，详请奏咨前来。

伏查岳州逼近汉口，惟由江入湖及湘运鄂之货道所必经，税务能否畅旺，尚无把握。惟有督饬该道，将应办事宜，认真经理，总期取益防损，以维大局，而保利权。

至监督关防尚未颁发来湘，现在该关一切文移单照等件，仍暂用湖南分守岳常澧道关防，以昭信守。

除分咨总理衙门、户部查照外，理合将岳州关开办日期缘由，会同湖广总督张之洞恭折具奏。(《近代史所藏清代名人稿本抄本》第3辑，第105册，第431—447页)

11月25日（十月二十三日） 上奏湖南应造剥船请由直隶代造折。

1899年（光绪二十五年　己亥）47岁

奏为湖南省应造剥船，援案请由直隶代造，并分别筹款垫解，以应急需，恭折仰祈圣鉴事：

窃照光绪二十五年十月初十日准户部咨："直隶总督臣裕禄奏，直隶续增剥船满料，应行裁除，请饬江西等省，照例承造解直济用一折，奉朱批：'该部知道。钦此。'查原奏内称：'本届满料续增剥船二百八十九只，例应由湖南分造九十六只，务于本年封河前到津，以备来岁新漕剥运'等语。查定例：江、广等省排造剥船，每只工价银二百三十四两六分五厘，运费银四十两。湖南分造九十六只，需银二万六千三百一十两二钱四分，应由东纲生息项下拨用。前因东纲息银未能遵解，所有历届造船工价银两，均系动拨漕项等款垫用，叠经行令筹还解部归款，迄未报解。查东省历年欠解新、旧息银早应解部划抵江、广等省排造剥船专款，自应照案拨用，不容再有推诿，致误要需。应令山东抚臣严饬运司，即在东纲积欠新、旧息银款内，按照各省需用数目，分别迅速派员解交，以济急需"，抄录原奏，咨行到湘。并准工部及直隶总督各咨相同，均经转行去后。

兹据署湖南粮储道蔡乃煌会同署布政使但湘良详称："湘省今年林木缺少，殊乏坚具良材，购运匪易。上年奉文排造剥船七十二支，已将为难情形，详经抚臣俞廉三准奏由直代造，期归便捷在案。此次派造数较多，需料尤多；且距封河之期更迫，排造艰难，解运阻滞，深恐贻误要需。再四思维，仍不能不援案变通办理，已蒙电商直隶督臣，复允查照上届汇款代造，以期迅速。惟部中指拨东纲息款久成具文，即令有解亦属缓不济急。自应查照历届成案，暂于道库节年漕项等款内，先行按数垫支，发交商号承领汇解济用，俟东纲息银解到归款。第上届直隶代造船价，系按每只四百一十六两五钱九分九厘核计，部驳只准报销例价，饬将多支不敷银两，自行设法筹还。此次排造九十六只，自不得不遵照部示，每只只支正项工价运费银二百七十四两六分五厘，共计支银二万六千三百一十两二钱四分；较上届每只尚短银一百四十二两五钱三分四厘，拟由司库设法筹措解归道库，随同指拨例价，另行汇解供用，不再造报开销正款，以符部章"等情，援案详请奏咨前来。奴才覆查无异。

合无仰恳天恩，俯准饬由直隶省将湖南分造剥船，代为排造，免误运限之处，除咨户、工二部及直隶总督臣、山东巡抚臣查照，并行藩司、粮道迅速筹款汇解直隶总督衙门兑收外，谨会同湖广总督臣张之洞恭折具陈。(《近代史所藏清代名人稿本抄本》第3辑，第105册，第447—448页)

12月6日（十一月初四日）　奏报本年中晚二稻收成分数折。

窃照湖南各属本年早稻收成分数，业经奴才恭折奏报在案。

兹值中、晚二稻刈获登场，据署布政使但湘良查明收成分数，造册具详请奏前来。奴才逐加查核，除湘阴、益阳、武陵、龙阳、沅江、巴陵、临湘、华容、澧州、安乡、南洲并茶陵、清泉、安仁、酃县、新化、武冈、沅陵等厅州县内有被水田亩，均俟查明，另行具奏外，其未经被水田亩及各属收成，内八分有余者二州县，七分有余者二十八厅州县，七分者六州县，六分有余者二十九厅州县，六分者一县，五分有余者八县，四分有余者二县，合计通省七十六厅州县，牵算收成实六分有余。

伏查本年二麦早稻，均获有秋，中、晚二稻，亦称中稔，民食有资，堪以上慰宸廑。(《近代史所藏清代名人稿本抄本》第3辑，第105册，第467—479页)

12月14日（十一月十二日）　上查阅冬操折，奏报湖南省标各营冬操情形。

奏为查阅省标各营冬操完竣，恭折仰祈圣鉴事：

窃照湖南省城额设抚标左、右两营及长沙协营城守官兵，每年春冬合操一次，以课勤惰。本年冬操届期，奴才于十一月初三、初六、初七等日，调集三营官兵练军，并驻防省城之抚标亲军、后旗新军、劲字营、威字旗及亲军卫队，齐至校场，逐一认真校阅，先令合演三才、八卦、夹牌等阵式，次阅马步、弓箭及洋枪、鸟枪、抬炮、藤牌、刀矛、杂技，均尚步伐整齐，进止有节，合计官兵勇丁枪炮中靶在九成以上，弓箭中的在八成以上，刀矛击刺，藤牌起伏，均尚敏捷如法。查验军装、马匹，亦皆坚实膘壮。兵勇足额，尚无老弱充数，各营将领训练尚属认真。奴才阅看后，将材技出色官兵，优加奖赏，用示鼓励。间有弓、马稍弱，技艺较生者，分别勒限学习，俟限满再行定期覆阅。并饬该将备等勤督操演，务期精益求精，一兵得一兵之用。其余省外各营，奴才于公牍往来，暨接见各将领时，严饬痛除积习，实力操防，毋许疏懈，以期仰副

| 1899 年（光绪二十五年　己亥）47 岁 |

朝廷诘戎经武、整军卫民之至意。

所有奴才阅看省标三营官兵及新军、练军、防卫各营冬操完竣情形，谨恭折具奏。（《近代史所藏清代名人稿本抄本》第3辑，第105册，第492—498页）

12月17日（十一月十五日）　极力稳定地方政局，奏报剿办衡山、芷江各县等处会匪情形。

奴才于光绪二十五年十月二十三日接据湖南衡山县知县黎墉禀报，县属白云岭地方，有已革文生向导陇，纠集匪党千余人，打造刀械，布散伪檄，希图起事。当即飞饬该县及邻封营汛，督率弁兵图擒，四面围拿；复委管带劲字前营、长沙协副将崧煜及分防衡州之管带刚字三旗、都司王鼎华、分泊湘潭之管带选锋水师、后营都司李洪斌会同扑捕。匪党闻风惊溃，旋各逃散，又经飞饬查拿去后。续据衡山县知县黎墉禀称：十月二十一日探悉匪首潜匿地方，即于是夜会督营团，密往兜拿，当获匪首向导陇，起获伪檄、刀械各件，并拿获听纠为匪之彭金汰等六名，押解回县。讯据向导陇供认，起意纠众，谋为不轨，布散伪檄，约期起事不讳。开录供折，照抄伪檄事件，禀送前来。

奴才查向导陇所撰伪檄，语极狂悖，诱集匪党多人，如非地方文武员弁迅速围拿，难保不酿成事端，别滋巨患；亟应尽法惩治，以彰国法，而定人心。当即批饬将该犯向导陇，先行就地正法枭示。仍提先后弋获之匪犯彭金汰等研讯确供，照章分别禀办；一面严拿党与，解散胁从。

又于十一月初二、初三等日，据署沅州府知府朱益濬、署沅州协副将文汉章等禀称：访闻贵州天柱县署滥洞与芷江县署碧涌一带交界地方，会匪李申唧、李白眉毛、杨昆山、田才发、杨占春邀约党与，潜谋不轨，正在督同芷江县知县温锡纯查拿，匪党随即竖旗滋事，头里黄巾，伪称"大成雷音"年号，聚众数千，约期攻犯沅州府城。当经该府、县会同防绿营汛，派拨弁勇，召集团丁，迎头扑捕。匪党连次开枪抗拒，阵亡勇丁二名，防勇团丁并力剿击，格杀匪党多名，匪目杨昆山亦经杀毙，并擒获伪称西大王之匪首李白眉毛、匪党李昌兴等解县讯供，立即正法。请拨兵协拿，仍请筹拨银两、军火，以资应用。并据镇箪镇总兵周瑞龙、辰永沅靖道庄赓良咨禀，酌派营兵练勇赴沅协防各等情。奴才当即飞饬庄广良亲身驰往沅州，督率文武员弁，上紧剿办；并咨镇筸镇加派弁兵，力扼麻阳县小路；一面电咨贵州巡抚臣王毓藻，迅饬所属天柱等县四面围拿，以防窜越。

奴才伏查此次衡山匪徒甫肇逆谋，即经破获，附近居民，均尚未被滋扰，现在地方一律安静。至黔、楚边境，地系苗疆，向为会匪出没之区。加以近来各省营勇遣撤回湘，大半习成游惰，最易勾串生事。奴才现经严饬该管道府、防绿营员，认真防范搜捕，务将首要悉数弋获。如能奋勉从事，擒获著名首犯，谨当遵照定章，吁请天恩，准予奖励。倘防捕不力，致令匪徒窜越，蹂躏村庄，立即据实严参，以期将士奋勉，尅日奏功。其误被诱惑、逼胁勉从良民，许其自拔投诚，妥为安插，俾匪党离心，易于藏事。所需经费，暂由附近沅城厘金局筹拨，容俟事竣，照例报销。(《近代史所藏清代名人稿本抄本》第3辑，第105册，第498—509页)

12月18日（十一月十六日）　由于湖南需款财政困难，上善后报销局请奏咨照常由淮南课厘项下拨解折。

奏为湘岸督销局每年由淮南课厘项下拨解湖南善后局原拨黔、甘军需一款，仍恳照常拨解，免予提扣，以济要需，恭折仰祈圣鉴事：

窃照光绪二十五年八月二十六日，准户部咨，每年由淮南课厘项下，拨黔、甘军需银两，先行停解存储报拨，不得擅动分毫，等因，准此，当经分行去后。

兹查前项盐厘，系因同治七年，湖南省大举援黔，军饷支绌，经前抚臣刘崐奏明，请饬江南每月协济饷需，嗣在湘岸督销局淮厘项下就近拨解。同治十三年十月，经前两江总督臣李宗羲，据金陵军需局以江南筹办防务，饷需浩繁，请将原拨协湘淮厘停解，改归金陵充饷等情详咨，又经前抚臣王文韶将湘省万分艰窘，碍难停止，仍请照常拨解，以济援防各军口粮等情咨复，旋准前两江督臣李宗羲允以所收淮厘余银，与金陵支应局分半筹济等因，计自同治八年起，至光绪二十五年春季止，每年约解到银二三万余两不等，共解拨银两余万两。所有光绪五年以前收拨银两，业已分年分届造册报销。自光绪六年以后，共收银六十余万两，现在陆续查算造报。

伏思湖南本瘠苦之区，常年入款，仅敷支解。近今以来，所入逐渐

1899年（光绪二十五年 己亥）47岁

短绌，出款频岁加增，节省已经办过四次，万不能再行核减。防营叠次裁汰，人数无多，地邻黔粤游勇、会匪无刻不思蠢动，防范弹压，恒苦不敷；而防营月饷，每至不能应手之时往往发给期票，藉资腾挪。邻省坐催协饷委员，亦常守至数月方能措解，艰窘情形，已难言状。加之本省入款，丁漕之外，以厘金为大宗，而厘金征收竟有江河日下之势。盖缘民力困穷，商利微薄，又半亏损于子口税单；虽竭力勾稽，剔除浮费，力杜中饱，总难望有起色。至于出项，则本省添练新军饷项，时虞欠缺，军火枪械，所需更无着落。新增边防不敷经费，及英、法、俄、德各洋款本息，现又因磅价昂贵，加拨银六万两，司局各库罗掘一空，实属无从筹措。所有湘岸督销局解拨淮厘余银，虽因援黔而起，实以协湘为重，久经列作正款，造册报部，并非外销款项可比。每年仅止银二三万两，虽为数无多，而湘省当万分竭蹶之时，则恃此以救燃眉之急。据善后局司道会详请奏前来。奴才覆加查核，均系实在情形。合无吁恳天恩，俯念湘省财源枯竭，支解浩繁，准将前项盐厘照常拨解，俾资周转，免误要需。如蒙俞允，所有收支数目，仍当按年分款造册报销。（《近代史所藏清代名人稿本抄本》第3辑，第105册，第519—530页）

12月21日（十一月十九日） 因仍未探得铜矿，奏报清廷宝南局暂行停铸。

光绪二十五年正月初六日，本任巡抚臣俞廉三承准军机大臣字寄："光绪二十四年十二月十五日奉上谕：'现在京师制钱短少，亟应推广鼓铸、各直省近年多有开巨铸钱之举，著各督抚一律查照办理。已经设局者，速即开炉鼓铸；未经设局者，即行查照旧章，一体开办'等因。钦此。遵旨寄信前来。"等因。承准此。当经俞廉三督饬在省司道，悉心筹画。

兹据署布政使但湘良、署盐法、长实道陈璚会详称："湖南省宝南局停铸多年，至光绪二十二年经前抚臣陈宝箴筹议开炉，查照旧章，酌量变通，委令在籍江西候补道朱昌琳综理其事，奏明在案，嗣因铜铅不敷应用，时铸时止，铸获钱文为数无几。伏查开办之初，原拟采取本省矿产，以供鼓铸；后因矿砂未能畅旺，改买洋铜，价值高昂，亏折甚多。现在各属仍未觅得高等铜矿，收买些微废铜，无益于事；洋铜价昂，需费尤巨，湘省库款支绌，无从筹垫。惟有暂行展缓，仍由矿务局上紧访查，一俟得有丰裕铜矿，即行开采供铸"等情，具详前来。奴才覆加查核，委系实在情形。（《近代史所藏清代名人稿本抄本》第 3 辑，第 105 册，第 573—578 页）

12 月 29 日（十一月二十七日）　奏报本年上忙①钱粮征解情形。

奏为湖南省光绪二十五年分征收上忙钱粮，截清解司银数，循例具陈，仰祈圣鉴事：

窃照定例，州县每年应征上下忙钱粮，除例准留支及实欠在民外，所有征收银两，尽数提解司库。上忙应四月完半者，限五月底；下忙限十二月底截清解司银数，专折奏报。又咸丰二年接准部咨："嗣后各省应征上忙钱粮，均以二月开征，限五月底完半；下忙八月接征，限十二月底全完。按照八分计算，责成藩司督催，以上忙匀为三分征收，如能完至三分者，免其议处，完至三分以上者，即予议叙；下忙匀为五分征收，如能完至五分者，免其议处，完至五分以上者，即予议叙；其余二分，果能于奏销前全完者，即将该藩司从优议叙。务于上下两忙截止一二月内专折具奏，造册送部。"又于咸丰九年经户部奏定："各省上忙限于十一月底，下忙限次年五月底，分晰成数造报。"又光绪二十三年经户部具奏："更定自本年为始，将藩司督催上下两忙分数，定以九分：上忙匀为四分，下忙匀为五分。上忙能完至四分，下忙能完至五分者，始准免其议处；如核计上下两忙征完分数在九分以上，仍给予议叙；其余所欠分数，复能于奏销前归数全完，所有藩司应得议叙，仍照旧例办理"。各等因。历经遵办在案。

兹据署布政使但湘良详称："光绪二十五年分湖南省额征地丁、起运、存留、驿站等项钱粮，除永顺、保靖、龙山、桑植四县均系秋粮，向于秋后起征，俟下忙截数造报外，其余各厅州县卫应征上忙钱粮，据各属陆续征解造册送司。查湖南省本年上下两忙共额征正银一百一十三

---

① 清代征收地丁钱粮，每年分二期，前期称上忙，后期称下忙。嘉庆二十年（1815）准各州县应征上下忙钱粮，以二月至七月底为上忙；八月至十二月底为下忙，全部完足。但也有例外，云南、贵州自九月至十二月末为上忙，次年正月至三月为下忙；广东则自七月至八月末为上忙，十二月至次年正月为下忙。

| 1899年（光绪二十五年 己亥）47岁 |

万五千八百六十五两七分六厘，上忙已征完银四十三万七千二十六两九钱一分七厘，未完银六十九万八千八百三十八两一钱五分九厘。又额征耗羡银一十一万三千五百一两七钱四分七厘，上忙已征完银三万三千六十一两一钱四厘，未完银八万四百四十两六钱四分三厘。共计上忙已完三分以上考成正耗银四十七万八十八两二分一厘，其余未完银两，现催令赶紧征解"等情，造册具详请奏前来。

奴才覆加查核：湖南地方宜麦之区较少，民间素种秋禾，完纳钱粮须至下忙始能踊跃；本年未完前项银两，确查均系欠在民，并无以完作欠情弊。

除督饬藩司严催各属将未完银两上紧征收，务于下忙扫数全完，不得稍有亏挪，并将清册送部外，所有光绪二十五年分上忙钱粮截清解司数银，谨循例恭折具奏。（《近代史所藏清代名人稿本抄本》第3辑，第105册，第578—589页）

12月30日（十一月二十八日）奏报解二十六年三成甘饷情形。

据湖南善后报销局司道详称：光绪二十五年分部拨甘肃新饷银十六万两，业经分批扫数解清在案。今奉拨光绪二十六年甘肃新饷银十六万两，饬今年内赶解三成，自应遵照。

伏查湘省素非宽裕，近年茶厘减色，加以添练新军，派还洋款以及筹解二十五年甘肃新饷，出款日增，入款日短，司道各库实已搜罗殆尽，支绌异常。惟念西陲大局攸关，不敢不竭力图维，以济要需。现在于藩库筹银二万两，又于提存裁并局务薪粮节省项下筹银八千两，又于淮盐湘厘项下筹银二万两，共库平银四万八千两，发交天成亨、协同庆、蔚丰厚各商号分批汇解，均于十二月初五日赴局各承领银一万六千两，限于二十六年二月三十日汇至甘肃藩司衙门交收守候库收批照回销，以期迅速，而济急需。等情。详请奏咨前来。

奴才覆查无异。除分咨户部及陕甘督臣、新疆抚臣查照并饬将其余未解银两按限接续筹解外，谨会同湖广总督臣张之洞附片具陈，伏乞圣鉴。（《近代史所藏清代名人稿本抄本》第3辑，第105册，第579—603页）

1900年（光绪二十六年 庚子）48岁

1月1日（十二月初一日） 与张之洞、俞廉三会奏查明知县被参各款及湘乡县征收漕粮折。

奏为查明知县被参各款及湖南湘乡县征收漕粮情形，恭折覆陈仰祈圣鉴事：

窃臣之洞暨本任抚臣俞廉三，于光绪二十五年七月十九日承准军机大臣字寄："光绪二十五年七月初七日奉上谕：'有人奏，州县侵吞民团公费，请严饬追查一折，据称湖南湘乡县向有帮价捐款，以备团防各局练勇之费。前任该县知县高联璧到任后，另行按亩捐谷，又将钱漕项下已减钱文，仍令纳充练费。县绅张通晋等禀请划还帮价旧制，竟被批斥。县城开办冬防，又刊单令各都月缴钱六串，图饱私囊。即将帮价全吞，又藉团练巧立名目，请饬查办等语。著张之洞、俞廉三确切查明高联璧有无原参各项劣迹，据实具奏，毋稍徇隐。此外各州、县，如有巧立名目、藉端苛派情弊，亦即严参惩办。原折均抄给阅看。将此各谕令知之。钦此。'遵旨寄信前来。"等因。承准此。当即钦遵，札饬湖南藩、臬两司并善后局、粮储道，委员前往确查，并经本任抚臣俞廉三札饬查覆。维时臣锡良在湖南藩司任内，会同臬司、粮储道及善后局司道，檄委长沙府知府颜钟骥，驰赴湘乡县逐一详查，并经本任抚臣俞廉三以遵旨进京陛见，交卸在即，移交臣锡良查办，附片奏明在案。

兹据颜钟骥前往湘乡县督同代理知县杨瑞鳣逐一查明，由署湖南布政使但湘良、署按察使湍多布，粮储道蔡乃煌与善后局司道等，会核具详前来。臣等覆加确核：

如原奏内称："湘乡县漕米，正供外之帮价一项，起于咸丰初年。其

| 1900 年（光绪二十六年　庚子）48 岁 |

时粤逆披猖，办团无费，由邑绅权宜按漕派捐。计湘邑上、中、下三里，每漕一石，按照部章，折色九一铅银一两三钱，外上、中两里各捐钱二千一百，下里捐钱二千三百，共得钱二万余串。款由官征，兵归绅练。前任知县高联璧到任后，全将帮价侵吞，团防局勇荡然无存"一节。兹查湘乡一县分上、中、下三里，共额征正四二米一万一千七百一十四石六斗五升六合五勺，除民欠无著外，实止征米一万七百八石一斗一合一勺；每石折收库平银一两三钱，共折收库平银一万三千九百二十两五钱三分二厘；应解正四二米一万一千七十一石四升三合九勺，每石照例价一两三钱计算，实解库平银一万四千三百九十二两二钱五分七厘；以征抵解，不敷银四百七十余两。此该县征解漕粮实在数目也。向章于实征数内，除去育婴、宾兴各公产外，其余漕米一万七十二石二升九合四勺，上、中二里每米一石，于正供外，另纳钱二千一百文，下里距城较近，每米一石另纳钱二千三百文，名曰帮价。虽年湮代远，不知起自何时，而稽之咸丰二年，该县绅士前大学士臣曾国藩之父曾麟书，前浙江宁绍台道罗泽南及邑绅赵焕联公禀，即有"漕米帮价，永照咸丰元年完纳，章程不得更易"等语。同治八年，复经该前任知县齐德五，会同邑绅毛有铭、傅建瀛、蒋益清等重订章程，每漕一石，于帮价内提付粮书辛工钱五百文。光绪二十四年，该前任知县高联璧复准札：每漕一石减去钱一百文，统计每年所收帮价，系钱一万六千九百九十文。而正四二漕米既须赔垫银四百七十余两，按照近年时价合钱六百二十余串，又每年应解漕费银四百四十两零，随漕办公银三百四十四两零，加复俸饷银八十二两零，轻齐盘费银二十八两零，均有解无征，约合钱一千二百五十余串。是漕项解款内共须赔垫钱一千八百余串，实止存钱一万五千余串。原奏谓有"二万余串"盖未细查漕项内尚有垫解之款。

原奏谓"此项帮价向充团费"，遍查案卷，稽之志书，均无确切证据。又查志书内载，咸丰二年四月粤匪窜至全州，近逼楚境，知县朱孙贻举行保甲，并令团练。三年九月，知县唐逢辰接办团练，其条款内谓："团练费业经派收动用，皆由督总核算悬单，前费用完方准另派一月"等语。是彼时团费只为随时派捐，非由花户随漕交纳，已可概见。又查同治八年，知县齐德五与邑绅议定钱漕章程，帮价于团费两项分条开列，是帮价自帮价，团费自团费，似已信而有征。

至团防常年经费，置有田产，收租应用。又该县钱粮，照例十月全完，花户迟延，勒限催收，如再逾限，即量罚钱文，所以维正供、儆疲玩。每年约得钱六百千文，分交团防三局，由书吏收付，官惟取具领状备案，向不经手。又近年邑绅曾怀柳等，以邑中存留捐款六千六百余串，分交三局，领作团费。又该县厘卡，亦按月提款济用。此现今办理团练用费之所出也。

又原奏称："上年奉上谕饬办民团，该知县复刊布条谕，谓上宪札饬，另行按亩捐谷，又将钱漕项下恩减之百文仍纳充团费，多方抑勒，舆论沸腾。张通晋等因屡陈民困，禀请划还帮价，俾复旧章，竟被该知县严加训斥。未几，县城开办冬防，又开单令各都月缴钱六串，无非取巧，图饱私囊。该绅联名赴控抚辕，未蒙伸理"一节。兹查光绪二十四年，奉准通行办理团练，由省局酌定章程，或按租捐谷，或富户捐赀，原无按亩派捐情事。该前县高联璧遵札照会地方绅富，其条款内称："此次举办团练，本县通盘筹划，除四乡各归各都就地筹款外，所有上、中、下三里各总局团费，若将本年奉文所减漕价，提作公款，庶经久有著，不致半途而废。此代地方设想，究竟是否可行，望即查明妥议示覆"等语。系与地方绅士会商办理，原作两可之词，初未固执己见，其事照会之后，并无成议，亦未闻有抑勒情事。

又是年办理冬防，照会中里团防局内称："中里十六里地方，每里由督总选派精壮团丁三名，送交贵局验收操练，以十六里合算，共得团丁四十八名。每名月给工钱三串，其钱仍各归各里筹措，交由贵绅按名发给。每年从十一月初一日起，至来年正月底止，每里不过用钱二十余串。分之则所费不多，合之则获益甚巨"等语。此系商由地方人等自行筹集应用，其款并不由官经理，似亦无从侵蚀。此外查无另有令各都按月缴钱六千文之事。

惟张通晋等禀请划还帮价，该前县高联璧以本邑漕粮章程，系同治八年经阖邑正绅悉心商订，行之数十年毫无流弊，不得轻议更张，当予驳饬在案。

至邑绅刘传琛、张通晋等联名上控，先经本任抚臣俞廉三批行藩司、

| 1900 年（光绪二十六年　庚子）48 岁 |

粮道等札委补用知府朱益濬赴县查明，帮价一款，原以帮正项及杂款之不足，与该县向年办团经费无涉；且以一县征收解支正杂各款，出入互抵，所余无多，与刘传琛等所禀相去甚远等情在案。

原奏又称："湘民完纳钱漕、地丁南折、驴脚，每银一两加征四钱，虽其中须除去补库平色及粮库辛共，火食等银，而知县所入实巨万，且钱昂银贱，所赢尤觉不赀"等语。查该县额征地丁、驿站、存留、随漕、轻赍①、松板、席片、浅船、津贴、闲丁等项银四万二千六十二两零，每两一正一耗，向章于铅丝银一两四钱内除去书吏辛工银五分，实收银一两三钱五分。按铅丝折合折合纹银，每两应加色四分四厘；又由市平合库平，每百两应加四两二钱；除解支外，约计平余银五千六百余两；除去倾镕火耗以及解费一切开销，约存银三千一二百两。南折、驴脚亦每两收银一两三钱五分，与地丁相同；各项费用，亦与地丁相等，约可存银六七百两。合以地丁平余约共银三千八百两。而每年自上忙起，至九月底止，征银不过二千余两。上忙派提银至一万八千两之多，历任均向钱店息借垫解，每年约需息银一千五六百两。又刑名、钱谷、账房各幕友脩金，每年约一千两。又奏捐等款以及省城普济堂经费、科场费，每年约共银八百数十两。又县属娄底、永丰两处地方应设乡柜，每年约须火食用费并各局议漕传单约银五百两。又汛弁、县丞、巡检、典史四员，每年提付津贴钱一千一百二十千文。又科场誊录以及岁科两考经费，按三年均摊，每年约须五百余串。又本邑孤贫、育婴捐款并四书院奖赏、束脩，约钱一千三百串文。除坐支外，加发各役工食米粮，共需钱一千

---

① 指古代交纳税粮的折色形式，折色是指古代田地所征赋税用征银布帛等代替。凡应纳税粮或其他税物，按规定比率折交金、银、钞或当地特产绢、布、净棉等质轻易运之物，称为轻赍。轻赍之法始于元代。明清因之。明弘治年间，除正米外，加耗粮米亦可部分折为轻赍（主要是折银），轻赍指轻巧而便于携带之物。明中叶以后，税粮、漕粮等折收银两部分称为轻赍。清代漕粮加征的耗米，除随船给运四斗外，其余耗米折征银两，并按兑运远近规定数额：江西、两湖折征三斗六升。称三六轻赍。江苏、安徽折征二斗六升，称二六轻赍。山东、河南征一斗六升，称一六轻赍。其只以存米二斗易银——分者，称折易轻赍。加耗部分所折之轻赍，因纳粮地之远近而有不同名称。江西、湖广、浙江最远，每石正米加耗七斗六升，其中以四斗为本色，三斗六升折银，训之三六轻赍，或简称三六；江南次远，每石正米加耗六斗六升。其中以四斗为本色，二斗六升折银，银之二六轻赍，或简称二六；山东、河南较近，每石正米加耗四斗一升，其中以二斗五升为本色，一斗六升折银，谓之一六轻赍，或简称一六。

六百余串。又署中火食，每年约钱三千八百余串。又应付各路委员往来夫马，并接递饷鞘、人犯等项，并署中无定杂用，每年约钱二千五百余串，又每岁办理命盗各案、悬赏、购线以及解犯晋省路费，酌中核计，约钱四百串文。以上共需银三千九百余两，需钱一万一千数百串。是地丁、南驴等项平余，悉数用罄无存，惟剩帮价钱三千余串。原奏所称："知县所入实巨万"，盖第见入款之巨，而未考出款之繁。况该县除帮价外，概系收银，非他属丁漕以钱完纳者可比，则钱价长落并无盈绌其间。

又原奏请将："帮价一半，提充国用，以一半作为该县民团经费，并请将该前县高联璧上年所收帮价，勒令缴还。"现经考核积年卷宗，勾稽历任簿据，悉心参较，切实根查，该县每年出入相抵之外，仅可存钱三千数百串。而州、县应付浩繁，多有不能预计之款，如近年派捐、派赈以及募勇防匪，并水旱偏灾，详办蠲缓暨衙署岁修等类，均有不能先期计议者。且该县风俗刚强，勇于敌忾，昔年应募入营者不知凡几。现值军务大定，纷纷遣撤回籍，以致游勇充斥，盗案频闻，躧缉、巡防，悬赏、购线，以及编联保甲，在在均关紧要，用费尤属不资。而湘省训练新军，饷项空虚，无从设措。拟请于所腾帮价钱三千串内，自光绪二十六年起，酌提一千串以充湘省新军练饷。其余二千串，以一半作为该县捕盗之资。似此因时制宜，庶筹饷弗累闾阎，而该县办公亦不虞竭蹶。

原奏又称："命案至重，躬不相验；盗案叠出，讳莫如深。如江姓毙彭姓一家二命之案，该知县躬不履勘，致令案悬莫结，控诉无已"一节。卷查该前县高联璧，自光绪二十三年十二月初十日到任起，至二十四年十二月十五日卸事止，据报命案七起，均经亲诣相验，填格通详，内二案业经议结。又据报盗案一起，随即诣勘获犯通禀。又拿获多年落网之匪犯二名，一年之中共计禀办盗犯一十四名。至江姓毙彭姓之案，据报之后，立即查勘，卷已提省，足资考证。此外有无命盗，是否讳匿，未据尸亲、事主具报，无从查悉。

所有前任湘乡县知县高联璧被参侵吞团费暨讳匿命案等款，或查无实据，或事出有因。此外各州、县均经随时明查暗访，并无巧立名目，藉端苛派情弊，据实详覆前来。

臣等覆查湘乡县额征正四二米，向章每石于征收例银一两三钱外，

| 1900年（光绪二十六年 庚子）48岁 |

上、中两里每石另纳钱二千一百文，下里每石另纳钱二千三百文，名曰帮价。年湮代远，不知起自何时，然稽之咸丰、同治年间，县绅公议征收钱漕章程内，均列有此款，并经声明于每石帮价内，提付粮书辛工钱五百文，其为津贴办公而设，已可概见。兹据查明，除光绪二十四年起减收钱一百文及解支杂用费外，仅可余钱三千数百串。拟请即如该司道所议，自光绪二十六年起，酌提钱一千串，以充湘省新军练饷。其余二千串，以一半饬由该县自行招勇与团练相辅而行，仍饬将募勇若干，开支经费几何，造册详报；一半作为该县缉捕之资。至彭姓幼孩毙命之案，现据尸父彭永传遣抱京控，提省审办，容俟审明，另行议拟具奏。倘高联璧尚有别项劣迹，并此外各州、县，或有巧立名目，藉端苛派情弊，一经查出，仍当据实严参，不敢稍涉回护。

所有臣等遵旨查明缘由，谨合词恭折覆陈。

再，此折系臣锡良主稿，会商臣之洞定议具奏，合并声明。（《近代史所藏清代名人稿本抄本》第3辑，第105册，第632—670页）

1月6日（十二月初六日） 奏报湖南漕项抵补宜昌盐厘先后起解。

准户部咨："所有循案拨补各省厘金抵借洋款一折，单一分，光绪二十五年二月十五日具奏，奉旨：'依议。钦此。'清单内开：一，拨抵宜昌盐厘加价作抵银一百万两，除照上案准拨湖南丁漕折钱平余银三万两，今拨湖南盐斤加价银二万两，漕项银四万两，当税银三千四百两，应令解支。至协解省分何日起程，受解省分何日收到，均随时奏咨报部，以备查核"等因，当经本任抚臣俞廉三转行去后。

兹据署布政使但湘良、署粮储道蔡乃煌详称：所有奉拨道库漕项银四万两，自应遵照拨定之数陆续筹解，当经详覆，并先后在于库存节年漕项随浅耗羡各款内凑支银二万两，于光绪二十五年八月十三及十一月十三日起，具咨批交蔚泰厚、百川通两商号各领银一万两，汇解湖北藩库兑收，并随时具文呈报各在案。兹复在于库存节年漕项随浅及耗羡各款内凑支库平库色银二万两，由道起具咨批，于光绪二十五年十一月二十八日发交保和商号，如数承领，解赴湖北藩库查收应用。所有先后解足奉部指拨湖南漕项银四万两及发交商号解鄂起程各日期，详请附奏前来。奴才覆查无异。（《近代史所藏清代名人稿本抄本》第3辑，第105册，第

603—610 页）

1月10日（十二月初十日）　奏扫数汇解顺天备荒经费银两片。

准顺天府咨奏："湖南省应解漕折银两，仍请解交部库存作顺天备荒之用一折，光绪二十五年十月二十三日具奏，奉旨：'依议。钦此。'"钦遵咨行到湘。当经札行司道钦遵查照去后。

兹据署湖南粮储道蔡乃煌、署布政使但湘良会详："湖南省历奉拨解顺天备荒经费银七万二千三百余两，均经按年扫数完解，本年因需采办京米三万石，拟将此款截留办运。兹奉前因，自应钦遵毋庸办米，仍将价脚等银解充顺天备荒经费，以备提用。所有光绪二十五年新漕折价，现尚征解无多，不敷凑支；而畿辅重地，筹备紧要，未敢稽延，拟即援照往届成案，暂于库存节年漕折各款内扫数动支银七万二千三百七十二两三钱六分六厘六毫，发交蔚泰厚、乾盛亨、协同庆三商号各承领银一万两，百川通商号承领银四万二千三百七十二两三钱六分六厘六毫，汇由京城各本号，以足色库平解赴户部交纳，拨充顺天备荒经费之用"等情，详请奏咨前来。

奴才覆核无异。除发交商号蔚泰厚等承领汇解并咨部外，理合会同湖广总督臣张之洞附片具奏，伏乞圣鉴。（《近代史所藏清代名人稿本抄本》第3辑，第105册，第610—616页）

1月13日（十二月十三日）　奏报拿办芷江县会匪情况。

奴才前据署沅州府知府朱益濬等禀报，贵州天柱县属之滥洞与湖南沅州府属芷江县之碧涌交界地方，有会匪李申唧等勾结滋事，业将派拨兵勇防捕情形，附片奏明在案。当匪徒倡乱之处，该府县会督营团迎头扑捕，始因众寡不敌，致戕防勇；旋经调齐队伍，奋力击溃。惟匪类头目逃逸尚多，叠经严饬该管道府及防绿各营等设法购拿。兹据陆续禀报，将伪称雷音王之匪首李申唧及助逆匪魁田才发、江黄莲等，先后拿获，讯供不讳，均即照章就地正法。惟匪目杨占潺、史玉堂、史敬堂尚未就擒，现仍跟踪蹑缉，地方业已敉安等情前来。

奴才伏查沅州府属各县，地处苗疆，界连黔省，人心浮动，伏莽素多。此次匪徒李申唧胆敢伪称名号，揭竿倡乱，实属狂悖已极。幸扑捕迅速，未致扰害地方，亟应将善后事宜，妥慎办理，庶免贻患将来。奴

1900 年（光绪二十六年 庚子）48 岁

才现经札饬文武员弁，悬赏严拿逸匪杨占涛等，务获惩办；其被胁愚民，悉准缴飘首悔；一面将团练保甲事宜认真整顿，以清根底，而靖边陲。（《近代史所藏清代名人稿本抄本》第3辑，第105册，第621—628页）

1月14日（十二月十四日） 上奏交卸湘抚护篆仍回湘藩本任折。

窃奴才于光绪二十五年八月初九日，钦奉谕旨护理湖南巡抚，当即具折谢恩任事。兹抚臣俞廉三陛见回湘，行抵长沙省城，奴才于十二月十七日谨将巡抚关防暨王命旗牌、文卷等件，派委长沙府知府颜钟骥、抚标中军参将景元赟送接收。奴才交卸巡抚篆务，即于是日仍回藩司本任，随准署布政使、粮储道但湘良将藩司印信、文卷移送前来。奴才恭设香案，望阙叩头，祗领受事讫。

伏念奴才猥以菲材，渥蒙宠眷，权膺疆寄，未效涓埃，复绾藩条，益增悚惕。查湖南地当冲要，藩司责任匀宣。务本不外训农，宜筹足食足兵之政；安民必先察吏，敢避任劳任怨之嫌。况当时事多艰，尤觉措施匪易，自惭梼昧，深惧弗胜，惟有殚竭血诚，实心实力，遇事秉承督抚臣，认真经理，以冀仰答高厚鸿慈于万一。（《近代史所藏清代名人稿本抄本》第3辑，第105册，第706—713页）

5月8日（四月初十日） 上奏密请早赐回銮折。

窃奴才近年两次入都，召见六次，每蒙谕及时势艰难，未尝不痛哭流涕。仰见圣慈忧国忧民，一刻不能释诸怀；甚至询及刍荛，无微不至。奴才罔识忌讳，面奏皇太后驻跸颐和园，京外人心不安，自从前年八月回京，人心慰定，恳请嗣后常驻都城，并停不急之工。言毕碰头，方深惶恐，渥蒙嘉纳，温谕再三。奴才自顾何人，异常感悚。乃昨恭阅邸抄，三月初七日驻跸颐和园。在皇上孝养皇太后万岁之余，山水怡情，冀以稍纾劳瘁；在皇太后体念皇上圣躬未愈，藉此神怀舒畅，可望却疾复元；藻思高深，固非管蠡所能窥测。惟环顾时局，静听舆论，有不能不鳃鳃过虑者。

盖患不仅在外国，祸每伏于隐微。中国之外托官宦杂役，内实顺夷党逆者，到处恐所不免，特慑于法律威严，不敢蠢动耳。要在强固根本，周密防闲，庶几化险为夷，可免危生意外。颐和园风景虽佳，而园外即同旷野，墙垣非峻，宫闱庭宇亦不邃深，少派兵不足以资拱卫，多派兵适足以示弱，为外人所轻。况咫尺禁御，设或有万分之一，虽百万貔貅，亦不能施其力于分寸之地、俄顷之间，言之至为心悸。凡属京外臣民，心系朝廷，无不以为忧虑，咨嗟叹息。若逆党幸灾乐祸，惟恐中国之不速乱，中国之不亟危，彼固可乘隙肆其逆谋也。伏念西苑虽稍紧凑，楼台殿阁无美不备，而地势团聚，门禁森严，实为过之。惟有叩乞早赐回銮，人心安定，大局幸甚！

奴才深悉圣慈乐于纳谏，不揣冒昧，越职渎陈，曷胜战栗屏营之至。谨恭折密陈，伏乞皇太后、皇上圣鉴。（《锡良遗稿·奏稿》，第31—32页）

7月9日（六月十三日）收张之洞来电。（《近代史所藏清代名人稿本抄本》第3辑，第118册，第74页）

7月14日（六月十八日）收军机大臣电。（《近代史所藏清代名人稿本抄本》第3辑，第118册，第63—65页）

7月18日（六月二十二日）收湘抚俞廉三电。（《近代史所藏清代名人稿本抄本》第3辑，第118册，第72页）

7月20日（六月二十四日）收袁世凯来电。（《近代史所藏清代名人稿本抄本》第3辑，第118册，第66—68页）

7月22日（六月二十六日）收山东巡抚袁世凯来电。（《近代史所藏清代名人稿本抄本》第3辑，第118册，第75—77页）

9月6日（八月十三日）收张之洞电。（《近代史所藏清代名人稿本抄本》第3辑，第118册，第82—84页）

9月29日（闰八月六日）恭报晋抚接印任事折。

窃奴才于光绪二十六年闰八月初二日，准军机处传知，内阁奉上谕："山西巡抚著锡良补授。钦此。"自天闻命，伏地增惭。当经恭折叩谢天恩在案。

兹于闰八月初六日准兼护山西巡抚，布政使李廷箫将巡抚关防、提督、盐政印信暨王命旗牌、文卷等件，派委升任太原府知府许涵度、中军参将宋占魁赍送前来。谨即恭设香案，望阙叩头，祗领任事。

伏念奴才一介庸愚，滥叨非分，荷恩施之叠沛，觉报称之尤难。查山西本属瘠区，近年又遭亢旱，澄清吏治，安辑民生，实为先务之急；加以海氛未靖，时局艰危，举凡筹饷、练兵、安内、攘外诸大端，更属急不可缓之事。奴才梼昧，深惧弗胜。惟有矢慎矢勤，勉竭驽骀，以冀仰答高厚鸿慈于万一。

所有奴才接印任事日期，除恭疏题报外，谨缮折据陈。

闰八月初六日奉朱批："知道了。钦此。"（《锡良遗稿·奏稿》，第33页）

9月30日（闰八月七日）奏报遵旨接统固关防军事宜。

窃奴才承准军机大臣字寄："光绪二十六年闰八月初五日奉上谕：'毓贤业经开缺，所有驻扎固关各营，即著锡良接统。前据毓贤奏，道员来维礼经理营务，颇能胜任。该道员才具究竟如何，于营务是否谙练，著锡良详细察看，妥筹布置，务须委任得人，毋稍迁就。将此谕令知之。钦此。'遵旨寄信前来。"等因，承准此。

查固关地方，沿边要隘，经前抚臣毓贤督率各营旗，分布防守并来往稽查，极形周密。候补道员来维礼，奴才虽未接见，但既据毓贤奏称经理营务颇能胜任，且曾在董军当差，自多谙练，拟暂责成该道员督饬各营旗管带，严密防守，倘有紧要事宜，禀由奴才妥筹核办，冀免疏虞；仍随时详细察看，总期委任得人，边防巩固，万不得稍涉迁就，有误事机。（《锡良遗稿·奏稿》，第33页）

是日 奏报前藏喇嘛等赴京堪布当差事宜。

据阳曲县知县白昶详称，准前藏达赖喇嘛拣派赴京堪布三喇嘛罗布藏顿柱、四喇嘛阿旺改桑等咨称，遵奉达赖喇嘛拣派赴京换班堪布当差，当即带领徒众九人，赍领驻藏大臣传牌，于光绪二十五年四月初九日由西藏起程，二十六年七月二十三日行抵山西平定州地方，因直隶道途梗塞，当即折回省城。适值圣驾巡幸太原，谨请转详代为请旨，赏派差使，或给咨仍回前藏，抑或就近在五台山庙内暂住，恭候钦定等因，转详请奏。兼护抚臣李廷箫未及核办，移交前来。

奴才查该喇嘛等长途跋涉一载有余，现在稽滞晋中，应否酌给川资，仍令回藏或派差使之处，出自圣裁。谨据情附片具陈，伏乞圣鉴训示遵行。（《锡良遗稿·奏稿》，第34—35页）

10月1日（闰八月八日）上奏颁赏湘军及驻防官兵银两谢恩折。

窃奴才承准军机处传知，军机大臣奏："遵查锡良所统已到之湘军五营，拟请赏银三千两，守门之驻防官兵二百余员名，拟请赏银一千两，恭候圣裁。奉旨：'依议。钦此。'"等因，承准此。温诏传来，阖营感忭。奴才当即率领湘军五营弁勇暨驻防兵丁，望阙叩头谢恩。

伏念奴才戎旃谬领，战绩犹虚，乃荷圣慈垂念士卒跋涉之劳，旗兵巡防之力，鸿施下逮，挟纩同深。奴才惟有整饬军锋，伸明师律，共振果敢之气，上酬高厚之恩。所有湘军弁勇及驻防官兵感激下忱，理合恭折代陈。(《锡良遗稿·奏稿》，第35页)

10月5日（闰八月十二日） 奏报清廷，主张鄂湘两军留驻晋省以资守御。

窃奴才前在湖南藩司任内，奉湖广总督臣张之洞、湖北巡抚臣于荫霖、湖南巡抚臣俞廉三奏派总统湖北武功五营、湖南劲字五营，星驰入卫，遵即兼程北上。嗣抵直隶柏乡县境，恭闻圣驾西巡，随复督同湖南沅州协副将崧煜，简选精锐，立时改道，先至太原。劲字五营旋亦抵晋。武功五营因辎重稍多，兼之护解京饷及神机、虎神各营子药，沿途车辆缺乏，未能同时迅到。现饬该军驻扎直隶所属之获鹿、井陉一带，以为固关屏蔽。

顷銮舆西幸长安，奴才蒙恩简授山西巡抚，召对之际，复蒙垂念晋省系属陕西后路，毗连直境，防守宜严，特谕鄂、湘两军留省，仍归奴才调遣，俾资分布；并派四川提督臣宋庆、直隶提督臣马玉崑会同妥筹办理。仰见圣谟广运，钦感莫名！

奴才伏查武功营统领、降选副将、前广东南韶连镇总兵方友升，久历戎行，屡著勋绩；劲字营统领、军机处存记湖南候补道张成基，有胆有识，畅晓戎机；以之统率两军，训练巡防，洵堪倚任。惟晋省南北郡县，连年因旱歉收，库藏空虚，左支右绌，两军饷需实难筹集。合无仰恳天恩，饬下湖南、北督抚臣迅拨的款，仍前源源接济。该督抚等夙皆公忠体国，畛域无分，当兹危急之秋，必能竭力维持，顾全大局也。(《锡良遗稿·奏稿》，第36页)

是日 奏请清廷将圣驾临御处所虔改佛堂。

山西抚臣衙署，前值圣驾西幸，既曾备作行宫，理应敬谨封守。惟查此外别无闲房堪为抚臣办公之所；若图另建，又觉巨款难筹；矧当物力维艰，不能不变通办理。奴才再四思维，拟请将临御之处，虔改佛堂，以昭诚敬；其东西各偏院房屋，仍前居住。是否有当，谨附片陈请，伏乞圣鉴训示。

闰八月十九日奉朱批："著照所请。钦此。"（《锡良遗稿·奏稿》，第36—37页）

10月9日（闰八月十六日） 收袁世凯来电并复电。（《近代史所藏清代名人稿本抄本》第3辑，第118册，第98—99页）

10月16日（闰八月二十三日） 因山西多灾，奏报清廷晋省本年上忙钱粮归并下忙截报。

奏为晋省应征上忙钱粮，现多因灾停缓，拟请归并下忙截数造报，以昭核实而便勾稽，恭折具陈，仰祈圣鉴事：窃查晋省征收各属起运、存留正耗钱粮，定例应分上下两忙，核明已未完各数，依限开报，历经遵办在案。兹届造办光绪二十六年上忙奏报之期，自应循案办理。无如本年自春徂夏，雨泽愆期，以致省南各属播种失时，麦收减色。迭据查报灾歉情形，核其上忙钱粮，有应全行缓征者，有水地照常征收而旱地请缓者，又有例应俟秋获时，察看收成再行勘办者。所有岚县等十七州县业经前兼护抚臣李廷箫奏奉恩旨，准将上忙应征钱粮缓至秋后再行启征，阳曲等十八州县上忙所余未征银两，亦准缓至秋后再行启征，当即刊刻誊黄，遍行晓谕。嗣值銮舆巡幸太原，省北天镇、阳高、大同等州县，凡跸路所经地方，应征本年民粮，奉旨分别豁免，亦经钦遵刊发誊黄，各在案。圣恩稠叠，黎庶腾欢。惟各属豁免之里数，缓征之分数，必须确查，方能厘剔；其中起运、存留等项，急切尤属无从截分。是实征之数目既属虚悬，则督征之考成势难预定。再四思维，惟有恳请暂将上忙钱粮奏报缓俟下忙，查明截清应免、应缓、实征、实支各细数，再行并案办理，庶期详慎而免逾违。据藩司具详请奏前来。奴才覆查无异。所有上忙钱粮现多停缓，拟请并归下忙造报缘由，谨缮折具陈。

九月初九奉朱批："著照所请，户部知道。钦此。"（《锡良遗稿·奏稿》，第37—38页）

是日 向清廷奏报河东汇解英德洋款事宜。

河东道库向有应解俄、法、英、德洋款，前奉寄谕，暂行停解，嗣又钦奉上谕，饬仍按期解还归各等因，均经钦遵转行在案。

兹据河东道吴廷斌详称："本年八月一期应解英、德一款银七千五百两，前已由盐斤加价本款内动支，交志成信商号汇往，嗣又奉文停解，当令该商号汇回。现尚未经缴到，因饬电致上海，仍将前项银两遵限交由江海关道衙门兑收"等情请奏，兼护抚臣李廷箫未及核办，移交前来。奴才覆查无异。

九月初九日奉朱批："户部知道。钦此。"（《锡良遗稿·奏稿》，第39页）

是日　向清廷奏报委接晋省京饷事宜

前奉谕旨："山西本省应解京饷暨河东道部拨新饷，均著迅解行在，以应急需"等因，钦此。当经分行在案。

旋据藩司详称："遵在司库减平寄储等款内，借动银一十万两，差委候补知州高培焜管解，于光绪二十六年七月二十九日起程前赴行在户部交纳"等情，请奏前来，兼护抚臣未及核办卸事，奴才接准移交，覆查无异。

九月初九奉朱批："户部知道。钦此。"（《锡良遗稿·奏稿》，第38—39页）

是日　向清廷奏报河东汇解俄法洋款事宜。

前准部咨，每年应还俄、法一款，在河东盐斤加价项下指拨银三万两，行令分批解赴江海关道兑收汇付等因，当经转行遵照，历将应解银两依限汇解在案。

兹据河东道吴廷斌详称："遵于盐斤加价本款内动银一万二千两，作为光绪二十六年九月分一期摊还俄、法洋款，援案交志成信商号汇解，定于九月初十日赴江海关道衙门交纳"等情请奏，兼护抚臣未及核办卸事，移交前来。奴才覆核无异。

九月初九日奉朱批："户部知道。"（《锡良遗稿·奏稿》，第39页）

是日　收济南袁世凯来电。（《近代史所藏清代名人稿本抄本》第3辑，第118册，第108—110页）

10月17日（闰八月二十四日）因疏防绞犯越狱脱逃，奏参将署天镇县典史杨守性革职拿问，按例惩办。

奏为特参疏防绞犯越狱脱逃之管狱官，革职缉审，恭折仰祈圣鉴事：

| 1900 年（光绪二十六年　庚子）48 岁 |

窃据代理天镇县知县额腾额详称：据典史杨守性申，光绪二十六年六月十六日黎明时分，绞犯朱尚千乘禁卒人等睡熟，扭断镣铐，越狱逃脱，追捕无踪。当经该县亲诣监所，勘明讯供，会营督率典史，带同兵役追拿未获，详请委员勘办等情。据此。

随查朱尚千系天镇县人，因用木棒殴伤周瑞堂身死案内，审依斗殴杀人者，不问手足、他物、金刃，并绞监候律，拟绞监候，听候部覆之犯。该代理天镇县知县额腾额、典史杨守性，于监狱重地，并不小心防范，以致拟绞重犯朱尚千乘间脱逃，实非寻常疏忽可比。且难保刑禁人等无松刑贿纵情弊，亟应彻底根究，以昭核实。据该管道府详由藩、臬两司揭参请奏到前兼护抚臣李廷箫未及核办卸事，移交前来。

奴才覆查该代理天镇县知县额腾额，业已据报在任病故。除批饬守提刑禁人等来省审办，一面委员查看明确，并通饬所属一体严缉逃犯朱尚千务获究办外，相应请旨将署天镇县典史杨守性革职拿问，以便提同刑禁人等严审确情，按例惩办。前代理天镇县知县额腾额既已病故，应请免议。

九月初九日奉朱批："另有旨。钦此。"（《锡良遗稿·奏稿》，第 40 页）

是日　收袁世凯来电并复电。（《近代史所藏清代名人稿本抄本》第 3 辑，第 118 册，第 114—115 页）

10 月 18 日（闰八月二十五日）　收岑春煊来电。（《近代史所藏清代名人稿本抄本》第 3 辑，第 118 册，第 120 页）

10 月 20 日（闰八月二十七日）　上奏拟将毅军进扎获鹿，以固藩篱而资抵御，并得到清廷的肯定。

奏为保定军情紧急，拟将毅军进扎获鹿，以固藩篱而资抵御，恭折密陈，仰祈圣鉴事：窃奴才锡良据委员探称："洋兵已于二十日抵保定，约有一千余人，此来系验看铁路，并有赴正定接护洋教士之说"等语，接阅之余，倍深焦灼。

伏查保定与正定唇齿相依，获鹿又为入山门户，保定设有疏失，则获鹿摇动，太原亦将震惊，是非添派重兵扼守获鹿，不能固晋东之门户。先曾札饬前广东南韶连镇总兵方友升统领鄂军进驻该县地方，复与奴才庆、奴才玉崑再四筹商①，现饬所部各军，赶紧同往获鹿一带，相度形势，扼要驻扎，认真防守，断不敢稍涉疏虞，以仰副圣主宵旰忧勤之至意。除再确探情形随时奏报外，谨合词缮折，由驿密陈，伏乞皇太后、皇上圣鉴。

九月初八日奉朱批："所筹甚是。著即督饬各统领认真防守，毋稍疏虞。钦此。"（《锡良遗稿·奏稿》，第40—41页）

是日　收蔡乃煌来电。（《近代史所藏清代名人稿本抄本》第3辑，第118册，第124页）

10月21日（闰八月二十八日）　收济南袁世凯来电并复电。（《近代史所藏清代名人稿本抄本》第3辑，第118册，第126页）

10月22日（闰八月二十九日）　收济南袁世凯来电并复电。（《近代史所藏清代名人稿本抄本》第3辑，第118册，第131页）

10月24日（九月初二日）　收武昌张之洞来电。（《近代史所藏清代名人稿本抄本》第3辑，第118册，第152页）

10月25日（九月初三日）　锡良致枢垣法兵到保定情形愈紧已婉劝折回电。

锡良电信。顷接保定廷藩司宥电云：十九、二十日，法兵头队到保，傅相（李鸿章）差谕我军队伍暂避，无与迎敌。官绅牛羊礼接，语多不情，幸未决裂。今日联军亦到，文武郊迎，城内外预备其官公所，郊外腾出村庄以驻彼军，有无诡谋，事不可测。揭其来意，直欲西犯。法兵如何接待，请电商行在军机处酌示照办等语。锡良窃维遽与决裂，固恐有碍和局，而放敌入关实所不可。拟接以礼貌，婉劝折回。倘彼竟以枪炮相加，亦断难束手以待。今晨曾电请代奏，计已邀览。兹接保电，情形愈紧，用再飞报。敬祈早备陕防，并祈代奏，速示复。

旨电庆亲王等：锡良电称，洋兵头队已到新乐、正定一带，意图西犯，势难听其长驱直入。著奕劻、李鸿章速与各国使臣商办，阻其前进，庶免有碍和局。倘仍以迎护教士等为名一意西趋，获鹿等处防营各执尚未停战之说，断难束手以待。一面迅饬各统领严密防守，不准洋兵拦入

---

① 庆指宋庆，玉崑指马玉崑。

1900 年（光绪二十六年　庚子）48 岁

豫、晋境内。如洋兵先有开炮放枪等事，即著各防营竭力抵御，倘致有伤和局，不得云衅自我开。该亲王等迅即遵照办理，速复。(《清季外交史料》第 9 册，第 4716 页)

10 月 27 日（九月初五日）　收潼关岑春煊来电。(《近代史所藏清代名人稿本抄本》第 3 辑，第 118 册，第 147 页)

是日　收济南袁世凯来电。(《近代史所藏清代名人稿本抄本》第 3 辑，第 118 册，第 151 页)

10 月 28 日（九月初六日）　收李崇洸禀文。(《近代史所藏清代名人稿本抄本》第 3 辑，第 118 册，第 18—22 页)

10 月 30 日（九月初八日）　分别收南京刘坤一、济南袁世凯、军机处等电。(《近代史所藏清代名人稿本抄本》第 3 辑，第 118 册，第 156—164 页)

11 月 3 日（九月十二日），奏请补平定州知州、泽州府知府。(《近代史所藏清代名人稿本抄本》第 3 辑，第 85 册，第 253—263 页)

11 月 4 日（九月十三日）　因晋省财政无可筹措，特上折奏请户部拨款，以为绥远新挑马步官兵饷银。

奏为绥远城新挑马步官兵饷银，晋库无可筹动，拟请敕部另拨的款，以济军需，恭折仰祈圣鉴事：

窃照山西口外七厅，地方辽阔，前因中外失和。教民麇集，曾经绥远城将军永德等准奏，挑选马步各队，分别侦探防堵。共挑马步官兵一千四百余员名，每月约需饷银七千余两，叠准该将军等咨情筹款指拨。前抚臣毓贤饬据司局查得绥远城厅库存有节年丰宁新地租项下拨补和、托二厅豁缺兵米银五万余两，并光绪二十五年分租银四千二百余两；又土默特六成地租项下有积存银七万两，前已发商生息，每年应得息银八千四百两，有闰之年，加增银七百两。以上两项，似可移缓就急，详请咨覆在案。嗣准该将军等，以拨补和、托二厅豁缺兵米一款，业经准奏如数借动贴补兵米定价不敷之需。土默特六成地租一款，当夏间教民滋事之时，该旗曾挑练精壮蒙丁三百名，月需口分银一千余两，已将余存未发之银提用将尽。此后应遵历次奏案，动支发商息款，亦难移作他用。所有新挑马步各队仍请另筹等因，移商到前兼护抚臣李廷箫，随于归绥道库买粮等项内，就近借拨银三万两，并饬司局迅速核议详覆去后。

兹据署布政使许涵度会同清源局司道详称："遵查拨补和、托两厅豁缺兵米暨土默特积存六成地租银两，本系有著之款，今既不能提用，亟应另行筹济。惟晋库空虚，本非朝夕，近更异常支绌，早在圣明洞鉴之中。此次恭办巡幸大差，幸荷慈施逾格，借拨银二十万两，始克稍济要需。兼之本年上忙银两多因歉收停缓，而天时仍形亢旱，秋禾又见成灾，叠据各属禀请勘查，尚须力筹赈抚。至于厘金、杂税等项，复以道途梗阻，商贩萧疏，收数甚为减色。遂致应解之京、协各饷，均属无法腾挪。况值各军奏调出防，添募新军填扎，骤增用款，为数倍多，若再顾及前项兵糈，更觉万难措手。与其银无可动，贻误将来，莫如据实缕陈，恳请奏咨另拨"等情前来。

伏查绥远城新练旗兵，岁需饷银八九万两，奴才忝膺疆寄，分应兼顾通筹。该藩司责任度支，尤不敢稍遗余力；其奈库空如洗，罗掘俱穷，所陈委系实在情形。惟有仰恳天恩，俯准敕下户部，即予另拨的款，俾使军食有资；抑或迅由该将军等将此项官弁兵丁分别酌量撤减，以期节省之处，恭候圣裁。

十月初一日奉到朱批："户部议奏。钦此。"（《近代史所藏清代名人稿本抄本》第3辑，第85册，第310—320页）

是日　又奏请暂停呈贡黄河冰鱼，并得到清廷允准。

山西保德州，每届冬令呈贡黄河冰鱼，历经遵办在案。

兹值銮舆驻跸西安，自应照常恭备。惟此项冰鱼，须乘严冬极冷之时，以冰包里，方能远道赍送。陕省地气较暖，诚恐渡河以后，冰融鱼馁，转不足以昭诚敬。

十月初一日奉到朱批："著照所请。钦此。"（《近代史所藏清代名人稿本抄本》第3辑，第85册，第323—326页）

11月15日（九月二十四日）　因晋旱涝成灾，奏报筹办晋省赈抚情形。

奏为晋省奉拨银两，遵旨筹办赈抚大概情形，恭折覆陈，仰祈圣鉴事：窃查光绪二十六年闰八月十九日，内阁奉上谕："此次銮辂西巡，经过各州县地方，已成旱象，小民困苦情形，殊深轸念。著锡良饬属查明被灾处所，酌量抚恤；所有本年钱粮，分别应征应缓，奏明办理。钦此。"又承准军机大臣字寄："光绪二十六年闰八月二十四日奉上谕：'何乃莹奏晋省久旱成灾，恳恩赈抚一折。山西各州县本年被旱成灾，业经降旨令锡良饬查灾区轻重，将本年钱粮将应征应缓，奏明办理；并由藩库于各省解存京饷内划拨银二十万两，户部业经咨拨各项款内银四十万两，又准截留江北漕粮十余万石，以资赈抚。即著该抚就现拨各项银米，妥为散放，毋任一夫失所。至所称该省水利足备岁旱一节，并著该抚通饬各州县，体察情形，设法劝办。原折著抄给阅看，将此谕令知之。钦此。'遵旨寄信前来"等因，承准此。

伏查晋省自去秋缺雨之后，收成歉薄，冬间谷贵民饥，情形甚为困苦，经前护抚臣何枢筹款购粮，以资接济。今年自春徂夏，又因雨泽愆期，各属麦收倍形减色，复经前兼护抚臣李廷箫奏请将阳曲等三十五州县上忙钱粮分别停缓；并拨发银米，借放仓谷，筹办平粜，酌给籽种，以恤民艰在案。方冀秋收稍资补救，乃入秋以来，田禾被旱、被雹、被冻、被霜，各州县纷纷禀报，又成灾祲，轻重不等：省南之潞、泽、辽、沁、平、隰，省北之宁、忻、代、保，被灾较轻，收成尚有分数；其太、汾、平、蒲、解、绛、霍一带，得雨较迟，晚禾被旱，察看情形，最为灾重；大、朔两属暨口外各厅，雨迟霜早，受灾亦重。现据各厅州县禀报，已饬司移行该管道府州查明被灾分数，照例拟议，分别核办。统计各属，灾广赈繁，正苦无从设法，仰蒙圣恩，赏拨巨款，饥黎欢跃，钦感难名。奴才随即督同藩司暨赈捐局司道，遵将此项银两，择其被灾较重处所，核实分拨，以十万两解交河东道，以五万两解交大同府，以三万两解交归绥道，以二万两解交汾州府，设法采买粮石，先行存储，为各属赈抚即运脚等项之需，办理完竣，一并报销。其赏拨江北漕粮一十四万余石，已委道员张毅前往山东转运回晋。运到之后，查看被灾轻重，分别拨发，用济群黎。总期实惠及民，勿任一夫失所，以仰副圣朝轸恤民依有加无已之至意。至下忙钱粮，如何分别应蠲、应缓、应征，容俟各道府州将督勘收成分数议详到日，再行奏报，俾昭核实。据署布政使许涵度会同赈捐局司道详请具奏前来，奴才覆查无异。

再，兴修水利为农田至要之端，业已通饬察看地方情形，分别举办。俟各属查覆到后，另行具覆。合并声明。

十月十三日奉到朱批:"知道了。著即将赈抚事宜,督同司道饬属妥筹办理,毋任一夫失所。钦此。"(《近代史所藏清代名人稿本抄本》第3辑,第85册,第330—341页)

是日 因晋省防赈两急,又奏请免解京协各饷。

奏为晋省防赈两急,库款支绌万分,本年未解京、协各饷,无从筹拨,拟请免其再解,恭折仰祈圣鉴事:

窃查晋省库款,以地丁耗羡为大宗,杂税次之,各项厘捐又次之,统计每年所入不及四百一十万两;而应出各款则须四百二十余万两。纵使年谷顺成,厘税畅旺之年,亦属入不敷出,历经前抚臣叠次奏明在案。

溯自去秋因旱歉收,今夏又皆缺雨,上忙钱粮之停缓者多至三十五处。满望秋禾丰获,下忙可冀全征,讵意七八九月以来,仍复雨泽愆期。旱暵日甚,各州县禀报被旱、被雹、被冻、被霜,又有三十余处,请蠲请缓,纷至沓来。跸路所经地方,尤须查照例定里数,分别豁免。是本年钱粮收数必致奇绌。又因海氛不靖,道途梗塞,货无来源,厘税大为减色。统计进款短收,约在一百数十万之谱。现值车驾驻跸长安,洋兵盘踞直隶,晋为陕省屏蔽,不敢不严密设防,而设防必须添兵,添兵必须增饷。各属旱魃为虐,省南一带,财赋之区,灾歉更甚,饥民麇集,待赈孔殷,转徙流离,苦难言状。若不设法拯救,万一饥驱为盗,则内讧外侮,相逼而来。如晋空虚,何以支柱?思维再四,惟有力筹赈济,广设防兵,以冀稍纾目前之急。第筹防筹赈,在在须资。上次奉文借拨银二十万两,已放巡幸一切要需,早经告罄,核计尚多不敷,皆系各属筹垫。续蒙恩赏银二十万两,亦已分拨灾重各区,核实散放急赈,俾得共沐皇仁,藉资拯救。他如绥远城添练马步旗兵饷银,司库亦以无可筹动,恳请另拨之款。此皆竭蹶不遑之明证。况目下边防吃紧,需饷浩繁,转运漕粮,又须经费;加以赈务灾区太广,为日方长,出项大增,进款倍绌;而开办赈捐,已成弩末,多方筹劝,应者寥寥;库储罗掘早穷,又无他款可支挹注,一筹莫展,仰屋徒嗟。

查晋省应解京协各饷并洋款,每年共银二百二十余万两,本年业已先后解拨过银一百四十余万两,下余未解银七十三万三千两有奇,屡奉饬催,无从筹动,将来势必贻误,厥咎难胜。只得据实陈明,拟恳一并免解。据署布政使许涵度详请具奏前来。

奴才查晋省度支，本不敷用。今年旱灾甚重，蠲缓遂多。恭值銮辂西巡，大差、兵差络绎，益以防务赈务，司库提动一空；近更边事纷乘，几至万难措手。明知部库同一紧要，各省亦多拮据，而论目下情形，自以晋为更急。该司所请，委系实在，无可如何。惟有吁恳天恩，俯念山西筹防筹赈，需用倍繁，库项支绌异常，综计不敷甚巨，准将本年京、协各饷，以及洋款银两一并免其再解，出自逾格鸿慈。

除咨部查照外，理合缮单，恭折具陈，伏乞皇太后、皇上圣鉴训示。

谨将晋省京饷、协饷洋款已解未解数目，开缮清单，恭呈御览。

计开：

一、京饷，共拨银五十万两，内除已解外，尚未解银一十九万两。

二、甘肃新饷银八十四万两，内除拨给董军饷银五十万七千二百两并已解外，尚未解银二万一千七百九十二两零。三、董军饷银五十万七千二百两，内除已解外，尚未解银八千九百五十两。

一、旗兵加饷银二十万两。二，内府常年经费银二万两。以上两项，均已解清。

一、内府封储银一十万两。二，边防经费银一十二万两。三，固本饷连旧欠加闰共银七万五千两。四，加复俸饷银二千两。五，船厂经费银五万两。以上五项，共未解银三十四万七千两。

一、洋款原续拨银三十六万二千五百两，内除已解外，尚未解银一十六万六千二百五十两。

以上统计京饷、协饷、洋款，共未解银七十三万三千九百九十二两零。

十月十三日奉到朱批："户部议奏，单并发。钦此。"（《近代史所藏清代名人稿本抄本》第3辑，第85册，第359—363页）

是日　因晋库无款可筹，主张忠毅军饷仍由江南拨解。

奏为忠毅军应支月饷，晋库无款可筹，拟请旨敕下两江督臣仍归江南拨解，恭折仰祈圣鉴事：窃奴才接准两江督臣刘坤一咨称："大同镇总兵官刘光才统带忠毅军五营，遵旨驰赴任所，应需饷械，均关紧要，现于闰八月十二日正饷截止之外，另给行饷三个月；此后该军月饷，应归山西照章拨发"等因。当经饬知司局，妥筹办理在案。

兹据详称："查该军应支饷银连同军火等项，每年约需二十万两左右。晋库频年奇绌，久在圣明洞鉴之中。加以饥馑存臻，灾祲叠告，钱粮多半蠲缓，厘税又复减收。虽荷恩施，屡拨巨款，而以入衡出，尚待发棠，若将忠毅军饷，再归晋省筹发，无米为炊，更虞棘手。思维至再，惟有仍归江南拨解"等情，由署布政使许涵度会同清源局司道具详请奏前来。

奴才查晋防吃紧，正苦兵单，该总兵督队西来，实足以资臂助。第库储如戏，罗掘早穷，而该军远成晋疆，更无椁腹荷戈之理。伏查湖南之劲字军，湖北之武功军，陕西之武威军，以及武卫前左两军，现均奉旨留防晋边，所需饷银军火，均由各省筹解。忠毅军事同一律，矧两江督臣刘坤一，公忠体国，畛域无分，必能力顾全局。相应请旨饬将此项饷需，仍由江南拨解，以免贻误，而资饱腾。是否有当？

十月十三日奉到朱批："另有旨。钦此。"（《近代史所藏清代名人稿本抄本》第3辑，第85册，第366—372页）

11月16日（九月二十五日） 奏委署宁武潞安两府折，奏候补直隶州知州周克昌等期满甄别折。（《近代史所藏清代名人稿本抄本》第3辑，第85册，第372—383页）

11月18日（九月二十七日） 致甘督魏光焘电。（《近代史所藏清代名人稿本抄本》第3辑，第118册，第219页）

是日 分别收到袁世凯、张之洞、刘坤一等来电。（《近代史所藏清代名人稿本抄本》第3辑，第118册，第227—233页）

11月22日（十月初一日） 锡良致枢垣洋兵纷进请电全权撤回电。

山西巡抚锡良电信。昨因固关防军统领张道成基猝故，以刘镇光才将入晋移委接统，暂派知府吴匡照料，电请代奏在案。顷据探报，洋兵马十六名、步九十名廿九日到获鹿，尚有大队在后，正定运来军火二十余车、大炮数尊，西犯之迹已明。而刘镇光才甫抵赵州，来晋尚需时日，防军无统，与司道会商选派湘军营官张镇德朝暂统，俟刘镇到防交替。又据忻州飞报，洋兵已到直隶阜平县，距五台县属龙泉关甚近。前已派两旗扼防，现又添派一营。又据大同镇、府飞报，据宣化镇函称，洋兵廿二日至延庆州一千余名,有往归化之说。杨鸿礼赴枳儿岭以防北路,升允驻灵邱,万本华驻平型关,以防紫荆后路。又据大同镇函称,廿六日洋兵大队直入宣化,抢掠军火,敌人多方牵缀,防不胜防。晋省兵力已竭,迭与宋、马两提督会商,妥筹严备,竭力抵御。似此万分紧急,夏、丁两军可否前进接应,防门户似胜于防堂奥,伏乞训示。再,正在议和,洋兵纷进不止,阻之则必开衅,让之则竟长驱,关系均极重大。仍遵前旨饬吴匡,俟其来时先行理喻,倘彼先放枪炮,不能束手以待,贻误大局。总之,衅自彼开,我实出于无奈,应请电谕庆王、李鸿章婉向各国开导,速将洋兵撤回,共维和局,中外同幸。伏乞电复,请代奏。东。(《清季外交史料》第9册,第4731—4732页)

11月24日(十月初三日)　李鸿章致电锡良,切实保护教士教民,不可再有疏虞,致召敌兵深入。

盛京堂速电晋抚锡:

顷法使称,教士、教民务求派兵弹压保护,免再被害,并准教民各还乡里,将财产归还,穷者酌予赈济,无使流离失所。又义使称,义教士范济各、敖殿臣、巴尚仁、江辅仁、刘博第、李崇让、安怀贞、马进义等均祈格外保护,并将两宫过晋时所降保教谕旨宣示各处,各等语,均请饬属切实照办。现闻法兵暂不往晋,不可再有疏虞,致召敌兵深入。盼电复。鸿。(《义和团运动》,第405页)

11月26日(十月初五日)　锡良奏请饬全权商法使止入晋之兵电。

锡良电奏。初四,奉电旨:洋兵西进不止,其为意在寻仇可知等因。并准奕劻、李鸿章电:法因查办教案,闻派兵入晋,应留意防备等语。伏查臣自履任首饬保护教士,安辑教民,痛惩拳匪,其教士愿回国者派员拨兵护送。近来民教相安,匪踪远遁,实无教案可办。五旬来,惨淡经营,不遗余力,原冀共维和局,亦似可告无罪于友邦。若谓从前教案则咎有攸归,已蒙严谴。况晋民鉴于直隶,义愤相激,犒首相迎,自甘杀辱。一旦干戈扰攘,匪特有碍款议,乘舆密迩,安危所关。臣万死奚辞,其如大局何?如数百万生民何?惟有请旨迅饬奕劻、李鸿章再商法使,力止入晋之兵。统俟和局大定,中外特简大臣持平查办晋案,务使匪徒尽法,无辜昭雪。揆诸各国,金以劝善为怀,亦不欲内外军民共遭涂炭，有违天和；玉帛相将远胜兵戎从事，天下之幸，亦各国之光也。顷探龙泉关军情万紧，已商宋庆、马玉崑拨队往御，谨以附陈。臣锡良。歌。(《清季外交史料》第9册，第4734页)

  11月29日（十月初八日） 分别收上海李鸿章、袁世凯、刘坤一、奕劻等来电。(《近代史所藏清代名人稿本抄本》第3辑，第118册，第277—295页)

  11月30日（十月初九日） 锡良致盛宣怀请转李鸿章电，汇报保护英法瑞各国教士情形。

  江电悉。英、法、瑞各教士，凡在晋如平阳、洪洞、颖城、丰镇等处者，良抵任，叠饬严密保护，或拨兵协防，或由官抚恤，均平妥。平阳英、瑞教士纪正纲等五名口欲回国，本拟派员拨兵勇护赴鄂，现因瑞教士能高仁妻将分娩缓行，诚非万全，不敢率动。近日敌兵四逼，晋防万急。良承毓后，万死奚辞！惟乘舆震惊，生民涂炭，如大局何干？求速挽狂澜，鼎力补救，仍阻西趋。锡良百叩，请转邸相云。(《李鸿章全集》(1—12册)，第6819页)

  12月1日（十月初十日） 锡良致李鸿章再报告保护各处教士电。

  歌电悉。各处所居教士，实早严饬地方官妥慎保护，兹令由官一律接济，时往问恤，不使稍涉疏虞。教民亦早安业，委无匪扰。请复各公使。余详阳电。(《李鸿章全集》(1—12册)，第6820页)

  是日 锡到任以后，极力保护教士，安辑教民。使民教相安，办理甚为妥协。

  12月3日（十月十二日） 晋抚锡良电李鸿章转各公使力阻洋兵幸勿来晋并问询和议情形。

  阳电谨悉。感甚。现据探报，法国业已率兵带炮四尊欲赴井陉，德兵已到阜平，仍有西进之意。蒙谕不日开议，只得严兵坚守，请饬毋启衅端，务乞转致各公使，力阻洋兵幸勿来晋。共维大局，三晋获全，皆出恩赐。和议如何？盼复。(《李鸿章全集》(1—12册)，第6821页)

  12月7日（十月十六日） 统兵道员张成基在营病故提请清廷从优议恤。

  奏为统兵道员在营积劳病故，吁恳天恩，敕部从优议恤，恭折仰祈圣鉴事：窃查前据固关防军营官总兵张德朝等会同署平定直隶州知州白

1900 年（光绪二十六年　庚子）48 岁

昶禀报，湘、晋两军统领、花翎、二品衔、湖南候补道张成基，光绪二十六年九月二十八日在固关防营猝中风痰，遽尔病故等情，当经遴派新授大同镇总兵刘光才星驰前往接统各军，先已由电奏明在案。

奴才覆查该故员张成基，秉性忠谅，文武兼资，束发从戎，驰驱关陇。初在山东巡抚臣张曜军营，迭著战功；嗣随甘肃提督董福祥剿平回匪，劳绩益著，大为陕甘总督臣魏光焘等所奖许，累功荐保道员，奉旨交军机处记名简放，旋分发湖南候补，办理全省营务处。奴才时在藩司任内，嘉其遇事精勤，条理缜密；抚臣俞廉三亦深器之，目为远到之才。

今夏津沽告警，奉诏征兵。奴才统率湘军星驰入卫，自愧兵非素习，佐理又难其人。该故员慷慨请行，义形于色，遂与兼程北上。比至直隶地方，适闻銮辂西巡，赶即改道来晋。奴才仰蒙圣恩，擢膺疆寄，深惭驽钝，陨越时虞。兼值外族凭陵，边防日亟，该故员随事赞画，动中机宜，复经奴才奏派督领湘、晋各军，防守固关、井陉一带。到关后，讨论军实，训练维勤，凡要害形胜之区，虽邃谷巉岩之境，莫不冲寒覆勘，布置井井有条，故军势屹然，人不敢犯。至其宅心正大，忠勇血诚，驭下严而有恩，尤为各军所称道。乃因劳瘁过甚，遂致遽患风痰，年未五旬，赍志以殁。当此时艰事棘，需将孔殷，失此良才，殊堪悼惜！奴才膺兹重任，赞助无人，追念前劳，未忍湮没。合无仰恳天恩，俯准将固关防营前湘、晋两军统领、花翎、二品衔、湖南候补道张成基敕部照军营立功积劳病故例，从优议恤，以彰劳勋而慰忠魂，出自逾格鸿慈。

十一月初四日奉朱批："著照所请，该部知道。钦此。"（《近代史所藏清代名人稿本抄本》第 3 辑，第 85 册，第 389—397 页）

是日　奏报晋省添募添改各营旗情况。

前因晋省军务吃紧，东北一带地方，均与直隶毗连，边防极为重要。原有练军、防军各营旗不敷分布，节经前护抚臣暨奴才任内，陆续添募添改，以厚兵力。查太原镇练军步队前旗改为抚标防军前营，太原镇练军步队左旗改为步队左营，佐字中、左、右、前、后步队五军改名为晋威副中、左、右、前、后五营，嗣又将前、后两营裁改为旗。其添募者则为晋毅防军步队中、前两营，左旗一旗，太原镇步队中营一营。均已遴员派委管带，先后分拨各隘驻守严防。除各营旗管带衔名、成军日期、管制饷章另行汇案奏报并咨部查照外,理合附片陈明,伏乞圣鉴。

十一月初四日奉朱批:"该部知道。钦此。"(《近代史所藏清代名人稿本抄本》第3辑,第85册,第397—400页)

是日 奏报查明洋兵夺据紫荆关及升允退守情形。

奏为遵旨查明洋兵夺据紫荆关,委系彼先开衅,藩司升允督军鏖战,及并未全退平型关实在情形,恭折覆陈,仰祈圣鉴事:

窃奴才于本年九月十七日,接奉电旨:"锡良奏电悉。升允所禀洋兵分扑紫荆关,鏖战两时,关隘失守,退扎浮图峪,北防甚急,请拨兵协助等情。此股洋兵肆扰究竟若干?果系孰先开衅?督兵鏖战实在情形究竟若何?著该抚迅速派员前往密探确实,即行电覆"等因,钦此。遵即选派妥员,改装易服,分往确切密查具复去后。旋于九月二十日,又奉电旨:"升允奏,洋兵占据关隘,退守情形一折。紫荆关开战实情,前已电谕锡良派员确查。本日据升允奏,军士受伤人众,全行退扎平型关等语,是否新收吴炳鑫三营轻于开衅?"等因。又于二十一日奉电旨:"锡良铣电悉。前据升允奏紫荆关于洋兵开战一折,当经谕令该抚查明实在情形,尚未覆奏。兹据电奏,洋兵退回易州,升允派营分驻广昌、灵邱。查其所报情形,前后参差不齐。升允张皇畏葸,毫无布置,已可概见。前报鏖战各情,难保非该营望风退避,饰词奏报。著传旨将升允严行申饬。该抚仍遵前旨,确查洋兵至紫荆关,该营果否开战?务得实在情形,据实具奏,勿稍回护"等因,钦此,复经钦遵传旨,将该藩司升允严行申饬各在案。兹据委员查明,先后回省禀复,证以奴才另行访查情形,均相符合,谨为皇太后、皇上缕陈之。

伏查新授山西布政使升允,前奉谕旨,饬驻紫荆关内外灵邱一带,杜截溃勇,当将所统陕军马步五营旗分扎直隶之紫荆关、广昌县及山西所属之浑源、广灵、灵邱等处。升允先驻灵邱,居中调度;本年闰八月间,自闻东路吃紧,即亲率左翼马队进扎广昌。九月初二、初三等日,叠据探报,洋兵西窜,已入易州。维时升允正在广昌查点新收之武卫中军中、右两营,其中军后营尚扎紫荆关,当即星驰前往,督饬各营,将紫荆关守御事宜,认真布置,昼夜严防,而洋兵已进据泰宁镇,北窥官坐岭,西扰距关三十里之大龙华等村。初五日,升允即将防务戒严情形

1900年（光绪二十六年　庚子）48岁

专折由驿奏报。一面探闻英、法、德等国马步队陆续前来，势将西犯，其他未知国名者不能悉举。升允深恐洋兵阑入开衅，因于初六日晚间，备文照会英、法、德三国带兵官婉言劝阻，共维款局，交紫荆关参将沙明亮拨派标兵分送。乃未据回复，次日黎明，洋兵骤来扑关，我军遵守将令，寂然不动。讵洋兵突向关上开炮，致帮带副左营营官黄明远、哨兵李士彬中炮阵亡，并轰伤哨兵陈心胜、黄印等。我军愤极，始开炮相抵。升允亲在关上，督同左翼分统周玉堂、副左营管带萧世禧、武卫中军营务处吴炳鑫等，据险回击。自卯至巳，枪炮不绝，约计轰毙洋兵数十名，我军阵亡官弁兵勇亦六十余名，受伤者二十余人，升允左右肩畔枪子飞过，幸未中伤。其时朝暾东出，我军从关下击，日光射目，不能逼视，洋兵遂从暗处潜据山巅，我军埋伏尽露，无险可凭，兼之药竭兵单，遂致不守。此查明初七日洋兵辄先开衅夺据关隘，因于鏖战两时之实在情形也。

迨我军撤队之后，升允先退浮图峪。旋以精锐伤亡较多，新收之军，心又不固，恐其溃散，挈动全军，因自入平型关稽查布置，旋仍进驻灵邱，而令吴炳鑫之三营开赴该关，藉资防守。适奴才以广昌地尤扼要，饬令吴炳鑫所部仍宜回防，遂亦留驻广昌，故与升允折内所称全队退扎平型关大营等处情形稍有不符，其实升允虽有全队开往之奏，并未实有全队开往之事。该洋兵亦未过关，随即陆续退回金坡、易州等处。此又查明该军分驻广昌、灵邱并未全退平型关大营镇之实在情形也。

奴才复思此案钦奉严旨，叠饬确查，自以孰先开衅，升允是否督兵鏖战，有无畏葸情事，为最要关键。兹既明查暗访，是日各国联军率领教民来关攻扑，遽先开炮，轰毙我军营哨兵数十人，实属衅自彼开，理尤我直。我军既被轰击，自不能不开枪炮齐施，还兵抵制，鏖战两时之久，更为共见共闻。遂致互有伤亡，且毙洋兵不少，其为该藩司等既未尝卤莽从事，急切图功，亦未敢畏葸张皇，饰词具报，均属可信。察其所统各营，前既尚能接仗，似亦可用。奴才已严饬升允，勖励将士，认真扼扎，恪遵谕旨，妥慎防维。现闻法军尚在易州一带游弋，敌情诡诈难测，断不敢稍涉疏虞。该藩司治军严饬情形，近且益加奋勉，应令仍在广昌、灵邱等处稳慎驻扎，以固北路边防。其打仗阵亡官弁、兵勇，容饬详查，再行吁恳天恩，从优议恤，俾昭激励而慰忠魂。

十一月初四日奉朱批："知道了，仍著督饬升允稳慎扼扎，以固边防。钦此。"（《近代史所藏清代名人稿本抄本》第3辑，第85册，第406—423页）

12月8日（十月十七日）晋省库藏奇绌，用款倍繁，筹赈、筹防，不敷甚巨，奏请将各省解存用剩银两，截留备用，以济急需。

窃查前因防、赈两急，晋库支绌万分，本年未解京协各饷无从筹拨，业经奴才专折奏请，免其再解在案。但使稍可支拄，断不敢再有渎求。无如晋省进款，专以钱粮为大宗，本年夏秋两灾，据报荒歉者已有六十余处，正耗均多停征，库储因之大绌。饥民遍野，待哺嗷嗷，不得不设法赈抚。前蒙恩赏银二十万两，分拨灾区，藉资拯救，固已皇仁普被，钦感同深！

惟刻下天时仍旱，久无雨雪，麦籽不能下种，冬赈之后，尤需春抚，时久用繁，短绌甚巨，已觉无从设措，竭蹶万分。兼值各国洋兵丛聚直隶边境，忽而获鹿，忽而宣化，忽而紫荆关、阜平等处，屡于直、晋毗连地方，往来游弋，飘忽靡常，又不敢不处处设防，节节布置，饷项军火日费倍多，皆需取给于司库。是进款既来源无几，而出项则用数难知，仰屋徒嗟，实有儳焉不可终日之势。再四筹维，别无良策。

查行在户部寄存晋库各省解到饷银，原系九十二万余两，内除拨用过晋省支差银二十万两、备赈银二十万两、马玉崑饷项银二十九万四千四百两、湘军饷银四万两、瑞洵科城护兵饷银一万两、崧蕃养廉银一千八百八十两外，现尚存银一十七万余两，拟请全数截留，备充要需等情，据署布政使许涵度详请具奏前来。

奴才查晋省本年灾歉太广，钱粮停征太多，筹赈办防用款急而且巨，因之库储奇绌，存银不及十万，若不速筹挹注，则各军饷无从出，先有饥溃难恃之虞。该司所请，委系实在情形。合无仰恳天恩，俯念晋省防赈两急，准将各省寄存司库剩银一十七万余两一并留于山西，以备支给前项要需，出自逾格鸿慈。

十一月初四日奉朱批："户部知道。钦此。"（《近代史所藏清代名人稿本抄本》第3辑，第85册，第423—431页）

是日 尽管山西需款颇多，但筹解甘肃新饷仍不遗余力，并交商

1900年（光绪二十六年　庚子）48岁

汇兑。

晋省应解本年甘肃新饷银两，据署布政使许涵度详称："遵在司库于光绪二十六年十月初三日，筹动银十万两，以六万两交协同庆商号，以四万两交天成亨商号，均汇赴甘肃布政司衙门交纳，作为山西省本年应解甘肃新饷"等情，详请具奏前来。奴才覆查无异。

十一月初四日奉朱批："户部知道。钦此。"（《近代史所藏清代名人稿本抄本》第3辑，第85册，第437—439页）

是日　委赵尔丰办理固关防军营务。

驻防固关之湘、晋两军统领、湖南记名道张成基，据报病故，所遗两军统领，经奴才移委大同镇总兵刘光才接统，当电请军机大臣代奏在案。

兹查刘光才业已行抵直隶井陉一带接统该军，布置防守。惟固关为该军后路，未便乏员经理。查有丁忧河东监掣同知赵尔丰，清勤果敢，勇于任事，堪以委充防军营务处，驻扎固关，以资策应。

十一月初四日奉朱批："知道了。钦此。"（《近代史所藏清代名人稿本抄本》第3辑，第85册，第448—451页）

12月9日（十月十八日）　盛宣怀致锡良电。

太原锡中丞：

两电日昇昌汇款五千，候到即分别汇京。各国昨验全权文凭，因无御宝不合。大约各国已会议，条款必列照会，未必允我多驳，宣。啸。（《义和团运动》，第440页）

12月15日（十月二十四日）　收连顺来函。（《近代史所藏清代名人稿本抄本》第3辑，第118册，第1—6页）

12月26日（十一月初五日）奏拟请比例、酌定分数普蠲慈禧西巡经过地方钱粮。

窃照本年恭逢圣驾巡幸山西，钦奉恩旨："跸路所经地方，应征本年钱粮，加恩豁免"等因，钦此。当经先后敬谨刊刻誊黄，颁发张贴，俾众周知。并查户部则例内载："圣驾巡幸奉免经过地方钱粮者，直隶、山东、山西等省，谨按御道两旁地亩丈算，山岸河坎窄狭处所以二里为限，旷野平原处所以三里为限，限内地亩钱粮，恭照恩旨指蠲分数蠲免；

奉天、河南、江南、浙江等省，不分界限地亩，按经过州县额征地丁钱粮之数统算，或蠲十分之三，或蠲十分之五，临时候旨遵行"等语；亦经通饬出示晓谕，照例分别丈豁各在案。

旋据各属先后禀称，前奉恩豁地粮，自应遵例办理。惟地亩连阡累陌，多如犬牙相错，难以截清里数；山岸河坎窄狭之处，尤难丈算。小民不谙定例，但希共沐皇仁。且乘舆所经，一切差徭，虽均发价，仍须借资阖属民力。所有下忙钱粮，可否奏请酌定分数，准予普蠲各等情，呈经藩司查核，均系实在情形。悉心酌议，拟请比照奉天等省不分界限地亩之例，将跸路所经各州县，应征本年下忙丁耗米豆、土盐税等项，普蠲十分之二；其有已完在官者，准其流抵次年正赋；倘另有被灾村庄，仍准按照例定分数递蠲，俾得共沾浩荡之恩而免逐里丈量之扰等情，据署布政使许涵度详请具奏前来。奴才覆查无异。

十一月二十二日奉到朱批："著照所请，该部知道。钦此。"（《近代史所藏清代名人稿本抄本》第3辑，第85册，第455—462页）

是日　奏请破格录用直隶龙泉关都司秀崐。

晋省界接畿疆，隘口林立，几于防不胜防。奴才覆任之初，即选派将弁，督兵分往沿边各关隘，严密防堵，以固边圉。查五台县之险要在长城岭，欲守此岭，必先扼龙泉关；而安子岭地方，又系该关屏蔽，最称险要。龙泉关向设都司一员，隶于正定镇标，倘该处一有疏虞，晋地即无险可守。是以奴才切实函告该都司秀崐，兹值乘舆幸陕，晋为陕之屏藩，设或晋守有疏，诚恐震惊实在。时秀崐已接正定镇檄文："如洋兵至境，须羊酒相迎。阜平县即于九月下旬相迎入城矣。"该都司甚不谓然。及接奴才之函，奋然对晋军曰："秀崐在，誓不敢放敌入关！"遂联络乡团，得精壮千余人，扼守安子岭，预制地雷炸炮，择要埋藏，节节布置；附近村民乐输粮草，帮同严防。迨至九月十三日，教民果引敌来扑。秀崐率领兵丁、乡团等掩旗息鼓，严阵以待。敌知有备，旋即退去，仍于邻近游弋，迄未至岭相攻。是役也，若非该都司先事防范，临时坚守，洋兵一入晋境，为患何可胜言！值此敌焰方张，军多畏葸，如该都司之忠勇朴诚，胆略俱优，洵不易得。可否仰恳天恩，破格录用，以励戎行而昭激劝，出自鸿施。

1900年（光绪二十六年　庚子）48岁

再，该都司秀崑，系满洲正黄旗外火器营鸟枪护军，因善制造地雷、火箭诸器，经前陕甘督臣熙麟、固原提督雷正绾、山东抚臣阎敬铭、丁宝桢、直隶督臣李鸿章等，累保今职，合并声明。

十一月二十二日奉到朱批："秀崑著以副将即补。钦此。"（《近代史所藏清代名人稿本抄本》第3辑，第85册，第487—493页）

是日　上奏赴河南购粮经过关卡请免税厘折。

晋省灾区太广，现值筹办冬赈，需粮孔殷，必须远赴邻疆，设法采运，方足以资接济。现由藩司、河东道筹拨银两，遴委妥员，并晓谕商贩，驰往豫省产粮较多、粮价平减之区，采购米麦杂粮，转运回晋济赈。所有沿途经过关卡，应请免征税厘，以轻成本而惠饥黎。据署布政使许涵度、河东道吴廷斌禀请具奏前来。奴才覆查无异。合无仰恳天恩，饬下河南抚臣转饬沿途各关卡，遇有晋省购运赈粮员商过境，一体准免厘税放行，以济赈需。

十一月二十二日奉到朱批："著照所请，该部知道。钦此。"（《近代史所藏清代名人稿本抄本》第3辑，第85册，第498—501页）

是日　上折褒扬署按察使恩铭，赞其办理防务井井有条，深资匡助。

奴才猥以庸愚，遽膺艰巨，履任伊始，即值军务戒严，仓卒分兵，扼要堵御，凡与直境毗连者，无不节节设防，非协机宜，难期稳固。奴才素昧韬钤，深虞丛脞，端赖群策群力，共事赞襄。署按察使、军机处存记遇缺题奏道恩铭，心细才长，频年总理税厘，综核精密；派办全省营务处，于防守一切事宜，胥能实力筹维，布置有条不紊，且联络主客各军将士，极臻浃洽，数月以来，尤资匡助，洵为监司中出色之员。当此强邻逼伺，奴才膺兹重任，惟在激励贤能，俾使咸知观感，力济时艰，稍尽以人事君之义。

十一月二十二日奉到朱批："知道了。钦此。"（《近代史所藏清代名人稿本抄本》第3辑，第85册，第511—514页）

12月29日（十一月初八日）致赵尔丰电。（《近代史所藏清代名人稿本抄本》第3辑，第118册，第391页）

12月31日（十一月初十日）　致陕抚岑春煊电，收李鸿章电。（《近代史所藏清代名人稿本抄本》第3辑，第118册，第394—395页）

1901年（光绪二十七年　辛丑）49岁

1月1日（十一月十一日）　收户部电稿。（《近代史所藏清代名人稿本抄本》第3辑，第118册，第397页）

1月2日（十一月十二日）因晋省财政支绌，无款可筹，恳请清廷奉拨甘饷暨董军回饷免解。

奏为奉拨甘饷应解年前三成，并董军回饷等款，实均无可筹拨，恳请免解，恭折仰祈圣鉴事：窃准户部电咨，令将欠解光绪二十六年分甘饷尾款暨指拨之二十七年分甘饷，按照上届派数，迅筹拨解等因。当经饬司遵办去后。

兹据署布政使许涵度详称："遵查晋省每年奉拨甘肃新饷，照案应协银八十四万两，年前预解三成，其余七成，次年陆续批解，限于九月内解清等因，自应遵照竭力筹解。惟晋办赈、办防，现正吃紧之时，用款极形繁重。而通年进款，向以地丁为大宗，今岁南、北州县被灾蠲缓，所征无多，各项商税厘金，又因道途梗阻，来源顿绝，处处减收，库空如洗之情形，实为数十年来所未有，即专顾本省之用，亦觉竭蹶难支。所有奉拨二十七年分甘饷，年前应解三成银二十五万余两，值此山穷水尽之时，既无别项可挪，又无收款可望，断难照常解甘。若不预为陈请，势必贻误事机。再四思维，惟有恳请暂行停解。其来年应解之七成银两，如果防赈稍松，上忙如旧征收，再行议详办理。

至于本年欠解之董军回饷银一十一万五千五百两，乌、科二城后一半经费银四万三千三百余两，奉扣新疆解部土药、契、茶各税暨减平银三万一千余两，又扣新疆解部裁勇节饷，旋奉部咨仍解回甘抵补江苏协甘厘金银六万两，本系另案奉拨，原拟悉数解清，讵收款竟早绝源流，而支项仍茫无底止,实系无法筹解,应恳一并停免"等情,请奏前来。

奴才查晋省历年筹解京协各饷,向系余力不遗,然能设法供支,全赖地丁厘税。今值饥馑荐臻,时局未定,钱粮蠲缓,商贾不通,遽竭饷源,一筹莫展。加以防务,犹未解严,本省各项用款急如星火,亦且无以应之,是以曾于九月间奏请停解京、协各饷,截留寄储银两,实皆出于无可如何。兹部臣令将新旧甘饷按照向章拨解,委系无款可筹,均属实在情形。合无仰恳天恩,俯准将甘饷年前三成暨董军回饷等款,一律免解,以纾晋力,出自逾格鸿慈。

十一月二十九日奉朱批:"户部议奏。钦此。"(《光绪朝朱批奏折》第62辑,第231—232页)

　　是日　奏请尽快筹给振远军饷糈,以免哗溃。

直隶前藩司廷雍所部振远军十营,前据营官吴立达、何厚吾会同井陉县知县严书勋禀称:该军七营驻顺德一带,三营驻易州一带,孤军无主,饷绝将溃,乞援救等情。奴才当以直隶库款间由道员叶元琦运交汴省藩库,可否请旨饬下河南抚臣转饬叶元琦,酌带饷银,驰赴顺德,将振远各营给发饷项,酌量淘汰遣散,免致滋事,于十月初五日电请军机大臣代奏在案。

续又据报何厚吾、望云亭等所带回营并收集被戕之直隶练军营官王占魁所带马队一营,均先后抵井陉县境。时值敌氛在附近地方游弋,晋防吃紧,此等无饷饥军,若不设法羁縻,万一哗溃,阑入晋疆,实于边防大有关系。随电咨河南抚臣查明有无寄存直饷,俾饬核发去后;旋准以道员叶元琦已将原饷运回大名府库等因,电覆前来。奴才复径飞札该道员,迅速遵办,并咨会直隶督臣李鸿章一并饬遵,抑或另行设法筹济。讵以道途梗阻,均未接有回音。而井陉所驻之振远四营并练军马队一营,紧逼晋疆,望饷若渴,时来奴才处具禀呼吁,情词迫切。有关大局,奴才实不敢袖手旁观;无如晋省防、赈交乘,库空如洗,又无力以赡此军。再四思维,惟有仰恳天恩,饬下直隶督臣李鸿章,迅即派员查明该军实存若干,给以饷糈,分别遣留,庶免饥溃。倘令何厚吾等四营并练军马队一营,仍驻井陉,藉辅晋军之不足,尤于防务有裨。

十一月二十九日奉朱批:"另有旨。钦此。"(《近代史所藏清代名人稿本

抄本》第 3 辑，第 85 册，第 528—534 页）

是日　为适应民教事宜日渐繁多的现状，奏请仍在冀宁道署设立教案局。

本年拳匪滋事，晋省教堂焚毁过半，教士教民亦多流离失所，将来交涉之事，势必纷至沓来，均应妥慎筹办。卷查光绪八年，经升任抚臣张之洞奏明在冀宁道署设立教案局，凡通省民教事件，责成该道员督同委员专司经理；嗣因事务颇简，即将委员裁撤，以节经费。现在民教事宜日渐繁多，应仍查照前案，在于冀宁道衙门设局，饬即会同藩臬两司，督率委员，随时详慎核办。

十一月二十九日奉朱批："该衙门知道。钦此。"（《近代史所藏清代名人稿本抄本》第 3 辑，第 85 册，第 534—537 页）

1月4日（十一月十四日）　收端方来电并复电，致各省督抚催办协款。（《近代史所藏清代名人稿本抄本》第 3 辑，第 118 册，第 402—403 页）

1月5日（十一月十五日）　收苏州陆元鼎来电。（《近代史所藏清代名人稿本抄本》第 3 辑，第 118 册，第 406 页）

1月8日（十一月十八日）　分别致电江督刘坤一，陕抚岑春煊。（《近代史所藏清代名人稿本抄本》第 3 辑，第 118 册，第 409—410 页）

1月9日（十一月十九日）　致庆亲王奕劻、李鸿章电。（《近代史所藏清代名人稿本抄本》第 3 辑，第 118 册，第 412 页）

1月11日（十一月二十一日）　奕劻、李鸿章致电锡良，令其切实保护教士、教民。

太原巡抚鉴：法使函称："接西蒙古地方教会来函，'李葆元仍令蒙民攻围小庙坊地方教会，该处在宁夏及附近归化、朔平之间。主教哈麦尔及教士数人，已被地方官饬令残害，其教士教民之散居他处者，地方官仍欲搜杀净尽'。除俟查明责归何人，照约请办外，先请严饬认真保护，并于西蒙古及山、陕迤北各州县张贴告示，一律保护教士、教民"等语。查各处教士、教民迭奉谕旨严饬保护，现和议甫有端倪，岂容再生枝节，希即迅派干员驰往所指地方，切实弹压保护。如地方官确有杀教情事，应即撤任查参，并一律张贴告示，以遏乱萌。事关大局，勿稍延误，先将办理情形电复，切要。庆、李。个。（《义和团运动》，第 494 页）

| 1901 年（光绪二十七年　辛丑）49 岁 |

是日　就保护外国教士问题，奕劻、李鸿章再次电锡良，询问情况。

太原巡抚鉴：义使萨尔瓦葛托致义教士安怀珍电信，嘱由华教士陈国砥转交，希由尊处觅陈妥交，交后速电复。庆亲王个电语如下："已派中国教士陈国砥持信一书等物，面交与汝，此刻吾等深为着急。不知该华教士途中情形如何？请你俟陈国砥到时，即行电知吾等为要。"个。（《义和团运动》，第 494 页）

1 月 12 日（十一月二十二日）　收庆亲王奕劻电。（《近代史所藏清代名人稿本抄本》第 3 辑，第 118 册，第 422 页）

1 月 14 日（十一月二十四日）　收端方电。（《近代史所藏清代名人稿本抄本》第 3 辑，第 118 册，第 428 页）

1 月 18 日（十一月二十八日）奏报晋省灾赈事宜。

窃本年闰八月间，奴才到任之后，适值各属秋灾已成，纷纷禀报，节经批司移行该管道府州，督同覆勘确查成灾轻重分数，及钱粮如何分别蠲缓，应赈户口大小、极次贫民各若干，应需赈款、赈粮各若干，仓谷有无存储，捐输能否筹劝，均速据实详细禀覆，以凭核办；并于九月间具陈晋省奉拨银两，遵旨筹办赈抚折内，先行奏明在案。

兹查自九月后，各属所报被旱、被雹、被霜、被碱，除勘不成灾无庸置议外，其实在成灾者共计六十余处，重者颗粒无收，轻者收成歉薄，自十分以至五分至上者不等，要皆民情困苦，待哺嗷嗷。奴才与司道等悉心筹画，似此灾重赈繁，非银粮并放不足济急，惟有先将恩赏赈款银二十万两，速予分拨，以广皇仁。计前次交河东道、大同府之十五万两，已分拨平阳、蒲州二府各三万两，解、绛二州各一万五千两，霍州二万两，大同、朔平二府各二万两。其汾州府之二万两，以一万分给各州县，以一万备作运粮脚价；归绥道之三万两，亦饬察看口外各厅，灾情轻重，酌量分给，赶速开办冬赈。此分拨各属赈银之实在情形也。

至各属仓谷，南路尚多，北路较少，潞安、泽州、宁武三府，平定、沁二州，今岁收成中稔，因仿古人移粟之计，于潞、泽、沁等属提动七万余石，拨给平阳、蒲州、解、绛等府州并属；宁武府属提动八千石，拨给朔平府属之右玉、平鲁二县；平定州提动二万石，拨给灵石等处；托克托城提动六千石，拨给汾州府属；均各派员携带运费，设局接运，以期迅速。又虑仓谷不敷赈放，另由司库筹款，遴委廉干笃实、勤恳爱民之奏补泽州府知府孚仁等，分赴河南周家口等处采买粮石，则接济蒲、解一带；本省潞、泽、沁采买粮石，运至曲亭，则接济平阳一带；冀城县采买粮石，则接济绛州一带；忻州乐平采买粮石，则均接济太原所属。其宁夏解晋之小麦二千二百石，尚未运竣，一俟到齐，留于省城备拨。此又借提仓谷、筹款购粮之实在情形也。

惟是灾民过多，自冬徂春，为日甚长，银米断不敷用。赈捐开办数月，收数寥寥，势成弩末。库空如洗，不能不借资民力，乞助邻疆，以拯民命。因复委员分赴本省之平遥、太谷、祁县、榆次及绅富较多之州县，外省之广东、四川、江苏、浙江、山东、湖广及上海商贾辐辏之处，劝办赈捐；并由奴才函至各疆臣，沥陈饥民困苦情状，请其饬属广劝，共恤邻灾。又会同陕西抚臣岑春煊奏准开办秦、晋实官捐输，一俟部照颁到，亦即派员分往劝筹，冀集巨款，力救嗷鸿。此又分别劝办捐输，以资接济之实在情形也。

综计晋省灾情，南重于北，而蒲州一属尤甚。虽经叠次拨款、拨粮，赶为散放，而究属灾区太广，赈繁款绌；加以边防紧要，兼顾为难。奴才惟有督饬司道及印委各员，凡为力所能到者，随时认真补救，切实经营；其应如何区别重轻，斟酌缓急，尤在该管道府州统筹分顾，方免有误机宜。因查在任候补知府、潞安府同治李崇洸，综核精密，任事勤能，竭力救灾，不辞劳瘁，爰调该员就近接署蒲州府，俾得督同属县，妥筹赈抚。其余在事人员，尤幸钦奉谕旨："委办员绅，果能实力实心，勤劳罔懈，即著照军营异常劳绩保奖；如有侵吞款项，玩视民瘼者，即著从严参办"等因，钦此。奴才立即恭录通饬一体凛遵。似此赏罚严明，当无不仰体朝廷德意，尽心办理，自顾考成。

至前蒙恩赏漕粮，虽据报已接收竣事，第道梗运艰，尚难抵晋。奴才前经奏明，酌量变价。现仍严饬转运委员，或粮或价，从速设法到晋，冀作明年春抚之需。其被灾地方钱粮，均已先期出示停征。应如何分别蠲缓，除俟详晰核明，另行拟议奏恳恩施外，所有灾赈事宜续筹分拨银谷大概情形，理合恭折具陈，伏乞皇太后、皇上圣鉴。

再，晋省自十一月初五日起，至十四日止，旬日之内，各属据报两

| 1901年（光绪二十七年　辛丑）49岁 |

次得雪，自三四寸至七八寸不等，南、北一律均沾，兹于二十六日省城，又得三寸余，民心大定，堪以仰慰宸廑。合并陈明。

十二月十七日钦奉朱批："知道了。办理尚属周妥。仍著督饬印委各员，将灾赈事宜，认真经理，毋任一夫失所。钦此。"（《近代史所藏清代名人稿本抄本》第3辑，第85册，第537—552页）

是日　奏调蔡乃煌、许珏会办晋省洋务，并请将教案局改为洋务局。

山西本年夏间，拳教相仇，被扰颇广，款议既成之后，交涉自必日繁，事体重要，非有精明稳练、通晓约章之大员，挈领提纲，措置难期周妥。惟晋省地方简僻，与沿江沿海情形不同，风气初开，尚无能胜其任者；必须慎选奏调，方足以资臂助，而重邦交。

查有湖南候补道蔡乃煌，心细才长，志趣远大，办理洋务，不激不随。江苏在籍候选道许珏，久历外洋，熟谙条约，心地诚笃，不染时趋。该二员皆共事有年，知之较稔。合无仰恳天恩，俯念晋省需才孔亟，饬下湖南、江苏抚臣，迅即行知各该员，星驰来晋，筹办洋务。并请将前次奏设之教案局，改名为洋务局，嗣后凡遇中外交涉事宜，统归该局分别经理，随时会同司道督饬委员，妥慎筹维，切实核办。

十二月十七日奉朱批："另有旨。钦此。"（《近代史所藏清代名人稿本抄本》第3辑，第85册，第566—570页）

是日　上保奖人材折。

晋省近年仕途庞杂，奔竞之风日炽，虽由于不能守分，实由于不能安贫，非将清矫拨俗之员，亟为表扬，不足以振颓靡而肃吏治。

查有试用同知成熙，操行高洁，贫耻人怜，屡任繁区，廉能卓著，为前大学士臣阎敬铭所赏识。只以该员自甘廉退，历任抚臣极力拔用，而隐于闲曹，不求进取。又四品衔、在任候补直隶州知州、准补宁远厅通判张焕，胸怀冲淡，办公极勇，取禄极廉，晋省会计出入，洞悉无遗，历任藩司，倚之如左右手。该员不求荣利，布衣蔬食，泊如也。以上二员，实为晋省清吏之冠，洵足以廉顽立懦，拟请传旨褒嘉，为群吏劝。

十二月十七日奉朱批："另有旨。钦此。"（《近代史所藏清代名人稿本抄本》第3辑，第85册，第83—587页）

1月20日（十二月初一日）　奕劻、李鸿章致锡良电。

北京盛京堂转晋抚锡：顷接义使函请抚恤被害教民一节，与英使昨函词意相同。尊处究竟有何办法？希速电复，以便转致。庆、李。东。（《义和团运动》，第504页）

1月21日（十二月初二日）　奕劻、李鸿章致锡良电。

北京盛京堂转晋抚锡：顷接法、美使函，仍系被害教民待赈事。请查照前电并办。庆、李。冬，申。（《义和团运动》，第505页）

是日　致电军机处。（《近代史所藏清代名人稿本抄本》第3辑，第118册，第444页）

1月26日（十二月初七日）　锡良致枢垣法人逼晋疆乞商法使撤兵电。

锡良电信。顷据升允禀称，洋人已从五虎岭来，要到广昌。嘱该县预备，并转致山西各营：此系直隶地方，业划归法国，与山西无涉，务须赶紧退出，免起兵端。查广昌既驻晋军，即是晋省门户，我军不能不严阵以待，派人前往开导。升允因病请假，已约万本华前往会商，坚忍堵御等语。伏思现正议和，各国理应退兵，法人忽逼晋疆，阻之则必开衅，听之则竟长驱。究应如何因应之处，乞代奏，请旨遵行，并电饬全权大臣转致法国公使，速令撤兵，以全和局。锡良。虞。（《清季外交史料》第9册，第4759页）

是日　收庆亲王奕劻、李鸿章来电并复电。（《近代史所藏清代名人稿本抄本》第3辑，第118册，第456—458页）

1月27日（十二月初八日）　收庆亲王奕劻、李鸿章来电。（《近代史所藏清代名人稿本抄本》第3辑，第118册，第499页）

2月1日（十二月十三日）　上折奏请准将新旧正耗钱粮米豆、土盐税，分别蠲缓、递缓、豁免、停征，并筹款赈抚，以纾民困。

奏为晋省各厅州县，本年夏麦秋禾被旱、被雹、被水、被冻、被霜，并地被沙积石压，尚未垦复地亩，吁恳天恩，准将新旧正耗钱粮米豆、土盐税，分别蠲缓、递缓、豁免、停征，并筹款赈抚，以纾民困，恭折仰祈圣鉴事：

窃查晋省上年秋冬既鲜雨雪，本年自春徂夏又复雨泽愆期，旱象已成。前经抚臣迭次奏准，筹款购粮，开办赈捐；并将阳曲等各州县应征

1901年（光绪二十七年　辛丑）49岁

旱地上忙及带征民欠钱粮，照例缓至秋收时确勘办理；并蒙恩旨，发帑截漕，令查灾区轻重，及免跸路所经地方钱粮，节经刊刻誊黄，颁发张贴，钦遵通饬各在案。

讵自入秋以后，又未渥沛甘霖，更且天寒较早，复陨严霜，以致各属多被灾歉。据阳曲等七十厅州县先后禀报，夏麦秋禾被旱、被雹、被水、被冻、被霜，及地被沙积石压，恳请勘办，节经前抚臣与奴才随时批司移行该管道府直隶州遵章亲诣，分别督勘查明议复去后。

兹据署布政使许涵度详称："本年报灾各属，除平定、保德、隰州、太谷、岚县、沁源、蒲县、五寨八州县均勘不成灾，并绥远城厅灾案应归绥远城将军核办外，其余阳曲等六十二厅州县，被旱、被雹、被冻、被水、被霜，以致夏麦秋禾成灾歉收，暨地被沙积石压，不堪耕种，应完新旧钱粮米豆等项，实系无力完纳，由该管道府直隶州查勘明确，分别被灾轻重，先后转请蠲缓、递缓、豁免、停征到司。查定例：'水旱成灾，地方官将灾户原纳地丁正赋作为十分，按灾请蠲。'又'勘明灾地钱粮，勘报之日，即行停征；如有溢完在官者，准抵次年正赋。所停钱粮，系被灾十分、九分、八分者，分作三年带征；被灾七分、六分、五分者，分作二年带征；其五分以下勘不成灾地亩钱粮，有奉旨缓征及督抚题明者，缓至次年麦熟以后；其次年麦熟后，钱粮递缓至秋成以后，再行征收。'又'乏食贫民，分别成灾分数，给予正赈、加赈。并酌给口粮'。各等语。今阳曲等六十二厅州县，被灾地亩应征新旧钱粮米豆、土盐税等项，暨应行带征历年原缓前项银米租税等款，拟即按照被灾轻重，分别量予蠲缓、递缓、豁免、停征，以纾民力。各属于勘报之日，业已出示停征；如有溢完在官者，准抵次年正赋。惟连年水旱频仍，现复灾歉甚广，民情异常困苦，其情形较重者，先轻拨给银米，查放急赈，近又派员移粟发银，分投接散冬赈；此外稍轻处所，亦已放给仓粮积谷，俾得糊口有资。目下渥沛祥霙，民心大定，不致流离失所。至来春青黄不接之时，灾祲余生，为日方长，尤当筹给籽种、口粮，加意抚恤。除遵照新章饬属造具各项细数清册，另文专案详咨户部查核外，现将各属被灾轻重分数，拟请分别蠲缓、递缓、豁免、停征各数目、开缮清单"，请具奏前来。

奴才覆查阳曲等厅州县，值连年灾歉之后，民气尚未复元。上年秋后暨本年夏秋以来，亢旱太久，禾稼焦枯；间有得雨种植之处，或被雹伤，或被霜冻，或被碱萎，或被水冲，或被沙石积压，不能耕种；以致夏麦秋禾，或颗粒无收，或成灾较重，或虽不成灾，收成极为歉薄，小民困苦情形，实堪悯恻。惟有吁恳天恩，俯准将阳曲等六十二厅州县新旧地丁正耗米豆、土盐税正余等项钱粮，分别蠲缓、递缓、豁免、停征，俾纾民力而广皇仁。一俟奉到恩旨，奴才谨当督同藩司，恪遵定章，将各厅州县蠲缓、递缓、豁免、停征之钱粮米豆各项，分晰数目，刊刻誊黄，遍贴晓谕，庶使识字村氓，一目瞭然，无从弊混，以期仰副圣主轸念民依之至意。

再，部定新章，应将灾歉村名地亩钱粮各数，逐细开列。惟本年灾区较广，村庄甚多，各项银米等款数目过繁，碍难并叙单内。现拟缓照上届办法，饬司分晰，汇造清册，送部查核，合并声明。

十二月三十日奉到朱批："著照所请，户部知道。单并发。钦此。"
(《近代史所藏清代名人稿本抄本》第3辑，第85册，第587—600页)

是日　上劝捐济饷折。

晋省赈务之外，加以防务，库款支绌情形，曾经奴才于请停解京、协各饷折内，奏明在案。数月以来，边防未敢松劲。而本省各军荷戈戍守，值此灾祲之年，百物昂贵，原领月饷，糊口不敷，势不能不按照湘军章程，加发行饷并添给长夫，以示体恤。即奴才原部入卫之湘、楚两军，总兵刘光才所部之忠毅军，藩司升允所部之陕军，各该军原有月饷，皆解自他省，不能应期而至，亦难听其悬釜待炊，均须在于司库随时挪济，俾免饥哗。甚至直隶溃散勇营，流入晋境，遣令回籍，亦须发以资粮，方不至滋生事端。

夫晋省灾区太广，钱粮大半停征；商贩甚稀，厘金因之减色。以有限之入款，供无穷之出项，无源之水，涸可立待。以故部寄司储罗掘全尽，实有岌岌不可终日之势。奴才持筹无术，焦灼万分。因思夏间御史刘家模请奏劝捐助饷，钦奉上谕："著各督抚遴选公正绅耆，设法劝导，有能倡捐巨赀者，请奏破格优奖；其余按照海防捐例，分别奖叙"等因，钦此。奴才处此奇窘，惟有督同藩司，钦遵遴选公正绅耆，劝令有力之家，慨解余囊，量为捐助，藉应急需。虽近来捐务已成弩末，兼以另案劝办赈捐，无一不藉商富之力，未必能遽有成效。然舍此别无他法，亦惟竭尽心力，冀以支持危局。

十二月三十日奉到朱批："户部知道。钦此。"（《近代史所藏清代名人稿本抄本》第3辑，第85册，第608—613页）

2月2日（十二月十四日）　上审明文水县马墩扎死期亲胞兄定拟折。

奏为审明听从父命扎伤期亲胞兄身死重犯，按律定拟，照章改题为奏，恭折仰祈圣鉴事：

窃准部咨："奏明例内戴明应奏各案，或事关重大者，仍专案具奏"等因。兹据调署文水县详报，县民马墩因听从父命，夺刀扎伤期亲胞兄马坤身死一案，审明拟议，由太原府解经按察使勘转前来。

奴才提犯亲审，缘马墩籍隶该县，贫苦度日。已死马坤系其期亲胞兄，分居各度，素睦无嫌。马坤平日游荡，不务正业，其父马全林屡训不悛。光绪二十六年三月初一日二更时分，马坤由外回归，称有急用，向马全林索钱，马全林不允斥骂，马坤回詈，并取桌放小刀扑扎。马全林喊救，马墩趋拢夺获小刀，致刀尖划伤其脐肚近左。马坤复将马全林推按倒地欲殴，马全林虑被殴伤，喝令马墩帮护替扎。马墩因救护情急，即用小刀向马坤吓扎一下，适伤其左胁，喊跌倒地。经马尔纯趋至劝歇，讯明情由，通知马坤之妻马曹氏赶回看明，同将马坤扶回调治。讵马坤伤重，延至次夜殒命，投地报县验讯，通详批饬覆审，拟议解勘，提犯覆鞫，供认不讳。

查律载："弟殴胞兄死者，斩。"又例载："殴死期功尊长罪于斩决之案，核其所犯情节，实可矜悯者，夹签声明，恭候钦定"各等语。此案马墩因马坤向伊父马全林索钱不允，被骂回詈，复携刀逞凶。该犯拢救夺刀，致划伤马坤脐肚近左；复听从父命，用夺获小刀，将马坤扎伤，越日身死。查马坤系该犯期亲胞兄，自应按律问拟，马墩合依"弟殴胞兄死者斩"律，拟斩立决。惟马坤殴詈其父，本属犯罪应死。该犯听从父命，用夺获小刀，将马坤扎伤身死；扎由情急救护，且听从父命，与无故逞凶干犯者有间，核其情节，实可矜悯。应照例于疏内夹签声明，恭候钦定。马坤殴詈其父，本干律拟，业被扎死，应与劝阻不及之马尔纯，均毋庸议。马全林因被其长子马坤殴詈，主使其次子马墩帮护替扎。致伤马坤身死，律得勿论。此案例应具题，惟罪干斩决，是以遵照变通部章，专案具奏。

十二月三十日奉到朱批："刑部速议，具奏。钦此。"（《光绪朝朱批奏折》第107辑，第414—415页）

2月4日（十二月十六日）　奏报河东汇解英德洋款事项。

前准部咨：英、德洋款一项，每年指拨河东道库银三万两，分二、五、八、冬四期解沪归款等因，历经遵照办理在案。

兹据河东道吴廷斌详称："光绪二十七年二月一期英、德洋款银七千五百两，现于盐斤加价项下如数提动，交志成信商号承领汇解，限于光绪二十七年二月初十日以前赴江海关道衙门交纳"等情，请奏前来。奴才覆查无异。

光绪二十七年正月初三日奉朱批："户部知道。钦此。"（《近代史所藏清代名人稿本抄本》第3辑，第85册，第653—656页）

2月5日（十二月十七日）　拿获富有票会匪讯明正法并将处理人员照章保奖折。

奏为拿获富有票首要会匪，讯明就地正法，并将出力人员照章保奖，恭折仰祈圣鉴事：

窃奴才先后接准湖广督臣张之洞，湖南抚臣俞廉三来咨，以楚、湘两省拿获散放富有票自立会匪徒多名，讯明惩办；诚恐党与散布各省，咨会一体严密查拿等因，当经奴才分饬各属文武，认真访拿去后。

旋于九月二十八日，据同知衔、开缺徐沟县知县密昌墀。试用直隶州州判李维藩密禀，访有湖南匪徒潜来晋省，散票招党情事。奴才随饬在任候补直隶知州、调署阳曲县知县郑景福，城防保甲局提调、候补直隶州知州泽宣，会同该员等，督带勇役，在于省城内外一带上紧跟缉，毋任漏网。旋于十月初七日，据报于剪子巷晋元斋刻字铺左近，缉获邵春轩、甘瑞成二名，并起获身带富有票两张及新刻未用之富有票版一块，解经奴才饬委藩臬两司会同营务处司道隔别研讯，据供均系湖南湘阴县人，向充勇丁，被革后转徙四方，并无定址。本年六月间，行至直隶乐

| 1901年（光绪二十七年　辛丑）49岁 |

城县不知村名地方，撞遇素识之湖北人李大，给伊等富有票各一张，钱各一千文，嘱令前来山西，自刻富有票，开堂立会，广招党与，一俟入会人众，即可起事。伊等允从，"就于九月潜来太原省城，在剪子巷晋元斋刻字铺私刻票版，尚未刷印行使，就被拿获。李大现逃何处不知道"。质之晋元斋刻字铺伙赵双科供认："受雇刻版属实，并不知系犯禁的事"各等语。据此，详经奴才亲提覆审无异。

查康、梁两逆，负罪逋诛，窜匿海隅，创立富有票，布散四方，思欲煽惑天下，贻患国家，揆其处心积虑，实属凶狠已极。此案邵春轩、甘瑞成两犯来晋省，私刻富有票版，开堂立会，意欲广招党与，潜谋不轨，难保非康、梁两逆勾结所为。宰仗圣主威福，得以立时破获，不致滋蔓难图，曷胜快悚。当将该两犯于讯明后，恭请王命，就地正法，枭首示众，以昭炯戒。逸犯李大饬缉获日另结。其刻字铺伙赵双科，讯非知情故刻；惟不细查来历，辄自受雇刻字，究属不应，饬县杖责发落。票版及起获富有票，分别销毁存照。

覆查光绪二十五年五月初八日吏部奏定获匪劳绩劳章程内开："拿获开堂立会首要匪犯一名之案，准照异常劳绩请奖，文武并计，不得过两员"等语。所有拿获匪首两名之在任候补直隶州知州、调署阳曲县知县郑景福等四员，均属异常出力，未便没其劳勋。相应援照定章，吁恳天恩，俯准将在任候补直隶知州、调署阳曲县知县郑景福、候补直隶州知州泽宣，均免补本班，以知府归候补班前补用；试用直隶州州判李维藩，免补本班，以知县补用，以示鼓励而昭激劝，出自逾格鸿施。

二十七年正月初三日奉朱批："另有旨。钦此。"（《近代史所藏清代名人稿本抄本》第3辑，第85册，第689—699页）

2月7日（十二月十九日）　收西安荣禄电。（《近代史所藏清代名人稿本抄本》第3辑，第118册，第502页）

2月23日（正月初五日）　锡良致枢垣洋兵据广昌等处自请惩处电。

山西巡抚锡良电信。顷据升藩司禀，去腊初间洋兵退出浮图峪后，仍不时来往。德国副帅函致防军各营云：只看长城，不到广昌。嗣与途中相遇，亦接以礼，并无决裂形迹。讵本月初二日早忽分三路来扑广昌，万本华督率所部婉为劝阻，彼竟枪炮齐施，伤我弁兵数百人，不得已退守艾河。又据龙泉关守将秀崑等禀，初三日突有洋兵来扑鞍子岭，我军百方抵御，鏖战良久。彼族后队继至，率同教民蜂拥而上，枪炮如雨，士卒、民团死伤大半，势难再支，遂退长城岭，请速拨兵救援各等情。查此次洋兵分道而至，恐系锐意西趋。晋边防守各营多系未经战阵，马玉崑所部本作游击之师分驻腹地，现商设法接应，以顾大局。广昌及鞍子岭虽均系直境，但紧接晋边，今遽失此险要，总由锡良调度无方，咎何可辞，应请从严惩处。夏毓秀一军驻韩侯岭，兵力尚强，可否调赴省北，以杜敌人深入之处，伏候圣裁。请代奏。良。歌。（《中国野史集成》第48册，第130页）

2月24日（正月初六日）　收到荣禄信札二封，其一为：

清弼仁兄世大人阁下：上元日接诵惠书，具承一一。执事忠清亮直，钦佩素深。来示所云皆肺腑之言，非畏难求退者比。清恙固为可念，而彼族寻仇，丑正于执事或未能忘情。为国家用人计，执事决无可退之理；而为一时权宜之策，则山西衅隙已深，彼族方图报复，执事中国之良，而外邦所忌，建牙于彼，不啻树的以为之招，与其彼族有言而曲徇其意，不如预为易置所全者多。本日将一切情形婉陈于上，深蒙鉴纳。目下虽稍事回翔，一俟大局敉平，行见东山再起。所望益加摄卫，为国家保有用之身。角巾东路之优间，非姚、宋、韩、范一辈人所能久享也。复颂荩安，诸维心照。世愚弟期荣禄顿首。（《荣禄存札》，第412—413页）

其二为：

敬再启者：溯自都城陷后，款议久延，联军四出，西至获鹿，北至宣府，游骑纵横。晋省与直境毗连，紫荆关当其北，固关当其西，敌人窥伺者屡矣。是时边境警报纷传，人心怵惧。执事从容措置，罗绍威之折简，远胜雄师；李忠孝之坚城，卒挠强寇。故燕、赵虽同甑破，而朔、代独庆瓦全。圜阓无风鹤之惊，朝廷赖屏蔽之固，自非伟略，焉能济此颠危。比者宁民保境，复兢兢以察吏为先，不肖者立予抨弹，贤良者悉登荐剡。大君子易事虽说于此，又见一斑也。昔韦皋治蜀，外饬边防，内肃军府，而吐蕃敛迹，南诏输诚，懋绩丰功，允足方驾前哲，佩服佩服！

京中开议以来，因首祸一节往返磋磨，余款尚尔停议。昨奉明谕，分别惩办，使外人无所借口，庶几渐就范围。两宫以社稷生民为重，降此严纶，率土普天，所应共谅。弟枢垣忝厕，朴樕相从，愧无敬舆之才，莫挽兴元之厄。东北平北平，惟诸公是望耳。手泐，再颂勋祺。弟期禄又顿首。（《荣禄存札》，第413页）

是日　军机处致锡良电信。

奉旨：锡良歌电悉。初二、初三，洋兵分扑广昌及鞍子岭，我军民团伤亡甚多等语。又据奕劻等电奏，广昌华军有致驻保德提督函：如德兵到，彼特与接仗。此言与战书无异。升允现驻广昌，所部先与法人互斗，伤彼数人，法兵报复，击毙我军二三十人。正饬排解，乃又与德人挑衅，意在阻挠和局等语。实堪诧异，现在和局渐将就绪，岂可再启衅端，致误大局。著锡良即饬广昌防兵退扎晋疆，择要严密防守，一面照会洋员，定明界限，各不相犯；并查明何人函致德提督有接仗之语，抑系汉奸伪造挑衅，务得确情，分别严参。总期严固防守，勿使藉口进兵，力保和局为要。本日已电谕奕劻、李鸿章切商，阻止洋兵矣。（《中国野史集成》第48册，第131页）

3月7日（正月十七日）　覆陈革员单熙昭被参冤抑情形折。

奏为遵旨查明，据实覆陈，恭折仰祈圣鉴事：窃奴才承准军机大臣字寄："光绪二十六年九月二十日奉上谕：'有人奏，革员被参冤抑，才堪任使，恳恩录用一折。据称已革山西候补直隶州知州单熙昭，历任稷山、河曲、辽州等州县。卓著政声，为升任前抚臣张之洞等所识拔。经前抚臣胡聘之以该革员前署辽州，信用家丁，赃私狼藉，奏参革职；晋民冤之，请开复录用等语。该革员前官晋省，究竟政绩如何，被参有无冤抑，著锡良确切查明，据实具奏。将此谕令知之。钦此。'遵旨寄信前来"等因，承准此。遵即钦遵转行确查去后。

兹据署稷山县知县吴铨禀称："单熙昭于光绪十年八月署任，十一年七月卸事，在任一年之久，听断勤明，讼无拖累，举凡抚字、催科、缉捕、保甲，一切地方利弊，均能认真讲求，实力筹办，至今民犹思之。"河曲县知县江瑞麟禀称："单熙昭于光绪六年十二月署任，七年六月卸事。适奉文清查丁粮归地并征，头绪纷繁，历前任办未允协，经该革员悉心考求，秉公摊办，至今沿为成法。故前抚臣卫荣光有'办理妥善'

之褒，炳然案牍；其勤政爱民，舆论犹称道弗衰。"署辽州直隶州知州周克昌禀称："单熙昭前在署任，讲求吏治，凡遇编审词讼，催征钱粮，无不振刷精神，认真料理，遍询绅耆，均以好官目之，不闻有簠簋不饬之事"各等情，由署布政使许涵度、署按察使恩铭核明会详呈请覆奏前来。

奴才覆查该革员果有赃私狼藉之事，既难掩人耳目，亦岂无人控告。乃饬查历任各地方均有政绩可观，并无贪污情事。即辽州署任内，亦曾无一案上控。证以在省官场舆论，皆谓原参并无据实，其为冤抑已可概见。钦奉前因，奴才断不敢瞻徇弥缝，稍存欺饰。

二月初二日奉朱批："单熙昭著开复原官，仍归原省补用。"（《光绪朝朱批奏折》第15辑，第700—701页）

是日　奏报河东汇解俄法洋款。

前准部咨：俄、法洋款一项，每年指拨河东道库银三万两，分作两次，于三月解交六成，九月解交四成等因，历经遵办在案。

兹据河东道吴廷斌详称："光绪二十七年分应还三月一期俄、法洋款一万八千两，现已于盐斤加价项下如数提动，交由志成信商号承领汇解，限光绪二十七年三月初十日赴江海关道衙门交纳"等情，呈请具奏前来。奴才覆核无异。

二月初二日奉朱批："户部知道。钦此。"（《锡良遗稿·奏稿》，第83—84页）

3月8日（正月十八日）　奏请革李恕等五员职务。

一省政事之得失，全视督抚为转移，故上年拳教相仇，山东抚臣则有袁世凯，陕西抚臣则有端方，均能严遏拳风，未至酿成事变，两省得以晏然，独山西前抚臣毓贤，于六月十三日戕杀洋教士后，各处拳匪闻风而起，其势汹汹。群不逞恃有大吏之从容，罔知顾忌；地方官怵于上司之威令，莫敢谁何，即欲弹压创惩，而法令已有时而穷，贤智亦因之束手。非常之变，当其事者固难过为苛求；然有心虽无他而迹难自解者，亦不能曲为之讳，致失事理之平。除候补知县郭之枢、裁缺泽州营参将陈国毓二员，先已由奴才奏参，钦奉朱批即行革职外，复查有本任应州知州李恕，前在署托克托城通判任内，办理教案，惨杀多命。现闻该员于卸事后，潜行出省，已飞札严密查拿。忻州营都司海瑛，趋奉上司，护送不力；试用知县田征葵、补用知县赵尔颐，胁于威势，未能匡救；又署汾州府知府、候补知府徐继孺忽禀母病归省，并不候员接替，擅离职守，迹近规避。以上五员均请旨即行革职，以示征儆。

二月初二日奉朱批："另有旨。钦此。"（《锡良遗稿·奏稿》，第84—85页）

3月14日（正月二十四日） 因无款可筹，奏报绥远城新挑马步官兵暂行裁撤回城当差，以节饷项。

现准户部咨，议覆奴才前请筹拨绥远城新挑马步官兵饷银一折，以所请另予拨款之处，碍难照准，应令先裁一半以节饷力，一俟款议大定，再行一律裁撤，恭录谕旨，移咨遵照前来。

查该城新挑马步官兵，光绪二十六年十二月，前准绥远城将军永德、归化城副都统奎成咨："晋省饷项，现既难筹，自应奏请即将此项官兵一千余员名于二十七年正月初八日暂行裁撤，仍回本城当差"等因。今部议行令先裁一半，自系在于该将军等未请全撤之先。兹值晋省防赈纷乘，情形均极吃重，用款日繁，入款大减，客军饷项与夫各省协拨，又未能如期解到，皆须挪垫应付；近复加给教士、教民抚恤各款，司库更形竭蹶，万分难支。前项新挑官兵，户部既未另拨的款，晋省委难筹此兵需，自应仍照该将军等前奏裁撤回城当差，以节饷项。

二月十三日奉朱批："该部知道。钦此。"（《锡良遗稿·奏稿》，第88页）

是日 为审明疏防绞犯越狱逃脱之刑禁人等，按律定拟，奏请将天镇县狱官问罪。

窃查天镇县监禁绞犯朱尚千越狱脱逃一案，经奴才奏参，钦奉谕旨："管狱官山西署天镇县典史杨守性著革职拿问，提集刑禁人等严讯，有无松刑贿纵情弊，按例惩办。有狱官代理天镇县知县额腾额业经身故，著免其置议。逸犯朱尚千仍著严缉务获究报"等因，当经钦遵行司饬缉，并提该典史暨全案犯卷来省，饬发太原府审办去后。

兹据太原府审明拟议，解由按察使会同布政使勘转前来。奴才亲提研鞫，缘武善籍隶天镇县，向充该县内监禁卒。监犯朱尚千，因向周瑞堂索讨借物，碰落雀笼，致雀惊死，向斥不服，口角争斗，用木棒殴伤周瑞堂身死案内，审依斗杀律，拟绞监候，解经前抚臣亲审具题发回羁禁听候部覆之犯。光绪二十六年六月十五日黄昏时分，该典史杨守性带同刑书王安福进监收封，验明监犯朱尚千刑具完固，收入北绁房笼内上锁标封，谕令禁卒武善等小心防范，仍带刑书出监，封锁狱门，回署办公。是夜五更时分，狂风大作，飞石扬沙，更夫张进升进房躲避，与禁卒武善均因一时困倦睡熟。讵朱尚千起意越狱，乘间扭断镣铐，扳折笼栅，掇落房门，出院用门扇作梯爬上内外围墙，推落荆棘，越墙逃逸。经禁卒武善睡醒惊觉，喊同更夫张进升查看，适刑书王安福闻声趋至，禀知该典史开门进监看明，追捕无踪，报县勘讯差缉，禀经前护抚臣饬司委员覆勘相符，行提人卷来省，饬据太原府审明拟议解勘，供悉前情不讳。诘无松刑贿纵情弊，应即拟结。

查例载："监犯越狱，如狱卒果系依法看守，一时疏忽，偶致脱逃，并无贿纵情弊，审有确据者，依律减囚罪二等治罪。"又，"羁禁绞犯越狱逃逸，将管狱官革职拿问，留于地方协缉，五年限满不获，审无贿纵情弊，果系依法看守，偶致脱逃者，杖一百、徒三年"。又律载："不应为而为，事理重者，杖八十"各等语。

此案禁卒武善奉派看守监犯，并不小心防范，致绞犯朱尚千越狱脱逃，虽讯无贿纵情弊，第疏忽之咎难辞，自应按例问拟。武善合依"监犯越狱，如狱卒果系依法看守，一时疏忽，偶致脱逃，并无贿纵情弊，审有确据者，依律减囚罪二等治罪"例，于逃犯朱尚千绞罪上减二等，拟杖一百、徒三年，定地发配折责，拘役年满，预详请释。刑书王安福讯系带管监狱，虽不在监值宿，与专充提牢者有间；惟未能先事防范，究有不合，应与更夫张进升均酌照不应重杖八十律，各拟杖八十，折责发落，系公罪，均免革役。管狱官前署天镇县典史杨守性，业已奏参革职，应留于地方协缉五年，俟限满有无获犯，再行照例办理。有狱官代理天镇县知县额腾额，业经身故，应免置议。逸犯朱尚千饬缉获日另结。

二月十三日奉朱批："刑部议奏。钦此。"（《锡良遗稿·奏稿》，第91—92页）

是日　奏报闻喜县盗案审理情况。

奏为审明强劫得赃，盗犯按律定拟，恭折仰祈圣鉴事：窃查晋省寻

1901年（光绪二十七年　辛丑）49岁

常盗案，经前抚臣奏请改题为奏，以期迅速，奉旨允准，遵行在案。

兹据闻喜县详报。获贼王苌薯即王老六等，听纠伙窃事主赵鸿太家，临时强劫得赃，拒伤事主平复，伙犯孙釜山在外接赃，闻喊先逃，不知强情，事后分赃，并王添菉事后知情，窝留分赃，暨孙釜山旋即在监病故一案，审明拟议，由绛州直隶州解经按察使勘转前来。

奴才提犯亲审，缘王苌薯即王老六、王添菉、孙釜山、张合、张顺喜分隶直隶新河、河南济源、禹州等州县，或佣工度日，或贸易营生，均先未为匪。光绪二十二年十月初二日傍晚时分，王苌薯与素识已获在监病故之孙釜山行至绛州南关王添菉店内住宿，与在逃之李三、马老三、萧一桶、段老九并不识姓名一人遇道贫难。李三稔知县属薛庄村事主赵鸿太家道殷实，起意纠窃得赃分用。王苌薯等应允，央王添菉窝留，事后分赃，王添菉亦贪利允从。即于是夜起更时分，李三、马老三携刀子，王苌薯与萧一桶均携木棒，孙釜山、段老九携鞭杆，不识姓名人徒手，同伙七人，一同起身，行抵赵鸿太家门首，时已三更。见大门已关，李三令孙釜山、段老九并不识姓名人在门外接赃，自用小刀撬开大门，与王苌薯、马老三、萧一桶进院，马老三又用刀拨开北房门，一同入室行窃。赵鸿太惊起喊捕。李三起意行强，王苌薯等允从，均各用言唬吓，李三即用刀背拒伤赵鸿太左肩甲、左手背、左腿肚。赵鸿太之妻赵杨氏趋至帮捕，马老三亦用刀砍伤其左手食指、中指。赵鸿太等不敢声张，畏惧避匿。李三与王苌薯等拥进北房，撬开箱柜各盖，劫取首饰、衣物。复拥进南房西窑，劫取衣服四包，仍由大门逸出。查寻孙釜山等不见，均各携赃逃逸，逃至半途，将孙釜山等追及。李三即将行强拒捕搜劫情由向孙釜山告述，孙釜山等亦将闻喊畏惧之言向王苌薯等告知，一同逃至僻处，点赃侥分，余剩赃物声称至店再分。迨后李三等行至王添菉店内，王添菉向李三查问，李三亦将行强拒捕搜劫情由向王添菉告述。当将首饰两包分给王添菉收受，并将衣包四个令王添菉寄藏。维时天已亮，李三等均各出店，王苌薯虑事败露，即将分受赃衣等物用包袱包好，携至四川店内，令店伙张合寄放，现钱携带身旁。张合心生疑虑，向王苌薯查问来历，王苌薯声称系李三等伙窃赵鸿太家，临时强劫案内分得赃衣。张合不肯收受，王苌薯再三央恳，张合因情面难却，亦即收存各散。

经赵鸿太查明失物清单，投甲报县，会勘差缉。

初五日，王添菉闻知孙釜山被获，虑事败露，即将衣包四个转寄在张顺喜书铺内，张合亦将王苌薯寄存衣包转寄在太平县古城李师白铁铺内。张顺喜讯知盗情，李师并不知情。而王苌薯等逃后，日行僻路，夜宿孤庙空窑，并无定址，将身带现钱花用。初五、初八、二十等日，孙釜山逃至绛州三家店地方，王苌薯逃至运城与王添菉、张合、张顺喜、李师均被差役与练军等一同拿获，并起获原赃，送由绛州、安邑、太平等州县先后押解到县，讯供通详，奉批缉审。正复审间，据报该犯孙釜山在监病故，禀州檄委稷山县蒋斯彤验讯通详，奉批核入正案办理。查验赵鸿太等伤均平复，逸贼李三等弋获无期，遵批审拟解勘，随提犯覆鞫，供认不讳。

查律载："共谋为窃，临时行强，其不行之余人而分赃，俱为窃盗，从以临时主意及共谋为强盗者，不分首从论。"又"强盗已行，但得财者，不分首从皆斩"。又例载："强盗、窝主，若非造意，又不同行分赃，但知情存留二人，发新疆给官兵为奴，存留三人以上，于发遣处加枷号三个月。"又，"知强盗后而分所盗之赃，数在一百两以下者，照共谋为盗，临时畏惧不行，事后分赃例减一等，杖一百、徒三年"。又，"强盗案内，知情而寄藏者，一次杖八十、徒二年"。又律载："不应为而为，事理重者，杖八十。"又名例内载："断罪无正条，援引他律比附定拟。"各等语。

此案王苌薯听从李三纠窃事主赵鸿太家，临时强劫得赃，拒伤事主赵鸿太等平复，殊属不法；赃有起获，给主认领，正贼无疑，自应按律问拟。王苌薯即王老六合依"强盗已行，但得财者不分首从皆斩"律，拟斩立决。左面刺"强盗"二字。王添菉窝留李三等行窃，并未造意同行，迨李三等临时行强，劫得赃物转回，已将强劫情形向该犯告述，辄敢收受赃物，依旧窝留，似应照强盗窝主律科断；第该犯事前只知窝窃，至李三等临时行强，该犯并未造意同谋，仅止事后知情分赃，与实在窝主不同，若照知强盗后而分所盗之赃一百两以下拟徒，又与并未窝留者无所区别。例内既无恰合专条，自应衡情酌断。且查虞乡县获犯刘应沅窝留抢犯谭林儿，事后知情分赃一案，咨请部示，比照窝盗不分赃例定拟。此案情事相同，应即援照办理。惟该犯窝留强盗已至四名，自应比例问拟。王添菉应比照"强盗窝主，若不造意，又不同行分赃，但知情容留二人，发新疆给官兵为奴，存留三人以上，于发遣处加枷号三个月"例，拟发新疆给官兵为奴，仍遵名例，改发极边烟瘴充军，以足四千里为限，到配后，先行枷号三个月，满日，锁带铁杆石墩二年，左面刺"盗窝"，右面刺"改发"各二字。孙釜山听从行窃，在外接赃，闻喊先逃，不知强情；惟事后李三等告知强情，辄敢分受赃物，估计在百两以下，亦应按例问拟。孙釜山除械窃为从轻罪不议外，合依"知强盗后而分所盗之赃数在一百两以下者，照共谋为盗，临时畏惧不行，事后分赃例减一等，杖一百、徒三年"例，拟杖一百、徒三年，业已在监病故，应毋庸议。张合、张顺喜明知王苌薯、王添菉所寄赃包系伙窃赵鸿太家强劫案内赃衣，辄敢代为寄藏，亦应按例问拟，张合、张顺喜均合依"强盗案内知情而寄藏者，一次杖八十、徒二年"例，各拟杖八十、徒二年。惟该犯等事犯到官，在光绪二十六年三月十二日恭逢恩诏以前，核其情罪：王添菉不在准减之列，应不准其援减；张合、张顺喜不在不准援减之例，均准减为杖一百折责发落。李师代寄盗赃，虽讯系并不知情，惟不查问来历，辄为收存，究属不合，应请酌照不应杖八十律，拟杖八十；事在赦前，应准援免。

二月十三日奉朱批："刑部速议，具奏。钦此。"（《锡良遗稿·奏稿》，第92—96页）

3月15日（正月二十五日）　奏报文水县命案审拟情况。

奏为审明故杀一家二命并斗杀一命重犯，按律定拟，恭折仰祈圣鉴事：窃据调署文水县详报，县民孔尹儿用夺获小刀扎伤霍恺身死，并故杀霍恺之妻霍任氏、子霍和尚一家二命一案，审明拟议，由太原府解经按察使勘转前来。

奴才提犯亲审：缘孔尹儿籍隶该县，佣工度日，与已死霍恺并其妻霍任氏、子霍和尚均村好无嫌。光绪二十六年五月初五日定更时分，孔尹儿至霍恺家闲坐，躺吸洋烟。移时，孔尹儿有事走去，行至门外，霍恺查见炕上失少烟枪一支，即行赶出，向孔尹儿查问，孔尹儿斥其不应凭空疑窃。霍恺不服混骂，孔尹儿回詈，霍恺顺拔身带小刀扑扎，孔尹儿闪避，乘势夺获小刀，扎伤其肚腹近右并带划伤其胸膛左乳。霍恺弯身拾石，孔尹儿虑被拾殴，复用小刀连扎伤其左臂膊脊膂近左。霍恺起身拢揪孔尹儿发辫，往下揿按，孔尹儿情急，又用小刀吓扎一下，适伤其左肋，松喊倒地。霍任氏、霍和尚趋出瞥见不依，称欲送官究治。孔尹儿忿极，起意将霍任氏、霍和尚一并杀害，即用刀连扎伤霍和尚左乳、左肋、脐肚近左两腋肢，倒地滚骂，孔尹儿复用刀扎伤其脊背。霍任氏拢护，孔尹儿亦用刀连扎伤其左乳、肚腹、左肋、胸膛并带划伤其心坎，喊跌倒地。经霍志德趋至劝歇，讯明情由，通知霍恺之堂侄霍永祥前往看明扶救。讵霍恺、霍任氏、霍和尚伤重，均移时殒命，投约报县，验讯通详，批饬覆审，拟议解勘。随提犯覆鞫，供认不讳。

查例载："杀一家非死罪二人，拟斩立决枭示，酌断财产一半给被杀二命之家养赡"等语。此案孔尹儿因霍恺疑窃烟枪，查问不服，口角争斗，辄用夺获小刀将霍恺扎伤倒地；复因其妻霍任氏、子霍和尚趋出不依，称欲控官究治，辄复忿起杀机，故杀霍任氏、霍和尚各身死。遍查律例，并无致毙一家三命、一斗二故作何治罪专条。惟斗杀霍恺一命，罪止绞候，究与谋故杀一家三命者有间，自应仍按杀死一家二命例问拟。孔尹儿除斗杀霍恺轻罪不议外，合依"杀一家非死罪二人，拟斩立决枭示"例，拟斩立决枭示，左面刺"凶犯"二字。讯系赤贫，无凭断给财产。霍恺疑窃逞凶，本干律议，业已身死，应与劝阻不及之霍志德均毋庸议。

二月十三日奉朱批："刑部速议，具奏。钦此。"(《光绪朝朱批奏折》第107辑，第454—455页)

3月27日（二月初八日）　奏报翁媳通奸重犯审理核定情况。

奏为审办过与媳通奸重犯，覆核定拟，照章改题为奏，恭折仰祈圣鉴事：窃准部咨："奏明例内载明应奏各案，或事关重大，仍专案具奏"等因，遵办在案。

前据忻州详报，州民孙四沅与媳孙宿氏通奸，被胞兄孙二升闻知训斥，称欲送究，致孙宿氏与其次子孙序仔愁急，一并自缢，（孙四沅）复挟恨迁怒，故杀九岁胞侄孙昌仔身死一案，审明拟议，由雁平道解经按察使勘转前来。当经前护抚臣审拟具题，迄今未准部覆。

1901 年（光绪二十七年　辛丑）49 岁

兹奴才查卷覆核，缘孙四沉籍隶该州，务农度日。孙二升系其二胞兄，分居各度。已死孙序仔系其次子。孙宿氏系孙九喜之妻，即孙四沉之长媳。孙昌仔系孙二升之子，即孙四沉之期亲胞侄。孙四沉与孙昌仔并无嫌隙。孙宿氏过门三年，平日夫妇不睦。光绪二十四年四月间，不记日期，孙九喜赴邻村探亲，孙四沉至孙宿氏房内，见孙宿氏独自在房针黹，即向调戏，成奸以后，乘便续奸，不计次数。孙九喜时常出外佣工，与孙二升均不知情。嗣因丑声外扬，孙二升与乡保王银海均有听闻，孙二升屡向孙四沉劝阻未悛。是年九月间，孙九喜同归，孙二升告知情由，即向孙宿氏追问奸情殴责。孙四沉将孙九喜撺逐出门，孙九喜即在孙二升家居住。二十五年正月十三日上午时分，孙四沉与孙宿氏在炕谈笑，孙序仔通知孙二升往外训斥，并称如再不悛改，定欲一并送究。孙四沉与孙宿氏未敢喷声，孙二升当即走回。孙四沉因孙二升前往训斥，系孙序仔告知，即向斥骂，并称如果孙二升送究，先欲将其殴死之言唬吓，孙序仔畏惧哭泣。孙宿氏亦以送官定要办罪，不如早死之言向孙四沉哭诉。孙四沉并未理会，当即上街办事。讵孙宿氏、孙序仔愁急莫释，乘间均用双股细麻绳栓在东窑内间门框上，脚垫小板凳，将头入套，一同自缢。下午孙四沉回归瞥见，忙用剪刀剪断麻绳，卸下解救，均已气绝殒命。孙四沉因孙宿氏等被孙二升逼死，心怀忿恨，手携屠刀，往寻孙二升拼命。行至孙二升家门，首见孙昌仔独自在外玩耍，起意将其致死泄忿，即用屠刀砍伤孙昌仔项颈，并划伤左腮颊，喊跌倒地。经乡保王银海同孙二升趋至喝阻，询悉情由，查看孙昌仔已气绝殒命。孙二升即欲将孙四沉捆送，孙四沉不服，用屠刀扑砍，孙二升顺取旁放铁镙格落屠刀，殴伤其顶心、额颅，跌倒获住，送经该州验讯，通详批饬覆审，拟议解勘。经前护抚臣提犯覆鞫，供认不讳。

查律载："奸子妇者，奸夫、奸妇各斩。"又例载："期亲尊长，因仇隙故杀弟侄，若年在十岁以下，幼小无知，尊长挟嫌惨杀者，依凡人谋故杀律，拟斩监候"各等语。此案孙四沉与长媳孙宿氏通奸，经其二胞兄孙二升屡训不悛，称欲送究。该犯因伊兄训斥，由于次子孙序仔通知所致，即用言唬吓，致孙宿氏、孙序仔愁急莫释，乘间一同自缢，复挟恨迁怒，故杀孙二升年甫九龄之幼子孙昌仔身死，实属淫凶灭伦。查孙昌仔系该犯期亲胞侄，故杀罪止斩候，自应从重按律问拟。孙四沅除故杀年甫九龄胞侄轻罪不议外，合依"奸子妇者，奸夫斩"律，拟斩立决，先于左面刺"犯奸"二字。孙宿氏与伊翁孙四沅通奸，本干律议，业已畏罪自缢，应毋庸议。孙二升以理训斥、并殴伤胞弟孙四沅平复，律得勿论。孙九喜讯无不合，孙序仔死由自尽，应与赶劝不及之乡保王银海均毋庸议。

二月二十六日奉朱批："刑部速议，具奏。钦此。"（《近代史所藏清代名人稿本抄本》第3辑，第85册，第157—169页）

3月28日（二月初九日）　奏奸夫谋杀纵奸本夫重犯审拟情况。

奏为审办过因奸商同奸夫谋杀纵奸本夫重犯，覆核定拟，恭折仰祈圣鉴事：窃准部咨："奏明例内载明应奏各案，或事关重大，仍专案具奏"等因，遵办在案。

卷查前据永宁州详报，民妇樊刘氏，因奸商同奸夫薛驴驹，谋勒纵奸本夫樊拦胖身死弃尸不失一案，审明拟议，由汾州府解经按察使勘转前来。当经前护抚臣审拟具题，迄今未准部覆。

兹奴才查卷覆核，缘樊刘氏、薛驴驹分隶该州，并临县已死樊拦胖，系樊刘氏之夫，平素和睦，与薛驴驹先无嫌隙。樊拦胖不务正业，经其父樊孝福将其夫妇分出另居。薛驴驹与樊刘氏习见不避。光绪二十二年，不记月日，薛驴驹至樊拦胖家闲坐，适樊拦胖出外佣工，樊刘氏在家独处，即向调戏，成奸以后，遇便续奸，不记次数，给过钱物并无确数。樊拦胖与樊孝福均先不知情，嗣被樊拦胖看破，向樊刘氏盘出奸情，因贪薛驴驹资助，亦即纵容，从此丑声外扬，樊孝福与邻佑村人咸知，樊孝福向樊拦胖屡训不悛。二十四年十二月初一日，樊拦胖因无钱度用，令樊刘氏向薛驴驹索钱，薛驴驹无钱付给，樊拦胖即将樊刘氏殴骂，并称如再不给钱，不准樊刘氏与薛驴驹往来。樊刘氏恋奸情热，因薛驴驹总未给钱，虑再被樊拦胖殴詈禁止，起意乘便将樊拦胖勒死，以便与薛驴驹长聚。即向薛驴驹告述前情，令其帮同下手，薛驴驹亦即允从。初二日二更时分，樊拦胖在炕熟睡，樊刘氏即通知薛驴驹一同进房，樊刘氏携取一条麻绳，挽成活套，递给薛驴驹，令其下手。薛驴驹即骑压樊拦胖身上，将麻绳套入樊拦胖项颈，与樊刘氏分执绳头，用力拉勒。樊

| 1901 年（光绪二十七年　辛丑）49 岁 |

拦胖挣扎移时，即气绝殒命。薛驴驹即起意弃尸灭迹，樊刘氏允从，同将樊拦胖尸身抬到村外，抛入不知姓名地主井内，并未解去麻绳，即行走回。薛驴驹虑被人查知，逃往各处避匿，日行僻路，夜宿孤庙空窑，并无定址。至二十五年二月十四日早，薛驴驹回至樊刘氏家探信，经樊孝福邀同村头张蛮旦、邻佑高永旺、孙成珠向薛驴驹、樊刘氏盘出实情，一并捆住。即经该州访闻差查，投约报验，讯详批饬覆审，拟议解勘，经前护抚臣提犯覆鞫，供认不讳。

查例载："因奸同谋杀死亲夫，若本夫纵容妻与人通奸，审有确据，人所共知者，妻起意谋杀，奸夫知情同谋，奸妇拟斩立决，奸夫拟斩监候"等语。此案樊刘氏与薛驴驹通奸，本夫樊拦胖知情纵容。嗣因薛驴驹无钱资助，恐被禁止，辄起意商同薛驴驹将樊拦胖谋勒身死。查樊刘氏与薛驴驹通奸，系本夫樊拦胖知情纵容，已据尸父樊孝福暨邻佑人等供指明晰，即属审有确据，人所共知，自应按例问拟。樊刘氏除听从弃尸不失，并与薛驴驹通奸各轻罪不议外，合依"因奸同谋杀死亲夫，若本夫纵容妻与人通奸，审有确据，人所共知者，妻起意谋杀，奸妇拟斩立决"例，拟斩立决，系妇女免其刺字。薛驴驹先与樊刘氏通奸，嗣因恋奸情热，辄敢听从同谋，将本夫樊拦胖用麻绳谋勒身死，亦应按例问拟。薛驴驹除起意弃尸不失，并与樊刘氏通奸各轻罪不议外，合依"谋杀纵奸本夫奸夫知情同谋，拟斩监候"例，拟斩监候，秋后处决，左面刺"凶犯"二字。樊拦胖纵妻通奸，本干例议，业被谋死，应毋庸议。樊孝福讯非纵容，亦毋庸议。

二月二十六日奉朱批："刑部速议，具奏。钦此。"（《近代史所藏清代名人稿本抄本》第 3 辑，第 85 册，第 194—206 页）

3 月 29 日（二月初十日）　奏平遥县窃盗盗所杀人重犯审拟覆核定拟缘由。

奏为审办过窃盗临时盗所拒捕杀人重犯，覆核定拟，照章改题为奏，恭折仰祈圣鉴事：窃准部咨："奏明例内载明应奏各案，或事关重大，仍专案具奏"等因，遵办在案。

卷查前据平遥县详报，获贼梁三则独窃无服族祖母梁胡氏家未得财，临时盗所拒捕搕伤梁胡氏身死一案，审明拟议，由汾州府解经按察使勘转前来。当经前抚臣提犯亲审具题，迄今未准部覆。

兹奴才查案覆核，缘梁三则籍隶该县，游荡度日，先未为匪。已死梁胡氏系其无服族祖母。光绪二十五年四月二十日，梁三则因贫难度，稔知梁胡氏家道殷实，起意行窃，得赃花用。即于是夜二更时分，独自一人，徒手行抵梁胡氏家门首，见大门已关，梁三则即掇门进院，复掇开房门入室行窃。维时灯尚未熄，梁胡氏惊起，拉住梁三则衣襟，指名喊捕。梁三则情急，将梁胡氏推跌倒地，骑压其身上，用手搭住其咽喉，梁胡氏挣扎一会，当即气闭殒命。梁三则正欲逃逸，经邻佑冀理等闻喊趋至，将梁三则拿获，通知梁胡氏之子梁锡贞赶回，看明投保报县验讯通详，批饬覆审，拟议解勘，经前护抚臣提犯覆鞫，供认不讳。

查例载："卑幼窃盗财物杀伤尊长者，以凡盗杀伤论。"又，"窃盗未得财，临时盗所拒捕杀人者，拟斩立决"各等语。此案梁三则独自起意行窃事主梁胡氏家，尚未得财，临时盗所拒捕，搭伤梁胡氏身死，殊属不法。查该犯系梁胡氏无服族孙，应以凡盗杀伤科断犯，系当场拿获正贼无疑，自应按律问拟。梁三则合依"盗窃未得财，临时盗所拒捕杀人者，拟斩立决"例，拟斩立决，左面刺"凶犯"二字。该犯此外讯无窝伙劫别案，及听从行窃之人，应毋庸议。不能禁约其子为匪之犯父梁中，照例传责。

二月二十六日奉朱批："刑部速议，具奏。钦此。"（《近代史所藏清代名人稿本抄本》第3辑，第85册，第220—227页）

是日 奏报覆陈统带晋军万本华尚能胜任事由。

奴才前奉光绪二十六年闰八月初六日寄谕："毓贤奏统带晋威新军万本华，请调回山西一折。万本华所统晋军驻扎南口地方，约束不严，声明甚劣。著锡良悉心察看，究竟能否胜任，应否调回山西，即行妥筹办理"等因，钦此。维时晋省正在设防，深以地广兵单为虑，当将万本华所统晋威新军调回，饬令分驻于繁峙县、平型关一带及直隶之广昌县境，一面留心察看，并密饬各地方官据实禀报。数月以来，均称万本华所部各营勇丁纪律严明，商民无扰。是万本华尚能胜任。

二月二十六日奉朱批："知道了。钦此。"（《近代史所藏清代名人稿本抄本》第3辑，第85册，第241—244页）

| 1901年（光绪二十七年　辛丑）49岁 |

4月5日（二月十七日）　奏报经征丰宁二厅地租未完一分以上职名。

奏为查明丰镇等厅经征光绪二十五年分各牧地租耗银两未完一分以上各职名，遵章开单奏报，恭折仰祈圣鉴事：窃查前准部议覆："晋省口外丰镇等厅经征地租考成，并变通奏销限期案内，令将额征大青山后地租拨补庄头四旗等旧案牧地二十二款并为一案，照江苏米豆例，于次年十一月汇案题销。"又筹备饷需折内，严核各项奏销章程、"凡未完一分以上各员，令于奏销前先行奏报"等因。历经遵办在案。

兹查光绪二十五年分各该厅经征前项租耗内，宁远厅继公厂地，应归新案办理，和林格尔、清水河二厅俱报全完，暨归化城厅未完不及一分，均应无庸列入。所有丰镇、宁远二厅未完一分以上各职名，据署布政使许涵度具详请奏前来，奴才覆核无异。

二月二十八日奉朱批："户部议奏，单并发。"（《近代史所藏清代名人稿本抄本》第3辑，第85册，第1—6页）

4月6日（二月十八日）　奏请太原潞安两府商、畜税尽征尽解，并免核计分数开参。

据署布政使许涵度详称，据太原府知府吴匡、署潞安府知府华凤章先后禀称，该两府例有额征商畜等税，太原向以京、津各货来晋行销为大宗，潞安则以该处所产铁货运售出口为大宗。乃自上年直境军兴，地方扰乱，道途梗阻，京、津商久不来，铁货亦因外贩过稀，未免停工以待；兼值本省灾歉过重，牲畜喂养无资，售贩寥寥，商多里足，遂致入秋以后，几于无税可收。该府等迭经设法整顿招徕，无如时势所乘，仍难稍有起色。此项商畜税课，例应按年奏销，如有短收，处分甚重。惟查各省关额征常税，实因商货稀少，收数短绌，恳予尽征尽解，并免参赔，历经奏准有案。今太原、潞安两府短征前项税银，皆由军旅繁兴，商路阻塞所致，并非稽征不力，更与常年少收者情形迥然不同。可否准其尽征尽解，免计分数开参等情，呈请具奏前来。

奴才覆加考核，晋省去夏以来，应征各项税厘，无不异常减色。该两府商畜等税，未能如额征收，迫于时势使然，所陈委无捏饰；若仍照例参赔，似不足以昭平允。合无仰恳天恩，俯准将山西太原、潞安两府额征光绪二十六七两年分商税、畜税银两，尽征尽解，并免核计分数开参之处，出自逾格鸿慈。

二月二十九日奉朱批："户部知道。"（《近代史所藏清代名人稿本抄本》第3辑，第85册，第50—55页）

4月7日（二月十九日）　奏报道员潘乃光前赴敌营，忠勇可嘉。

前因德兵阑入晋界，当经会商派委道员潘乃光带同翻译笔帖式引庄等，前赴五台县长城岭德营赍送照会，劝阻德兵深入。嗣经潘乃光与统领马金叙等会晤德将，议明两不相犯暂约五条。又因固关一带防务吃紧，复经会派洋务局提调候补知府泽宣，亲赍照会，前往直隶获鹿县法营，与该官兵面议一切。均已电奏在案。刻下五台德兵尚照暂约，驻扎原处，并未前进；固关一带，亦无警报。潘乃光现由五台回省，已饬会同泽宣前往获鹿法营，俟晤该兵官后，即将情形具报。

查该员潘乃光等，皆于风鹤频惊之际，驰赴敌营，尚称勇往。将来防务告竣，应由调任抚臣岑春煊察酌情形，奏明办理。

二月三十日奉朱批："知道了。"（《近代史所藏清代名人稿本抄本》第3辑，第85册，第107—111页）

4月9日（二月二十一日）　奏报抚标练军并晋威新军各统卫名。

晋省抚标练军各营，向未派有统领。现当办理边防之际，各该营时有派赴省外分驻要隘者，无人统率，呼应颇觉不灵，弊端亦难稽察。查有请补孟寿营游击王殿魁，朴实勇敢，久历戎行，堪以派充抚标练军统领；应支公费，按照楚章支给。其署抚标中军参将宋占魁兼带之步队右营，即归该游击兼带。并有晋毅防军步队中营改名为抚标步队中营，龙泉关都司秀崑兼带之抚标练军中旗遣撤之后，另行募补，名为抚标练军步队后旗，与原有之练军马步队、练军步队左营，均并归该游击统领，以一事权。又统领晋威新军、前山东曹州镇总兵万本华，因病给假，所部各营，查有遇缺题奏知府吴炳鑫，精明强干，通达营务，堪以接统，仍兼统武卫中军马步各营旗。又办理固关防营营务处、前河东监掣同知赵尔丰，因病回省就医，所遗营务处一差，查有候选道潘乃光，戎机谙练，阅历甚深，堪以接办。

三月初一日奉朱批："该部知道。"（《近代史所藏清代名人稿本抄本》第

1901年（光绪二十七年　辛丑）49岁

3辑，第85册，第135—139页）

是日　奏报交卸抚篆日期。

窃奴才于光绪二十七年二月初六日，准行在吏部咨开："正月二十三日奉上谕：'锡良著开缺另候简用，山西巡抚著岑春煊调补。钦此'。知照前来"，当即望阙叩谢天恩，赶将一切事件，料理清楚。是月十五日，调任山西抚臣岑春煊行抵晋境，当经往返电商，将巡抚关防、提督、盐政印信、王命旗牌等件，檄委署中军参将宋占魁等，赍送岑春煊行营，于二十一日接收，奴才即于是日交卸。

三月初一日奉朱批："知道了。"（《近代史所藏清代名人稿本抄本》第3辑，第85册，第154—157页）

6月17日（五月初二日）　奏报到任日期折。

窃奴才质本庸愚，渥邀眷遇；愧乏涓埃之报，时深兢惕之忧。乍解疆符，又膺河篆。恩颁稠叠，拜内府之珍储；圣训周详，荷宸忠之俯鉴。叨承非分，感悚交萦。陛辞后，遵即起程，于五月初二日驰抵河南省城，准前任河道总督臣任道镕，将河东河道总督关防及文卷等件委员赍送前来，奴才恭设香案，望阙扣头谢恩，祗领任事。

查河工自前督臣许振祎改章整顿以来，调任抚臣任道镕又逐加厘剔于后，仰赖圣主洪福，岁经十稔久庆安澜，幸有旧规可资循守。惟河流迁徙靡定，贵防患于几先；弊窦积久易生，必廓除于务尽。欲期工归实济，款不虚糜，端在力戒因循，破除情面。奴才惟有矢勤矢慎，实力实心，于一切防汛事宜，督率道厅各员，认真经理，以冀仰答高厚鸿慈于万一。

五月十八日奉朱批："知道了。钦此。"（《锡良遗稿·奏稿》，第119页）

是日　奏调前山西河东监制同知赵尔丰，随时赞襄，以资匡助。

河务事关紧要，奴才当莅事之初，自应竭力讲求，扫除积习；然必须有干练之员，随时赞襄，以资匡助。查有丁忧前任山西河东监制同知赵尔丰，才识明敏，办事勤能，其人品心术之纯正，尤为奴才所深悉。伏恳圣恩，俯准调委该员来工，稽查南北两岸各厅工料事宜，于宣防当有裨益。如蒙俞允，该员现在豫中，即可由奴才就近委派，合并陈明。

五月十八日奉朱批："著照所请，吏部知道。钦此。"（《锡良遗稿·奏

稿》，第120页）

7月11日（五月二十六日）　奏报查勘两岸八厅河势工程大概情形。

窃照黄河修守，首重伏秋。奴才莅任之始，即已时近庚伏，亟应周历两岸，督饬道厅，布置筹防。当即于五月初十日，自省带印起程，先查南岸各厅，取道荥泽，渡河而北，通工履勘一周，于本月十七日回省。查得所管两岸长堤：南岸自荥泽汛起至陈留汛止，计长二百十七里有奇；北岸自武陟唐郭汛起至兰阳汛止，计长二百七十一里零。以南岸上南厅为通工首要之区，该厅荥、郑两汛，埽坝繁多，甲于两岸，大河节节南圈，情形尤为吃重。郑中厅郑下、中牟两汛，工段本与上南相埒，近年因河势稳顺，较上南稍轻；惟郑工大坝，为旧日金门，仍应加意防护。中河厅中牟下汛头二三堡及八九堡，亦系著名险工，下南厅祥符上汛大溜趋注盖坝上下一带，该工为省垣保障，修防倍应慎重。北岸黄沁厅经管唐郭汛黄河工程及武陟沁河埽坝，溜势均尚顺轨。卫粮厅阳武汛月石坝，封邱汛东西圈埝，刻皆溜走中泓。祥河厅祥符上汛十五六堡与下北厅祥符下汛头二堡，工段毗连，往往此平彼险，防护不容稍疏。两岸埽坝各工，自春汛厢抛以后，间有刷蛰卑矮，均经随时加筑，大致尚属高整；堤顶存储料石，亦尚充足，可资大汛修防。

奴才往来步行堤上，勘得石坝实较柴埽得力；自改章以来，已较曩年增添，而埽段仍复不少。奴才拟嗣后分年多筑石坝，盖埽以护堤，用得在于一时，坝可挑溜，功效期诸永久。数年之后，石坝鳞次，工程弥臻坚固矣。

又两岸堤工，凡临黄段落，尚均一律高厚；其无工处所，则残缺卑薄，比比皆是。奴才查大堤为修防根本，黄河变迁靡常，未便以距河较远，遂置缓图。但道里绵长，需费甚巨，当此库帑奇绌，何敢请款兴修；惟有每年于额拨项下，设法挹注，搏节可省之款，渐次择要修补，以期办一段即得一段之益。

指日即交伏汛，河务攸关紧要，现饬各该厅营将迎溜吃重各埽坝，分别加意盘筑坚实，务使足资抵御汛涨，并派拨外委兵夫，分段小心防守，以专责成而免贻误。奴才赶将积牍清厘，亦即赴工督防，当与道厅

| 1901年（光绪二十七年　辛丑）49岁 |

各员讲求实际，共保安澜，以期仰副朝廷慎重河防之至意。

再，查河工积习，大率安于因循，专事酬应。奴才到任后，即严饬各员振刷精神，力除习染，尽心职守。其间果有贤能之员，即当切实保奖；倘有玩泄，亦必立予参处，以重河防而肃官方。

六月十一日奉朱批："知道了。钦此。"（《锡良遗稿·奏稿》，第120—121页）

7月19日（六月初四日）　奏报节交庚伏两岸工程平稳并赴工督防起程日期。

窃奴才昨将查勘两岸八厅河势工程大概情形、预筹备防大汛缘由，于五月二十六日缮折奏报在案。

旬日以来，黄河、沁河虽陆续陡长，幸皆旋长旋消，溜势如前，大致无甚变迁。惟南岸上南厅荥泽汛十一二堡及郑上汛头堡、六七八堡，因大溜圈注不移，各埽坝又续见刷蛰；郑中厅郑下汛头二堡并中河厅八九堡，亦因溜势趋刷蛰，埽段石坝石垛，均稍见塌卸，当经分饬各该厅营随时厢抛，一律盘筑稳固。其北岸之黄、沁等厅埽段亦有形蛰卑矮者。均已饬令加厢高整，不任稍涉贻误。时届庚伏，河水涨落靡常，工程夷险莫定，奴才应即驻工督防，以昭慎重。兹拟于六月初六入伏日自省带印起程，沿堤查勘，并驻扎通工扼要之处，督率两岸道厅，相机上下策应，务期实心实力，共保安澜，上纾宸廑。

六月二十二日奉朱批："知道了。钦此。"（《锡良遗稿·奏稿》，第122页）

8月14日（七月初一日）　奏报黄河伏汛安澜。

窃奴才前将节交庚伏两岸工程修守平稳，并赴工督防大汛缘由，缮折奏报在案。拜折后，即于六月初六日入伏日自省带印起程，由下南溯行而上，沿堤周历查勘，即驻扎通工扼要之上南厅郑上汛五堡工次，相机上下策应。

查交伏前后，陕州万锦滩黄河三次陡长水七尺五寸，武陟沁河亦叠次陡长，加以上游伊、洛、瀍、涧通黄各河之水，汇流下注，各厅水势，皆纷纷报长，有一日长至二三尺者。伏汛溜力又极劲猛，埽坝易于刷蛰，如上南厅荥、郑两汛，工段绵长，大溜节节南圈，厢抛几无虚日；中河厅亦因溜势逼注不移，埽坝屡见蛰塌；其余各厅，凡迎溜紧要之工，皆不免此塌彼蛰。奴才分饬各该道厅等，随时相度机宜，埽则随蛰跟厢，坝则见塌即抛，并于挑溜得力之处，多抛新石，以资抵御。其有多年朽腐旧埽，复被河溜汇出者，则察看情形之轻重，应补者补之，可缓者缓之，于慎重修守之中，仍力求撙节，不任稍涉虚縻。兹于六月二十四日节交立秋，伏汛已过，两岸八厅埽坝工程，一律厢修平稳，保护安澜，堪以仰慰宸廑。

惟交秋以后，水性淘底搜根，且汛期为日甚长，此后水势之大小，工程之夷险，殊难逆料，是以防秋尤重于防伏。奴才仍驻上南工次，惟有督率两岸道厅营汛，审工储料，实力筹防，无论有工无工处所，一体周密巡查，以期有备无患，断不敢一处一时，稍任松懈。

七月十七日奉朱批："知道了。钦此。"(《近代史所藏清代名人稿本抄本》第3辑，第106册，第126—134页)

是日　奏报黄河八厅光绪二十七年办过岁修加厢埽工情形。

豫省黄河两岸八厅，本年办过岁修加厢埽工，业已修筑稳固者，系南岸上南厅属郑上汛五堡，盖坝下首顺河埝头埽至十埽，埽工十段，郑中厅属郑下汛头堡，大坝北面十二埽下首埽工十段；中河厅属中牟下汛三堡顺堤二十一埽至二十九埽，埽工九段；下南厅属祥符上汛十八堡，月埝尾新头埽上首埽工四段，又月埝尾埽工三段，二十堡挑水头坝上首空档顺堤埽工三段，共计埽工十段；北岸黄沁厅属武陟沁河汛龙王庙埽工六段，西街口埽工五段，师家后埽工二段，共埽十三段；卫粮厅属封丘汛十五堡迤上顺堤埽工八段，下北厅属祥符下汛二堡，祥河厅属祥符上汛十五堡迤下顺堤头埽至十埽，埽工十段。以上八厅埽段，皆因本年入伏前后，河水陡长，大溜逼注，以致陆续刷蛰卑矮，情形紧要，当经各该厅动用料物，按段加厢，现已一律盘压高整，堪资抵御。据开归、河北二道勘明禀请奏报前来。奴才复加确核，委系应办之工，尚无草率情弊。

七月十七日奉朱批："知道了。钦此。"(《近代史所藏清代名人稿本抄本》第3辑，第106册，第134—140页)

9月11日（七月二十九日）　奏报黄河白露安澜。

奏为秋汛期内，黄河水势盛涨，各厅工程紧要，均经督饬抢护平稳，

| 1901年（光绪二十七年 辛丑）49岁 |

现交白露，仍饬道厅工员加慎修防，并奴才回省日期，恭折具陈，仰祈圣鉴事：窃照黄河伏汛安澜，奴才仍驻工督防秋汛缘由，于七月初一日缮折奏报在案。

查陕州万锦滩黄河，上两年秋汛，均未陡长，本年则于七月初三初八十二等日，先后陡长水一丈三尺五寸，奔腾下驶，浩瀚异常；兼以沁河亦叠次陡长，汇流入黄，各厅水势，皆大于往年，两岸埽坝，或甫经厢抛高整，又被刷蛰，或大溜猝至，旧工新生，如南岸上南厅则全溜圈注郑上汛，以头堡核桃园、胡家屯及五堡一带最为吃重，迤下六七八堡，亦同关紧要，自伏徂秋，工作未能稍松。郑中厅于处暑前后，忽生险工，甫将郑下汛头二堡工段抢办稍稳，而大溜又卸至中牟上汛三四等堡，各坝立见汇塌，赶即添运料石，分投厢抛，竭旬余之力，始渐稳定。中河厅中牟下汛各堡亦因溜势趋刷过猛，埽坝先后蛰塌。当情形吃紧之际，督饬该厅连夜抢办，始得保护无虞。其下南厅祥符上汛十九堡至二十一堡，及北岸黄沁厅唐郭汛拦黄埝，卫粮厅封邱汛东西圈埝，祥河厅祥符上汛十五六堡，下北厅祥符下汛头二堡，皆因河溜逼注不移，兼以秋汛水势淘底搜根，所有临黄埽坝各工，均不免此加彼塌，幸各该厅料物均尚应手，得以无误厢抛。奴才分督两岸道厅各员，于巩固要工之中，仍力求撙节；并派奏调之前山西监掣同知赵尔丰，不时驰赴各厅，分别验料查工，帮同两道认真稽核。该厅员等均知慎重工料，可省即省，尚无虚糜情事。兹于七月二十六日节交白露，两岸八厅工程，叠经跟厢盘筑，大致俱已平缓。惟时距霜清尚有四十余日，上南、郑中等厅工段绵长，大溜提卸靡定，各埽坝难免不再有刷蛰，下北二堡河势亦尚吃紧。现仍分饬各该道厅工员，随时严密防范，加意修守，不任稍涉松懈。奴才将工次一切事宜，布置妥洽，即于七月二十八日回省。

八月十六日奉朱批："知道了。钦此。"（《近代史所藏清代名人稿本抄本》第3辑，第106册，第140—149页）

是日 奏报黄河两岸八厅本年办过岁修补厢埽工事宜。

黄河南北两岸八厅，本年办过岁修补厢埽工，业已跟盘稳固者。系南岸上南厅属郑上汛五堡托坝前头埽至五埽，埽工五段，光绪二十四年缓修。郑中厅属郑下汛七堡来童寨挑坝头，埽工五段，又中牟上汛头堡，戗三坝埽工四段，均光绪二十四年缓修。中河厅属中牟下汛三堡顺堤五埽至十五埽，埽工十一段，光绪二十三年缓修。下南厅属祥符上汛二十堡挑水头坝埽工八段，光绪二十三年缓修。北岸黄沁厅属唐郭汛拦黄埝五坝迤下空档埽工八段，光绪二十四年缓修。卫粮厅属封邱汛西圈埝，头坝迤东第一道托坝埽工二段，第二道托坝埽工二段，又西圈埝第九段下首起，土坝前七埽下首埽工三段，均光绪二十六年缓修。祥河厅属祥符上汛十五堡鱼鳞挑水两坝中间空档埽工三段，下首挑坝迤上顺堤埽工六段，十六堡第二道挑坝下首顺堤埽工三段，均光绪二十五年缓修。下北厅属祥符下汛头堡斜坝迤下空档埽工三段，挑水三坝埽工二段，二堡挑坝迤上空档埽工五段，均光绪二十五年缓修。以上八厅埽段，俱系历年停修旧工，底料均属朽腐，因本年伏秋汛内，河水叠次陡长，大溜趋刷力劲，以致各该旧埽先后蛰塌，朽底脱胎，陆续汇尽，情形紧要，当经各该厅照旧按段补厢，现已一律盘压高整，足资抵御，据开归、河北二道勘明，禀请奏报前来，奴才复加确核，均系应办之工，抵御河溜尚称得力。

八月十六日奉朱批："知道了。钦此。"（《近代史所藏清代名人稿本抄本》第3辑，第106册，第178—185页）

10月10日（八月二十八日） 遵旨胪陈河工应行变通事宜。

奏为遵旨胪陈河工应行变通事宜，恭折仰祈圣鉴事：窃惟朝廷设官分职，各有专责，以收群策群力之效；然至风会变迁，自当时因损益，所谓甚者必改弦而更张之也。

恭读光绪二十七年七月初二日、七月三十日叠次谕旨："漕政日久弊生，层层剥蚀，上耗国帑，下朘民生，亟宜力除糜费，核实整顿。自本年为始，各直省河运、海运一律改证折色。"又"各省制兵防勇积弊甚深，著各省将军、督抚将原有各营，严行裁汰，悉心核议，奏明办理"等因，钦此。近又恭读懿旨，重申诫谕，志在必行。仰见皇太后、皇上庙谟广运，于国计民生、整军经武诸大政，洞烛弊端，严饬整顿，伏读之下，莫名钦悚。奴才受恩深重，每思效一得之愚，仰致高深之助。况亲承明诏，目击时艰，既有见闻，敢安缄默。奴才忝任宣防，谨就职守而言，自河督以至所属文武员弁兵丁，有宜裁者，有宜酌裁者，有宜分

1901年（光绪二十七年　辛丑）49岁

限陆续裁汰者，有宜仍旧者，恭为我皇太后、皇上缕晰陈之。

查黄河自咸丰五年改道北趋，南河遂废，同治初年忠亲王僧格林沁遂有请裁总河之奏，奉旨交议，经前河南巡抚臣张之万以详加体察，再行奏请覆奏。至同治十一年，山东黄河工程改归山东抚臣兼办，河臣责任稍轻，前河臣乔松年复有请裁总河之奏，奉旨交议，部臣以未便裁撤覆奏，盖彼时河运未废，河臣兼有黄、运两河之责，关系紧要故也。今既漕米改折，运河从此无事。河臣所司仅只豫省两岸堤工，事甚简易；虽有桃、伏、秋、凌四汛，惟伏秋两汛为重，余皆次之，如能料石筹积有素，自可有备无虞，故奴才到任以来，专以购备石方为急。然此区区之擘画，俾之抚臣足可兼顾。拟请将河东河道总督一缺，即予裁撤，仿照山东成案，改归河南抚臣兼办。抚臣本有兼理河道之责，无可委卸；且事权归一，办理尤觉裕如，非仅为节省廉俸起见也。此河道总督之宜裁者一也。

河运既停，山东运河道一员，同知二院，通判四员，佐贰杂职五十二员，额夫二千七百余名，几成虚设，似应酌量裁汰。惟该处闸坝甚多，专司蓄泄以通商运而卫民田，拟请将兖沂曹济道移驻济宁兼办运河事务。其岁修河工，改归地方会办，随时由山东抚臣专派委员经理，免致岁修经费又入州县之私囊，致运河日久淤塞。此运河官员夫役宜酌裁者一也。

河标向设中、左、右三营，专为护运。计中营副将一员，都司一员，千、把、外委九员，弁兵二百九十六名；左营参将一员，守备一员，千、把、外委九员，弁兵三百八名；右营游击一员，守备一员，千、把、外委九员，弁兵三百一十一名。河运既停，既无催趱之劳，又无护送之责，自应裁汰。惟官弁兵丁将及千人，遽予摈弃，未免可悯。拟请将官弁兵丁分限五年，陆续裁减；其官弁归入山东抚标当差，遇缺补用。此河标中、左、右三营宜分限陆续裁汰者一也。

河标向设城守营，专司捕盗、弹压地方，计都司一员，守备一员，千、把、外委六员，弁兵三百九十七名。又运河道属运河营，专司修防，计守备一员，协备一员，千、把、外委十三员，河兵三百八十名。以上二营应否裁留，应由山东抚臣核办。此河标城守营、运河道属运河营应否裁留者一也。

河南河工，向设南北两道八厅，计巡守地方兼理河务道二员，专管河工同知五员，通判三员，佐贰杂职二十三员；又豫省河营都司一员，守备二员，协备五员，千、把、外委十九员，弁兵一千二百四十九名，专司修工防汛，关系至重。以上各员名，应请仍旧。此河南黄河文武员弁兵丁应全留者一也。

以上裁缺各员，如运河道系简放之缺，本缺裁后，拟由军机处开单请旨简放。其外补文武各员弁，应由所属省分归入裁缺即用班内，照例序补，以免向隅。

抑奴才更有请者，运河为南北关键，漕运虽停，河道仍不可废，必须逐岁认真挑修，务使河水宽深，堤堰巩固，方能商贾获流通之益，农田无漫溢之虞。应请旨饬下山东抚臣，严行责成该管地方印委各员，照常加意修濬，不得以无关运道，遂作缓图。应如何严定功过章程，由山东抚臣奏明办理。

九月初六日奉朱批："著政务处会同吏、兵两部妥议具奏。钦此。"
（《近代史所藏清代名人稿本抄本》第3辑，第105册，第190—207页）

是日　奏请赵尔丰俟服阕后送部引见。

查候选道、前山西河东监制同知赵尔丰，器识明通，才长守洁，讲求吏治时务，均能洞悉利弊。奴才前在山西巡抚任内，曾派充固关防营营务处，该员联络将士，因应事机，实有通权达变之才。迨奏调河工，于稽查、督催各事宜，均能实心实力，认真办理。且当五六月间大雨时作，河水陡长，南北两岸叠出险工，该员于炎天暑雨之中，波涛汹涌之际，或乘舟迅渡，或策骑奔驰，其勤朴耐劳，任事勇往，尤为人所难能。现值国家需才孔亟，叠次钦奉谕旨，饬令京外大臣举荐贤能，以备录用。奴才既有所知，不敢不据实举荐。可否仰恳天恩，俯准俟赵尔丰服阕后，给咨送部引见，应如何量予擢用之处，出自逾格鸿慈。

九月初六日奉旨："赵尔丰著俟服阕后送部引见。钦此。"（《近代史所藏清代名人稿本抄本》第3辑，第106册，第207—212页）

10月31日（九月二十日）　奏报黄河霜清安澜并请奖出力人员。

奏为恭报双江安澜，缮折具陈，仰慰圣怀事：窃照黄河两岸八厅河势工程情形，自交伏至白露，均经奴才节次奏报在案。

| 1901年（光绪二十七年　辛丑）49岁 |

查白露以后，南岸郑中厅中牟上汛三四堡新生险工之处，情形时缓时紧，大溜迄未外移，新抛石坝石垛，因急切未能放足坦坡，被溜逼刷，时见蛰卸；而新厢埽段，或因水势淘深，或因秸质发扁，其蛰尤甚。奴才分督厅委各员，添购新料，趱运石方，随时竭力厢抛，不敢惜费误工，务求稳固而后已。并以该处堤顶过窄，赶紧加帮后戗，以固根本。其郑下汛头二堡，复因河势圈注，致将已厢高整之埽刷蛰多段，当饬分投兼顾，不任贻误。上南厅郑上汛头堡及五六七八等堡，溜仍忽提忽卸，埽坝此加彼塌，幸料石应手，随塌随加，得保无虞。其余各厅，凡埽坝稍有形蛰卑矮，均经立饬加筑高整。兹于九月十三日节交霜降，两岸工程一律厢修稳固，普庆安澜。

奴才伏查本年伏秋汛内，黄河异常盛涨，水势大于往年，上南、郑中等厅险工叠出，旋即抢护平稳，此皆仰赖我皇太后、皇上至诚感格，河神默佑，得以化险为夷。奴才欣幸之余，倍深寅畏，当经分饬道厅，各诣本工大王、将军各庙，先行虔诚祀谢，用答神庥。

所有尤为出力各员，如河南布政使延祉，当此库帑奇绌，地方需用浩繁，仍能勉力兼顾河工，办公赖以无误，其运筹备极艰难，尤与往年不同。开归道穆奇先、河北道冯光元，均能任事实心，深资得力。前署河北道、本任南汝光道朱寿镛，督办春厢，调度合宜。开封府知府张楷，督同沿河州县，催料集夫，克勤其事。合无仰恳天恩，俯准将延祉赏加头品顶戴，穆奇先、朱寿镛均请交部从优议叙，冯光元请赏加二品顶戴，张楷请以道员在任候补。其余出力人员，连上年存记各员，已届两年汇奖之期。查河工安澜保案，定额准保文职二十员，武职酌保数员；又经理河防局另款办石保险之员，原额亦准保奖二十员。现在该局虽经归并入八厅公所，而应用委员，如经理钱粮，采石办工各项，仍系必不可少，两年以来，不无微劳足录，可否容奴才随同安澜保案择优另单酌保数员，以示鼓励之处，出自逾格鸿慈。

除饬取该司道府等覆历清册咨送吏部查照外，奴才仍当督饬道厅营汛，照常认真修守，倘埽坝续见形蛰，随时饬令再加盘筑，务使益臻坚稳。并一面筹备来岁工储，断不敢以节逾霜清，稍萌疏懈。

九月二十日奉朱批："另有旨。钦此。"（《近代史所藏清代名人稿本抄

本》第3辑,第106册,第217—228页)

11月25日(十月十五日) 奏报光绪二十七年黄河八厅办过岁修土工用银总数。

奏为核明辛丑年黄河南北两岸八厅办过岁修土工用银总数,恭折具陈,仰祈圣鉴事:窃照豫省黄河南北两岸大堤,向以土工为根本,必须岁岁增培,方足以资修守。近因库款支绌,经费难筹,只能择其紧要必不可缓者,樽节估办。本年岁修土工,已经前河臣任道镕于桃汛前亲勘,按照奏定新章,饬厅分别核实估计,批准饬办。旋据呈报次第修筑完竣,先后禀请验收前来。

奴才逐段按册查验,俱属一律坚实,尚无草率偷减、锥试渗漏等弊。统计光绪二十七年分上南、郑中、中河、下南、黄沁、卫粮、祥河、下北八厅,共估办岁修土工九段、坝工一道,共长一千六丈,每方估例价银二钱一分六厘及一钱九分二厘不等,其绕水遥远、取土艰难者,每方估津贴银一钱三分四厘,通共估需例津二价银二万五千二百一十七两四钱一分九厘,再三复核,均系实工实用,并无浮冒。

十六日奉朱批:"该部知道。钦此。"(《近代史所藏清代名人稿本抄本》第3辑,第106册,第235—241页)

12月7日(十月二十七日) 奏报黄河安澜循例酌保出力员弁折。

奏为黄河两届安澜,循例酌保各厅防汛及河防办公尤为出力员弁,分缮清单,恭折仰祈圣鉴事:

窃照豫省黄河修防及经理河防另款办公尤为出力各员,定例两年汇保一次。本届轮应请奖之期,奴才于奏报霜降安澜折内,吁恳恩施,钦奉谕旨:"准其择优保奖,以示鼓励"等因,钦此。仰见圣主策励群工,微劳必录之至意,跪聆之下,钦感莫名!

伏查河工修守事宜,至为繁重,必得群策群力,庶几众擎易举,藉以防患未萌。所有上年大汛尤为出力各员,业经前河臣任道镕存记在案。本年伏、秋汛内、黄河非常盛涨,水势大于往年,两岸各厅,险要环生,厢抛几无虚日。迨至白露前后,郑中等厅又复猝生险工,坝则东塌西坍,埽则此厢彼蛰,幸赖在工文武及河防办工委员,不避艰险,于风沙雨夜、泥淖烈日之中,奋勉抢办,不遗余力,得以化险为夷;即地方沿河州县,亦皆不分畛域，帮同催料集夫，均属著有微劳。据开归、河北二道分别缮具衔名清折，禀请奏保前来。

奴才查两年修防出力人员，为数过多，保奖例有定额，不得不切实删减，并将劳绩稍次之员，酌给外奖，兹择其尤为出力者，按照定章，文职共保二十员，并酌保武职数员。又河防另款办公出力各员，定额亦准保奖二十员。现因河防局前已奏明裁并，所用委员，兹仅择尤酌保五员，实已毫无冒滥。谨分缮两单，恭呈御览。合无仰恳天恩，俯准照单给奖，以昭激劝，出自鸿慈逾格。

二十八日奉朱批："该部议奏，单二件并发。钦此。"（《近代史所藏清代名人稿本抄本》第3辑，第106册，第47—267页）

12月10日（十月三十日） 奏豫省黄河两岸八厅二十七年分办过岁修埽砖石各工动支司库银两总数折。

奏为查明光绪二十七年分豫、东黄、运两河各厅办过岁修埽砖土石各工，并运河奏咨两案工程段落银数，遵照新章，分缮清单，汇案恭折具陈，仰祈圣鉴事：窃照道光十五年九月内接准部咨："奏奉上谕：'嗣后每年汇奏清单，务遵奏定限期，无论奏咨各案，汇为一册；其比较上三年之数，原从清单而出，毋庸分为两事，致滋歧异'"等因，钦此。历经钦遵办理在案。

溯查从前黄、运两河，每年奏办埽砖土石工段丈尺细数清单，向分四条核奏，其咨案清单，另行附片具陈。同治二年，前署河臣谭廷襄奏请将运河奏案暂行停办，并将咨案一并列入，分作四条。同治四年，试行河运，复将奏案列入，分作五条开列。至黄河抢修工段丈尺钱粮，亦请汇列清单，一并归入比较等因。嗣经前河臣许振祎奏明停办光绪二十二年运河奏案工程，暂归东省试办一年。是年冬间，复经前河臣任道镕亲勘，酌核减估，奏请规复旧制各在案。所有光绪二十七年分豫、东二省黄、运两河各厅办过岁修埽砖土石及运河奏咨两案工程清单，拟仍照案分作五条开列，以便稽查。

一、岁修埽砖等工，豫省黄河南北两岸上南、郑中、中河、下南、黄沁、卫粮、祥河、下北八厅，共计二十四案，共用银四十万二百两四钱三分一厘。

一、岁修增培土工，豫省黄河南北两岸上南、郑中、中河、下南、黄沁、卫粮、祥河、下北八厅，共计土工九段，坝工一段，共用例、津二价银二万五千二百一十七两四钱一分九厘。

一、岁修抛护碎石工，豫省黄河南北两岸上南、郑中、中河、下南、黄沁、卫粮、祥河、下北八厅，共计八案，共用银三万三千一百六十四两六分二厘。

一、运河奏办另案工程，光绪二十七年分东省运河道属运河、泇河、捕河、上河、泉河五厅，计五案，共用银一万三千九百六十三两五钱六分九厘。

一、运河咨办各工，光绪二十七年分东省运河道属运河、泇河、捕河、上河、下河、泉河六厅，计十五案，共用银六千九百七十四两一钱三分四厘。

以上各工，先后据该道厅等分案造册详送前来。奴才覆加确核，工段丈尺用过银数，俱与原报相符，并无浮冒。

除兖沂道所属旧黄河现系乾河未办工程外，所有查明光绪二十七年分黄河两岸八厅岁修等工，并运河道属办过奏咨两案工程段落动用银两缘由，理合遵照新章，分缮清单，汇案恭折具陈，伏乞皇太后、皇上圣鉴，饬部存核施行。

再，光绪二十七年分比较上三年银数多寡，已另折具奏，合并声明。

十一月初一日奉朱批："该部知道，单五件并发。钦此。"（《近代史所藏清代名人稿本抄本》第3辑，第106册，第299—306页）

是日　奏报本年分河防项下办过黄河两岸七厅土石各工。

奏为查明光绪二十七年分河防项下办过黄河南北两岸七厅土石各工，用过方价银两细数，谨缮清单，恭折具销，仰祈圣鉴事：

窃照豫省黄河南北两岸各厅岁修经费，自经前河臣许振祎奏改新章，每年准由司库支银六十万两为率，内以四十八万两归厅分次支领，而另提十二万两为河防办石保险之需，由河臣委员监办，据实开单报销，历经遵照办理在案。

兹据河防办公委员造具销册，并据上南、郑中、中河、下南、黄沁、祥河、下北七厅呈送印册，先后禀请分别奏咨前来。

| 1901 年（光绪二十七年　辛丑）49 岁 |

查郑中河厅属中牟上汛三堡并四堡大堤加帮土工二段，共用土方银二千一十六两；上南河厅属荥泽汛十堡上首顺堤头埽上首空档改抛石坝一段，共用石方银六千九百四十六两二钱二分二厘；郑中河厅属郑州下汛九堡裴昌庙迤下顺河埝头加抛石坝一段，共用石方银一万二千五百五十七两八钱二分；中河厅属中牟下汛五堡加抛石坝一段，共用石方银九千四百九十九两二钱八分三厘；下南河厅属祥符上汛十八堡月埝第一道土坝基迤上加抛石坝一段，共用石方银五千四百六两七钱六分九厘；黄沁厅属唐郭汛拦黄埝七坝迤上空档加抛石坝一段，共用石方银四千一百九十五两七钱一分六厘；祥河厅属祥符上汛十五堡迤上挑坝头埽上首加抛石坝一段，共用石方银五千六百七十六两三钱一分二厘；下北河厅属祥符下汛二堡迤下顺堤加抛石坝一段，共用石方银六千四百六十三两三钱二分四厘，以上各工，统共估需土石方价银五万二千七百六十一两四钱四分七厘。计本年河防工款，实节省银六万七千二百三十八两五钱五分三厘，业经饬发藩库兑收，另款存储，留备河工缓急之用，已于霜清截数后附片陈明在案。详加覆核，俱系实工实用，并无浮冒。

十一月初一日奉朱批："该部知道，单并发。钦此。"（《近代史所藏清代名人稿本抄本》第 3 辑，第 106 册，第 278—288 页）

是日　奏报北岸四厅并无余存砖方银两。

案准户部咨，行令"嗣后奏报动拨司库银款折内，应将历年旧存砖方银数，详细声明，以凭核对"等因。奴才查奏报光绪二十六年分动支司库银两总数折内，北岸四厅，并无余存砖方银两；是年南岸四厅，并无办过砖工。

十一月初一日奉朱批："该部知道。钦此。"（《近代史所藏清代名人稿本抄本》第 3 辑，第 106 册，第 306—310 页）

12 月 11 日（十一月初一日）　奏报运河道属运泇捕上泉五厅估办另案工程。

奏为查明光绪二十七年分东省运河道属运、泇、捕、上、泉五厅择要估办另案工程段落银数，恭折仰祈圣鉴事：

窃照山东运河道属各厅，应办辛丑年另按工程，经前河臣任道镕督饬勘估，奏请酌拨工需银三万八千两，并另拨挑河经费银一万二千两，均蒙恩准在案。旋因南漕改折，除挑工全行停办外，复将另案切实核减，仅准拨银一万四千两，饬令就款择要施工，据报先后修筑完竣。复饬将办过工段丈尺，用过银两数目，确切详报去后。

兹据运河道崔永安详称："案查光绪二十七年分运河厅属济宁州汛运河东西两岸堤工，原为束水济运纤挽要道，历经重空漕船及官民各项船行，施犁打橛，人夫践踏，并伏秋汛内汶、府、洸河涨水冲刷，风雨剥削，以致残缺卑矮，险要堪虞，亟应择要修筑，以资利纤卫民。计工七段，共长九百三十八丈，共需土方银五千一百二十四两一钱九分二厘。泇河厅属峄汛运河东岸峄字土工二五等号堤工，及西岸峄字石工十二号湖面碎石坦坡，均经汛水盛涨，冲刷残缺，亟应分别修做添抛。计工三段，共长三百九十六丈，共估银四千五百一十八两六钱八分六厘。捕河厅属阳谷汛堤工，缘经大汛黄水灌注，汹涌奔腾，各工残缺卑薄，择要帮培高厚，连填坑塘，共估土方银二千三百一十六两九钱八分九厘。上河厅属聊城汛堤工，历经汛涨急溜搜淘，以致堤工坍塌卑薄，亟应帮培，方资抵御，连填坑塘，共估土方银一千二百二两四分。泉河厅属东平州汛汶河西岸戴村坝迤北，新戴字三号内碎石护堤及三合土坝、南坝台碎石挑坝等工，历被汶水暴涨冲刷坍塌，亟应分别修做，共长三十二丈八尺、共估例帮二价银八百一两六钱六分二厘。以上统共用银一万三千九百六十三两五钱六分九厘。较减准之数，计尚节省银三十六两四钱三分一厘"等情，详请具奏前来。奴才复加确核，工段银数，均属相符。

初二日奉朱批："该部知道。钦此。"（《近代史所藏清代名人稿本抄本》第3辑，第106册，第310—319页）

12月28日（十一月十八日） 奏为恭报兼署豫抚篆日期。

奏为恭报兼署豫抚篆日期，叩谢天恩，仰祈圣鉴事：窃承准行在军机大臣片寄："光绪二十七年十一月初十日钦奉上谕：'松寿随扈进京，河南巡抚著锡良兼署。钦此。'"当以力难胜任，恳恩另简贤能等情，电请军机大臣代奏。旋奉电传谕旨："著不准辞。钦此。"跪聆之下，感悚交并。兹于十一月十八日准抚臣松寿将河南巡抚关防并王命旗牌、文卷等件，委员赍送前来，遵即恭设香案，望阙叩头谢恩，祗领任事。

伏念奴才才识迂拘，见闻陋狭。蒙生成之逾格，忝总河防；复恩宠之优加，兼权抚篆。鹈濡滋惭，蚊负益深。查豫省政务殷繁，地当四达；巡抚统辖文武，任重百司，举凡兴学、理财、用人、行政诸大端，值此时艰，尤关紧要，奴才梼昧，深惧弗胜。惟有勉矢慎勤，认真经理，万不敢以暂时摄篆，稍涉因循，以冀仰答高厚鸿慈于万一。（《锡良遗稿·奏稿》，第151页）

12月29日（十一月十九日）　奏报查明上年分河标四营马匹均无缺额疲乏。

奏为查明光绪二十六年分河标四营马匹均无缺额疲乏，恭折仰祈圣鉴事：案准兵部咨："同治元年闰八月二十日奉上谕：'京外各直省驿站，额设马匹，支应差操及接递公文，均关紧要，并著该管大臣确切查核，年终具奏，如查有缺额疲乏等弊，即著从严参办'"等因，钦此。钦遵办理在案。

据河标中军副将郭达森、兼护左营参将张延龄、署右营游击朱嘉增、属济宁城守营都司郑学锐会详称：河标向无驿站马匹，惟中左右城守四营额设备官例马八十六匹，外委兵丁骑操官马三百三十八匹，二项共四百二十四匹，查明光绪二十六年分并无疲乏缺额，造具毛片口齿清册，加具印结，呈请奏咨前来。

奴才查册造四营现存各官自备坐马八十六匹，外委兵丁骑操官马三百三十八匹，核与额定数目相符，尚无缺额疲乏情弊。

十二月初八日奉到朱批："兵部知道。钦此。"（《近代史所藏清代名人稿本抄本》第3辑，第106册，第325—331页）

是日　上酌保河运出力人员奖励折。

奏为遵旨酌保办理河运尤为出力人员，恳请恩施奖励，恭折仰祈圣鉴事：窃奴才前因东省办理河运在事出力各员，上年已届三年汇奖之期，当将可否援案保奖缘由，附片具奏请旨，钦奉朱批："准其择尤酌保，毋许冒滥。钦此。"钦遵恭录转行去后。兹据运河道崔永安查明上三年存记尤为出力文武员弁，禀请保奖前来。

奴才伏查东省运河为南漕经行要津，自黄水穿运以后，河身节节受淤，每届重运经临，随处疏挑导引，倍费经营。而上年新漕入境，正值道路不靖，当经前护运河道楼汝同及该道崔永安等，先后督率文武员弁，沿途严密防范，加意保护前进，较之往年，尤属倍著辛勤。惟查三年以来，在事出力各员，为数过多，奴才复经详细稽核，切实删减，兹谨择其尤为出力者，缮具清单，恭呈御览。合无仰恳天恩，俯准分别给奖，以示鼓励，出自鸿慈逾格。

十二月初八日奉朱批："该部议奏，单并发。钦此。"（《近代史所藏清代名人稿本抄本》第3辑，第106册，第335—348页）

1902年（光绪二十八年　壬寅）50岁

1月11日（十二月初二日）　奏报豫省新摊赔款筹办情形。

奏为豫省新摊偿款，现经多方筹措，尚未足数，谨将勉力筹办情形，恭折具陈，仰祈圣鉴事：窃查接管卷，前抚臣松寿接准行在户部咨，以新定赔款，豫省摊派银九十万两，行令如期汇解等因，并抄粘原奏筹款章程八条，如有窒碍难行，准其另行筹措各等语，咨照到豫。前抚臣松寿正在核办，旋即交卸。奴才接任后，当即督同司道，悉心筹议。据布政使延祉以拟办条目，具详请奏前来。

伏查豫省库款，谨赖丁漕为正宗，久已入不敷出。上次筹备洋款三十三万两，系由酌提州县平余即盐斤加价、煤厘、货厘等项，勉强凑集，又拨用丁漕正项以足其数。嗣后加派佛郎镑价，复将加复漕项筹定学堂经费权时挪用，以致现时开办学堂尚无经费可指。迨上年筹办防务，添募勇队营饷，入卫援军征饷，添派武卫军新饷，采运随扈军粮，又本省认赔教案偿款，以及恭办跸路供支，均须大宗巨款，用费之浩繁，实为向年所未有，要皆恃此有数之库储，以为挹注。近年各属偏灾积歉，丁漕征收不旺，又无他款可资周转，今忽骤增出款，每年至九十万两之多，拮据情形，不待言而可见。惟赔款紧要，即使无法可设，亦不得不强为其难。兹仅就部议所指各条，参酌豫省情形，详加擘画。

如地丁酌提盈余一条。豫省上次洋款即由折钱征粮之州县酌提平余银十万两以盈其数。又因银价低落，经前抚臣裕长核明奏定地丁所收钱数，分别等次核减，每银一两征钱不得过三千文及二千六百文之额。州县摊款用项较多，银价涨落无定，取于下者既为核减，归于上者又有加提，办公已行竭蹶，若此外又添科派，恐官多赔累，仍将剥蚀民间。此平余之未便再提者也。

如土药及茶糖烟酒抽税一条。豫省本非通商口岸，全省厘税通年牵算至多亦不及二十万金，其中土药一项，每年至多不过万余金。上年总理衙门咨令按年加收银六十万两，前抚臣刘树棠多方筹办，收数并未加增，当将窒碍情形奏明有案。铁酒加价，亦经刘树棠奏请开办，逾年旋即停止。茶糖烟叶归入百货项下列报，不立专条，其厘收之少可知。现正严定比较，设法加抽；然即如数照加，亦无补于百分之一。此加厘之难于期效者也。

现经通盘筹计，惟盐斤加价一项，叠经办有成效，既由部议奏定就现在盐斤价值每斤再抽四文，自应遵照办理。豫省前次奏请每斤加价二文，每年芦盐包收银十二万两，益以潞、淮、东三纲，共收银二十万两有奇，分拨上次偿款之用。此次每斤加抽四文，照前倍算，每年约集四十万两之谱，可以抵作赔款之一大宗。

其次如勇练各营酌加裁汰一条。豫省各营兵勇屡减屡增，旋增旋减。至刘树棠任内，汰存豫正十营，每营勇额又大加删减，所余之饷，除拨充正用外，均奏定挪作练兵巡饷、加饷之用。其后前抚臣裕长先后奏请添募将及二十二营，又将旧存各营添足五百人，原额所需月饷，多在藩库暂为挪借，并未筹有的款，是以捷胜等营不久旋即裁撤。其余现存精锐等营，饷银仍无实在著落。当此撤防之时，正拟于镇慑地方外，汰除老弱，次第酌裁；而其先本无的饷，以后又安有余资？惟查有武卫右军七营驻扎山东，其初本河南之嵩武军，以故每年饷银均有豫省供支。迨改名武卫右军，已不归河南节制，特以两省唇齿相依，是以协济军饷，仍前竭力支持，不分畛域。今则饷力万难兼顾，又何敢瞻徇邻省之边防，致误本省关系大局之岁币。拟请将现驻山东之武卫右军协饷银每年十八万三千余两即行停止，专作豫省拨抵赔款之用。

又其次则部议条内房间捐输一项。豫省民风俭质，多以土室茅庐，穴居野处，惟城镇间有市房，其中辗转质赁，头绪最为纷繁，稽查易滋骚扰；即办理就绪。所得亦属无多。拟即稍为变通，于置买房产契税量加捐款。向章契价一两，收税银三分，今另加捐银三文。其款出自置产富户，随税加捐，尚不为虐。约可按年收银十万两。合前二项计算，可

1902年（光绪二十八年　壬寅）50岁

集银六七十万两。然核之新定赔款数目，仅得七成之谱，尚少二三成，委属无从罗掘。而事关全局安危，既不敢为削足适履之谋，惟有姑作剜肉医创之想。因将部议条内按粮捐输一节，熟思审处，深恐筹虑稍有未周，办理必难允当；且将来能否集有成数，实无把握；事体繁重，又非旦夕所能竣功，尤未敢失之操切，致激事变。拟俟妥筹办法，果能集巨款而无他虞，再行奏请开办。仍望如前议减解三成，以纾民力，则血气之伦同深庆幸。

以上各款，其拟办者，成效未可预知；其拟试办者，章程实难骤定。现在摊派数目，尚有不敷；惟款巨期迫，未敢拘于谋定后动之见，久系宸廑。谨将现办情形，先行据实上闻。仍吁恳天恩，敕下户部，咨行各该督抚，将芦、潞、淮、东四纲盐斤加价一项，认真催办；并咨行山东巡抚，将武卫右军饷银另行筹拨，或竟行裁撤，以免贻误要需。豫省幸甚！大局幸甚！

十二月二十七日奉到朱批："户部议奏。钦此。"（《锡良遗稿·奏稿》，第151—154页）

是日　奏报解十二月分第一期新定赔款。

十二月二十七日奉到朱批："户部知道。钦此。"（《锡良遗稿·奏稿》，第154—155页）

1月12日（十二月初三日）　奏报豁免跸路经过地方钱粮。

奏为钦奉恩旨豁免跸路经行地方钱粮，拟照例案请旨遵行，恭折仰祈圣鉴事：窃据布政使延祉详称："恭阅邸抄，光绪二十七年七月初一日内阁奉上谕：'此次启銮回京，一切用费，均开正款，不至扰累民间。惟修治道途等事，终恐损及农田，有劳民力。所有陕西、河南、直隶地方，凡系跸路经行之处，应征本年钱粮著加恩豁免'等因，钦此。遵查钦奉恩旨，豁免钱粮，自应刊刻誊黄，颁行张贴，咸使周知。惟豁免分数若干，如何分划地段，拟照何项成案办理，亟应请旨遵行"等情，详请具奏前来。

奴才伏查户部则例内开："圣驾巡幸奉免经过地方钱粮者，奉天、河南、江南、浙江等省，不分界限地亩，按经过州县额征丁钱粮之数统算，或蠲十分之三，或蠲十分之五，临时候旨遵行"等语。又查乾隆年间，高宗纯皇帝行幸河南，均免经过地方额赋十分之三，历经钦遵办理。此次銮舆由陕回京，跸路经过河南各州县地方，应完本年钱粮漕折等项，可否仰恳天恩，援照乾隆年间成案，普蠲十分之三，出自鸿施。其有已完在官之处，均准流抵次年正赋。倘有被灾州县，仍照定分数递加蠲免，以昭核实。

十二月二十七日奉到朱批："著照所请，户部知道。钦此。"（《锡良遗稿·奏稿》，第158页）

是日　据情代陈河南城守尉志明因赏加二品顶戴叩谢折。（《光绪朝朱批奏折》第48辑，第88页）

1月23日（十二月十四日）　奏报豫省被灾州县恳恩蠲缓钱漕。

奏为勘明豫省本年兰仪、考城二县黄河漫溢，被淹成灾，暨被风、被雹、被旱，并先旱后涝，秋收歉薄各属，吁恳天恩，请分别蠲缓新旧钱漕，以恤灾黎而苏民困，恭折仰祈圣鉴事：窃查豫省上年秋冬之交，雨雪稀少，二麦本未普种。入春以来，三次大风，二麦大半损伤。二、三月间，天时亢旱，青黄不接，经前抚臣于荫霖饬属借放仓谷，并饬藩司筹发银米，先在省城设厂放赈，复委员分赴陕州等十州县查户散放。旋据宜阳、渑池、永宁、陕州、卢氏等州县禀报被雹被灾，随即委员勘办，分别抚恤，并将被灾较重之阌乡、灵宝、临颍、淅州四厅县本年上忙钱粮暂缓催征，俟秋后勘办，节经奏明在案。

入夏以后，又据兰仪县禀报，黄水盛涨，溢满出槽，被淹三十一村庄，由县境之马蹄集等处分股东趋，冲决考城县护城民埝，水势下注，围绕县城，滨河六十四村庄悉被淹浸。当经各该现捐备馍饼席片，分投拯济，并由司筹发银两，派员解往散放急赈。一面饬令委员会同各该县，确查被淹村庄成灾分数，男妇大小户口，亦经正任抚臣松寿专折奏请抚恤一月口粮，即在上年截留备赈漕折银两内动支，以资赈济各在案。

嗣据河内、修武、原武、洛阳、永宁、祥符、陈留、杞县、尉氏、中牟、郑州、荥泽、荥阳、汜水、商邱、宁陵、永城、鹿邑、虞城、夏邑、睢州、柘城、安阳、汤阴、临漳、武安、内黄、汲县、新乡、辉县、获嘉、淇县、延津、滑县、浚县、封邱、济源、武陟、孟县、温县、阳武、偃师、孟津、宜阳、南阳、内乡、裕州、叶县、淮宁、西华、项城、

1902年（光绪二十八年　壬寅）50岁

沈邱、太康、扶沟、长葛、灵宝、阌乡、光山、固始、商城六十州县纷纷禀报，夏秋雨泽连绵，洼地多有积水，秋禾受伤，收成歉薄，恳请勘办等情，均经委员分投往勘，秋禾尚属中稔，不致成灾，即饬司移行该管道府州遵照部章，亲往督同勘办。现据陆续勘明，兰仪、考城二县被黄水漫淹成灾五、六、七、八、九分不等，应请照例分别蠲缓。河内、修武、原武、洛阳、永宁、祥符六县，秋收尚有五分余，惟被旱、被淹、被雹较重各村庄，请酌缓本年新赋。其陈留等五十四州县，秋收歉薄，虽系勘不成灾，第连年积欠，民困未苏，应请缓旧征新，禀由该管道府州覆加督勘确核，先将应蠲应缓各村庄，出示停征，取具切结，移会布政使延祉、粮储道王维翰核明，开折会详请奏前来。

奴才查定例："被灾九分者蠲正赋十分之六，被灾八分者蠲正赋十分之四，被灾七分者蠲正赋十分之二，被灾六分五分者蠲正赋十分之一；以上蠲剩钱粮，分年带征。"今兰仪、考城二县被黄水漫淹成灾，各村庄自应各按成灾分数蠲缓；其抚恤口粮，正加各赈，并酌加冬赈、春抚，即在上年截留款内动支，严饬该管道府督同确查散放，务使灾黎实惠均沾，不致流离失所。其余勘不成灾各属，应完钱漕，若令新旧并征，民力实有未逮。谨照部章，将各属应行蠲缓钱漕细数，分缮清单，恭呈御览。合无仰恳天恩，俯准将兰仪、考城二县成灾五、六、七、八、九分各村庄，应征光绪二十七年漕粮，照例各按成灾分数，分别蠲缓，俾纾民力。一俟奉到恩旨，即敬谨誊黄，饬发遍行张贴，务使周知，不准吏胥稍滋弊混，以期仰副朝廷子惠元元之至意。

再，据藩司禀，入冬以后，各属雨雪多寡不等，已种之麦，出土盘根，可期滋润；未种者讲求种植冬谷春麦之法亦可补种，并添种杂粮，民情静谧。至来春如有应需接济之处，再当查看办理。

十二月十七日奉到朱批："另有旨。钦此。"（《锡良遗稿·奏稿》，第159—161页）

1月24日（十二月十五日）　奏报上年分运河办过岁修工程情况。

奏为查明光绪二十六年分运河办过岁修工程，上年未及题估，今遵新章改题为奏，恭折仰祈圣鉴事：案查光绪二十六年分山东运河道属各厅办过岁抢二修例案工程，除抢修已于当年照例咨报工部外，其岁修工段，例应题估，因奉部行："年例题本，暂行缓解，免其扣限"等因。是以前河臣任道镕未及具题，移交在卷。恭读光绪二十七年八月十五日内阁奉上谕："向来专系具题之件，均著改题为奏"等因，钦此。应即钦遵办理。

案据运河道详称："光绪二十六年分运河、捕河、上河三厅办过岁修工程十三段，共长三百六十丈七尺，共估银四千九百二十三两一钱一分五厘，内除节省八束银九百五十二两八钱六分五厘，实用银三千九百七十两二钱五分。按册覆核，并无浮冒。其节省八束银两，扣存道库，留为咨案工程之用"等情。奴才复加确核，工段丈尺银数，均属相符，尚无浮多。

二十九日奉到朱批："该部知道。钦此。"（《近代史所藏清代名人稿本抄本》第3辑，第106册，第352—358页）

是日　奏报运河道属本年分办过岁修工程情况。

奏为查明山东运河道属各厅光绪二十七年分办岁修工程，钦遵改题为奏，恭折仰祈圣鉴事：窃照山东运河道属各厅，向有例办岁抢修工程，系动支道库河银办理，经前河臣乔松年奏定，自甲戌年为始，每年估办以二万六千两为率，历经遵照在案。

兹据运河道崔永安详称："光绪二十七年分择要估办岁抢修工程，均经详奉减准发银趱修完竣，报明验收，除抢修另行照例详请咨估外，据运河、捕河、上河三厅各将办过岁修工段丈尺银数，造册绘图，详送转请题估。查册造运、捕、上三厅岁修埽坝各工十三段，共长三百六十丈七尺，共估银五千一十五两八钱三分六厘，内除节省八束银九百七十两七钱八分一厘，实用银四千四十五两五分五厘。按册覆核，并无浮冒。其节省八束银两，照例扣存道库，留为咨案工程之用"等情，由道汇造总册，详请核办前来。

奴才复查运河、捕河、上河三厅，本年估办岁修各工，委因伏秋汛内，叠经长水汕刷，或旧埽朽腐空虚，或坝身残缺卑矮，必须分别厢修完固，以保运堤而卫民田，均属应办之工；估用银两数目，亦与历年成案相符，尚无浮多。

二十九日奉朱批："该部知道。钦此。"（《近代史所藏清代名人稿本抄

| 1902年（光绪二十八年　壬寅）50岁 |

本》第3辑，第106册，第358—365页）

是日　上漕项比较折。

奏为查明光绪二十五年分豫省应征漕项银两数目，开列比较清单，恭折仰祈圣鉴事：窃准部咨，漕项银两比较，行令于奏销时开单奏报等因，历经循办在案。兹据粮储道王维翰将光绪二十五年分漕项银两查明，除停缓外，实应征银九万三千二百一十二两一钱二分九厘，核计各属均已十分全完，并无未完钱粮，比较光绪二十二、二十三、二十四等年十分全完相同，造册开折，详请奏咨前来。奴才覆核无异。

十二月二十九日奉到朱批："户部知道，单并发。钦此。"（《锡良遗稿·奏稿》，第162—163页）

1月25日（十二月十六日）　奏报光绪二十七年分荥泽县郭村地方民埝新筑土坝接护碎石，用过土石方价岁修银两工段丈尺情形。

奏为核明光绪二十七年分荥泽县郭村地方民埝新筑土坝接护碎石，用过土石方价岁修银两，缮具清单，恭折仰祈圣鉴事：

窃照黄河南岸荥泽县境广武山、黄门嘴山根，首受诸山之水，为下游全局利害所关，经前东河总督臣吴大澂，于光绪十五年奏明建筑柴芯大坝一道，挑托大溜，每年由库拨银五千两，做为岁修经费，霜清后核实报销，历经遵照办理。及二十一年，该处民埝生险，抢护埽工，添筑坝垛，复经前抚臣刘树棠奏明，再由开归陈许道按年添筹银一千两，匀作两处岁修工程之用，委员驻工，会同荥泽县协力修守各在案。

兹据开归陈许道穆奇先禀称："本年伏汛内，河水涨发，大溜圈注郭庙，村东迤下民埝旧有淤滩塌卸殆尽，直逼堤根，情形危险，当经该印委招集夫工，赶筑土塌六道，外用碎石抛护，挑溜外移，民埝始臻稳固。共用碎石八百六十九方六厘二毫五丝，方价银五千五百五十八两五钱二分三厘七毫五丝；共用土二千二百二方四分六厘，方价银四百七十五两七钱三分一厘三毫六丝，共银六千三十四两二钱五分五厘一毫一丝。内动用岁修银五千两，由道筹捐银一千两，尚不敷银三十四两二钱五分五厘，已归荥泽县知县捐廉弥补。委验各工，均系实用实销，并无草率偷减情事"等情，将用过土石方价银两工段丈尺，开具清单，请奏前来。奴才覆核无异。

十二月二十九日奉到朱批:"该部知道,单并发。钦此。"(《锡良遗稿·奏稿》,第165—166页)

是日　奏报豫省并无私铸及行使小钱。

奏为豫省并无私铸及行使小钱,现经饬属查明,循例恭折具陈,仰祈圣鉴事:窃查道光十年,御史徐培深奏请饬禁黔省私铸小钱案内,钦奉谕旨:"著各省督抚一体饬属查禁,责成各州县随时访拿究办,并于年终出具并无私铸及行使小钱印结,详报督抚具奏"等因,钦此。历经钦遵办理在案。

兹届光绪二十七年具报之期,据祥符等一百七厅州县查明,属境并无私铸及挽使小钱情事,出具印结,由该管道府州加结,详咨藩臬两司委员覆查无异,会详前来。

十二月二十九日奉到朱批:"知道了。钦此。"(《锡良遗稿·奏稿》,第166页)

是日　奏豫省停世职俸银。

查接管卷,准行在户部咨,以闽浙总督许应骙奏请,将旗员、汉员,在籍、在营世职俸银、衔俸一概停支二年,奉旨允行,行令仿照办理等因。前抚臣松寿未及核办,移交前来。

查豫省并无支领衔俸人员。惟世职一项,抚、镇、协标各营,额定三百四十六员支食俸银,每年照奏减三成计算,共银二万八百八十六两六钱二分,其款在朋建余银内动支八千余两,不敷银一万二千余两,归入估拨册内,在耗羡项下核实支销。此项银两,本系朝廷优恤难裔之用,惟当此偿款紧迫,各该员世受国恩,自应仰体时艰,力图报效。现在闽省既经奏明停止,豫省事同一律,拟即照案办理。惟本年旗员世职应领俸银,已于奉文以前全数给发,未便再令追缴。应从光绪二十八年春季住支。其汉员俸银,甫经发至秋季,即从本年冬季截止。至节存银两,前因部拨定赔款,漕折、旗兵加饷两项银数不敷,已另案奏明,即从此项凑抵,以后均归入部库指拨不敷新赔款内常年摊解。据布政使延祉详情具奏立案前来。

十二月二十九日奉到朱批:"该部知道。钦此。"(《锡良遗稿·奏稿》,第166—167页)

| 1902年（光绪二十八年　壬寅）50岁 |

2月13日（正月初六日）　因豫省饷力奇绌，奏裁撤豫正等军十营一队，以免饥溃。

奏为豫省饷力奇绌，遵旨将现存防勇再裁十营一队，以免饥溃，恭折仰祈圣鉴事：窃查接管卷，光绪二十七年七月二十一日，承准军机大臣字寄："光绪二十七年七月三十日，奉上谕：'所有各省原有之营勇，裁去十之二三；上年有事时，添募勇营亦一并酌量裁撤。'等因，钦此。遵旨寄信前来。"正任抚臣松寿正在拟办，旋即交卸。奴才接篆后，督饬司道悉心筹议，兹据营务处、支应局司道会详前来。

查豫省旧有抚标练军一营，三镇练军六营，豫正十四营，上年有事，经前抚臣裕长派兵入卫，添募精锐等十六营，又加前抚臣于荫霖由湖北调豫之亲军两营一队，合计共添十八营一队。当各营添募之初，所需饷项，奏明在司库无论何款暂行挪拨，并未筹定的款，是以成军未久，饷需不济，旋分两次遣撤八营。近日加以新约赔款按月提前筹解，不敢愆期，司局均罗掘一空，不得已息借号商，亦非持久之计。而各营军食告匮，将有噪饷之虞，必须将勇营大加裁减，庶稍纾腾挪之力。计拟裁豫正左右军各三营，精锐营一营，练军副营一营，湖北调豫之亲军两营一队，共十营一队，截至本年正月底，一概裁撤，仍照向章另发遣饷一个月，俾得资以回籍。此裁无饷之军并非节有余之饷之实在情形也。

惟豫省四通八达，若不分布勇营，亦实难资镇慑。查豫正左右两军原驻大河南北，精锐营哨分防河、陕两府州，豫东、豫南及抚标三镇各练军向扎省城、南阳、归德、怀庆等处，均仍照旧分别驻扎，饬令严定课程，认真操练，随时更调，以习勤劳。其有联络不及之处，责成地方官协同现有制兵营汛严行防范，俾免疏虞。如此勇丁既汰弱留强，将弁亦循名责实，倘统带营哨各官，或有训练不精，勇额不足，查明轻则立予撤参，重则奏明治罪，以示惩儆而肃戎行。

正月二十三日奉到朱批："该部知道。钦此。"（《锡良遗稿·奏稿》，第168—169页）

是日　奏报黄河凌汛安澜。

查冬至以后，先则气候严寒，河冰冻结，继而天时渐见和暖，冰凌亦即融化。临黄埽坝各工，防守悉臻严密，尚无铲伤刷塌之虞；间有形势卑矮者，均经随时厢抛高整。现在节交立春，凌汛已过，两岸八厅，一律保护安澜，堪以仰慰宸廑。惟转瞬即届桃汛，亟应筹备修守。前据各厅禀报，岁秸均已办齐。复饬将各项杂料，配办充足，一面估计春厢，统候奴才亲临勘验，以昭慎重。

二十三日奉到朱批："知道了。钦此。"（《锡良遗稿·奏稿》，第169页）

是日 奏报尽快筹解武卫左军协饷。

武卫左军月饷，户部按月协拨银一万两，在豫省地丁京饷内分期划解，每届年终，守候户部咨文，遵照办理。现在部尚未到豫，自宜暂缓指解。惟查该军驻防要地，待饷孔急，屡次电催。上年所拨新饷，豫省既无力再筹，奏请停止；若再将此项协饷株守以待，诚恐缓不济急，贻误堪虞。当即饬司照案提前赶解。兹据布政使延祉详称："现在光绪二十八年地丁尚未开征；而饷需紧要，即现存库款内借垫银二万两，作为武卫左军光绪二十八年正、二两月部拨协饷，于二十七年十二月二十三日发交支应局委员随同旧饷搭解宋庆军营查收"等情，请奏咨前来。奴才覆核无异。

正月二十三日奉到朱批："户部知道。钦此。"（《锡良遗稿·奏稿》，第170页）

是日 因豫省库储匮乏，筹办房地官当契。

前因豫省新摊赔款筹不足数，拟于民间置房地契税，按照向章加抽税银三分，以资挹注等情，汇案奏明，行司试办在案。复因此次赔款不敷甚巨，通饬僚属，各纾所见，条议具呈，以期集思广益。旋据陆续呈覆，其中多有以试办房地官当契之说进者，当饬有司核议办法去后。

兹据藩司延祉详称："豫省置买房地契税，向章每价银一两收税银三分，而完纳正税者，不过十之三四，余多托词典质，私立当契，规避正税。今议改用官当契税之法，由官刊发契式，凡质当房地者一律填用官契，照买契正税减半征收，立定年限，限满另行换契纳税。有欲以当契改作买契者，准将原纳当税照数扣抵正税。其以前所当房地已逾例限十年，均令呈验原立当契，如产业完整别无事故者，均令改换买契，补缴正税。倘无力承买，即令换契，照当税完纳，与新立当契一律办理。此在置业之户，或当或买，获利相同，本应遵例纳税，初非额外加征；且出自置产有余之家，杜其取巧之途，将来仍许抵充正税，亦非别增扰累。而行之有效，即可积成巨款，专备偿款之用。其火耗纸张及一切应需经费，即于税银中提出一成备用，不准另有丝毫需索"等情，详情奏明试办前来。

奴才伏查所拟官当契税办法，所以杜正税之隐漏，并非同额外之征求。现值偿款紧迫，但使涓埃可补，自不妨先为试办。此外如有可筹之款，果能于民无扰，再当随时奏请办理。

正月二十三日奉到朱批："著照所请，户部知道。钦此。"（《锡良遗稿·奏稿》，第171—172页）

是日　奏报筹解松沪厘金。

准两江总督臣刘坤一电称，请将裁兵节饷盐斤加价拨补松沪厘金等项，迅饬筹解等因，当饬司道筹办去后。

兹据粮盐道王维翰详称："遵查裁兵节饷一项，即盐斤加价之所存储。此次筹办防务，添募新营，已将前项挪抵备用，以至松沪厘金无从拨补。上年四月间，勉于此项内解银三万两，补光绪二十五年欠解之数，其余又经奏明添作回銮供支之用。若再照数补足前欠，实属力不能支。但南省待用同一紧迫，止可于现存盐斤加价项下挪动银一万五千两，作为二十六年头批补松沪厘金之款，交商号定限于二十八年正月下旬汇交江海关道转解江宁应用，其汇费亦照案每百两给银一两三钱"等情，请奏前来。

二月二十三日奉到朱批："户部知道。钦此。"（《锡良遗稿·奏稿》，第172—173页）

2月24日（正月十七日）　光绪二十七年上半年抽收厘金数目。

奏为光绪二十七年春夏二季抽收过厘金数目，循章恭折具报，仰祈圣鉴事：窃查河南省抽收厘金，向按半年奏报一次，并将洋药厘、茶厘、百货厘，分款造报，历经遵办。所有光绪二十六年冬底以前收支数目，业经分晰具报在案。

兹自光绪二十七年正月起至六月底止，总分各局共收百货厘金银三万二千一百九十三两五钱八分九厘一毫五丝，又收洋药厘金银九百六十四两八钱九分五厘五毫，又收茶厘银五百九十两一钱，又加抽二成茶厘银一百一十八两二分,又收糖厘银七百五十七两八钱,又加抽二成糖厘银一百五十一两五钱六分,又收烟厘烟价银二千四百八十九两五钱一厘四毫,又收丝厘银七百四十六两一钱六分:计八项共银三万八千一十一两六钱二分六厘五丝。据厘税局司道造具清册,声明所收银两均已先后拨解偿款,并移解司库兑收,局库并无存留等情,详请核奏前来。奴才覆核无异。

二月初二日奉到朱批:"户部知道。钦此。"(《锡良遗稿·奏稿》,第173—174页)

3月5日(正月二十六日)　上调补河南巡抚谢恩折。

奏为叩谢天恩,恭折仰祈圣鉴事:窃于光绪二十八年正月二十六日,恭读电钞,正月二十四日奉上谕:"锡良著调补河南巡抚兼管河工事务,即将前次奏请裁撤东河总督一切事宜,妥筹办理。钦此。"恭承简命,深切渐惶,当即恭设香案,望阙叩头谢恩讫。

伏念奴才质本愚蒙,渥邀知遇。河防省并,方筹损益之宜;疆节兼权,愧鲜抚绥之术。自期罢退,复荷恩施,伏诵纶音,五衷震惕。查河南边邻六省,拱卫神畿,民庶殷繁,幅员辽阔。近者矿工方启,铁路将通,境当南北之冲途,势绾中原之枢纽,款需孔亟,交涉渐兴。加以兼领河工,筹行新政,凡现今之急务,多夙昔之未闻,自顾疏庸,殊难胜任。第当此时艰殷迫,宵旰勤劳,薄海臣民,咸深感奋。况受恩最重,仰报无从,屡蒙逾格矜全,安敢再三陈渎,惟有力求实际,勉竭血忱,不以无患而稍涉疏虞,不以难行而遂存疑阻,以期振兴庶务,稳固工防,仰答高厚鸿慈于万一。

光绪二十八年二月十六日奉到朱批:"知道了。钦此。"(《锡良遗稿·奏稿》,第174—175页)

3月7日(正月二十八日)奏报豫省截存南粮请分别济赈缘由。

奏为豫省截存南粮,请分别济工济赈,恭折仰祈圣鉴事:窃查接管卷内,前准江苏抚臣聂缉椝电商,将抵樊白粮接运到汴五百包,连皮共重六万八千九百八十二斤。又准行在户部电商,将运陕南粮无庸再运,即就近交河南府、陕州兑收,存候回銮时拨用等因。旋经河南府收到南粮糙米二千二百七十八包,连皮重三十三万五千六百三十六斤;白米十

| 1902年（光绪二十八年 壬寅）50岁 |

六包，连皮重二千三百四十九斤；样米二包，连皮重二百四十六斤，陕州收到糙米即宁米三千二百五十八石二斗零，连皮重四十七万二千四百四十九斤零；白米即鄂米四百五十九石四斗零，连皮重六万七千九百九十八斤零。查白米经久过夏，鼠耗霉烂，在在堪虞；且北人惯食谷米麦面，南粮变价亦属不易，据布政使延祉、粮盐道王维翰详请核示前来。

奴才复查南粮转运到豫，水陆周折，几费经营，今既不可久储，又难变价，听其红朽，殊属可惜。今拟易为赈抚，大可拯救灾黎。闻山西去岁省南又复歉收，民情极苦。陕州与晋南仅隔黄河，若以陕州所存南粮拨晋，由晋抚臣委员来陕运回放赈，实为便捷。又前准军机处口传谕旨："渡黄船只妥为收藏。钦此。"遵查黄河入夏后，风涛汹涌，必须提至洛河，方可相地筑坞。藩司延祉转据河南府知府文悌详称：撙节估计，需银万两以外。库储正在告匮，若以该府所存南米搭发兴工，不敷之款，仍饬由司筹拨，洵由裨益。又考城县去夏黄水漫溢，当将决口即时堵筑，刻值春抚之时，尤须加高培厚，以资防护。该县距省甚近，若将省存南米拨发修堤，以工代赈，诚为一举两得。

二月十六日奉到朱批："著照所请，户部知道。"（《锡良遗稿·奏稿》，第175—176页）

是日　奏报遵旨豫省设立大学堂情形。

奏为遵旨设立学堂，谨将筹办情形，恭折具陈，仰祈圣鉴事：窃臣等伏读光绪二十七年八月初二日上谕："作育人才，端在修明学术。除京师已设大学堂应行切实整顿外，著各省所有书院，于省城均改大学堂，各府厅直隶州均设中学堂，各州县均设小学堂，并多设蒙养学堂。著各该督抚学政切实通筹，认真举办。"等因，钦此。嗣准政务处咨："光绪二十七年十月十五日内阁奉上谕：'建学储才，实为当今急务。查袁世凯所奏山东学堂事宜及试办章程，著政务处即将该署督原奏并单开学堂章程，通行各省，立即仿照举办'"等因，钦此。仰见朝廷育才兴学，因时制宜，莫名钦幸。前任抚臣松寿，正拟会办，旋即交卸，移交前来。臣等往复详筹，现已规模略具。

惟查学堂之设，必先由小学、中学递升大学，乃克收循序渐进之功。今河南各属应设之中学、小学及蒙养学堂，现饬筹议赶紧举办，拟将省城大学堂从速建立，以为之倡。惟省中旧有书院数处，皆地基狭隘，难于改设；且其中肄业诸生，多恃区区膏火，以为治生向学之地，应请各仍其旧，以恤寒儒。现已择定开封游击衙署改建学堂，额定学生二百名，内附客籍五分之一，聘总教习一人，中西教习十二人，以资训迪。其教法恪遵谕旨，以四书、五经纲常大义为主，以历代史鉴及中外政治、艺学为辅，务使心术端正，文行交修，痛除空疏浮薄之习。其章程则仿照山东学堂规制，由备斋、正斋而入专斋，次第毕业，无躐等亦无旷功，以收成德达材之效。惟豫省地处中州，土风素朴，非通商各省习见洋务者可比，西学教习拟暂缓聘西人，但以华人之通西学者为之，免至士心或生疑阻。

该学堂常年经费约须三万余两，而建造之费以及购办书籍、仪器等用，尚不在内；且将来添建农、工、商、矿各专门学堂，并延西教习，所需尤巨，豫中库款奇绌，罗掘维难，然不得不竭力筹拨，以急先务。

至学堂开办之始，尤贵得人。查布政使延祉，才识优长，办事勤敏，候补道胡翔林，明干老成，讲求时务，堪以派充学堂总办。臣等谨当督同该司道等认真经理，实力奉行，其有未尽事宜，当随时悉心妥议增损，期于尽善无弊，以期仰副圣主图治作人之至意。

再，学堂既设，其学生出身暨教习等奖励之处，应照政务处会同礼部奏准颁定章程，钦遵办理，以期鼓舞奋兴，蒸蒸日上。

所有臣等遵旨设立学堂筹办情形，谨合词恭折具奏，伏乞皇太后、皇上圣鉴训示。

二月十六日奉到朱批："著即督饬认真办理，仍随时考察，务收实效。"（《锡良遗稿·奏稿》，第176—177页）

为办好豫省大学堂，师法于先进省份，为此，锡良还咨商盛大臣暨江鄂直三总督，酌取各该学堂中所订课程定本数册来豫，以备互证参观。（《中国近代学制史料》第1辑，下，第813—814页）

是日　奏报盐斤两次加价情形。（《锡良遗稿·奏稿》，第177—178页）

3月18日（二月初九日）　外务部致河南巡抚锡良电。

英使照称，福公司工程师柯瑞勘明修武县属老流河左右矿产，绘具图说，禀由该县详请发给凭单，延宕三月尚无回音，请电咨豫省照准等

1902年（光绪二十八年 壬寅）50岁

语。查该公司请给凭单系照合同第一款办理，应由尊处饬查地方情形，果无窒碍即行给单开办，并酌派员绅妥为照料，未便久延，致贻口实。至修路运矿至道口镇，亦应另行核议，已详咨，希电复，佳。（《国家图书馆藏清代孤本外交档案》第30册，第12582页）

3月19日（二月初十日） 河南巡抚锡良致外交部电。

豫矿事前刘部院与福公司订立合同中辍未办，去冬奉廷谕饬豫兴办，免失利权，当以豫难集股、选员，电奏请派松前部院与张侍郎就近在京商议，枢廷复电奉旨照办，迭经电恳如何办法，至今未接回音，顷奉佳电，福公司催给凭单，饬即给单开办并酌派员绅照料，应即遵照，惟究竟应否候张侍郎回信，抑仍照原日合同办理，请迅示，以免两歧。良。卦。（《国家图书馆藏清代孤本外交档案》第30册，第12583—12584页）

3月20日（二月十一日） 外务部咨行河南巡抚，关于福公司要求开办矿务事宜，查照办理，并希见复。（《国家图书馆藏清代孤本外交档案》第30册，第12585—12589页）

3月22日（二月十三日） 外务部致河南巡抚锡良电。

卦电悉。福公司开办矿务，催给凭单并请派员绅照料，应照原合同办理此事，并非另行集款，无须候松张回信，希查照电复。元。（《国家图书馆藏清代孤本外交档案》第30册，第12590页）

3月23日（二月十四日） 外务部致河南巡抚锡良电。

本日松张会奏豫省矿务应按照原定合同，由尊处妥办，奉旨依议，特闻。外务部。愿。（《国家图书馆藏清代孤本外交档案》第30册，第12591页）

3月30日（二月二十一日） 奏报筹议河工事宜。

奏为复陈河工事宜，谨缮清单，恭折仰祈圣鉴事：窃奴才接准部咨："光绪二十八年正月十七日，内阁奉上谕：'政务处会同吏部、兵部奏遵议河东河道总督锡良胪陈河工变通事宜一折。黄河改道以来，直隶、山东等省修浚工程，久归督抚管理。锡良原奏所称漕米改折，运河无事，河臣仅堤岸，抚臣足可兼顾等语。该河督身亲目击，自属确实可凭。所有河东河道总督一缺，著即裁撤，一切事宜改归河南巡抚兼办。其酌拟宜裁宜留及分别缓急各节，均著照所请行，仍责成锡良将裁并各事宜，一手经理。俟诸事办有头绪，再行奏明请旨。其裁汰各员弁及应裁兵丁，著吏部、兵部随时查明办理。至运河道现既裁撤，该河督请将兖沂曹济道移驻济宁兼办运河事务，并河标城守营、运河道属运河营，两营弁兵应否裁留及此后运河修浚事宜，著山东巡抚察酌地方情形，详议具奏。钦此。'"钦遵恭录咨行前来。奴才跪诵之余，仰见圣训周详，指示明切，俾遵循之有自，益钦感以靡涯。遵将运河裁并事宜，悉心筹画，并议裁河标三营缘由，分案缮折据陈。

至豫省黄河修防，奴才蒙恩调补河南巡抚，仍属责无旁贷。益当矢慎矢勤，督饬道厅，实力筹办，务期款节工坚，安澜永庆，断不敢以身任地方，于河工稍事疏略。惟河务一切事宜，有应变通者，有宜仍旧者，有应去繁就简以归核实者，谨就管见所及，胪列清单，恭呈御览。所有河东河道总督关防，奴才拜折后，即当敬谨封固，应否恭缴，候旨遵行。

三月初八日奉朱批："该部议奏，单并发。钦此。"

谨将筹议河工一切事宜，缮具清单，恭呈御览。

计开：

一、河督关防应缴也。查河道总督一缺，现已奉旨裁撤，除衙署饬运河同知拨役看守，所存书籍，饬兖沂道敬谨收藏外；其河督银关防一颗，并王命旗牌等件，自应恭缴，抑或就近封存河南藩库之处，相应请旨遵行。此后河工一切公牍，即盖用河南巡抚关防。

一、黄河南北两岸，宜责成开归、河北二道认真督防，并拟将员缺酌量变通也。从前河督专司河务，两道责任较轻。现既归并巡抚兼管，所有河工一切事宜，不得不责成两道认真督办。嗣后每届伏秋大汛，抚臣仍不时临工查勘，指画机宜，并饬两道分驻工次，协力巡防。遇有应办要工，随时相机策应。但从此两道尤须得人，庶获指臂之助。查现任开归道穆奇先、河北道冯光元皆系老成干练之员，倘此后遇有更替，洵非熟悉河工者弗克胜任。而南岸险工林立，尤为吃重，拟请因时变通，将开归陈许道一缺改为外补要缺，遇有出缺，由抚臣专选熟谙河务人员，不论班次，酌量或升或补，抑或开单请旨简放，应请饬部核议酌定，以重河防。

一、八厅修守应仍照定章办理也。河工自有前河臣许振祎改章后，历年办理，著有成效。嗣经前河臣任道镕复加厘定，委无流弊，应请一切照旧章办理。

一、岁修工款拟请开单奏销也。查黄河工用,向系每年霜降后奏送清单,奉部核准后,复再题估,准估后,始行题销。夫以已准之案,辄再一估一销,本属重复;况题本现已停止,若逐件改题为奏,亦属烦琐。伏查河防另款,经前河臣许振祎奏准开单报销,免其具题,历年遵办在案。岁修事同一律,拟请自本年为始,改为与河防另款,一体开单奏销,以省案牍。奴才仍当严加勾稽,实用实报,断不任丝毫浮冒。此外如比较上三年银数多寡,关系稽核钱粮,应仍照章办理。其余一切例案册图,凡属具文概行删除,用昭核实。所有近年尚未题估题销之案,皆系已奉部臣核准之款,应请一并免其核办。

一、河南河工拟名豫河也。东河河工,现既分隶两省,自应另立名目,拟名河南河工曰豫河,以免混淆。

一、河工候补人员,应分拨两省并拟酌量推广也。东河、豫河,现既分隶山东、河南各巡抚兼管,所有候补人员应分拨两省。除例应回避本籍者,山东人专归河南,河南人专归山东外;其籍隶外省人员,应听其于山东、河南两省自行指定一省,专补河工之缺。惟东河既已裁并,而运河各缺又复大加裁减,候补人员,殊形拥挤。可否量为推广,如有愿改他省归地方者,听其另行指改一省,禀请咨送,报部查核。其闸官一项,地方无缺,可否准其对品请改典史等项,按照原班补用,仍免缴离省指省指项各银两,以示体恤。应请敕部一并议复施行。

一、河工人员补缺,应仍照定章办理也。河工候补各员,向系分隶各道当差。此道当差之员,彼道并无名册,与地方人员,总汇于藩司者不同。是以每遇补缺,向由河臣核定,并不由道具详。现虽改归巡抚兼管,而河工人员,专补河工之缺,仍与地方有别。拟请嗣后豫省河工遇有缺出,仍由抚臣酌定应补人员,分别奏咨办理,毋庸由该司道等会详,以符定章。至轮补班次,仍应查明上次用何项,按班接续序补。

一、大挑知县此后请免分发东河也。每遇大挑之年,向有分发东河知县二十员或十六员不等,到工后试用二年期满,分别甄别留工,并将不谙河务者改拨地方。查河工并无知县员缺,其留工之员,只能借补佐杂,已属向隅。现在东河既已裁并,嗣后大挑一等人员,应请免其分发山东、河南两省河工，俾人才不至屈抑。

一、运河事宜应即归山东抚臣接办也。东河、豫河现既区分为二，河南抚臣专管豫省黄河，其运河一切事宜，应即移交山东抚臣接办。惟巡抚各管一省与河督兼辖两省者不同，此后东省陈奏运河事件及请补沿河各缺，应请毋庸与河南巡抚会衔，以归简易。(《近代史所藏清代名人稿本抄本》第3辑，第106册，第403—425页)

是日　奏报委赵尔丰总办河工事宜。

豫省黄河南北两岸，堤段绵长，险工林立，刻已时届桃汛，修防日形吃重。奴才地方事务殷繁，未能以全力专注河工，应即委妥员，会同两道，协力督防，以资臂助。

查有奉旨以道员发往河南差遣委用之赵尔丰已到省。该员守洁才长，任事勇往，上年经奴才奏调河工，委令稽查督催，缓急因应，悉合机宜，深资得力，堪以派委会同开归、河北二道总办河工一切事宜，用昭慎重。

三月初八日奉朱批："知道了。钦此。"(《近代史所藏清代名人稿本抄本》第3辑，第106册，第434—438页)

是日　奏陈遵议裁汰河标三营分年办理情形。

奏为遵议裁汰河标三营，谨将分年办理情形，缮单具陈，恭折仰祈圣鉴事：窃奴才胪陈河工变通事宜一折，经政务处会同吏部、兵部议复具奏，钦奉谕旨允准，仍饬奴才将裁并事宜，一手经理等因，行令钦遵办理前来。除运河裁并各缺，已另折陈奏外，其应裁河标中、左、右三营员弁、兵丁，自应仍照原奏，分限五年，陆续减裁。所裁各官，随时归入山东抚、镇各标当差，遇缺补用；所裁兵丁，亦宜量予体恤。

伏查江楚会奏变通政治案内，裁兵一条，声明统限二十年裁竣。应裁者每名发给恩饷一年等因。东河事同一律，而限期更较江楚促迫，自应援案每名各发恩饷一年，俾资改业而广皇仁。如蒙天恩俯准，当饬各营按年随裁随领，由山东藩库照数核发。每年应裁兵丁数目，各营酌分四季，陆续开除。应裁各官，限令每届年底详报开缺，惟须五年始行裁竣。奴才隔省难以兼管，此次奏定后，应即移交山东抚臣接办。(《近代史所藏清代名人稿本抄本》第3辑，第106册，第445—491页)

是日　举劾属员贤否。

1902 年（光绪二十八年 壬寅）50 岁

奏为查明贤否各员分别举劾，以振颓靡而昭激劝，恭折仰祈圣鉴事：窃维为政首在得人，安民必先察吏。河南吏治疲敝，习气素深，大抵以因循敷衍为老成，以巧滑钻营为得计，相承既久，习以成风，庸滥不能尽除，贤才反难自见。方今时艰孔亟，当创行庶政之初，若不严加黜陟，将何以得真才而收实效。

奴才自莅任以来，详加察访，其贤能之员：查有三品衔、在任候补道、开封府知府张楷，三品衔、在任候补道、河南府知府文悌，署委辉府知府、候补知府于沧澜，候补知府袁镇南，禹州知州曹广权，调署杞县、实任安阳县知县石庚，息县知县杨清魁，南阳县知县潘守廉，以上各员，皆循声卓著，实有政绩可书，谨将各员事迹，缮具清单，恭呈御览。应如何奖励之处，出自圣裁。

八月初八日奉到朱批："另有旨。"(《锡良遗稿·奏稿》，第191—193页)

3月31日（二月二十二日）豫省恭办要差支用一切款项，恳请开单具报。

奏为豫省恭办要差支用一切款项，恳请开单具报，以归简易，恭折仰祈圣鉴事：窃照上年皇太后、皇上銮舆幸汴，臣民望慰，莫不欢欣鼓舞。所有省垣及各府、州、县，恭建行宫，勘治桥梁跸路，修造御舟及一切应办供张，皆经前任抚臣松寿，督率司道各员，敬谨经理，恪遵圣谕，诸从俭约，不敢稍事奢华。惟地长日久，应需匠役物料，皆系民价雇觅采买；至御营以及随扈王公大小官员，往来车辆，亦无不民价平雇。所以经此非常大差，民间不惟无丝毫扰累，而贸易佣趁转得藉谋糊口。然公家用款，亦因之积少成多。仰见圣朝惠爱小民，损上益下，但期核实，不惜巨帑也。

第事出创举，皆无成案可循，款目纷繁，造册恐延时日。现拟据实开单具报，以期迅速而归简易，据供支局司道详请具奏前来。奴才覆查无异。

三月初八日奉到朱批："著照所请，该部知道。钦此。"(《锡良遗稿·奏稿》，第194页)

是日 奏报汝宁营中军守备员缺以刘凤朝请补。(《光绪朝朱批奏折》第48辑，第182页)

4月2日（二月二十四日）　举劾人员。

奏为举行大计展限届期，所有应举应劾各员，改题为奏，恭折仰祈圣鉴事：窃准礼部咨："自光绪二十四年十二月扣至二十七年十二月，三年之期已届，其各省官员大计卓异者，应行按额荐举，佐杂、教职亦不得全举一途，其有干六法者，应照例统为一本参奏，仍令该督抚将不谨、浮躁等官，俱确按实迹，详细登注，不得笼统参劾"等因。奴才当以到任未及三月，例不注考，奏请展至今春办理，奉朱批："知道了。钦此。"兹已展限届期，自当循例举行。

兹据布政使延祉、按察使钟培，转据该管道、府、州将正杂教职各官，凡有堪膺荐举及有干六法者，逐一开具事迹，揭报前来。奴才覆加查核。除将藩臬两司暨不入举劾知县以上平等官员填注考语，造册送部外，合将应举劾各员，分别缮具清单，恭呈御览。

谨将河南大计应举各员注考开单，恭呈御览。

计开：

应荐知府二员：开封府知府张楷，识见卓越，心地光明；汝宁府知府陆继辉，才长心细，躁释矜平。

应荐知州一员：裕州知州徐佐垚，理繁治剧，有守有为。

应荐知县六员：永城县知县岳廷楷，心地朴实，办事勤能；署杞县事、安阳县知县石庚，心精力果，为守兼优；获嘉县知县邵祖奭，朴实稳练，悃愊无华；南阳县知县潘守廉，任事实心，有体有用；西平县知县左辅，精明干练，才识俱优；太康县知县叶济，勤政爱民，宽猛相济。

应荐教谕二员：武陟县教谕李鸿筹，经明行修，体用兼备；洛阳县教谕冯际午，学问优长，勤于训迪。

应荐经历一员：按察司经历沈懋延，持躬廉谨，办事精详。

谨将河南大计应劾各员，注考开单，恭呈御览。

计开：

才力不及官二员：叶县知县余钺，性情迂缓，难期有为；滑县老岸镇巡检蒋保元，才具平庸，办事竭蹶。

不谨官一员：汲县典史赵长春，志趣不端，动乖绳墨。

浮躁官一员：偃师县典史马秉镛，心浮气躁，举止欠方。

| 1902年（光绪二十八年　壬寅）50岁 |

年老官二员：新安县训导张绍性，年力就衰，难资训迪；开封府照磨周德绎，精力就衰，难期振作。（《锡良遗稿·奏稿》，第198—199页）

4月4日（二月二十六日）　河南巡抚锡良就韩国钧赴京面请事宜致外务部电。

前据豫丰公司帮董方镜等禀福公司矿师勘得修武矿产，请派员勘验该处地方，有无窒碍等情，已饬该管道府速查复到即酌予凭单，并委方镜总司照料。惟前办该矿之吴检讨式钊撤退，亟应派员接办。兹委韩道国钧接充豫丰公司总办。于矿务民情均无隔阂，该道现在京，除电饬赴贵部禀谒，面请机宜并嘱就近与哲美森晤商办法，以期接洽。锡良。宥。（《国家图书馆藏清代孤本外交档案》第30册，第12597—12598页）

是日　外务部致河南巡抚电，告知关于福公司总工程师柯瑞等由京赴天津，顺卫河至河南卫辉，随时往来豫晋两省办理事宜，请照章妥为保护，并将其入境出境日期声复本部。（《国家图书馆藏清代孤本外交档案》第30册，第12593—12594页）

4月5日（二月二十七日）　河南巡抚锡良致外务部请知照怀庆府所禀电。

前准大咨以福公司承办怀庆左右矿产，按照原定合同，饬属查明，果与地方情形无碍，始给凭单等因。兹据怀庆府禀老流河地方煤产，居民集资开挖，工本甚重，矿师、机器巧速，民煤势必滞销，贫民借佣存活不下数万人。虽合同内载矿丁多用豫人，然未必尽能容纳，山场俱有业主，祠墓甚多，不无窒碍，恐起分争等情，除再饬修武县详查禀复外，合将该府所禀情形，先行电请贵部知照。锡良。感。（《国家图书馆藏清代孤本外交档案》第30册，第12595—12596页）

4月11日（三月初四日）　奏报开办豫矿，遴员接充豫丰公司暨饬查地方情形。

奏为开办豫矿，遴员接充豫丰公司暨饬查地方情形，恭折仰祈圣鉴事：窃奴才于光绪二十七年十一月二十七日准军机大臣字寄："十一月十八日奉上谕：'庆亲王奕劻等奏，晋、豫铁路、矿务，请饬开办，以保利权一折。山西、河南铁路、矿务亟应早自开办，著岑春煊、锡良遴选殷实公正绅商，迅速定章，督饬妥为筹办，以免利权旁落。原折著抄给阅看。将此谕令知之。钦此。'钦遵寄信前来。"

奴才卷查光绪二十七年十一月初二日据修武县详称，转据福公司总工程师柯瑞、豫丰公司帮董方镜函开，勘明修武县境之老流河左右矿产，并拟修造转运支路，由该矿地起，经修武、获嘉、新乡至卫辉之道口镇止，拟定今春开办，并将禀图一并申送前来。前抚臣松寿未及核准移交。奴才查与此次奉旨开办矿务系属一事，恐出两歧，又兼豫省素乏熟悉矿务之员，即于十一月二十八日电达军机处代奏请旨，饬下前抚臣松寿与办理路矿大臣张翼就近酌商办法，以期周妥。准军机处电传奉旨："照办。钦此。"嗣于本年正月二十日，据福公司总办哲美森来电，以修武老流河矿产请发凭单；复准外务部电转据英使照称，福公司工程师柯瑞勘明修武县属之老流河左右矿产，请发凭单，应饬查地方情形，果无窒碍，即行给单开办，并酌派员绅照料，各等因。查前抚臣松寿等虽未议覆办法，未便迁延滋误，因即委派豫丰公司帮董方镜妥为照料；一面饬查老流河左右地方有无窒碍，尚未覆到。

旋于二月二十四日准署兵部左侍郎松寿等咨称：河南矿务已奏准由奴才妥办，并声明原办绅商吴式钊撤退，一时接办无人，应行遴选官绅妥为接办。奴才当督交涉局司道等详加遴选，惟查有候补道韩国钧，才长心细，通达时务，堪膺斯任，即行派充豫丰公司总办，以期内外联络，两无隔阂。

又于二月二十五日准外务部咨称："福公司承办怀庆左右黄河以北诸山各矿，奏准有案，应饬属查明，果于地方情形无碍，即行给发凭单，以符原议。所称由修武县至道口镇修造支路转运矿产一节，应察看地方情形，另行核议。"

奴才伏思福公司迭次请发凭单，自以查明果于地方情形无碍，为合同第一款内紧要关键，饬催该道府等迅速查复。兹据署怀庆府知府傅檏禀称："查得老流河左右煤窑鳞次，小民自行开采，藉煤营生；若矿务一开，必致有妨民业；虽矿丁多用豫人，而计工授食，究不若自行开采足赡身家；且附近祠墓甚多，不无窒碍"等情。

光绪二十八年三月奉到朱批："外务部议奏。"（《锡良遗稿·奏稿》，第202—204页）

| 1902 年（光绪二十八年　壬寅）50 岁 |

4月16日（三月初九日）　外务部致河南巡抚锡良电，咨行关于韩国钧与福公司代办会晤情事，请查照酌核办理。（《国家图书馆藏清代孤本外交档案》第30册，第12604—12605页）

4月21日（三月十四日）　河南巡抚锡良就柯瑞权限致外务部请商询福公司并见复电。

光绪二十八年三月十五日收河南巡抚电称：河北矿务前委韩道国钧总办，该道已经回省，现饬其驰赴河北修武县境查勘。闻柯瑞不日到豫，并饬韩道与伊商办一切。惟柯瑞有无议事之权，乞贵部商询福公司见复。锡良。愿。（《国家图书馆藏清代孤本外交档案》第30册，第12618页）

4月29日（三月二十二日）　奏报创设豫南公司并派员经理。

查河南省矿务，其在黄河以北，怀庆左右诸山之矿，经前抚臣刘树棠于光绪二十四年奏准由豫丰公司与福公司会办。现据福公司催请开办修武县之老流河矿产，奴才已饬查地方情形，并委候补道韩国钧接充豫丰公司总办，均经奏明在案。

惟查黄河以南各山来脉，皆由嵩岳分支，根柢磅礴，包孕富厚，矿产诚为不乏，亟应及早图维，以保利权。奴才督同司道等熟商，现经创立豫南公司，派委候补知府于沧澜专办黄河以南矿务，筹赀集股，自行开采。

光绪二十八年三月二十九日奉到朱批："知道了。钦此。"（《国家图书馆藏清代孤本外交档案》第30册，第12624—12625页）

是日　奏报铁路矿务归交涉局经理。

查豫省为中原绾毂，交涉事繁。上年经前抚臣松寿奏设交涉洋务局，饬办一切交涉事件，以专责成。现在铁路、矿务次第举行，诸事尤为繁剧，在在与交涉相关，自应归并该局经理，俾免纷歧而节经费。

光绪二十八年四月初七日奉到朱批："知道了。钦此。"（《锡良遗稿·奏稿》，第205页）

是日　延孙葆田充大学堂总教习。

豫省设立大学堂，所有筹办情形，前经奴才会同学臣具奏，奉旨："著即督饬认真办理，仍随时考察，务收实效。钦此。"

查豫省地处中州，士习素称朴质，中西兼学，事属创举，必须品学兼优、声望素著者居总教习之任，循序利导，乃足扩多士之见闻，渐开风气。兹查有五品卿衔、前刑部主事孙葆田，学术湛深，素符众望，堪胜河南大学堂总教习之任，已由奴才定议聘请。

光绪二十八年四月初七日奉到朱批："知道了。钦此。"（《锡良遗稿·奏稿》，第205页）

5月4日（三月二十七日）奏请建立李文忠公专祠。

奏为已故大学士遗爱在民，公请建立专祠，列入祀典，恭折仰祈圣鉴事：窃据在籍绅士前通政使司通政使顾璜并内阁中书田怡等二十员名，先后函呈，原任大学士李鸿章，上年秋闲卒于京师，朝廷笃念勋臣，饰终之典极为优渥；并准于立功省分建立专祠。兹查河南省受其捍卫之功，施济之惠，实有不可没者，谨约略陈之：

同治年间，捻逆盘旋豫省，已故大学士曾国藩欲东防运河，西防贾鲁河、沙河，歼贼陈、宋之间。李鸿章受事，自徐州西行，取道归德，进驻周家口。其时贼已窜鄂，李鸿章定议蹙之于皖、鄂边界，不令出扰豫境，函商皖、鄂抚臣及各军统将设法兜围。会贼由随、枣东窜信阳，李鸿章令刘铭传、周盛波夹击获胜，仍逼贼入湖北。未几，贼复东窜，李鸿章亲督诸将追剿，直抵济宁，使贼不得喘息，狂奔渡运。自是豫无捻患。李鸿章犹恐其西窜，因与刘铭传、潘鼎新等定蹙贼东莱之计，集数省兵力，分守袤长千里之运堤，以为外圈；进扼胶莱、潍河三百里之防，以为内圈；豫境益获安枕。迨贼突潍防，一时议者颇以运河难守为虑，李鸿章坚持定见，始终不撤运防，贼亦抵死不能逾运，中州腹地，幸脱积年兵燹之危，皆李鸿章保卫之力也。

光绪三、四年间，河南省与山西同罹大祲，赤地千里，道殣相望，筹款赈济，棘手万分。李鸿章不分畛域，与原任侍郎袁保恒、河南抚臣李鹤年、涂宗瀛等，书牍往还，商拨银米，筹通运道，招徕商贩及轮船转输等事，规画周详，不遗余力。又借拨台湾绅士林维源捐款五十万两，山西省屡经请拨，李鸿章以河南奏借在先，仅以数万济之，余悉赈豫，论者服其公允。他若欧、美各洲官商士庶暨新加坡、小吕宋、槟榔屿、麻六甲各岛，亦皆集款助赈，劝募之广，从古未有，皆李鸿章有以鼓舞而感动之。

| 1902 年（光绪二十八年　壬寅）50 岁 |

迨光绪十三、四年，河决郑州，工费浩穰，李鸿章代借洋款，开办捐例，协济物料，定购铁路双轨及塞门德土以便运筑，遂使大工早奠，民获安居。

迄今追溯前勋，感怀贤辅，舆情爱戴，实不能忘。拟于河南省城建立原任大学士李鸿章专祠，用伸报飨等情，恳请代奏前来。

奴才查大学士李鸿章，公忠体国，功德在民。当捻逆肆扰之际，豫省东南半壁同罹贼氛，卒恃保卫之力，用能转危为安。迨光绪三、四年闲，大河南北荒旱异常，协济转输，相望于道，俾无失所之灾黎，实赖救时之良相。嗣因河决郑州，工赈并举，救灾恤邻，尤属不遗余力。奴才前任山西时，办理归化城一带赈务，亲见故大学士筹拨巨款，接济邻疆，其痌瘝在抱之忱，至令敬佩无已。兹据该绅士禀请在河南省城为已故大学士建立专祠，足见德泽入人者深。合无仰恳天恩，俯准豫省建立以故大学士李鸿章专祠，敕部列入祀典，由地方官春秋致祭，以彰茂绩而顺舆情。

光绪二十八年四月十五日奉到朱批："著照所请，礼部知道。钦此。"（《锡良遗稿·奏稿》，第207—209页）

5月6日（三月二十九日）蒙奖头品顶戴，上折谢恩。

奏为恭谢天恩，仰祈圣鉴事：窃奴才于光绪二十八年三月二十八日，准陕甘总督臣崧蕃咨称，光绪二十五年分，奴才前在湖南布政使任内清解甘肃协饷，汇案请奖头品顶戴，二十七年十二月初十日附奏恳请天恩允准以符成案一片，本年正月二十七日钦奉朱批："著照所请，该部知道。钦此。"钦遵，知照前来。奴才当即恭设香案，叩头谢恩。

伏念奴才自分樗庸，忝膺疆寄，值时事艰难之会，处中州繁剧之区，内治外交，惟冀无愆于践履；材轻任重，敢望有庆于弹冠。乃以前此承乏湘藩，兼筹边饷，供西陲之转馈，衹循职分所当为；荷北极之殊荣，乃蒙微劳而亦录。头衔有耀，愧无补于涓埃；品轶弥崇，愈怀惭于夙夜。惟有勉竭庸愚，力图报称。情殷鳌戴，敢忘高天厚地之恩！戒憬鹈濡，益矢履薄临深之惧！

所有感激荣幸下忱，谨缮折叩谢天恩，伏乞皇太后、皇上圣鉴。

光绪二十八年四月十五日朱批："知道了。钦此。"（《锡良遗稿·奏

稿》，第211—212页）

5月8日（四月初一日） 豫抚锡良致外部福公司造矿支路与奏章未符电。

福公司造矿支路，请由修武县老流河直达道口，相距三百里，与奏定章程未符，且逾卫辉而东，支不附干，东西横贯，于芦汉利权有碍。查获嘉县为干路所必经，距老流河矿所一百零五里，指令就此筑造，似于本年矿务新章第八条准将支路接至相近干路为止之意相符。若必需最近水口，则新乡县之杨树湾向来通船，距老流河陆路一百三十里，地在干路以西，与合同亦无不合。事关大局，恐非柯瑞所能专主，应请就近商明。四月初一日。（《清季外交史料》卷155，第80册，第4页）

5月10日（四月初三日） 外部致锡良运矿支路道口既有碍拟改至杨树湾电。

运矿支路接至芦汉干路，前经本部与哲美森商议未允。道口一路，既由尊处查明恐有妨碍，拟改至杨树湾地方，应归韩道商令柯瑞前往勘定。柯有议路之权，当能作主。四月初三日。（《中国近代铁路史资料（1863—1911）》第2册，第903页）

是日 河南巡抚咨覆外务部，本部院承准外务部前咨，札饬派充豫丰公司总办韩国钧，并札饬河北道冯光元，驰赴道口，守候该公司柯瑞到时妥商一切应办事宜，并已转饬地方官出示晓谕居民，复由河北镇派拨兵勇五十名前往保护，相应咨明。（《国家图书馆藏清代孤本外交档案》第30册，第12632—12634页）

5月12日（四月初五日） 外务部致河南巡抚锡良电，查福公司已派各工程司前往豫省开办矿产，难再行延宕，如查与地方情形无碍，即应按照合同发给准单，至修筑运矿支路，既据贵抚来电查明修至道口，恐有关碍，拟改道杨树湾地方，应饬韩道与柯瑞商明，令其前往勘定，并将商办情形见复，以凭转覆英使可也。（《国家图书馆藏清代孤本外交档案》第30册，第12635—12637页）

5月20日（四月十三日） 奏报拿获泌阳教案要犯讯明惩办情形。

奏为拿获教案要犯，讯明惩办暨剿捕匪党各情形，恭折仰祈圣鉴事：窃照泌阳县匪徒纠众滋事，经奴才派委候补道马开玉、陈履成，并咨行

| 1902年（光绪二十八年　壬寅）50岁 |

调署南阳镇总兵蓝思明，分别带队驰往弹压缉拿暨保护各处教堂，均经先后奏明在案。于三月初八日奉朱批："著遵前旨，严拿首要各犯，尽法惩治；并将教案赶紧了结，随时防护。钦此。"钦遵转饬办理。

嗣据该镇、道等督饬府县，拿获席小发、刘四即刘汶明、朱书堂三名。讯据席小发供，与张沄卿平素交好，张沄卿因抗摊教案赔款，被教民指控差拿，心怀忿恨。适闻高店各处乡民，赔款无力摊缴，乘隙煽胁大家允从，嘱伊约同党刀匪刘四即刘汶明、朱书堂、程劳十、罗振杰等入伙，前往楚洼等处焚杀教堂教民，并围攻泌阳县城各情不讳。刘四即刘汶明、朱书堂供："与席小发、张沄卿熟识素好，听伊纠约前往。"余与席小发供情相同。当经奴才批饬即行就地正法，以昭炯戒。并先期出示晓谕，严缉匪犯，宽免胁从，喻以利害，俾解其仇教之惑而杜其从匪之心。在良民已晓然于顺逆祸福之所在，固已顿释群疑；而该匪等闻拿紧急，自知罪无可逭，胆敢暗结党与，逼胁村民，意图抗拒。据泌阳、高程等庄首事程入云、石光璧暨地保吴云卿等均以被胁情急，民不聊生，禀请派队往剿。该镇、道等查探属实，于三月廿八日督队前往，行至高店等处，遥见二门庄匪众数百，蜂拥而出，开炮拒敌。官军奋勇直前，击毙匪徒二十余名，生擒十八名，夺获枪械多件，该匪遂纷纷逃窜。查泌阳附近各县，万山重叠，深虑匪党潜藏，阴谋勾结，复径分投跟缉。探悉该匪罗振杰等，于被击后，率余匪窜至唐县境之郝庄、翟庙两处盘踞；随于四月初一日夜饬队进发，驰抵郝庄、翟庙，四面围攻，该匪抵死抗拒，枪炮齐施，官军奋不顾身，冲锋而进，至以短刀相接，匪始溃散。计击毙数十名，生擒四十一名，夺获抬炮八尊，枪械无算；兵勇受伤者亦二十名。此两次剿办匪徒之实在情形也。据该镇、道等咨报前来。

奴才查匪徒仇教攻城，罪恶已极；乃复纠合余党，抗拒官军，若非痛加剿捕，势必滋蔓难图。当即严饬搜拿首要张沄卿等，期于必获；并添派委用道赵尔丰前赴该县会督速办。惟保教、安民，二者并重，缓固虑养痈贻患，急又恐激成事端，自应扼要设防，相机剿抚，以期无枉无纵，暴戢安良。其此次剿匪出力各员弁，俟事定案结后，另行择尤汇案请奖。

再，湖广督臣张之洞不分畛域，拨队来豫，协护教堂，同筹防守，实属大有裨益，合并陈明。

四月二十九日奉到朱批："著赶紧缉拿首要张沄卿等，务获惩办。俟全案定后，再行择尤酌保，毋许冒滥。钦此。"（《锡良遗稿·奏稿》，第212—213页）

是日　奏陈酌拟增减盐斤旧价，以恤商困。（《锡良遗稿·奏稿》，第213—215页）

是日　奏陈分省候补人员，拥挤异常，恳请停止分发，以疏仕途。

奏为分省候补人员，拥挤异常，恳请停止分发，以疏仕途，恭折仰祈圣鉴事：窃维欲庶务之振兴，必本官方之澄叙。近来仕途愈杂，流品愈淆，若非先清其源，断难望吏治日有起色。

查豫省现在候补人员，自道、府以至通、同、州、县，不下数百员，而佐杂尚不止此，人多于缺已数倍，不惟补署无期，即差使亦难遍及。在廉洁自好之员，尚知安贫守分；而巧黠之流，遂至奔走钻营，无微不至，一旦得缺、得差，而欲其洁己奉公，官箴恪守，势必不能。自上年停捐后，捐纳、劳绩各员到省者益见其多，纷至沓来，几无虚日。即使奴才躬亲面试，严定去留，其庸劣者固可咨遣回籍，而中材居多，不得不为留省。冗散太众，即激扬亦有时而穷，若非停止分发，实于吏治大有关碍。合无仰恳天恩，俯准将分豫候补人员，除正途各班照常分发外，其捐纳、劳绩各项人员，自道、府以至佐杂，拟请一律停止三年分发，俟年满后再行体察情形，奏明办理。

四月二十九日奉到朱批："吏部议奏。钦此。"（《锡良遗稿·奏稿》，第213—215页）

5月21日（四月十四日） 奏参候补道马开玉等官员。

泌阳教案匪犯，虽缉获多名，惟首要张沄卿等讫未弋获。豫正左军分统、候补道马开玉等，缉匪玩懈，纪律不严；署唐县事、候补知州欧阳明滥差劣役，纵匪损威，几酿大患，均属咎无可辞。相应请旨，将豫正左军分统、候补道马开玉，先行革职以观后效。管带官、候补都司贾福昌、豫南营管带官、候补都司石庆喜、署唐县、候补知州欧阳明、泌阳汛把总时秉泰、哨长、额外外委毛文炳均请即行革职。南阳府经历李起凤，奉差查案，不实不尽，致激事端，应请革职归案审讯，以示惩儆。

1902年（光绪二十八年　壬寅）50岁

四月二十九日奉到朱批："著照所请，该部知道。钦此。"（《锡良遗稿·奏稿》，第215—216页）

5月28日（四月二十一日）　河南巡抚锡良致外部电，告知柯瑞等行踪。

顷据交涉局司道禀称，准总办河北矿务韩道函称，探得柯瑞等十五日行抵直境之龙王庙，适值随同方镜赴值迎护之，炮勇是晚河干试炮，弹伤陶姓通事左肋，业经大名县验明将该勇带县看押矣。除派员前往确查外，谨先电达。锡良。马。（《国家图书馆藏清代孤本外交档案》第30册，第12643页）

6月4日（四月二十八日）　奏请停止典当契税。

豫省每年应解偿款，奴才受事以来，督同司道反覆熟筹，不遗余力。特以豫民专恃田地谋生，别乏营业，不得不于罗掘之中，仍寓体恤之意，而择轻而易举者，于加征田房税契外，试办典当契税，余则就向有之款，节裁整顿，业已先后奏奉谕旨，准行在案。

兹查典当田房契税，各属稽征已有成数者五十余处，而所收仅二千余金。以此隅反，通省通年亦不过一二万两，数甚细微，事颇烦琐，窃恐有累小民，于公无补。复查筹集各款，果能如愿以偿，盐斤加价，遵照部章办理，每年约可得银四十余万两；加征契税暨整理土货税厘，每年约共得银二十余万两；前因不敷尚巨，奏请准停武卫右军协饷银九万余两；又奏奉旨允准，加复光州等三十州县丁粮钱价银八万余两，及奏拨节省河工银十万两，计已有八十余万两。倘于契税厘金随时认真督饬，实力抽收，以之抵解偿款，似可免为敷衍。应请将典当契税一项，截至本年五月底止，一律停收，以恤闾阎等情，据布政使延祉详请具奏前来。

奴才伏查试办典当契税，原因偿款无措，不得已为集腋成裘之举。如库帑但能周转，则多恤一分民力，即多培一分元气，自应停止。

五月二十日奉到朱批："户部知道。钦此。"（《锡良遗稿·奏稿》，第216—217页）

6月6日（五月初一日）　奏陈豫省议补塘站额马、并裁革添设丁马暨节省工料等项银两，以免糜费缘由。

奏为请酌复塘额，咨部立案，以节糜费而资驰递，恭折仰祈圣鉴事：

窃据提塘塞勒珲禀，直隶磁州以北原设塘马，因遭兵燹，散失不全，恳复旧制等情，当经批司核议去后。

兹据查明，豫省塘拨，自直隶磁州起至北京止，额设二十一拨，每拨塘马二匹，塘丁二名。嗣于乾隆十七年，奉文将北路十九拨，每拨添马三匹，丁二名，统共岁支工料银六千余两。前年直境扰乱，文报阻隔，改道西行，当调安阳等县驿马，另设马拨。自北道疏通，文报照常接递，塘站理宜规复。惟向例塘递公事，系表本等项，原属无多。现又遵旨改题为奏，一切折报率归州、县驿递，塘务益形轻简。当此库帑空竭，自应撙节酌复。拟将续奉添设各拨丁马并岁支银二千七百三十六两，又磁州添设工料银二百五十二两，即行一并裁去，以免虚糜。所有额设塘丁四十二名，塘马四十二匹，应请照数补足。查塘马现存三十一匹，尚短十一匹，应在库存塘拨工料项下，照例给价买补；并将应发工料银两，自上年十一月初四日起，照旧核给，用示体恤。至节省添设工料倒马价等项，统归裁塘项下，按年造报等情，由藩、臬两司会详请奏前来。奴才覆核无异。

五月二十日奉到朱批："该部知道。钦此。"（《锡良遗稿·奏稿》，第217—218页）

是日　上补热河都统谢恩折。

奏为叩谢天恩，吁请陛见，恭折仰祈圣鉴事：窃奴才于光绪二十八年四月二十二日，恭阅电钞谕旨："热河都统，著锡良补授。钦此。"当即恭设香案，望阙叩头谢恩。

伏念奴才一介庸愚，知识谫陋，豫疆忝领，无补涓埃。兹复渥荷温纶，擢任都统，感殊荣之稠叠，非梦寐所敢期。查热河地属边陲，蒙、民杂处，都统整军经武，兼有管辖地方之责，政务殷繁，自顾驽庸，深惧弗克胜任。合无仰恳天恩，俯准趋诣阙廷，跪聆圣训，俾得遵循之准，藉伸依恋之诚。

五月二十日奉到朱批："著来见。钦此。"（《锡良遗稿·奏稿》，第218页）

6月7日（五月初二日）　外务部致河南巡抚锡良电。

艳电悉，杨树湾水道既据查明浅狭，不便重运，应准其筑至道口，但须议明专运矿产，不能搭客载货，希饬韩道偕柯瑞往勘，拟议咨部核

| 1902年（光绪二十八年　壬寅）50岁 |

办。外务部。冬。(《国家图书馆藏清代孤本外交档案》第30册，第12648页)

6月9日（五月初四日） 外务部致河南巡抚锡良电。

英使称福公司指开各矿应领准单，屡请未发，请电豫抚速给等语，查该公司所指矿地，如已饬属查明无碍，应即按照本部前咨发给准单，以凭开办，希电复。支。(《国家图书馆藏清代孤本外交档案》第30册，第12656页)

6月10日（五月初五日） 豫抚锡良致电外部福公司支路搭客载货四字合同所无。

福公司支路不能搭客载货一节，遵派员与议。据称该公司所造支路，系照第十七条合同为转运矿产之用，并无意思做别项生意，损碍芦汉干路。其搭客载货四字，因为合同所无，再四切商，不肯添入，是否可行？希示复。(《清光绪朝文献汇编》第16册，第2536页)

6月11日（五月初六日） 河南巡抚锡良致电外务部告知发放准单问题并无延误。

支电悉。福公司矿地应按合同第一条指定何乡何山，柯瑞前请老流河左右，未经指定四至，无从给发利德，现在查勘，俟勘定即发准单，应办事宜一面兴办，并无延误，锡良。鱼。(《国家图书馆藏清代孤本外交档案》第30册，第12662页)

6月13日（五月初八日） 外部致锡良福公司支路专供运矿应载入章程电。

福公司支路不能搭客载货一节，既不肯添入，应即照柯瑞所称，所造支路专供转运矿产之用，并不作别项生意等语，载入章程。希饬遵。(《中国近代铁路史资料（1863—1911）》第2册，第903页)

6月21日（五月十六日） 河南巡抚锡良为查照安阳泌阳桐柏等处民教相安事咨呈外务部，其文为：

头品顶戴、兵部侍郎兼都察院右副都御史、巡抚河南等处地方兼提督衔、节制全省军务并驻防满洲营官兵兼管河工事务锡，为咨明事：光绪二十八年五月十五日据交涉局司道详称，为详请事。光绪二十八年四月二十八日奉札，准贵部电开，顷法使来言，河南安阳、泌阳、桐柏等处有土匪闹教情事，是否属实，希速电覆外务部。感。印等因。到本部院。准此，当即电覆：感电谨悉。刻下安阳、泌阳、桐柏实无土匪闹教情事，泌案现已议结。锡。俭。等因。合就札行，札到该局。即便知照此札。等因。蒙此，当即分别行查去后。

兹准南汝光朱道寿镛函开：敬覆者。本月初四日接准四月十九日惠函，以奉谕接电，法使言河南安阳、泌阳、桐柏等处有土匪闹教情事，嘱即查明桐泌境内，是否相安，迅速奉覆。等因。查桐柏县境本属安靖，此次系由泌阳波及。其泌唐两县，前因匪党程劳十、罗劳六等闻拿图抗，聚众雇人入伙，各乡良民，不无惊惶。自两次官军剿办泌案定议以后，所有前次逃避靳冈各教民业已悉数回归安业。其良民之被扰者，复经会同赵道周历抚绥酌量恤赏，民教均各相安。日前已备陈一切，现在各该县麦已登场，地方一律靖谧，并无另有闹教情事，他处未悉此间情形，未免讹传。法公使所询一节，自系传闻之误，用特据实布覆，即乞代为转达为幸。

又据彰德府知府善守承禀称：敬禀者。案蒙本局转奉札准电开，法使来言，河南安阳、泌阳等处有土匪闹教情事，是否属实，饬即确切查明，据实禀覆等因。查卑府所属法国教堂安阳之水冶镇、林县之小庄、武安之高村、涉县之下温村、内黄城内共五处。司主教即在小庄居住，时出游历，自上年至今，并无土匪闹教之案。司主教于三月由卫辉至内黄，停歇数日，复至郡城，卑府与之晤谈，近来民教甚属相安。复由临漳至直隶大名一带回武安，卑前府许守奉局札委来漳，议结武安教案，其时司主教已赴涉县，专函相邀，仍回武安。现正在武会议，尚未定案。因直隶广宗匪徒有杀伤教士之案，彰郡相离不远，因此讹传，亦未可定。

除饬各县于民教之案持平办理、切实保护外，所有查明缘由，合肃禀覆鉴核各等情，前来。据此。理合据情详请咨覆，查照等情到本部院。（《清末教案》第3册，第367—368页）

6月23日（五月十八日） 奏报淅川厅教案赔款议结。

豫省大河南北法国教案，前经分别议结赔款，除分摊各属外，由司库筹拨银两付清，经前任抚臣先后具奏，并声明英国教案，俟再妥商办理在案。

查淅川厅荆紫关英案，由前署南汝光道许星翼委员前往会同印官与

| 1902年（光绪二十八年　壬寅）50岁 |

英教士妥协磋商，议结所有教堂失物，统共赔银八千二百十三两六钱四分。因此案衅起武营，与民间无涉，不便派之地方，经奴才饬由司库先拨银七千两解往发给，下短银一千二百十三两六钱四分，由淅川厅征收荆关税银项下拨补，业经如数付清结案。据交涉局司道详请奏咨前来。奴才覆核无异。

六月初六日奉到朱批："该部知道。钦此。"（《锡良遗稿·奏稿》，第218—219页）

是日　奏请筹拨机器局制造银两。

豫省设立机器局，创办制造，本属因陋就简。上年因旧存物料动用殆尽，经前抚臣于荫霖奏明，暂在司库征收各州县漕折加复项下借动银二万二千两，委员赴沪，择要采购。嗣因精铜缺乏，仅将钢铁等料购运到豫。现在该局轧铜机器业经安设，急需铜料应用，乃适值镑价腾贵，外洋各货陡涨，前项动支银两，实在不敷采购，详由奴才饬司筹款拨补去后。

兹据布政使延祉详称，司库匮绌异常，该局用项，原定奏案不动解部及各省关协款，更属无款可筹。惟制造军火为目前切要之需，不得不设法竭力腾挪，当在本年杂税项下，动支银三千两，发交该局委员领回，以备采购铜料之用等情，详请具奏前来。奴才覆核无异。

六月初六日朱批："该部知道。钦此。"（《锡良遗稿·奏稿》，第219页）

6月24日（五月十九日）奏拿获著名会匪，讯明惩办，并将出力员弁择尤酌保，以示鼓励。

奏为拿获著名会匪，讯明惩办，并将出力员弁择尤酌保，以示鼓励，恭折仰祈圣鉴事：窃照光绪二十七年十月十二日，承准军机大臣片交面奉谕旨："刘坤一电奏，徐州拿获会匪，供称匪首张步松在鹿邑一带倡乱，逼近开封等语，著松寿速饬严密查拿该匪首等务获惩办"等因，钦此。并准两江督臣刘坤一密电咨缉首要匪目张步松即张妙松、韩明义等六名到豫。当经前抚臣钦遵，飞饬各属严密缉拿在案；奴才到任准移，复饬一体严缉去后。

旋准前护归德镇总兵韩立本转据马队哨官拟保把总王希曾等禀获会匪韩明义、李汶钰二名，并搜获一贯真传妖书并匪票等件暨约期起事之逆信，当经札派委用道赵尔丰驰赴归德府，督同府县提犯，逐一研鞫。据韩明义即韩丙义供系山东城武县人，曾习大刀会、金钟罩，拜认已获正法之匪首刘士端为师，光绪二十二年随同随同焚毁砀、丰等处教堂。上年正月间，撞遇张贯一即张妙松传授会元堂弥陀教会，复拜为师，领受天恩执照，及各种教书、手印、龙华口号，往来东、豫一带，收徒散票。张妙松因各处多有教堂讹罚钱文，人心怨愤，商议藉闹教为名，纠党煽众，定三月初二日一齐起事。后接张妙松来信，改为木龙九九日，即四月初二日暗号，赶来约人接应。途遇现获之李汶钰，亦系大刀会，到处传徒习艺，又入弥陀教，领给天恩执照，告知会元堂约会闹教日期，李汶钰允从相偕来省，即被一同获案等情不讳。质之李汶钰供亦相同。由该道府开具供折，禀请核办前来。

臣查韩明义系著名积惯巨匪，曾在砀、丰等处焚堂闹教，叠准两江督臣并现署直隶督臣咨饬严拿之犯。兹复与张妙松到处聚徒，造作妖书，词多悖逆；又欲托名仇教，约期起事，蔓延东、豫两省，几有燎原之祸。幸叨圣主洪福，先期破获，未滋事端，自应尽法惩办。李汶钰先以刀匪授徒，继入教会助虐，厥罪维均，未便稍稽显戮，当经批饬一并就地正法，以昭炯戒。一面仍饬严缉逸匪张妙松等，务获究办。并派员分赴各州县晓谕愚民，各安生业，毋听邪说，而滋事端。现在地方悉臻安谧，堪纾宸廑。

所有拿获匪犯出力各员弁不无微劳足录，相应择尤随案声请。合无仰恳天恩，俯准将前护理归德镇总兵、拣发副将、汝宁营参将韩立本免补副将，以总兵记名简放；拟保把总、永城营外委王希曾免补把总，以千总补用；尽先外委李奉选免补外委，以把总拔补，以示鼓励，出自逾格鸿慈。

六月初六日奉到朱批："著俟匪首张妙松缉获惩办后，再行请奖。钦此。"（《锡良遗稿·奏稿》，第220—221页）

7月5日（六月初一日）奏述河南遵设课吏馆并酌定章程缮单具陈。

奏为河南遵设课吏馆，酌拟章程，缮单具陈，恭折仰祈圣鉴事：窃奴才准吏部咨开："光绪二十八年正月十七日奉上谕：'为政之要，首在得人。各省候补人员，冗滥尤甚，平时不加考核，一旦使之临民从事，安望其措置得宜。近来各省已有奏设课吏馆者，自应一体遵行，为重在考核人才，不得视为调剂闲员之举。仍著该将军、督抚、两司等勤见僚属，访问公事，以觇其才识并察其品行。其贤者量加委任，不必尽拘资格；其不堪造就者，即据实参劾，咨回原籍。统限半年具奏一次。"等因，钦此。当即札饬司道筹议在案。

查河南旧有吏治局，按月考课，日久已成具文。奴才到任之后，钦奉谕旨，即重订章程，每月由司道督课一次，奴才再加面试；其列入一等者，酌与差委，以觇其言行之是否相符；其陋劣之员，分别扣停差缺，勒限学习，以示劝惩。而平日接见僚属，必详细访问，并勉以勤于职事，勿染时趋，以期吏治蒸蒸，上称意旨。

惟思自去岁奉旨停捐之际，少年子弟乘时报纳，强半入官，学既未成，尤鲜阅历，用膺民社，胜任实难。然其中未必遂无可造之才，若不施教育之方，听其逐队随班，必致习染愈坏，而徒恃参劾以警其后，亦非正本清源之道。拟仿照京师大学堂设立仕学院之意，于豫省大学堂之内，附设课吏馆，凡候补同、通、州、县之年力富强可资造就者，挑选入馆肄业。酌定课程，先令其考究掌故，熟察本省情形，次及律例约章，再进以时务之学，以充其才，而宏其识。每月试公牍及策论文字一次，以察其向学之勤惰。

惜宋儒胡瑗教授湖州，训弟子以经世之务，后多蔚为名臣，盖其学养裕于平时，自可措之临事也。今时事方艰，需才孔急，豫中官员虽众，而任事者殊乏其人。若俾之勤学数年，中材渐至于明通，贤能亦恢其器识，实于吏治大有裨益。然必明申黜陟之典，方足以昭激扬。自应遵旨严行甄别，贤者量加委任，不拘资格；其不堪造就者，即据实参劾，咨回原籍：庶各员皆知奋勉振兴，用副朝廷整饬吏治、培植人才之至意。

谨将河南课吏馆章程，缮具详细清单，恭呈御览。

计开：

一、南课吏馆系遵旨开办，盖以初到省人员或吏治未谙，或学养未裕，用之则恐偾事，弃之则虑遗才，故特为设馆课习，以广国家作人之化。凡候补同、通、州、县现无要差者，概须考选入馆肄习；其现当要差有自愿入馆者听，佐职人员有愿入馆者，报名听候考选。

一、馆中功课，以政学为主，略分次第：一曰掌故之学。凡大清会典、十朝圣训、东华录，各种奏议及近时谕折，首令诵阅，以立政体。二曰本省情形。如河南通志及河工、水利、树艺、牧畜各等书籍，皆令详细考究。各员既筮仕中州，自宜尽心于此，以为异日敷政之本。三曰律例交涉。凡刑案、章程、约章、公法，皆令细心参究，免至居官之日，事理茫然，致滋贻误。四曰时务之学。凡中外史鉴、舆图及经世文正续编、各种报章、西国近事汇编等书，皆令周观博览，以扩识见。

一、课吏馆即归学堂总办兼管，另设提调一员，常驻馆中，专司督课。每月分记功过，呈于巡抚及司道核阅。

一、发给各员札记二本，分上下册。凡有所得新义及逐日讲习编辑各项功课皆书之，每休沐日呈于提调。第一次呈上册，第二次呈下册，循环不已，以验各员进境，冀得真才。

一、各年以开印之日开课，封印之日停课，每五日给休沐假一日。其到馆时刻，分为二班：上班七点钟到馆，十一点钟出馆；下班一点钟到馆，五点钟出馆；无故不准旷误。

一、每月由司道轮考一次，每季由巡抚考课一次，均试以公牍或策论等题。优者酌奖。屡列优等，查其志趣学识果能超越寻常，而才又足以任事，应予破格保奏；其屡列下等，轻则记过，勒限学习，重则咨回原籍，以示劝惩。

一、在馆各员，如有欲习英、法语言文字及算学者，自行陈明，即有大学堂西文教习指授。

一、在馆各员，概免衙参，每月由巡抚率同司道首府到馆分班传见，从容问对，各述所知。凡本省政事之有应斟酌损益者，准各馆员缮具说帖呈阅，以觇其学识。

一、现在课吏馆房屋尚未建立，先借用学堂斋舍暂行开课；一面勘量基址，估工兴造。应看书籍，亦先向学堂借阅。其建造馆舍、购办书籍及馆中一切应用之经费，另分别详定数目，即由学堂经费项下拨用；如不敷，再由司道筹定的款，奏明办理。

六月十八日奉到朱批："著即督饬切实讲求，仍随时询事考言，期收得人之效。单并发。钦此。"（《锡良遗稿·奏稿》，第223—225页）

| 1902年（光绪二十八年　壬寅）50岁 |

是月　锡良批韩国钧禀文。

据禀已悉。查章程第十三条，应将福公司柯函称所造支路，专为转运矿产之用，并不做别项生意等语列入，往复辩论，柯瑞总以有信作凭，不肯再列章程。该道商将信中之句，双行夹注于下，已属格外从权。乃柯瑞仍坚执不允。此事关系卢汉铁路利弊，候据禀分别咨请外务部、路矿总局、卢汉铁路大臣核示，并电商福公司哲美森，俟覆到再行饬遵。该道一面将其余各条章程与之妥为商订，禀候核夺。（《交通史路政编》第13册，第4776页）

7月6日（六月初二日）奏陈兖沂道接管运河事务。

河工积弊素深，以运河为尤甚，若不拔本塞源，不能廓除痼习。所以奴才前奏请裁撤河督案内，并请将山东运河道缺一并裁撤，归兖沂道就近兼管，钦奉谕旨允准。

兹据兖沂道彭虞孙禀报，本年五月十二日，接管运河道事务，当经批饬力革积弊，另定新章，认真经理，以塞利孔而重要工。

六月十八日奉到朱批："知道了。钦此。"（《锡良遗稿·奏稿》，第225—226页）

7月9日（六月初五日）奏陈议结泌阳教案情形。

奏为教案议结，缮具清单，恭折仰祈圣鉴事：窃照泌阳教案，前经奴才会督镇道等拿获要犯，讯明惩办，暨两次剿捕刀匪情形，均经奏明在案。并凛遵谕旨，敕将教案赶紧了结，迭札候补道陈履成会同南汝光道朱寿镛，督饬印委，与该主教安西满妥商去后。兹据该道等将泌阳各处教案一律议结，书约画押，先后禀覆前来。

查泌阳匪徒张沄卿等，因抗摊赔款，勾结刀匪滋事，教堂教民一时同遭蹂躏，其房屋、器物大半拆毁损失。至被难教民，虽经奴才妥饬抚恤，而扶老携幼逃避靳冈教堂者，亦复不少，该主教安西满供给食用，自属不赀。此次商办赔修教堂及教民房屋以暨添补一切器物各项费用，再三辩驳，始以共需银二万六千两议定。唐、桐、泌三县素称刀匪出没之区，案若久悬，尤恐群疑莫释，枝节横生。既经该道等议明完结，自应照准。当饬藩司设法腾挪，依限清交。所需款项，伏乞圣恩，伏念豫库支绌，准其作正开销，仍一面督饬地方文武及防练各营购线缉拿首要各犯，务获究办。并妥抚善良，保护教堂教民，务使相安，以期上纾宸廑。

所有此次议结出力各员，除朱寿镛系本任南汝光道毋庸议叙，查候补道陈履成、南阳县知县潘守廉、新野县知县钱绳祖，顾全大局，劳瘁不辞，不无微劳足录。惟该道陈履成前已保有二品顶戴，并蒙恩交军机处存记，应如何奖叙之处，奴才未敢擅拟，伏候圣裁。其南阳县知县潘守廉、新野县知县钱绳祖拟请敕部从优议叙，以照奖劝。

除咨外务部查照外，谨将教案议结条约，敬缮清单，恭折具陈，伏乞皇太后、皇上圣鉴训示。

谨将泌阳县教案议结条约，敬缮清单，恭呈御览。

计开：

一、议首要各犯，除席小发等三名业经正法，两次开仗格杀罗臭粪等多名，又擒获多名，分别讯办外，所有张沄卿、程劳十、罗振杰严办，并杀死教民凶犯抵偿单内所开分别轻重商办；其余胁从一概宽免，以安众心。

一、议逃往靳冈教民，由陈道委员分别送交唐、泌、桐县官传各地方绅士首事出结保护，以期永远相安；如保护不力，惟官绅、营汛是问。设教民内有不愿归里者，由地方官协同教堂司事刘宝森等将伊产业按公变卖。

一、议泌阳县西关、桐县西乌金沟、唐县东北乔庄三处教堂全被扒毁，及堂内所失器物等件并来往打电、送信各项花费，以及唐、桐、泌三县各教民家被扒毁房屋，抢掠器物、牲口、粮食等及抚恤被杀教民家属，总共议结赔款汴平银二万六千两正。除收过银一千两，下余汴平银二万五千两正，由陈道经手汇至汉口，五、六两月汇交清楚。

一、议泌阳西关教堂既经被毁，应有地方官妥将泌城内另寻一宽大宅基，其价若干，由教堂发给。

一、议泌阳肇衅，不知者咎称咎属教民；其实为愚民误会偿款之义，兼被张沄卿等从中造谣煽惑，鼓荡酿乱。请饬各该地方官分别晓示，以析众惑，俾民教永远相安。

一、此次约定后，自本年二月初七日起，四月十五日止，所有唐、桐、泌三县民教镠轕之案，无论已控未控，一律清结。案内首要各犯，由安主教开单指拿，教民不得再行挟嫌指控，以免拖累，庶民教从此相安。

一、教民所失文约补给印契，免出税赀。

六月二十二日奉到朱批："陈履成等均著交部从优议叙。余依议。单并发。钦此。"（《锡良遗稿·奏稿》，第226—228页）

是日　奏陈议结武安教案办理情形。

奏为武安教案覆议一律完结，谨将办理情形，恭折具陈，仰祈圣鉴事：窃查豫省河北教案，以武安县案情为最重。前经调任抚臣于荫霖，于上年派员与主教司德望议结奏明在案。

惟原议拿办当时滋事人犯，仅开人数，未尽指定姓名，逃者弋获无期，获者待质多毙，旷日持久，更复百弊丛生。痞棍遂依托教民藉端讹索，良懦或忍忿服罪，或出资求和，强悍或抗拒不遵，或怀仇欲报，民心惊扰，谣说纷纭，几有不可终日之势。时值豫南泌案甫有端倪，直隶广宗正在多事，武安孤悬，直境风声所播，人情汹汹，群思一逞。设使办理迟缓，稍失机宜，则一波未平，一波又起，祸患何堪设想！奴才当派委候补知府许葆连驰往河北，禀商彰卫怀道冯光元，会督彰卫府知府善承、武安县知县刘瑞霖，与河北总主教司德望等，反覆商办，赶紧议结，以为曲突徙薪之计。

兹据该员等禀称，已与该主教妥商定议，将已获之犯分别发配、保释，未获之犯，分限暂禁回里，其余一概免究，订立合同，签字画押，禀请立案，从此一律完结，永断葛藤，民教尽释前嫌，自可相安无事。该员等办事妥速，清患无形，不无微劳。除该管道府勿庸请叙外，合无仰恳天恩，俯准将候补知府许葆连、武安县知县刘瑞霖，交部从优议叙，出自逾格鸿慈。

至拟定徒流各犯，事关交涉，自宜从权速结，已饬该县分别禀请给咨，定地发配，无庸解勘，免生枝蔓。

六月二十二日奉到朱批："著照所请，该部知道。钦此。"（《锡良遗稿·奏稿》，第229—230页）

7月10日（六月初六日）上密陈自重主权折。

奏为自重主权，以崇国体，恭折密陈，仰祈圣鉴事：窃维权柄不可外移，用人尤宜自主。我中国为首出自主之国，实有专一自主之权。乃外人欺我势弱，竟至干预内政，并操纵我行政之人。始而驻京各国公使，继而通商各口领事，或云大局，或云因公，多般要挟，迫我不得不从之势。时当论说纷纭之际，固有出于不得已者也。

讵近日则更有大谬不然者。泌阳教案，奴才督饬缉匪保教，不遗余力，原系慎重邦交，保全地方，尽职守之所宜尽。迨至奴才奉旨升授热河都统，天恩高厚，感激方深，故虽触发旧疾，未敢遽陈下情，专俟调任抚臣张人骏到汴交卸后，即行北上。而南阳主教安西满电鄂督抚臣保留奴才在豫，张之洞、端方竟据情转电军机处、外务部。夫督抚为天子股肱之臣，非他人所可轻为毁誉、意为轩轾者也。主教仅僧道住持之类，非司朝纲之柄而操月旦之评者也。无识者流，远者寄电，近者致函，且复密为暗透消息，走相告而行相庆，举国若狂，以为难逢之奇遇。奴才于此不禁为之惭惧！土耳其至弱也，不受命于俄；特拉司华列至小也，不受制于英；何以堂堂中国，封疆大吏竟为外教所挽留！一身得失荣辱不足惜，特恐狥其所请，则主教可留巡抚，教士即可留司道，下至府厅州县教民亦可愿去愿留，惟其所欲，势必至兢乞外援，无复廉耻，流弊不可究极。况士大夫之从违，即民情之向背，设使自主之权尽失，尚谁肯为我皇太后、皇上尽力，以挽回时局乎？！言之可为痛哭流涕者也。

当此强邻逼处，群雄虎视，国家于百危中，尚能自立者，在进退人才以收拾人心耳。查定例，地方官不准绅民保留，条约不准教士干预公事，具有深意。刻值艰难之会，即不便明与辩论，亦当默为转移，使群知黜陟之柄，仍操之朝廷，将鼓舞奋兴，各勤职守，不至别寻捷径，于以尊主极而正人心，所全实大。

奴才昨电奏请或东或豫，派员接护抚篆，俾早交卸，入都陛见，实为管窥及此。旋奉军机处电传谕旨："俟张人骏到任，再行交卸来京，钦此。"仰见圣恩深重，钦感莫名！奴才区区微悃，吁恳圣明鉴察，勿狥外请留抚豫疆，并敕令张人骏早日来汴，出自逾格鸿慈。

用敢不揣冒昧，披沥密陈。奴才为保自主之权，尊崇国体起见，是否有当，伏乞皇太后、皇上圣鉴训示。

1902 年（光绪二十八年　壬寅）50 岁

六月二十六日奉到朱批："留中。钦此。"（《锡良遗稿·奏稿》，第 231—232 页）

7 月 26 日（六月二十二日）　河南巡抚锡良致外务部电，指出福公司事事扩充，难以限制，必须早为防范。（《国家图书馆藏清代孤本外交档案》第 30 册，第 12670—12674 页）

8 月 5 日（七月初二日）恭折密陈敬举人才。

奏为敬举人才，恭折密陈，仰祈圣鉴事：窃维时局艰危，固贵有明通济变人才，尤贵有坚固不挠之士，盖必平时克端践履，临事始见操持。豫省宦场，习染最深，近日仕途尤杂，但使得一二公正清廉之吏，示之准绳，即庸懦之流，亦可以厉其志节而振其积习。

奴才到任以来，留心考察，冀拔真才。查有候补知府袁镇南，奉天进士，丁丑散馆选授桐柏县知县，调任永城、河内、祥符等县，升补光州。勤朴廉明，所至俱有政绩，为历任前抚臣涂宗瀛、边宝泉、鹿传霖所赏识，荐保知府。该员刚健笃实，才猷练达，洵为不可多得之员。又调署杞县、本任安阳县知县石庚，浙江举人，大挑知县，补授登封，调补安阳。初莅调任，值东乡土匪滋事，该员带勇督捕，马被枪毙，身受铁砂，屹不为动，群匪夺气，立时扑灭。嗣值拳匪之乱，该员捐廉募勇，会营弹压，一境获安。安阳系豫北要冲，俨为一方之障，绅民至今称道弗衰。而该员因公负累，口不言功，尤见气节之真，人所难及，论河南吏治者群推石庚为第一。该二员事迹，奴才前于春间业经保奏，奉旨嘉奖在案。奴才复加详查，袁镇南、石庚志虑忠纯，言行诚笃，均堪胜道府之任。见闻即确，敢不切实上陈，以备圣明采择而尽以人事君之义。

七月十九日奉到朱批："袁镇南、石庚均著交军机处存记。钦此。"（《锡良遗稿·奏稿》，第 232—233 页）

是日　奏请承办回銮要差供支报销。

奏为遵旨开单报销，恭折仰祈圣鉴事：窃照奴才前以恭办回銮要差，款目纷繁，恳请开单奏报，于三月初八日赍回原折，奉朱批："著照所请，该部知道。钦此。"当即转饬钦遵办理。

兹据供支局司道详称，豫省自光绪二十六年冬初，迭奉电传圣驾行经汴省，自陕入境，由孟津渡河北上，即经前抚臣于荫霖派委臬司钟培查勘跸路，即应建桥梁，应备御舟，一律督饬兴办；并核计道里远近，建置尖宿行宫，由省城设局，分派委员会同各地方官敬谨备办。嗣前抚臣松寿到任，面传谕旨，驻跸汴梁，所有以前未备之处，未修之工，复经尅期兴造，妥慎布置。虽恪遵圣训，诸从俭约，惟自阌乡入境，至安阳出境，历时两月有余，计程一千三百余里。上自御用，下至从官、武卫、仆从、舆马之所需，以及工匠、夫役各项雇值，悉照市价付给，绝不丝毫累及民间。用无巨细，皆系动支公帑，其中尤以工程、车马之费为数最多，至内廷供支尚未及十分之一。统计一切用款，除奏准截留京饷银五十八万二千九百二十九两八钱三分八厘，由司库筹银一百二十八万八千七百三十四两八钱五分九毫四丝，共用银一百八十七万一千六百六十四两六钱八分八里九毫四丝，分款开单，详请具奏前来。

奴才查此次承办回銮要差，事繁费巨，均经前抚臣督饬印委各员核实经理，所开款目，逐家覆核，委系实用实销，并无浮冒。合无仰恳天恩，俯准照数核销，以免用款久悬，出自鸿慈。

除分别咨部外，相应恭折奏陈，缮具清单，恭呈御览，伏乞皇太后、皇上圣鉴训示施行。

谨将回銮要差供支数目缮具清单，恭呈御览。

计开：

一、奉特旨恩赏兵弁、轿班、水手及敕赐各庙匾额等项共用银一万两千二百六十一两七分六厘。

一、修建行宫六十九座工程，共用银四十九万一千六百八十六两六钱。

一、奉内廷供支六十九日，共用银一十四万五千九百二十九两六钱一分九里五毫四丝。

一、办陈设铺垫五十五处，共用银二十二万九千七百九十六两八钱二分三毫。

一、修建跸路一千三百余里，桥梁六十五座，共用银十八万五千二百一十二两三分二厘六毫一丝六忽。

一、修造御舟，柳园口五只，孟津预备三只，共用银三万五千四百九十三两八分三厘二毫。

| 1902 年（光绪二十八年　壬寅）50 岁 |

一、轿班三百一十六名暨随时雇用挑抬、纤夫等役，共用银三万八千四百四十八两三钱三分四里四毫。

一、扈从公寓，自入境至出境，计一万九百七十八处，供给六十九日，共用银一十九万五千六百九十六两五钱八分七厘五毫。

一、车辆四千五百三十六辆，骡驮六百二十八头，柳园、黑堌、孟津三处渡船二百六十只，共用银四十三万八千七百一十两四钱五分五毫八丝四忽。

一、麸料、草、豆支应五十五处，六十九日，共用银九万八千四百三十两八分四里八毫。

共用银一百八十七万一千六百六十四两六钱八分八里九毫四丝。

七月十七日奉到朱批："著照所请，该部知道。单并发。钦此。"
（《锡良遗稿·奏稿》，第233—234页）

8月6日（七月初三日）奏报查勘河势情形。

奏为入伏后查勘河势情形，布置修守并驻工督防大汛，恭折仰祈圣鉴事：窃照河上修防，首重伏秋大汛，奴才应即驻工督率道厅，相机策应，当将启程日期附片奏报在案。

拜折后，赶将地方事宜分别料理，即于六月十一入伏前一日，自省带印赴工，由下南沿堤西上。差得两岸埽坝工程，自春汛厢抛以后，大致俱尚平稳；间有被溜刷蛰者，均已随时加筑高整。惟详察通工河势情形，仍以南岸上南、郑中两厅为最要。上南厅郑上汛头堡、五堡并七八堡大溜节节南圈，该工曩年曾生巨险，筹备不容稍疏。郑中厅郑下、中牟两汛均属临黄吃重，内中牟、上汛三、四堡上年秋汛生险之处，溜势讫未外移，尤应加意筹防。奴才先已虑及该两厅工程繁要，为防险之计，惟有扼要建筑石坝，并于上下首鳞次多抛石垛，层层挑托盖护，庶几修守较有把握，是以本年派办石方数较往年倍增，自春徂夏，督催趱运，不遗余力。现在各工运到石方均已堆有成数，正可乘此大汛期内，相机抛护，以资得力而固要工。一面分饬各厅，均将迎溜紧要埽坝分投盘筑，以御盛涨。

时当大汛，情形夷险靡定，奴才于省垣、工次，谨当不时上下往来，督率道厅工员，审度机宜，妥筹修守；并饬委用道赵尔丰常川驻工，会同南北两道，认真稽查督办，用昭慎密。务期群策群力，共保安澜，断不任一处一时稍涉疏懈。

七月初七日奉到朱批："知道了。钦此。"（《锡良遗稿·奏稿》，第235—236页）

是日　奏陈办理河工情形。

奴才往来河干，留心体察黄流湍悍，仅凭一线单堤以为保障；而又土性沙松，专恃埽坝偎护堤身，以为屏蔽，则所以厢修防守者，不可不切实讲求。

查河工旧章，原有用石之法。而任事者希图省费，多用秸料，每易朽烂，不能经久。前河臣栗毓美创用抛砖包石，挑御狂澜，厥功甚伟，至今旧坝犹有存者。近年河臣许振袆，著意石方，裨益堤工不少。任道镕踵而行之。奴才到任以来，迭经札饬石方局委员放手购石，源源采运。无如溜猛船稀，周转不易，总未见十分畅旺。思维再四，惟有仿照栗毓美用砖成法，可收速效，已补石方之不足。砖异常式，沿堤广为堆存，利于工需，而不便于民用，庶少盗卖偷窃之弊。一面仍购秸、石，兼收并蓄，择要分储，以期有备无患，仰副圣主慎重河防之至意。

七月十七日奉到朱批："知道了。钦此。"（《锡良遗稿·奏稿》，第236页）

8月22日（七月十九日）奏报伏汛水长修守平稳。

奏为伏汛期内，河水叠次陡长，各工修守平稳，现仍督饬慎防秋汛。

八月初五日奉到朱批："知道了。钦此。"（《锡良遗稿·奏稿》，第237—238页）

9月14日（八月十三日）奏报前调分省知府寿廷到豫。

奴才前以河南交涉日繁，必须有熟悉洋务之员，方能因应得宜，恳恩准调盐运使衔、分省补用知府寿廷来豫差遣，奉朱批："著照所请，该衙门知道。钦此。"钦遵在案。兹该员已于八月初八日到省，应即留于河南差遣委用。

理合附片陈明，伏乞圣鉴。

八月二十九日奉到朱批："知道了。钦此。"（《锡良遗稿·奏稿》，第240页）

是日　奏请郁景文补授信阳协左营都司。（《光绪朝朱批奏折》第48辑，

| 1902年（光绪二十八年　壬寅）50岁 |

第395页）

9月15日（八月十四日）奏报处暑前后黄河水涨抢护险工情形。

查黄河水势之大小，视乎上游之来源。近年未据甘肃报涨。本年则于处暑前后，据兰州电称，黄河水势盛涨；又据宁夏府呈报，河水浩大，青铜峡、大山嘴水志已淹漫至十字以上各等情。奴才当即飞饬两岸道厅营汛，加意防范。旋据陕州申报，万锦滩黄河接续陡长，武陟、沁河亦同时涨发，有一日长至六七尺者，汇流下注，浩瀚奔腾。幸两岸各厅埽坝先经加相盘筑，抵御得力，未致猝生巨险。无如秋溜淘刷力劲，仍不免时见蛰塌。南岸上南厅郑上汛各堡大溜，节节南圈，尤以五堡最为吃重，埽则屡厢屡蛰，坝则随抛随塌，并有多年淤闭之工，复被河溜汇出者。荥泽汛十一堡，亦汇出埽坝多处，督饬出旧补新，分头兼顾抢办，几无虚日。郑中厅郑下、中牟二汛，河势趋刷不移，工程攸关紧要，亦与上南大略相埒。中河、下南两厅，虽情形稍轻，而溜势亦复圈注，工作未能停辍。北岸黄沁厅唐郭汛拦黄埝，仍因对岸古柏嘴挺峙，逼溜北卧，兼以秋水淘底搜根，以至各埽坝此加彼塌，情形异常吃紧。奴才立即驰往督办，并派委员携款添购料物，得以无误事机。卫粮厅亦因水长溜逼，坝垛屡见蛰卸，当饬添办砖石以资捍卫。祥河厅，先则十六堡挑坝一带，溜趋著重，继而大溜又提之十五堡，鱼鳞坝顺堤等处埽石各工陆续刷塌，下北厅祥符、下汛头二两堡，溜亦忽提忽卸，埽坝蛰塌频仍，均经分饬各该厅，随时相机厢抛，妥筹保护，于慎重修守之中，仍力求撙节，不任稍涉糜误。现在节逾白露，南北两岸八厅工程，大致已渐平稳。惟时距霜清，尚有月余，奴才仍当不时往来工次，督率道厅员弁，照常实力修防，始终弗懈，务保安澜，上纾宸廑。

八月二十九日奉到朱批："知道了。钦此。"（《锡良遗稿·奏稿》，第242—243页）

是日　密保将才。

奏为密保将才以备干城，恭折仰祈圣鉴事：窃维经武以选将为先，选将以器识为要。当此事变叠起，非才能出众，谋勇兼资，不足以备缓急。况老成宿将，大半凋零，纵有存者，非材仅偏裨，即年已衰迈，求其沈毅坚定，能统师干，寄专阃，胜任愉快之人，殊难其选。奴才军旅之事，虽非素习；而顾念时艰，于物色将才，不敢不随时留意。并常与知兵大员虚衷探讨，若堪膺将帅已蒙圣明之知者，不复具论。其确有实事可备大用，谨就所亲见者，为我皇太后、皇上缕细陈之。

查有记名提督、现任山西大同镇总兵刘光才，有胆有识，器量弘深，临大敌而神不惊，遇险难而志愈定。光绪二十六年冬间，刘光才统领江南忠毅军来晋，复总统山西东路防营，驻扎晋、直之交，布置周密，纪律严明，雪夜霜天，登山陟岭，与士卒同尝甘苦。维时敌势方张，军锋相逼，刘光才会同候选道赵尔丰，激励将士，申明约束，坚忍苦守，因应咸宜。迨奉旨撤防之后，洋兵两路猝进，刘光才扼守固关，腹背受敌，其气弥厉，其意愈暇，故能全军而退，晋东地方恃以无恐。又湖南澧州营参将张嘉钰，幼习诗书，长从戎幕。奴才前由湘、鄂帅师入卫，派该参将管带劲字右营，嗣在山西复改委分统劲字五营，随同刘光才驻防井陉。该参将感激图报，勗弁勇以忠义，人人志气奋发，久而弥壮。当军务吃紧之际，强敌当前，奴才遣人密觇其军，该参将指挥安闲，神气镇静，有如平日。迨撤防时，他均不免张皇，该参将独能全师，与刘光才分路徐退，无惊无扰。奴才复查刘光才等，皆湘军旧将，久历戎行，其忠勇性成，才识超卓，固不仅以材武见长者也。奴才与之共事多日，知之最悉，固敢上陈聪听，应如何录用之处，出自天恩，非臣下所敢擅拟。

八月二十九日奉旨："留中。钦此。"（《锡良遗稿·奏稿》，第245—246页）

10月5日（九月初四日）奏报黄河两岸岁修用银总数情形。

奏为核明光绪二十八年分豫省黄河南北两岸八厅办过岁修土工用银总数，恭折具陈，仰祈圣鉴事：窃照黄河两岸长堤为修防根本，必须岁事增培，俾埽坝得所依附。从前皆系专案请办。比因库帑支绌，巨款难筹，只能就岁修项下通融挹注，则其必不可缓者，撙节估修，历经遵办在案。

本年应办岁修土工，奴才先于春汛期内，派员查勘，饬厅核实确估，批准兴办。旋据呈报，次第修筑完竣，先后禀请验收前来。

奴才复经逐段按册查验，俱属一律坚实，尚无草率偷减锥试渗漏等弊。统计光绪二十八年分，上南、郑中、中河、下南、黄沁、卫粮、祥河、下北八厅，共估办岁修土工十四段，共长一千九十丈，估土七万六

1902年（光绪二十八年 壬寅）50岁

千七百五十三方三分六厘，每方估例价银二钱一分六厘及一钱九分二厘不等；其隔水绕远，取土艰难者，每方估津贴银一钱三分四厘；共估例津二价银二万五千三百四两七钱二分八厘，确切勾稽，均系实工实用，并无浮冒。

除俟霜清截数汇案缮单奏销外，理合恭折具陈，伏乞皇太后、皇上圣鉴，饬部查核施行。

九月十九日奉到朱批："该部知道。钦此。"（《锡良遗稿·奏稿》，第246—247页）

是日 考核属员，据实举劾。

奏为遵旨考核属员，据实举劾，以资整顿事：窃奴才前准吏部咨开：光绪二十八年正月十七日，奉上谕，敕令设立课吏馆，考核人才。贤者量加委任，不必尽拘资格；不堪造就者，即据实参劾，咨回原籍。统限半年具奏一次等因，钦此。仰见圣主澄叙官方之至意，莫名钦悚。当将遵设课吏馆及酌拟章程具奏，钦奉朱批："著即督饬切实讲求，仍随时询事考言，期收得人之效，单并发。钦此。"

奴才撙节督同司道等，于接见属僚，留心考察，并加面试。其文理荒疏，才具又别无表见者二员，业经咨部扣补，勒限学习；次则记过停委，以示薄惩。其余各员，甫经入馆，分门应课，精意研磨，只能责以循序渐进之功，骤难期以蹴等求速之效；如果宽其时日，严督课程，必当有所成就。兹先将实缺、候补人员，确有贤否事绩可以彰瘅者，树之风声，庶几直枉辨而趋向端，不致茫无标准。

查有候补道韩国钧，沈毅有为，才长心细；试用道费道纯，事理通达，器识深稳；汝宁府知府陆继辉，持躬廉静，莅政勤明；候补知府黄履中，朴实耐劳，老而弥笃；候补知府何云蔚，任事实心，沈潜好学；署汝州直隶州知州、本任太康县知县叶济，精强明干，才识俱优；调署长葛县、准调内黄县知县周云，守清识卓，才猷敏练；永成县知县岳廷楷，办事切实，悃愊无华；候补知县赵景彬，才具开展，志趣远大；试用知县章世恩，勤俭坚定，不染时趋。

以上十员政绩，另缮清单，恭呈御览。伏祈天恩，俯赐嘉奖，以为贤能者劝。

又，卸署宜阳县、候补知县王君兰，办事卤莽，连酿三命，请即行革职，以为庸劣者戒。

所有奴才遵旨考核属员，据实举劾缘由，理合恭折具陈。是否有当，伏乞皇太后、皇上圣鉴训示。

谨将河南应举各员政绩，开具清单，恭呈御览。

候补道韩国钧，讲求时务，识解明通。其任祥符、武陟、永城、浚县等县，勤恳爱民，循声久著。本年过班道员，委办各事，筹画周详，能持大体。

试用道费道纯，历署湖南泸溪、桃源、武陵、武冈等州县，理繁治剧，措置裕如，奴才前任湖南藩司，即知其能。本年以道员分发来豫，办理要差，心精力果。

汝宁府知府陆继辉，安详笃实，表率有方，吏民翕然悦服。该府境内，现正兴修铁路，率属弹压保护，不遗余力。

候补知府黄履中，精勤明干，与河工、地方情形，均极熟悉。上年承修河陕路工，购运粮石以及历办各差，皆能实事求是，款不虚縻，洵属有为有守之员。

候补知府何云蔚，书生本色，于经史、政治及时务诸书，精心探索，能得要领。派充课吏馆提调，孜孜不倦，期于有成。

属汝州直隶州知州、本任太康县知县叶济，前任安阳，兴修水利，调任太康，办理荒政，均能实惠及民；其清讼、戢盗，勤能尤著。

调署长葛县、准调内黄县知县周云，尽心民事，不惮勤劳，于创设学堂，尤能认真经理，舆情爱戴，卓著贤声。

永城县知县岳廷楷，洁己爱民，每年自捐羡余钱二千三百余串，专备积谷。其安良除暴，勤于下乡，与民相接以诚，毫无官习，尤足拯浮振靡。

候补知县赵景彬，前署荥阳县，力除积弊，均减差徭，农民欢颂。其撙节巨款，以为储谷之需，尤属关心民瘼。

试用知县章世恩，前带防营，训练严明，勇不缺额；近所仅见。而从公奋勉，不事营求，立品之端，尤非流俗所能及。

九月十九日奉到朱批："另有旨。钦此。"（《锡良遗稿·奏稿》，第

1902年（光绪二十八年　壬寅）50岁

247—249页）

是日　盘查南北两道库。

开归、河北二道，向有经管河库，每届年终，例应盘查奏报。据各该道查明，光绪二十七年年底应存银两，造具册结，请盘前来。奴才就近先诣开归道库盘查，计应存银六百四十二两七钱四分。此次前赴黄沁厅勘工之便，复顺道盘查河北道库，计应存银六钱六分。核对银册库薄，均属相符，并无亏短。

九月十九日奉到朱批："知道了。钦此。"（《锡良遗稿·奏稿》，第250页）

是日　保奖泌阳教案出力人员。

奏为拿获泌阳教案首要，讯明惩办，遵旨将在事出力人员择尤开单，悬恩奖叙，恭折仰祈圣鉴事：窃照泌阳县匪徒纠众滋事，前已拿获要犯席小发等惩办，并两次剿办匪党，经奴才专折奏明，光绪二十八年四月二十九日奉朱批："著赶紧缉拿首要张沄卿等，务获惩办。俟全案定后，再行择尤保奖，毋许冒滥。钦此。"钦遵。

奴才查首要张沄卿等在逃未获，此案虽经议结，岂容任令为首滋事之犯幸逃法外。节经严饬地方文武，实力购拿，毋任漏纲。旋据分统豫军、奏补信阳协副将、汝宁营参将韩立本、南汝光道朱寿镛、南阳府知府傅凤飏等，督饬员弁，将张沄卿、程劳十即程意歧、罗劳六即罗振杰三名，先后拿获禀报前来。当饬南汝光道督同府、县提犯研讯。据张沄卿供认："因抗摊教案赔款，被教民指控差缉，心怀忿恨，纠邀刀匪席小发等，乘隙煽惑；又邀程劳十即程意歧、罗劳六即罗振杰纠合多人，帮同闹教，焚烧楚洼、乌金沟等处教堂，杀害教民多命，并围攻泌阳县城"各情不讳。据程劳十即程意歧供称："帮同张沄卿杀人放火，扒堂围城。又因闻拿紧急，率党执持炮械，在二门庄拒敌官军。"据罗劳六即罗振杰供称："听从张沄卿闹教后，因官兵分投跟缉，又复逼胁多人入伙，在郝庄、翟庙抗拒官军"各等情不讳。经奴才先后批饬就地正法，传首犯事地方，悬杆示众，以昭炯戒。

查此次泌阳匪徒聚众仇教，围攻县城，凶焰甚张，几有燎原之势。嗣将席小发等缉获后，人心初定；而该匪等闻拿紧急，又复结党，逼胁乡民，意图抗拒。据泌阳首事程入云等，以被胁情急，民不聊生，禀请派队往剿。官军两次兜击，余党一律解散。旋将教案磋商议结，群疑尽释，民教相安。而首要张云卿等，亦即按名弋获，明正典刑，洵足以儆凶顽而绝后患。

现在全案完结，泌阳一带，民情安帖，地方静谧如常，堪以上纾宸廑。所有在事出力人员，不无微劳足录。谨遵旨择尤分别拟奖，不使稍有冒滥，开具清单，恭呈御览。合无仰恳天恩，准如所请奖叙，以示鼓励。(《锡良遗稿·奏稿》，第252—254页)

10月11日（九月初十日）奏报豫省黄河光绪二十八年分岁修银两情形。

奏为确核豫省黄河南北两岸八厅，光绪二十八年分办过岁修埽砖土石各工，动支司库银两总数，循例恭折具陈，仰祈圣鉴事：窃照豫省黄河八厅，历年办理岁修工程，向于司库拨银应用。自经前河臣许振祎奏改新章，每年请款以六十万两为率，寻常抢险不必加添，将各种名目概行革除，内以四十八万两归厅赴司支领，而另提十二万两为河防办石保险之需，由河臣主之，仰蒙恩准，历经遵办在案。

查本年各厅办过工程，业经奴才将办理情形，先后奏明。兹复督饬道厅将工用银数逐款勾稽。所有光绪二十八年分黄河南北两岸八厅岁修埽砖土石等工，统共用银四十万五百三十九两八分五厘，内除动用本年南岸四厅采割堤苇草刀工银五百六十二两五钱七分一厘，向在河银项下支发外，实用司库岁支额款银三十九万九千九百七十六两五钱一分四厘，委系核实无浮；共计节省额款银八万二十三两四钱八分六厘，运河防项下节省银三万三百四十五两二钱三厘二，共节省银十一万二千三百六十八两六钱八分九厘；内除奏明奏拨新案赔款银十万两，已扣存司库外，尚余银一万三百六十八两六钱八分九厘，亦经发还司库，另款存储，留备河工缓急之用。(《锡良遗稿·奏稿》，第256页)

10月12日（九月十一日）奏报豫省黄河两岸八厅工程动用银两细数。

奏为查明光绪二十八年分河防项下办过黄河两岸八厅工程动用银两细数，谨缮清单，恭折奏销，仰祈圣鉴事：窃照豫省黄河南北两岸八厅岁修经费，自经前河臣许振祎奏改新章，每年准由司库支银六十万两，

| 1902年（光绪二十八年　壬寅）50岁 |

内以四十八万两归厅请领，另提十二万两为河防办石保险之需，由河臣主之，据实开单报销，历经遵办在案。

奴才以黄河修守，惟石工最为得力，是以督饬委员撒手购石。嗣因运石维艰，复修南岸四厅，建窑烧造新式大砖，以辅石方之不足。本年伏秋汛内，上南、郑中两厅，溜势圈注不移，情形尤为紧要，当饬多抛砖石，加意防守，并于扼要处所修筑长大土坝，以备溜至，加抛砖石抵御。其余各厅，均饬分别情形缓急，相机抛护，务期办理得当，无误无糜。现在时届霜清，各工俱已平稳，据上南、郑中、中河、下南、黄沁、卫粮、祥河、下北八厅，各将办过工段丈尺，核计例价银两数目，分晰造具销册，详请奏咨前来。

奴才查南岸上南厅属新抛砖垛一段，用银六千五百三十四两；又加抛石坝一道，用银一万五千一百三十两四钱七分三厘。郑中厅属修筑土坝十道，用银五千三百十二两五钱六分三厘；又新抛砖垛一段，用银五千四百十八两；又新抛石坝一道，用银一万八千八百五两二钱四分八厘。中河厅属新抛砖坝一道，用银四千一百九十一两；又加抛石坝一道，用银八千二百六十两七千九分五厘。下南厅属新抛砖坝一道，用银三千八百二十五两；又加抛石坝一道，用银七千九百二十七两六厘。北岸黄沁厅属加抛石坝一道，用银三千七百三十一两八钱六分八厘。卫粮厅属加抛石坝一道，用银一千七百四十两八钱一分五厘。祥河厅属加抛石坝一道，用银四千二百三十五两二钱四分七厘。下北厅属加抛石坝一道，用银四千五百四十二两七前八分二厘。

以上八厅统共用银八万九千六百五十四两七钱九分七厘，计节省银三万三百四十五两二钱三厘，连岁修项下节省之银，分别凑拨赔款及发还司库存储，已于另折陈明，按册勾稽，俱系核实无浮。

除将清册咨部外，理合汇缮清单，敬呈御览。为此恭折具陈，伏乞皇太后、皇上圣鉴。敕部核销施行。

再，比较上三年用银多寡，已另折汇案具奏，合并陈明。（《锡良遗稿·奏稿》，第258—259页）

10月17日（九月十六日）　奏请孟县民工生险请拨工需银两。

奏为黄河北岸孟县民工，溜逼生险，情形紧要，现饬竭力抢护，并请拨工需银两，恭折仰祈圣鉴事：窃照怀庆府孟县地方，滨临黄河北岸，首当西来大溜之冲。县城西南，向有小金堤一道，小金堤迤东，接筑护城堤一道，为河北全局之保障，本系民筑民修，从前距河较远，并无工程。嗣因南岸孟津县铁谢镇筑坝挑溜，保护汉陵，以致全河形势侧注向北，小金堤上下先后迎溜生工。前于光绪十六七年暨二十五年节次请拨银十余万两及三万两，修筑土石各工，以资捍卫，均经仰邀俞允，遵办在案。

本年大汛期内，河势复又北圈，先则护城堤无工之处猝被大溜逼刷，情形险要。据孟县知县孙寿彭驰禀，随即派员查勘，议筑石工保护。正在筹办间，而大溜忽又上堤，小金堤一带均形吃重。叠据印委各员禀报，当经批行布政使延祉一面筹款严饬相机抢护，一面移会河北道冯光元，督同署怀庆府知府傅樆等，驰赴该工，体察情形，确估工需数目。

兹据该司道等会禀：本年夏秋之间，来源叠次陡长，大溜直逼，护城堤根仅恃一线单堤，势难抵御，亟应建筑石坝、石垛，以资挑护。正在赶运石方，而大溜又节节上堤，小金堤之托坝以及第三道石坝等处，均当迎溜顶冲，坝身立见汇塌，秋水搜淘，异常迅利，情形岌岌可危。经该印委等，号召人夫，分投抢办，幸保无虞。惟河势未见外移，仍应认真修筑。先据估计工需为数较巨，复经该司道等确切核估，减而又减，通盘筹计，实需请拨石方银二万七千两等情，禀请具奏前来。

奴才复查孟县小金堤、护城堤各工，现在溜势趋刷吃紧，或旧坝塌卸，必须加抛，或本无坝垛，必须添筑，均属亟应办理之工。该处地当河朔上游，关系畿南利害。前因工程紧要，未敢贻误事机，业经饬司先行筹拨银一万两，发给该印委等赶紧运石抢护。兹据通盘估计，工需数目，按工确核，尚无浮多。合无仰恳天恩，俯准照估动拨司库银二万七千两，俾资赶办而保要工。奴才仍当随时严加稽核，务使工归实济，款不虚糜。一俟完竣，再行验明做过工段丈尺，饬令核实造册报销。（《锡良遗稿·奏稿》，第260—261页）

10月21日（九月二十日） 奏请遵旨保荐人才备应特科。

奏为遵旨保荐人材，备应特科，恭折仰祈圣鉴事：窃奴才于光绪二十七年四月十七日，钦奉皇太后懿旨："为政之道，首在得人，况值时

1902年（光绪二十八年　壬寅）50岁

局阽危，亟应破格求才，以资治理。尤宜敬遵成宪，照博学鸿词例，开经济特科，本届会试前举行。其有志虑忠纯，规模闳远，学问淹通，洞达中外时务者，著各部院堂官及各省督抚、学政出具考语，即行保荐。并著政务处大臣拟定考试章程，请旨办理"等因，钦此。又六月初四日复奉上谕："著各部院、堂官及各督抚、学政于保送时，虚心采访，果系物望素孚，确有实学者，方准保奏"等因，钦此。仰见朝廷破格求贤，综核名实之至意。

窃维国家之需人才，犹造室之需梁栋也。特科之设，原以不拘资格，冀收杞梓之用。我朝两举鸿博，宿学硕彦，尽出其中，一时称为极盛。惟当时承平黼黻，大半选在词臣。今者门户洞开，非通知时务、才可应变者，不足以任国事而济艰难。况朝廷既惩前毖后，缅追无兢惟人之休，在臣子当宣力效忠，聿明以人事君之义。古人有言："一世之才，自足以供一世之用。"奴才苟确有所知，何可壅于上达。

兹查有浙江秀水县廪贡生陶葆廉，操行纯笃，志趣宏远，于古今政治，能探厥本原，中外交涉，有洞明窍要。为前两广督臣陶模之子，家学克承，素笃忠爱。历随任所二十余年，凡当世之变故，见闻更为熟悉，群推大受之才，实属济时之彦。奴才访闻详确，用敢特登荐牍，仰副侧席旁求、激励群才之盛典。（《锡良遗稿·奏稿》，第264—265页）

是日　奏报查明广东潮州镇总兵蒯德浦被参各款。

奴才查广东潮州镇总兵蒯德浦被参各款，或事出有因，或查无确据，应请毋庸置疑。惟上年陕省需赈之时，各路纷纷运粮，急于星火。该总兵因粮多车少，派勇赴乡扣拿催雇，恃强逼勒，致招物议，虽属因公办理，未免操切，究有不合。应否将广东潮州镇总兵蒯德浦交部议处之处，出自圣裁。

朱批：知道了。（《光绪朝朱批奏折》第48辑，第460—462页）

10月23日（九月二十二日）　奏报黄河霜清安澜。

奏为驰报黄河霜降安澜，恭折仰慰圣怀事：窃照黄河两岸八厅河势工程情形，自交伏至白露，叠经奴才奏报在案。

从前白露以后，河水即渐平缓，万锦滩向不再长。本年则于八月十八日戌时又陡长水三尺五寸，十九日寅时续长水三尺，武陟沁河亦于十

七、八日两次陡长水二尺八寸，浩瀚奔腾，无异伏汛，而搜淘力猛，则又过之，实为近年来所未有。南岸上南厅荥泽汛九堡至十一堡及郑上汛头堡埽坝，屡见蛰塌，郑中厅郑工大坝一带，亦溜势趋刷吃重，情形同关紧要。北岸黄沁厅唐郭汛拦黄埝，溜仍圈注不移，卫粮厅阳武汛月石坝，多年淤闭之工，猝被溜注刷塌，其余中河、下南、祥河、下北等厅，亦各有迎溜要工。奴才分饬两岸道、厅、营汛竭力厢护，一面动用河防项下砖石，分投加抛，兼筹并顾，于慎重修守之中，仍力求撙节，不任稍涉糜误。现在节届霜清，各工均已一律厢修稳固。

奴才伏查本年大汛期内，黄河来源既勤且旺，历久不衰，以致两岸各厅，险工迭出，均得抢护平稳。此皆仰赖我皇太后、皇上至诚感格，河神默佑，得以化险为夷，安澜普庆。奴才欣幸之余，倍深懔惕。所有尤为出力各员，如布政使延祉，于库款匮绌之际，仍能勉力筹济工需，抢办得以无误；开归道穆奇先、河北道冯光元，皆老成谙练，调度合宜，有裨修守；奏派总办两岸河工委用道赵尔丰，朴实耐劳，办事得力，深资臂助；署开封府知府袁镇南，督同沿河州、县，催料集夫，不分畛域，均属著有微劳。合无仰恳天恩，俯准将延祉、穆奇先、冯光元、袁镇南均交部从优议叙，赵尔丰请仍以道员分省补用，以示奖励，出自鸿慈逾格。其余出力人员，仍照章先行存记，俟两年择尤汇保。（《锡良遗稿·奏稿》，第269—270页）

是日　恭报交卸河南抚篆起程日期。

奏为恭报奴才交卸抚篆，起程日期，仰祈圣鉴事：窃奴才前准部咨："光绪二十八年四月二十一日内阁奉上谕：'热河都统，著锡良补授。钦此。'"当即具折叩谢天恩，吁恳陛见。五月二十日钦奉朱批："著来见。钦此。"

兹抚臣张人骏业已抵豫，于九月二十二日将河南巡抚及裁缺河东河道总督各关防并王命旗牌、文卷等件，派委署开封府知府袁镇南、署中军参将文烁赍送抚臣张人骏接收任事。奴才即于是日交卸，二十五日起程北上，敬谨泥首宫门，跪聆圣训。（《锡良遗稿·奏稿》，第270页）

12月13日（十一月十四日）奏调已革道员泽宣等来热差委。

奏为边地需才，恳请调员差遣，以裨治理，恭折仰祈圣鉴事：窃维

1902 年（光绪二十八年　壬寅）50 岁

才难求备，节短可以取长；事贵通权，用功不如使过。奴才渥荷殊恩，简放热河都统，月前交卸河南巡抚来京，仰蒙召见，面奉训谕：认真整顿，并须改制等因，钦此。跪聆之下，钦佩莫名！奴才敢不黾勉图功，以期报称。惟是欲求措施之悉当，必须佐理之得人。无如塞外苦寒，地方又复不靖，怀瑾抱瑜之士，罔不视为畏途，避之惟恐不远。即如近日署热河都统臣松寿奏调改发山西候补知府曾培祺、河南试用知府戴廷谔，或则趑趄不前，或则甫到即去。势不能不经权互用，博采旁搜。

兹查有已革山西候补道泽宣，湖北荆州驻防举人；休致山西开缺永宁州知州高培焜，贵州监生。光绪二十六年拳匪乱后，奴才奉命巡抚晋疆，时值联军骎骎逼晋，风声鹤唳，候补人员半无固志，一切营务防务等事，均惟泽宣、高培焜二员是赖。迨至二十七年正月，联军勒晋退防，情形岌岌，因派泽宣偕同义教士范济，各赴法营面商退军事宜，曾经电奏在案。调任山西抚臣岑春煊知其能，事竣汇案由知府奏保道员；旋以署潞安府知府任内，借主教银两充作别用，奏参革职。刻闻银两业已如数归还。又二十六年冬间，芦台溃勇数千，骤由草地窜入晋北，沿途抢掠，几有汹汹欲变之势。忻州为省垣屏蔽，檄饬高培焜前往署理，妥为拊循弹压。复商原任四川提臣宋庆、现任直隶提臣马玉崑，会札新授四川松潘镇总兵郭殿邦，会同收械资遣，始臻静谧。然亦煞费经营，若非办理得宜，恐致不可收拾，为患非浅，亦经电奏有案。旋以"才足惑人，迹实放利，一经被察，遂请修墓避去"，奏劾勒令休致。在岑春煊举劾属员，固属一秉大公。而泽宣、高培焜均正年力富强，奴才追忆前劳，患难与共，确见其才足任事，听之废弃，未免可惜。且热河实当需才之际，用敢不揣冒昧，据实奏陈。合无仰恳天恩，垂念边地望治孔殷，可否俯准已革道员泽宣等由奴才给咨送部引见，抑或勒令该员等先行赴热，交奴才差遣委用，以资臂助。一俟诸事就绪，再行给咨送部引见，听后录用，出自逾格鸿慈。

十一月十四日奉到朱批："著照所请。钦此。"（《锡良遗稿·奏稿》，第 271—272 页）

1903年（光绪二十九年　癸卯）51岁

1月1日（十二月初三日）恭报接印任事日期。

奏为恭报到任日期，叩谢天恩，仰祈圣鉴事：窃奴才前于河南巡抚任内，钦膺简命，补授热河都统。九月二十二日交卸抚篆，十月十五日到京，趋诣阙廷，仰蒙召见。十一月十四日恭请圣训，幸承训谕之周详，复荷恩施之稠叠，捐糜莫报，感悚交萦。遵即起程，二十六日行抵热河，经署任都统松寿，于十二月初三日委派印务协领全龄，将都统印信暨文卷等件，赍送前来。奴才当即恭设香案，望阙叩头祇领讫。

查热河地当边塞，都统总理旗民，近年吏治日颓，盗贼充斥，宜如何修武备以严缉捕，养廉耻以励人才，辟地利以裕度支，兴学校以开民智，均非得人、筹款，不易图功。在他省尚有陈迹可循，热河地瘠才乏，诸事废弛，几如草创。奴才梼昧，深惧弗腾。惟有恪遵圣训，殚竭心力，认真经理，万不敢瞻徇情面，稍涉敷衍因循。遇有重要事件，会同直隶督臣袁世凯，和衷商办，以期仰酬高厚生成于万一。

十二月十二日奉到朱批："知道了。钦此。"（《光绪朝朱批奏折》第48辑，第558—559页）

是日　奏调赵道尔丰等七员来热差委。

热河吏治久欠讲求，以致人才异常缺乏，兹值举办开矿、垦荒诸政，事类创始，必须用人得当，方能措置合宜。

查有分省补用道赵尔丰，随同奴才办理晋防及豫省河务，精勤廉毅，洞达事机，深资臂助，历经奏保在案。现在豫河当差。查河工吃紧在伏秋两汛，刻当工闲事简之时；而热河百端待理，需才孔亟。合无仰恳天恩，俯念边地事务重要，准令赵尔丰暂行来热差遣，俟明年伏汛届期，

1903 年（光绪二十九年　癸卯）51 岁

听候河南抚臣张人骏札调，即饬回工办事。

十二月十二日奉到朱批："著照所请。钦此。"（《锡良遗稿·奏稿》，第 273—274 页）

1 月 12 日（十二月十四日）　奏请前由部垫教案赔款请作正开销。

奏为热河地方困苦已极，前由部垫赔款，无力筹还，吁恳天恩敕部作正开销，以恤蒙藩而苏民困，恭折仰祈圣鉴事：窃奴才查接管卷内，前朝阳花子沟教案，由钦派直隶提臣马玉崑办结，将朝阳应交赔款银三万七千五百十三两、东土默特旗欠交赔款银八千二百两，奏准由官垫付，赴部如数请领。前署都统松寿，提前付楚，赶将各属教案，一律清结在案。旋准部咨，行令提臣将部垫银两设法筹还，转咨到热，前署都统松寿未及核覆，移交前来。

奴才伏念热河地方异常困苦，早在圣明洞鉴之中。加之庚子多事以来，挪垫借欠，百孔千疮，道库一空如洗。本地既无饷源，自守卫园庭及驻防兵丁，无不仰给部库，不足，则全赖区区生息一款，未计口授食之需。从前尚有本省及福州二宗协饷；近则闽关已停解多年，省协又积欠不少。前因赔款，兵饷窘迫，急不暇择，将万不能动之生息成本，挪垫至七万余两之多，其挪用并欠发息利银亦二万余两。此万家嗷嗷待哺之钱，两任都统均暂救然眉，筹偿乏策，而又万不能不偿补者。此外两总管衙门及旗营兵饷，挪欠尚多。奴才到任，查阅积牍，体察情形，不胜焦急。即督饬营务处、求治局道府各员，赶将此次大赔款案内，宿逋旧欠，款案纠葛，逐项清厘，权其缓急，以便次第设措。因思部拨朝阳教案赔款一项，系提臣马玉崑亲见口外穷民之苦，推朝廷体恤蒙仆之恩。其后邓案之容易完结，实由矿典之深入人心，故帖然就抚，地方大定。现各属民、蒙，应摊赔款已一律停捐，宽其追比，以广皇仁。若一旦仍责筹还，势必互相骇异，又起浮言，深恐别生枝节。思维再四，焦灼莫名。合无仰恳天恩，俯念边地困苦，准将官垫教案赔款银四万五千七百十三两，敕部作正开销，出自逾格鸿慈。

十二月二十五日奉到朱批："户部知道。钦此。"（《锡良遗稿·奏稿》，第 274—275 页）

是日　整顿热河吏治。

奏为择尤举劾，以资整顿，恭折仰祈圣鉴事：窃维惩劝之方，贵乎宽严互用；激扬之典，务使清浊分明。热河吏治混淆，贤否久已不辨，若不亟树准的，则属吏无所适从，何以绥靖地方，振兴庶务？

奴才由京来热，于接见属员，询听舆论，并访之前署都统松寿，均以现署赤峰县事、即用知县张锡鸿为贤员之首，本任朝阳县知县王文翰为贪劣之尤；接任后，复加切实考证，洵属相符。查张锡鸿洁己爱民，能耐劳苦，虽无异人才具，而其清俭自持，知恤民隐，实为口外绝无仅有之员；应请旨嘉奖，以示鼓励。又查王文翰胆大贪婪，声名狼藉，应请旨将本任朝阳县知县王文翰即行革职，以儆官邪。此外尚有贪声素著之员，如知爱惜身名，改过迁善，应从宽予以自新之路；倘竟不知悔悟，惟有据实严参，亦不敢姑息，留为民害。

十二月二十五日奉到朱批："著照所请，吏部知道。钦此。"（《锡良遗稿·奏稿》，第275—276页）

是日　奏设求治总局。

热河百端待举，需款浩繁，无米为炊，事皆束手。现拟仿照直隶奏定章程，试办酒捐，并筹办盐碱等税及开矿垦荒，藉辟利源，以为振兴庶务之用。若分设局所，不惟糜费，而目下即无款可筹。现设求治总局，所有吏治及筹款等事，胥隶该局。派委热河道锡恒、奏调差委已革山西候补道泽宣督饬办理，以期撙节而归简易。理合附片陈明，伏乞圣鉴训示。

十二月二十五日奉到朱批："知道了。钦此。"（《锡良遗稿·奏稿》，第276页）

1月16日（十二月十八日）　奏陈整顿热河地方酌拟改制。

奏为遵旨筹议整顿热河地方，酌拟改制大概情形，披沥直陈，恭折会奏，仰祈圣鉴事：窃维积弊太深，革除须施全力；隐忧滋大，补救贵在及时。各省容有政治不修，茍荷不靖，而未有如热河官吏昏浊、盗贼横行如此其甚者也。臣袁世凯叠奉谕旨，饬筹整顿，臣松寿、臣锡良面奉训示，妥筹改制，因时制宜等因，钦此。边境多艰，上烦圣虑，跪聆之下，悚惕莫名。臣等谨将热河政事废弛之故，及图维整饬之方，为我皇太后、皇上缕晰陈之：

盖木腐虫生，由来者久。或贪谬不知大体，败坏官方；或庸懦不足有为，纵弛法度。而且政繁款绌，因朘民以自肥；地广官稀，更练兵之无饷。故盗贼始尚顾忌，继知官府无能缉捕，遂焚杀绑掠，明目张胆，结队成群。加以庚子之变，溃勇逃兵，窜出口外，遗弃枪械，贼得利器，竟敢抗我颜行，开仗对敌。维时直隶练军饬调内地，各官束手无策，为苟且目前之计，收留降队，分养四乡，盖至是而贼胆益炽矣。上年巨匪李汶武肆抢剑南，今春巨匪佟老疙疸、郭大蚁等啸聚围场，纠股内窜，致有迁安绑官之案，藐无法纪，遍地贼踪。先是练军回防，臣袁世凯将纵匪之营官，严参治罪，军气始为一振；并出示优价收枪，冀杜后患。提臣马玉崑督队出口，贼方敛迹。而假名仇教、聚众抗官之邓莱峰，负隅如故，人心又复惊扰，幸即剿除，贼党始知兵威可畏。臣松寿督饬直隶练军统领、总兵杨玉书各营，派兵击拿建、赤、围场等处，巨匪佟老疙疸等正法，地方幸复粗安。复商同提臣马玉崑，趁此机势，严饬各营，会同地方官，遣散降队，缴械归农，以免养痈贻患。统计热河十年中，教匪盗案，层出不穷，日甚一日，商民闭歇逃走，百姓死亡流离，不知凡几；所存者几于无村不抢，无户不绑，民不聊生，伤心惨目，至斯已极。现虽暂觉敉平，而伏莽孔多，朝若撤兵，夕即起事。提臣马玉崑顾全大局，仍留总兵孙多庆统领五营，分布建、朝一带，搜捕余匪，从缓撤防。然非自练得力之兵，不能常川驻扎，随时剿捕。无如热河瘠苦之区，又值凋敝之际，究竟能否筹有的款，尚无把握。臣等静验民情，详查贼势，仍觉善良气弱，凶暴气强，未经痛加惩创，终难免死灰复燃，乘机为害。热河远连奉、直，近拱神京，关系诚非浅鲜。臣等忝承恩遇，具有天良，夙夜思维，不安寝馈。窃以为欲清盗源，先澄吏治；欲除积弊，先养廉隅；尤非经武整军，不能荡涤瑕秽。早则保全者大，迟恐滋蔓难图。所有未尽事宜，应由臣锡良会同臣松寿随时妥商，认真办理。

合将会筹整顿热河地方酌拟改制大概情形，先行开单，恭呈御览。谨合词恭折具陈，伏乞皇太后、皇上圣鉴训示。

再，此折系臣锡良主稿，合并陈明。

十二月二十五日奉到朱批："政务处议奏，单并发。钦此。"

谨将热河酌拟改制及整顿事宜，先将大概情形，分条开单，恭呈御览。

一、宜慎选大员也。热河都统，管理旗蒙，兼理地方，地广事繁，责任重大，俨同督抚，非专管旗务者可比。嗣后都统缺出，拟请专用文职大员，以资治理。

一、热河道员缺宜酌予变通也。热河道一缺，叠经臣工条奏，满、汉并用，意在取才较广，可期得人。惟该道既绾升迁调补，又综例案刑名，一身而兼藩、臬两司，事体繁要，无论满、汉，均非初历外官所能胜任。查各省首府，必才能出色、为守俱优之员，始克调补。拟请遇有缺出，专于各省首府内请旨简放，则事理练达，必可称职。至承德府知府，遇有缺出，仍照吏部前议，不分满、汉，请旨简放。遗缺知府，由都统会同督臣，于通省现任知府内，拣员调补，以精选择。以上道府二缺，边俸期满，果系实心任事，确有政绩，会同保奏，拟请旨遇有应升之缺，开列在前，即令留任候升，不必调补内地。其俸满，政事中平，会拣内地贤能之员互调，以重地方。

一、同知、州县等官俸满宜免开缺也。定例口外同知、州、县三年俸满开缺，撤回内地，以相当之缺调补，原系优奖边员之意。而各该员初到任时，情形不熟，迨甫知地方利弊，又将开缺他调，遂存五日京兆之心，所以事多废弛。甚至实任人员，大半俸满开缺，委署无人，权以佐杂代理，吏治因之更坏。应请俸满之员，仍行留任，由热河都统出具考语，移咨直隶总督，遇有内地之缺，照章调补。所有遗员缺，即以留热候补之员，照章拣补。庶实任者久于其任，可以尽心办事，候补者有缺望补，可以奋勉当差，于地方实有裨益。

一、宜添官分治也。热河幅员辽阔，每一州、县所治动辄数百里，不但寻常词讼传审维艰，即命盗重大案件，亦付之无可如何，一任巨匪土豪鱼肉乡民，而莫之恤。其情固属可恶，而地而过远，亦实鞭长莫及，势非添官，不免顾此失彼。查朝阳县距郡六百二十里，壤接奉省，为盗贼出没之区，治理最难。拟改设一府，兼理民事，治东添设一县。平泉州、建昌县，地亦旷大，拟于建、平酌中添设一县。新添两县及旧设建昌县，归新设知府管理。围场厅原设同知一员，拟放荒后添设知县一员。惟增一官，即增一官之费，官易设，而款难筹。拟俟各项税务筹办有著，如何措置，详细情形，再行奏明添设。

| 1903年（光绪二十九年　癸卯）51岁 |

一、宜开浚利源也。现拟仿照直隶奏定章程，征收酒税；其盐碱烟土，一并稽征。至热河金银矿产甚多，大半皆用土法采取。拟由官先行自办一二处，得有功效，逐渐推广，禁止垄断，以期大利公溥。其围场荒地，前经勘明，拟再确查妥办，不准包揽，农民方沾实惠。所有增官、兴学、练兵、捕盗以及弥补赔款、亏挪息本等项，均于以上数款是赖。现在赶紧派员确切查勘，次第筹办。

一、宜讲求武备也。口外练军防营，现有十数营；无如山陉纷歧，盗贼充斥，仍觉地广兵单，不敷分布。惟练兵须先筹饷，方免饥溃之虞。拟俟饷筹有著，即行举办。

一、宜振兴学校也。口外民风素悍，知恃强而不知明义。若必谓化萑苻为械朴，亦属迂论。然一乡一邑多读书明理之人，日久涵濡，或可渐戢强暴。继兵威而示礼法，则广设学堂，亦渐仁靡义之道也。拟自承德府先行开办，以为各属倡。

一、宜增给公费也。口外各州、县，大半无粮税羡余，全恃卯规以为办公。州县用度浩繁，入款短绌，遂巧取横求，民不堪命。盗贼之横行，地方之凋敝，皆官员贪墨、吏治不修之所致。今欲责其职守，须先赡其身家。公费既丰，再有贪员，严参治罪。拟俟筹定之款，分别酌给津贴。至上司收受属员馈送，本于例禁，前经裁革节寿，改为公费。乃近年公费外，又收节寿。属员有恃不恐，益肆贪婪，吏治所以日坏。现已重申禁令，永远裁革，以端政本而肃官方。（《锡良遗稿·奏稿》，第276—280页）

1月18日（十二月二十日）　奏请暂留武卫左军以保地方。

热河地方不靖，本年朝阳之案，经提臣马玉崑督队剿捕，始获敉平。惟是伏莽尚多，人心未定，土匪马贼，出没靡常。现在地面稍安，实因武卫左军择要驻扎，幸得帖然无事；若遽议调撤，深恐贼党乘隙思逞，情形实属可危。故现在该军之去留，关系最为重大。叠据喀拉沁东旗贝勒熙凌阿等并建昌县绅商，恳乞暂留该军，以保地方等情前来。奴才先已咨商提臣马玉崑暂缓撤防，提臣顾全大局，即饬该军统领总兵孙多庆将所带五营，仍留原防，以资镇慑，实于地方裨益匪浅。

十二月二十九日奉到朱批："知道了。钦此。"（《锡良遗稿·奏稿》，第282—283页）

是日　奏报所有光绪二十七年分承德府滦平县等处官仓铺垫报销银两情形。(《光绪朝朱批奏折》第89辑，第716页)

2月3日（正月初六日）　酌拟热河矿务章程。

奏为酌拟热河矿务章程，缮具清单，恭折仰祈圣鉴事：窃查热河山多田少，物产不丰，而蕴蓄矿产甚富。自咸丰初年，即议开矿，当时利源乍启，人多未谙，办者尚少。近年以来，风气大开，恐后争先，趋之若鹜，人兼民、蒙，股集华、洋，群存垄断之心，渐启争夺之势；若不妥筹良法，厘定章程，将恐上无所持，下无所守，纠纷错杂，不惟于地方有所不宜，即矿商亦大不利。奴才心窃虑之。检查历次外务部矿路总局颁发各章，往复寻绎，并访察边塞情形，略得梗概，谨拟办矿章程大纲四条，细目二十四条，另缮清单，恭呈御览。应请敕下外务部核覆，以资遵守。

谨将酌拟热河矿务章程，开单恭呈御览。

开矿条规：

一、呈报总局　热河现经奏设求治总局，矿务胥隶其内，所有商人禀请开矿，呈验资本、合同，皆赴该局投递，不准向委员私宅请谒，科房关说，以绝弊端。凡禀报事件、批解课银亦如之。

一、咨明外务部　凡禀开矿，应由都统查明一切，均与定章相符，方予咨明外务部查核，俟覆准后始准给照开办。其在外务部呈请者，亦须咨明热河都统委查，果无蒙混窒碍，俟咨覆核准，始作为准行之据。无论蒙、民一体遵守。

一、声明股资　凡开矿资本，应先于呈内将是否已资或集华股，或有洋股若干，详细声明，不准隐匿蒙混，致滋流弊。

一、呈验合同　凡借用洋款及招集洋股，议订草合同后，禀请都统及外务部覆核，倘与定章不符，碍难照准，不得以草合同作据。

一、详明四至　从前开矿者，往往假借地名，希图狡赖，如平泉已有旧矿，而请办八沟，赤峰已有旧矿，而请办哈达之类，① 随至易启讼

---

①　按：八沟为建平旧名；哈达乃乌兰哈达之简称，为赤峰原名（蒙语"乌兰"即汉语"赤"；蒙语"哈达"即汉语"峰"）。

端，纠缠难结。嗣后禀请初办，必须于呈内详细注明四至及距县里数，绘图贴说，俾可派员查明，以杜争竞。

一、委员查勘　凡禀开各矿，无论在外务部呈请咨文到都统，及先在都统呈请，均须札由总局转饬地方官详细查明是否在他人承办界内，及有无各项情弊，如距县治窎远，亦可委员往查，均俟禀覆核定。倘有瞻徇，禀覆不实，则为原查之员是问。委员盘费由总局发给，不准向该商需索馈遗，违则究办。

一、由官试办　热河矿产所在多有，现在需款孔亟，若仅恃商办，不足以兴利源。嗣后采有矿苗旺盛之区，并无商人开办及办而报赔停闭者，即由总局派员暂按土法试办，所需成本，即在矿税项下动支，作正开销。一切利益均归国家，俟有成效，酌量扩充。统俟一年汇奏。委员优给薪水；倘查有丝毫弊端，即行参究。

矿厂限制：

一、指明地段　矿地标占，迹近垄断。嗣后呈请开矿，应指定地名，大矿在二十里限内，小矿在十里限内，不准同时预指数处。在限制之外，如开办之处，已报升课，方许复请他处，查明无碍，方准开办。

一、划清界限　矿地界址，务须分明；倘有两矿毗连，难免互相侵越。嗣后新开之矿，不准在旧矿窿口相距二十里之内，以杜争端。

一、区别新旧　凡旧有各矿，或因苗线隐闭，或因无力开办，业经封闭者，是已归还公家，不得据为己有；若易人禀办，自与旧商无干。惟新经开采之人，亦须据实声明，以便查核旧卷因何封闭，有无别项镠辖，方免争讼。

一、禁私易承办官商　凡批准开办之矿，或因财力不足，或因硐老山空，即应呈请封闭，不得私相授受。如有添股易人之事，果无丝毫弊端，亦须先行呈明，遵照新章，按照初请试办之法，咨候外务部复准给照，另缴押课银两，方准接办；违者究治。

一、照给蒙地山分　热河东四处，率皆蒙地。向章办矿，国家抽收课银外，仍给蒙旗应得山分。今应仍照旧章，凡开新矿，须向蒙旗商定山分，禀局存案。

一、限制官吏开采　凡就地在官之人，开办各矿，流弊滋多，嗣后概行禁止。如有愿办者,官即先行咨部离省,吏即饬令罢役,方准开办。至乾股一项,尤当严禁,违者查出究惩。

税课科则:

一、升课期限 向章试办矿务,予限升课,多则半年,少则三月。限内已炼金、银,即应升课,往往隐匿不报;狡黠者为日既久,伪报停采,其实并未停工,一经催令请封,复报开采,弊窦甚多。嗣后批准各矿,自给谕日起,统限半年呈报升课;如或逾期,自必矿苗不旺,难期开采,即令呈请封闭。倘实因土深石硬,并非有意偷漏,准其先报验明,酌准展限,至多不得再逾半年。至原限内已金银,即行升课,不得拘定期限。

一、押课银两 旧章金、银各矿,每处仅交押课银三百两,煤窑一处,仅交押课银五十两。嗣后宜变通酌增:每报华、洋合办大矿一处,应令预交押课银一千两;至报开土法小矿一处,仍准照交押课银三百两。自给谕后,凡报开各矿,半年未报升课,呈请封闭者,给还一半押课银两。呈请展限,限满又复请封闭者,给还押课银十分之二。逾限不报封闭者,一面勒令封闭,仍将押课银归公。倘升课拖欠课银,即将此项作为正课,另饬补缴押课。煤窑包课,如有欠课款者,惟承保人是问。

一、呈缴照费 准外务部奏定新章,凡开矿务领照,均纳照费。嗣后禀开各矿,一经批准给照,拟视资本多寡,酌量缴费:大矿一百两,小矿五十两,以资办公。如日后该矿停办,应将原领执照即行缴局注销,以杜影射蒙混之弊。

一、暂轻矿课 热河向章矿课,每十成抽收二三成不等。嗣因课款过重,非隐漏即闭歇,毫无实济,复经奏请每出金百两收课金六两,出银百两收课银八两,由矿路总局咨准。现热河境内金、银各矿,抽矿数目,应暂照所拟通融办理,作为现行试办章程。以后察看情形,如果各矿办有起色,再行酌升抽数。

一、体恤贫民 热河地瘠民贫,矿多脉浅,小本商人,呈请开矿,就山设厂,赊借食用,得砂偿还。贫民费终日挖淘之力,仅敷糊口,商人获利甚微。矿尽工停,旋开旋闭,非拥厚资办巨矿者可比。若一律责令赴部领照,势必无力经营。穷苦小民,谋生无路,恐致流而为匪。应

1903年（光绪二十九年 癸卯）51岁

请酌量变通，资本充足者，遵章请领部照；其小本营生者，遵照旧章呈交押课，金、银矿三百两，查系实属安分良民并无蒙混窒碍，即由都统发给执照，以示体恤。

一、惩警隐匿　金、银各矿，最易弊混。嗣后凡有隐漏税课，按应报之数，加五倍罚收，无论民、蒙、华、洋，一律遵照，如敢故违，勒令封闭。

一、酌提局用　设局经费、委员薪水、查矿川资等项，前经奏明，无论收课多寡，提局费二成，请免报销在案，自应循旧办理。

一、抽提赢余　矿务赢余，应仍照矿路总局奏定章程，按十成之二五提出缴部。

查护事宜：

一、严查匪类　矿厂用人较众，良莠难齐，游勇盗贼，往往混迹其间。办矿者岂能尽识根底，缉匪者又难入矿搜查，致矿厂竟为逋逃之薮。嗣后严定章程：凡有前项匪类逃入，经勇役访明，即著密禀地方官或营官严密知会，准勇役前赴该矿查明确实，临时斟酌情形，或责成该矿交出，或由该勇役缉拿，不得暗通消息，致令逃匿；尤不得借此袒护，或致恃众抗拒；违者究办。

一、派员稽查　寻常小矿，委员周流巡查。大矿派员专驻，由厂拨给房间，作委员公所。矿产账目，委员有查阅之权。凡每日出金、银若干，共月出金、银若干，照章应征课若干，由该厂会同委员按月呈报。如有不实，委员单衔密禀，以凭究罚。倘贪利扶同隐饰，查出重究。税课收有成数，即行批解，毋得拖延，致干催提。至委员薪水、一切总局支发，不准向厂需索丝毫供应，违则参办。

一、拨兵巡护　各矿夫匠云集，必须有弁兵巡查保护，应禀请都统委派。所需教练经费、口粮，均由该公司筹备，按月支给。如系自募护勇，应先禀明，按季造送花名细册，以便稽考。

以上各条，谨就热河情形拟定，余仍遵外务部矿路总局奏定章程办理；其有未尽事宜，随时斟酌损益，分别奏咨妥办。至热河地广矿薄，里限课额稍从宽大，他处不得援以为例，合并声明。

正月十五日奉到朱批："外务部议奏，单并发。钦此。"（《锡良遗稿·

奏稿》，第283—287页）

  是日 奏陈蒙古各旗矿务请饬外务部妥议办法。

  奏为蒙古各旗议办矿务，有违定章，请旨饬下外务部妥议办法，以便遵行，恭折仰祈圣鉴事：窃查光绪二十六年四月十一日，据喀拉沁王旗呈称："闻有在京商人孙姓，伙同洋人筹备巨款，采办该旗霍家地金矿，似将该旗卖与洋人；呈请另招华股，不准筹集洋款采办，以杜流弊"等情。乃二十八年十月二十六日接准外务部咨："据逸信公司华商孙树勋等禀称：'蒙喀拉沁王招赴该旗承办右翼全旗五金各矿，拟就合同十四条，已于二十八年四月二十三日蒙喀拉沁王签字盖印，饬准开办；现已延聘矿师，不日即往该全旗地方履勘，照抄原订合同，呈请立案，由外务部咨查前来。署都统松寿因查此事未据呈报有案，当经札饬喀拉沁王旗查明是否属实，禀候咨覆去后。现尚未据呈覆。

  惟查该王旗初则严禁洋股以冀收回利权，今则将全旗矿产并未在外务部暨奴才衙门呈报有案，率订合同包给商人孙树勋等合办，其先后办法，已觉自相刺谬。且热河所属各矿，多隶该旗境内，如会办矿路大臣臣张翼所开之土槽子、骆驼脖子、长皋，前任都统色楞额奏明开办之密云乡、霍家地、城子山、王家杖子等处金、银各矿，以及五家子、庙儿梁、岗义庙、大小烈山、宽城子等处煤矿，均已报升课额，为接济兵饷之需。今查喀拉沁王旗所订合同，并不指明何地何矿，遽将右翼全旗包括在内，仅以二成五股票呈送该旗；又称免去出井矿产厘金，于热河定章、国家课款全置不议。

  又于二十八年十月二十九日准外务部咨："据华俄洋行代办璞科第禀称：'二十八年夏间，有热河所属卓索图盟喀拉沁中旗扎萨克辅国公汉罗扎布，因见所管旗内矿产甚多，向该行派人遍行勘验何处可以开采，并与道胜洋行立有合同。当经该行派工前往勘验，得该旗内八里罕热水沿河四至山头岭顶以内出有金矿，可先开采，并与该公司商定：约计股本需银三万两，遵章缴照费银三百两；矿产出井，亦照章于每百金纳税十五两；再有盈余，亦照十成之二五例报效，请将执照先行给领，以便缴费'"等情，呈由外务部咨经签署都统松寿，以卷查此案，都统衙门亦未呈报有案，且所呈沿河四至山头岭顶，并未指明界限，即所指八里

| 1903年（光绪二十九年 癸卯）51岁 |

罕热水，系建平矿务分局归会办矿路大臣臣张翼承办之矿，尤属重复，亦经札饬喀拉沁中旗查覆去后。

兹据该中旗呈称：以"八里罕热水沿河均有河金，山顶系属线金，现与道胜银行议定，愿出股本购买机器开采，当经订立草约，载明沿河山顶均准开挖，正合同已由该旗钤盖印信，因洋东尚未签字，是以未经呈请转咨"等情前来。

奴才查前准统辖矿务铁路总局奏准申明增定矿务章程内开："嗣后华、洋股本均令各居其半，方准开办，以免偏畸；仍由华商出为领办。若洋商不由华商领办，径行请办者，概不准行。"又"各商请办矿地，只准指定某县之一处，不准兼指数处，及混指全府、全县，以杜垄断"等语。今该王旗等一则虽由华商出名请领，既未据声明华、洋股本若干，又不指定一处，率以包办全旗，冀图垄断；一则该洋商不由华商承领，径行定约请办，亦未指明界限；均与定章不符。且其中均有会办矿路大臣臣张翼暨热河奏准开办之矿，多已报升课银，为饷需至要之款，似此窒碍多端，恐启将来争竞之弊。相应请旨饬下外务部妥速核议，明定章程，俾资遵守，实于矿务、国课两有裨益。

正月十五日奉到朱批："外务部核议具奏。钦此。"（《近代史所藏清代名人稿本抄本》第3辑，第128册，第1—14页）

2月14日（正月十七日） 为整旗务而育边才，奏请酌裁旗营练饷并挑选弁兵咨送北洋学堂教练。

伏念热河原设驻防八旗，藉以拱卫神京，控制蒙部，祖宗成宪，意美法良。奴才抵任后，详加体察，各旗虽称瘠苦，风气尚属朴厚；只以生长边隅，见闻孤陋，自枪率炮准以及测绘行军，墨守旧法，苦无进境。窃以为欲蓄三年之艾，须置庄岳之间。特一时就地创设武备学堂，不第经费浩繁，且师授难求，尤恐费多功少。拟请援照京旗成案，挑选热河驻防弁兵年力精壮才堪造就者，分将弁、兵丁两项，将弁以二十名为率，兵丁以一百名为率，资送北洋，附堂肄习，俟学成而后，既可储将领之材，且可备教习之用。

惟是热河地方荒瘠，款难骤集。且查强胜各营练饷每年共需银七万七千余两，除直隶协饷及库款、矿税并截留四税课银外，不敷甚巨。伏思足兵之法,先在足食,节制之师,成于训练。驻防马步各营,优劣不同,操练亦异。目今饷项不敷,与其兵费虚糜,不如酌量裁减,且于撙节饷项之中,即寓汰弱留强之意,移本营原有之款,仍为培植弁兵之资。刻已督饬营务处则其各营弁兵疲弱、操防疏弛者,核实裁减。计将右营马队裁去百名,前营步炮队裁去炮兵二十名,并量减前营月饷,每年计可省银一万一千余两,以一半剪裁阘冗,既可弥补额亏;以一半赏练弁兵,又免另筹新款,一转移间,似觉旗务、军实两有裨益。一俟度支稍裕,将材较多,再行扩充加练,俾成劲旅。

正月二十五日奉到朱批:"著照所请,该部知道。钦此。"(《近代史所藏清代名人稿本抄本》第3辑,第128册,第24—32页)

是日 因热河近年盗风甚炽,奏请缉获贼匪酌照奉天例惩办。

热河近年盗风甚炽,执持洋枪,三五成群,白昼肆抢,甚或焚掠屯铺,抗拒官兵,狂悖情形实与响马强盗无所区别,行旅居民受其荼毒,惨不忍言。

伏查定例,奉天地方,匪徒纠伙抢夺,不论人数多寡,曾否伤人,但有一人执持鸟枪者,不分首从,照响马强盗例斩枭。热河地方情形与奉天一律,以后遇有此等案件,应请旨酌照奉天例惩办。

正月二十五日奉到朱批:"刑部知道。钦此。"(《近代史所藏清代名人稿本抄本》第3辑,第128册,第32—36页)

是日 主张开放围场荒地设局招垦以裕课款而济要需。

奴才到任后,查口外额赋无多,常年饷需全资户部、直隶协济。前次教案赔款,提用生息本银七万余两,至今无款弥补。加以现在添兵制械,增官建署,俸廉经费以及将来开办学堂等事,在在需款浩繁,若非设法开源,则仰屋徒嗟,诸事无从措手。自应将五川荒地赶紧招垦,目前所得押荒稍救眉急,日后所征课额可济饷需。正委员勘办间,皆准户部咨查,当经札委奏调差遣已革山西候补道泽宣并原查委员协领根龄前往,将东围伊逊、布敦二川,西围孟奎、卜格、牌楼三川,周历覆勘丈量,计应行开垦荒地二千三百余顷;其中山坡、沟岔、坑坎、沙石、河道尚未开除,核与前任都统色楞额奏报之数,大致相符。惟色楞额原定章程,系分上上则、上则、中则、下则。上上则每地一顷交押荒银六十

1903 年（光绪二十九年 癸卯）51 岁

两，上则交押荒银五十两，中则交押荒银四十两，下则交押荒银三十两，无论何则每顷交耗银三两；至每则应留出村基地亩若干，尚未议及。奴才现在博采众论，体察情形，所有应收荒价，尚可酌加。拟仍按原议定章，分为四则：每地一顷，上上则收押荒银一百二十两，上则收押荒银一百两，中则收押荒银八十两，下则收押荒银四十两。每户领地一顷，无论何则，附领村基地二亩，每亩均照上则交价。又每交荒价银一百两，照奉天开办东流水围荒地亩章程加一成五耗银，以资办公经费，于筹济要需，不无裨益。现经督饬各员前赴围场设局招佃，承领开垦升课。至五川外所余三十五围之中，如有可以垦种；无碍围座者，酌量开放；严禁越垦，以示限制，仰副圣朝肄武劝农之至意。（《近代史所藏清代名人稿本抄本》第3辑，第128册，第40—63页）

2月25日（正月二十八日） 奏报抽调勇营添练新军而资镇摄。

奏为抽调勇营添练新军，以固边防而资镇慑，恭折具陈，仰祈圣鉴事：窃奴才上年到任后，会同前署都统臣松寿、直隶督臣袁世凯奏陈整顿热河大概情形，以地方多盗，必须自练得力之兵，方可随时剿捕。近复悉心体察，盖兵力单则盗风炽，官军盛则贼势衰，其势相因，理有不爽。庚子之役，驻扎热河统领直隶练军、总兵杨玉书所部各营，奉调口内，马贼游匪即乘机蜂起，由朝阳蔓延建平、赤峰以及围场，到处焚杀淫掠，猖獗异常，荼毒生民，备极惨酷。迨杨玉书统队回防，提臣马玉崑派军出口，先后剿办，贼氛稍熄。马玉崑现虽暂留五营，势难久驻。杨玉书所统直隶练军八营，散布千数百里，兵分力单，不免顾此失彼。且现在口外伏莽尚多，盗贼充斥，绑掠之案几于无日不有；商贾裹足，民不聊生，若不痛加惩创，为害伊于胡底？亟应早为筹画，以资捍卫。

兹查有直隶练军右营管带、游击尹德盛，朴实勇敢，缉捕勤能，拟将该管带原营马队抽调作为热河自练之军，并将八旗原练强胜军内有马队后营，系属募勇，并历练丰字步队二百人，添募三百人，合成步队一营，一并归尹德盛统领，名曰热河练军。又新募卫队一百名，专饬训练新操。所有各营饷项，除强胜马队一营仍由直隶协饷支领外，其新添马步各一营及卫队一百名均须由奏明新增税务项下动支；而各税事属创办，尚难约计成数，如果将来收数稍丰，即当随时添练步队一营，方敷分布。

现在拟先将三营募练齐整，分扎赤峰、围场、丰宁等属，以固西北一路。其杨玉书所统八营于东南途径较熟，仍驻朝阳、建昌、平泉等属，以防土匪勾结奉省马贼窜越肆扰。如此分地置兵，无事则往来巡警，有事则互藉声援，既免兵稀地旷、救应不及之虞，且收以守为战、先事预防之效，似于边防营务两有裨益。如蒙俞允，奴才当严饬该统领等认真训练，务期捕除丑类，保卫地方，仰副圣主绥辑边陲之至意。

再，尹德盛所遗直隶练军马队营勇，应归杨玉书自行募补足额；强胜后营本非旗兵，毋庸再补。至新军饷干，均照直隶练军章程办理。合并声明。

二月初十日奉到朱批："著照所请，该部知道。钦此。"（《近代史所藏清代名人稿本抄本》第3辑，第128册，第71—81页）

3月23日（二月二十五日） 特参代理粮捕同知薛广俊革职勒追。

奴才到任后，时派委员周查密访各处情形，迭据禀称：围场去秋七月陨霜，非常灾歉，目下贫民仅恃糠秕延命，甚有求糠而不得者，鹄面鸠形，极为伤心惨目。推厥由来，不能不痛恨于贪劣之官。热河库款无存，只有动用垦荒银两抚恤灾重之区，以资拯救。并访闻该代理同知尚有侵吞土药税情事。当将该员撤任，严饬接任之员，确查禀覆核办。似此上侵公帑，下害民生，胆大贪婪，殊出情理之外。若仅予参革，不复严追，则贪员财富自娱，转为得计，不足以示儆戒。相应请旨将候补知县薛广俊即行革职，饬热河道督同承德府知府，认真查办看管，勒限严追；倘敢玩抗不交，再行严参治罪。庶贪员知所畏惧，吏治可期整顿矣。

三月初五日奉到朱批："著照所请，该部知道。钦此。"（《锡良遗稿·奏稿》，第299—300页）

4月4日（三月初七日） 密陈贤才。

奏为敬举贤才以备任使，恭折密陈，仰祈圣鉴事：窃维知人则哲，自古称难，不共艰危，其人之才识气节不见；共事不久，则察之不审，知之亦不能真。奴才阅历本浅，又寡交游，何敢轻语知人。然素怀以人事君之义，尝于所属文武各员，留心考察，见才识优长，气节卓越，得河南委用道赵尔丰、山西大同镇总兵刘光才二员焉。谨为皇太后、皇上缕晰陈之：

| 1903 年（光绪二十九年　癸卯）51 岁 |

　　查赵尔丰，光绪十年间，部选山西忻州静乐县知县，值新授陕西按察使许涵度方任忻州知州，常谓该员办事敏捷，莅政勤能，自以弗如，逢人称道。十四年，奴才任绛州知州，该员调署永济县，同隶河东道属。该县南乡飞蝗入境，该员督饬围捕，驻乡数月，歼除净尽；捐廉二千余金，不领公款。二十四年冬，奴才蒙恩简放山西按察使，进京陛见，仰荷垂询晋省贤员，当以许涵度、赵尔丰奏对，嗣蒙召见回晋。二十六年夏，奴才在湖南藩司任内，率兵入卫，八月赴晋迎銮，蒙恩简放山西巡抚。维时强敌逼境，晋防万紧，防军营务处湖南候补道张成基暴陨防次，全军震骇，省垣亦甚惊惶，立即电调该员飞驰赴防。敌踪已过获鹿，势将长驱直入，岌岌可危。幸刘光才统兵绕道入晋，扼扎东天门，敌军猝至，连开巨炮，刘光才亲率弁勇，筑垒如故，屹不为动。敌将欧具，畏而忌之，多方散谣设间，冀撼我军。全权大臣迫不得已，电令退防。奴才叠电悬缓，并请订明我退彼不得进。全权大臣复经严檄刘光才，勒限撤退。而刘光才商之奴才，示以现当乘舆幸陕，恃晋为保障，敢退缩者，军法从事。一面密嘱赵尔丰委婉劝导，坚忍苦守，勿生衅端。赵尔丰朝夕周历各营，明示激励，暗实羁勒，是以敌军无可藉口。彼时事极危迫，进退皆非，刘光才、赵尔丰心存君国，置祸福利害于不顾，若非忠勇性成，曷克至此！迨奴才交卸，岑春煊接任，和局已定，奉旨撤防，敌军竟入晋境，刘光才先事预筹，整旅而退。敌人大惊，恐断归路，藉有电调，乃回直界。适已革山西候补道泽宣，奉委赴敌营犒师，欧具留宴，品评晋将，伸拇指推刘光才为第一，其为敌人所重如此。论者谓晋防一役，关系大局，固由于刘光才之素饶胆略，亦由于赵尔丰之善于维持。乃事定论功，该员等毫无奖叙，而奴才叠承恩擢，赏赍频加。回念同袍，荣枯攸判，不禁恧然愧怍。查刘光才系原任两江督臣刘坤一族侄，素所倚任。其才猷韬略，得有渊源，故能轶众超群，为湘军良将。该员已得记名简放提督，赵尔丰已蒙恩交军机处存记，应如何加恩录用之处，出自逾格鸿慈。

　　二十九年三月十五日奉到朱批："留中。钦此。"（《锡良遗稿·奏稿》，第 302—304 页）

　　是日　密举贤员锡恒。

热河贪劣各员，业经奴才先后据实奏参，嗣后吏治或可渐冀挽回。惟是植苗之方，必先去莠，而激浊之道，尤在扬清。查奏调各员，现已陆续到热，大半历经试验，知其得力。咨调直隶州、县，向来以不甚爱惜之员，搪塞出口。督臣袁世凯知奴才实意图治，代为精选才能之吏，咨送差遣，实足以资臂助。尤幸热河道锡恒，独能于昏浊疲玩之中，挺然特立，不染恶习，其志趣固有过人，而才具亦属开展。数月以来，奴才留心察看，见其朴实勤明，识见正大，遇事布置井井有条；且年力富强，加以阅历，进境正未可量。奴才初不意于边地得此贤员。现值时艰孔亟，需才甚殷，不敢不据实胪列，上陈圣主之前，敬备采择，稍尽以人事君之义。

三月十三日奉到朱批："锡恒交军机处存记。钦此。"（《锡良遗稿·奏稿》，第305页）

4月19日（三月二十二日） 补授闽浙总督谢恩。

奏为叩谢天恩，并吁恳陛见，恭折仰祈圣鉴事：窃奴才恭阅邸抄，光绪二十九年三月初八日，钦奉上谕："闽浙总督著锡良补授。未到任以前，著崇善署理。钦此。"当即恭设香案，望阙叩头谢恩讫。

俯念奴才猥以庸陋，叠被鸿慈。前抚中州，愧无涓埃之报；量移边关，正值疲敝之余。视事以来，目睹官贪民困，盗横兵单，亟思殚竭血诚，力图挽救，以为绥靖边陲之计。乃经营方始，未奏寸功，而恩遇有加，复蒙特简，谬膺兼圻之重任，深惧椎昧之弗胜。惟有仰恳天恩，俯准奴才趋诣阙廷，跪聆圣训，俾伸瞻就，而资秉承。

四月初三日奉到朱批："著来见。钦此。"（《锡良遗稿·奏稿》，第305—306页）

是日　奏报热河遍山线土槽子银矿改照现定章程征收课款。

查遍山线银矿，自咸丰三年八月初一日升课，奏定章程，每银一两征收正课银三钱，耗银三分；咸丰四年春季，加增课款，按每百两收课银三十五两，耗银三两五钱；咸丰六年，复奏增课，每银一两征课银四钱，耗银四分，外捐解费银一分；旋因矿沙不旺，奏明核减，仍按每银百两抽正课银三十五两。又蒙境土槽子银矿，自咸丰十一年二月初一日升课，奏定章程，每银一两抽收课银二钱五分，耗银二分五厘，解费银

1903年（光绪二十九年 癸卯）51岁

一分五厘；同治二年正月起，照遍山线章程，每银一两，征课银三钱，耗银三分五厘，解费银一分五厘外，由该厂径交喀拉沁王旗抽分银一成，历久遵办。嗣因矿商赔累，于光绪十三年经直隶督臣李鸿章饬派候补道朱其诏前来接办。是年遍山线正课、耗银、解费等项，仅交银七百九十四两零，土槽子亦仅交银三百两零。嗣后即按是年所交数目呈交，岁以为常。迨朱其诏卸办后，由江苏候补道徐润接办，旋又并归督办路矿大臣张翼经理，仍均照依前数呈解，并无增减，几成定额。光绪二十三年，前都统松寿奏请按照现征课银数目，酌加四成，遍山线每年亦仅交银一千零一十余两，土槽子交银四百二十余两。奴才到任后，整理各矿务，查悉从前所定每银百两征课银三十五两及三十两，均因课款过重，转滋隐漏之弊，殊属有名无实。随即派员往查，一面咨商督办路矿大臣张翼。旋准覆称，拟自光绪二十九年正月为始，应交课银，均照热河奏定章程，每银百两征课银八两，由奴才派员驻厂监收，仍照章尽征尽解。自本年正月起至二月底止，两厂共征课银五百二十四两三钱三分零九毫二丝八忽，已据按章解交求治局兑收。计两月所收课银，较之从前通年课数，已将及十成之四。以后果能杜绝隐漏，每年约可增银数千两。所收银两，归于征收热河金银各矿课银数目案内汇同奏报；仍照章提出局用二成，以资办公；并请照章免其报销。其蒙境土槽子银矿，喀拉沁王旗应得山分，历年该厂仅交银一百二十四两零。奴才酌中拟定，饬由该厂每年径交该王旗抽分银二百两，亦较前数加增，以示体恤。

四月初三日奉到朱批："该部知道。钦此。"（《锡良遗稿·奏稿》，第306—307页）

是日　奏请整顿驻防八旗义学并请拨围地百顷作为经费。

育才以兴学为本，兴学以启蒙为先。热河驻防八旗，向有义学七处，训迪童蒙。因生息银两本属无多，光绪二十六年以来，息银并未能如数呈解，经费为难，造就未广。据印务协领全龄等呈请拨济款项，以资推广整顿等情前来。

查蒙学至为要务，而热河现无闲款可筹，拟请于奏明放荒之围场地亩内，拨给地一百顷，由该协领会同热河道招佃放租，以每年所得之租款，专充学堂经费；即就原有义学，扩充八旗蒙学堂，兼收承德本郡童蒙，以广教育而培人才。并请免其按年造册报销。

奴才为振兴学业起见，除檄饬围场垦务局先行勘明地亩外，是否有当？理合附片具陈，伏乞圣鉴训示。

四月初三日朱批："著照所请，该衙门知道。钦此。"（《锡良遗稿·奏稿》，第309—310页）

4月30日（四月初四日） 调署四川总督谢恩。

奏为叩谢天恩，遵旨进京陛见，可否派员护理都统，恭折仰祈圣鉴事：窃奴才前蒙恩命，补授闽浙总督，当经具折恭谢天恩，并吁请陛见。顷读邸抄，光绪二十九年三月二十一日钦奉上谕："两广总督著岑春煊署理，锡良著调署四川总督，未到任以前，著陈璚暂行护理。钦此。"当即恭设香案，望阙叩头讫。适折弁回热，奉朱批："著来见。钦此。"

伏念奴才忝膺边寄，无补时艰，乃殊遇之荣叨，荷兼圻之特简。方虑南疆任重，负荷弗胜；兹复西蜀权移，恩施叠沛。抚庸愚而自惕，益惭感以莫名！惟有遵旨进京陛见，衹聆圣训，庶几恪有遵循。查新任都统松寿，现在河南办理知贡举事，到任尚需时日。可否派委热河道锡恒暂护都统，俾奴才得以早觐天颜，稍申依恋；抑或俟松寿到任后再行交卸起程之处，恭候圣裁。

四月十三日奉到朱批："著俟松寿到任后，来京陛见。钦此。"（《锡良遗稿·奏稿》，第310页）

是日 奏陈试办酒捐等税专充练兵饷项情形。

热河百端待举，向日入款，仅指矿课一宗，不得不设法筹维，集款济用。前经奏请试办酒捐等税，专充练兵制械暨津贴官员等项之需在案。

开办以来，酒捐已办有头绪，各税亦粗具规模。合属商民，均知筹款练兵各事，无非为保卫地方起见，尚能踊跃输将。所有添练营哨，已于三月起陆续成军，支给饷项。应抵摊捐暨官员津贴，拟自七月起。总计两项，岁需银将及二十万两。就目前所筹之款，抵常年应发之需，已属有赢无绌。惟事当创始，尚难据为定数。筹款匪艰，得人则理，从此慎选廉能之吏，实力承办，杜绝侵渔，则收数自能畅旺。应请一年后，再将各项征收及开支数目，分别奏咨，以昭慎重。

四月十三日奉到朱批："该部知道。钦此。"（《锡良遗稿·奏稿》，第

1903年（光绪二十九年 癸卯）51岁

315页）

是日 奏请平泉州属密云乡金矿归官开办。

热河矿务开办多年，迄未收有实效。历来商人报请开采者，或本无巨资，方作旋辍；或图漏课款，暗采明停；糅杂纷拿，莫可究诘，徒存收课之名，无俾筹款之实。其间亦有派员集股督办，往往经理人等浮开匿报，出入营私，全置国课于不顾。积年情弊，在公家则坐失大利，而官商实各便私图，亟应设法挽救。前经条列规则具奏，业由外务部核覆，奉旨允准在案。

数月以来，体察商情，尚知遵守。惟查有平泉州属密云乡金矿，不官不商，吏役丁胥屡杂其间，弊窦丛生，有误税课。当饬求治局筹发官本银三千两，归官开办，不另招股，以免牵混，一切利益均归国家。仍优给委员薪水，酌定赢余花红，用示鼓励。自正月间开办后，收数尚属畅旺，每月可出金一百数十两。另有承德府属头沟等处金矿，亦已发款派员试办。以后如续查有的矿，仍拟次第扩充，以期自保利权。但使经理得人，不事铺张，逐渐自有进益。所获赢余暨开支数目，统俟一年汇案奏咨。

四月十三日奉到朱批："著松寿认真经理。钦此。"（《锡良遗稿·奏稿》，第315—316页）

5月1日（四月初五日） 奏陈热河所属度地添设府县情形。

热河幅员辽阔，亟宜添官分治，拟请朝阳县改设一府，设府治，东添设一县。平泉州、建昌县适中之区，添设一县。此新添两县及旧有之建昌县归新设知府管理。围场厅属放荒后，亦拟添设一县，仍归承德府管理。前经条奏由政务处核准在案。当即督同热河道详查妥核。所有朝阳县改设之知府，即在县治旧所建治，名曰朝阳府。应将旧有管典史事朝阳巡检，改为府经历一员，兼管司狱事。朝阳迤东之新设知县，查有鄂尔土板地方，距朝阳治所及奉天彰武县界皆在二百七八十里，地居适中，堪以建治，拟名曰阜新县，即以管处旧有巡检管典史事。平泉迤东、建昌迤北之间，有新邱地方离平、建各一百九十里，新县拟即于此建治，名曰建平县。杂职无多移拨，应请另添典史一员。围场添设之县，拟在围场厅治迤南一百三十里、承德府所辖距府城一百八十里之张三营子地方，建为县治名曰隆化县，亦以该处旧有巡检管典史事。

惟是规模粗定，品画尚须求详，所有各缺之如何升补，廉俸、工食等项之如何支给，衙署、仓库、监狱之如何创建，村乡集镇之如何割隶，统俟遴员试办时，考查精确，再行详晰绘图贴说，奏咨听候部核。

所有现拟度地设官情形，理合附片陈明，伏乞圣鉴训示。

四月十三日奉到朱批："该部知道。钦此。"（《锡良遗稿·奏稿》，第316—317页）

5月10日（四月十四日）　奏陈热河州县加广学额。

奏为热河人文日盛，合词吁恳恩施加广学额，以培士气，恭折仰祈圣鉴事：窃查热河自雍正年间，设立承德州，所有生童归并密云，在通州考试。乾隆四十三年改为承德府，奉谕旨建造考棚，俾生童就近考试。经部议承德府原额四名，加增二名，其六州、县原额二名各加增二名，俱隶承德府学，俟将来六州县入学人数渐多，另于各处建学，以昭圣世同文之化。迨道光八年，热河都统臣英和、顺天学政臣彭邦畴，合词请加增承德府学公额四名。同治五年以赤峰县绅民捐资办团，请加学额二名，至今垂为定例。

臣等查热河僻在口外，幅员广阔，从前应试者人数寥寥。自沐浴圣化二百余年，今士子咸知向学，每县应试者不下一百七八十人，较之道光年间，奏请加增公额时，又添过倍。臣锡良到任后，周咨博访，知士风敦朴，尚少积习。臣宝忠上月按临考试，悉心校阅，岁科两试，取进如额；而佳卷较多，颇有额满见遗之憾。查热河文风，较宣化固优数倍，即与内地各府、州相衡，亦几不相上下；而学额尚及内地三分之一，未免向隅。发落后，与臣锡良面晤，筹商一切，意见相同。

伏念目下时事艰难，欲开民智，以培养士气为先。现虽广设中小学堂及蒙养学堂，多方劝导，而成效总在十年以外。当此求才孔亟之时，似应加意栽培，俾知鼓舞。合无仰恳天恩，俯念边陲士子登进较隘，于承德原额六名外加增二名，所属之平泉、丰宁、建昌、朝阳、赤峰，各于原额外加增二名，粮捕厅原额二名，加增一名；原有公额四名，仍由学臣酌量拨取。其停考之滦平县，俟下届考试时，再行核办。热河地方辽阔，现拟添设郡县，其学额如何分拨，统俟随后酌度情形，再行请旨。

| 1903 年（光绪二十九年　癸卯）51 岁 |

至承德向设府学教授一员，嗣后加增学额，仍归教授管辖，毋庸添员。但既系专缺，应由内地各府教授内遴选年力尚强、明白事理之员，六年俸满，再行更调，以专责成。

四月二十四日奉到朱批："礼部议奏。钦此。"（《锡良遗稿·奏稿》，第317—318 页）

5月10日（四月十四日）　奏陈遵旨择尤拟保剿平建昌股匪出力文武员弁。

奏为遵旨择尤拟保剿平建昌股匪出力员弁，恳恩照给奖叙，恭折仰祈圣鉴事：窃奴才前因建昌股匪剿办平靖，奏请奖励出力员弁，钦奉朱批："准其择尤酌保，毋许冒滥。钦此。"仰见朝廷鼓励戎行、有劳必录之至意，钦佩莫名！

伏查匪首徐秉溎，历年荼毒乡里，抗拒官兵，前经收降，仍复怙恶。此次聚党踞险起事，蓄谋尤极凶悖，擒获后与悍目张松琴等俱供认前情不讳，实属罪不容诛。当该匪首起事之初，一经号召，遽集至三百余人，且俱系积年悍党，器利马多，设令窜出山沟，势必煽惑愈众，滋蔓难图，殊属有关大局。奴才檄委调署承德府知府曹景郴，督率员弁，星驰前往，会合武卫左军总兵孙多庆，暨直隶练军、热河练军，先布长围，猛进合剿。该匪负隅困斗，鏖战多时，力不能支，始分股狂窜，复督队兜剿穷搜，不遗余力，甫及一月，即将匪首擒获，全股荡平。该文武各员，奋勇争先，洵属异常出力，遵即札饬营务处查明请奖。奴才详加覆核，因人数稍多，凡出力稍次之员，删除另给外奖，谨将在事尤为出力之文职八员、武职十六员，酌拟奖叙，分缮清单，恭呈御览。合无仰恳天恩，俯准照拟给奖，以励勤能而资奖劝，出自逾格鸿施。

至例归咨奖各武弁，另由奴才咨部请奖；阵亡弁勇亦俟查明咨部议恤。并将酌保各员弁，饬取履历送部查核外，所有遵旨择尤拟保剿平建昌股匪出力员弁缘由，谨会同直隶总督臣袁世凯合词具陈，伏乞皇太后、皇上圣鉴训示。（《光绪朝朱批奏折》第48辑，第728—729页）

是日　请旨将直隶练军统领鹤丽镇总兵杨玉书交部从优议叙，直隶练军营官记名总督杨慕时赏加提督衔，以示激劝。（《光绪朝朱批奏折》第48辑，第730页）

5月15日（四月十九日）奏陈校阅驻防各营操演情形。

奏为校阅热河驻防各营操演，恭折具陈，仰祈圣鉴事：窃查热河驻防各营官兵操演，向按春秋两季分校，历经遵办在案。

奴才前于上年十二月间到任后，严饬强胜各营管带官认真讲求武备，督饬兵丁，以演练准头为先，如遇征调，可期得力。当因地方不靖，经奴才派出官兵，分往缉捕，尚称得力。兹届应行校阅之际，除派出驻扎缉捕之马队一俟陆续调回再行补阅外，奴才当将存营马步官兵，分日校阅。看得马步各演各种洋操阵式，均用清语口号，进退便捷，步伐尚属齐整，施放枪声颇能联络。至原设火器营操演阵式，前锋马队交冲亦属合宜。除子母炮位向于秋季演练外，其各营演练准头、步队枪炮及马上三枪，前锋骑射有准者，均在七成以上。奴才于当场择其纯熟者，分别等第，照章奖赏；间有生疏者，仍饬该管各官认真演练，不得有名无实。复于本年二月间附奏，由中营抽选壮丁百名，加饷教练内外堂功课，甫经一月，较之原练各军操法尤为整齐，果能日就月将，不难造就成材，逐渐扩充教练，以期兵归实用，饷不虚縻，仰副我圣朝整饬戎行、绥靖边疆之至意。

四月二十九日奉到朱批："知道了。钦此。"（《锡良遗稿·奏稿》，第322—323页）

是日　奏报热河得雨分寸日期及三月份粮价情况。（《光绪朝朱批奏折》第97辑，第136—137页）

5月24日（四月二十八日）十分重视人才，奏请清廷调员赴川差委以资治理。

奏为边省需才，恳请调员差委，以裨治理，恭折仰乞圣鉴事：窃奴才猥以菲材，渥蒙天恩，调署四川总督。伏查四川地大物博，素称难治之区；况在匪乱初平，灾祲甫转，办理善后，举行新政诸事、备极纷繁，且交涉事件日多，尤关紧要，非资群策群力，难期措置咸宜，惟有酌调贤能，以备任使。奴才前因热河开垦荒地及办理税务、矿务先后奏调人员，其已经到差者，有记名简放河南补用道陆钟岱、分省补用道赵尔丰、已革山西候补道泽宣、河南候补知府章世恩、山西候补直隶州知州周克昌、河南试用知县胡毓才、山西试用知县薛德履、陈象离，候选知县杨

1903年（光绪二十九年 癸卯）51岁

福璋，均能勤奋从公，深资得力。现在垦务业将告竣，税矿亦已办有规模，该员等以并无经手未完事件，先后据陆钟岱、泽宣禀请销差，给咨送部引见；又赵尔丰禀请给咨赴部签掣省分；又周克昌、薛德履等禀请给咨各回原省前来。其尚未到差者，有山东候补道程文葆、浙江候补知县刘朝镕。以上各员，奴才皆曾出具考语，洵属实心任事之员。内陆钟岱、程文葆、章世恩、胡毓才、陈象离、刘朝镕、杨福璋七员，仍拟恳请调赴四川。又查有山东候补知府袁纯，质朴无华，能耐劳苦；河南差遣委用分省补用知府寿廷，稳练老成，熟悉洋务。该员等曾随奴才当差，知之有素。合无仰恳天恩，俯念边省事务繁重，准将记名简放河南补用道陆钟岱、山东候补道程文葆、山东候补知府袁纯、河南候补知府章世恩、河南差遣委用分省补用知府寿廷、河南试用知县胡毓才、山西试用知县陈象离、浙江候补知县刘朝镕、候选知县杨福璋，调赴四川，差遣委用，以期有裨治理。如蒙俞允，应请敕下吏部立案，并咨照河南等省抚臣，饬令各该员星驰赴川，听候差委。

五月初八日奉到朱批："著照所请，吏部知道。钦此。"（《光绪朝朱批奏折》第18辑，第822—823页）

5月30日（五月初四日）奏拟请由押课项下拨还息本银两。

查光绪二十七年，户部欠发热河俸饷银二万二千二百余两，前都统因驻防官兵专指饷银计口授食，别无生计，当经由热河道库提借生息成本银一万两、杂款银五千两，并由右司库生息备借等款内借银七千余两，先行补放，于光绪二十八年三月间奏请敕部速将前项欠发银两请领归垫。旋经户部议奏欠发前项俸饷等银，实难补发；至由道库、司库提借生息成本银两，应如何筹款归补，由该都统赶紧设法办理，以重款项。奉旨："依议。钦此。"由部行知在案。除所提道库杂款暨司库款项，统俟另案办理外，其提借生息成本银一万两，此项常年息银，系属作正支销之款。本银既经借用，息银无出，历在各官兵俸饷内按月照数摊扣抵放。

伏维圣朝轸念旗仆无微不至，驻防官兵俸饷本微，现又减成发放，生计至为拮据，若再摊扣息银，实恐苦累不支。奴才前据右司协领善利等呈恳设法弥补，当经批饬热河道核议详覆。兹据详情照准筹款归补等情前来。

查热河现无闲款可筹，惟围场放荒所收押荒银两，前经奏明作为弥补生息本银等项之需。前项息银，贻累兵丁，尤应先为筹款归本，照旧生息抵用，以免再事摊扣。拟请即于押荒项下拨出库平银一万两，发还道库，仍作成本转发生息，以清借款而恤兵艰。(《锡良遗稿·奏稿》，第332—333页)

6月5日（五月初十日）　酌给各项荒地免缴荒价并免按年造报。

奏为拨给官兵荒地及学田等项，恳恩免缴荒价并免升科，以示体恤而广作育，恭折仰祈圣鉴事：

窃查围场边界本系设有各旗拨卡。惟荒地既经一再开垦，亟应就现留围座之四周添设兵拨，派兵常川巡守，用昭慎重。各该旗向无别项公款，遇有公差，皆于兵饷摊扣，殊形苦累。该总管呈请拨给地亩，当经奴才酌给每旗荒地二十顷，八旗共地一百六十顷，作为津贴该旗兵拨巡守公费，永革摊派以恤兵艰。又围场新设之隆化县酌留知县随缺地四十顷，又热河育婴堂经费不敷拨给地十顷，又东西庙宫各拨香火地二顷。以上各项共地二百六十四顷，及前奏奉恩准拨给热河八旗蒙学堂学田一百顷，均恳请免缴荒价，并免升科，暨免其按年造报，以归简易。(《锡良遗稿·奏稿》，第336页)

是日　恭报交卸都统篆务日期。

奏为恭报交卸都统篆务日期，仰祈圣鉴事：窃奴才前奉恩命，补授闽浙总督，复蒙简命调署四川总督，当经缮折叩谢天恩，并吁恳陛见，钦奉朱批："著俟松寿到任后，再行来京陛见。钦此。"现在新任都统松寿于五月初六日到热，奴才于十一日派委印务协领全龄将都统印信并文卷等件赍交松寿祗领。所有奴才任内征存垦务及税矿款项暨添官练兵各事宜，均移交松寿接收查核办理。奴才即于是日交卸，束装起程进京，趋诣阙廷，跪聆圣训。(《锡良遗稿·奏稿》，第337—338页)

7月5日（闰五月十一日）　张之洞致锡良信：

昨夜熟加商度，此公司仍以专招华股为妥，一此路宜言自汉口起抵成都省城，至四川边境。二，其有紧要支路随宜审度兴修，以资辅助。三，并言连日询访蜀中正绅，金云目前二百余万商易凑集，拟即分段兴办，先就繁盛之区修起，以后陆续劝募接修。四，沿路煤矿及五金各矿

| 1903年（光绪二十九年 癸卯）51岁 |

即归此公司开采，以供铁路之用，及养路经费。五云大略要义，如此其如何声叙之法或详略统请裁酌，至蜀绅一节，日内台端似可择两三人询之，知公有此德意，无不欣感踊跃也，文内不必称外国，但称外人可矣。（《张文襄公全集》卷220，书札七，第31页）

7月8日（闰五月十四日） 奏设川汉铁路公司。

奏为自设川汉铁路公司，以辟利源而保主权，恳请敕部立案，恭折仰祈圣鉴事：

窃维各国互争雄长，铁路所至之地，即势力所及之地，从未有让人修筑，自失其利而自削其权者也。中国处此时局，欲变法自强，政固多端，而铁路尤不可缓。

四川天府奥区，物产殷富，只以艰于转运，百货不能畅通。外人久已垂涎，群思揽办；中人亦多假名集股，而暗勾外人，计取强求，百端纷扰。若不及早主张，官设公司，招集华股，自保利权，迟之日久，势不容已，或息借洋款，或许人兴修，必至喧宾夺主，退处无权；尤恐各国因此稍启争端，转多饶舌。况川省西通卫、藏，南接滇、黔，高踞长江上游，倘路权属之他人，藩篱尽撤，且将建瓴而下，沿江数省，顿失险要；是川汉铁路关系川省犹小，关系全局实大，为今之计，非速筹自办不可。

奴才虽极迂拙，而职司守土，责无旁贷，不敢不竭力绸缪。再四思维，拟仿京张铁路章程，由川省设立川汉铁路公司，先尽华股招集试办，但不准影射朦混；一面延访工师，会同委员，确切查勘，分别枝干各路，照章兴修。各国和睦友邻，皆望中国自强，断无不为相谅。其详细办法，俟奴才到任后，再行核定妥章，具奏请旨遵行。

再，此折系借用直隶正定府印信拜发，合并声明。

朱批："外务部议奏。"（《近代史所藏清代名人稿本抄本》第3辑，第18册，第1—8页）

是日 奏调道员蔡乃煌留川补用。

奴才钦奉寄谕，查办河南事件，自应调员随同前往，帮同检查案卷。兹查有湖南遇缺即补道蔡乃煌奉差在京，拟派该员随同前往。又奴才闻川省交涉事繁，而通晓洋务乏人，遇事诸费周章。蔡乃煌才长心细，熟悉条约，办理交涉，可期妥协，拟俟查办事毕，即带该员同赴川省，恳请恩准，留川补用，俾资臂助，出自逾格鸿慈。

朱批："著照所请，该部知道。"（《近代史所藏清代名人稿本抄本》第3辑，第18册，第8—11页）

7月17日（闰五月二十三日）　收河南巡抚张（张人骏）咨送藩署考城县吕姓控案卷宗文。（《近代史所藏清代名人稿本抄本》第3辑，第134册，第1—8页）

7月21日（闰五月二十七日）　奏查明河南钱粮改章滋事并藩司被参各节。

奏为查明河南钱粮改章滋事，并藩司被参各节，据实覆陈，恭折仰祈圣鉴事：窃奴才承准军机大臣字寄："光绪二十九年闰五月初一日奉上谕：'翰林院侍讲学士杨捷三奏藩司轻改旧章，激生民变，请派员查办一折。河南钱粮改章一案，屡次有人陈奏，已谕令张人骏确查。兹复据该学士奏参，所陈情形，著锡良秉公确查，妥筹办理，并将延祉官声据实具奏。'等因，钦此。闰五月初四日奉上谕："有人奏参河南布政司延祉贪劣营私各款，请饬严查惩办一折。前已有旨，著锡良确查该藩司官声如何，据实具奏，仍著该署督将此次指参各款，并入前案，确切查明，迅即覆奏，毋稍徇隐。"等因，钦此。仰见轸念民依，勤求吏治，钦佩莫名。

奴才于陛辞后，遵即起程，入河南境，沿途询访，并派人分往密查。于闰五月二十二日抵河南省，当将抚臣张人骏已遵旨仍复旧章，地方安谧，驰电奏陈在案。复经调查案卷，传质应讯人员，谨将详细情形，为我皇太后、皇上缕析陈之。

查此次河南钱粮改章，屡生变故，加数奇重，民力已属不支；办理又复操切，以致激而抗官，刁民到处横行，匪徒乘势抢劫，人情汹汹，几酿大患。幸恩旨迭颁，抚臣张人骏复能遵诏迅速停止，地方得免生乱，否则为祸将无底止。谁生厉阶？所以绅民不能不切齿于延祉也。

原参谓："河南北数州县愚民，相率向官吁减，孟县知县竟放枪伤毙二人，温县知县诬民人殷晴云以刀匪，纵兵擒杀其十四岁幼女。"又原参谓："孟县知县孙寿彭枪击百姓多命，监毙绅士三人，迨见众怒难犯，

1903年（光绪二十九年 癸卯）51岁

遂自焚衙署，窃印而逃"各等语。查孟县闹粮事起，桑陂、化工等村，遍发传单，纠集多人，赴县求减。知县孙寿彭坐堂开导，愈聚愈众，匪徒遂越后墙进署，焚去上房花厅，乘机搜劫；同城文武，将火救灭，匪亦旋散。事后即传有枪击百姓、监毙绅士之谣；经抚臣分饬河北道冯光元、署怀庆府傅檏前往查明禀覆，均无其事。殷晴云系属温县已革户书，两次因案被押，平日专好包揽词讼，借事生波。其子殷中州、殷中唐去年因案押在温县，此次闹粮事起，主使其妻殷党氏乘机率众临城，索性将其二子释放。旋经知县周照堂带同营勇，将殷晴云及其子殷中唐、殷中华一并拿获，并起出呈稿一箱，内有从前聚众传单底稿，其为积年讼棍，并非安分良民，已可概见。殷条姐系殷晴云之女，当差勇捕拿时，扑向夺犯，差勇抵格，被伤逾日毙命。河内亦同时滋事，原参谓知县苗燮面被击伤，乘间逸去。查河内刁民，在太山庙聚众，苗燮前往晓谕，匪众抛砖掷石，竟被击伤，实有其事。此闹粮滋事之大概情形，查与原参所指尚多事同而情不同也。

原参谓："延祉任藩司多年，积赀数十万金，托其密友总兵刘世俊在亳州一带购置田产，开设当典；旋与刘世俊结为婚姻，重利盘剥"一节。查重利盘剥，例禁綦严，况在职官，尤当懔守。唯亳州归安徽省所辖，与河南系属隔省。刘世俊系亳州土著，延祉既倚为密友，又结为姻亲，即有资财托其寄顿，岂有不预抽名券，先事弥缝之理。而原折又未将田产坐落、典当牌名，切实指出；即转辗派查，恐亦无从得其实据。

原参又指怀庆府知府李光琳久补是缺，延祉需索未遂，改令候补知府傅檏往署，讽其馈赠，傅檏遂代僚友关说，藉作取偿；及布政司经历周元熙办理试卷错误，贿延祉多金，仅予撤任各节。查怀庆府地当冲要，民风强悍，又值开矿修路，必须得熟悉情形之员，保护弹压，方免贻误。李光琳系按班序补，阅历未深；傅檏则州县出身，经事颇多，久于署任，盖系因公。至周元熙办理试卷，漏印二十六本，恐干参处，禀请开缺；复因普育堂是其兼差，禀由藩司，愿将应领欠发宪书工价划扣银千两，拨充该善堂经费，均经延祉批准有案。查经历缺苦员微，藩司职分较崇，未必向其索贿，与傅檏纳贿一节，参观合访，似可信其无事。

又如考城县吕姓一案，控经数任，事已隔年。刘长安之死，是否系被吕宝珑杀害，必须集证质讯，方成信谳。而要证在逃，已由抚臣饬属严传，妥速讯结，俾免冤累。本任知县周锡曾，因禀报迟延撤任，接署之查乘汉，原参谓其欲开棺相验，延祉又将其撤回，委陈有庆往署，嘱其敷衍了事。吕姓嘱托知府许葆连，重贿延祉，恳其以教堂情愿得财不欲生事为名，授意陈有庆照办等语。卷查周锡曾撤任后，查乘汉不敢开棺相验，曾面禀归德府岑春煊有"若不讯明，未可开验"，并谓此意授之院司等语。岑春煊据禀请示，因而撤任。陈有庆之署事，系遵章在于正途正署班内拣委。至谓吕姓贿延祉重金，知府许葆连过付一节，轻将吕宝珑提讯，复传讯许葆连，取有亲供，均未牵及延祉，访查亦属无异，此则核与原奏所指不无异同也。

奴才总核参开各节，自以"轻改旧章，激生民变"，为全案第一关键。现经抚臣张人骏遵旨停办，则河南百姓自当各安生业，永戴皇仁。唯停征系闰五月初六日奏陈，而阳武县乡民，尚于十三日麇聚数千人，进署闹粮，敢与营官田振邦炮队后哨格斗，击伤弁勇数名，随将县署大堂公案、车轿及上房什物打毁殆尽，官幸逃免；实因停征之奏，尚未周知，故仍迫而走险。现经奴才会商抚臣，从速晓谕，并拟将新章增收之款，准其留抵，俾良民不至受累，莠民无所藉口；仍将滋事匪徒，严拿惩办，以靖地方而除根蘖，庶几恩法持平，两无偏倚。河南情形原与山东不同，改银庄为钱庄，现既晓然停止，当不至别有他虞，教堂、铁路庶可无碍。

唯延祉处心积虑，不忘情于加粮，实所费解。前年冬间，奴才兼署抚篆，值筹赔款，延祉即陈加粮之策，奴才恐有流弊，再三谕止。后乘奴才调任热河，卸任前数日，交代怱忙之际，忽详称赔款不敷，非加粮不可，诡言业经通饬照办。经奴才逐层驳斥，又复中辍。不谓张人骏到任未久，筹议练兵，延祉加粮之计，乘隙得行，持之甚急；迨至激成事端，乃诿过属员，撤数州县，借为掩饰耳目。作事愈巧，怨讟愈多，官声因之愈劣，体察情形，与河南地方实不相宜。第人才缺乏，不能不为节取。延祉小有才能，暗于大体，得人驾驭，趋承奔走，尚可尽其所长，应如何量予施恩之处，伏候圣裁。

至署怀庆府知府傅檟、候补知府许葆连、署考城县知县陈有庆，查

| 1903 年（光绪二十九年 癸卯）51 岁 |

无不合；孟县知县孙寿彭、温县知县周照堂、河内县知县苗燮，奉文办理，事出仓猝，非意料所及；本任考城县知县周锡曾、署考城县知县查乘汉，因案多枝节，未敢开棺相验；布政司经历周元熙已请开缺，尚无纳贿情事；均请免其置议，出自逾格鸿慈。

再，此折系借用直隶总督关防拜发，发折后奴才即行启程赴川，合并声明。

朱批："另有旨。"（《近代史所藏清代名人稿本抄本》第3辑，第18册，第11—35页）

9月11日（七月二十日） 收大英钦命重庆总领事管理川省通商交涉事宜谢（谢立山）照会英商立德乐请办江北各矿由。（《近代史所藏清代名人稿本抄本》第3辑，第64册，第181—183页）

9月17日（七月二十六日） 恭报到川接篆日期。

奏为恭报奴才到川接署督篆日期，叩谢天恩，仰祈圣鉴事：窃奴才于本年三月间，钦奉谕旨，调署四川总督，遵即交卸热河都统，趋诣阙廷，仰蒙召见四次，训辞周挚，宠赉骈蕃，奴才非分叨荣，莫名感奋。陛辞后，取道汴梁，将奉命查办事件查明，据实奏陈。旋经由鄂入川，兹于七月十六日行抵成都省城。二十日，准护督臣陈璚，将总督关防并王命旗牌、文卷等项，派委成都府知府雷钟德、督标副将铁珍赍送前来，当即恭设香案，望阙叩头，祗领任事。

讫伏查川省地广民稠，事繁责重，措施本属不易。况当匪乱初平，灾荒甫转，必以课吏为图治之本，练兵为弭患之方，筹款以裕度支，节用以恤民力，经营善后，尤属维艰。其他要政，不独学堂开办需才，仓庚筹填乏款，即已设之警察、机器、工艺等局，武备学堂等事，皆非综核精密，恐难日起有功。奴才以迁钝之资，深惧弗能胜任。惟有恪遵圣训，殚竭血诚，次第实心经理，用期仰答高厚鸿慈于万一。

再，奴才经过河南、湖北沿途地方，并入川后所历各属，秋收尚好，民情安谧，堪以上纾宸厪。合并陈明。

朱批："知道了。"（《近代史所藏清代名人稿本抄本》第3辑，第18册，第35—43页）

9月22日（八月初二日） 委道员沈秉堃总办商矿。

四川商务、矿务，亟宜振兴，前署督臣岑春煊，又奏设劝工局，以兴工艺而化游惰，尤为切要之图；惟须经理得人，方免有名无实。查有成绵龙茂道沈秉堃，明体达用，素著勤能。此次差赴日本，于工商一切事宜，细心考究，具知要领。现经奴才委令督办商矿总局暨劝工局，会同原办员绅，切实讲求，以期逐渐扩充，用收实效。

　　再，总办武备学堂、候补道罗崇龄，现拟派赴日本看操，该学堂事务并饬沈秉堃暂行代办。除檄饬遵照外，理合附片陈明，伏乞圣鉴训示。

　　九月二十一日奉到朱批："知道了。"（《近代史所藏清代名人稿本抄本》第3辑，第43册，第514—517页）

　　10月11日（八月二十一日）　　奏请停罢黎平官运。

　　奏为黔省来咨，改办黎平盐务，实于川销大有窒碍，将致隳坏成局，亏损邦计，亟应沥陈得失，恭折仰祈圣鉴事：

　　窃准贵州护抚臣曹鸿勋咨称：司道具详筹借本银十万两，派委大定府知府郑思贤赴粤招集商股，购买盐包，运至黎平、古州销售，暂免三年厘税，以后再计销引盐斤各若干，由商完缴；并称每年约销二万包，访询该处，尚可加倍，每包百五十斤，以五十斤为运费，每斤拟加价数文，藉充黔饷，分咨川、粤查照等因。查此事前据滇、黔官运盐务总局司道等探悉，黔员创议，沥陈窒碍情形，业经咨黔查覆。现在该护抚臣来咨，业已委员购办，其事在于必行矣。使行之而果益于黔，或益于黔而不大损于国计，固奴才所甚愿也。

　　第理财之道，先较盈绌，不必为川、黔而存畛域之见，要必为公家而权得失之分。川省蓰纲颓坏已久，故督臣丁宝桢设滇、黔官运一局，疑谤屡集，幸赖圣明主持，乃得至今为永利。而该局销路，又以黔引为大宗，黔中十一府、四直隶州厅，概系川盐引岸，仅黎平一府应销粤盐。军兴后不引不商，盐由贩运，粤盐贱而川盐贵，其数悬殊。人之乐于食贵者，盖侵越引岸，官为禁缉。况川盐质味俱美，故黔咨有云："三脚等处，久已改归川岸"，于此见川盐之销行甚畅且远也。

　　今办黎平官运，该府只辖一厅、两县，销引几何？但以后商利于多销，官利于多运，均必致浸灌川岸，堤防一溃，莫可遏止。川盐煎汲费本，税厘增重，水陆运远，缘是三者断不能减价以敌粤盐；纵设督销等

| 1903 年（光绪二十九年 癸卯）51 岁 |

局，而主客异势，低昂异价，虽日日争勘如聚讼，而处处缉私为空言。计口食盐，粤盐多销一分，则川盐少销一分，理势然也。黔中拟于粤盐斤取数文，不知川盐加价，通摊约已十文，尚有额征之正杂平余各款，每引又五十余两。是粤盐多销，益于公家者少，川盐多销，益于公家者多，彰彰明矣。

川省岁解黔省协饷税厘，并新认赔款共六十万有奇，罔不出于渝、沪厘课之中。将来黔引少销，自必黔款少解。黔虽允减，而引局所征于黔引者，不专为川、黔之用，供拨京外饷需，新旧偿款，一有短绌，从何弥补。即论局费之小者，黔引销行不足，该局亦不能支办。然则隳坏成局，亏损邦计，所关不可谓不巨。

乃黔省委员等专顾一隅，颇类于见毫毛而不见睫。其考查销数，有曰万八九千包，有曰二万包，又曰能加至四万包。照加者算，每包抽钱数百文，岁获二三万缗而已。官局有费，商股有息，归公已属无多。矧齿籍只有此数，岁销增倍，于理奚当？

黔员等率称粤盐暗销荔波等处，且称充销镇远等处。明明川岸，而公言侵越；咨川者如是，异日岂不为商私而树之帜。

来咨又曰："先免粤中厘税三年"，夫谨正盐策者，无不疏引而裕课，非可以蠲恤示招徕也。川盐本贵，又与不完厘税之粤盐并售，而粤盐复得黔中官吏利导，其商民一赢一缩，川销有不锐减者哉！

前者川局官商闻风疑惧，吁诉环来。今黔者确已行之，奴才忝领蜀疆，坐视廿五纲大效昭著之滇、黔官运局为之牵动，岁有所恃之饷源由此不可尽保，通筹合计，得失较然。复阅黔咨尚于川省榷运情形未能尽悉，而黔员引粤侵川之挠乱盐法，尤当严塞其萌，曲突非迂，补牢恨晚。若竟安于缄默，何以上报君父，下对同官。

兹据滇、黔官运局等具详前来。相应奏恳天恩，饬下贵州护抚臣停罢黎平官运一议。黔省赔款无措，川省已认加价十万。此外必求良策，庶免利小害大，名是实非。倘黔中意不可回，亦非邻省所能力阻，应请嗣后如川局少销，黔引即将短征，正杂各款在于解黔税饷项下照数扣除，仍派道员赴黔设局督销，稍可以资维持而清界限。

十月十三日奉到朱批："户部议奏。"（《近代史所藏清代名人稿本抄本》

第 3 辑，第 18 册，第 61—72 页）

10 月 14 日（八月二十四日）　札商务局转饬打箭炉厅迅速核办英商开矿文。（《近代史所藏清代名人稿本抄本》第 3 辑，第 64 册，第 188—189 页）

10 月 21 日（九月初二日）　奏陈川盐难再加价以为滇省开办铜本。

奏为遵照部咨，督饬司道等筹议滇省铜本，万难再办川盐加价，实由今昔情形迥异，未敢稍涉迁就，终滋贻误，恭折缕陈，仰祈圣鉴事：

窃查接管卷内，前准户部咨，遵议督办云南矿务唐炯奏请饬四川仍照部议盐斤加价，拨作铜本的款等折片，行令川省转饬盐道及官运总局妥速筹办，并先行挪垫银五万两，解交应用等因，旋准唐炯咨同前由，即经檄行藩司、盐茶道、滇黔官运总局，切实妥议去后。

兹据该司道等详称："川省盐务，今昔情形迥异，连年水潦饥馑，米贵钱荒，井灶时虞不支。今年火井又多堙塞，盐价腾起，检查现行数纲，与初办官运时核本各册逐细比较，每引盐价贵至七八十两不等，长拨各船运费，亦复逐渐详增，约计盐本运费合之，三次加价暨滇黔通摊之款，较初办时，每引核本增至百余两，盐价每斤贵至廿余文；方求平价以敌私贩，实难屡加，以滞销路。加之票贩人众，弱者绕越偷漏，强者恃众恣横，今如票厘一律照加，深恐贫民失利，狡徒走险。若竟不问票贩，专办引岸，则引盐成本偏重，立见票私充塞，而边地尤虞滇、粤私盐侵逼，防不胜防。一旦边计因加价滞销，引积课悬，厂岸重困，有误四省饷源，贻害实非浅鲜。查第三次偿款加价，部议原系每斤四文，前督臣奎俊缕晰陈奏，始减一文。是加价之难，不自奏覆铜本为始。况川省加价，引票并计，每文岁仅收银二十余万，历经奏报在案。今纵加价一文，岂能得银四十万两？且济楚以及湖北八州县，计引加价，全数划归鄂省。凡此皆非滇省所知悉，故操算未能得实；而厂岸情形月异岁迁，其不能执前律后，有断断然者。在盐价尚平之时，多取本易；而成本既重之后，少取亦难。应仍请免办铜本川盐加价一文，以恤厂岸而顾饷源。又奉饬豫垫银五万两解滇应用，俟加价收有成数，照数扣还，现在加价万难再办，而奉拨京、外、本省饷项，司库等库，悉索无余，实在无从挪垫，亦请由部另行筹拨的款，解滇济用。"等情前来。

伏查铜本事关京运，苟能措手，必当力任其难。惟奴才抵川，即以

1903 年（光绪二十九年　癸卯）51 岁

蜀之盐利,系于国计民生者重,先应考求要略,极知近岁厂盐固贵于前,而官运两局正杂摊征,每引至百二三十两,其数更倍于昔。本重征繁,盐价无不腾踊,而唐炯犹谓之轻减,殆在远未深考耳。

大抵加价之难,办引盐而外,尤有二端:一则五十余属尽食票盐,贫民挑负成群,艰难数贯之资,俯仰一家之计,锱铢必较,利害无择,屡次因加厘聚哄,见于章奏,载于案牍。现在票盐每斤抽正厘、加价十余文,买本占多,连销利薄,非越山逾岭以改道,即纠伙并包而闯关,人数实繁,刑不能止。故再加则弊愈甚,不加则引盐又偏重矣。一则盐课归丁,州县初办加价,仍令按引随粮摊收。所食票盐既经加价,乃复重征不已,而梁山、新宁等县,辄至倍增于额赋,士民嗟怨,前督臣奎俊曾檄以后不再加摊。今剔除之,则解不足数;若一律加派,其势断不可行。凡此情形,该司道等言之犹有未尽,更非唐炯所能计及。唐炯虽奏颇悉川省盐务,但即以收数而论,川省每次每文加价不过收银廿余万,唐炯乃云四十万两,多寡悬异,岂非去蜀廿余年,今昔判然有迥出意料者哉!

奴才与该司道等再四熟商,前署督臣岑春煊以此意为难行,洵称确论。倘勉强加之,不独大拂川民所愿,必致商贩疑阻,厘课短绌,实于四省饷源多有窒碍。此则奴才未敢稍涉迁就者也。

加价既万难再办,部文先解银五万两,亦应如该司道等所请办理。相应请旨,敕下户部另为滇省筹拨铜本,俾可永作的款,无误要需。

十月十三日奉到朱批:"户部议奏。"(《近代史所藏清代名人稿本抄本》第 3 辑,第 43 册,第 656—669 页)

11 月 7 日（九月十九日）　为英商立德乐未遵中国定章禀局详办事致英国驻重庆总领事谢（谢立山）照会。(《近代史所藏清代名人稿本抄本》第 3 辑,第 64 册,第 205—206 页)

11 月 10 日（九月二十二日）　收大英钦命重庆总领事管理川省通商交涉事宜谢（谢立山）照请将矿务事从速议办由。(《近代史所藏清代名人稿本抄本》第 3 辑,第 64 册,第 228—234 页)

11 月 14 日（九月二十六日）　奏覆道员华国英被参各款据实胪陈。

奏为遵旨覆查道员被参各款,查明据实胪陈,恭折仰祈圣鉴事:窃奴才于光绪二十九年闰五月初五日，在京承准军机大臣字寄："闰五月初四日上谕：'有人奏，道员贪横昭著，请再饬查一折。四川道员华国英，前次被人参劾，经岑春煊查覆，当即交部议处。兹据奏称，查覆牵强，请再严查，以儆贪邪等语。著锡良按照所指各节，确查据奏，毋稍徇隐，原折著抄给阅看。'"等因，钦此。

奴才到任后，查有补用道赵藩，办事素称认真，现办滇黔官运，驻扎泸州，查访较易得实，当经密饬按款据实查覆去后。兹据查明禀覆前来，奴才并调取前后一切卷牍，逐加覆核：

如原参华国英纵兵围攻会府，并事后重责禁勇毋斗之李新钰一节。兹据查称，练局在会府之左，局内字识住房与会府外官厅相通，官厅在会府三重门之外，当时营勇向字识房放枪，致穿伤官厅墙壁一处。我经往勘情形，与前往泸州知府荣鳞原勘相符。询之看司贺沄洲等，据称当时目击，实无围攻会府情事。奴才复将荣鳞原禀调阅，其于营勇聚众逞凶，毁局殴练，并误伤津捐局绅各节，毫无讳饰，亦并无该勇围攻会府之语，自属可信。至其重责李新钰，据荣鳞所禀，即在滋事之当日，并非事后，原参自系传闻之误。

又原参私买田业一节。此项田产，当时该商等买本出自何项租谷，指作何用，事后追查，诚恐不无影射。惟有按照原参，调查现时契握何人，租交谁手，以为是否该道私买之断。兹据调查，契据簿租，实由边商义盛隆等四家醵资公买，按年轮流管契收租；并传讯中人丁象堃，据与前供相符。原查谓尚非该道自营私产，似属有据。

又原参侵蚀公济堂善举款项一节。据查善举岁支，系养赡孤贫，施送医药，节妇口粮，难民路费，员司恤赏等项，其间人数有增减，事故有多寡，用款未能著为定额。然岁支大数不甚相悬，总在一万两内外，二十余纲历办皆然。该道在局数年，支款亦复相等，自不得以款无定数，即指为侵蚀之据。

又原参囤谷渔利一节。据查该道因豫筹两厂赈饥，详明批准，饬前任富顺县玉启借拨局厂银二万两，交绅买谷，复以商号购谷较为熟便，饬由分居谕商购买，或运厂给价，或就缴本划拨。未久该道离局，仅运到江安等商购谷九千余石，谷价旋由厂绅于富厂赈粜等项下付还。是该

| 1903年（光绪二十九年 癸卯）51岁 |

道买谷实请动用官本，虽未及报销，而详准业已在先，此举既由该道创议，则离局后绅商观望停购，亦属恒情。其向泸州绅士刘世勋借仓之事，现饬该州质之刘世勋，据称当时实已应允，而谷未到仓。至购谷处所，自系体察地方年成。其后冬春官款捐款大办赈粜，亦多从下流挽运。原查虽未声叙明晰，似该道尚无囤谷渔利情事。

又原参开店肥己一节。该道之兄华联辉，素开盐号，原查业已陈明。兹据查称，仁岸永隆裕，永岸永昌公两号，即系华联辉等两房所设，仁岸永发祥一号，商名华承志，前自认为该道族人。查该道之亲子，入学捐官，名曰之骐，虽不得即指为华承志，而华姓弟兄子侄在黔，世有醝利，该道两侄即各占一号，此号殆将分给其子。至各号配盐，向由收支所委员开单，派定总办，亦难意为厚薄。此节自以该道家是否开有盐号为重，既经查明，应无庸再行咨查贵州抚臣，以省转折。

一绰号"酒疯子"一节。据查该道前署泸州知州，与永宁道沈守廉尚称相得，未闻有醉詈之事。任叙永厅时，乘醉毒权，原参未指何案何名。任新都县时，夜入温姓家之事，未有案证，事隔有年，无从确访。惟该道任泸州时，巡查客店，曾掌责闹娼之涪州人文南亭，闻其人捐有职衔，当时畏罪，自讳认为平民，原参所称，醉责某州判，殆即指此。

又督署控案一节。据查转据富顺县查覆，文生王世藩即王育生，积欠局盐计价二万余两，厂员吴宝铨等禀请该道批饬该县玉启传案勒催未缴，照例监追。次年王世藩添伙接办，央保分月认缴，玉启禀局，即饬保释。该文生积欠官本巨款，监追尚无不合，亦无上控督署之事。

以上各节，确查详考，与岑春煊原奏无甚出入。此次原参续指各款，凡有可资证者，亦俱一一查明。窃维华国英籍隶黔省，醝商本其世业。前督臣丁宝桢创办官运，因该道胞兄举人华联辉，洞明醝务，习熟商情，推心委任，并经具疏保荐，该道即随同入局当差，其后荐充总办，历任督臣，藉咨熟手，亦未令其引嫌回避。溯自官运开办二十余年，收款至数千万之多，裕国便民，恤商保岸，成效卓然。当时缔造经营，固出自丁宝桢之知人善任，而群策群力，实有勤劳，平情而论，创办盐务，未可没华联辉等之功；开设盐号，并非始自今日，亦未足以为华国英之罪。惟该道素称伉直，未免恃才任性。即如勇练交讧一事，虽事后曾将滋事勇丁发州，并非有心纵庇，而临时未究曲直，辄将带练之世职李新钰重责，殊属措置失宜。奴才访闻，该道近年来性耽曲糵，每日半在醉乡，原参"酒疯子"之名，殆非无因。现已因病请假回籍。查该道业经部议降级，应否免再置议之处，伏候圣裁。

再，卷查该道系于二十八年八月初五日交卸局差进省，岑春煊劝助赈款，实办尚未奉旨查办之先，奏结后，委办厘局，原给委札内有"暂充"字样，旋亦更员接办。至岑春煊前奏系据前署永宁道吴佐等原查各情节覆核照转，并无曲为回护之处，合并陈明。

十一月二十一日奉到朱批："知道了。"（《近代史所藏清代名人稿本抄本》第3辑，第44册，第48—67页）

11月16日（九月二十八日）　奏设川省课吏馆。

奏为遵旨设馆课吏，恭折仰祈圣鉴事：窃查光绪二十八年正月十七日奉上谕："为政之要，首在得人。各省候补人员冗滥，有奏设课吏馆者，自应一体遵行；惟重在考核人才，不得视为调剂闲员之举。其贤者，量加委任，不必尽拘资格；其不堪造就者，即据实参劾，咨回原籍。统限半年具奏一次。"等因，钦此。时奴才在河南巡抚任内，遵即筹议章程，奏明举办在案。

兹于抵川后，详加查察，窃见仕途拥挤，吏治废颓，加以停捐之际，各班人员，纷至沓来，聚处省垣，一无所事，相率习为游惰，志气日即委靡。此中非无可造之材也，徒以教督无人，遂令终归阘冗。矧今日乏才之患，正坐不学无术，吏事既未娴习，骤膺民社，百事茫昧，吏治何由振兴。迨至贻误参劾，地方已不堪问。况川省偏处西陲，见闻甚隘，近来要务，凡百待兴，奴才因事遴员，苦难其选，若不及时陶铸，微特需才孔亟，每兴若渴之思，且恐流品混淆，薰染甚易，才隽之士，或亦销烁于其中，不能安遇待时，必至钻营奔竞，反为吏治之害。此课吏馆之所以必应遵旨从速开办而不容视为缓图者也。

奴才与司道切实筹商，一面择地设馆，仿照前在豫省奏定章程办理；一面妥筹经费，即行开馆。惟是人员众多，宜严抉择。奴才于接见僚属之际，考言询事，觇其才品之优劣。其服官较久，年已老成，于吏事尚有阅历者，多方勖勉，冀各振作有为。其纨绔浮薄，暗无才识，习染锢

1903年（光绪二十九年　癸卯）51岁

蔽，自甘暴弃者，随时分别参劾，咨回原籍。其余候补同、通、州、县，年力富强，可资启迪者，挑选入馆肄业，按照章程，认真考课，以经世之学为宗主，以内政外交为分端。举凡朝章、掌故、律例、约条、公法，以及时务诸书，悉令观摩；山川风土、物产民情，以及地方利弊，咸资考镜，钩元以提其要，博览以会其通。每课以公牍实事，发为问题，藉文字以瞻才识，考学业以判勤惰，察言行以知贤否，按等第以定去留。奴才惟有遵旨严行甄别，专意考核人才，俾各争自濯磨，究心治道，以期造就日多，庶上副朝廷育材求治谆谆训饬至意。

十一月二十一日奉到朱批："知道了。"（《近代史所藏清代名人稿本抄本》第3辑，第44册，第199—209页）

11月18日（九月三十日）　奏陈改练川省续备各军。

奏为川省改练续备各军，分路扼扎，操防并顾，谨将办理情形，恭折具陈，仰祈圣鉴事：窃奴才到任后，当将川省应练常备军选将、筹饷、招募、开练情形，附片具奏，奉旨允准在案。所有续备军，自应以次赶办。参稽各省规制，惟北洋实系招募民兵，由常备退为续备；其余各省，多系将原有防营，改练为常备、续备等军，分扎各属要地，兼任操防，与前次钦奉谕旨裁并选练之意，尚相符合。

伏维川省幅员辽阔，山径纷歧，边境则夷疆交错，备多力分；腹地则伏莽实繁，盗横民懦。加以会匪出没，邻警时闻，额设绿营，屡经裁减，汛地愈形空虚。就本省之局势暨目前之情形而论，极宜添练大枝劲旅，扼要驻防，方足以备缓急。

惟是添兵必须增饷，川省库款，近年支绌异常，纵未能裁兵节饷，以济别项之要需，又何敢添饷练兵，更增无着之巨款。奴才再四思维，计惟就原有之饷，练有用之兵，藉任防缉而资备御。

查以前防练各营，有威远、靖川、立字、达字等军，威靖、保靖、东字、武字等营，上年因剿办拳匪，权宜添募，益复纷繁，或一郡而错驻数军，或一军而分隶数将，名目既杂，号令不一；且额数有多寡之别，饷需有防练之分，效力相同，食饷各异，绌者每生觖望，赢者视为当然。非将一切规制厘定均齐，难期壁垒一新，确收实效。当饬营务处司道，妥筹详议拟。

兹据详情将旧有防练三十七营归并为三十营，作为续备中前左右后副六军，审酌地势，划分东南西北中五路，路各一军，军各五营，各军置一统将。中军驻成都府属为中路，前军驻金堂、汉州及保、顺、潼三府属为北路，左军驻重庆、酉阳府州各属为东路，右军驻邛、眉两州及雅州府属、打箭炉为西路，后军驻泸、叙、资各府厅州属为南路。惟夷疆绵亘千余里，时虞出巢滋扰，副军五营，专防越、马、雷、峨、屏五厅县夷界。虽以此专其责成，仍不准画疆自守，无事则各自训练，保卫地方；有事则互为声援，无分畛域，以期知同泽同袍之义。各军月饷，拟即查照川省练饷旧章，以昭划一等情前来。

奴才覆加查核，营制无错杂则军令肃，饷章无厚薄则众志孚，将有专属则上下有相习之情，地有责成则彼此无相诿之弊；又复联络策应，六军仍如一军，缓急庶可足恃，所议尚属周妥。一俟各路成军后，再由营务处详送营制、饷章，咨部立案。

现已迅饬照议分别布置，一面选择统将，但取朴勇廉明，晓畅戎机者，不限文武，不计官阶。即令驰赴各路，点验旧军，并散为整，汰弱补强，督率扼要分扎巡缉，并陆续添购新式枪炮，一律操习，务期训练，缉捕两得其宜。日后仍由奴才随时察看，将各军酌量换防，以免师老弊生。

总之，际此时艰饷绌，费帑养兵，必须一兵得一兵之用，平时作其忠义之气，临事乃能备干城之选。而其强弱之机，全视其将为转移。奴才惟有勤加考察，多方激扬，将弁中如有认真讲求，果能著有成效者，自当立予保奏，以示鼓励；倘再有侵饷扰民，操防不力等弊，即予据实严参，从重治罪，以期仰副朝廷整军经武，诰诫再三之至意。其余盐局之安定五营，越嶲四厅之土勇，江口之水师炮船，各有专司，悉仍其旧。

十一月二十一日奉到朱批："政务处知道。"（《近代史所藏清代名人稿本抄本》第3辑，第44册，第339—352页）

是日　奏报武备学堂分班教课各情形。

旋据武备学堂总办补用道罗崇龄详称，现在开办数月，甄别学生业已分班，自须妥定程课，以资循守。综计其大要有四：

一曰定宗旨。查中士狃于积习，文人暗弱，羞军事而不为；武夫犷

1903 年（光绪二十九年　癸卯）51 岁

愚，更不学以无术。至乃摭拾涂饰，徒袭皮毛，强者逞匹夫之刚，弱者中邪说之害，功效未著，流弊徒滋。故必以学问培其本原，以忠义激其性情，以赏罚鼓其志气；而学堂规则，尤必以军法部勒，使之整齐驯扰，然后习气可涤，学业可成。至既习武备，必须亲历戎行，乃能实习其所习之事，并学为教习之学，因于额设学生外，须另设武备军一二营，即由各教习督率各学生教练，练成后，附入学生大队军操，藉以实施其各种战法。俟速成科卒业后，武备军愈练熟，即以次调各防营来省，饬由学生督率武备军就近更番训练，俾全省各营悉成劲旅。一曰定名额。堂中设总办一员，监督一员，管堂正委一员，副委二员，内稽查正副各一员，文案、收支、外稽查、医官、管厩各一员；自监督以下皆禀承总办分管堂内一切事务。总教习一员，副教习三员，均延聘日本员弁。现以炮学一门缺人教授，拟添聘日本炮队中尉正教习一员，另设翻译帮教四员，汉文正副教习各一员，算学分教习二员；自总教习以下皆禀承总办分管堂内一切教务。额设学生二百名，分速成、本课、次课三科。速成科由各营保送已经归标都守以下营弁，其功课特别自为一班，共三十八名。本课、次课两科，均考取本省文武举监生童及官商客籍子弟，前经甄别剔退十名外，共一百五十二名。其功课较优者，列为本课头班，其次为二班，每班五十六名。其年较幼稚、中学尚浅者，另定课程，专习中文、算法，别为次课一班，共四十名。合计三科四班，通共学生一百九十名，俟其卒业，次第再行招考。至此武备创设伊始，责重事烦，所有在事各员及教习等，应援照南北洋、湖北等省章程，每届二年择尤保奖；其当差一年期满，勤慎无误者，由总办出具切实考语，详委较优差缺一次，年满仍回堂当差，以恤勤劳，而资熟手。至各班学生应照文学校章程，无论文武生童，统作为官学生出身，优定保奖阶级，以资鼓励。

一曰定课程。外国功课分学、术两科；学则战术、兵法、地形、物理、化学、测绘、算学、兵器、军粮、军医及外国语言、文字等事，于讲堂习之；术则各种体操、步伐、阵法、炮队、马队、步队、工程队、行军队、枪炮演放、测准、骑驭、游泳等事，于操场习之。速成以一年卒业，本课三年卒业；次课二年后再升入本课，共五年卒业。中文分修身、经、史、舆地、诸子、词章六门，均以有裨名教，有关兵事，凡增益机智者为主义。词章一门，专以言事之文为重，由中文教习分类编订，附入武备课程，按时讲授。

一曰定经费。学堂建于北校场之旁，自光绪二十八年二月兴工，至十二月工竣，计内外堂室约三百间，共费工料、地价及教习川资、监工薪水，并先后购置一切器具，共用银六万四千余两，全由司库拨垫。嗣又改北校场为枪炮马步操场、器具体操场及修建马号等工，详拨经费银四千两。现计添购书器、马匹、印书器具、武备模范，及添聘教习川资等费，约共需银一万两。此为开办所需。至常年经费，分额支、活支两项：一切员司、教习等薪水，丁役工食，学生饭食，纸张、笔墨、医药、灯油、马粮等项为额支，原估每年需银三万一千余两，现拟添聘教习，约多需银二千两。随时制给学生衣帽靴裤等操服，添补马匹，增置图书、器具、操具，培修房屋等项为活支。学生常服及日用器物，暂未能如他省齐备，尚待酌添外，每年约需制购操服银五千余两。二者并计约需银四万两。前由筹饷局司道核议，每年于盐茶道库拨银一万两，成绵道库岁收前办武备学堂生息银五千七百余两，防剿经费项下酌拨银一万二千五百余两，合共拨银二万八千二百余两；照原估数尚不敷银一万二千两，拟恳一并筹拨。

至原议购备外洋新式快枪二百杆、快炮数尊，及武备军一二营。现因帑项支绌，请修复筹饷局旧存枪炮，暂资操用。武备军则拟于现设常备军酌拨训练，仍食本军薪饷，归原营管束，以省经费等情，并据造具中外教习、委员、学生等名册，一并详请具奏前来。前护督臣未及核办卸事。

奴才伏查此次建设武备学堂，条目繁赜，经费浩繁。经前署督臣岑春煊锐意振作，督饬在事各员一切认真将事，学课堂章具有基础。奴才到任后，复力加整顿，训厉各班学生，激发其忠爱之心，勉以循规力学，进为干城之选，尚皆知立志向上，亦无嚣张跅弛习气。现在开办不久，程度固不甚高；按照现定程课，果能实事求是，经久不渝，当不难驯著功效。查前奏尚未接准政务处议覆，应请敕下政务处归并前奏核议照准，咨覆来川，俾可遵照办理。至常年经费不敷，容奴才督饬司道再行筹拨，以资应用。

| 1903 年（光绪二十九年　癸卯）51 岁 |

十一月二十一日奉到朱批："政务处议奏。"（《近代史所藏清代名人稿本抄本》第 3 辑，第 44 册，第 352—371 页）

11 月 30 日（十月十二日）　奏崇庆州等命盗一案折。（《近代史所藏清代名人稿本抄本》第 3 辑，第 44 册，第 491—501 页）

12 月 17 日（十月二十九日）　奏陈遵议川边屯垦商矿各情形。

奏为遵旨查议川边屯垦商矿等事，分别能否试办，恭折缕陈，仰祈圣鉴事：窃奴才承准军机大臣字寄："光绪二十九年七月十五日奉上谕：'有人奏，川、藏危急，请简员督办川边，因垦为屯，因商开矿等语，著锡良查看情形，妥筹具奏。'"等因钦此。

伏念保藏固川，此疆臣欲求其策而不可得者也。原奏筹虑周至；但按切事势，则有深中肯要者，亦有尚形隔膜者。盖百闻不如一见，即奴才在川，必向曾驻台藏文武遍加咨问，复录行商矿等局司道，再四推求，然后具知其实。大抵藏之急务，固非屯垦、商矿所能解其危迫。川省力所到与事所当为，均于议覆桂霖具奏筹藏三端折内，恭陈宸听。今但论川边之屯垦、商矿等事，分别能否试办，能办者不敢推诿，不能办者不敢迁就。

窃查徼外，地非不广，而树艺不生，草木不长者恒多；间有可耕，仅产稞麦。非番属之甘于荒弃也，冰雪弥望，风沙蔽天，盛夏犹寒，弗利稼穑。故蜀民最勤于农事，宁远适秦、黔而不来垦辟，知其犹石田而无所获也，今招募之亦必不至。若集商股，更无应者。

番地利于游牧，羔犊湩酪，以为资业，打牲刷药而外，绝少工艺。蛮盐价贱，并不取诸内地。衣者氇氆，次曰褐子，惟汉民用布，其数甚无几也。故官盐、布店断然难设。

销茶独巨，然川商运至打箭炉而止，穷荒贩贸，皆冒险阻，耐鞁瘵以竞锥刀，柔脆者不堪其苦。况川省榷茶已重，无论官运商运，不宜再事取盈。倘征多而值昂，立至印茶浸入。

说者辄以矿产蕴藏甚富。三坝等处本多采金之夫，勤一日之力赡其一身，仍土法以求之，殆难增拓。未经开凿之处，土司等惑于风水，以为神禁不可犯，祖训不可违，往往性命争之，其愚未易导诱也。且川省屡勘巴底、巴旺等矿，并在明正土司属地，积年开办，虚縻公帑，停废无功。然则非有历著成效之廿人,不当远举,而其人将于何处求之?

农、商矿之难如此。虽知其难,苟有可图,又不容于不办。原奏巴塘土性沃衍,宜于垦种,访之洵非虚言。该气候较温,又与冈峚而硗确者不侔。虽由来榛莽之区,然人力当尽,不得谓前此所未有,遂疑后此为难成。奴才拟在该处先兴垦务,但以方里计之,不过州邑之地,较蒙地广狭迥别,未便率请简派重臣督办,应由奴才拣换巴塘粮员都司前往宣谕土司,教牖番民,结之以恩信,分之以利益,并派打箭炉同知刘廷恕督率其事,建昌道则常往炉城考察。倘土司等反复强梗,现有驻炉续备右军两营,随时调往弹压。如此威惠并用,需以岁月,或期底绩。惟究竟能开田土若干顷亩,谷麦孰宜,灌溉孰便,均俟巴塘文武查勘后,方得端绪;而因垦为屯之议更难先事计之。

要之,垦此一隅,供兵食者几许。印藏入川之路,不必专由巴、里塘大道也。仿团练于要荒之外,设防镇于广漠之中,岂非用意是而课效则非者哉!但巴塘垦务既办,他处如能耕,推行较易,牧政、矿政又当次第考求,似于边务总有起色。

至于原奏请以左都御史清锐督办川边农、商矿等事,并将四川商务归并一局。夫以该左都御史之忠诚清亮,奴才深喜分任之得人。惟垦务规模尚隘,而巴塘远僻,省城商矿合局事务繁赜,遥隔断难兼顾,所请自毋庸置议。

川省商务,奴才到川,即以现署臬司成绵龙茂道沈秉堃熟悉情形,委令到局,会同员绅日事扩张,凡于裕国而不累民者,主持必力。应俟议办粗就,再行专案具奏。(《近代史所藏清代名人稿本抄本》第3辑,第44册,第616—630页)

是日 奏报川省拟办新机新械。

川省机器局去年造抬枪五百余杆、毛瑟枪三百余杆、前膛枪一千五百余杆。抬枪笨重,用时最少,毛瑟、前膛在今日亦同窳废。盖泰东西利械日出,皆取精灵猛烈以相竞。所著教范操典,于射击之法特详。我欲戎政修明,必有新械而后可以练强兵,又必有新机而后可以造新械。奴才遴任道员章世恩总办该局,务令切实整顿。然工程勤惰,价料虚实,此可以综核行之;惟造法求精,非无寸进,而新式枪弹终不能以廿年前

| 1903年（光绪二十九年　癸卯）51岁 |

之机器一朝改作而成。奴才查订办小口径毛瑟枪支、机器价值购运到蜀，以及添匠拓厂等项需款约一百廿万。川库岁入本不为少，供拨浩穰，正值罗掘既空之后，似此巨款，断难猝集。而常备、续备教练之用，又不容缓。屡奉谕旨，饬令各省军营枪械宜归一律，诚为战术所最要。川省急难措手，现惟先在鄂厂购办，而该厂应接不暇，仅允分以千杆，正初方克造齐。因令派赴日本阅操之道员罗崇龄订购日厂步枪二千杆，配足弹、药等件，合计此三千杆之价费，约在廿万，勉力腾挪应付，归入动支防剿经费项下一并报销。第思权宜应急之方，何异补苴之术。无论购诸外洋者，未必取求常便；即鄂厂无畛域也，然峡江逆挽，若遇夏秋盛涨，半年未抵成都。夫以操防有必需，事变有莫测，仰给于人者庸可恃乎？是则川局亟应添设新式枪厂，尤奴才寝馈未敢忘者也。

赋敛不宜再重，厘税方将议撤，求其裕邦计而不朘民生者，则银元之扩充销路一也，铜元之广取盈余二也，选商办矿有利无害三也。银元者官款收之以倡其始，必俟民用便之，乃获其益。川省销行未畅，省外更不能用。奴才与该局实行便民之策，并在渝、沪、富、犍商灶繁盛之地，派员经理，期市廛乐于行使，则局本充而多铸以计其赢。至于铜元，其用较银元倍易，其利亦较银元倍厚。惟宁远属运铜太少，久已停机待造。现拣干员接换该府，招商添办，增价收买。一俟铜多，供铸不穷，余利如操左券。建南所属，五金矿苗颇露，结堂者固不可得，而商自醵资，民自食力，官何为不导其开采而任弃货于地？奴才广选商民择地凿办，按成纳课，又以市值收买其金、铜，以充铸币之用。边氓之谋生于厂者，人数至众，岂非上下交益；而帑藏无虞亏耗者，似亦理财之善经也。三者次第推行广远，提取余款，专储岁积，以为购办此项机器之需，数年间或如愿以偿。使川省多造新械，不惟藏卫可以兼顾，而滇、黔、秦、陇购运较便，裨于西北军实所关綦重。奴才自维驽钝，未能奋迅程功，而殚心力以赴之。倘此举终底于成，稍足以仰副朝廷肄武致强之深意。

除分咨外，理合将办理情形附片陈明，伏乞圣鉴训示。（《近代史所藏清代名人稿本抄本》第3辑，第44册，第561—572页）

是日　奏报办理川省学务大概情形。

顷岁以来，朝廷锐求兴学。奴才睹川省学堂办成绝少，念之莫释于怀，然非务名之难，而责实之不易；又非筹款之难，而择师之不易。二者必以学务处得人而后有所责成，其督办、提调两员，最为重任。奴才访求殆遍，昨乃奏调甘肃补用道王树枏来川差遣。该道博通中外，蜀人靡不知之。俟其到日，委令接充督办。然学务不能一日虚旷，又当先重提调之选。查有请升邛州直隶州知州方旭，才优学裕，循誉卓然。前办蓬州学堂，风气开之独早；近往日本考察，益于教育精神之所在，秩序之所宜，讨究极称精审，兹特委充学务处提调。适值编修胡峻亦自东瀛返蜀，该编修经前署督臣岑春煊以其品望素著，奏请留川总理省城高等学堂。该编修恐规模之或隘也，复请赴日本考求学校，归途又诣京师大学暨与沿江新设者详加讲论，洞明得失。奴才敦促早开省学，并商榷各属办法。方旭等咸谓师范不造，中小学终无教习；蒙养不立，诸学科级难以躐等而进。现拟就省城高等学堂附设师范馆，通檄州邑，集资选士，往习日本速成科，以明教授之法；并设启蒙讲习所，恪守钦定章程，分年筹办。总期乡僻响风奋跃，官私蒙塾繁兴，植之基而探其本。虽曰急效难收，而胡峻、方旭之于兴学，均为川省之冠；途辙既无歧误，定与粉饰因循者大有间矣。

合将办理大概，附片具奏，仰慰宸廑，伏乞圣鉴训示。（《近代史所藏清代名人稿本抄本》第3辑，第44册，第576—584页）

是日　奏请敬举边才以备任使。

奏为敬举边才以备任使，恭折仰祈圣鉴事：窃维蜀徼本西南夷故壤，建昌道属雅州等府所辖番夷种族繁多，其地荒阔，其人愚犷，争衅时时并作，得健吏治之，慴强梗于无形，塞萌芽于初起；而不然者，酿患亦最大。加以远接印、藏，防卫经营之策，尤贵得人措理。故今日求边才至急，然非权略足以应变，精力足以任劳，操行足以孚众，三者弗备，未易副其选也。

查有道员用、在任候补知府、打箭炉同知刘廷恕，历任松潘、江北、石砫等厅，俱有治状。前督臣鹿传霖将其调补今缺，在边数年，文武协和，番夷悦服。奴才访询其人，盖血性沈挚，而深以趋利避事为耻者。关外土司喇嘛，往往称兵构乱，屯台员惶遽无措；惟该员叠次请行，往

| 1903 年（光绪二十九年　癸卯）51 岁 |

返数十程，履冰雪，历险阻，而不以为苦。廉威素著，既至，则积年仇斗之案莫不销释。奴才于旧牍中，又见该员于二十七年办理冷碛司铎牧守仁之事，奸民祝华山纠匪忽劫司铎而去，将蹈大足余蛮子故辙，肆其要挟。该员赴机迅速，亲索于岩谷之间，以计夺还司铎，不数日即与教堂议结。本年五月，里塘堪布品初朗吉撤站抗拒，该员带勇出关，亦未匝月，遂已擒渠散党，附近之思蠢者，闻风帖息。观此数事，是该员之谋勇兼优，确有成绩。

窃维职无崇卑之别，必具忠诚者乃能任事。官场习气，但营私计而不顾公家之急，求如该员之老而弥壮，艰巨弗辞，实不数睹。前欲酬其劳勋，调署泸州。奴才到川，因边事孔殷，饬司仍留本任。第念边才难得，为该员为能当之，若任久于丞佐之中，仅获其尺寸，甚惜所治者小。现当藏卫事端未已，边陲筹布正难，炉厅权位较轻，无以为国家规摹宏远。倘蒙天恩破格擢用，授以川边道府之任，该员晓畅军事，熟练夷情，比于边务大有起色。奴才考察既确，不敢不专章保荐，以圣明任使。

所有敬举边才缘由，理合恭折具陈，伏乞皇太后、皇上圣鉴训示。（《近代史所藏清代名人稿本抄本》第 3 辑，第 44 册，第 630—639 页）

　　是日　奏报英商法商办矿情形。

各省矿产，原准华洋各商合股请办。惟外务部暨前路矿总局先后奏定章程，大要总须先行呈明，俟查确批准为主，核与定章不符者，虽立有草合同，亦不作据。至请办矿地，不准兼指数处，及混指全府、全县。所以杜渐防微，保利权而维大局者，至为周密。

川省前设矿务局，专以考核各商所请是否合章，拟议准驳，详由督臣咨请部局核覆，历经照办在案。

近有英商立得乐请独办江北厅属各矿。又法商戴玛德，不知如何与川省管解白蜡委员候补知县刘鹏，在京私立合同，拟设公司，合办夔州府属巫山、大宁、云阳、开、万等县铜、煤各矿，指地多处，由英、法领事为该商等照转或请准办，或请立案，照会奴才前来。当将不合定章，碍难准行之处，分别照覆该领事，一俟该商等到川呈明，再行查核办理。

惟查各省矿产虽富，若一任该商人任意指占，各领事代为陈请，恐有限之产，难供无厌之求。且近今之所谓华洋合办者，非华、洋商人实已各具资本、勘定矿地也,大抵各处奸商、劣绅举中国之地利以歆动洋人,冀洋人之资本以虚张华股,即借华洋合办之名,怂恿洋人出面,以冀所求之必遂。既未先行呈明本省,又不确指处所,竟标公司之虚称,广占著名之美产。洋人受其愚弄,卒亦开办为难,或另托词集股,或称待延矿师,一再展限,而公家自此大利尽失,地方亦徒滋纷扰,有损无益;似非申明呈候批准之章,严立擅订合同之禁,开办限期不准推展,将流弊不可胜言。至候补人员,不准在服官省分经商置产,例有明文。乃敢私合洋股,擅指公地,此风尤不可长。应如何审定章程,添立专条,通行各省,以杜弊混而资遵循,拟请饬下部臣查照核议施行。

奴才为补救矿政起见,是否有当,理合附片密陈,伏乞圣鉴训示。

再,川省矿产颇饶,官商屡议开采,迄无成事。奴才到任后,督饬商矿局竭力设法招来殷实绅商,承办各矿;一面委员前赴宁远府一带察看试办。一俟办理稍有端倪,再行详晰具奏,并咨部立案。合并声明。

十二月十八日奉到朱批:"外务部、商部议奏。"(《近代史所藏清代名人稿本抄本》第3辑,第18册,第254—263页)

12月19日(十一月初一日) 奏补行军政纠参不职官员。

奏为补行光绪二十八年军政纠参不职官员,改题为奏,恭折仰祈圣鉴事:窃照光绪二十八年十月内四川省届满军政之期,经前督臣奎俊,因值地方拳匪未靖,军务方殷,前署提督臣丁鸿臣带兵出省剿匪,奏请展缓举办,蒙恩允准,分别咨行遵照在案。兹展限届期,应即遵照补行。

奴才维军政为考核大典,黜陟攸关,西蜀严疆,戎政武职尤为切要,必须考察严明,方足以励士气而肃戎行。奴才当与兼署成都将军、副都统奴才苏噜岱、提督奴才马维骐,细察于平时,严核于近日,矢公矢慎,详加考核。除将堪膺卓荐并存留卓荐之员,另折具奏,其不入举劾照常留任各员,造册分别填注考语,分送部科外,所有应劾之不谨官阜和右营都司周友和、松潘左营守备刘永福、有疾官懋功营领哨千总萧松林、罢软官叙马营左哨千总蒋焕斌、年老官巴州营千总漆定邦、才力不及官夔州左营千总鲜长矿、巫山营千总周锡五,以上七员,均属有干八法,前据各镇营密揭前来。奴才与兼署成都将军、副都统奴才苏噜岱、提督奴才马维骐,详加确访,闻见相同。该员等既职守有乖,未便姑容,相

1903 年（光绪二十九年 癸卯）51 岁

应分别纠参，以肃戎政。

除照例委员摘印追札勒令离任，并将照常留任及调补外省已及未及一年各员，分别填注考语分送部科院道外，奴才谨会同兼署成都将军、副都统奴才苏噜岱、提督奴才马维骐合词恭折具奏，伏乞皇太后、皇上圣鉴，敕下部院核覆施行。

再，军政例于十月内到部，今奴才因到任甫及三月，逐加考察，是以办理稍迟，合并陈明。（《近代史所藏清代名人稿本抄本》第 3 辑，第 45 册，第 1—10 页）

是日 荐举军政贤能官员。

奏为补行光绪二十八年军政荐举贤能官员，改题为奏，恭折仰祈圣鉴事：窃照光绪二十八年十月内四川省届满军政之期，经前督臣奎俊，因值地方拳匪未靖，军务方殷，前署提督臣丁鸿臣带兵出省剿匪，奏请展缓举办，蒙恩允准，分别咨行遵照在案。兹展限届期，应即遵照补行。

奴才维军政五年一次，事关激扬大典，必须秉公矢慎，详加考核，方足以定黜陟而昭劝惩。奴才与兼署成都将军、副都统奴才苏噜岱、提督奴才马维骐将通省镇标协营，自副将以至千总，详加考察，除将有干八法之员，另折劾参，其才技兼优之员，或遇题补，并年满保送各在案。其余照常留任、兼经升任及历俸未满、到任未久或有事故与例不符各员，照例注考造具册结，另行咨送部科外，所有现在枪炮熟悉，才技兼优，实心训练，而又合例之员，自应照例举荐。

奴才与兼署成都将军、副都统奴才苏噜岱，提督奴才马维骐，会同考核。查有黎雅营游击祥堃、重庆左营游击赵国士、维州左营都司凤山、泰宁营都司存祥、黎雅营守备陈祖虞，会川营千总王明义六员，均系才猷练达，勤干超众，勘膺卓荐。又上届军政卓荐未经升用巴州营游击宋朝恩、忠州营都司刘永吉、提标左营左哨千总吴继宗、马边存城营右哨千总张绍彦，此次考核内，惟马边存城营右哨千总张绍彦应行销去上届卓荐，余仍堪以存留上届卓荐。又上届军政仍留卓荐未经升用之城守右营守备何廷珍，此次考核内仍堪存留上届卓荐。准据标镇协营密保前来。

奴才与兼署成都将军、副都统奴才苏噜岱，提督奴才马维骐，复会同确核，该员等或枪炮熟练，训练认真；或营伍整肃，纪律严明；或才技优长，驭兵有术；或办公勤奋，营务讲求；或操防得力，营务留心，或操差精勤，巡防得力，均堪卓荐。

除将各官履历事实，造具册结，分送部科道院外，奴才谨会同兼署成都将军、副都统奴才苏噜岱，提督奴才马维骐，合词恭折具奏，伏乞皇太后、皇上圣鉴，敕下部院核覆施行。

再，四川省军政例应保荐守备以上五员、千总三员、军标一员，此次共荐六员，未能足额，实因堪膺卓荐之员较少，军标亦无合例人员，是以未敢滥举。至军政例限十月内到部，今奴才因到任甫及三月，逐加考察，是以办理稍迟，合并声明。（《近代史所藏清代名人稿本抄本》第3辑，第45册，第10—20页）

1904年（光绪三十年　甲辰）52岁

1月2日（十一月十五日）　奏查明川省被灾地方来春毋庸请款暨合州赈抚情形。

奏为遵旨查明川省被灾地方，来春毋庸请款暨覆查合州赈抚情形，恭折一并具陈，仰祈圣鉴事：窃光绪二十九年十月二十二日，承准军机大臣字寄："十月初三日奉上谕：'本年直隶、吉林、山东、广东、广西、甘肃、新疆、江苏、陕西、湖北、浙江、云南、江西，会报偏灾，朝廷轸恤为怀，议赈议蠲，已饬各该将军、督抚等，妥筹抚恤，小民谅可不至失所。惟念来春青黄不接之时，民力未免拮据，著传谕该将军、督抚等，体察情形，如有应行接济之处，即著查明据实覆奏，封印以前奏到，俟朕于新正降旨加恩。此外各该省有无被灾地方应行调剂之处，著该将军、督抚等一体查明具奏。钦此。'"是月二十六日复奉十月初六日上谕："都察院代奏四川绅士易显珩等呈称，合州蛟水为患，恳请抚恤等语。四川合州本年六月间，蛟水陡发，居民田土、房屋均被冲塌，并淹毙人口，灾情甚重，轸念殊深。著锡良迅即拨款赈济，严饬该州知州核实散放，以恤灾黎。原呈著抄给阅看，将此谕令知之。钦此。"钦遵，恭录先后檄行藩司暨筹赈总局查议去后。

兹据覆称，本年五六月间，绥定府属之东乡、城口、太平、达县、重庆府属之江北、巴县、合州、铜梁、定远、顺庆府属之南充、蓬州、岳池，保宁府属之南部、阆中、广元，嘉定府属之乐山、峨眉等厅州县，先后并罹水患，均经由局或派员赍银前往，或饬就近拨动仓储捐款，查审灾户，分别等差，立时赈抚。其中本以合州被灾较重，而州城尤重于乡间；南充情亦相同，南部又为其次；其余则泛滥于滨江田庐，而城市幸犹无恙。官款旋踵即至，小民之荡析者得以早谋栖止，煮糜粜粟，更与义赈相辅并行，是以中泽劬劳，易于安集。业经前护督臣陈璚据实奏报在案。

现查川省各属收成，合计总称中稔。虽灾荒之后，米价不为甚平，而民间尚无艰食情形；即此灾区，亦复耕商复业。兹又电饬重庆府确查所属合州六月间本有被灾贫户九千余户，而局拨赈捐八千八百余两，益以该管府张铎等在渝城各处募集各捐易钱共得二万二千余串，且动拨济仓谷石，迅予散放，故得免于流离。此时赈抚早完，无不各安生理。是州绅易显珏等在京所呈各节，盖夏秋灾况有如此者，今则尚无失所待哺之众，该府等故不再请赈恤。

惟就目前论，固可支持；特恐昏垫余生，难谋卒岁。豆麦收成尚早，来春为日正长，拟请由局拨款，专择合州、南充灾重之处，再办年赈一次。二三月间，又动本境仓谷，量加粜济，俾始终无误等情前来。

奴才覆查本年曾被水灾地方，赈抚均经复业。第念冬春之际，穷檐生计维艰，应如司局所议，分次再办赈粜。并以南充圩塌城垣率至四百余丈，奴才现又筹拨款项，饬令雇给贫民，赶紧兴修，即寓以工代赈之意。一俟春粮全熟，民气便可尽苏。去岁蜀灾甫蒙颁发巨帑，现在自应由川筹办，不敢频吁鸿施。（《近代史所藏清代名人稿本抄本》第3辑，第45册，第64—76页）

1月3日（十一月十六日） 甄别贪劣不职各员。

奏为甄别贪劣不职各员，以肃吏治，恭折仰祈圣鉴事：窃维激浊乃可扬清，安民必先察吏。川省人稠地广，虽习尚浮动，而尚知驯谨畏官；乃缘吏事不修，纪纲弛懈，官疲民玩，以至盗贼、会匪无所忌惮，恣肆横行，昔年富庶之区，竟成窳败之象，可惜亦诚可虑也。

前署督臣岑春煊，竭力振作，劳怨不辞，搜剔爬梳，旌别淑慝，属僚知惧，稍有转机，未几调署两广。奴才到任，相去仅止数月，体察情形，见各官委靡巧滑，故态复萌，当经督饬司道，谆谆诰诫，并设立课吏馆，殷勤训诲，冀以挽回积习，成就人才。无如贪鄙之流，受病已深，既法言巽语之俱穷，复振聩发聋之乏术，若再姑息，则新进被其渐染，小民受其荼毒，为害将无止期，不得不即确有劣迹之员，择尤参劾，以

1904 年（光绪三十年 甲辰）52 岁

期惩一儆百。

十二月二十九日奉到朱批："另有旨。"（《近代史所藏清代名人稿本抄本》第 3 辑，第 45 册，第 147—158 页）

是日　奏举贤能各员。

泾渭不辨，澄叙无方；彰瘅互施，风声斯树。川省不职各员，奴才既已择尤参劾；其有贤劳夙著、政事丰修、卓然自立于波靡之中者，仅就考察所得，确按实在事迹，胪举所长，上陈天听，以励其余。

查有署按察使成绵龙茂道沈秉堃，强干精明，才长肆应，历官州、县，久著贤能；候补道赵藩，沈静有为，实心任事，熟谙馐务，区画详明；候补道凤全，识见老成，任事果敢，邛、蒲治绩，舆论翕然；候补道、署重庆府知府张铎，干练精明，通权达变，办理艰巨，悉合机宜；成都府知府雷钟德，笃诚廉谨，悃幅无华，整饬地方，不遗余力；署宁远府知府、候补道知府黄兆麟，才具明决，胆识兼优，治剧理繁，措施得当；奏补邛州直隶州、合州知州方旭，慈惠有声，留心教养，劝工兴学，风气先开；署涪州知州、开县知县邹宪章，学识闳通，办事勤奋，兴修水利，实惠及民；富顺县知县赵渊，朴诚果敢，廉公有威，缉捕勤能，不惜劳费；汶川县知县如柏，明干有为，才堪应变，缉匪捕盗，卓著勤能；夹江县知县申辚，器识沈毅，才练守严，历任地方，舆情爱戴；屏山县知县陈伟勋，实意爱民，不求闻达，劝农兴垦，条理周详；黔江县知县广厚，才具开展，莅事勤能，前署南川，盗贼敛迹；署万县知县、云阳县知县汪贲之，才敏学优，听断明允，治理冲要，措置裕如；署大邑县知县、试用知县赵金鉴，廉明果敢，朴实耐劳，事必躬亲，毫无习气；奏补中江县知县高士鹏，质直诚笃，操履清严，视公如家，不辞劳瘁。

以上各员，合无仰恳天恩。俯予传旨嘉奖，俾循吏益图报称，中材从此奋兴，实于吏治大有裨益。奴才仍随时加意督察，倘有始终易辙，即行据实纠参，决不敢稍涉迴护，致误地方。

十二月二十九日奉到朱批："另有旨。"（《近代史所藏清代名人稿本抄本》第 3 辑，第 45 册，第 138—147 页）

1 月 19 日（十二月初三日）　奏陈办理川省边腹各匪情形。

奏为川省边腹各地，盗风不靖，现拟与滇、黔两省合力拿办，并派才望素著之员，分路搜捕，以遏乱萌，恭折仰祈圣鉴事：

窃川省自去年拳乱之后，余风未殄，成都等属，游民实繁，生计既穷，流而为匪；川南与滇黔交界之区，山泽荒阔，尤为盗薮。去春隆昌等县，劫掠商帮，每案失银两万数千两，比复有纠抢屏山盐店、犍厂盐本之事。盖所谓边匪者，出没蜀、滇、黔三边，不必断为何省之匪，此拿彼窜，飘忽靡常，往往伪为商旅者，人不及察。其枪械快利，或遇防营勇役追拿，转难得手，珙县至有戕杀副将岳培高一案，攘利日厚，酿害日深。奴才忝权疆寄，坐视居者、行者皆有戒心，听夕旁皇，不敢不力图补救。现拟咨商云贵督抚臣，简择边吏，调派防军，会同川边文武各员，不分畛域，并力搜拿，以冀扫穴擒渠，为一劳永逸之计。

惟是欲治外盗，必先治内盗。川省内盗在腹地者，以成都、邛州两蜀为最，嘉定次之；在边地者，以叙、永两属为最，重庆、泸州次之。应以成、邛、嘉各为一路，叙、永、沪共为一路。夫严守卫，清窝顿，勤缉捕，皆地方官当尽之责。至匪重械精，出入无时，则非有得力防营与之驰逐，尾追首击，无以济地方官之穷。自来防营捕盗，强者急窃贪功，懦者畏葸偾事；州县之不职者，又或省事惜费，不察盗之真伪，旋禁旋释，与防营积成瑕衅，匪焰因此愈张，又非有临事果毅、执法公允之员董率而调剂之，亦无以杜地方官与防营之弊。

查有丁忧前任锦州直隶州知州柴作舟，才守兼优，长于缉捕，迭经前督臣奎俊、岑春煊保荐。奴才到川后，委统续备中军，以成都一路责之；其嘉定一路则派续备右军统领丁忧知府陈周礼；邛洲一路则派现署该州知州顾思礼；此治腹地之盗也。署成绵龙茂道赵尔丰，随奴才在晋、豫、热河办事，其才绩屡经奏保，现经调署永宁道篆，即令督察叙、永等处捕务，兼防滇、黔各边；此治边地之盗也。

分派既定，即饬该道等督饬所驻防营，会同地方交文武绅团，先将著名积匪，密访严拿，期在必获。一闻盗警，无论本省邻省，立时相机协力跟捕兜拿；并究明窝顿之家，一并惩治。所获之盗，审系贼证确凿，案无疑窦者，一面照章禀候惩办，一面将出力员弁绅团，分别优予奖赏；其本省拿获邻省匪首与邻省拿获本省匪首者，皆悬重赏以励之。如再有

1904年（光绪三十年 甲辰）52岁

营防废驰及地方官讳匿不报、缉捕不力者，一经查察，定予严参。庶使盗风渐戢，民获乂安，以仰副朝廷勤念边疆之至意。

三十年正月十五日奉到朱批："知道了"。（《近代史所藏清代名人稿本抄本》第3辑，第45册，第239—249页）

是日 派员出洋购机造械拓充川厂。

奏为戎备不修，无以安内御外，现拟派员出洋购机造械，拓充川厂，俾资教练之用，海疆有警，足为后路接济，恭折密陈仰祈圣鉴事：

窃奴才供职西陲，才力虽限于远图，而时局不胜其忧愤。屡悉东事危迫，近者俄、日备战，势已岌岌，赖各国解纷，而两争未息；然纵使暂息，亦终不足恃也。乘我之攻战无具，而肆其侵略，一倡于前，众伺于后，若不各遂所欲，未必不出于战，而其害终集于我。然则解纷之术，可以缓师而不可以弥患，事机日危日急，恐祸之来更烈于今日也。

上念宫廷朝夕焦劳，凡属臣工必应分忧共患。惟奴才若提一旅以求效用于畿疆，或拣将吏领军北卫，均恐无裨大局。而川省民情浮动，徒令讹言蠡起，未免骛名损实。

窃维强邻横绝之际，兵事为立国之本；而诘戎先在于造械，械之利钝，视机之新旧，三者最相因也。奴才前于奏报川省派员赴日暨在鄂省分购新式枪支片内陈明，俟筹措得有巨款，即拟买运专造小口径枪支机器，今观于俄、日之事，而益以此举为不容缓矣。

奴才有鉴于此，现委派临财不苟之道章世恩，率同电调来川之贵州候补通判祁祖彝，并选带委员、学生、工匠等，亲往欧、美等洲考察德厂、美厂孰为精利易购，在彼议订。全机造竣约需两载，即留委员督率学生、工匠等，切究此事，入厂肄习，机成而学亦略成，解运回川，互相传授，前之诸弊，悉无虑矣。

综计购价而外，出洋两载之费，断难过省，将来增拓川厂，又非常年经费十万所能支办，川库无从拨取。奴才前次请将银元、铜元余息，并开办建南矿务以期凑集，现恐其效尚缓，为数不敷，拟再抽取酒捐等项，皆须多浚利源，而仍挪腾以应急。

川省煤铁虽富，炼钢未能合用，不得不暂时外购，一俟财力稍裕，再议购机自造。

似此次第措画，倘不废然中阻，迥非刻楮难成。惟值此颠危，而奴才简器于重洋之外，程功于熟稔之中，其事甚形迂速。但练兵而不得精械，则兵为无用；与其虚烦招募，不如计率长久。奴才一面将川省武备学堂暨常备等军，饬用购到新式枪支，讲求速率准头，期能命中。二三年后，川厂蒇功，新械既精且广，本省营伍取之不尽，必可储存过半，万一海疆有警，即可源源下运，作为后路接济；而邻省边防之用，抑其次也。

区区愚诚，以为强国势而靖边疆，胥重乎此，奴才所以不敢因筹费之难而诿之、收效之迟而忽之也。仍冀宸断主持于上，使此议不旁挠，而专款不他拨，庶不致有初靡终，川省幸甚！大局亦幸甚！

三十年正月十四日奉到朱批："练兵处议奏。片并发。"（《近代史所藏清代名人稿本抄本》第3辑，第45册，第253—269页）

1月22日（十二月初六日）　奏陈开办川汉铁路公司。

奏为遵照商部新订铁路章程，设立川汉铁路公司，集股开办，恭折驰陈，恳请敕部立案，仰祈圣鉴事：

窃奴才本年闰五月在直隶正定府途次，即将拟由川省设立川汉铁路公司以保利权等情，专折奏蒙敕下外务部议覆。该部亦以川省物产充盈，水路转运节节阻滞，非修铁路以利转输，恐商务难期畅旺，请俟设立商都后，切实招商，专集华股，妥定章程，奏明办理等因。奴才先于行抵湖北宜昌后，舍舟而陆，藉以查看由鄂入川之路。接篆后，深讶川省百物蕃昌，而民间生计之艰，公家权厘之绌，皆因商货不畅所致；外人来见，亦莫不谓铁路当修；故虽暂俟商部颁行定法，不得不思患预防，早为区画。

但川汉铁路其关系之大，不独川省，奴才前折已经详陈。入川以来，体察地方情形，深悉民情骚动，士习浮嚣，拳匪难属就平，而伏莽滋多，动辄藉端思逞，倘不自为举办，不惟利权坐失，抑更防护难周。且局外垂涎，相争相妒，徇此拒彼，势必枝节横生，设非自为主张，断不能靖边陲而消衅隙。

正筹议间，适准商部来咨，业经重订铁路简明章程二十四条，奏准咨行照办。查各条内，其宗旨在于重国家之魁柄，全华民之利益。其办

| 1904年（光绪三十年 甲辰）52岁 |

法则或官商集股请办，或华洋附搭股分，皆须地方官查明是否公正殷实，尤需督抚查明此路确于中国商运有所裨益，且于现定章程无违背者，即咨会该部酌核办理。

川汉轨道，迂回修阻，以及山径之逼仄险峻，咸视卢汉为过之。明知款巨工艰，只以事势危迫，不容缓办，必应设立公司，奏明得旨允行，然后人人知事之必成，无虑旁挠豪夺，俾集款助路次第可以措手。奴才现已在川设立川汉铁路公司，遴任署藩司冯煦为督办，并拣会办数员以辅之，悉取物论所归者倡率才能有济。一切遵照商部章程，先集华商股本。将来推广，或附搭洋股，或添借洋款，务与新章吻合，随时咨会商部办理。

川路关系全局，倘始基不慎，将来跋前疐后，恐有悔之无及者。拟将勘路、估工等事，刻日兴办，务饬委办各员，实力筹集，期于全路告成，并非空言抵制，以上副朝廷建轨利国利民之至意。

三十年正月十一奉到朱批："该部知道。钦此。"（《锡良遗稿·奏稿》，第389—390页）

2月26日（正月十一日） 清廷令署四川总督锡良等就近饬营越扎以防贵州仁怀邪教。

奉旨：李经羲电奏悉。据称仁怀县属地方有妖匪聚众起事等情。著该署抚严饬所派各军，赶紧分别剿办，并著锡良就近饬营越扎，以防窜扰，务将该匪徒迅速扑灭，并督饬认真保护各教堂，毋稍疏虞。钦此。（《清末教案》第3册，第716页）

2月27日（正月十二日） 署四川总督锡良为奉旨调兵会剿仁怀邪教事致外务部电。

奉十一电旨：李经羲电奏仁怀县属有妖匪聚众起事等情。著该署抚严饬各军，赶紧剿办，并著锡良就近饬营越扎，以防窜扰，迅速扑灭，认真保护各教堂。等因。钦此。遵查本月初七日据续备左军统领刘道兆庚、重庆道府等电禀，贵州仁怀县地方妖匪滋事，当即电饬该道等飞速派兵，不分畛域，合力防剿。并调永宁道赵尔丰驰往会督剿办，一面电商李经羲，拨营夹击，以期及早扑灭。钦奉谕旨覆电，严饬添调兵队，越扎会剿，以冀迅速收效。谨请代奏。（《清末教案》第3册，第716—717页）

是日　署四川总督锡良为请代奏仁怀滋事首领已被枪毙事致外务部电。

顷据川东道贺元彬电禀：据川军员弁禀称，贵州仁怀县滋事匪首袁均芬已经接仗枪毙，余匪火器无多，不难扑灭等语。除仍饬川东道府并赵尔丰督饬川军，不分畛域，认真会剿，务绝根株外，谨请代奏，上纾圣厪。（《清末教案》第3册，第717页）

3月5日（正月十九日）　奏请川东道贺元彬与建昌道冯金鉴对调。

建昌道属宁远府，近来夷匪时出滋扰，地面不靖，前经奴才将办理不善、贻害地方之宁远府县奏参革职，遴委候补知府黄兆麟前往接署剿办。必须有晓畅戎机之大员，督饬相机剿抚，方能绥辑边陲。查有川东道贺元彬，久历戎行，韬钤素裕，堪以调署。所遗川东道缺，饬委现署建昌道冯金鉴前往署理。该道老成深稳，智虑精详，以之调署川东道缺，均于地方有裨。

三十年三月初二日奉到朱批："吏部知道。"（《近代史所藏清代名人稿本抄本》第3辑，第45册，第451—455页）

3月6日（正月二十日）　添募常备后营。

川省新练常备、续备各军，业经奏明在案。

惟查常备军中、前、左、右四营，共只兵额一千七十二名，兵力尚单，缓急未足为恃；而饷需支绌，扩充綦难。现经筹拟添募一营，即作为该军后营，已饬赶紧招募，随同一律训练。至省外续备六军，系由旧日招练，各营汰弱补强，多有未经教练，实与先充常备退为续备者不同。奴才迭饬各该统领，认真缉匪巡边，仍以操防兼重为主义。并拟俟各防告竣，酌量情形，即将续备各军，抽调营哨，分班更番来省，查照常备军规制，发给操衣等件，随同上紧练习，以一操法而收速效。

三十年三月初二日奉到朱批："该部知道。"（《近代史所藏清代名人稿本抄本》第3辑，第45册，第520—525页）

3月25日（二月初九日）　奏谢恩赏福寿等字折。（《近代史所藏清代名人稿本抄本》第3辑，第45册，第621—628页）

3月26日（二月初十日）　再次为刘家璠报效巨款请仍照前给奖。

奏为京员报效巨款，本系归还新疆垫解急赈，无从提存候拨，并查

| 1904 年（光绪三十年　甲辰）52 岁 |

照成案银数尚无短绌，吁恳恩施，仍照前请给奖，恭折仰祈圣鉴事：

窃准户部议覆奴才前奏刑部主事刘家璠报效赈款银一万二千六百两请奖道员分省补用一案，以该员银数较之定例并非大有加增，亦未声明提存候拨，碍难议准，应由奴才转饬声明到日再行由部核办，等因，具奏奉旨："依议。钦此。"咨行到川。

查光绪二十八年部文，报效巨款，本令声明提存候拨。惟川省嗣因旱灾情重，故援案奏明兼收报效巨款，请旨优奖以济赈需，经部议覆，始行收捐。当饥黎危迫之时，有告灾他省、暂挪汇解而赖劝收巨款以归前垫者，有本省收明拨用、查取履历尚未请奖者，然远近不过数人。招徕既已甚难，信赏方能示劝。刘家璠捐项银两，即系新疆抚臣就近劝收归还上年垫解之款，前折业经陈明，自无从提存候拨。

又查光绪二十九年，署两湖督臣端方因职商黄训典捐银万两，请奖道员本班先选用，续捐万两，复请班次分指并加二品顶戴，均已仰邀俞允。黄训典两次捐项，较之例定银数，一则所盈无几，一则不足十成之数。今刘家璠银数并无短绌，赈款早经支放，现值部库准照新海防四五成例递捐升阶，则刘家璠之十成而有余者，若不为之奏请照准，其情似觉向隅。且新疆垫款悬延，必另劝赈捐数百名，始足抵此一人之数；转瞬捐限再满，又恐仍难截止。

兹据筹赈总局具详请奏前来，应即查照部议，声明款已拨赈。合无仰恳天恩，俯准仍照前请，赏给主事刘家璠以道员发省补用，俾与黄训典等同叨优异，实出自逾格鸿慈。

三十年三月二十九日奉到朱批："户部议奏。"（《近代史所藏清代名人稿本抄本》第 3 辑，第 46 册，第 1—10 页）

3 月 28 日（二月十二日）　奏请分别按年裁减边腹屯防各绿营。

奏为拟将川省腹地绿营额兵分年裁尽，仍将边防夷屯各营分别减留，以资绥缉，均照政务处议准两湖成案，节存饷项，拓办巡警，恭折仰祈圣鉴事：

窃查绿营疲弱，远近一辙，饷干本薄，而操法不讲，军实不精，虽欲振而起之，未易遽转为强也。屡奉谕旨，通行裁减。川省历次已裁马、战、守兵一万六千五百余名，尚存一万六千四百余名，奴才以帑绌饷银，亟欲早为裁改，然详加审度，亦不能不区分缓亟。盖川省幅员最广，松、建两镇汛地尤为荒远，提标之马、峨、普安各营皆防野夷而设，懋功协则金川置屯之所，阜和协则藏卫列戍之区，其间惟马、越、雷、峨等厅驻有续备副军，此外悉与防营阻隔，有事调派，非匝月兼旬不能到，蛮触构煽，奸宄萌蘖，撤兵过骤，狡焉思逞，恐始于省费者终于多费也。

惟省城前办警察，即系裁兵七千余名以其饷需作为经费，而各州、府应设巡警，必有的款乃能扩充兴办。兹拟将绿营现存兵额分作十成，腹地各营自本年起岁减一成，十年裁尽。专留此饷，以为拓办省外各府、州巡警之用。

至于松潘、建昌两镇标及提标之马边、懋功、阜和三协，普安、峨边两营，边防夷屯广输数千里，地多穷僻，防营既难兼顾，巡警不易推行，一律裁完，空虚无备，应请按年裁减一成，二年后仍留所余各兵，以资绥缉。皆去散存整，届时尚需略改规制，期以切于实用，节存饷项，归入腹地各绿营项下，拨发各府、州巡警，加以就地集费，俾可次第择要办理。如此按年裁减，分别边腹兵丁，既不骤虞失所，边地不致有患空虚，要政藉得逐件推行，似属有利无害。虽边营尚留防守名为八成，其实不过原额四成。良由川省严疆辽阔，番夷蛮猓，错杂其中，情形迥异。核与两湖独留镇箪、绥靖两镇制兵办法相合；即留饷募练巡警，亦经该省议准在先，援案照办。

查有黎雅、阜右、泰宁、龙安等营，虽隶松潘、阜和标营之下，在今日已无所事，仍并腹地十年裁尽。即边营汛防之奇零者，马塘之可附于驿铺者，均应先裁，不在按年数内。台藏换防兵丁，仍俟驻藏大臣募勇进藏，布置妥协，再议遣撤。以后兵数日少，所有各标将弁，查照政务处议覆两湖减兵裁缺成案，核计兵数，按年将应行裁改各缺，奏明办理。数年以后，行伍之冗闲悉汰，地方之警备尽修，足以诘奸暴而消邪慝，以期仰副圣主绥靖西陲至意。如蒙俞允，拟即自本年秋季为始，饬令藩司核明各营应裁一成饷数，截存停放，以后逐年照数核扣。所有裁遣兵丁，仍查照川省成案，酌给恩饷以示体恤。

三十年三月二十九日奉到朱批："政务处知道。"（《近代史所藏清代名人稿本抄本》第3辑，第46册，第117—129页）

| 1904 年（光绪三十年 甲辰）52 岁 |

4月20日（三月初五日） 奏藩盐局三库分筹铜本银五万两汇滇交纳片。(《近代史所藏清代名人稿本抄本》第3辑，第46册，第165—170页)

4月21日（三月初六日） 奏派周凤翔监督学生赴日学习师范速成科。

查学务大臣奏定学务纲要内开："各省应即按照现定师范学堂办法举行，若无师范教员，即速派人到外国学师范教授管理各法速成科，师范生回国即依仿开办"等语。良以教育人才，首在造成师范，而师范之业，并经实力肄习，奥窍无由明，程度不能合也。

川省上年曾筹官费，派学生二十名前往东洋游学，现在普通甫经卒业，尚待升入专门，计其回川效用，尚需年岁。现筹兴办学堂，微特教习难得其人，即管理亦罕知其法，一切教育规则，深恐名是实非。爰饬各属集资选士，前赴日本就师范速成科练习，以期学成回省，转相讲授，用收速效，奴才前以附片陈明。兹据陆续选齐，禀报听候派令出洋。惟人数至一百有奇，若非派员监督，随时束其身心，示以宗旨，则气质不齐，或虑误涉奇异之趋，染成嚣张之习，殊非所以仰副朝廷兴学育才至意。查有在籍刑部候补主事周凤翔，操履端纯，志存忠爱，曾赴东瀛考察学校，回川后留省办理东文学堂事务，堪以派充监督，率领诸生，前赴日本学习师范速成科，毕业同返，经理学堂，庶收效较速，造基有资，实于学务不无裨益。

四月二十六日奉到朱批："学务大臣知道。"(《近代史所藏清代名人稿本抄本》第3辑，第46册，第402—409页)

5月7日（三月二十二日） 收矿务局呈现议华英合办江北厅煤铁公司订立合同请奏咨详文由并批文及合同。(《近代史所藏清代名人稿本抄本》第3辑，第64册，第254—268页)

5月10日（三月二十五日） 为华英合办江北厅煤铁公司事咨外务部、商务部、户部。(《近代史所藏清代名人稿本抄本》第3辑，第46册，第268—270页)

5月18日（四月初四日） 奏委许藩司督办川汉铁路公司。

川汉铁路总公司，前经奴才奏派署藩司冯煦为督办，嗣又委成绵龙茂道沈秉堃等为会办。现在藩司许涵度业已到省，公司造端宏大，必资群策而后成，财政隶于藩司，尤应兼综并理。查该司许涵度，器局闳展，洞彻时务，堪以委令督办该公司事务，俾与前委之督会办等合力筹办，早创要工。

五月二十一日奉到朱批："知道了。"（《近代史所藏清代名人稿本抄本》第3辑，第46册，第421—425页）

是日　奏陈在川省设立军医学堂。

行军必医士相随，即平日星棋列戍，不无潦雾重蒸之患，待人疗治。泰西东皆精此学，金创尤奏奇功。川省于此阙焉弗讲。奴才现已在省设一军医学堂，聘法医士罗尚德充当教习。驻堂肄业学生定额三十名，营各一人，卒业回营，更番供送。岁筹经费，其数尚少。苏疾疠而救伤痍，似亦行间不可废者也。

五月二十一日奉到朱批："该衙门知道。"（《近代史所藏清代名人稿本抄本》第3辑，第46册，第558—562页）

是日　奏选募官员士子分赴欧美学习路矿制造专门实业。

川汉铁路已设公司，轨政将兴，凡车道之工程法制器用，皆应剖析其理，研求其学。且川省矿产饶而罕能辨识，枪械成而未底精纯，良由泰西各有专门，蜀徼僻远，无人曾往习其实业也。雇洋匠、购洋械，终类随人作计，以视自办者不可同年而语。在前犹有可诿，今则迫之以不待迟徊。查比国路矿之学，五洲推美，而游学费亦较省。欧美等厂于制造枪炮，尤属擅长。奴才选募官员士子十三名，查有江西议叙知县刘钟琳，明通精实，夙具血诚，咨商江省调令赴鄂，接带各员生前赴比国分习路矿，即以刘钟琳为监督，并拣翻译等员随其行。又前经奏派道员章世恩携带官员等廿名，前赴欧美专习机器制造，续委直隶州知州杨兆龙充当监督，先后渡洋。

该学生等毕业回华，总在三五年以后，远适异域，又必尽心研究深造，有得而归，倘非拔擢有加，何以生其感奋。查外务部前议出洋学生三年期满，即由出使大臣考验奏请奖叙，六年毕业得有优等文凭者，续行奏奖一次。川省前两项出洋肄业之官员等，拟俟卒业后回四川考验，优者请照异常劳绩保奖，次者请照寻常劳绩保奖，监督等亦应一并奖叙，较之外务部出洋奖案虽为不逮，犹不失鼓舞之资。重名器而励人才，二者庶乎有合，应恳天恩，俯准敕部立案。

五月二十一日奉到朱批："外务部知道。"（《约章成案汇览》，乙篇，卷32，第209—211页）

是日　奏报现办川省农工商矿诸务大概情形。

奏为振兴川省农工商矿诸务，遵将现办情形，恭折具陈，仰祈圣鉴事：案查比年叠奉明谕，饬令各省振兴农工商矿诸务，以为富强根本。窃以川省地广民众，三农非不勤，百产非不饶，而常若公私交瘁者。拨解京外饷需岁逾六百万，故财力内竭，上下不周于用；欧、日纺织制造之物，流布于穷僻，故货权外售，虽女红亦为之废夺。生齿甲于寰宇，农末皆不足以养之，故旷土少而游民多。奴才到川，深察所由，怒焉心忧，亟欲以农工商矿四者稍图补救。然不悉其土宜民俗，与夫利钝得失，则卤莽未易言功也。数月以来，筹办始有端绪。

如农务则推行屯垦也。泰西农学研求理化，蜀民尚未足语此；但有气候地质之别，新法非可强而能也。就中原论之，蜀民树艺较优，耕耘粪溉之方，能不惜其劳力，陟高履险，几无隙土不加犁播，求之内地，荒秽不治者盖寡，而边徼则有之。奴才查知雷波、屏山等厅县，本与大凉山野夷错接，往者焚掠四出，田作难安，故腴壤榛芜，渐归化外。前饬该厅周士杰查议，据称中山坪暨黄海邓两处，荒地各约一二百里，若全行垦植，岁产包谷各万余石，而西宁河内又可种收稻谷四五千石，拟请筹拨经费，移营守隘，建碉厄要，招集丁壮，散发牛种，逐渐进辟，因垦为屯等情，当饬司局核议推行。其屏山县更有类是者，早经该县陈伟勋领款试办，再阅数载，定可大收成效。至于巴塘垦务，前折奏陈之后，即委打箭炉厅督率粮员，携带老农，前往考验种产水利。昨据良员吴锡珍来禀，该处土司等尚无梗阻，当能芟灌莽而植嘉禾。

如工务则拓充局厂也。前署督臣岑春煊在省城创设劝工局，经费苦绌，仅办副厂。迨成绵龙茂道沈秉堃自日本考察回蜀，奴才檄令拓充局务，该道心力果锐，敏干过人，纤悉罔不求精，积久未尝稍懈，业已开办正厂，又经增修房舍，多置机张，其竹木髹刻之工，日有进益，而创织纱绒巾布之属，尤蜀中前所未有。已仿日本设缫丝厂，又派员再往购运制造原料器用，并雇募教师来川。工艺之兴，正为未艾。臬司冯煦悯会垣童卯之失教，前于署藩司任内筹款生息，增设副厂，俾幼稚赡身有术。各厅县遵办工厂，如梁山、德阳、什邡等处规模咸备。由此递推递广，贫民之生计较充，洋货之漏卮少塞。

如商务则首重巴渝也。川省商业向不繁盛，近岁愈形凋敝。然在今日非商货销畅，则无以益农而惠工，请求自不容缓。奴才屡与商务总局司道熟筹良策，措手殊难。惟重庆乃水陆辐辏之区，为上下游之枢纽，此处能有起色，则全川货殖必多赢利。查有调川差委知府周克昌，留心计学，谙历素深，委令前往渝城设局，会同道府，多方规画。嗣据议覆，大致以保护、维持、提倡三者为宗旨，凡商情之害累则局为除之，商力之疲乏则局为助之，商规之欺伪淆杂则局为禁约之，尚于整齐利导之宜，得其要领，官商可以合办。如南川煤矿等事，业经妥立章程，并请拨留官本以销银元，多购机铜以铸铜元，皆以济银根之艰窘。其省内外各处银铜元，亦较前行使倍广，而保商诸法一律施行。

如矿物则兼探金铜也。边境矿产扈引显露，需财方亟，倘任其弃之于地与授之于人，重可惜也。此际官商多半一处，转瞬失利即少一处，不能不日夜思之。前委降调道员赵鸿献、知府邓鸿仪前赴宁远，在于盐源县设总局，瓜别、麻哈各设分局，附近金铜商办官收，纳课而外，酌中定价。盖产金洼里等处，地极险远，仅二三驵侩挟资而往，假以倍称之息，砂丁获金盘剥殆尽，官之收买，固所乐从。其铜则有向由宁远府发例价者，今归局收发，悉除加秤加平等弊。有由机器局发民价者，今由局煎提净尽，再解省局，藉省脚费。此外确有可办之矿厂，酌量招商贷本，速议开办。又查彭县之米家山等处产铜，已委知县沈克刚往办。天全、芦山之大穴山头等处产银，已委降调知府朱大镛往办。该两处虽用官本，为数尚少，必俟开凿煎验，果属丰旺，再饬推广。至于五屯之巴底等处多有金矿，委员会同懋功、打箭炉两厅开导土司，自不狃执故见，徐筹办法。嘉陵江一带沙金淘洗，日不为多，冀可积微成巨，叠次委员查勘，由官收买，次第均已议行。大抵川矿情形互殊，因其势则民不惊，总其成而权在上，不必强从画一，不容先涉铺张，巨细靡遗，遐迩并举。惟动费官本甚少，所操既约，不能所望遽奢，但为得寸则寸之计，求无后时之悔，亦免覆𫐐之虞，似又保利之要图，开源之稳著也。

以上四事，并无各树初基，未敢骤言底绩。庶政非财不立，取之之途不隘，用之之道自舒。奴才惟当殚竭愚诚，本切实以鹜恢闳，庶足仰副朝廷利用厚生之至意。

五月二十一日奉到朱批："该部知道。"（《近代史所藏清代名人稿本抄本》第3辑，第46册，第507—525页）

是日　奏报川省土药碍难仿办官运设局收买以及招商股设立公司。

奏为川省土药碍难仿办官运设局收买以及招集商股设立公司，惟有切实整顿，严除弊蚀，恭折仰祈圣鉴事：

窃准户部咨开："遵旨妥拟筹饷练兵折内，所议变通四川土药税厘办法一条，奏请饬下川省悉心筹画，该省土药能否由官筹款设局收买转销，抑或招集商股设立公司总收分售，以免偷漏而旺税厘，迅速妥议开办"等因，恭录谕旨，咨行到川。

查土药为川产大宗，而税厘不能得一巨款。奴才接篆伊始，即拟改定办法，惟屡向司道员绅咨问，咸称川省土药，部章每百斤征税银二十两，其先委员等私减至六成、八成，迨前督臣鹿传霖严禁诸弊，饬令收足十成，故丙申、丁酉等年收数称最；厥后衰旺不等，由于收获之有丰歉，行销之有疲畅，委员、司事之有廉溷，皆非定章之不善也。改定办法窒碍多端，恐致求益反损，甚且变本加厉等语。奴才尚拟从容体察，再决行止。

兹经户部示以仿照盐务官运暨招商设立公司两策，遵即檄行厘金总局，并派署藩司冯煦与情形较熟之补用道赵藩、吴佐前往会议。兹据详称："土药与盐情事迥别，官运配盐，富、犍、射、荣等数厂而已，土药则百余厅州县大半有之，而多寡不同，虽多者不过川东上下十数除处，然不尽收之则私土充塞，尽收之则局卡断难遍设，局卡不遍设，而强令种烟，农佃之民奔趋千数百里以售诸官，势不可也。

官运发商，岸有定，故商亦有定，土药则不能由川省指认某处专销川土地。既无定岸，遂无定商，官局若只运往重庆、涪州、东乡、万县数处，而别省别属可购，商贩岂肯专就官局？若运往粤、沪、楚、豫等省，员司之顾公家必不如商贩之营私计，远越都邑，求精白可任者，讵能多得？且商贩有时而获奇赢，有时而苦折阅，折阅之患，在商以人众而分之见少，在官则帑巨而弥补无方，盈绌悬殊，未足定为常法。官运之难如此。

若夫设立公司，更恐难无应者。商情见利，不招即来；利不可凭，招之弗至。地阔难于总收，势涣难于专售。公司与官局无异，比年如内江之糖，隆昌之麻布，多方营竞，求立公司；土药十数倍于糖布，而转无人承认，殆知其左券之不能自操也。公司之难又如此。

然则筹款必数百万，集股亦复如之，库储无是余闲，殷室无从劝募，皆可不再申论矣。应请将碍难改办缘由，迅速奏咨"等情。

伏思聚财用以救阽危，部臣具有苦心，何敢畏难推饰。况此毒害生民之物，以征为禁，取多非虐，苟有裨于邦计，虽劳怨亦所不辞，惟按切情事而反复筹之，始悉并无扼要总收之地，更无转销专利之方。且川土本不及广土、台土、砀土，乃能销行南北，徒以价贱之故，瘾轻者乐其廉。此次部议改办后，将应完税项，扣收足数，再行分售，其税项将循旧定者乎？稽征核实不必更张，而亦可以收足也，将倍蓰以加之乎？川土独昂于中外之土，深虑贩运者绝迹，吸食者改图，川农失大利之源，而岁计税厘亦恐较前短少。部臣必以能否改办，行令川省筹画，盖其难其慎之意也。既据司道等灼知得失，应请毋庸改办。

但厘税连年俱绌，固日出产不丰，销场恒滞，然局卡报解未敢信其尽实。查有补用道吴佐，廉能精察，兹已委令前往接川东土药税厘总局，檄令认真考核，拣换妥员，杜绝中饱，不准再有争收暗减等弊。此又本部臣切实整顿之议、遵而行之者也。

五月二十一日奉到朱批："户部知道。"（《近代史所藏清代名人稿本抄本》第3辑，第46册，第532—546页）

5月19日（四月初五日） 分别上奏癸卯年八旗新添委甲兵制造炮位药弹报销片，壬寅年满营制造枪炮药弹工料报销片及校阅省标春操片。（《近代史所藏清代名人稿本抄本》第3辑，第46册，第576—593页）

5月20日（四月初六日） 荐举道员贺元彬。

奏为敬举贤能以备简用，恭折密陈，仰祈圣鉴事：窃维为政首在得人，求财不外考绩。川省本系奥区，近年洋人游历、传教不绝于途；各国领事通商，尤以重庆为会归之所。相机因应，遇事融商，川东道实为

| 1904年（光绪三十年 甲辰）52岁 |

枢纽。调署建昌道、本任川东道贺元彬，到任以来，办理一切交涉，不激不随，措置得体，外人亦无闲言。去冬宁远府夷匪滋事，征兵剿办，奴才因该道熟悉军务，调署建昌，用资督率，业经奏明在案。

伏查该道为前大学士臣左宗棠所赏识，由京员调赴军营，嗣以道员需次江西，历署道篆，久统军务，并奉调江苏、山西等省，累充要差，勤劳卓著，经前江西抚臣德寿保荐人才，送部引见，施蒙简授江西吉南赣宁道，调补今职，是其材堪任使，固已夙在圣明洞鉴之中。奴才到任后，迭加询考，该道政事练达，思虑精详，其勤恳兢业之忱，尤为老而弥笃。时事日艰，人才难得，如该道之资深才优，倘蒙圣恩量予擢用，必堪胜任。奴才考察既确，自应随时荐举，以进贤能。

朱批："贺元彬著交军机处存记。"（《近代史所藏清代名人稿本抄本》第3辑，第46册，第576—593页）

6月15日（五月初二日） 奏盘查计岸官运局库折。（《近代史所藏清代名人稿本抄本》第3辑，第47册，第141—148页）

6月17日（五月初四日） 奏再查题销茶课税银两参案数目片。（《近代史所藏清代名人稿本抄本》第3辑，第47册，第241—245页）

7月11日（五月二十八日） 收北京外务部来电。（《近代史所藏清代名人稿本抄本》第3辑，第46册，第268—270页）

7月12日（五月二十九日） 奏遵旨筹饷练兵现筹垫解部提要饷折。

奏为遵旨筹款练兵，现筹垫解部提要饷各情形，恭折仰祈圣鉴事：窃奴才叠次钦奉谕旨，饬令剔除官吏中饱，整顿田房税契，并抽收烟酒两税。奴才当经钦遵筹办。又复先后准户部咨称筹拟十条办法，并北洋筹备征调，需饷孔殷，四川提银三十万两，迅速解清等语。伏念时方多难，君父殷忧，为国家之急而理财，虽劳怨有所不恤；况取中饱以还公家，抑虚耗以征余利，奴才敢不力任其难。

遵经督同司道一再确查详议，川省州县平余向不在钱粮而在税契。一切摊款暨办公之需，悉取给于此。旧定税额本轻，光绪二十二年，前督臣鹿传霖酌加银十万两，二十七年，前督臣奎俊加征加解数更倍之，业已叠经整顿。近年灾歉频仍，民间田房买卖稀少，收数尤减，似难再议加增。各差则素以厘捐、盐务为最优，现方严核比较，酌减局用，曾

· 273 ·

将舞弊局员参劾在案。若派数提解，恐仍不免取偿于公，欲益反损，爰先将烟酒两税竭力筹办。查川省烟酒出产本微，从前所征正厘及续征加成加倍，合计岁入不过数万两。体察情形，烟捐若别设局卡，转滋糜费，惟有仍饬各厘局切实整理，将收款另报候提。

至各属造酒铺户，奴才前经出示剀谕，并饬属按铺确查造酒斤数，现已核定税则，发照刊表，通饬各属一律试办。奴才仍当随时督饬，认真稽核，不准含混丝毫。计酒捐一项，似此按铺抽收。总当较有起色。

但开办伊始，确数尚无把握，捐款亦乏征存，兹准部提，以目前时局岾危，畿辅之练兵设镇，关系至为重大，惟有通力合筹，先其所急。现经督饬司道，无论何项，设法挪移，分批垫解；倘万难筹措，先行酌量息借商款，以期暂顾北洋本年饷馈要需，而部臣亦得以从容筹画。此项垫款，即俟烟酒两项专款收有成数，陆续尽数归垫，合并声明。

八月初八日奉到朱批："户部知道。"（《近代史所藏清代名人稿本抄本》第3辑，第47册，第361—370页）

是日　奏委雷钟德督办宁远夷务。

宁远府属西昌县阿什支夷匪纠合大股出巢焚杀，当经奴才筹拨饷械，饬令署宁远府知府黄兆麟募勇征练，督率剿抚，于光绪二十九年十一月奏明在案。

旋该夷匪时复出巢攻扰，虽屡经堵击获胜，因山险雪深，未能深入追剿。本年雪融后，经黄兆麟督饬汉土营练入山，叠次战捷，并沿途安抚良夷，现已近逼匪巢，军威大振。惟该署知府黄兆麟时须兼顾地方公事，所有督办剿抚一切事宜，自应另委专员办理，以期迅奏肤功，永靖边患。查有成都府知府雷钟德，前守该郡，卓著循声，汉夷怀畏，现已派赴宁远，会同该文武督办夷务。其成都府篆务，檄委候补知府高增爵暂行代理，各专责成。

八月初八日奉到朱批："该部知道。"（《近代史所藏清代名人稿本抄本》第3辑，第47册，第395—400页）

是日　奏报常备军添募后营并添练工程队。

川省常备军，前因兵力尚单，当饬添募一营，作为该军后营，业经奏明在案。

| 1904 年（光绪三十年　甲辰）52 岁 |

现在后营勇丁已据募足成军，随同中、前、左、右四营一律训练。并以常备军章程向有工程、辎重等队，即将所募余勇，先行添练工程兵一队，学习沟垒、电雷、桥梁、测绘各艺，同日成军，分门试练，以备缓急之用。

八月初八日奉到朱批："该部知道。"（《近代史所藏清代名人稿本抄本》第 3 辑，第 47 册，第 400—404 页）

7 月 19 日（六月初七日）　为川省武备学堂总教习日本陆军步兵少佐松浦宽威请赏。

川省武备学堂总教习日本陆军步兵少佐松浦宽威，于光绪二十八年冬间延聘到川，时值学堂落成，开办学术章程，事端繁密，经该总教习随同总办道马汝骥商定一切，条理厘然。二十九年三月开堂以后，所有学术两科及全堂四班学生功课，悉由该总教习兼综条贯，督同各副教习分门教授，辛勤恳挚，孜孜不倦。计自到川襄事开办至今，在事年余，始终不懈，员司学生翕然称服。本年春间以东事奉调回国，而速成头班适届卒业，该学堂总办察其先后勤劳不无可录，详请奏奖前来。

奴才查前此日本陆军步兵大尉井户川辰三在前督臣奎俊任内，来川劝派学生往东就学，途中照料周至，复代聘武备学堂总教习，在事有劳，经前护督臣陈璚奏请宝星，当蒙俞允颁给在案。该总教习尽心教育，有功创始，较之仅聘教习照料学生尤著劳勋。现当整饬武备之际，合无仰恳天恩，俯准颁给日本陆军步兵少佐松浦宽威三等第二宝星，以示酬励而资观感，出自鸿施。

八月初八日奉到朱批："著照所请，外务部知道。"（《近代史所藏清代名人稿本抄本》第 3 辑，第 47 册，第 549—555 页）

是日　奏请赏给补用道马汝骥二品顶戴片。（《近代史所藏清代名人稿本抄本》第 3 辑，第 47 册，第 555—560 页）

7 月 25 日（六月十三日）　收谢立山来函。（《近代史所藏清代名人稿本抄本》第 3 辑，第 64 册，第 272—274 页）

8 月 14 日（七月初四日）　收外务部来电。（《近代史所藏清代名人稿本抄本》第 3 辑，第 98 册，第 539 页）

8 月 15 日（七月初五日）　奏请遇有川省官办赈米过境，免纳厘税。

川东北旱灾綦重，叠经奏报。近日虽多得雨，而谷苔失时，难望补种，荞麦纵获成熟，只足支一两月之粮，赈粜期长，必先设备。川省本土辟人稠之地，富岁尚无余粟，况数十县并逢荒歉，若不飞挽于外，何以济其艰鲜。现拟在湖南、北购买米石，惟峡江逆驶，劳费增重，与运出江海者难易迥别，倘再完纳厘税，视川省较昂之价更为有加。窃维节约归于公家，官物在蠲征之列；湖、湘皆属邻壤，灾患敦救恤之忧。合无仰恳天恩，敕下湖南、北督抚臣转饬各关局，遇有川省官办赈米过境，验明文照，概免厘税等项，俾价本轻而集办易，期于多活饥黎；其川商采运者仍令照常完缴。

八月二十三日奉到朱批："户部知道。"（《近代史所藏清代名人稿本抄本》第3辑，第48册，第7—12页）

8月16日（七月初六日）　奏报机器局购器建房核销。

查川省机器局添购、续购机器，添建、续建厂房，经前督臣奎俊于光绪二十六年六月、二十七年九月，先后遵照部定事前报部、事后核销章程，分别咨奏在案。

兹据机器局司道布政使许涵度、成绵龙茂道沈秉堃、候补道蔡乃煌、章世恩详称：现在厂房落成，机器运到，一切安置妥善。所有用过购买机器价值运费及修造房工料等项银两，总共支用银一十二万六千一百三十六两零。据采买营造委员分别造具细数清册，由该司道验收核转汇案，详请奏咨核销前来。奴才覆核无异。

八月二十三日奉到朱批："该部知道。"（《近代史所藏清代名人稿本抄本》第3辑，第48册，第24—29页）

是日　奏审明安县监生程志宽京控案折。（《近代史所藏清代名人稿本抄本》第3辑，第48册，第29—44页）

8月17日（七月初七日）　收袁世凯致各省督抚电。（《近代史所藏清代名人稿本抄本》第3辑，第98册，第550页）

8月28日（七月十八日）　收刘廷恕、张之洞、赵尔巽等来电。（《近代史所藏清代名人稿本抄本》第3辑，第98册，第593—602页）

8月29日（七月十九日）　收张人骏来电。（《近代史所藏清代名人稿

1904 年（光绪三十年 甲辰）52 岁

本抄本》第 3 辑，第 98 册，第 604 页）

9 月 14 日（八月初五日） 奏陈川省赈恤旱灾拨款情形。

窃奴才前奏川东北六府二州等所属大旱成灾等情一折，钦奉谕旨："所有被灾地方，著拨给帑银十万两，以资赈抚。并准其展办赈捐宽筹款项，遴派妥员，赶紧赈济，务当督饬尽心经理，核实散放，毋任一夫失所，以副朝廷轸念灾黎至意！"等因，钦此。仰见鸿慈茂育，既仁施之滂沛，复睿虑之溥周，温绅一颁，全川欢舞。

查奴才具奏后，叠接各属禀报得雨，但立秋已届，节候太迟，大都苕谷萎枯，挽救十无一二。然情形正复不同，盖地有高下，种有早迟，雨膏过时，一县亦多悬异。况仓庾之充绌，捐募之难易，井间户籍之多寡，灾区之内判然各别。从前散发帑赈，务均沾而不务实惠，往往各属摊领，县又按场，场又按户，以致户领钱数百，丁领钱数十文，所获无多，阻饥鲜济。奴才以此次灾情既分轻重，而肥浇广被尤属不齐，因令司局与该道府等详切考求，专择灾重款缺之处，虽邑发盈万而不嫌其多，若力能自支者毋庸摊给，俾蔀屋独沾闿泽，凡宫廷之渥赐，皆捐瘠所由苏。奴才驰电告灾，旋经前工部侍郎臣盛宣怀等垫义赈规银五万两，而两江督臣魏光焘、两湖督臣张之洞、两广督臣岑春煊、云贵督臣丁振铎、江苏抚臣端方、广东抚臣张人骏、河南抚臣陈夔龙、安徽抚臣诚勋、浙江抚臣聂缉椝、山西抚臣张曾敭、陕西抚臣升允、江西抚臣夏时、湖南抚臣陆元鼎、云南抚臣林绍年、贵州抚臣曹鸿勋等，莫不先行垫款，并许代办赈捐，新疆抚臣潘效苏亦将前为捐集余款抵拨来川，以应急乏。复有直隶道员施则敬等与在沪之内阁侍读学士刘宇泰等邀集善绅，公筹捐垫，此则义士不限乎区域，而蜀人弥念其乡邦者也。奴才一面饬属，或开廪以发粟，或泛舟而运粮，粜贷兼施，暂济民食。亟于雨后广购籽种，补种荞芋等类。时已秋敛，恐难丰熟，只冀九、十月稍资接济。惟冬春赈粜，以及来岁青黄不接之际，计日孔长，需要较巨。且赈抚百端待理，集款募捐而外，更应以聚粮、任人、查户为最要。顷年粮价恒贵，况此灾歉过半，采买倍难，水陆分途，早期分挽。又在湖、湘购米，不惮艰远，期以济本境之穷，牧令之疲庸者易之，选求廉干员绅，驰往会办义赈等事。至于查户，必须躬履之勤，而咨诹与验察之并至，然后滥遗无虑，缓急合宜。川中丁户特繁，编氓散处，尤饬该员绅首应尽心于此三者备具，赈务乃得其纲领。

伏念此次被灾至广，其势甚为迫重。今幸德音下逮，使得宣布皇仁，以为导谕劝输之助。又得盛宣怀等救恤崖怀，共维大局，奴才有所藉手，敢不益竭驽钝，多方措画，日夕弗遑。以后天时固有难知，银粟并形不足；然匝月以来，甘澍幸沾，荒政粗具，遂已民心安定，流移复业，洵堪仰慰宸衷。

十月初三日奉到朱批："知道了。"（《近代史所藏清代名人稿本抄本》第3辑，第48册，第157—170页）

9月15日（八月初六日）　奏报荒旱州县暂停煮酒，以顾民食。

川东北得雨过迟，苗稿难兴，杂粮尤多萎败，米价高腾数倍，贫民度活维艰。方其旱时，汲饮俱难，各属多称粮少水缺，酒户自行停歇。昨据筹赈、厘金两总局会详："本年灾歉之区，其地至广，官绅之请禁烧锅者，呈牍纷沓。此际民食为重，虽有未经自停之处，亦应暂停造酿，俾免多耗米粟，益行艰鲜"等情。

查酒醪糜谷，荒政自所当禁，仍饬俟来年豆麦丰熟，民无饥馑，即当榷酤如常。

十月初三日奉到朱批："户部知道。"（《近代史所藏清代名人稿本抄本》第3辑，第48册，第202—206页）

9月17日（八月初八日）　奏报改设炉霍屯务及筹办各缘由。

打箭炉厅所属霍耳五土司：曰章谷、朱窝、麻书、孔撒、白利。上年因章谷老土司病没，而朱窝土司四郎多登藏匿章谷土司印信号纸，勾结瞻对番官与麻书土司札喜旺甲争袭构兵，经前督臣鹿传霖派员剿抚就范，议将朱窝、章谷改土归流，分派屯员管理，详晰奏陈在案。

嗣以瞻对还藏，由兼署督臣恭寿奏请将朱、章两土司一并赏还，朱窝已照旧承袭；惟章谷本支早绝，以赘婿承祧。其老土司旺钦瞻登即旺亲札什，实系麻书土司之弟，招赘在章，未生子女。原有一子札喜旺甲，因麻书无嗣，早已归宗袭职。且始以争袭而夫妇寻仇，事后复令兼袭，复抗不领印。今则札喜旺甲身死嗣绝，又已多年，此外更无应袭之人，土职虚悬，民无统摄。奴才到任后，迭据该处文武禀报情形并随时留心

| 1904 年（光绪三十年　甲辰）52 岁 |

访察，章谷实为霍耳适中要隘，上至德格，下至革什撤，为进藏北路，其全境接近三瞻所属仁达地方，距道坞不远，尤川、藏出入之要津，而瞻对通炉之咽喉。前曾援照土司袭替无人、土地人民归地方官管辖之例，由打箭炉厅协督同委员妥为拊循，数年来地方尚属相安，夷情亦极爱戴；但非明定规制，不足为经久之图。

兹拟仿照懋功分设五屯成案，在章谷特设屯员，派委候补州县接管，更名炉霍屯务，兼管朱窝、麻书、孔撒、百利及东谷等土司，仍隶打箭炉厅统辖，使人心有所系属，声息可以灵通，强邻不敢觊觎，似于边围不无裨益。奴才已委候补知县李之珂前往查明户口，勘定赋税，绘具舆图，由该厅同知刘廷恕核明会禀前来。其每年征收科则较原定银数减去一千六百余两，只收三千六百两。屏去从前重徭苛敛，一切土规岁需官薪兵饷、书役口食、杂项经费即在征款项下撙节核定开支，勉足敷用，不动库储。

该屯员远戍边瘠，抚辑綦难，俟到屯三年期满，撤回内地，应请援照懋功等五屯成案，分别给以升缺、即升、尽先补用等项奖叙，用资鼓励。如蒙俞允，即恳敕下部臣立案，并铸发四川炉霍屯务铜质关防，以昭信守。一应册结等件，由奴才取具送部，该土司原领铜印、号纸并即随同缴销。

除一切未尽事宜随时查酌奏明办理，俾归妥善外，所有章谷土司承袭无人，关系边要，拟请援案改设炉霍屯务及现在筹办各缘由，是否有当，理合会同调署成都将军、荆州将军奴才绰哈布附片具陈，伏乞圣鉴训示。

十月初三日奉到朱批："著照所请，该部知道。"（《近代史所藏清代名人稿本抄本》第 3 辑，第 48 册，第 365—375 页）

9 月 30 日（八月二十一日）　奏报川省整顿积谷并妥筹备荒各情形。

奏为遵旨覆陈，恭折仰祈圣鉴事：窃奴才承准军机大臣字寄："光绪三十年七月二十六日奉上谕：'光禄寺少卿陈钟信奏，川省连年荒歉，请整顿积谷并请饬委员分往两湖、贵州等省采运米石，兼办赈粜各折片，著锡良体察情形，妥筹办理。原折片著抄给阅看，将此谕令知之。钦此。'遵旨寄信前来"等因。

查奴才去年七月到川，其时壬寅旱赈初完，即以为鉴，于荒殚之余，贵修其备，亟行各属清厘仓政，钩核盈亏，乃悉川省常平谷本无多，社济等仓近因团练、城防、学堂、教案等事，往往动用，丁酉提运川东发还谷价，旋作垫解官捐昭信股票银两，分年摊补。而各乡积谷，州县稍不措意，遂致私相挪贷，数稔弗还。奴才严限收仓，凡在官在绅之粜价银钱悉数催买，批檄交下，直至本年春夏间办理粗就，其已售莫填与流摊未已者，急切自无从筹补。并以水旱无时蔑有，昔何以安全之易，今何以救济之难，盍又尝咨求其故矣。

川民户齿倍前，耕辟地穷，工商利夺，游闲充牣，农末困窘。况复侈费浸以成俗，虽服畴力穑者，米粟居一，财币居三。必得钱而后用饶，唯罂粟乃能获利，春畦菽麦，渐变烟苗，丰年之粒食犹昂，歉岁之阻饥立告。加以川北所属，三载苦旱，去年幸得中熟，而今秋谷又不登，官廪私藏并形匮竭。有此数者，下无委积以恤艰厄，故必待帑颁自上而灾黎乃庆更生。

此次筹赈情形重关宸虑，业经两次疏陈，并在湘采购官赈米石，请免厘税，均经附片奏明暨派员前往接运在案，黔米多须陆运，仅思南府属沿河司尚可泛舟而下，又苦船小流急，且近日黔省粮价颇贵，秦、陇亦然，以故官商皆向湖湘挽运商米，蠲征之例，则两湖定章未之许也。

现在川东北雨膏遍及，筹备赈抚，能由兹暄润咸宜，补种之荞芋有收，小春之豆麦可种，辅以官赈，或无流殍之虞。

惟是保息斯民，总应广筹储备。川省前办三、四次积谷，耗于渔蠹者一，耗于灾患者三，兹经追缴还仓者约得其六。第合之似巨，分之实微。一州邑多则万石，少则千数百石，又复分储数十处，人稠地阔，赈粜瞬尽，缓急尚难为恃，诚应如该少卿陈钟信所奏："若遇丰稔，必须接续多办。"前督臣丁宝桢章程甚善，悉可踵行，只择地添仓，择人管谷当详议之。特本年成、嘉等属西成较优，而输助灾区，难再强其捐谷。

抑奴才又因省城仓庾全虚，已于去冬今春饬筹赈局买谷十八万石，俟捐谷余裕，拟再拓充其制。并欲仿明臣周忱济农等仓、前两江督臣陶澍皖吴丰备仓遗意，在于水陆要冲，置仓购谷，务求推广。但迩年粮税增重，物力凋敝，必异日年谷和熟，方能次第经营，期于民不扰而廪有余羡,此则未敢必其终成,而要不敢不黾勉图之者也。

十月二十四日奉到朱批:"知道了。"(《近代史所藏清代名人稿本抄本》第 3 辑,第 48 册,第 489—501 页)

10 月 11 日(九月初三日)　奏审明大宁县民王运科谋毒胞叔折。(《近代史所藏清代名人稿本抄本》第 3 辑,第 48 册,第 646—665 页)

10 月 13 日(九月初五日)　遵旨密陈管见。

奏为遵旨敬抒管见,具折密陈,恭祈圣鉴事:窃奴才承准军机大臣字寄:"光绪三十年六月二十一日奉上谕:朕钦奉慈禧端佑康颐昭豫庄诚寿恭钦献崇熙皇太后懿旨:前因时势方殷,需款孔急,曾经密谕各督抚切实筹办。昨赵尔巽来京召见,连日垂询布置东三省事宜,该抚亦以外交、兵备、财政为入手要著。此事为全球各国所注意,实我中国大局安危所关,即使事机俱顺,非得数支劲旅,大宗的款,极力经营,不足以厚声势而保权利。况强邻交逼,事变难知,更恐有出于意料之外者。朝廷先事图维,焦思倍切。各省疆臣均受国家心膂之寄,自应同心协力,共济艰危,其筹画东三省一切有何深谋至计,著该督抚各抒己见,具折密陈,以备采择。"等因。钦此。奴才跪读之下,仰见朝廷询谋佥及,先事绸缪之至意。以奴才至愚极陋,又还领边徼,于敌情近事未及备知,又何足以筹议全局。顾念臣子尽虑竭忠之义,敢不贡其一得之愚,上备圣明采择。

伏维时局至斯,难危已极,为今之计,亦惟有坚守中立之局,切图自强之方,而预筹一切外交之策,以为日、俄战定后之补救而已。夫战定后,日得之于俄者,未必遂归之于我,而俄失之于日者,转未必不思偿之于我,此固意料所宜及。比又闻日、俄事定,各国将开大会。稽之西史,各国以谋法而有维也鲁之会,以阻俄而有柏林之会。兹且将联合其势力,以挟持东亚之大局,是尤关系至巨而隐尤之至切者矣。今不得已而以外交之策补救之。奴才窃谓其策有三:

一曰诇闲之策。日、俄暨各国,其要挟固常在战定后,而蓄谋已久,用意各殊。若未悉其大欲之所在,而茫然开议,鲜不堕其术中。似宜敕下出使日、俄各国大臣,设法探取其密谋政策,与夫国民之议论;一面简派重臣游历欧、美各国,用资联络,而即默觇其向背,随时以闻,庶情伪稍知，或可以预筹因应。抑奴才更有进者：曩者法、越之役，法民梗议，法遂不得逞，实前使臣曾纪泽有以鼓动之。今各使臣诚能以智数鼓舞其众论，于俄则甚言兵连祸结之害，于日则力陈中弱日孤之理，于各与国则喻以破坏东亚启争全球之义，或其国民之议论有起而右我者，民有异议，则廷议不能无动摇；一国有异议，则各国不能无牵制，此又其事甚迂而窃冀其收效甚大者也。

一曰决择之策。日人崛起争雄，立名市义，我之土地或不致悍然不归。然或致虑于我兵力之不足恃而仍事留守，或托词于我政策之未尽善而辄思干涉，是则名去实存，又与俄人之占据何异？际此之时，惟有据其并不占领土地、损害主权之成言，力相诘难。虽然日人倾帑藏，暴骸骨，艰难百战而得之，而我安然受之，曾谓日之遂能忘情哉！俄之还伊犁，俄、法、德之索还日人侵地。前鉴具在。土地不可蠲也，主权则尤不可损也，至口舌不能争，而所以权宜处置之者，害择其轻，事规夫还，是在宸断之审时度势已。

一曰抵制之策。各国即无开会之举，顾以列强之心包藏祸心，沈几观变，未必不于调停日、俄之时，或日、俄议定以后，协而谋我。窃计诸国虽各有自私自利，而其不利于东亚之强盛则同，当必以綦害中国之谋为限制日本之举。夫日人今者之役，恐中弱而俄强，日将无以自立也。日既不乐于中弱俄强，又安有欧、美将执牛耳于东亚而俯首听之者？是则欲筹抵制之策，非联日图之不为功。然而事机万变，非临时有坚持之力以拒各国，先时有善处之方以对日本，则亦未能恃日以无恐也。奴才愚虑所及，外交之道，不过如是。

若夫中立之局，是固我皇太后、皇上俯念天下财力之未足，兵力之未强，而又不忍于中、外生灵之涂炭，郑重出之，权衡至当。今日俄又不满于我之未能严守。窃计日人不过以为目前卸过之地，日后藉口之资，固不愿破坏此中立也。俄则虎狼之国，将惟恐挑衅之无词，设有违言，北藩部而西新疆，实有防不胜防之势。拟请敕下防边诸将帅。切念古人主忧臣辱之义，慎固封守，申儆纪律，忍小耻以成大谋。而沿海各将吏，恪守禁约，毋畏葸，毋卤莽，以维护于其间。彼虽阴鸷，我一以坚忍当之，或不至于别生枝节。奴才所谓坚守中立之局者此也。

| 1904 年（光绪三十年　甲辰）52 岁 |

然此皆因应之策耳，国家久远之图非自强不可，自强非练兵不可。夫兵事之不振，由于器械未精，训练未熟，尽人知之矣。然自甲午用兵以来，曷尝无久练之师、新利之器，而临敌辄复遣散者，其故何哉？东西各强国兵皆民也，民皆知学，故兵不胜用，其赴敌常急公而知耻。中国常备、续备未易实练民兵。至勇营则率出召募，微特与八旗、绿营之著有档籍者异，求如中兴时之湘淮诸君来自田间、兵将相习者，亦不可复得。应募者大抵视练习若应官事，视遣撤以为故常，一旦驱之赴战，又安望人人致命。

且近今兵学日精，战术亦日新，中国武学初设，将弁犹少成材，其粗鲁之卒伍更何足语精深！然则练兵之道，固必基于兴学。诚能广设武备学堂，并择其高材，多派游学各国。而复励廉耻以示戎行，重武事以风天下，经营既久，自统将以至厮卒，无不出于学校，自王公以至农竖，无不以兵事为荣，夫而后确收练兵之实效。奴才所请切图自强之方者又以此。

惟事机孔迫，变故难知，策无万全，先其所急，畿辅为根本重地，自当屯宿重兵以备不虞而厚拱卫，各疆臣饷馈之责，皆应力任其难。奴才前奉部提北洋要饷三十万两，已在设法筹挪讯解，业经奏明在案。

要之，外交为应变之要策，而坚守中立以弭衅端，窃图自强以挽积弱，与夫筹饷练兵以为目前捍卫，皆属刻不容缓之计。至若兵凶战危，以及饷需之维艰，民力之将竭，仰维宸谋深远，固已具在宵旰忧勤之中，无俟奴才之曲陈过虑者已。

朱批："留中。"（《锡良遗稿·奏稿》，第 429—432 页）

是日　以节虚縻，遵旨酌裁川省各差缺。（《近代史所藏清代名人稿本抄本》第 3 辑，第 49 册，第 109—126 页）

11 月 5 日（九月二十八日）　奏开复丁鸿臣并请恤折。

奏为留川差遣已革提督在营积劳病故，拟恳天恩，俯赐矜恤，以励戎行，合词恭折仰祈圣鉴事：窃据打箭炉直隶同知刘廷恕等禀称，分统续备右军留川差遣已革提督丁鸿臣在营积劳病故等情前来。查丁鸿臣自咸丰十年投效楚军，转战安徽、湖北、山东、陕、甘、新疆等省，叠著功绩。前督臣丁宝桢知其材，调留川省委统防军，历任督臣皆倚重之，并经奏署提督、总兵篆务，先后剿平各边夷匪暨内地匪乱，积功尤多。二十六年统兵入卫，扼守山西韩侯岭，蒙恩以提督交军机处存记并赏给头品顶戴。旋被言官奏参，经前署督臣岑春煊查明并无逗留各节，惟屡被参劾，声名自系平常，奏请革职。奴才锡良以该革员勇略素优，老于戎事，且被参后深知愧奋，亟图立功自赎，奏请留川差遣，奉旨允准在案。本年檄委分统续备右军，驻防雅州府迤边一带。嗣因奴才凤全遵照前奏，募勇进扎察木多，先饬该革员在打箭炉添练新勇，以为后路更番接应之师，并沿边察看夷情运道。该革员感激驰驱，备极劳瘁，感受暑瘴，牵动旧疾，病故边外营次，身后尤极萧条。

奴才等伏维该革员自卒伍洊擢专阃，效力行间者四十余年，远戍边陲，以死勤事，核其被议之案，亦尚无实在咎戾。际此绸缪边策，整饬戎行，合无仰恳天恩，俯准将已革提督丁鸿臣开复原官，并敕部照立功后在军营积劳病故例从优议恤，以示矜悯，而资鼓励。出自高厚鸿慈。

十一月二十九日奉到朱批："著照所请，该部知道。"（《近代史所藏清代名人稿本抄本》第3辑，第49册，第244—253页）

是日　奏报筹解北洋新饷十万两。（《近代史所藏清代名人稿本抄本》第3辑，第49册，第218—222页）

是日　奏报打箭炉角洛汛地震。十一月二十九日奉到朱批："著即妥为抚恤，毋任失所。"（《明清宫藏地震档案》上卷，第1250页）

是日　奏报赵尔丰派为川汉铁路公司督办。

奏为川汉铁路事迫工巨，拟请钦派专员督办，并恳特恩优擢，以重事权，恭折仰祈圣鉴事：窃查川汉铁路袤长四千余里，中多崇山峻岭，建筑比卢汉为难，需款比卢汉尤巨。川省绅民殷盼此路亟成，冀能挽回利权，藉资抵制，电牒驰催，至于再四。奴才苦心筹画，略具规模；然职掌过繁，但能主持大纲，诸事尚待人经理。前派两司督办，仍以政务殷剧，未能壹意经营，深虑事久变多，觊求益众，计惟有改派督办，重其事权，俾一切布展不虞掣肘，则任专事举，开办不至为难；然又非洞达中外卓著才猷，奏为吏民推服者未足胜任。

查有建昌道赵尔丰，志趣坚卓，识断闳毅，遇事以趋避为耻，规求久远，不辞艰苦。现在永宁道署任，亲赴叙永边境爬搜积匪，叠擒巨憝，

| 1904年（光绪三十年　甲辰）52岁 |

实为川省除一巨患。事竣回署，奴才调令来川，委令督办川汉铁路总公司。第巨工创举，情俗锢蔽，用人筹费，均极繁难；若权位太轻，则呼应不灵，遇事诸多牵掣；而联合邻省，应接外人，尤多不便。查卢汉铁路前由直隶督臣王文韶等疏举津海关道盛宣怀奉旨开缺，以京堂督办。前督臣奎俊叠保道员李征庸、沈翊清，均蒙钦派作为四川商矿大臣，专折奏事，仍由奎俊督同经理。川轨道长费巨，责任尤重，赵尔丰体用赅备，才堪远大，历经奴才奏保，久在圣明洞鉴。可否将四川建昌道赵尔丰特旨赏擢京秩开缺，专办川汉铁路之处，出自睿裁。如蒙俞允，奴才仍商令该员妥为筹办，决不敢稍存诿卸。

十一月二十九日奉到朱批："仍著锡良督饬赵尔丰妥慎办理。钦此。"（《近代史所藏清代名人稿本抄本》第3辑，第49册，第280—289页）

11月14日（十月初八日）　奏陈开办四川官报情形。

奏为开办官报，以端风气而息谣惑，恭折仰祈圣鉴事：窃前准外务部议覆商约大臣、工部尚书吕海寰等条奏酌拟近今要务折内推广官报一条，议令各省照办，业经直隶、两江各督臣先后设局开办，奏报在案。

伏查南、北洋为滨海通衢，民间见闻尚广。四川则地邻蛮徼，僻处西陲，水陆道途，无不艰阻，各省报章书籍，购寄为难，民情尤为锢蔽，因之胪言风听，更易传讹，地方不逞之徒，甚或捏造谣言，编纂邪说，于人心风俗，内政外交，均有关碍，尤非亟办官报，不足以正观听而息浮言。上年奴才抵任之始，即就四川原有之官书局改名官报书局，派委调川差遣河南候补道陆钟岱创办官报，首列谕旨，次采奏章，并择登本省外省紧要公牍暨各报所载纯正论说及有关学术、商务、工艺、农业新闻，按旬出报，每月三本，分发各州县，散给四邻绅民购阅，使民间于朝廷政治、中外情形，瞭然心目，庶不为道听途说所惑。一面采购各省书局所刊及新译东西各国书籍图幅，取其有益教育而宗旨正大者，发局排印，以备各学堂教科之用；即各属士林购取，亦较购诸外省路近价廉。行之半年有余，绅民皆以为便，近虽边远州县亦多踊跃争购，每月销报一万余本，风气渐觉开通。其民间私刻著述，有语涉邪诐者，一律饬属严禁。四川原设书局规模狭隘，铅印、石印机器不甚精良，皆假人力运动，每日印出书报有限。又经腾挪款项，派员前赴上海及日本购置锅炉机器，雇募东洋工匠教习来川，选取民间青年子弟学习刷印，即可事半功速，又可教成一项工艺，将来渐推渐广，小民亦可多一谋生之业。现在头批机器已到，二批机器亦将次抵川，尚拟兼印日报以便商民。其官报体例，前已咨送学务大臣暨外务部立案。

十一月三十日奉到朱批："该衙门知道。"（《近代史所藏清代名人稿本抄本》第3辑，第49册，第336—345页）

是日 奏报设立英法文官学堂。

四川水陆道途艰险，士民惮于跋涉，出外游学之人甚少，是以中外交通有年，而川省士民中能通外洋语言文字者甚鲜，遇有交涉事件，译文传语，动苦无人，于外交殊多隔阂。近年交涉之事日繁，尤非多得谙悉英、法语言文字之才，不足以联邦交而通款曲。奴才于本年二月间挪拨款项，就川省原设洋务局之侧，建设英文、法文官学堂一所，即归洋务局司道管理；考选聪秀子弟入堂学习，只须身家清白，不拘旗汉、本籍客籍及有无功名。分英文、法文为两班，每班暂以四十人为限，早午两期上堂肄业，早班课法文、午班课英文。俟将来筹有定款，再行分建两堂，渐求推广。

惟是规模虽仅草创，教习必选高明，庶可造成有用之才，不致敷成虚掷。现经奴才遴访学堂卒业，曾经出洋历练之员，英法文教习各一员，延订来川，责令悉心教授。学生功课程度，均由教习分列等第，按旬填表，悬挂学堂，以资观摩。三年之后，如果教有成效，拟援照广东英文、法文学堂课程，将教习及优异学生，分别奏恳恩施，量予奖叙，毕业生分别遣留，量派差使，俾尽义务。倘学生不知奋勉，教习不能尽心，即由奴才随时察看，分别斥退、撤参，以彰惩劝而资策励。

十一月三十日奉到朱批："外务部知道。"（《近代史所藏清代名人稿本抄本》第3辑，第49册，第345—352页）

12月10日（十一月初四日） 奏报雷钟德开缺以道员留川补用。

川省现在兴办学务、警察以及农工商矿诸新政，必得明干大员，分途综理，斯能日起有功。

查在任候补道、成都府知府雷钟德，奴才到任后，见其整饬地方，不遗余力，奏举贤能，奉旨嘉奖在案。惟际此需才孔亟，如该员之廉明公正,沈毅有为,若任以提纲挈领,必能督率僚属,益拓规模。合无仰恳天恩,俯准将在任候补道、成都府知府雷钟德开缺,以道员仍归四川候补,俾要政得人而理,该员亦得以展其所长,于新政洵有裨益。如蒙俞允,所遗成都府知府系首郡要缺,应请旨简放以重职守。

十二月二十三日奉到朱批:"著照所请,吏部知道。"(《锡良遗稿·奏稿》,第445页)

12月11日(十一月初五日) 奏报整顿川省机器原厂并试铸铜元。

四川机器局,前经奴才奏请派员出洋购机拓厂,旋经练兵处政务处先后议奏,以奴才原奏所筹经费各项酒捐,应专充练兵处经费;银铜元余息,并开办矿务,尚无成数,恐用款不继,令就原厂整顿置造应用等语。奴才奉覆后,当查前派出洋道员章世恩,本系总办机器局之员,遵即饬令悉心体察,但就原厂必须整顿之处,酌量撙节,添配机件,订期购运应用。惟川省近因边防剿匪,以及教练新操,各营需用枪支子弹日繁,原厂经此次整顿之后,常年出数可期日多,经费自必较巨。统筹款项,酒捐业已遵旨拨解练兵处要饷,矿务尚无成效,银元利微而销滞,计惟仿照各省铸造铜元,虽川铜缺乏,购运外铜途远费巨,较他省成本为重,而核计总可稍获赢余。且省局制钱久经停铸,市面钱荒,尤可藉此以维图法。现拟督饬经管司道,先就厂内旧存锅炉量加修改,试铸铜元散发兑用。如果商民便利,日见畅销,再当添购锅炉机器,专厂鼓铸以浚利源。日后获有赢余,陆续提还机厂等项借垫本银外,即以弥补厂内制造枪弹常年不敷之款。统俟试办稍有把握,再行妥拟详筹奏明办理。

十二月二十三日奉到朱批:"该衙门知道。"(《近代史所藏清代名人稿本抄本》第3辑,第49册,第580—587页)

1905年（光绪三十一年 乙巳）53岁

1月8日（十二月初三日） 奏报川省奉派镑价不敷银两，如数挪垫凑解，请划抵明年新案赔款。

窃前准外务部、户部电咨："镑价不敷银千万两，部库无款可筹，先由各省关无论何款，移缓就急，以顾目前，俟借款到手，拨还各省关，或作为预解明年的款，亦各任便。计四川省派解银七十万两"等因。当经分饬司道局各库设法提凑，并息借商款，如数汇解，以济急需。兹据布政使许涵度、盐茶道黄承暄、重庆关道贺元彬、滇黔官运局补用道赵藩曾详称：川省司道局各库早已入不敷出，每届筹拨京协各饷、新旧洋款，东挪西补，竭蹶异常。奏派镑价不敷银七十万两，数巨期迫，实属万难措手；惟大局攸关，不敢不合力通筹，移缓就急，以顾目前。兹由各库设法凑挪，司库于正杂各款暂拨银二十万两，盐库、川东道库各暂拨银一十万两，滇黔官运局由商号暂借银二十万两，仍不足数，不得已于筹赈局暂借银一十万两，共凑足七十万两，先后发交商号汇赴江海关，限令于十月底汇交银五十万两，十一月初五日汇交银二十万两，所需汇费，照章支销。至此次凑解之款，各库或移后挪前，或设法商借，暂顾一时，幸无贻误。自应遵照部电，将前项解款作为预解明年的款，指请划抵。查川省明年二月朔日起，至五月朔日止，计四个月，每月应解新案赔款银一十八万三千三百三十三两三钱三分三厘，又补平银三千一十二两一钱六分六厘六毫，又新增边防加复俸饷银五千六百六十六两六钱六分六厘，补平银九十三两一钱三厘，每月共银一十九万二千一百五两二钱六分六厘六毫，总计四个月共银七十六万八千四百二十一两七分四厘四毫，应请如数抵拨银七十万两；余银六万八千四百二十一两七分四

1905 年（光绪三十一年　乙巳）53 岁

厘四毫，届时由川补解。如此转移，庶川库藉可周转，并可节省汇费，实属两有裨益。

奴才查此项挪解镑价不敷银两，前经一再电商，拟请划抵明年新案赔款，业奉部电覆准在案。兹据该司道等曾详请奏前来。除分咨外，理合恭折具陈，伏乞皇太后、皇上圣鉴敕部查照施行。

三十一年正月二十五日奉到朱批："该部知道。"（《近代史所藏清代名人稿本抄本》第 3 辑，第 50 册，第 38—47 页）

是日　奏报筹修都江堰水利工程。

奏为都江堰岁久失修，冲决成灾，现拟筹款修复，以弥水患而济灾黎，恭折仰祈圣鉴事：窃维言水利者首重河渠，筹荒政者兼资工赈。川省成都府属都江大堰，首分内中外三江，三江以下分支河十数道，支河以下又分大小堰三千数百余道，灌溉成属十数州县及眉州、彭山等处田畴，关系最为重要。溯自光绪四年，前督臣丁宝桢筹款大修后，岁获丰收，迄今将三十年从未大加修理，历年虽有官修民修工程，均因工繁款绌，敷衍一时，堰工遂受亏损。近年外江河身较内江逐渐淤高，以致上游壅塞，水势全趋内江。本年夏间，岷、沱来源会发盛涨，漫溢内江，九州县田亩几遭淹没。旋因水力迅猛，由人字堤冲裂数十丈，湃入外江，于是崇庆、温江、双流等州县，全罹水灾，冲刷田庐无算。虽经奴才分饬各州县，妥为赈抚以恤灾黎；惟都江堰工失修已久，此次被水冲决后，淤塞堰口，毁塌堤身，损坏愈多，工程愈巨，若仍照前略事补苴，深恐来年江水骤发，前功尽隳，劳费愈滋；且十数州县田庐隐患，何堪设想，现查被灾处所，饥民甚众，爰拟筹款大修，冀收一劳永逸之功，并为以工代赈之计。当经檄饬藩司许涵度妥筹办法，并札成绵道沈秉堃督同署成都府知府高增爵，驰往各处，逐段勘估。兹据勘明内外中三江，自上游盐井滩、白马漕起，下至黑石河、羊马河、江安堰、走马河、沙子河、柏条河、蒲阳河各段河身，堰口堤埂，损坏淤塞约三四十处，工程紧要，议归官工淘修，估计修费约需银二万数千两；此外崇、温、双、灌等县所属各处堤堰，责令该州县劝集捐款，分段承修；民力不足，则分别酌量帮贴，务使滞塞残缺处所，一律疏淘通畅，培筑完坚，以重全工而杜后患，庶各属田亩旱潦可保无虞，而沿江被灾人民，亦可藉工代赈，实为一举两得。所需经费,拟即在筹赈款内腾挪拨给,并未动用正项,应请邀免造册报销。

三十一年正月二十五日奉到朱批:"该部知道。"(《近代史所藏清代名人稿本抄本》第3辑,第49册,第661—670页)

1月9日(十二月初四日) 为捐巨款兴办学堂之王正纲等请奖并给实官。

奏为绅士慨捐巨款兴办学堂,照章专案请奖以昭激劝,恭折仰祈圣鉴事:窃查京师大学堂章程内开:"有人慨捐巨款创办学堂,准予专折奏奖"等语。又查上年湖北江夏县绅士同知职衔高文滨偕其子监生高廷杰捐银一万两,作为江夏县高等小学堂经费,经兼署湖广总督、湖北抚臣端方专折奏奖,将高文滨之子高廷杰以知县即选,仰蒙允准,钦遵在案。

兹查有四川高县五品封典王正纲率其子增贡生王莘芳,监生王芸芳,同知职衔、监生王莘元各捐银一万两零,共银三万两有奇,分置田亩,作为创办该县高等小学堂及初等小学堂经费,由藩司、学务处核明,援案详请奏奖前来。

奴才查兴学育才,为现今急务。值此筹款维艰之际,该增贡生王莘芳等慨捐巨款,实属见义勇为,有裨学务,拟请援照湖北成案,仰恳天恩,俯准将增贡生王莘芳、监生王芸芳、王莘元等以知县即选,俾资鼓励之处,恭候圣裁。

三十一年正月二十五日奉到朱批:"著照所请,该部知道。"(《近代史所藏清代名人稿本抄本》第3辑,第50册,第114—120页)

是日 奏留户部主事吴嘉谟在川裏办调查所。(《近代史所藏清代名人稿本抄本》第3辑,第50册,第131—136页)

1月18日(十二月十三日) 为整饬吏治,举劾各员。

奏为办理川省本年大计,分别举劾以示劝惩,恭折仰祈圣鉴事:窃维三载考绩,所以澄叙官方,必须黜陟咸宜,方足整饬吏治。前奉准部咨,自光绪二十七年十二月扣至三十年十二月,三年之期已届,应办大计。经奴才督同藩臬两司,秉公考核,查有盐茶道黄承暄,恺悌慈祥,商民悦服,综理局务,措置咸宜;夔州府知府潘炳年,表率有方,清勤

| 1905 年（光绪三十一年　乙巳）53 岁 |

称最；叙州府知府文焕，整躬率属，吏畏民怀；打箭炉直隶厅同知刘廷恕，洞悉边情，才猷卓越；城口厅通判谢鹄显，精明伉爽，奋发有为；署崇庆州事、华阳县知县申磷，治盗有声，舆情爱戴；署江津县事、罗江县知县曹承云，廉明朴茂，为守兼优。署阆中县事、通江县知县丁寿芝，才识优长，勤求治理；定远县知县何承道，才大心细，办事勤能；井研县知县高承瀛，勤政爱民，有为有守；按察司经历吕耀先，廉洁自持，精通律例；长寿县教谕陈洪泽，襄办赈务，实惠及民；南充县训导吴季昌，学有本源，留心时务；西充县训导赵增瑀，品学兼优，情殷利济。以上十四员，政绩懋著，堪膺卓异之选，均应荐举以励人材。

又查有不谨官五员：茂州直隶州知州福苏礼，物议繁滋，操守难信；郫县教谕周国藩，不安本分，士林败类；高县训导李均林，逾闲荡检，嗜好颇多；庆符县训导龚玉璠，簠簋不饬，颇滋物议；永宁县典史张寿仁，疏于防检，有玷官箴，年老官一员，长寿县典史杨克昌，年力就衰，难以胜任。浮躁官一员，夹江县典史冯鹤年，轻浮躁妄，罔识大体。以上七员，均系庸劣衰老，亟应据实纠参，以示惩戒。

其余循分共识，不入举劾者，开列职名，注考送部。至藩臬两司，亦经奴才出具切实考语，照例咨部汇核具奏。

除将荐举各员履历事实、参罚案件逐一查明，造具清册，分咨核办外，所有办理本年大计分别举劾缘由，理合恭折具陈，伏乞皇太后、皇上圣鉴，敕部核覆施行。

再，四川省按照定额，应保十五员，本年保荐十四员，不敷原额，此外实无合例之员，下次仍照原额保送，合并声明。

三十一年二月初四日奉到朱批："吏部议奏。"（《近代史所藏清代名人稿本抄本》第 3 辑，第 50 册，第 150—159 页）

是日　因铁路需款浩大，奏请加收一倍土厘以作铁路官款股本，议定川汉铁路集股章程。

铁路需款浩大，必积累而后成；然须不苦商民者，始可行之。兹采官绅条陈，咸称川省土药出产颇丰，本省有此巨工，况建轨更为商货畅通之用，应将土药量加抽捐，于事较顺。第查土药每百斤收出口税银二十二两，俟到通商别口，再征复进口税，以及邻省厘捐等项，榷取繁重，今再加税，即恐滞销。惟川省向有落地厘，每百斤收银五两二钱八分，若令照加一倍完纳，以作铁路官款股本，其数稍轻，尚于出境行销无甚阻碍。县拟檄行川东土税总局等审酌销场商力，试行开办，专款解归铁路总公司备支修路经费。此众议多以为可行，而于工程亦不无裨益。（《近代史所藏清代名人稿本抄本》第3辑，第50册，第159—173页）

  是日 密陈四川文武切实考语。

  奏为密陈四川文武各官切实考语，恭折仰祈圣鉴事：窃照各省提镇藩臬道府等官，每届年终，例应由督抚出具切实语，开单密陈。奴才仰蒙天恩，忝膺疆寄，际兹时艰日亟，川省地处边要，灾患频仍，尤在倚任得人，方足以资整顿。自去秋到任已及年余，与再省提督司道等朝夕接见，筹商公事，既具觇才识性情；其在外之镇道知府，每于因公来谒，详切考询，并随时参稽公牒，密访舆论，于其行政居官，亦均考察得实。兹届年终，除松潘镇总兵郭殿邦、建昌镇总兵张勋、顺庆府知府存恒均未到任，成都府知府雷钟德奏请开缺过班，宁远府知府李立元到任未及三月，均例不注考外，所有实任提镇司道知府等官，谨密缮清单，出具切实考语。（《锡良遗稿·奏稿》，第456—457页）

  是日 密陈稽查四川学政郑沅。

  查各省学政考试有无劣迹，应由督抚于年终陈奏。兹查四川学政臣郑沅，自本年出棚按临各属考试，经奴才密访周咨，俱能严密关防，风清弊绝，去取公允，士论翕然；于各属新设学堂亦能奖励提撕，有裨教育。（《锡良遗稿·奏稿》，第458页）

2月9日（正月初六日） 奏调总兵万本华来川差遣。

  练兵必先求将，将领得人，斯训练日益以精，缓急乃有足恃。川省武备，经奴才改练常备、续备各军，竭力整顿，而就地遴访将才，辄难其选。兹查有前山东曹州镇总兵万本华，朴实耐劳，任事果敢，为奴才所稔悉，实近时统将中不可多得之材。合无仰恳天恩，俯准调赴四川差遣委用，俾收指臂之效，于川省军政实有裨益。

  朱批："著照所请。"（《近代史所藏清代名人稿本抄本》第3辑，第50册，第315—319页）

  是日 委陈玉麟充当洋务局总办。

| 1905年（光绪三十一年　乙巳）53岁 |

各省设立洋务局，必得熟谙外交、明达大体之员，方足以裨助一切。川省年来商务教案交涉日繁，近复驻渝各国领事时常来往省垣，商榷事件，该局至关重要。而蜀疆僻处西陲，本省人员于约章素鲜考究，遇事实费周章，深恐贻误。兹查有候选道陈玉麟才敏年强，交涉明练，堪以委令会同司道等总办洋务局事务，以期益臻妥善。

三月二十一日奉到朱批："知道了。钦此。"（《锡良遗稿·奏稿》，第465页）

3月10日（二月初五日）　为办赈积劳病故李本方请恤。

前有开县绅士四品衔、兵部候补郎中李本方，为前两江督臣李宗羲之子，生平不慕荣进，而究心当世之学，志存利济。鹿传霖任川督时委办商务，并在籍集捐散赈，又曾从故大学士李鸿藻办理畿辅赈务，均称精实。奴才招之来省，委令会办商矿兼充学务处参议。旋值夔蜀旱灾，因饬李本方星驰回里，措画金粟，备极焦劳，遘疾遂以不起。查李本方劬学而笃践履，抱公而绝私利，故中外臣工屡经荐辟，上年直隶督臣袁世凯两次电调，蜀中吏绅坚辞留之，以其纯白之修，不唯矜式乡邦，而襄赞尤多裨补。忽尔瘁躬勤事，远近嗟惜，未忍湮没其前劳，相应据实陈明。合无仰恳天恩，准将四品衔、兵部候补郎中李本方照办赈积劳病故例，敕部从优议恤，庶有功桑梓者知所劝。

三月二十一日奉到朱批："著照所请，该部知道。"（《近代史所藏清代名人稿本抄本》第3辑，第50册，第578—584页）

4月9日（三月初五日）　奏报光绪三十年分考察州县事。

奏为川省光绪三十年分年终考察各厅州县，开具简明事实清单，恭折仰祈圣鉴事：窃前准政务处咨："光绪三十年五月十四日钦奉谕旨：'自三十年为始，每届年终，各督抚考察州县，开列简明事实，缮单具奏'"各等因，钦此。钦遵在案。嗣准政务处通行："各省考察州县事实，展限办理，不得逾次年三月之限"等语。奴才当经督同藩、臬两司，将所属各厅州县秉公考核；一面刊造表式，钦遵谕旨内所指各节，饬令该司等逐一查明，据实填注去后。兹据布政使许涵度、按察使冯煦等查造各员简明事实表册，详请覆核加考奏咨前来。

伏维考察州县为整顿吏治根本。古者计吏之法，岁有会，月有要，以稽其事功而知其能否，故清浊无所混淆，中材知所奋勉。矧现值朝廷振新百度，地方牧令，事事各有责成，非随时切实考查，则庶务无由振兴，群吏无由儆惕。查川省州县，惟每年经征地丁钱粮，历系奏销以前扫数全完，年清年款，尚无积欠。其命盗词讼案件，均饬按月据实册报，倘有讳饰，一经查出，无不立予撤参。事关国计民生，在上官既严于督察，有司亦尚知力顾考成。至于兴建学堂、讲求种植以及工艺、巡警一切应办事宜，尤为今日力图自强之要政，奴才抵任后，迭经通饬各属，悉心筹画，实力兴办。现查各厅州县于前项要政，节据先后禀报办法，或已规模粗具，或已成效可观，尚能切实遵行，勉尽厥职，惟川北一带灾赈未遑，瘠苦之区经费无出，致难一律克期开办。体察情形，该地方官尚非奉行不力，不得不酌量缓急，责令妥筹款项，次第举行。奴才仍随时严檄饬催，赶速筹办，如敢藉故延缓，玩视要公，即行据实纠参，断不敢稍涉姑容，上负圣朝澄叙官方、勤恤民隐之至意。

四月二十三日奉到朱批：“政务处知道，单并发。”（《近代史所藏清代名人稿本抄本》第3辑，第51册，第1—10页）

4月10日（三月初六日）　奏请保奖壬寅赈案劝捐各员。

壬寅赈务早已完竣，只以用款浩大，各省筹垫，本省挪移，劝捐填补未足，难以截报。去年六月川东北各属又苦旱甚，奴才据情入告，复荷圣慈垂恤，准予续办赈捐。原折声明应以光绪三十年九月十二日以前所收捐款归入壬寅内支用，九月十三日以后归入甲辰案内支用，照限截算。业已将壬寅赈务收支全数开单奏销。

综计此案总因灾广期长。历任督臣拨发赈款至八十余州县之多，每处极次贫丁口多者一二十万，少则数万，赈粜并举，首尾年余之久，故请销银谷其数至巨。除恩帑三十万而外，专赖劝捐。而赈捐不过虚荣，常捐亦非实职，不恃劝者尽力，将虞应者无人。各省代募三居其一，本省各属收解以及派员前赴京外劝集又居其二。虽新疆、云南、陕西、山西等省均非饶沃，而谊重恤邻，莫不设法挪垫于先，多方劝填于后，倡输指导，群下承风，遐迩殚精，两年弗懈，用能救民于垂毙之际，澹灾于煽乱之时，差以仰慰宫廷子惠黎元至意。现在销案办竣，各省各属开送应奖员绅，饬由筹赈总局核其分劝银数，皆与奏定章程相符，稍不敷

1905 年（光绪三十一年　乙巳）53 岁

者均予删除。兹据该局照章详请汇保前来，应即缮具清单，恭呈御览。伏冀恩准照拟奖叙，既以励前劳，即以策后效。（《近代史所藏清代名人稿本抄本》第 3 辑，第 51 册，第 95—145 页）

4 月 11 日（三月初七日） 密举将才。

奏为敬举贤才，合词恭折密陈，仰祈圣鉴事：窃维时局日艰，自强之计莫亟于练兵，而练兵必先求将。即以川省而论，自口岸广开，重、夔倚为门户；自卫、藏多事，荒徼悉成藩篱；益以滇、黔之边匪，松、建之夷患，内地之会党妖民，在在伺间思逞，非有良将劲兵，缓急殊无足恃。而兵之强弱视乎将，尤苦于难得将才。奴才等忝膺疆阃，无时不留心访察，大抵宿将多近暮气，新进又少成材，才难之慨，几于各省皆然。

惟查有开缺建宁镇总兵钟紫云，自卒伍洊列偏裨，转战江、楚、陕、甘、新疆等省，卓著功勋。光绪十年，随前大学士左宗棠率师援闽，督练炮队，修筑炮台，功为诸将之冠。留闽补官，仍统勇营，历任督臣，均深倚任，蒙恩简擢建宁镇总兵，旋署福建陆路提督。庚子之变，率队疾趋进省，严密布置，靖内匪，固海防，一方恃以安堵。该总兵忠勇性成，不避艰险；治军极为严整，而善事拊循，士卒乐为之用；于一切训练新法，亦极熟悉，实为提镇中不可多得之员。奴才绰哈布从戎新疆，与之共事，暨任福州副都统时，又复同官，知之最稔。奴才锡良亦知其名。闻该总兵开缺后，业已请假回籍。际此需才孔亟，若任投闲，实属可惜。谨胪举其功绩才略，密折上闻，用备采择，应如何施恩录用之处，出自圣裁。

四月二十三日奉到朱批谕：“留中。”（《近代史所藏清代名人稿本抄本》第 3 辑，第 51 册，第 323—331 页）

是日　奏遵旨筹议收回瞻对赏还兵费事。（《近代史所藏清代名人稿本抄本》第 3 辑，第 51 册，第 169—185 页）

4 月 16 日（三月十二日） 奏报歼灭犍为县拳匪情形。

奏为犍为县拳匪倡乱，戕弁扑城，四出毁扰，立派防军奋力攻击，歼灭搜捕，地方悉就敉平，恭折具陈，仰祈圣鉴事：

窃查神拳一教惑民最速，往岁资阳等县叠酿巨案，蔓延广远，逼近省垣，用兵几及一年，为祸甚烈。奴才到任后，饬属常加查禁，久未萌逞；惟该教易习、易散，习则为匪，散则为民，妇孺又皆能之，故难言永绝根株也。加以游惰实繁，奸黠者或以售教为名，或以防变保家为说，符咒欺诱，昏愚迷信，恒欲藉端滋事，恣其毒虐。去年富顺县朝天寺等事，若非迅雷弗及，又将酿患匪轻。奴才前曾将该团保等奏奖，即以策励后来。

十二月间，署犍为县知县李端棨访知县属文家山有张老三等习拳，驰往格杀，并获其兄张潮溁惩办。讵本年正月，传习愈盛，聚党众多，蓄谋滋大。李端棨率勇查拿，该匪事破情危，分股突起，初亦托名售教，继见附近教堂均已防护，无从窥犯，遂指各场兴办小学堂为洋学，肆意打毁，先将罗城场等之学董、师范生暨保正等杀害，甚且屠戮家口，复思夺取精利枪炮。二月初四日，乘靖川炮船道经县属石板溪，登船杀掳，该船众寡不敌，管驾史久豫等并死其难。续备右军左营哨弁徐国桢、杨占元率勇驰至，与匪接仗，多有擒斩，该营管带朱登五亦来奋剿，并经差弁李清廷在牛心山将匪击退。初六日，该匪一从镇江渡来者千余人，一从真武山来者数百人，均扑犍为县城。幸朱登五先已到城，督队迎剿，自朝至暮，酣战于城外凤凰山，稍却复聚。适徐国桢等正从塘坝口胜匪而至，夹击愈力，匪众奔北。是役也，轰毙悍党四百余人，斩首数十，生擒相若，夺获枪炮、符箓、旗帜等件。此后余众窜踞铁山龟头寨等处，又分扰荣县之新桥场，抄毁民教十余家，杀毙张三呗等。先是奴才闻警，明知小丑不难剪灭，但教堂林立，教士沓来，不早戡平，必滋他患，复拣续备中军统领柴作舟暨饬右军统领樊溥霖分道并出，期于速就殄除。初八、初十、十一、十四等日，樊溥霖歼匪于罗城铺，而所部朱登五仰攻龟头寨等处，匪以死拒，皆能不避炮石，夺险穷追。柴作舟又督帮带黄启文等冒雾进攻，扫荡铁山，生擒首匪王子田、蒋冥山等，由是山寨一无匪踪，四路搜捕专清余孽。

伏查此次犍匪假妖妄以倡乱，蛊椎鲁以成众，打毁学堂等项，戕杀弁董诸人，并敢扑犯县城，抗据山寨，凶焰一时顿炽，犹幸赴机奋迅，弁勇俱称骁果，所战皆捷。其始股多党悍，叠次阵斩首要袁邦才、胡国安、三脑子、王灵关、张大木头、吴学富、李老军、伍裕隆，并将擒获

| 1905 年（光绪三十一年 乙巳）53 岁 |

之王子田、蒋冥山、妖僧高自明等讯明正法，慝恶渐尽，余众遂已畏慑溃散。兼旬之内，地方悉就敉平，教堂教士俱得保护无恙，尚堪仰慰宸厪。所有尤为出力各员弁，自应优给奖叙，以励有功。合无仰恳天恩，俯准将四川督标武进士朱登五免补守备本班，以都司留川尽先补用；五品军功徐国桢、尽先把总李清廷、杨占元、杨万福均免补把总，以千总尽先补用；督标左营右哨头司把总黄启文免补千总，以守备尽先补用；以示鼓励。至署犍为县知县李端概失察境内拳教滋事，实难辞咎；惟该员屡经拿办，又复会合防军擒渠获丑。功过尚足相抵。现仍责令将在逃匪党再行弋致多名，以观后效；如涉玩泄，即行严参。奴才又已剀切示谕，并通饬各属勿任拳教传习，认真防范，俾远迩共臻静谧。此次尚有应保员弁勇并被戕管驾史久豫以及伤亡勇丁另行分别奏咨奖恤。

四月十九日奉到朱批："朱登五等著照所请奖励，仍著严拿逸匪，分别惩办。"（《近代史所藏清代名人稿本抄本》第3辑，第51册，第303—317页）

5月3日（三月二十九日） 锡良批奉节县拟请变通租捐办法由。（《近代史所藏清代名人稿本抄本》第3辑，第139册，第1页）

5月8日（四月初五日） 遵旨查明帮办驻藏大臣凤全死事情形。

查凤全自蒙简擢，感怀时局，激发忠诚，既有奋不顾身之概。抵炉接奉寄谕经营徼外以固藩篱，出关后备悉巴、里各寺喇嘛，朘削番民，庇纵匪类，土司以下颐指，若不首加裁抑，边务必多扞格，因奏请申明旧制，限定喇嘛人数，二十年内暂停剃度。喇嘛等内怀怨怼，腾播流言，率指凤全所带勇弁军服操法近于西式，遂谓凤全办事悉为洋人而来。即如巴塘垦田虽属无多，然粮员开办年余，相安无事；凤全稍加推拓，遽有抗阻，派勇弹压，经过丁零寺门外，喇嘛即放枪伤勇，此二月二十一日事也。厥后焚烧垦场，纠结日众。平时本以教堂为不利于地方，凤全力为保护，益訾其祖庇洋人。二十八日，番众乘机焚毁教堂，勇丁被拒杀者二十余人，署巴塘都司吴以忠、随员秦宗藩并死其难，粮署亦为劫掠，番众汹汹，解喻不散。次日喇嘛与土司往见凤全，请其移驻里塘，庶免番匪藉词扰害，乃可以保安全台，一面供备乌拉；凤全先因巴塘粮运艰贵，故留勇在炉操练，亲带只数十人，剀残之半更难得力，拟到里后，调集炉勇继图惩办。讵三月初一日行至红亭子地方，既见番众埋伏突起，前后截杀，凤全督勇搏战，相持良久，终以匪众勇寡，遂与随员勇役等五十余人尽遭戕害。

伏念凤全历任川中州县，卓著声绩。此次感被恩命，于巴垦炉矿以及筹议瞻对等事，莫不殚精区画。惟喇嘛骄玩日久，骤欲分其势以恤番民，无如番俗素崇释教，不明凤全保爱之意，转予喇嘛以煽动之端。凤全前电即云番匪系喇嘛主使，诚以丁零寺力强人众，若非倡助，何能顿致鸱张？况坚词以请行，而扼路伏戎，类属同谋济恶。变成于仓卒，征调不及，无从防御。凤全临难不避，力竭捐躯，从者尽歼，最为惨烈，应如何赐恤之处，出自圣主恩施。随同殉难之贵州试用巡检陈式钰、四川候补县丞王宜麟、赵潼、尽先千总李胜贵、绘图学长何藻臣，并先经被害之署巴塘都司、漳腊营参将吴以忠、已革四川补用知县秦宗藩，拟均请敕部从优议恤；其余勇弁，查明补报。

此案巴塘喇嘛等焚毁教堂，戕害大臣，情罪重大。近日词多狂悖，不惟土司番民附和甚多，且勾结察、里两台、瞻对三岩等处。瞻对则已派出马队越至炉边窥伺，关外几为之骚动。犹幸奴才等先已奏派提督马维骐到炉，业派弁勇将戕官伤弁之泰凝寺喇嘛攻克奔散，军威稍振，人心始定。

奴才等昨又剀切示谕，解散诱胁。然不大伸天讨，终无以剪凶逆而昭法纪。现在遵旨派建昌道赵尔丰办理炉边军务，迅速驰往，会同提臣马维骐相机妥办。并以巴、里一带均隶于建昌道，而运粮亦在所属邛、雅等处，故令赵尔丰先赴本任，接篆后，即日起程，所以便调度而一事权。军事孔繁，委留川当差之已革广西补用道钱锡宝随往襄赞。炉城向不产米，关外更非乌拉不能行走，用兵以二者为最难，又委试用道文纬等在雅、炉等设局购运。川省财力本形支绌，而是役荒远难苦，非厚集师旅，不能制胜，又非数兵之饷不能养一兵，数石之费不能运一石，军需浩大，惟有督同藩司多方措垫，应此眉急。已令赵尔丰添募营勇，到炉后会商马维骐，布置周妥，即议进攻，审度情形分别剿办，总期万全设策，一举奏功，庶使荒裔咸憺威棱，以后不敢恣其悖乱。

至巴塘法司铎牧守仁，先经凤全令其迁避，土署粮员现禀于二月二十四日夜自行逃去，其余亚海、贡盐并教堂两处来禀，均未之及，而浦

| 1905 年（光绪三十一年　乙巳）53 岁 |

司铎则逃赴滇边获免。番匪又复奔往滇境扑犯教堂，幸经堵御。究竟法司铎等被害者实有几人，已饬再行确查，并将存者多设方略，保护出险，不惜厚赏优奖，以期有济。

再，凤全残骸已殓，其子候选布经历忠顺，请俟道路通畅，即往迎运，合并陈明。

五月十一日奉到朱批："凤全死事惨烈，深堪悯惜，著照副都统阵亡例，从优议恤。陈式钰等均著从优议恤。余依议。(《清末明初藏事资料选编(1877—1919)》，第251—253页)

是日　奏报川省筹解练兵经费情况。

准户部咨：各省筹解练兵经费，钦奉谕旨，饬令按照认解数目，每月先期筹解，毋稍延宕等因，自应钦遵办理。遵查各省派解练兵经费银两，奉旨剔除中饱，加收烟酒等捐。当经奴才查明川省州县中饱无可再提，惟有于旧抽烟酒两项将酒捐提出，责成地方官清查酒户，核实征收，冀可凑集巨款；并先设法挪垫认解银三十万两，以顾要需，当经奏陈在案。

兹查上年认解银三十万两，业已分批先后垫解清楚，惟酒税一项，核计现今收数，以之归还垫款甚属不敷，万难如数解足；而此外又别无的款可筹，辗转图维，至深焦灼。伏念畿辅练兵设镇为根本至计攸关，仰维宵旰忧劳，又何敢不竭力设筹，先其所亟。现已檄饬藩司将本年应解之项，仍复赶先挪垫，依限汇解。酒税征款虽属不敷，指拨所有认解练兵经费银三十万两，无论如何为难，务须常年筹解足数，以资接济而重饷需，并据布政使许涵度详请奏咨前来。

五月三十日奉到朱批："户部知道。钦此。"(《近代史所藏清代名人稿本抄本》第3辑，第51册，第573—579页)

是日　奏参玩视赈务各员。

奏为特参玩视赈务各员，请旨分别惩处，以肃吏治而重民生，恭折仰祈圣鉴事：窃查川省灾祲频仍，元气未复，上年夏间又被旱成灾，渥蒙天恩颁发巨帑，奴才复督同司局多方筹款。自灾象甫见，叠饬各该州县确审灾情，预筹办法，凡有请帑请粟，不计如何为难，无不随时核准，立予委解；并分委候补道张九章等周历灾区，督察补助。公檄急如星火，民命等于倒悬,各该地方官宜如何激发天良,迅速拯救。乃竟查有南充县知县叶桂年,自夏迄冬,一无措置,道殣相望,漠不关心。又署营山县知县廖凤章,性偏识暗,顾虑多端,以致邑有流亡,纷滋怨黩。以上二县经严饬该管知府杨金铠认真督办,灾民甫有转机。又大竹县知县曹钟彝,衰病侵寻,办理颠顸,若非派员帮同赈放,几无实惠及民。又云阳县灾情虽较各属为轻,该县知县周吉云于奉发赈银,不查户口,按甲摊给,办法殊属草率。又委办营山县赈务试用知县赵光俨,随声附和,迹近期曚。相应请旨将南充县知县叶桂年即行革职,署营山县知县、准补南川县知县廖凤章文理尚优。以教职归部铨选,大竹县知县曹钟彝勒令休致,云阳县知县周吉云开缺另补,试用知县赵光俨以府经历、县丞降补,以为玩视民瘼者戒。

现查入春以来,雨水调匀,禾苗芃茂,堪以仰慰宸廑。

五月三十日奉到朱批:"另有旨。钦此。"(《近代史所藏清代名人稿本抄本》第3辑,第51册,第583—591页)

是日 密举人才。

奏为敬举人材,堪备简拔以济时艰,恭折密陈,仰祈圣鉴事:窃以世际阽危,必俊乂咸登,乃足以宏康济。宫廷侧席殷求,若知而弗举,举而弗当,皆为妨贤启幸之大者矣。

查有遇缺即补道蔡乃煌,前年由湖南奉差赴京,经奴才奏带赴豫查办事件,并请改留川省补用,均邀恩允。该员到川两年,委办洋务、机器、银铜元、商矿等局,洵为器识闳通,心力果毅;而条理慎密,恒于恢张之中,行以精实。然其长犹不仅此。前在湘省历办交涉重案,每遇危疑震撼而守之以正,维持挽救以全大局者,用力最多。盖该员熟谙约章,久经阅历,平时与之周浃,细故亦不虚骄,惟于关系国与民之大端,则坚忍而不摇,屈伸而不变,但求裨补公家,罔顾一身祸福;非天资忠爱,而才气又克相副,乌能若是。奴才历观不爽,故心焉重之。即论其明决之才,策屡应而弗穷,谋当机而力断,皆监司中不易睹也。该员叠经前湖南抚臣俞廉三暨奴才在山西巡抚任内,恭疏论荐,曾蒙召对,恩予存记。恭绎前奉谕旨,饬令疆臣延访才猷卓著克济时艰者,保荐以备录用,该员允称斯选。奴才委任既久,确见蔡乃煌之干济优长,实足以

| 1905 年（光绪三十一年　乙巳）53 岁 |

当重要繁难之任，相应缕疏密陈。倘荷天恩，假以寸柄，该员益自奋发，必能展著才绩以收得人之效。奴才为时局需才起见，其应如何擢用之处，伏候圣裁。

朱批："蔡乃煌著交军机处存记。"（《锡良遗稿·奏稿》，第482页）

5月9日（四月初六日）　奏报川省创办银行情形。

奏为川省创办银行，酌拟章程，恭折仰祈圣鉴事：窃维货币贵乎流通，利源期于开广。泰西各国以商战雄视环球，莫不有总汇财政之区以为枢纽，其力既厚，其用自宏，故虽越数万里而遥创制经营，财用不虞匮乏。方今户部奏请设立银行，各省亦多次第筹办，藉以维持财政，扩兴商业，实为今日迫要之图。

川省年来拨款迭增，每年京外协饷，新旧偿款，为数甚巨，多由商号承汇，其汇期之迟速，汇费之涨落，一任居奇操赢。且际兹银紧钱荒，本省出入款项，亦复周转不灵，官商咸以为苦。银行为财币总汇之所，自应亟筹兴办以浚财源。当经督同司道一再筹商，拟由司库筹拨银三十万两，另招商股二十万两，共合官商股本五十万两，先于成都、重庆两处开设银行，并以股款试行大小钞票，无论盐粮厘税，一切交纳公款，均准搭用。所有股银，专备支发票项，不准挪作别用。俟根基稳固，再行分设京、津、沪、汉等处，以期展拓规模，扩充利益。

惟滋事体大，创办维艰，必须有熟谙商务、结实可靠之员，方能胜任。查有奏调山西候补知府周克昌，堪以派充总办，专司其事。并饬藩司督同办理，妥议规章，俾垂久远而资信守。兹据布政使许涵度条拟章程，详请奏咨立案前来。

五月三十日奉到朱批："财政处、户部知道，单并发。钦此。"（《近代史所藏清代名人稿本抄本》第3辑，第51册，第596—623页）

5月24日（四月二十一日）　锡良批遂宁县集绅筹议禀拟租捐情形由。（《近代史所藏清代名人稿本抄本》第3辑，第139册，第2页）

6月8日（五月初六日）　奏报川省各属遵办习艺所及警察情形。

奏为川省各属遵办习艺所及警察情形，恭折具陈，仰祈圣鉴事：窃承准军机大臣字寄："光绪三十一年四月初三日奉上谕：'翰林院撰文吴荫培奏，罪犯习艺所新章，请责成各府州县一律分设一折；又片奏，警察为当今急务，请饬竭力整顿等语。著各督抚督饬所属，一体认真办理。原折片著抄给阅看。将此谕令知之。钦此。'"钦遵在案，当即转饬藩臬司将各属现办情形查明去后。兹据布政使许涵度、按察使冯煦查明详请覆核具奏前来。

　　伏维习艺之设，原期化莠为良，警察之功，端在保民正俗，欲策治安，实基于此。查习艺一事，前准部咨，先就省城及有巡道处各设一所，任由各省督抚体察地方情形，妥速办理。奴才到任后，查看川省幅员辽阔，各厅州县距该管巡道有在千里而外者，不特长途递解疏脱堪虞，且群不逞之徒萃于一处，防范尤难。巡道向乏闲款，设所经费仍需摊至州县，不如各就地筹设为便。当即通饬各属一体举办。其厂舍则或就公地，或购置民房，酌量修葺，总期合用。其工艺则先由织布及竹木梭草等寻常易销之器入手。州县政治殷繁，并由各该管狱官常川赴所料理，以期事有专责。收支银钱、购料售货等事，遴选妥绅经管。除成本外，余利酌给各犯存作出所后赀本，奖勤罚惰，以示劝惩。又以部章，收所各犯，系专指爰书已定者而言；其绺窃穿窬罪仅笞仗者，皆由无业自养以致迫而罹法，并饬拨所习艺，艺成省释，俾令自新，适与现奉刑部咨行变通窃盗条款用意相符。

　　至警察，自光绪二十九年，前署督臣岑春煊奏定章程，先就省城筹款开办。奴才到任后，力加整顿，行之两年，成效益彰。随即通饬各属一律遵办，冲繁州县次第举行，或已保卫可资，或已规模粗备，权限规则一准定章。其余偏瘠等处，亦皆极力筹谋，亟图兴办。

　　以上两项新章，皆列入事实表内，年终考核用分殿最。各该地方官自愿考成，尚皆黾勉从事。通计已办习艺所者六十余处，已办警察者二十余处，尚在逐渐推行。至应需经费，或提地方闲款，或由绅富捐助，并无勒派等弊。此后仍由奴才督同司道，饬令各属切实办理。

　　六月二十八日奉到朱批："该衙门知道。钦此。"（《近代史所藏清代名人稿本抄本》第3辑，第52册，第137—147页）

　　是日　特参已革知县穆秉文。

　　治兵以禁暴为先，制夷以攻心为上，惟军律严明，罪其人而不利其有，斯蛮荒顽梗咸怀畏于节制之师。川省历来各边军务，员弁兵勇，率

| 1905年（光绪三十一年　乙巳）53岁 |

以虏掠为利薮，捐国体而失人心，莫斯为甚。此次军行，奴才与马维骐严切申儆，首以禁止骚扰为要义。乃有已革知县穆秉文，前经留炉办理靖边营营务，泰凝寺之役，该革员带队会合汉土兵勇先进，颇称奋勇；迨攻克后，胆敢纵兵肆行抄抢。经马维骐查悉，立时清获铜佛、金鞍、玉如意、珍珠、神帐等大小二千余件，点验封储，于招回堪布喇嘛后，悉数给还。该堪布等既予生全，复归故物，罔不欣幸过望，感颂皇仁。准马维骐将前情咨报前来。奴才先有风闻，业将该革员撤差，因即电咨传案，发交打箭炉厅看管，督饬审讯。兹准马维骐咨覆，旋于该革员寓所，复清出跳神彩衣等数件，据供因系仓猝回炉，未及呈缴，并自认约束不严，致兵勇抄抢等情。查穆秉文已革员效力行间，宜如何深自愧愤。乃不严申军令，纵兵抢掠，并身自存留赃物，即予立正典刑，亦属罪所应得。惟念该革员于冰天雪地之中，鼓勇先进，攻克悍逆，虽论功未足抵罪，要不无一线可矜，拟请量从末减，请旨将已革知县穆秉文发往新疆充当苦差，以示大公而肃军纪。

六月二十八日奉到朱批："穆秉文著发往新疆充当苦差。钦此。"（《近代史所藏清代名人稿本抄本》第3辑，第52册，第51—159页）

6月9日（五月初七日）锡良批彭县禀圣修堂租谷应否免抽照抽则如何填票请示遵办由。（《近代史所藏清代名人稿本抄本》第3辑，第139册，第4页）

6月13日（五月十一日）收川汉铁路总公司核议圣修堂租谷一事详复由并批文。（《近代史所藏清代名人稿本抄本》第3辑，第139册，第5页）

6月16日（五月十四日）　批汶川县禀遵办铁路抽租情形由。（《近代史所藏清代名人稿本抄本》第3辑，第139册，第8页）

6月17日（五月十五日）　因炉边用兵，粮运艰难，军需浩大，川库万分支绌，奏请劝收捐款准奖实官，以应急需。（《锡良遗稿·奏稿》，第492—493页）

7月6日（六月初四日）　酌保剿办边匪出力员弁。

伏维川南叙、永等属，壤接滇、黔，匪徒此拿彼窜，缉捕为难，久而漏网吞舟，遂成地方积年巨患。如上年就戮之匪首罗海亭、尹焕章、彭青城等，各有徒党千百，出没边界，日以劫杀为生，甚至戕害大员，截抢官帑，焚掠镇场，几于行同叛逆。兵差固力不能制，各处团保畏其报复，黠者勾结以分肥，懦者屏息以求免，民困日深，隐忧滋大。经赵尔丰亲历行间，密筹奋剿，歼厥渠魁，覆其巢穴，一方始赖以全。在事员弁戮力同心，驰骋于烈日严霜之下，搏击于深山穷谷之中，奋不顾身，殄兹狂寇，实与捕拿地方寻常盗匪艰险维倍，劳绩不同。据赵尔丰查明请保前来。

奴才覆加查核，匪分数股，时逾半年，所保各营将弁暨随同剿办之文武团绅，实皆在事出力；惟名数稍多，复饬一再删减，其出力稍次者，改给咨奖、外奖，谨择尤为出力者十三员名，开单拟奖。合无仰恳天恩，俯准照给奖叙，以励勤劳而资鼓舞，出自逾格鸿施。

八月初二日奉到朱批："该部议奏。单并发。"（《近代史所藏清代名人稿本抄本》第3辑，第52册，第352—363页）

是日　奏请炉边各军出关添募土勇，以利军行而规进取。（《近代史所藏清代名人稿本抄本》第3辑，第52册，第316—321页）

是日　奏陈川省常备、续备各军情形，并请俟军务稍定再遵章编练。

奏为谨陈川省常备、续备各军情形，并请俟军务稍靖再行遵照练兵处新章编练，恭折仰祈圣鉴事：窃维自强莫亟于练兵，而非有整齐画一之规，要无以新戎政而收实效。上年练兵处会同兵部奏定营制，请旨饬令各省次第编练，认真办理。仰见朝廷整军经武，因时制宜之至意。

查川省前经奴才开募常备军步队五营，工程一营，近因宁远炉边军务赴调出省，复饬新募步队一营。其营制向照直隶常备军章程减半募练，合官弁兵夫七营，共衹二千五百八十三员名。此外续备六军，每军五营，共三十营，计目兵一万二千名。除常备军工程队募足成营暨新募一营尚未奏报外，余均奏咨在案。

常备军系驻扎省城，由奴才督同该军统领丁忧山东候补道程文葆常川训练。程文葆为直隶督臣袁世凯旧部，熟悉一切教法、操典，成效已有可观；但须编照新定营制饷章，可期一律练成劲旅。至续备各军，奴才本因旧有防练各营错杂窳败，爰就通省三十七营奏请汰弱募强，改并整顿。

上年滇、黔两省妖匪滋事，均经各该军迅赴会剿扑灭，即本省拿剿

| 1905 年（光绪三十一年 乙巳）53 岁 |

边腹巨匪，暨如近日犍为之役，亦皆所向有功，历经云贵督抚臣及奴才奏报请奖，似较前实已大有起色。惟川省幅员至为辽阔，山径又极纷歧，会党、妖民到处窃伏思逞，各属防护教堂，缉拿匪类，无不借资兵力；而夷患频仍，边匪出没，犹恒苦地广兵单。是以续备六军奏明划分六路，各军又分营分哨，扼要驻扎，甚有一哨而分扎数处者；虽经迭饬巡防之暇，认真练习技艺，至欲绳以大队之军操，责以新理之兵学，则其势实有不能；若仅参改营制，勉合新章，殊非所以实事求是之道。

计川省欲编新军，非酌减续备，腾饷力以添练常备不可；而欲减续备，又非痛裁制兵、广设巡警不可。正在督同司道通盘筹酌，适宁远夷务紧要，该处本无防军，奏派常备军营务处知府高培焜统带两营前往督办。兹又因巴塘番匪，奏派建昌道赵尔丰会同提督马维骐出关剿办。除马维骐酌带所部外，他军无可抽调，当令分募新勇数营，并先拨常备两营由赵尔丰亲带驰赴，以冀厚集兵力，迅蒇事功。现在前敌新旧各军，固须专顾进剿；即常备之留省训练者，亦复无多，自难遽议改编营制。

窃以今日时局之艰危，川省屏蔽西南，毗连秦、楚，要非练成劲旅一二镇不足以供征调而备不虞。即饷力实有未充，或如湖北省先就定制酌量减练，然规模制度以及操法教科，务与新章确归一律，乃能日底精强。奴才忝总师干，责无旁贷，固不敢以因陋就简者自封故见，亦何敢以名是实非者徒饰外观。一俟军务稍靖，即当统合旧有新募常备、续备各军，通筹兵力、饷力，从新挑选，酌量编联，另行奏明办理。惟奉到新章已久，适因军务之征募纷繁，一时未及遵办，自应先将实在情形沥陈聪听。

八月初二日奉到朱批："练兵处知道。"（《近代史所藏清代名人稿本抄本》第 3 辑，第 52 册，第 300—312 页）

7 月 7 日（六月初五日）　奏调京员办理川汉铁路。

奏为陈明铁路开办后情形，现在官绅兼任，拟请添调京员等回籍办理，以联情志而专钩核，恭折仰祈圣鉴事：窃查筹修川汉铁路，事创而工巨，又欲自办以保利权，其初皆以为难措手也。奴才亦惟开示诚心，多用士绅，广譬曲陈，使乡间锢蔽之人渐知开悟；而于公司则以尽除官习，昭示民信为先。事之非官莫办者，必任其主持，躬其劳怨。若轨路之择人集费，决疑定计，莫不询谋于众。官不自专，民不势迫，俾知铁道之关系全川至重；而公司者，合群力以为之，上不擅其权，下不私其利。于是远迩景从，风气渐开，民间购股颇有其人，一邑集金万者屡闻不已。由此迎机善导，应可日增踊跃。抽租细章，亦经刊行，取之甚轻。事事又期于便民，其有因时地而请变通，分贫瘠而寓宽恤者，悉允所请，不涉苛绳。近来舆论翕然，倘年谷顺成，秋后当易于收解，合之铜元余利等项，需款虽大，尚能终底于成。

惟此事前奉谕旨，敕令奴才督同赵尔丰办理，旋以巴塘用兵奏派赵尔丰率师前往剿办；公司事务，查成绵龙茂道沈秉堃精明强毅，识度恢弘，已委代理。因思官民合股，即应官绅合办。况当物力艰窘之际，寻常筹款巨细皆难，今幸能人无吝情者，莫非绅与民近，其言易入之所致也。公司内前以在籍编修胡峻、中书高楷为总董，主事吴嘉谟、中书刘紫骧为副董，而各属又有分董劝喻于外，皆招选端士以充之。胡峻学有本原，阂通正大，高楷等关怀时局，识力坚定，均资依赖。惟多为学堂不可少之人，其势只能兼顾，与官员之迁转靡定牵于职掌者，均不获专一于轨政。现仍遵旨由奴才督办，而官绅拟各派总办一人，官则以沈秉堃代理，绅则众议推举乡望较著之乔树枏，恳请奏明调令回籍办理。胡峻等并以公司款目繁重，稽算不密即致疏谬，筹运不精即多耗失，请调降调广东广州府知府施典章专办收支事件。奴才查记名御史、刑部河南司郎中乔树枏，志慨高卓，识虑闳深，忠爱根乎性天，故在郎署最负时誉。每于蜀事之利病得失，一日靡忘；而屏绝阿私，建议独规远大。揆其平昔之惓惓乡里，必肯不慕荣利，襄成要举。相应奏明，恳恩敕下刑部，派令乔树枏迅速回川，会同沈秉堃总办川汉铁路总公司，俾其专意经营，奴才得资臂助，而联合士民情志，更于集款筑路裨益匪浅。至施典章前官户部司员，钩核是其所长，才守洵堪共信，罢官后侨居上海，兹拟由奴才电调回川，派入公司综理出纳。

八月初二日奉到朱批："乔树枏现充学务要差，毋庸派往。余依议。"（《近代史所藏清代名人稿本抄本》第3辑，第52册，第460—471页）

8月4日（七月初四日） 遵旨筹解常年练兵经费，惟本年边夷兵事叠兴，馈饷过巨，现摊二三四等月银两，奏请免补解。（《锡良遗稿·奏

| 1905年（光绪三十一年　乙巳）53岁 |

稿》，第499—500页）

是日　奏陈筹拨经费开锉火井。

四川富厂火井为天地自然之利，来源猛烈，煎盐易于为功。每火盐一张较炭盐价减二十余两，黔边各岸，均易销行，故每关购盘火盐多余炭盐倍蓰。奴才覆加查核，该局等所拟开锉深井，事归官办，款由商筹，既无捐于公家，实有利于井灶。如能办有成效，洵足纾厂困而济岸销。

八月二十九日奉到朱批："户部知道。"（《近代史所藏清代名人稿本抄本》第3辑，第52册，第557—563页）

8月5日（七月初五日）　奏添购机器分期交付银货情形。

前准部咨："各省机器局，如有采购机器等项，事前报部立案"等语，历经遵照办理。

查奴才前以川省操防需用新式枪械，奏奉议准将原设机器厂整顿制造应用，遵即饬令奏派出洋考察机器之道员章世恩等悉心体察，就原厂必须整顿之处，酌量添配机件，订期购运应用，复经附片奏明在案。

兹据该道章世恩禀称，业将应行添配暨必须整顿更换之机件，逐加考求，力从撙节，在于德国购置，订明分三期付银，两批交货等情，禀请先行奏咨立案前来。奴才覆查无异。

八月二十九日奉到朱批："该部知道。"（《近代史所藏清代名人稿本抄本》第3辑，第52册，第615—619页）

8月23日（七月二十三日）　批荣昌县禀筹办铁路股本及请领票折由。（《近代史所藏清代名人稿本抄本》第3辑，第139册，第8页）

9月2日（八月初四日）　奏筹解本年九十两月固本兵饷片。（《近代史所藏清代名人稿本抄本》第3辑，第53册，第57页）

9月3日（八月初五日）　奏陈所有审明劣绅张泰阶诈贼诬控，按律定拟缘由。

奏为审明劣绅诈赃诬控，按律定拟，恭折仰祈圣鉴事：窃查江津县举人、捐指云南试用知县张泰阶，串同拔贡生杜柄等索诈乡民、诬告官长等情一案，据该府县查禀，经奴才饬提人卷来省，发委成都府谳局讯供狡展，由藩臬两司会详奏请将张泰阶革职归案审办，奉朱批："著照所请，该部知道。钦此。"并将拔贡生杜柄等咨部斥革在案。

兹据该府督同谳局委员讯供议拟，详由藩臬两司核转前来，奴才覆加查核。缘张泰阶、杜柄、江淮、张家修均籍隶该县。张泰阶于光绪十九年由廪生应癸巳恩科本省乡试，中式第五十四名举人，二十七年遵顺直赈捐例，报捐知县，指省云南试用。杜柄于光绪十一年由廪生考取乙酉科拔贡。江淮于光绪十五年岁试入学，二十二年科试补廪，二十七年遵顺直赈捐例，报捐贡生，加捐县丞，指省河南试用，并于本省捐输案内奖给五品衔。张家修于光绪十四年科试入学。张泰阶、张家修与张祥即张汝朝、张锦云、张海帆均同姓不宗。张泰阶人极狡恶，向在地方搜事诈赃，平日与杜柄、江淮、张家修串同一气，狼狈为奸，人皆侧目。光绪二十八年，张泰阶藉修张氏宗祠，向张祥募银一百两。张祥因其并非同宗，明知挟诈，畏其凶焰，无奈付银五十两。张泰阶因未遂意，随后复藉捐官为名，向张祥借银二百两，张祥不允。张泰阶心怀忿恨，于二十九年正月间，会遇杜柄、江淮述及前事，起意邀约杜柄等联名将张祥捏控，杜柄等应允。张泰阶又往约得举人黄瀚出名，在县捏告张祥包揽税契。前署该县武文源到任未久，于张泰阶等平时为人未及查知，当经批准传唤。黄瀚联名具控后，因会试赴京。张泰阶又支使张家修等，向张祥胞弟张松森危言恐吓，称须给银数百两方能息事。张松森虑恐张祥负屈吃亏，允许给银四百两，当措现银一百两，交付张家修转交张泰阶与杜柄等表分花用。复在鸿金号钱铺借得三百两银票一张，凭张锦云、张海帆及在逃之蹇树森亲交张泰阶等收讫。嗣经该县武文源讯明，张祥并无包揽税契不法情事，系属张泰阶等串同藉案索诈，谕令张祥阻止鸿金号勿出此银。张泰阶等见银票无用，始呈请作为学堂经费，武文源未予批准，并根究诈得现银一百两，致拂张泰阶之意，即藉事捏情诬告武文源，禀请饬提至省审办。蹇树森本系张泰阶一党，听闻委员至县提解，先即潜逃。嗣据该县将人卷解省，发委成都府先就提到之张汝朝、张松森等查讯，据将迭被索诈情节，逐一供指，并据张锦云、张海帆等确切证明，又于杜柄手内将诈得银票追出。张泰阶等犹敢恃符狡展，藩臬两司详经奴才将张泰阶等分别奏咨斥革审办，录供通详，兹据审明转详前来。

查律载："恐吓取人财者，计赃准窃盗论加一等"；又"窃盗赃一百

1905 年（光绪三十一年 乙巳）53 岁

两，仗一百、流二千里，为从者减一等"各等语。此案张泰阶因藉修理宗祠为名，向同姓不宗之张祥索诈得银五十两，迨后又藉捐官，复向张祥借银不遂，辄敢挟嫌，纠约杜柄等，捏称张祥包揽税契，赴县控告；一面支使张家修等向张祥之弟张松森吓诈得现银一百两，鸿金号钱铺票银三百两。因该县讯系诬控，谕令张祥将鸿金号票银往向阻交。张泰阶等心怀不甘，复捏情诬讦本属官长，实属刁诈。查张泰阶向张祥索诈得赃两次，系属同时并发，虽赃系一主，究有两次，应按赃多之次科罪。惟张松森给鸿金号银票，尚未得银，与实在得赃者情稍有间，应仍计其入已现银一百两之数，按律问拟。张泰阶除诬告张详并本属官长各轻罪不议外，应如该府委所拟，合依"恐吓取人财者，计赃准窃盗论加一等"律，于"窃盗赃一百两，仗一百，流二千里罪"律上加一等，拟仗一百，流二千五百里；系职官犯流，应请发往新疆效力赎罪。杜柄、江淮、张家修均合依"吓诈为从减一等"，拟仗一百，徒三年。江淮系职官犯徒，请发往军台效力赎罪；杜柄、张家修均分别到配充徒。该犯等恭逢光绪三十一年正月十五日恩诏，虽事犯在是年正月初一日以前，惟系诬告官长，扰害良民，情节较重，应均不准其援免。张锦云、张海帆过付银两，讯系恐吓勒取，应与讯无包揽税契之张祥并伊弟张松森均毋庸议，赃银照追给领，银票注销。举人黄瀚究竟是否知情，听从诬告，应俟回籍时，由县传案讯明，分别办理。塞树森饬缉获日另结。无干省释。

九月二十九日奉到朱批："刑部议奏。"（《近代史所藏清代名人稿本抄本》第 3 辑，第 53 册，第 171—188 页）

9 月 4 日（八月初六日） 奏报叙州府等处骤被水灾。（《近代史所藏清代名人稿本抄本》第 3 辑，第 53 册，第 242—250 页）

是日 奏请将故绅余焕文事实宣付国史馆立传。

奏为故绅学行卓著，恳恩宣付史馆立传，以彰潜德，恭折仰祈圣鉴事：窃据署巴州知州武乃愚详转，据进士李含菁、举人冯文经等呈称：已故四品卿衔、礼部员外郎余焕文，四川巴州人，咸丰壬子科举人，庚申科进士，礼部仪制司主事，通籍后，以养母假归，绝意仕宦。已故陕西抚臣刘蓉知其名，敦迫入陕，母命乃往。以佐兵事有功，欲令权知西安府事，且将荐以方面之任，该故绅以离亲远游，有乖初志，即日引归。母殁筑庐墓侧，哀毁尽礼。事兄洁，白首执礼不衰，教子弟严整有法度。州人有聚众互哄者，该故绅至，辄立时谕解之。道、咸之季，天下多故，益究心经世之学，旁涉天文、舆地、兵法诸书，手自点窜。晚年为学日邃，恍然于博而不约为玩物丧志，潜心五子、近思录，以慎独为宗，穷理主敬为要，日用伦常为实际，著有梦传文钞、鞭心录、日记、杂录、读史论断，凡若干卷。历主讲巴州云屏书院、绥定府达县汉章、龙山等书院，仿安定经义、治事两格，严定规则以课诸生，数百里内外从之如市，校舍至不能容。凡著弟子籍者，咸能严礼法，重公德，蔚为成材。里中设正蒙学塾，用朱子四学之制，自洒扫应对进退皆有仪节，岁时行礼，一遵古法，川北士风为之一变。该故绅怀抱奇异，虽未世用，然其才有不可没者。蓝、李之乱，全属骚然，该故绅与胞兄洁倡办乡团，修堡寨，厉器械，严守堠，以练兵之法练团，纪律严明，贼众数往来邻郡不敢犯。其后贼党郭三跂窜入州境，将取径东下，亟率团勇扼其要隘，与官军夹攻擒之。前督臣骆秉章叹为异才，悉以川北团练事委之，州郡获安。旋奉调赴陕，参佐戎幕，布书方略，洞合机宜。官军克汉中，流亡遍地，为亟筹招徕安集之策，抚臣刘蓉深相倚赖。事平后，卒以母老告归，固留之不可得。居尝与达县邻，县属天井坝有田百数十顷，沮洳无收，该故绅兼采区田、淘田两法，相地潴泄，深广尺寸有差，不粪而肥，无有旱潦，一亩所入足食五口，乡人至今赖之。此外若学田、积谷、赈荒、掩骨、养老、恤嫠、育婴，多捐巨金为之倡，条理邃密，综核精严，咸能历久无弊，特其小焉者也。查该故绅于同治二年，经陕西抚臣刘蓉以"品学纯正，通达时务，办理团练，井井有条"，奏保襄办陕西军务，特赏员外郎。光绪十六年，前督臣刘秉璋以"持身清介，处世和平，学术深纯，孝行卓著"，奏报赏加四品卿衔，是该故绅学行久已上达宸听。念遗徽之未沫，惧潜德之弗彰，开具事实清册，恳请具奏前来。

奴才覆查该故绅余焕文，蚤登科第，勿役纷华；壮历戎旃，宏摅干济。纯孝根于天性，名德炳于乡间。著述等身，蔚矣儒宗之望；誉髦多士，懔然正学之传。溯厥品题，久登荐牍；核其行谊，无间群言。合无仰恳天恩，俯准将已故四品乡衔、礼部员外郎余焕文生平事实，宣付史

1905年（光绪三十一年 乙巳）53岁

馆立传，以彰懿行而励儒修，出自鸿施逾格。

九月二十九日奉到朱批："著照所请，该衙门知道。"（《近代史所藏清代名人稿本抄本》第3辑，第53册，第255—268页）

是日 奏派吴峻赴日美考察学务。（《近代史所藏清代名人稿本抄本》第3辑，第53册，第273—278页）

是日 奏请将故绅刘沅事实宣付国史馆立传，以励儒修。

奴才覆查该故绅刘沅，至性纯厚，内行笃诚。编纂群经，历耄年而不倦；楷模多士，育英俊已成材。允足标示夫儒风，宜荷褒扬之令典。合无仰恳天恩，俯准将已故国子监典簿衔、截取知县刘沅，遗书事实，宣付史馆立传，以励潜修，出自鸿施逾格。

九月二十九日奉到朱批："著照所请，该衙门知道。"（《近代史所藏清代名人稿本抄本》第3辑，第53册，第255—268页）

9月11日（八月十三日） 奏陈提臣马维骐亲率诸军进克巴塘，戡平边乱情形。（《近代史所藏清代名人稿本抄本》第3辑，第53册，第289—313页）

10月2日（九月初四日） 奏报光绪三十一年七八两月练兵经费筹措情形。

兹查前项练费派数，虽经认定款项，系属虚悬，不特常年认筹之款无凭解足，即如本年除已解过银一十万两外，七月以后尚须筹解四十万两，数巨期迫，司库一再借垫，力绌计穷，辗转筹维，莫名焦灼。原指酒捐一项，虽迭饬各属认真征榷，核立比较，严定考成，以期收数大有起色，然无论如何整顿，而出入相衡，不敷甚巨，若不筹定的款，责令照数认解，必至贻误饷需。查前准咨部，此项练饷紧要，无论如何挹注，务须常年解足。奴才督饬藩司竭力通筹，各款皆有专支，实属无从挪拨。惟查有征收土税一项，除解内务府经费、北洋军需外，其余历年借支本省教案赔款，约计今年可提拨银一二十万两，不敢不先其所急，设法腾挪。兹在于土税项下动拨银一十六万两，定于八月二十八日发交商号汇解户部交收，作为三十一年七、八两月应解之款，所需汇费，照案支给。以后常年练费，应请即在烟酒捐、土税等款项下分别指拨，按期报解；倘有不敷，另行设法筹足，以济要需。据布政使许涵度具详请奏前来。

十月二十五日奉到朱批："练兵处、户部知道。"（《近代史所藏清代名

人稿本抄本》第 3 辑，第 53 册，第 388—394 页）

  10 月 3 日（九月初五日） 奏报滇黔盐局仓盐被水淹化筹办情形。（《近代史所藏清代名人稿本抄本》第 3 辑，第 53 册，第 463—477 页）

  10 月 4 日（九月初六日） 锡良致电军机处请收回瞻对以弭边患。

  现办巴塘善后，必应推寻致乱之由，而求将来弭变之策。徼外连年多事，实缘瞻对番官侵暴川属土司，故议收还，绝其祸本。自恭寿等仍请赏还西藏，骄横倍前，各土司益以国威为不足畏，汉官为不足重。凤全未尝严责一人，苛行一政，造言煽众，惨杀麋遗，从来戕害使臣无若此之轻且易者也。深入其境，幸就荡平。主谋之堪布、土司及各凶匪大半擒斩，应将其地改设官屯。附近里塘土司等前亦有违误军粮，阴图党附之事，应否并改，详审再定。

  惟徼外措处，全视三瞻。盖其人雄长于诸番之中，其地错处于川边之内，番情向背，随之转移。而我之沿革损益，莫不因之为重轻，以此计其得失，即如巴塘留防设戍，兵少则虑勾结为变，兵多则惮馈运难支。赵尔丰现请先议收瞻，乃便统筹全局。春间疏请敕下有泰，还藏兵费，谕藏归瞻，此在巴案以前，不欲无故而夺之也。厥后瞻酋派遣马队越犯道坞，是时兵马未集，权宜解喻以退之。既而振旅出关，乃不敢助巴抗逆。然后此终为边患，失今不治，愈恐难图。但谋之于藏，必谓事无朝命，固执如前；不谋藏而断之自川，今日收之，明日还之，复辙何堪再蹈。可否寄谕有泰明告商上，以保固川边，必应收回之故，勿稍疑贰，兵费照前筹给；一面准由川省檄谕番官回藏，瞻民内附，无待招携。其建置事宜，即由赵尔丰率师前往，妥为筹划，汇同巴案一并奏明办理。

  惟驭夷之道，在威与信。必廷议定而后众志始坚，要荒永靖，事机贵速。是以电请代奏，请旨遵行。（《清末川滇边务档案史料》上，第 66—67 页）

  10 月 5 日（九月初七日） 奏陈学务情形并推广办法。

  奏为缕陈川省学务情形，并酌拟推广办法，恭折仰祈圣鉴事：窃照本年八月初五日钦奉电钞上谕："袁世凯奏请立停科举以广学校，并妥筹办法一折，所陈不为无见，著即自丙午科为始，所有乡会试一律停止，各省岁科考试亦即停止。经此次谕旨，著学务大臣迅速颁发教科书，并著责成各该督抚严饬府、厅、州、县遍设蒙小学堂。其各认真举办，随时考察,共副朝廷劝学作人之至意。钦此。"仰见睿谟明断,因时制宜,以清源正本之方,为一道同风之治,下怀钦佩,欢忭莫名。

奴才忝膺疆寄,责有专归,固当使蜀学规模日益展拓,党庠术序复见于今,乡邑无不设学之地,士民无不向学之人,始克上尉宸廑于万一。顾念承乏此邦,时阅两年,勉力经营,幸略就绪,所有现办情形,敬为皇太后、皇上缕晰陈之。

奴才于光绪二十九年七月到任,即行督催各属,使知兴学育才,具有次第。蒙学为养正始基,当实行普及之义,爰定为筹学费、择校地、选学董、查学龄四事,饬令妥为预备,限以三十年为一律开学之期。嗣奉奏定新章,遵改蒙学并为初等、高等两小学,而官办中学及高等小学,模范所系,并令照章兴设;随复刊发表式,分饬填申。现在已经开学者,除省城高等学堂另案奏明外,各府、厅、州、县中,计成都府师范、泸州川南师范各一堂,师范传习所一百一十堂,中学八堂,高等小学一百五十二堂,初等小学四千零一十七堂,两等小学三十八堂,半日学堂三十四堂;或由官立,或由公立及私立。其办而未成,成而未据禀报者,不在此数。

惟是政由草创,措注綦艰,事杂言厐,莫为统壹,自前署督臣岑春煊奏设通省学务处以资综核,守令始有禀承。奴才接办以来,委邛洲知州方旭提调其事,复派升任按察使冯煦充当总理,加意考求。

窃谓非利导,无以整齐。编制之初,学生年齿不均,教员程度不一,不得不通融以勉其成。欲使秩序之立,殊途同归,不外随宜改正之一法。且虑始勤终怠,名实不符,于是设调查所。

一校之内,少或数十人,多或百数十人至数百人,故管理法视教授法尤重。日本至为考究,其宏文学院且为我国学子特开一班,取材既专,则收效自捷,于是派游学速成师范生。

教育为陶铸国民之基,师范又扩张教育之本。小学需师孔亟,断难俟数年以后初级师范毕业之人。奴才前饬各属招集生徒讲习师范,比奉新章,因为展期增额,更定课程,俾敷各校之分派,于是设师范传习所。

兴学要政,热心提倡者固不乏人,而顽固官绅尚复疑沮。良由蜀为山国,途路险艰,彼此隔阂,自为风气,非博采公议,使之转相激发,势难迳予改良，于是设研究所。

以上数端，皆此两年中，苦心积虑，以图成绩之实在情形也。

继自今以往，途向既壹，推行自易为力，诸凡建立无不重赖师资。奴才现设通省师范学堂，计可容五百人之数。然聚之于一校，似见其多，散之于各方，仍患其少。恭绎谕旨，令各地遍设蒙小学堂。即使一校止一教员，非由府、直隶州厅各设初级师范一区，亦万不敷用。此师范学堂亟宜推广者也。

抑科举既停，旧有之贡、廪、增、附生，年龄尚少，而文理素优者，既不能抑之于高等小学，即或选入师范，仍不足以相容，听其废学，殊为可惜，此中学堂亟宜推广者也。

师范与中学往时所不暇多设者，以无款无地之故。今则各属实兴、公车等费，均属闲款，试院、考棚已成虚设，一转移间，有益于推广者非浅。

抑自风气盛开，东游相继，官费而外，自费游学者不下四五百人。然抵东之后，无论入何专门，仍须练习普通，既耗旅资，甚至以学识空疏与行为之不检，致贻讪笑。近时各省已有立校预备之事，是宜设预备科以固其基。

师范学生定例年最长者不越三十以上。然亦有年长实能任事，而教育学苦于未闻，又或通洋文而不精国学，与夫科学间有门径而普通未尽讲求者，是宜设补习科以弥其阙。

之二者，令聚集于省垣，一准学级编制之法，俾合于同等之程度，以免参差，且考察亦为近便。

奴才统规全局，值此时机，总当勉竭愚忱，分别督饬，冀收事半功倍之效。尤不敢稍懈稽察，使教员、学生沾染习气，庶兴一学有一学之效，造一人得一人之才，似此办法，当较有把握耳。

余如东文学堂、八旗高等小学堂，系由学政、将军分别经营，奴才随事会商。至武备学堂、官弁学堂、军医学堂则又不在统属之内。其洋务局之英法文学堂、铁路公司之测绘学堂、机器局劝工局之工艺学堂。暂令各自附属，容后再为画一。

十月二十五日奉到朱批："学务大臣知道。"（《近代史所藏清代名人稿本

抄本》第 3 辑，第 53 册，第 560—578 页）

是日　奏报省城高等学堂现办情形。

省城高等学堂，自光绪二十八年五月遵旨兴办，嗣由前署督臣岑春煊奏留在籍翰林院编修胡峻充当总理，复请暂缓开堂，派由该编修带领教习前往东洋考察学校，叠经奉旨允准在案。

比奴才到川，该编修亦相继旋里，因于三十年正月开学，分班讲授。奴才亦常时赴堂，与该编修妥商一切。现准该编修咨称：自上年开学迄今，暑假住堂学生已届三期，速成师范生适于是时毕业，优级师范本年已升为正班。

窃查定章，高等学堂应容五百人以上，方为合格。本年增拓校舍，拟俟工程告竣，即按期逐添新班，所有开堂三期规制略定，理合缮具全堂规则及各项表册，汇请分别奏咨立案前来。

奴才查该学堂开学之始，各属学生到者已三百余人，当分普通科为甲乙丙三班，先令补习中学。定章补习一年，即升正班，今参酌中学厅章程，展长为三年毕业，以资深造。其速成师范系并三年学科为三学期，既经毕业，给予证书，俾各回籍传习，用以权时济急，此后不再开班。优级师范系择诸生中经、史、算学素有根柢者，特编一班。计第二学期补习公共科，已经卒业，现方注重理科，蘄合于定章学科程度章第四节之第三第四两类。盖以中国素乏理科专门，蜀士尤鲜通其学用，是以先其所亟。此该编修参酌章程，分班讲授之情形也。

综计五年以后，各属中学毕业，例应考升，以川省百余郡县，平均计算每属五名，已近千人，其时及格之学生，恐尚不止此。惟是旧集经费，目前仅供支给，日后推广办法，约须岁得十万金之常款方足支拄，即将节省科场经费等款拨凑，不敷尚巨，应由奴才饬司妥筹，总以敷用为度。

又该编修咨称，本堂学生既酌照中学展期补习，俟以次毕业，应请援中学堂例考试给奖，可否量予变通，以示鼓励之处，拟由奴才迳咨学务大臣核议遵行。

十二月二十五日奉到朱批："学务大臣知道。"（《近代史所藏清代名人稿本抄本》第 3 辑，第 53 册，第 578—587 页）

是日　奏报改设通省师范学堂情形。

奴才于去岁三月内，饬属集资选士前往日本学习速成师范，共一百六十余人，派在籍刑部主事周凤翔充当监督，曾经先后奏明在案。

嗣复通饬州、县各设师范传习所，每所额定百五十人，僻苦地方准予酌量从减，一律以十个月卒业。今年各处初等小学开堂，亦已择优尽数分派，并饬随宜续办。惟是长期师范，各属限于财力，兼之教员难觅，故兴办无多。省垣总汇之区，不可无所标准，因于今年四月内，饬由学务处筹集经费，择地成都府试院改建校舍，计能容学生五百人，拟以定章初级、优级两类同堂并设。现已电知派赴日本留学监督主事周凤翔订定日本教员二人，并就东购置图书、标本、仪器，约计九、十月间当可到川。其余应需华洋各教员，亦正分别延订。建修工巨，岁底始可告竣，定期明春开校。一切详细情形，届时再行具奏。

十月二十五日奉到朱批："该衙门知道。"（《中国近代教育史资料汇编》，实业教育、师范教育，第703—704页）

是日　于川省创设客籍公立学堂。

查省城高等学堂，额设客籍学生四十名，与本籍普通学生同一编制。但川省官商子弟人数众多，非专设一堂，不足以宏造就。前据司道等详请仿照湖北、河南等省旅学之例，创设客籍公立学堂，暂定高等学生八十名，中学学生一百名，常年经费，由司筹拨银三万两，交成都府发商生息，又由计岸官运局筹拨银一千两，滇黔官运局筹拨银二千两，又三品顶戴、候选主事罗度每年捐银一千两，各省官绅及各会馆亦量力捐助，并择有两广公所堂舍宽展，足敷设置，暂行租借应用。当经奴才核准，业于本年七月间考定学生两班，一同入堂，檄委候补直隶州知州丁昌燕充当监督。查定章无客籍学堂专行规则，该堂既定为高等及中学程度，一切事宜，自应比照高等学堂中学堂一律办理，庶日后卒业，奖励得有遵循。

再，该堂拟俟经费稍裕，附设高等小学一百名，合并声明。

十月二十五日奉到朱批："该衙门知道。"（《近代史所藏清代名人稿本抄本》第3辑，第53册，第593—599页）

是日　拟设川省农工商实业学堂，并先行选派学生出洋。（《近代史所

| 1905 年（光绪三十一年　乙巳）53 岁 |

藏清代名人稿本抄本》第 3 辑，第 53 册，第 607—613 页）

是日　拟于宝川局地分设农政局并辟试验场。专收穷苦幼孩学习工艺，聪颖者进以识字读书，俾得各谋生业。（《近代史所藏清代名人稿本抄本》第 3 辑，第 53 册，第 613—620 页）

是日　奏报开办四川学报章程及宗旨情形。

开通民智，要政所先；报章简而易行，较为事半功倍，是以奴才于上年创办四川官报，业经奏准在案。

窃准敬教劝学，固不越政界之范围，欲使画一整齐，仍宜专勒一编，用资激发。因饬学务处详议举报条例。综计分为十门，自钦奉谕旨及奏议通行以至本省公牒，凡于学务有关劝惩并指示办法之件，分别汇登；其次择取各项章程与本省各学堂教科讲录；又次择取各项章程与本省各学堂较科讲录；又次为译编、论说、选报、图标，余事列为附编，均经奴才覆核，取其宗旨端正与本省风尚多有密切之关系，庶使因势利导，疏通证明，于教育普及之机，不无补助。每月两册，分发各属转行。现已开办半年，推行尚为利便。所有派员编纂及筹垫工料等费，概归学务处经理。

十二月二十五日奉到朱批："学务大臣知道。"（《近代史所藏清代名人稿本抄本》第 3 辑，第 53 册，第 652—657 页）

是日　考查川省办学守令分别优劣，择尤举劾以示劝惩，并办学出力员绅请奖。

奏为考查川省办学守令，分别优劣，择尤举劾以示劝惩，恭折仰祈圣鉴事：窃维兴学为行政之原，治事以得人为本。际此时局阽危，朝廷宵旰忧勤，亟筹通变之方，毅然停止科举，专办学堂，以为育才救时之计，凡有血气莫不悚然思奋，矧夫职分所专，考成所在，甄察之道，断不容稍涉宽假也。

川省学务，经奴才殚精竭虑，两年以来，现已略具规模。初以财力之艰，师范之乏，各属经营创始，同一窘困；但为因势利导。逐渐扩张，以求整齐画一之效。其间深明体要、布置合宜者，固不乏人，而敷衍因循者，亦正不少，甚至文告频烦，漫不加察，若不明示赏罚，何以肃观听而策方来。

· 317 ·

查有前署夔州府、邛洲直隶州知州方旭，学识明通，于郡中设所，综核调查所属学堂，苦心诱掖，洵不能愧表率；署涪州知州、开县知县邹宪章，通知学意，选刻经史教科各书最多，所办学堂规制亦甚完密；庆符县教谕、紫阳县官立高等小学堂校长伍鋆，品学端粹，深谙教育之法，兼充本堂教员及查邻属学务，悉能破除常格，实心纠正。以上三员，应请传旨嘉奖，以资矜式。

署仪陇县知县、补用通判黄羡钧，到任将及一年，于敌地方高等、初等学堂及师范传习所，一校未设，屡奉文檄，亦置不覆，实属玩视要政，应请敕部照例议处。剑州知州茹汉章，年力就衰，于学务毫无整理，只以向有之义塾十余处改名塞责，应请开缺另补。署通江县知县、闽中县知县赖以治，才本平庸，办学固未得法，且闻有藉端苛罚、滥禁纷扰之事，应请以府经历、县丞降补，以示惩儆。

此外尚有倡导得力、筹费踊跃，抑或择师精当、教育有效者，均属克尽厥职；其有藉口地方偏瘠、延不举办，以及办理不协、久无端绪者，应由奴才分记功过，用昭策励。

以后仍当督饬学务处实力调查，随时认真考核，务使各郡县争自濯磨，早收成绩，以上副朝廷兴学培才之至意。

十月二十五日奉到朱批："著照所请，该部知道。"（《近代史所藏清代名人稿本抄本》第3辑，第53册，第629—637页）

10月6日（九月初八日）　军机大臣电寄锡良奉旨着手收回瞻对并相机酌办里塘改流事宜。

奉旨："锡良电奏悉。昨已两次廷寄，谕令将全台善后事宜妥为筹办。兹据奏，宜及时收瞻等语，自应乘此机会将三瞻地方收回内辖，改设官屯，俾资控驭。著有泰、联豫即行剀切开导商上，晓以保固川边，必应收还瞻对，令将所派番官撤回，毋稍疑贰，兵费仍照前筹给，以示体恤。即著锡良审度机宜，檄番官遵照，并督饬赵尔丰通筹妥办，以遂瞻民内附之诚。至附近里塘土司应否改设，并著体察情形，相机酌办。其一切事宜，应如何妥筹布置之处，仍著随时奏明办理。钦此。（《清实录》，第59册，第288页）

10月12日（九月十四日）　盛宣怀致锡良函。

| 1905 年（光绪三十一年　乙巳）53 岁 |

清帅仁兄尚书大人阁下：久疏简牍，弥切悃忱。伏惟宏布德威，民歌吏畏，三能不日，九拜临风。

顷据重庆通商分银行大班包国康禀称："承办三年，先后领汇官款百数十万，未敢贻误，上年奉饬收行，业将银行收欠各款，料理清楚。惟在川承领饷项，当禀退未蒙批准之先，有川藩司派解京饷及新旧赔款共约十万两，经职在上海筹借解清，以为先领后解必无枝节，不料买办吴养臣忽萌异志，经迭次电催，仅汇到五万余金，尚短四万余两。伏思收歇在先，领款在后，先收后解，何来欠款？又派自渝来沪之司帐法立亭前往催汇，讵料与吴养臣串同一气，仍复含糊推宕。职因公受累，进退无门，为此叩恳札饬川东道，转饬地方官立提吴、法二人到案押追，以重公款"等语。

弟查重庆分行，上年因生理清简，饬令收歇。所有该分行与总行账目，均已算清，并无蒂欠。此项包国康为川藩司垫解饷款，实与通商银行无涉。包国康用人不当，以致垫款无归，亦非总行所当过问。惟现值振兴商务之际，屡奉谕旨，保护商人，凡有倒骗巨款，无不严为追缴。包国康所垫系川藩司饷款，虽与总银行无干，然亦实系官款，与寻常私债更自不同，且包国康曾为重庆分行大班，当收行之际，于总行款目丝毫未短，尚属急公，似未便坐视其呼吁求追置之不理。伏念我公保商念切，川民爱戴，万口一词，包国康身隶骈繻，当邀垂拯，用敢据实代陈，并令自赴川东道具禀，伏祈俯赐札行，严追速办，仰企云天，曷胜盼祷。专布，敬请钧祺，诸惟亮察不尽。愚弟制顿首。九月十四日。（《中国通商银行》，第413—414页）

11月1日（十月初五日）　奏谢恩赏绸缎折。（《近代史所藏清代名人稿本抄本》第3辑，第54册，第1页）

11月2日（十月初六日）　奏报广安州莠民滋事闹学且业经获办情形。

川省民情浮动，痞棍滋繁，遇事生风，造谣煽惑，而匪徒即扰攘于其间，往往小故立成大患。历来匪案，未必不由于此。若不随事严办，终于酿为厉阶。

兹有广安州学堂，于光绪二十八年，就废庙旧址改建。上年夏旱，刁徒藉词蛊惑，谓复庙废学，甘霖立霈。愚民信之，集众抬回神像，打毁学堂。经该州捕治，因学堂毁损不多，尚无别项重情，未遽穷究；于修复学堂时，仍曲体民情，别立新庙。刁徒遂以为得计，本年六月间，农田望泽，若辈知人心畏旱信神，又以乏雨为词，妖言惑众，往抬新庙神像，再图打毁学堂。是日集期人多，愈聚愈众，该州顾思礼闻信，会同文武酌带兵练驰赴弹压。其时不法之徒徐篾匠、贺长受、阴添洗、僧添六等，督众捆抬神像，正欲闯入学堂。该文武等对众高声宣谕，并有晓事绅士随同劝导。讵徐篾匠等立意生事，目无官长，贺长受首先折取新庙砖瓦木石，率众向官绅掷击，兵练上前保护，多被拒伤，顷刻鼎沸，势不可遏。该州顾思礼犹再三理谕，徐篾匠等势愈凶猛，有砖瓦从顾思礼头上飞落，急即闪避，中伤其背后站立家丁。顾思礼始督众奋前，立将贺长受格毙，众纷退走。该处山坡百余级，路极陡狭，而徐蔑匠等拿获，众人乃得散去。登即查点被徐篾匠等拒伤之兵练丁役十八人，其随同兹事被徐篾匠等挤跌践伤者四十九人，内有已毙者二十一人，分别领埋饬医，报经奴才檄饬该管顺庆府知府杨金铠前往查办，适该府先已访闻驰往，提犯讯供不讳。奴才又叠派委员分往密查，嗣新授川东道张铎赴任，又令就近密查，先后禀覆情形相符。

查该犯徐篾匠，倡言诱惑，与阴添洗、僧添六首先聚众，滋事抗官，拒伤多人，致毙多命，实属不法。当经批饬将该犯徐篾匠、阴添洗、僧添六就地惩办，以昭炯戒。其当场拿获随同滋事之蒋得溃、刘乔保、贺茂亭、卢合尚四名，讯仅随众附和，情节较轻，酌予分别发落。其余在逃被诱乡愚，从宽免其查究。至该州地方，随经得雨，民情安谧如常。学堂幸未打毁，仍饬妥为办理。淫祠例应禁止，惟愚民无知，其信神之习，牢不可破，仍由该官绅随机化导，严行查案，以免匪徒再生他衅。

十一月二十一日奉到朱批："知道了。"（《近代史所藏清代名人稿本抄本》第3辑，第54册，第179—189页）

11月15日（十月十九日）　奏报宁远夷务，叠经官军剿办，畏威悔罪，钻皮具结。并请将出力伤亡员弁，分别奖恤，对参违令率行之知府以示劝惩。（《近代史所藏清代名人稿本抄本》第3辑，第54册，第163—179页）

12月1日（十一月初五日）　奏报提督马维骐凯旋抵省。

| 1905 年（光绪三十一年 乙巳）53 岁 |

提臣马维骐前经奏派剿办番匪，带印出省，于本年二月起程。旋该提臣统军进克巴塘，戡平边乱，复经奏明将巴塘善后诸务暨应剿捕逋匪，饬由建昌道赵尔丰统兵留驻，妥筹办理，该提臣酌留所部，即凯旋回省。兹据咨称，已于十月初二日带印抵省，请奏前来。理合会同成都将军奴才绰哈布，附片陈明，伏乞圣鉴。

十二月二十九日奉到朱批："知道了。"（《近代史所藏清代名人稿本抄本》第3辑，第54册，第406—410页）

12月2日（十一月初六日） 奏陈川省连年旱涝等灾办理完竣并照章请奖。

奏为赈抚连年旱涝等灾办理完竣，应将出力员绅照章请奖，以示劝励，恭折仰祈圣鉴事：窃查光绪三十年五、六月等，川东北六府二州，枯旱告灾，奴才具疏以闻，渥蒙立霈鸿施，颁发帑银十万两，并准展办赈常捐，宽筹款项，谕令奴才督饬尽心经理，核实散放等因。惟各属情形，其后亦有不同。盖川北本山多田少，田稼既萎于烈日之中，山粮又败于霪霖之后，小民失计，非官赈无以全生。川东则雨膏虽未遍沾，而槁苗复兴者有之。故灾情北重东轻，夔、绥、忠三府州隶于川东，而近于川北，其灾又不为轻也。奴才督饬筹赈总局，有事先之预备，有临时之措置，大抵以集款、储粮、择人、查户四者为纲；其余荒政事端，因时地以酌其宜，亦复至纤至悉。即以粮运论之，委员四出，上游从秦、陇、龙、绵泛舟不绝，下游则挽湖湘之粟，济夔、万之饥。而查户之艰难，在川为最。散居野处，罕成聚落，奸渔侵冒，于此滋生。特委补用道张九章，带领干员，分诣川北等处，期于幽僻无不到，隐苦无不达，风声所播，弊蚀顿清。然牧令犹有怠玩者，或由情瘼罔通，或本衰庸弗振，奴才专章劾之；并将张九章等先保阶衔，用昭彰瘅。奏内声明，各印委不乏实心任事之员，统俟事竣查明，汇案请奖等情，均已仰蒙俞允。现在甲辰旱赈，早经完竣。本年七月滨江州郡又罹水灾，护永宁道王明德，叙州府知府文焕，泸州知州赵渊等，督属拯施，最为勤挚。窃维灾沴迭作，员绅等勋劳颇著，幸获饥馁尽起，昏垫胥安，查照历次成案均得请奖。兹据筹赈总局择尤开保前来。奴才详加删核，谨缮清单，恭呈御览。应恳天恩，悉照所请奖励，借以策勉群材。

十二月二十九日奉到朱批："该部议奏。单并发。"（《近代史所藏清代名人稿本抄本》第3辑，第320—325页）

是日　为已故驻藏帮办大臣凤全建祠请谥。（《近代史所藏清代名人稿本抄本》第3辑，第54册，第434—450页）

12月25日（十一月二十九日）　奏陈川省编练陆军新饷筹办情形。

奏为沥陈川省编练陆军新饷艰窘情形，酌拟办法，恭折仰祈圣鉴事：窃查川省夙号繁富，拨款日增，近年遂致入不敷出，历经前督臣暨奴才随案奏陈，具在圣明洞鉴。

自本年巴塘变作，分道征募，远路馈运以视内地行师，费恒倍蓰。现以经营善后，驻边者尚新旧八营，军需浩繁，急于星火。窃维部库之同处艰难，未敢仰求指拨；又知解款之胥关紧要，未敢遽请截留。惟有督同藩司，就本省例应支放各款设法暂挪，以应其急，实已艰窘万分。今兹编练陆军，虽仅规模粗具，而约计常年额支饷项已需五十余万两。查计岸运每年余利约银三十万两，原系奏明充作常备军饷。惟除去原奏应拨盐岸康济仓籴储积谷各厂勇饷，所得实仅二十万有奇。帮办驻藏大臣联豫，募带卫队入藏饷项，并应查照奴才与桂霖会奏原案，于此开支。是计岸一款，以之备付现练陆军常年额支之饷不敷银三十余万两，活支者尚不在内，若欲以次扩充编练更无谕矣。至于开办之始，凡建造营舍，制备军装等项，在在均需巨费。而期练得力之劲兵，尤资精一之新械，即旧有之营防勇，亦不能任其窳陋相仍。除炮位需向外洋订购外，所有各营应给枪支暨常年需用药弹，川省机器局经奴才竭力整顿，奏请添购新式武器，嗣后皆能自造。第养厂经费及制造成本，又决非原筹常年局费所能敷用。此奴才所为仰屋而嗟彷徨无措者也。叠与司道通盘筹画，川省民力已竭，万难别事搜求。兹于无可设法之中，勉筹长策。

一曰再加盐斤之价。查川盐叠经加价，商情颇形疲累，本难再议加增。惟历次如代筹邻省团费、赔款等项，该商等尚知急公；矧重以本省要需，尤当力图仰体。前因江西筹办铁路酌加盐价，川省曾议仿行，旋以引商已有认购股分，遂寝其议。兹仍拟每斤酌加一、二文，专为练兵制械之需。奏明后，即当饬令盐茶道会同盐务局切实体察商情销数，于下纲酌量试办，果无窒碍，再行专案奏咨。

| 1905年（光绪三十一年　乙巳）53岁 |

一曰酌拨裁兵之饷。查奴才奏请将腹地制兵，分十年裁尽，各边营裁二留八，系为拓办巡警之用。巡警为治内要政，现又奉旨设立专部，自应遵照实力推行。叠经奴才督饬，据报开办者已有六十余属，当在另案奏陈。惟警政乃所以保民，本有民间任费之公理，前署督臣岑春煊，因风气未开，特筹官款办理省城警察以为之倡。计将全省裁兵三成，节饷充用，仅敷经费三分之二。例此以推，即俟十年，腹地制兵裁尽，所节饷需亦仍不敷办理繁区数州郡之警费。将官款立有匮绌之虞，警政且终无完全之日。是以奴才饬属应先就原有团练经费济用，或益以地方公款，毋得别取于民，毋徒仰给于官。果能照此次第兴办，则警务较易扩充，足垂久远。而嗣后按年裁兵节饷，或渐可腾挪分注，藉济新饷，裁诸无用之制兵，以供新练之劲旅，似于名义亦顺。此又所筹日后之接济而暂难为目前之应付者也。

以上二者，事关筹款，应先奏明立案。

要之，不筹的饷，无以练兵。然际此时艰，若必待饷力充盈，始习训练，殊非所以上副朝廷亟图自强之至意。奴才惟有殚尽血诚，随时认真办理。务期兵皆有用，饷无虚糜。

三十二年正月十九日奉到朱批："该部知道。"（《近代史所藏清代名人稿本抄本》第3辑，第54册，第573—586页）

是日　奏请铸藏圆以济边用。

国帑关系主权，西藏为我朝番属，乾隆年间曾经前大学士福康安等奏请停用廓尔喀番钱，督饬商上铸造重一钱暨一钱五分等纹银宝藏，以资行用，良于齐一币政之中，仍寓从俗从宜之意。乃日久而尽形废弛，印度卢比流行藏卫，渐及各台，近年则竟侵灌至关内打箭炉，并滇省边境，价值任意居奇，兵商交困，利权尽失。而内地银钱又夙非番俗所能信行。因查川省机器局设有铸造银元厂，经前督臣奎俊奏明开办在案。近以成本不敷周转，银元作辍不常，爰饬照印度重三钱二分为一元之卢比，自行试铸，制造务精，银色务足。一面标以汉文，铸成后虽核计获利甚微，而行之炉厅暨附近边台汉番，亦均乐用，洵足以保我利权，免致外溢。现饬随时酌量续批鼓铸，发充饷需等项。仍体察情形，期于足用而止，以恢币政而济边氓。

三十二年正月十九日奉到朱批："财政处、户部议奏。"（《近代史所藏清代名人稿本抄本》第3辑，第54册，第635—640页）

是日　奏请改派川汉铁路公司官绅总办。（《近代史所藏清代名人稿本抄本》第3辑，第54册，第672—679页）

是日　奏报川省遵练新军布置情形。

伏维强国之道，首重练兵。盖国无强弱，惟视兵为转移，此东西列邦所以汲汲扩张军备者也。朝廷轸念时艰，请求兵政，首期整齐画一，以为握要之图。查川省地形险阻，屏蔽西藩，于秦陇为辅车之依，于吴楚有建瓴之势，非练有大枝劲旅，无以资控制而靖边陲。现在巴境底平，宁夷酋服，各军多已凯旋；惟开赴炉边之常备两营，因办理善后事宜，尚未回省。然断不敢以偏隅粗定，遂昧远图；亦不敢因军队未齐，致稽时日。此编练新军刻不容缓者也。

惟查新定军制，需饷较多，各省开办之初，均就目前兵力、饷力酌量变通。至川省饷项之难，则较他省为尤甚。加以地阔民浮，时忧伏莽。所有续备六军，扼要驻扎，分棚分哨，兵力已单，并之则无可再并，减之则无可再减。虽所部三十营于巡防之暇，勤加训练，若律以新理、新学，或未尽谙，何敢更易新名，致涉实际。故他省则裁一兵即得一饷，川省则添一饷始练一兵，早夜筹思，不胜焦灼。

惟练兵为奴才之专责，何敢自涉因循。虽步、马、炮、工、辎各营有不能同时并举者，亦当体察全省之地形，编配各种之军队，庶几兵无冗设，饷不虚糜。兹拟编练步队六营，过山炮队两营，工程一营，马队一营，军药队一营。但川省所产之马，躯干短小，不合战骑之用，拟赴陕、甘等处选购合格者，先练一二队，倘能得力，再行扩充。其各营官弁，均择学堂出身曾习陆军者慎加遴选。所有驾车兵、喂养夫，因川省地多山麓，不利行车，拟即裁去，余则均照章办理。

又查新章，马、炮、工程各营，隶于镇统之下。川省编练十营，未足一镇之数，自当不设镇统。然新军初立，管辖需人，拟设协统两员，分统步、马、炮、工各营，以专责成。拟以部队三营、过山炮队一营、马队一营，编为第一协，仍委山东候补道程文葆统领；又以步队三营、过山炮队一营、工程队一营，编为第二协，委候选内阁中书陈宧统领；

1905 年（光绪三十一年　乙巳）53 岁

其两协事宜，仍由奴才节制，以一事权。第一协步队系就原有之常备军并改，驻扎省城，奴才督同该道程文葆认真训练，日有进步。第二协现择城外凤凰山官地建造营舍，所绘图式，尚为合法，业经开工。俟修造粗就，即赴川北一带按格选募，以一府编为一营，取其习尚同而情意孚，是于召募之中，仍寓征兵之法。至营舍一端，关系军事甚重。现虽物力维艰，亦不得安于简陋，一俟第二协营舍竣工，即在该营附近建造第一协营舍，总以闳敞坚洁，合于军队之宜为主。其随营车辆，即经裁撤，拟酌留川省原有之长夫，每营五十八名，以供转运之用。惟开办伊始，不能不略求完备，以期合于新章制度。两协所需军装器具，多需购自外洋，即如过山炮一项，现正筹款派员购订，计其运送来川，当在明年夏秋以后，此则限于地势，欲求速而不能者也。

再，川省编练新军已在一协以上，应照章设立督练处，以为军事之枢纽。由奴才督办，即在署内建造督练公所一区，分为三处：兵备处，委藩司、臬司、署成绵道贺伦夔、候补道程文葆为总办，兼管教练处事务；参谋处总办，俟得其人，即行派委。三处帮办、提调各员，由奴才查看事之繁简，随时酌量选派。其余委员、文案，均已分设专科，量材遴委，但取其尽职，无取其备员。并拟订分科办事章程，俾共遵守。总期扫除积弊，振励戎行，用副朝廷经武图强之至意。

三十二年正月十九日奉到朱批："练兵处、兵部知道。"（《近代史所藏清代名人稿本抄本》第 3 辑，第 54 册，第 657—672 页）

12 月 26 日（十二月初一日）　　奏参庸劣不职文武各员。

兹查有署酉阳州、绵州直隶州知州余维岳，政治懈弛，不胜繁剧；巴县知县傅松龄，才具竭蹶，难胜繁要；东乡县知县邹放，敷衍塞责，毫无实际；射洪县知县蒋熊，公事隔膜，受人欺蒙；西充县知县郭长年，办事颠顸，毫无振作；盐源县知县王春泽，胆怯才庸，不胜边要。以上六员，拟请旨一并开缺另补。即用知县王曜南，遇事退缩，不知奋勉，即用知县郑揆一，才具昏庸，难膺民社。以上二员文理尚优，拟请旨以教职归部铨选。温江县知县郑尔荣，纵勇诬良，治狱草率；署黔江县、荣经县知县松涛，才识庸暗，办事糊涂，委管察木多粮务、候补知县谢文藻，冒销弊混，利令智昏；试用盐大使陈礼，抽厘舞弊。以上四员，拟请旨一并革职。卸管里塘粮务、试用通判余应诏。遇事张皇，几误大局；前署广元县典史、候补典史彭述，诈赃搕索；试用典史任廷璠，胆大妄为；试用典史邱恩沛，隐匿盗赃。以上四员，拟请旨一并革职，永不叙用。署酉阳州州判、试用府经历刘同方，纵差酿命，拟请旨革职，归案审办。前里塘守备、补用游击张世彦，闻风擅退，罔顾军律；酉阳营游击陈飞鹏，性情昏暴，举止乖张；靖远营游击杨占清，贪纵狡玩，不恤兵士；守备用、候补千总李宗笏，狡诈贪婪，行为鄙劣。以上四员拟请旨一并革职；张世彦所犯情节较重，并请发往军台效力赎罪，以示惩儆。此外如仍有不职之员，容奴才再行查看，随时参处，断不敢稍有徇隐。

至所遗绵州直隶州、巴县缺，例应调补，东乡、射洪、西充、盐源、温江、荥经等县缺，川省现有应补人员，均请扣留外补。

三十二年正月十九日奉到朱批："另有旨。"（《近代史所藏清代名人稿本抄本》第3辑，第54册，第679—689页）

是日 密陈年终四川文武各官考语。

奏为察看川省文武各官，密陈考语，恭折仰祈圣鉴事：窃照各省提、镇、藩、臬、道、府等官，每届年终，例由督抚出具切实考语，开单密陈。奴才渥荷天恩，忝膺疆寄，念时事之日艰，赖群才以为辅。计自到川以后，业已两年有余，日与在省提督、司道等朝夕接见，相处既久，本年复值边外多故，每与筹商一切，而其性情才识知之亦较真。其省外道、府各官，则参稽公牍，博采舆论，又于因公来谒时，不惮详细询考，举凡行品识略，亦均得其梗概。兹届年终，除松潘镇总兵张彪、建昌镇总兵张勋、重庆镇总兵张庆云、川北镇总兵马进祥、叙州府知府刘传福，均未到任，绥定府知府王明德业已开缺，成都府知府文焕、顺庆府知府潘庆澜、雅州府知府武瀛，均到任未及三月，例不注考外，所有时任提督、藩、臬、道、府等官，谨出具切实考语，另缮清单，密陈御览，以仰副圣主整肃官方之至意。（《锡良遗稿·奏稿》，第550页）

是日 敬举贤能。

奏为敬举贤能，以备任使，恭折密陈，仰祈圣鉴事：窃维时艰事棘，百度肇兴，承命敷施，端资群吏。上念深宫乾惕，延揽多方，凡以振策

1905 年（光绪三十一年 乙巳）53 岁

群伦，原冀克臻上理，而图治愈切，得人愈难。奴才忝总封圻，自愧任重才轻，无事不藉助属僚，以期共济。因思政务发端于州县，而尤赖有道府以表率之，道府得人则州县自不敢怠于职守，实为承上启下至要关键。况川省幅员辽阔，州县繁多，距省远者千数百里，若事事专待省吏考察，展转需时，必多贻误。道府耳目较近，监视督催，易著成效。

奴才到川两年有余，随时留意考求。兹查有调川差遣河南补用道章世恩等六员，屡经试验，其心地才能，有可征信，均堪膺道府之选，如蒙天恩录用，必能恪恭尽职。方今人才消乏，朝廷侧席求贤破格用人之际，奴才既有所知，敢不胪举，开单切实具考，以备采择。（《近代史所藏清代名人稿本抄本》第 3 辑，第 54 册，第 708—721 页）

是日 对章世恩等三人多有褒扬，除了密举贤才，还奏请其留川省补用。三十二年正月十八日奉到朱批："著照所请，该衙门知道。钦此。"（《近代史所藏清代名人稿本抄本》第 3 辑，第 54 册，第 689—697 页）

1906年(光绪三十二年 丙午)54岁

1月30日(正月初六日) 奏请汇解本年尾批练兵经费。

川省奉派练兵经费银八十万两,接准部交令分十批筹解。因川省本年力难解足,前经奏准除已解十万两外,自七月起再行报解四十万两,当已两次汇解过银三十二万两,尚欠解银八万两,自应陆续筹解以济饷需。

兹据布政使许涵度详称:"烟酒等捐收不敷拨,练饷需用孔亟,未便再延,暂由司库正杂各款项下,挪凑银八万两,于三十一年十二月二十三日发交天顺祥等商号承领,汇解户部交纳,以符本年原拨之数。仍俟烟酒等捐收有成效,即行归垫。所需汇费照章支给"等情,详请具奏前来。

二月三十日奉到朱批:"练兵处、户部知道。"(《近代史所藏清代名人稿本抄本》第3辑,第55册,第47—51页)

2月1日(正月初八日) 奏请川省开办彩票。

各省开办彩票,原为不得已筹款权宜之计。川省地处僻远,而近来如重庆口岸等处,辄有奸徒托名外来售票,伪造曚销。虽经严禁,而狡诈百出,仍不免密相买卖。与其坐视愚民耗伤,何若竟由公家开办。奴才现拟查照各省彩票章程,派员经理。先从少数试办,仅在省城重庆设所,听民自购,不以派售各地方,庶川财仍还之川民,而于筹款亦不无小补。如获盈余,拟即拨归练兵制械之用。

所有川省仿照开办彩票缘由,理合附片陈明,伏乞圣鉴训示。

二月三十日奉到朱批:"户部知道。钦此。"(《近代史所藏清代名人稿本抄本》第3辑,第55册,第121—125页)

1906年（光绪三十二年 丙午）54岁

是日 奏报巴塘教案议结情况，并为法主教倪德隆请奖三品顶戴。

查上年三月间，巴塘番匪滋事，残害驻藏帮办大臣凤全及随员人等，并戕毙法教士牧守仁、苏烈，焚毁教堂三处，杀伤教民多命，挖毁贝、美两教士坟墓。当经奏派大员率兵前往剿办，巴境旋即荡定，首要各犯悉数拿惩，复经奏明在案。

现在军务已平，教案亟应议结，前饬建昌道赵尔丰，就便与驻炉法主教倪德隆在巴开议，其时先由已革广西候补道钱锡宝，周历盐井及川、滇交界一带，细查教堂被毁、教民被劫情形，得其底蕴。遂经赵尔丰与倪主教先将教堂、教民、房产、什物各项赔款定议，共赔给银四万四千五百两，除去给与土寨粮食作银一千五百两，应给现银四万三千两。惟教士命价，因须与领事会议，不在此内。嗣倪主教进省，当复札饬洋务局司道，会同该主教及法署领事何始康，在局续议，磋磨累日，议给牧苏两教士命价并修墓建碑，设立养济院，一切在内共银七万八千五百两，二共十二万一千五百两。自光绪三十二年二月起，至光绪三十四年二月止，按二、十两月，分期由打箭炉茶关兑付。已于十二月十五日订立华洋合同各五份，画押盖印，分存备案。

此次开议之时，颇有要求，即赔款亦先后共索至二十余万两之多。所幸预议之员，俱谙交涉，极力争持，始得就我范围，办理尚属允当。

惟查川省教案赔款，向章由土税项下拨付；目今税厘支绌，能否照旧动支，拨还茶关归垫，或须另筹的款，容再督司筹议奏明办理。

二月三十日奉到朱批："该部知道。"

关于请奖，其奏称：

此次议办巴塘教案，法国驻炉主教倪德隆两次预议，虽开议之际，颇有磋磨，然该主教尚知顾念邦交，不胶成见，随所驳正，就我范围，实教士中之能识大体者。

查光绪二十五年，川省川东等处教案议结，经前督臣奎俊奏请将法主教杜昂等三人、副主教光若望等三人，给予三品顶戴，奉旨照准在案。今主教倪德隆情事相同，先后据建昌道赵尔丰暨洋务局司道详情援案奏奖前来。合无仰恳天恩，附如所请，赏给驻炉法主教倪德隆三品顶戴，以昭激劝而示怀柔之处，出自逾格鸿施。（《近代史所藏清代名人稿本抄本》

第 3 辑，第 55 册，第 150—155 页）

2 月 21 日（正月二十八日）　为避免纷歧延误，奏覆请川汉铁路毋庸再派督办。（《近代史所藏清代名人稿本抄本》第 3 辑，第 55 册，第 218—233 页）

2 月 21 日（二月初一日）　奏谢恩赏江绸眉寿等字折。（《近代史所藏清代名人稿本抄本》第 3 辑，第 55 册，第 233—239 页）

3 月 28 日（三月初四日）　奏报光绪三十一年考察各厅州县考绩情况。

伏维行政以用人为本，察吏以考绩为先。古者计吏之法，岁有会，月有要，以稽其功事而知其能否，故人才竞奋而清浊无所混淆。矧现在时事艰难，朝廷振兴百度，地方牧令政繁任重，事事各有责成，非认真督饬考察，则庶务无由振兴，群吏罔知儆惕。钦奉明诏，年终考察奏报各州、县之克自振作者，罔不凛然于劝惩之有在，实力奋勉以顾考成。举凡学校、农工诸大端，有上年未及筹办及筹办而未尽完善者，或已规模粗备，或已成效渐臻，尚能实力奉行，无旷厥职。其有不肖州、县。或频催罔应，任意宕延，或禀报铺张，毫无实际，均属玩误要政，未便姑容。业经奴才择尤分别参劾，以儆其余，此外有才欠敏练，办理竭蹶者，则严行督责训勉，或另调妥员接署，以策后效，而重要公。惟查有地方疾苦之区，筹款维艰，势难兼营并举，不得不酌量缓急，次第施行，庶几因地制宜，于民不扰，于事有济。如果始终延玩，仍当据实纠参，以为因循泄沓者戒。

四月二十九日奉到朱批：“政务处知道。单并发。”（《近代史所藏清代名人稿本抄本》第 3 辑，第 55 册，第 433—442 页）

3 月 29 日（三月初五日）　奏报川省现办警察情形。

伏维警察一事，体密用宏，内靖闾阎，外弥灾患，上辅庶政，下范群伦，诚内治之本原，民事之总汇也。现又奉旨设立专部，尤应实力奉行，以重要政。

查川省警察，经前署督臣岑春煊，于光绪二十九年奏定章程，先就省城试办。奴才到任后，力加整顿，逐渐推广，两年以来，匪徒敛迹，民情义安，成效益以昭著。随即督饬各属，一律兴办。惟川疆僻远，民间风气未尽开通；且创办之处，筹费不易，因饬先办城厢以立基础，仍

| 1906年（光绪三十二年　丙午）54岁 |

将四乡团保切实整理，与警察相辅而行。现据先后禀报，开办者已有七十余厅、州、县，规则权限，悉本定章。所需经费，则就原有团练经费济用，不足则就地另筹的款，以期经久。其余因地方瘠苦，尚未开办者，已严饬迅速妥筹举行，不准始终推缓。

惟警务极精极博，倘不由学堂入手，茫昧从事，窃恐成效莫睹，流弊转滋。川省上年开办时，曾经考选员弁，学习警法，以三个月卒业，计先后已教过两班。嗣因各属办理需人，复陆续教过三班，毕业后派赴各属，俾资教练。但事经草创，期在速成，故一切规则课程，未能遽臻完备。奴才于上年冬间，复令就警察局内添建宽敞堂舍，考选文通体健之员弁八十人，住堂肄业，延订留学日本警察毕业学生充当教习。学期则由短而加长，课程则由浅而加深，规则则由疏而加密，实施教育，力求精进，即令各教习分科编纂课本，以为续开学堂讲习之资，庶成才日多，警政得益永兴而不敝。省垣市廛繁盛，火警频开，捍患救灾，本警察应尽之务。并令妥订消防章程，添置水龙器具，督饬各弁兵等，平日勤加操演，以备不虞。以上各节皆川省历年筹办之实在情形也。

要之，警察以卫民防患为指归，尤以易俗移风为效果，既不容稍涉延缓，亦不敢虚事铺张。此后奴才仍督同司道，严饬各该地方官，极力扩充，实事求是，务期通省警察悉臻周密，以仰副朝廷保卫民生之至意。

四月二十九日奉到朱批："巡警部知道。"（《近代史所藏清代名人稿本抄本》第3辑，第55册，第485—495页）

是日　奏请拟改贡院作游学预备学堂并附设补习学堂折。（《近代史所藏清代名人稿本抄本》第3辑，第55册，第475—485页）

4月1日（三月初八日）据实覆陈知县罗度等被参款迹。

奏为遵旨查明被参各员款迹，据实覆陈，恭折仰祈圣鉴事：窃奴才承准军机大臣字寄："光绪三十一年十一月二十八日奉上谕：'有人奏，前四川内江县知县罗度、长寿县知县唐我圻、长宁县知县李子荣，贪酷各款，请敕查办一折。著锡良按照所参各节，确切查明，据实具奏，毋稍徇隐。原折著抄给阅看。钦此。'遵旨寄信前来。"承准此。奴才当以所参各节，非委员分往密查不能得其底蕴，随即札行署臬司黄承暄、川东道张铎各就近密查去后。

兹据查明先后禀覆，奴才覆加查核。如原参："前内江县知县罗度，本前四川总督骆秉章家丁罗安之养子，以大花样矇捐知县，初补珙县，擅用非刑，惨杀人民"一节。查罗度家本世族，其父罗树勋于道光、咸丰年间，在云南服官，历任黑、白、琅盐井提举，安宁等县知县。当前督臣骆秉章在蜀时，罗度髫龄随宦在滇，嗣以军功候补班知县来川，请补珙县，非由捐大花样补缺。在任以廉洁得名，查无非刑惨杀之事。

又原参："该员任内江尤贪酷，积赃数十万金，在成都等处广置田宅"一节。查该员在内江任最久，善政备举，官声最优。其母迎养在署病故，绅民挂孝，去任之日，哭送百余里。若果贪酷，何能得民如此之深。丁忧后，因病绝意仕进，葬母于蜀，寄寓成都，薄有田宅。既非任所，又在罢官以后，所置产业亦无原参之多。

又原参"该员改捐主事，为督署文案，公行贿赂。其弟罗崇龄捐四川候补道，握一切财政"一节。查该员抱病家居，前督臣鹿传霖闻其贤，延置橡幕，嗣前署督臣岑春煊复强之勷事。奴才莅任后，该员再四坚辞，博采众论，重其才品，恳挚勉留；然皆不支薪水，未费公家一粟。连年筹赈，集款甚巨，亦未保升一阶，并未为族戚附保一人，公尔忘私，实为合省僚庶所共见。道员罗崇龄系原任工部左侍郎罗文俊次孙，与该员为从堂兄弟，曾充武备学堂差，随即派赴外洋阅操。现在上海办理转运事宜，无从握川省财政。

此查明罗度被参各节之实在情形也。

又原参："长寿县知县唐我圻，凡告状坐堂等事皆有费。张绍儒买吴姓田产，中人吞张益谦当价，反笞张益谦一千板，罚银二千两；又笞张绍儒五百板，罚银一千两；中人杨学诗、刘月亭各罚银七八百两"一节。查该县讼案，书差规费，自光绪初年核定，该员任内未许多索。张绍儒争买吴刘氏绝产案，该员讯明断归张绍儒承买，应退张益谦先交价银，数月之久始克追还。嗣因办劝工无款，众绅集捐，张绍儒捐银五百两，张益谦捐银七百两，并无抑勒苛罚重笞情事。中人刘月亭仅经追缴所吞价银，并无科罚。杨学诗并非此案中人。

又原参："余绍周被盗，贼赃两获，该令纵贼不问，反笞绍周五千，枷号一月，罚银八百两"一节。查余绍周即余尊五，因其弟余化成被

| 1906 年（光绪三十二年 丙午）54 岁 |

窃，扭获贼犯，拒捕受伤。余尊五带人跟追，闻程宗书家存有赃物，擅自进内搜查，无赃，将程宗书银十一锭钱二十一千掳去。程宗书母子控经该员讯实，将余尊五等责惩枷号，判还程宗书银钱，系因余尊五诬赃妄掳财物，酌加惩治。

又原参："华福九被雷姓殴毙，该令反笞尸亲，滥用非刑，置凶手不问。盗贼充斥，大醉坐堂，以刑为戏"一节。查华福九因雷巴三逼索欠款无给，情急自服洋药毒毙。原告捏称有伤，罗织多人，该员验尸无伤，实系藉尸图搿，赃未入手，将原告华福顺责押以惩刁健，旋经省释。该员治盗素严，盗案亦少考讯，盗贼从重则有之，尚无醉后非刑等事。

又原参该员："纵容家丁杨罗汉父子，管带练勇，淫暴害民，收优伶李、邓诸姓为干儿"一节。查管带练勇之杨罗汉并非家丁，亦无被人控其淫暴之事，更无收优伶为干儿之浮言。

此查明唐我圻被参各节之实在情形也。

又原参："长宁县知县李子荣，兴办学堂，信任劣绅万世春、梁寅祥、黄家柄及典史宋勋望，勒派租捐，从中渔利。粮民罗联兴等被押逼勒，受害之人控经省城学务处，批饬停止。该令拿上控人，勒具窃名禀状，宋勋望下乡需索供给，并滥动公款千余两"一节。查该县学堂，前任知县袁凯以书院改设，该员委举人万世春等接管，因费不敷，众绅公议粮户酌捐，其后有认捐不缴之户，抗传不到，并有劣绅卢新绪意图阻挠，经该员分别饬摧押究。典史宋勋望赴乡劝催，往来盘费由公项支给，并无千余两之多，亦未由民间供给。

又原参："万世春代梁寅祥撰楹联，语多讪上狂悖，且涉外洋，为教士唐姓揭禀叙州府知府文焕，经众调处罚谷入学堂。万世春贿嘱该令一体勒捐，以盖其耻"一节。查万世春代梁寅祥撰写楹联，语意诞妄，旋即毁灭，尚无讪上狂悖字样。被人串教理论息事，并无禀府及罚谷各情。

又原参："该县酒捐，每月钱五百余串，除杂支外，自去年四月至十二月，存钱四千五百余串，该令仅解一千八百串，其余乾没。更在安宁镇添设厘局，已税之酒，每缸又抽收一百文，令其兄子李萃叔监收"一节。查该县酒捐，绅收官解，调查簿据，自四月至十二月，共收钱二千七百余串，除照章开支外，共易银一千九百六十四两申解，并无余存。

安宁镇代征杂税，系叙永厅例设分关，非新添厘卡，该员亦无在彼重征酒税并令兄子监收情事。

又原参：该员"讳盗殃民，王代绅白画被劫，盗伤事主十余人，并不认真缉捕"一节。查王代绅被劫案，盗犯拒毙团丁一名，并无伤及事主十余人之多。该员现正严比购缉，此外查无讳盗案据。

此查明李子荣被参各节之实在情形也。

奴才覆加查察与该司道等查覆情节相符。伏念必察吏而后能安民，如果有种种贪酷重情，自应严参究办，断不敢稍涉徇隐。兹既逐款查明，主事罗度从前服官，惠爱在民，不愧循吏；近年殚心赈务，保全灾黎，于川事有功无过。历经前署督臣岑春煊保荐，前江西抚臣夏㟽奏调，暨奴才两次于赈案附陈其劳，均有实绩可征，实无劣迹可指，应请毋庸置议。长寿县知县唐我圻，莅事严肃勤能，令行禁止，办理一切新政，尤能劳怨不辞。惟才难求备，果决有余而精细或不足。如华福九自尽案，原告不应藉尸图诈，讯因赃未入手，薄责以惩刁健，及别案应用笞杖，皆在未定罚金章程以前。惟于雷巴三逼索欠款，致令华福九自尽，审实罪应拟杖，该员于威逼之状，未能审出实情，究属率忽。长宁县知县李子荣办理学堂酒捐，尚无弊混；劫盗案件亦无讳匿实据。惟王代绅被劫之案，已逾初参，尚未破获，捕务未能勤奋。应将唐我圻、李子荣二员均请旨交部议处，以示惩儆。

四月二十九日奉到朱批："著照所请。该部知道。"（《近代史所藏清代名人稿本抄本》第3辑，第56册，第56—79页）

4月24日（四月初一日）　照章汇保川省甲辰旱荒续办赈常捐出力各员。（《近代史所藏清代名人稿本抄本》第3辑，第56册，第135—168页）

4月29日（四月初六日）　收江北厅同知崔寅清禀江北厅煤铁公司招股情形由及招股引言并批。（《近代史所藏清代名人稿本抄本》第3辑，第64册，第272—274页）

5月23日（闰四月初一日）　据实覆陈被参各官幕各员。

奏为遵旨查明被参官幕各员，据实覆陈，恭折仰祈圣鉴事：窃奴才承准军机大臣字寄："光绪三十一年十二月初七日奉上谕：'有人奏，四川官幕劣迹昭彰，据实纠参请敕查办一折。著锡良按照所参各款，确切

1906年（光绪三十二年　丙午）54岁

查明，据实具奏，毋稍徇隐。原折著抄给阅看。钦此。'遵旨寄信前来。"承准此。奴才当即分行藩臬两司，派员密查去后。

兹据该司等将被参各节查覆，奴才逐加查核，如原参副将方玉兴、营勇李泗海，杀毙徐老幺等情一节。查方玉兴于光绪二十七年统带威远前军，驻防名山县地方，派勇李泗海等捕匪，有匪徒徐老幺即金眼代亡、张文忠即张缺耙末，系属一党。郑小亭为营中眼线，将徐老幺指拿，该匪情急自戕后，张文忠为之报仇，将郑小亭刃伤。经前署名山县知县白曾煦详报有案。匪父徐永昌在雅州府捏控李泗海，时已离营，查传未到。徐永昌情虚，畏不投审，张文忠亦未拿获，以致无从讯拟。原参方玉兴捏报弥缝，查无其事。

又原参名山县劫案获盗供有营勇一节。查名山县有夏锡光被劫案，获盗周悯沈，供有营勇张金山等九人，调查方军名册，均无其名。又张宗富被劫案，获盗张阳暮，供有营勇在场，未能指实系何营勇姓名，原参获盗林丈加子，及府县叠讯确凿，均无案据。

又原参直隶州知州方旭，前署梁山县事，主使焚杀教民一节。查方旭在梁山县任内，有教民陈万来被匪杀死，并将房屋焚毁，方旭弹压保护，勘报获犯张地雷等，禀经委员会审明确，分别拟办，此外查无别案。

又原参梁山团首李作舟等，轰毙张永藻等多命，诬为窝匪，方旭为之开脱，轻视人命，巧于弥缝一节。查梁山县有著匪熊巾山，经方旭派团守李作舟、李冰心等探悉在大竹县地方张永藻、张永来兄弟家内窝藏，带练往拿，匪众拒捕伤练，被练勇将张永藻轰毙，张永来擒获，并轰伤熊巾山之十岁义女张福英身死，熊巾山乘间逃逸，由大竹县知县魏云鸿验报该管绥定府知府李念兹，查讯属实，随在梁山、大竹交界地方，将熊巾山拿获讯办。案内拿匪拒捕，致有伤毙，并非枉死多人。系由邻封验报，本管知府查办，方旭无从弥缝。

又原参候补知县罗云碧，在彭县任内，纵丁用事，在郫县任内，诬匪惩办绅首寺僧等情一节。查罗云碧署彭山县时，奉前督臣岑春煊通行，未用门丁；并未署过郫县。查有彭县武生张定川，藉祈雨为名，在普照寺串同僧人，念经惑众，敛钱入己。时正拳匪乱后，罗云碧查获禁止，禀经前督臣岑春煊，以拳祸堪为鉴戒，张定川虽非左道，惟与寺僧串同，以经咒煽惑，人心哄动，批饬斥革，提同寺僧通怀等究办，将普照寺改充学堂，以息浮言，办理并无抑屈，亦非罗云碧所能专主。

又原参幕友沈荫余舞弊招摇等情一节。所指之拿办要匪解成齐一案，先经批赏银二百两，嗣因该县禀陈，此案缉捕共用赏需六百余两，是以又核明加给三百两，均由前督臣岑春煊核准，非藩司幕友所能舞弊，此案藩司署内亦不由沈荫余经手，此外亦无勒荐招摇实据。

以上各节，均经奴才督同两司再三密查，并检阅案卷，均属相符。内方玉兴一员，奴才前因其带勇未能得力，久已撤换，饬赴维州协副将本任。虽原参各节尚无其事，惟察看该员人本疲庸，难胜边要，应请旨将维州协副将方玉兴开缺，原品休致。方旭一员，历任郡县，卓著循声，现已蒙恩简署提学使，是该员之贤否，久邀圣明洞鉴，应请与开缺回籍之知县罗云碧、幕友沈荫余，均无庸议。

五月二十五日奉到朱批："著照所请，该部知道。"（《近代史所藏清代名人稿本抄本》第3辑，第56册，第654页）

5月24日（闰四月初二日）　为川省绅民完纳津捐，拟请援案比照加广优贡额数，以昭激劝，而励将来。（《锡良遗稿·奏稿》，第576—577页）

是日　奏陈川省绿营分别裁留情形，奏报添设陆军小学堂暨改设陆军中学堂情形。（《近代史所藏清代名人稿本抄本》第3辑，第56册，第598—609页）

是日　奏陈改续备军为巡防队。

前准练兵处咨，令各省续备军一律改为巡防队等因。查川省之续备六军，系就各防营编改，与新章常备期满退为续备者不符，自应一律改为巡防队，以免混淆。所有营制饷章，一切照旧。仍由奴才随时督饬各员弁认真训练，严密巡防，用副朝廷整军经武至意。

五月二十五日奉到朱批："练兵处知道。"（《近代史所藏清代名人稿本抄本》第3辑，第56册，第605—609页）

5月26日（闰四月初四日）　收矿务总局详复招股引言与章程多有不合由并批文及章程节略简表。（《近代史所藏清代名人稿本抄本》第3辑，第64册，第326—330页）

5月27日（闰四月初五日）　收保富公司矿务局详改委员绅赴渝验本由并批。（《近代史所藏清代名人稿本抄本》第3辑，第64册，第324—326页）

1906年（光绪三十二年　丙午）54岁

6月22日（五月初一日）　为职员舒绍卿等捐赀设学请奖。(《近代史所藏清代名人稿本抄本》第3辑，第57册，第56—62页)

是日　为孀妇米陈氏等捐田助学请旨建坊。

查例载："士民人等捐助地方公款银至千两以上者，均得请旨建坊。"历经遵办在案。

兹有四川遂宁县孀妇米陈氏，遵其故夫米允麟遗嘱，将值银一千零三十余两之田业捐作高等小学堂常年经费。又合江县粮民张微星、张绍珍兄弟，遵其故父张光照遗命，倡办公立高等小学堂一所，每年捐银六七百两，其母田氏又自办女学堂一所，合计所费在千金以上。又会理州孀妇康杜氏，以值银一千五百两之田业，就族中自立一初等小学堂。又南川县金竹寺僧庆远等，以田产捐助县城小学堂修费，计原价值钱二千串。又井研县大佛寺僧照元，以值钱二千五六百串之田业捐入县中初等、高等两小学堂。业经各该管地方官查明验收，先后详请奏奖前来。

奴才查张微星一门好义，洵属可嘉。其余或系巾帼，或为缁流，均能公益关心，赞助学界。合无仰恳天恩，给予"乐善好施"字样，准其各该本籍自行建坊，以昭激劝之处，出自逾格鸿慈。

七月初二日奉到朱批："著照所请，礼部知道。"(《近代史所藏清代名人稿本抄本》第3辑，第57册，第72—82页)

6月27日（五月初六日）　奏参署纳溪县李尚昆。(《锡良遗稿·奏稿》，第588—589页)

7月19日（五月二十八日）　奏报官军攻克桑披岭寺情况。

叠据建昌道赵尔丰禀报情形，议者多畏其起党众而悍，地险且坚，十年缮备，以待致死，似不宜轻主用兵。奴才等综其前后罪状，统观地势夷情，舍此弗诛，边事固不堪问，巴、里两塘亦将终非我有。知赵尔丰忠勇任事，爰饬会同已革广西补用道钱锡宝移师讨之。桑披距里塘、巴塘皆八站而遥，山路极险；该逆又掘堑断路，层叠设伏。赵尔丰自巴塘派营分路进攻，钱锡宝则自里塘中渡进，奇正凡分六路，以雪深草枯，乌拉不能用，各营裹粮疾趋，沿途戒备，遇伏皆痛击获胜，转战而前。既逼敌境，该逆麇集最险之马格喇山，凭高死拒，我军复力战夺之。上年十二月之杪，诸军毕会于山下，乘胜攻夺炮碉三十余座，据险环屯。

经赵尔丰等亲临前敌,周度形势,环寺皆山,寺倚山麓,寺外筑石城二重,中实以土,坚固异常,曾以三磅炮连击不少动。附城错列坚碉十余座,后山石碉守之尤严,四近各悍蕃居屋皆建碉楼,栉比鳞次,殆难胜数。且山径处处可通,距滇境才数十里,诇知该逆广集川、滇逋逃亡命,滇省竹林寺在逃首恶伪称活佛者即在其内,设被窜突蔓延,为祸滋大。爰饬各营分汛守隘,先为隔绝外援,杜塞窜路;一面赶备攻具。该逆知我为持久计,昼夜叠出攻袭,数月以来,几于无日不战,无战不恶,均经奋力截击,斩获甚众,我军亦时有伤亡。其间该逆复出兵攻杀投诚之上乡城获罪在逃里塘正土司四朗占兑,又煽搆后路僧土围攻稻村之护粮营哨,赵尔丰等皆分兵救援。适二月间,连日大雪,粮运亦阻,各营胥苦饥疲,事机益亟。赵尔丰忍饥督战,为士卒先,激励拊循,全军感奋。因该逆弹药粮粮储备甚足,屡开地道,复被阻截,深恐旷日老〔劳〕师,计惟断其后山汲道,以致死命。经巡防新军左营管带吴俣督队鏖战,破碉夺山,竭三昼夜之力,将其水源堵掘,逆情始渐惶迫。关内运赴之七磅炮亦至,遂饬各营并立合围,肉搏进攻,各坚碉以次摧破。复射檄晓谕,许胁从自拔来归,数日无应者。闰四月十八日初更,我军正在奋攻,该逆匪四面突出,抵死猛扑狂奔,各营环击,毙匪无算,后路伏兵复邀之,鲜有幸脱。时寺内悍匪犹开炮轰击,吴俣与该营帮带丁恩荣首先梯城而入,匪遂举火自燔寺屋,各营分投夺门,立将该寺攻克,亟灭其火,分队搜擒。首逆普中乍娃已自缢寺中,陈尸认验,确系正身。其余凶恶渠魁桑吉登朱等十二名,暨滇省竹西寺逋逆,悉数伏诛。旋赵尔丰等将擒获助乱僧番百余名,逐一讯供,多系胁从,仅戮著名悍党四人,余皆遣归故土,罔不同声感泣,誓革前非。其附近各番,早经加意安辑,一律平靖。现正筹办善后抚恤事宜,经赵尔丰等禀报前来。

查该逆普中乍娃等肆乱稔恶,日久稽诛,在国法故难悻逃,于边事尤关全局。兹复抗我颜行,自速天讨,地虽弹丸,迹其很勇善守,川边数十年来实未有此剧烈之征战。各将士奋不顾身,蛮方效命,驰骋冰天雪地之中,搏斗绝谷蛮山之际,猛攻苦战,数月于兹。今幸扫穴歼渠,成功克告,德威所播,从此遐迩归诚,核其劳绩,固与内地军功不同,亦非寻常剿抚边番可比。所有在事出力员弁,自应先择其尤,随折仰恳

| 1906 年（光绪三十二年　丙午）54 岁 |

特沛殊施，优予奖叙。分省试用县丞吴俣，奋勇最著，拟请免补县丞以知县分省补用，并赏加五品衔、赏戴花翎。府经历职衔傅嵩烌、张刚，均拟请以府经历归部选用；县丞职衔华承禧、杨世衡，均拟请以县丞归部选用，以上四员并请赏加五品顶戴。已革花翎、四品顶戴、贵州贵定县知县王会同，拟请关复原官衔翎，仍归原省补用，并免缴捐复银两。千总许志霖，拟请免补守备以都司尽先补用；把总张荣魁，拟请免补千总以守备尽先补用；守备职衔谢安邦，拟请以守备尽先补用，以上三员并请赏戴花翎。外委丁恩荣、五品军功程凤翔、孙寅璋、程汝信、罗铭忠、罗铭宣，均拟请免补把总以千总尽先补用，并赏戴蓝翎。其余异常出力文武暨阵亡弁勇，应俟查明，再行汇案分请奖恤。花翎、头品顶戴、建昌道赵尔丰，深得士心，洞明将略，坚忍卓绝，珍此穷凶，允宜首膺懋赏。惟叠据禀电，坚称戡乱属境，职分应为，万不敢仰邀议叙，并祈圣明俯鉴该道吁恳出于至诚，准如所请，已成其志。

所有攻克桑披逆番缘由，理合恭折具陈，伏乞皇太后、皇上圣鉴训示。

七月六日奉到朱批："另有旨。"（《锡良遗稿·奏稿》，第 584—587 页）

7 月 21 日（六月初一日）　汇保攻克巴塘、泰凝出力员弁。（《近代史所藏清代名人稿本抄本》第 3 辑，第 57 册，第 181—220 页）

7 月 22 日（六月初二日）　奏报所有汇计甲辰赈务收支款目开单报销缘由。

奏为川省汇计办理甲辰账务收支款目，开单报销，查照前案，恳准免造细册，以省繁牍，恭折仰祈圣鉴事：窃查光绪三十年甲辰，川东、北各属，夏旱告灾，秋霪继虐；次年七月，滨江州县复被洪流漫溢，荡析室庐，而打箭炉厅等处复有地震雹伤等事，均经奴才历次疏陈，仰蒙圣慈发帑收捐，并经奴才将赈抚完竣情形，亦已上阵睿鉴。

惟是救灾之急，非奋迅不为功，而集捐之难，至再三则已竭。当壬寅散赈之后，前垫未清而强其再垫，前捐未毕而议此续捐。其应办赈粜者有五十九厅、州、县之多，后之水患等三十五厅、州、县犹不在内。期日长而丁户众，加以湖湘挽粟，秦陇运粮，所费自倍于常。欲救饥危，无稍吝惜，而所恃以支办，专在收捐。虽经各省多方代劝，本省复派员四出，每觉招徕无术。故江南江苏、浙江等处垫款，未经捐足，来文皆作义捐；即各处已捐者，地远人分，催其截数报清结束，亦多不易。此项续办赈常捐，已于去年九月十二日限满，尚有广东、江西、山西、陕西等处，文电敦迫，捐填难竣，惟有归入长垫项下，俟其捐齐续报。现计陆续将本省各省造到捐册，分作三十一次咨部核奖。并由各属开报赈粜实支数目，详加稽核，委无浮冒，据筹赈总局详情奏明，查照川省与各省历办赈务成案，开单报销免造细册等情前来。奴才覆核无异。谨将甲辰全案收支各款，开具清单，恭呈御览。合无仰恳天恩，俯照历届奏准成案，免造细册以省繁牍。

再，该局详称，前次壬寅奏销，部覆核准，仍令将平粜如何折耗之处，与甲辰续办案内详叙，并将丰豫仓买存谷石随案声明等语。查各属办粜皆随市价低昂而递减以济贫黎，城乡各有不同，旬日又复数异，逐处声叙，累牍难明，是以仍照壬寅等案办理，此次省外灾荒，并未动用省城之丰豫仓谷石，且以赈捐添买谷三万八千二百四十石，以厚储备等情，理合一并声明。

七月二十八日奉到朱批："户部知道。单并发。"（《近代史所藏清代名人稿本抄本》第3辑，第57册，第277—287页）

是日　再次密保建昌道赵尔丰。

奏为道员卓著忠勤，才堪大用，据实密陈，上备简擢，恭折仰祈圣鉴事：窃奴才受恩深重，罔补时艰，际此需才孔亟之秋，敢昧以人事君之义。查有建昌道赵尔丰，前随奴才山西、河南历充要差，其防守山西固关一役，劳绩尤著，具在圣明洞鉴之中。前年蒙恩发川，旋补是缺。先经委属永宁道，属境毗连滇、黔，盗横民困，吏治久弛。该道莅任后，察吏安民，事事核实，躬率师旅，穷搜岩谷，著名剧匪以次歼除。一面劝学、兴工，用维本计，边境由是清平，商民咸感其德。迨奏派办理炉边军务，该道新募一军，率之前往。提臣马维骐既由巴塘凯旋，该道清剿㗊逆，安辑良番，布置悉定，乃移师以讨桑披，前后攻战困苦情形，业已具陈攻克桑披疏内。该道坚忍卓绝，忠勇无伦，而尤能开诚布公，信赏必罚，于士卒则甘苦与共，于寅僚则谦让弗遑，以故上下一心，人乐为用。当进兵之始，附近桑披各番，慴于该寺之凶暴，首鼠两端。该

1906年（光绪三十二年 丙午）54岁

道不强之来降，惟徐结以恩信，各番遂先后归顺，逆势以孤。至其竭虑殚精，规划全局，虽无日不在行间，于后路巴、里两台一切赈抚事宜，罔不备举，手书条陈边事，洋洋千言，洞中肯要。迹其识量之特出，精力之兼人，固不仅克敌制胜，足为该道多也。

伏维用人重于明试，有德允宜懋官。如该道之忠勤纯悫，果毅廉明，公尔忘私，血诚任事，若畀以艰巨，奴才可保其卓有干济，历久不渝。自应据实胪举其才，上备简擢。

谨恭折密陈，伏乞皇太后、皇上圣鉴。

七月二十八日奉到朱批："另有旨。"（《锡良遗稿·奏稿》，第595页）

7月27日（六月初七日） 奏报四川被灾各属拨赈完竣情况。

本年春夏间，叠据南充、南部、邻水、西充、射洪、岳池、蓬溪、汶川、永川、中江、渠县并广安、蓬、剑、涪、简等州暨江北厅先后具禀，三、四、五等月猝遭冰雹，粮稼偃折，收成失望，并有覆压屋舍、击毙牲畜之事。又据理番、酉阳、綦江、南川、新宁等厅、州、县具禀，闰四月内，山水暴发，冲毁田庐，轻者犹能补种，重者沙石淤塞，遽难垦复。以上各处，幸非全境俱灾，但其中薄业自耕、佃田生活者为多，农穑顿伤，饥嗷可待。当经批饬藩司、筹赈总局，在展捐项下，拨款赈济，或就地量筹钱谷，均已发散完竣，民无失所。

伏查今春豆麦歉薄，近来各属米价甚昂，多以办理平粜。尚喜新秧遍插，可望有秋。惟雨泽不均，恐山泽之区，继此霪潦为患，自应随事立予抚恤，不使流离转徙，用以仰副圣慈轸念黎元之至意。

所有各属被雹被水，业经拨用赈捐抚恤完竣缘由，谨附片奏陈，伏乞圣鉴。

七月二十八日奉到朱批："知道了。"（《近代史所藏清代名人稿本抄本》第3辑，第57册，第335—347页）

8月20日（七月初一日） 奏请停办封闭宁属矿厂。（《近代史所藏清代名人稿本抄本》第3辑，第57册，第470—478页）

9月21日（八月初四日） 奏请援案筹办光绪三十三年新捐一次。

查光绪二十八年钦奉谕旨，派认赔款，数巨期迫，事关中外大局，上廑宵旰焦劳，不得不多方筹画。经前督臣奎俊奏加契税、盐价、肉厘等项，收数无几，出入相乘，不敷甚巨。幸川省绅民尚义，上届加派新捐，均能踊跃输将，力图报称。兹拟援案预办光绪三十三年新捐一次，除本年各属禀报雹灾、水灾者，分别灾情轻重，地方贫富，酌量核减，以示体恤外，其余仍照常捐章程，年内完半，明春全完，一切办法毫无增减，以归简易。如捐银足敷议叙，仍准照十成银数奖给虚衔、功牌等项。若捐数零星，向系总计请广中额。现停乡试，应另给奖叙，以昭激动。据布政使许涵度详请具奏前来。

十月初一日奉到朱批："户部知道。"（《近代史所藏清代名人稿本抄本》第3辑，第57册，第685—690页）

是日　奏请展办赈常捐以济饷需。（《近代史所藏清代名人稿本抄本》第3辑，第57册，第678—685页）

9月22日（八月初五日）　奏保机器局出力员弁。

奏为川省机器局在事出力员弁工匠又届五年限满，照章择优保奖，恭折仰祈圣鉴事：窃查前准海军衙门咨开，各省机器等局，其局员工匠，履危蹈险，以五年为限，照准海军保奖章程择优酌保。又本年政务处会同各部议覆，严核保举限制章程内开："机器枪炮局厂，五年例保，准援旧章"各等语。川省机器局，历届遵章保奖，已保至光绪二十七年七月止。兹自二十七年七月十四日至本年七月，又届五年限满。

查近年以来，请求制造，精益求精，所造毛瑟枪弹固经一切改良，仿造外洋九乡毛瑟等枪子弹亦能如式命中。其余修造机件，日益加多。所有员弁工匠，昕夕在局，不避危险，洵属著有微劳，自应照章依限择优保奖。业于本年三月遵照部章，将在事衔名造册咨部在案。兹据办理机器局布政使许涵度等详请奏保前来。奴才覆加删核，择其尤为出力者二十八员名，缮具清单，恭呈御览。合无仰恳天恩，俯准照拟给奖，俾资鼓励，出自逾格鸿慈。

十月初一日奉到朱批："该部议奏。单并发。"（《近代史所藏清代名人稿本抄本》第3辑，第58册，第56—71页）

9月22日（八月初六日）　奏派贺纶夔赴豫观操。

本年秋季，练兵处调集陆军各镇在河南彰德附近举行大操。川省编练陆军经营甫始，自应派员往观，用资模范。查有兵备处总办、署成绵

1906年（光绪三十二年　丙午）54岁

龙茂道贺纶夔，堪以派往，已饬酌带员弁暨陆军学堂出身之学习官等，驰赴河南观操。所属道篆，即暂委成都府知府文焕代折代行。

除分别咨照外，理合附片陈明，伏乞圣鉴。

十月初一日奉到朱批："该衙门知道。"（《近代史所藏清代名人稿本抄本》第3辑，第58册，第161—164页）

10月18日（九月初一日）　奏设立农政学堂。

奏为川省设立农业学堂，以重本务，恭折仰祈圣鉴事：窃维富国首在重农，阜民必先任土。中国农政，古有专官，周礼大司徒之属，农官居其大半，分壤辨种，纤悉毕备。农之有教，由来尚矣。东西各国有农学会以精研究，有农学堂以资请求，物产繁兴，工艺发达，故能竞致富强。

川省山河阻深，民勤土沃，只因乡氓墨守旧法，物理未明，绝少进步。即以夙称蚕国之美利，亦复日就衰落，不获与江、浙争衡。悯生计之将穷，惜地财之多弃，自非亟兴教育，无由开民智而拓利源。上年因饬布政司许涵度先在各省实川局内设立农政总局，以资提倡，曾经奏明在案。旋据该司请在农政局内建立中等农业学堂，以为振作野业之预备，并辟试验场一区，俾资实习，经奴才批准照办。当由该司延聘教员，订立课目，并就省城及各属高等小学堂内，挑取合格学生，入堂肄业，暂以四十名为定额。现计开校以后逾一学期，生徒学业已有可观。其学科系分为预科、本科，俟普通农学讲习后，即授以蚕学新法，先得实验于固有之丝业，以次渐及于农业、树艺、畜牧诸科。仍一面增筹经费，添建校舍，加辟农场，以期逐臻完备，仰副朝廷兴学劝农之至意。

十月十九日奉到朱批："该部知道。"（《近代史所藏清代名人稿本抄本》第3辑，第58册，第428—434页）

10月19日（九月初二日）　特参庸劣不职各员。

奏为特参庸劣各员，请旨惩处，以肃官方，恭折仰祈圣鉴事：窃维川省庸劣不职各员，业经奴才叠次甄别在案。兹经随时考察，查有松潘厅同知王克镛，遇事狡执，不胜边材；前署酉阳州、另补直隶州知州余维岳，纵脱要犯，物议沸腾；广安州知州顾思礼，纵容私贩，玩视要公；巴州知州谈廷桢，性情胶滞，人地不宜；平武县知县夏书绅，悖谬疲玩，酿害地方；石泉县知县米橦，听受欺蒙，纵差滋事；前署崇庆州知州、候补知县李锦江，治狱粗疏，草菅人命；候补县丞刘星驷，派充藏差，舞弊蒙混；安县典史杨维璋，唯利是图，不恤狱犯。相应请旨，将另补直隶州知州余维岳、平武县知县夏书绅、候补县丞刘星驷、安县典史杨维璋，一并即行革职，候补知县李锦江革职永不叙用。松潘厅同知王克镛、广安州知州顾思礼、巴州知州谈廷桢均开缺另补。石泉县知县米橦，文理尚优，以教职归部铨选，用肃官方。

再，所遗松潘厅、广安州、巴州、平武县、石泉县暨安县典史等缺，川省现有应补人员，并请扣留外补，合并声明。

十月十九日奉到朱批："另有旨。"（《近代史所藏清代名人稿本抄本》第3辑，第58册，第478—483页）

11月6日（九月二十日） 收铁路公司驻渝办事委员（孙泽霖）详遵札接办煤铁公司由。（《近代史所藏清代名人稿本抄本》第3辑，第64册，第333—334页）

为崇喜土司池乃汪堆请奖。

十一月初九日奉到朱批："览。"（《近代史所藏清代名人稿本抄本》第3辑，第58册，第599—602页）

11月14日（九月二十八日） 敬举堪胜监司人才。

是日 沿边土司，欲期咸知怀畏，必先明示劝惩。上年巴塘一役，出力之明正土司等，业经奏请给奖在案。

此次运粮桑披，由官优给脚价，照章饬各土司按台代雇乌拉。乃里塘两土司首先逃匿，抗不应差，以致毛丫、曲登等小土司，亦相率观望。惟崇喜土司池乃汪堆，承备乌拉，始终罔懈，自中渡至里塘，转输源源不绝，实属深明大义，恭顺可嘉。前据升任建昌道赵尔丰禀报前来。除仍饬各台文武严拿里塘土司四郎占兑等究办外，合无仰恳天恩，俯准将崇喜土司池乃汪堆赏加副将衔，以昭激劝。

奏为敬举堪胜监司人才，恭折密陈，仰祈圣鉴事：窃维监司大员，考察蜀僚贤否，关系地方治忽，任用得人，百端斯举。奴才自惭疏陋，无补时艰，既有所知，敢不随时据实密陈，用尽以人事君之义。

兹查有署川东道、四川候补道吴佐，才猷练达，思虑精详。前派综

| 1906 年（光绪三十二年 丙午）54 岁 |

司权务，劳怨弗辞，遇事整顿。现署要缺，于内政、外交，亦能措施悉当。署永审道、军机处存记、四川候补道赵藩，心细才常，有为有守，整躬率属，吏畏民怀，历年派理官运艖纲，尤著成绩。署成绵龙茂道、四川候补贺纶夔，器宇闳深，学识优裕。尤能究心时政，现派兼办兵备处，考核精勤，颇资臂助。

以上三员，均经奴才考察明确，畀以监司，必能胜任，自应胪举，以备圣明采择。

十一月初九日奉到朱批："吴佐等均著交军机处存记。"（《近代史所藏清代名人稿本抄本》第3辑，第58册，第567—571页）

11 月 15 日（九月二十九日） 恭折具实覆陈所有川省一时尚难实行民刑诉讼之法缘由。

奏为民刑诉讼各法，川省一时尚难实行，谨将扞格各条单据实覆陈，恭折仰祈圣鉴事：窃奴才承准军机大臣字寄："光绪三十二年四月初二日奉上谕：'法律大臣沈家本等奏刑事、民事诉讼各法，拟请先行试办一折。法律关系重要，该大臣所纂各条，究竟于现在民情风俗能否通行，著该将军、督抚、都统等，体察情形，悉心研究其中有无扞格之处，即行缕析条分，据实具奏'"等因，钦此。

窃维法律者所以维持人民之秩序，保护国家之安康，而诉讼者即推行法律之所见端也，泰西诉讼之法，向分民刑为二事。考之周礼大司寇以两造禁民讼，以两剂禁民狱，释之者谓讼以货财相告，即民事也，狱以罪名相告，即刑事也。是我国民事、刑事在昔亦属分途。后世法典屡更，古制侵失。汉约三章，但期简括。唐、明各律，刑法虽渐加详，民法实多缺略。然闭关而治，仍足以围范群伦。今者中外大通，华洋殊制，彼之裁判几遍设于我区域之中，我之法权反不能及彼侨居之众，此对外之策，尤急于对内，而忧时观变者所以举民刑诉讼之法汲汲焉力恳施行也。

顾有完全之法律，尤须有法律之人才。裁判之需员无论矣，而纠察是非，代伸权利，原奏尤以陪审、律师为最要。川省僻处边陲，迥殊他省，方隅自囿，风气未开，各属绅商士民，不特未窥法律之精神，亦鲜有政治之思想。今欲求陪审，其在自好者，方将以不至偃室为高，而嗜利之徒，又乐于干预词讼，以便其私图。即或不然，但务平易近人，则难免模棱两可；倘或矫同立异，更虑公正绅衿，早已罗致争先，一身数役。一邑之中，又乌得多数之正士端人以充斯选？如是则陪审无其人。

欲求律师，则学堂之造就固属需时矣。即向有精通法律者，在川省各州、县，半系痞棍讼师，藉此教唆渔利，倘以此辈滥芋，遗害小民岂浅。然就幕友而论，老成者既趋时之不足，新进者复阅历之未深，欲其改弦合辙，亦恐戛戛其难。如是则律师无其人。

二者无人，纵诉讼之法至美且备，至周且详，犹虑虚悬无薄。况此外各条利害互见，轻重偏畸，固有因情俗之各殊，亦有由规定之未协者。此奴才数月以来督同司道悉心研究，加意体察，固不敢谓民刑诉讼之法之悉不可行，而第觉一时实有难于通行者也。谨将扞格各条，令缮清单恭呈御览。

时艰日迫，交涉日繁，奴才待罪疆圻，凡有可以挽回补救之方，何敢存畏难苟安之见。惟确见新律之性质与国民之程度，息息相关，必须俟民德进增、人格完全之时，乃可以求执行而有效力。若使国民尚未进步，而即以进步之法律治之，越程而往，躐等以施，恐治外之权未收，而治内之权转碍，次不得不鳃鳃过虑者。而提倡法学养成政才，此事固非异人之任。奴才惟有殚竭愚诚，谋普教育，俾地方渐知自治，吏士明习科条，然后酌古准今，因俗施令，庶在民有风从之便，在官无枘凿之虞，乃足以仰答朝廷变法自强实事求是之至意。（《近代史所藏清代名人稿本抄本》第3辑，第58册，第617—650页）

11月19日（十月初四日） 因饰词推辞，自甘暴弃，勒令试用知县陈域、程景回籍学习。

川省设立法政学堂教授官绅，业经奏明在案。凡身列仕版者，际此时局艰难之会，仰维朝廷乐育之怀，宜如何向学情殷，以期致用。乃奋兴者固不乏人，而或志在营谋，或性耽安逸，则辄以获免为得计。

兹有试用知县陈域、程景二员，查其年岁合格，调取入堂，竟敢饰词推辞，实属自甘暴弃。相应请旨，将四川试用知县陈域、程景一并勒令回籍，予限三年，倘能感奋学习，限满再由原籍督抚考验咨送回省，用示儆戒，而重吏事。（《近代史所藏清代名人稿本抄本》第3辑，第59册，第

| 1906 年（光绪三十二年 丙午）54 岁 |

165—168 页）

是日 据实覆陈遵旨查明四川官银行总办道员被参各节。(《近代史所藏清代名人稿本抄本》第 3 辑，第 59 册，第 148—164 页）

12 月 17 日（十一月初二日） 奏报夔关额税短征情形及缘由。(《近代史所藏清代名人稿本抄本》第 3 辑，第 59 册，第 233—247 页）

是日 仍奏请准办彩票以济急需。

川省前请试办彩票，将盈余拨充练兵、制械之用。旋准户部议覆，以"练兵筹有专款，所请应毋庸议"等因，自应遵照停办。

惟查编练陆军，前经奏定指拨计岸官运余利及新筹盐斤加价、裁兵节饷等项，现在加价甫议试办，裁兵尚待分年，仍属缓不济急。至新练陆军暨巡防各军，所需枪械甚多，奴才叠经奏明向德国订购机器制造新式枪弹，原议开办酒税，以供常年厂用。嗣酒税遵照部拨专解练兵经费。兹机器早已在途，明春约可到厂，设开造无资，既贻误军用要需，且虚掷原购巨帑。奴才一再筹维，彩票固难恃为常款，盈余数亦无多。顾际此财政奇绌之时，得此要不无小补。拟请查照湖北、江南等省成案，暂准开办，一俟添筹别款，再行奏请停止，用裨戎政，而济急需。

十二月二十九日奉到朱批："该部知道。"(《近代史所藏清代名人稿本抄本》第 3 辑，第 59 册，第 256—260 页）

12 月 26 日（十一月十一日） 札发保富公司矿政调查局饬筹办江北煤铁公司事宜由。(《近代史所藏清代名人稿本抄本》第 3 辑，第 64 册，第 343—344 页）

1907年（光绪三十三年　丁未）55岁

1月14日（十二月初一日）　特参庸劣不职各员。

奏为特参庸劣不职各员，请旨分别惩处，恭折仰祈圣鉴事：窃维为政首在得人，安民必先察吏。激扬乏术，群僚曷为惩劝之资；考察不勤，吏治终无澄清之日。川省庸劣不职各员，历经奴才随时甄别在案。

兹查有大宁县知县熊登第，纵役扰累，民怨沸腾；富顺县知县陈桢，办事颟顸，难膺民社；江安县知县丁国彬，身弱多病，不胜繁剧；大竹县知县宋万选，才力竭蹶，人地不宜；前办里塘粮务、试用知县查骞，纵脱要犯，物议繁滋；达县典史张鸿宾，办事荒谬。应请旨将大宁县知县熊登第、达县典史张鸿宾一并即行革职；试用知县查骞以典史降选；富顺县知县陈桢文理尚优，以教职归部铨选；江安县知县丁国彬、大竹县知县宋万选，均开缺另补，以肃官方。

所遗富顺、大宁、江安、大竹知县暨达县典史缺，川省现有应补人员，并请扣留外补，合并声明。

正月十九日奉到朱批："另有旨。"（《近代史所藏清代名人稿本抄本》第3辑，第59册，第439—444页）

1月15日（十二月初二日）　奏川省屯防经费奏销片。（《近代史所藏清代名人稿本抄本》第3辑，第59册，第588—592页）

1月31日（十二月十八日）　密陈川省文武各官考语。

奏为察看川省文武各官，密陈考语，恭折仰祈圣鉴事：窃照向例提镇、司道、知府各员，每届年终，由督抚出考，开单密陈。奴才渥荷天恩，忝膺边寄，每念时艰日棘，宵旰忧劳，无刻不以整军经武、安民察吏为自强切要之图。查提镇为专阃大员，有整饬营伍、绥辑地方之责。

| 1907年（光绪三十三年　丁未）55岁 |

近年制兵虽渐次裁改，该提镇等或兼充翼长，或兼统防军，职任均关重要。至于用人、理财、兴教、劝学与夫农、商、工艺诸要政，百端待理，尤非群策群力，末由共济夫艰难。

　　计奴才到任以来，迄已三年有余，凡在省司道及省外道府庸懦不职者，业经先后奏参。现在实任文武各员，其性情才识，大率考察有素，复随时密访舆论，证以平日之所见所闻，均能得其梗概。除建昌镇总兵张勋、松潘镇总兵张彪、北川镇总兵李永芳均未到省，及永宁道刘学谦、川东道陈遹声、川北道吴佐、建昌道蔡乃煌、夔州府知府于宗潼、潼川府知府吴保龄、保宁府知府瑞龄，或尚未到省，或尚未赴任，又成都府知府文焕现已升授安徽徽宁池太广道均例不注考外，所有川省实任提镇、司道、知府各官，另缮清单出具考语，理合恭折密陈。（《锡良遗稿·奏稿》，第626—627页）

　　是月　作"贡院废号记"，其反映了锡良对改制兴学的积极态度和具体行动。

　　光绪二十九年良奉命督蜀。是时天子方崇尚实学，改试策论，诏天下州县兴建学校，复古庠序之制。良既建立成都高等、中学、工艺各学堂。明年复檄州县次第兴办各中、小学，并派遣外国留学专门师范各学生。再明年诏停科举，罢一切汇试。良文既贡院及府试空舍增建师范补习、预备选科诸校，其考试号舍万余间，更因官之请拆毁旧甓，移筑武校兵舍及学务公所。昔时角逐文艺之场，易为研究科学之地，亦云盛矣！顾余不能无感者，我中国自唐以来，以科目取士，驱一世髦俊，范之一轨之中，千余年间，鸿生魁儒往往杰出于此。当其令典所垂成为风，会上旌下励轨合辙同。在朝廷，视为谋国之远猷；在学子，引为经世之大业。故虽棘闱锁院，其尊崇肃敬不啻堂陛视之。逮事久弊丛，国敝民弱，朝野上下，遂爽然于前，此空论取之不足恃，思欲毁废而更张之，乃相与慕古，初参欧化举世之风尚，既移耳目之倾注，一改向时局试森严之地，又苦士梗瓦砾之不足惜意者，意在人心之趋违，岂不以境哉！虽然事会何常，倘数十百年之后，学制修明，校舍比鳞，后生小儒，未尝躬历大比之试，安知不有旷然远思慨念旧制，欲问其轶事而不可得者，况此一朝之大政，尤考古者之所惓惓不能忘也。拆号之日，余命留存若干间，封识而保护之，以待来者。尝考泰西历史，如埃及废墓，罗马古城，莫不宝惜珍培，留为国人游览之所，以发抒其恩古爱国之情。而吾国三辅皇图、洛阳宫殿，仅于书册略具梗概，无复片瓦只石之存，此考古之所以多遗憾也。余之存此废号，并记其颠末，亦保存古物，以资历史之一证云尔。

　　光绪丙午嘉平月督蜀使者锡良识。（《贡院废号记》碑，此碑现存于四川博物馆）

　　2月20日（正月初八日）　据实覆陈查明各员被参款迹。

　　奴才覆加查核，如原奏："署叙永厅同知李镜清，性极残忍，去年署合江县，民间侯姓失去腊肉数块，率团丁越村清查，入董老幺之室，见董与四人同作挎蒲戏，并煮腊肉而食，疑为窃物，又见破滥鞋伞，亦疑为窃物，将董老幺五人送官究治。乡邻将为保释，入署探听，则一讯即命处斩。送案者跪求释宥，大怒朴责，立命将董老幺五人骈斩于影壁前"一节。查光绪三十年五月初十日，该员署合江县任内，县民王正三具报伊家被劫烟泥钱物一案，经该员饬缉。于是月十三日，据缉役李荣等缉获窝户董申堂、贼犯胡木匠、董海廷、梁八、徐六、蒲海三、宋大蛮，并起获原赃羽毛、马褂、麻布、帐子等多件，并侯宫柱家油罐一个；又搜出拗钻二把、壁剪、斫刀各一把，独炮一个，通关钥匙一笼到案。讯据供认伙劫王正三家，得赃不讳。惟宋大蛮系董申堂雇工，被胁同行，并未上盗，亦未分赃，宽免深究。其董申堂、胡木匠、董海廷、梁八、徐六、蒲海三六犯，实系积猾不法，同恶相济，于覆讯明确后，就地正法，以昭炯戒，获赃给主认领完案。此外并无侯姓失腊肉之案，亦无怒责送案者之事。

　　又入原参："李镜清署合江一年，斩杀及严刑处死瘐毙者三百余人，远近闻之股栗。"又原参："该员历署江安、合江、犍为等县，每至审案，坐堂饮酒，辄用非刑，所置特别刑具，人多不识其名，滥刑毙命多不禀报，合江任内毙人至一百七八十名，犍为任内亦在百名以上"各一节。查合江界连黔境，匪徒出没，向为盗薮。光绪二十九年，黔匪数百人勾结党羽，窜扰县属佛宝场，焚掠数十户，杀伤多命，凶暴异常。该员到任后，设法购缉，拿获正匪十九名，讯明惩办，曾经奏报有案。此

| 1907年（光绪三十三年　丁未）55岁 |

外移会乡邻封及贵州仁怀等厅县暨川黔防营，分头踩缉，弋获匪犯共约数十名，各就各境禀办。又三十一年调署犍为县知县，复值拳匪肇乱，城闭者二十余日。该员会同防营，解散胁从，禀报擒斩首要及奸淫掳掠正匪多名，人心始定，地方获安。原参谓其毙人之多，或即因此。调查所历各县，刑具均系遵例置设，并无特别之刑，亦无坐堂饮酒情事。

又如原参："差役何元，拿获邻封乐山县劫犯，因覆讯与初供稍异，即疑何元疏防教供，晚间沉醉坐堂，并未讯明，立将何元正法"一节。查光绪三十一年五月，有船户罗长发领运商号银两，至犍为麻柳场被劫，该员会督营团追获匪犯廖吉庆、王洪兴二名，起获原赃，讯据供认与龚老九等行劫不讳。旋经乐山县将龚老九缉获，解案审办。调查档卷，并无差役何元缉获邻封乐山县匪犯之案。惟查有革役何姓通匪，经该员获惩，原参或即指此。

又如原参："该员署犍为县任内，藉赔款为名，遇案滥罚，动辄数百金或千金不等，有文生王镜明等案可查，莅任半年罚款至万金以上，不知报销何项"一节。查文生王镜明即王汝霖，因所开票盐店被劫报案后，诬指年未成丁之王盛淮讹钱七十串，经该员讯明，王汝霖悔缴赃款并认罚银二百两赎罪，归团保局公用。此外有萧承择、李仑光、蒋雨生等，或因浮销学费，侵蚀公款，或藉查提学费为名，讹诈钱文，并经该员讯实追缴，萧承择、李崙光各赔缴银五百两，蒋雨生等缴银百两、钱七十串，发交各局绅承领归款，分别详结有案，并无万金之多，亦无入己情事。

又如原参："包文起一案，法司铎孟若望出而干预，该令不知据理执争，徒知谩骂，几酿事端，经委员调处服礼寝事"一节。查光绪三十一年七月，有教民李世淮凭屠行王拱北购买民人包文兴猪二只，议价钱七串，乡规十日后付价。至期李世淮未给，包文兴控县讯实押追。适司铎至署谒晤，谈及顺请免押。该员面覆缴清猪价，即行提释，司铎亦无异词。旋据缴清结释完案，并无彼此龃龉及委员调处服礼之事。此外并无包文起控案，自系姓名传闻之讹。

此查明李镜清被参各款之实在情形也。

又如原参："前署合州知州楼藜然，信用家丁宋坤山、罗大、许裁缝等,藉查酒税为名,四乡招摇生事,苛罚王澄波银二百三十两,王辅元银一百二十两,又各索规费制钱百贯,均有过付可查。而酒户龙联级等,各贿以制钱三十贯,遂得逍遥法外"一节。查该员于光绪三十一年正月到合州署任,三十二年二月交卸,家丁各以遣散,遍询乡人,鲜有知其姓名者。惟访闻任内所用家丁,各有小牌,稽查出入,约束甚为严密,并无派查酒税四乡招摇情事。王澄波系该州酒户,因私烤漏税,被人告发,罚银二百三十两。王辅元查无其人。惟查有酒税绅首王辅之经收杨燮丰等六户漏税罚款,共钱一百二十五串。以上均经该州查明,照章禀罚,款由绅收,银皆缴局,家丁无从染指,亦无由需索分文。即如酒户龙联级、郑春和等,各因漏税发觉罚钱四十串,均经禀报有案,其非行贿幸免逍遥法外,尤为确有左证。

又如原参:"上年本地匪徒抢劫大河坝盐局,局员松臻闻信,连夜迁局进城,乡民皆携眷上砦逃避"一节。查大河坝距州城,陆程七十里,水程倍之。附近有砦数处,向有居民耕重,近年安堵如常,询诸乡民,并无携眷上砦逃避情事。盐局委员系试用道松增,误作松臻,亦从未迁局进城。

又如原参:"劫案频闻,以讳报为得计,如周永禄、唐平山等呈报劫案十余起,谢受柏、魏培先等呈报劫伤事主之案九起,日久案悬,人赃无获,该牧概不通禀,有时勒令事主具诬控甘结了事"一节。查魏培先一案,于光绪二十五年十二月报经该前署州黎承礼勘验通报,嗣因贼赃未获,业已按限叠次开参。唐平山一起,系前署州陈夔麒任内窃案。周承禄一案,查无卷宗。惟谢受柏一案,系该员楼藜然任内窃案。统计在内,共报过谭炳南、陈华厚、刘顺武、高明扬、徐坤山、鄢春和、周焕章、张玉顺、刘培根等家劫案九起,已报获犯六起,尚有三起未报获犯,均已按限开参,并非讳盗不禀,亦无勒令事主具诬控甘结之事。

又如原参:"该州举人张森楷创立蚕桑公社,光绪二十八年禀北京学务处立案,并立实业中学堂一所。前合州知州陈锐志护助,详请在各局余款项下拨银一万两接济,以署中户粮仓房陋规、门丁签押中税,按年拨还。去年学生毕业,委员考试合格,并察其进出款实收实报,无不相符。所呈商部产品,亦经考验,奖其精良,附入陈列所中。不料该牧到

| 1907年（光绪三十三年　丁未）55岁 |

任后，欲提归官办，一为见好上官之地，一为保全中税陋规。张森楷以官绅合办婉商，竟不允准，于是设种种反对之法，矇禀将拨款成案注销，并撤其四川学社名目，兼咨商部不准立案"一节。查该举人张森楷，在合州大河坝设立蚕桑公社，定议民股民办，给息分红，并无学堂规则。上年该举人赴京，禀由学务大臣咨查，饬据劝工局司道详覆，有"该社人言啧啧，办法并无成效"等语。因念振兴实业不易，勉加策励，以期收效将来。旋据呈恳护助，檄饬前署州陈夔麒筹款拨济，因详请在于现筹学费及户房税厘项下借给银万余两，并无所谓门丁签押中税之款，迭经拨给过银三千余两，楼藜然任内又拨给过银一千六百七十余两。嗣据报称，头班学生卒业，派员州判史悠彦会同该州楼藜然考验，得卒业生九人，根柢太浅，程度甚低，实无中等实业学堂资格。调查历年进出各款，并未报告，亦无坐簿，且赴该社查验时，被控之案十余起，张森楷始请改归官办，未予准行；旋又迭呈辞退，因账目混杂，接办无人。查户房税厘系通省一律提充学费之款，非地方官进项，无所用其保全。该署牧任内，筹济多金，极意维持，并无反对之举。惟查社款已有盈余，且因账项不清，致滋物议，未便以地方公共学费，任凭滥用浮支，禀请将拨款之案注销，自系为慎重公帑起见。川省蚕桑素盛，各属多设有公社，一邑之内，又或分设四乡，因地命名，饬令改称合州大河坝蚕桑公社，期于名义相符。至其呈验南部绸缎各件，饬查该社并无机织，系购自璧山县刘姓。去年经奴才咨明商部，曾准咨覆批饬该举人不准立案在案。

此查明楼藜然被参各款之实在情形也。

奴才覆查川省匪风素炽，而川南为尤甚，抢劫捆掳之案，几于无日无之。兼以拳匪余孽蔓延殆遍，勾结煽诱，旋剿旋生，若稍予姑息因循，动辄酿成巨患。近年遇案严加惩治，叙南一带匪徒敛迹，民间获庆安居，川、黔交界之区，有多年商贾不通，迄今渐形复业者，益信古人治乱用重之言，非虚语也。该员李镜清，廉能夙著，见义勇为，历任合江、犍为等县，正当邪匪纷扰之后，维时闭城迁避，人心惶恐，地方岌岌可危，若仍敷衍拘牵，必至败坏不可收拾，为害实大。曾经严饬遇匪痛惩，不可姑息，因地因时出于万不得已。该员所办诸匪，稽诸案牍，证以舆论，并无冤滥,至今地方安堵,居民称道弗衰。该员楼藜然,束身廉谨,经术湛深,居官政治修明,动以积诚相感。核其先后办事案牍,条理缜密,具有成效可稽。原参各节,或查无其事,或传闻失实,应请均免置议。

至李镜清现委充巡防中军统领,楼藜然现委赴江、浙考查铁路,仍应随时督饬加勉,各竭所长,以济时艰,而裨吏治。(《锡良遗稿·奏稿》,第629—634页)

2月21日(正月初九日) 据实覆陈查明陕西粮务等参案。

窃维严禁苛取,诏令屡颁。陕西粮务局本系化私为公,提诸中饱。该司樊增祥专办其事,宜如何上顾帑项,下体舆情,乃百计取盈,从而加厉,挥霍一任其便,掊克且自为功,似此苛索滥支,兵民交病,实属大干吏议。况其平日居官行事,亦多恣意专横,不循理法,均难稍事姑容。应请旨将陕西布政使樊增祥即行革职,所有滥支粮羡各款,姑念该司究无侵亏入己,拟请免其追赔。咸宁县知县刘德全,擅责尸亲,重用丁役,应请一并革职。富平县知县仇继恒,前办厘金,未能廓除积弊,应请开缺另补。凤翔府知府尹昌龄,查无劣迹,自应免其置议。并由该抚臣将刘德全家丁余升、咸宁县役余魁、仓书何维新等分别驱逐惩革。白河厘局所收下水规费,一律严禁,以惠商民。该抚臣曹鸿勋任用樊增祥,事属因公,且于羡款毫无滥支私润,可否与升允一并免其察议,出自圣裁。

朱批:另有旨(《光绪朝朱批奏折》第23辑,第324—332页)

是日 奏请候补正班补用知州章国霖补崇庆州知州。"查该员资望已深,政事谙练,以之请补崇庆州知州缺,堪期胜任。"(《光绪朝朱批奏折》第23辑,第333—334页)

奏请候补同知知州赵万春补巴州知州。"奴才查该员质朴无华,办事切实,以之请补巴州知州缺,堪期胜任。"(《光绪朝朱批奏折》第23辑,第334—335页)

奏请通江县知县丁寿芝升补松潘直隶厅同知。"查该员精明老练,望重资深,以之升补松潘直隶厅同知,堪期胜任。"(《光绪朝朱批奏折》第23辑,第336—337页)

奏请绥定府知府高增爵调补成都府知府。"查该员廉勤明干,才识优

| 1907 年（光绪三十三年　丁未）55 岁 |

长，以之调补成都府知府缺，堪期胜任，与例亦符。"(《光绪朝朱批奏折》第 23 辑，第 337—338 页）

2 月 22 日（正月初十日）　奏为知县人地相需互相调补，以资治理，恭折具陈，仰祈圣鉴事：窃照知县为亲民之官，如有人地未宜，例准撤回对调，奏明办理。锡良根据实际情况对知县调补过程中出现人地未宜、能力不足、治理不善的知县进行再调整，"庶人地各得其宜，治理可收实效"。（《光绪朝朱批奏折》第 23 辑，第 340—341 页）

3 月 1 日（正月十七日）　奏报龙泉县知县罗大冕回籍修墓情事。（《光绪朝朱批奏折》第 23 辑，第 352 页）

3 月 2 日（正月十八日）　奏病体难膺重寄，恳恩准予开缺。

奴才素有肝气旧疾，抵川以来，时常触发，皆未以为意，至三十年夏间以外受风邪，触动肝气，遂至困惫难支……所有奴才病体日增，难膺重寄，恳恩准予开缺。（《光绪朝朱批奏折》第 23 辑，第 353—354 页）

3 月 3 日（正月十九日）奏报开办习艺所及各项工厂情形。

窃维游民实盗贼之源，罪人非教育不化。推夫萑苻不静、囹圄滋繁之故，非游荡失业者无所为生、因而蹈死以求生，即罪因无教者方脱于法、又复为非而罹法。周制靖乱之源，故纳罢民于圜土；汉法移民之性，故加役作于驰刑。近日东西各国，亦于监狱管理之法，罪囚恤教之方，精考穷研，无微不至。此次巡警部创设习艺所，近仿欧西，远师前古，安良革莠，实为当务之急。

奴才先于上年通饬所属，将所管监狱，仿照新法改造。据各该州县先后禀报，其改造合法者，特予褒奖，不如法者，立予记过。现在州县狱制已革从前暗秽窳惰之习，渐能合于卫生。

课业之旨，承准部咨，复拨提闲款，札饬成都府文焕在于省城西隅青龙街地方购买民地八万二千方尺，建筑通省习艺所。省会首善之区，观听所系，构造不能不宏，规制不能不备。当饬该府绘图估工，奴才随时监视指导，已于去年腊月一律完工。本年正月二十日开办，责成省城警察总局为该所总办，成都府为该所监督，另选曾经出洋通晓外国监狱法制之员驻所坐办。额容六百人，分别内外两厂：内厂收罪犯，外厂收游民。其中应设之办公室、讲堂、监舍、工厂、寝室、食堂、浴室、接待室、会晤室、陈列室、看守室、卫室、瞭望楼、诊察室、轻重病室、储料室、仓房、暗室、厨茶室皆备；其人员则坐办以下，凡文案、会计、监工、稽查、讲师、工师、医师皆备；其规则则依仿部章，并参取日本监狱制度，明权定责，分职服务，拟定章程，发交该所督令实行。就规制而论，虽不能遽比欧西，亦未敢过求苟简。计开办经费，举购地、建筑、制具一切共用银二万六千两，力求核实，并无糜费。所有常年经费，则每年发商生息银三千两，奴才衙门及盐茶道、成绵道裁减仪仗银一千三百八十九两，指拨厘金、酒税罚款年约得银数千两，成都府抽收戏捐年约得银二千两上下，成、华两县抽收代当捐年约得银一千七、八百两上下，并昭觉寺罚充公田拨取收租一款，以上五项，年约得银二万两上下，就收养六百名额计算，但加撙节，尚能敷用。

惟监狱之制，欧、美研求有年，尚称缺点不少。中国开办之初，自难遽臻完美。奴才愚意欲以省城为标的，而推及省外州县，欲以习艺所为嚆矢，而徐并一切监狱，是在有办事之责者各知明弼之义，有督饬之责者时加策励之勤。此开办习艺所之大概情形也。

惟是习艺所乃课罪犯作业之地，虽部章兼收贫民，然四川生齿最繁，贫儿乞丐者至众，省城每际冬令，裂肤露体者十百载途，号呼哀怜者充衢盈耳，偶遇风雪，死者枕藉，相沿有年，匪伊朝夕，南北各省皆所未见。牧民既引为疚心，外人亦指为诟病。听其流转，弱者必死于沟壑，黠者必迫为盗徒；将为收养，则人数既如此其多，博施亦有所难济。当于去年六月，饬令警察局总办、补用道周善培设法安置。旋据该道禀称，在于省城设立乞丐工厂，取以工代赈之意，举街面乞丐一律收入，由厂择其年轻质敏者学粗浅手工，年壮质拙者服官私劳役。所得工资，由厂按名分储，俟在厂三月期满出厂，即以所积之款发给，俾为小贸资本，不致再为流落。一面随时开放，即一面添收。其年幼者则特设幼孩教工厂，亦分别八岁以下不能作工者，课以初等小学之学，八岁以上能作工者，则教以容易自存之艺。如乞丐工厂法，随时代存作工余利，俟满十四岁，既能操业，复有余资，即令出厂，使能自立。其年老者，则特设老弱废疾院以处之。计自去年八月开设东南乞丐工厂二所，先后收入精壮乞丐一千五百余人。就警察总局左侧纯阳观庙改设幼孩工厂一所，收

1907年（光绪三十三年 丁未）55岁

容乞丐中之幼孩及幼失父母或家贫无力自养之子，凡五百余人。就北门圆通寺改设老弱废疾院一所，收容老弱废疾男妇一百余人。

乞丐工厂开办经费，由警察局就地自筹，常年经费则由奴才停办每年冬季粥厂拨提经费银六千两，又征押质捐款每年三千六百余两。粥厂但一时，且系养而无教；押质势难尽革，何若化私为公。以每名岁费银十两估计，收养过一千人，款项即有不足，则由各乞丐服工得资，随时弥补，自食其力。幼孩工厂则由布政使许涵度、署盐茶道沈秉堃首先提倡，按年由该衙门各捐银一千二百两，省城各署局亦按年各认捐助，共得常年捐款八千七百两，皆各撙节闲款，不得另开活支外，由警察局每年筹节银五千两，劝工局拨给生息银二千八百两，共得常年经费银一万五千六百两。收养幼孩用费较多，以每名岁费银十六两计之，可收养幼孩一千人之数。老弱废疾院，则由民间自行筹款，不需官费。

此外又于北门外建筑苦力病院一区，专为收养因力治病之人。盖四川行旅皆资舆荷，此辈肩背自食，一有疾病，不惟谋生自活之计穷，并且俯仰事畜之路绝，至可哀矜，尤宜救护。先由奴才衙门按年认捐银四百两，以外由各署局设法撙节捐助，共得常年经费五千四百二十两。病人医药所费较多，以每名岁费十八两计之，可以诊养三百人以上。

乞丐工厂、幼孩工厂、老弱废疾院、苦力病院，皆由奴才督饬周善培于去年六月以后次第开办，责成警察局管理。除苦力及笃老、少稚不能任工之外，无不筹养以全其生，教工以授之业。计自去年入冬以来，举向来街面不忍见闻之状，一律净绝，耳目气象为之一肃。以前之游手好闲者既一举入厂而役之工作，人皆知惰民之不可为，必且闻风自警，各谋立业自存之道。先由省城分别开办并饬州县依法创设，但能永远实行扩充，于民生吏治不无裨益。

此开办乞丐工厂各种之大概情形也。

伏念奴才起家下吏，待罪疆圻，大政愧有未谙，民艰夙所深历。现当朝廷振兴庶政之际，大旨则以抚养民生、靖绝乱源为归。四川民口之众甲于他省，民生之难亦甲于他省，若不设法教养，罪人之期满出狱，既难保其不释而复拘；游民之自活无资，更难保其不穷而思逞。奴才所为于习艺所之外，复广设各种贫民工厂者，良以此辈即罪犯之所由来，不养则莫救目前，不教则难使自立，故各所厂名目虽殊，其欲救民之死亡，止民之犯法而教民之各能自食其力，以庶几仰副朝廷恤囚爱民保安求治之心则一。(《锡良遗稿·奏稿》，第644—648页)

是日 奏报川省光绪三十二年冬季分调署委署代理及实缺到任回任各府厅州县员名汇开清单情形。(《光绪朝朱批奏折》第23辑，第357—358页)

3月4日（正月二十日）奏陈四川改设法政学堂情形。

奏为四川改设法政学堂，恭折具陈，仰祈圣鉴事：窃奴于光绪三十一年八月初七日接准政务处咨行，饬照直隶法政学堂章程，各省专设法政学堂。旋准直隶督臣袁世凯咨送直隶法政学堂章程前来。

伏查川省先于光绪二十九年十月开办课吏馆，选取正佐候补各员，入馆肄习内治、外交、服官当修之学。绩于三十二年改设仕学馆，分刑律、教育、警察、财政、外交五门，派员专教。所以未即专设法政学堂者，诚以法政虽为当务难缓之图，然必得专门卒业之人，而后无庞杂偏颇之患。

四川僻远江海，求师甚难，前虽选派学生赴京学习，迨至学成毕业，往往他有所图；且以库帑之穷，筹款不易。候补正佐各员中其材者皆有差缺要任，既不能尽调入堂，计将来而不顾现在；若以冗阘充数，成绩莫期，又非开设学堂之本意。以是之故，筹备虽未尝一日或忘，开办则不敢草率从事。直至去年八月，教习物色得人，当饬署提学司方旭、候补道周善培迅筹改办，仿照直隶办法，参酌四川情形，拟定章程，考取官班候补正佐六十员，绅班举贡生监二百四十名入堂。即调法政卒业生候选知府张孝栘充当官班监督，别派法班卒业生山东即用知县邵崇恩充当绅班监督，并奏调京师仕学馆卒业候选同知徐焕及派委卒业日本法政学堂候选道卢夔麒、候选主事施召愚分任教习。官班于去年九月十七日开堂。绅班以校舍不足，拟于本年二月开堂。校舍勘定省城贡院西偏西大号旧地，绘图依法建造，一宅二院，左为官班，右为绅班，业经拨款动工建筑。现就仕学馆旧地开办新校告成，即当移并官班，照直隶章程，分别正佐，各给津贴，限定毕业期内，不准另图别项差使出堂。绅班以经费支绌，故定取六十名，不征学费，广正取一百八十名，每名月缴食宿学费五元。

| 1907年（光绪三十三年　丁未）55岁 |

　　统计官师薪水及官班津贴、绅班火食以及学堂应用之费，岁约需三万余两，当饬司筹拨。计筹定筹饷局向支仕学馆经费银五千三百九十二两八钱，藩库停办粥厂经费银六千两，藩库鼓铸生息银四千两，盐库茶票息银四千两，盐库计岸局银四千两，川东道库老厘项下银二千两，又补完老厘项下银二千两，滇黔官运局节存银四千两，共筹定常年经费银三万一千三百余两。官绅两班各为拨定，督饬在事各员，力求撙节，如有不敷，随时筹补。所有学科，则一仍直隶章程所载。

　　计官班自去年九月开堂以来，由奴才随时奖其进者而罚其不进者，并将规避之陈域、程景二员，附片奏请咨送回籍学习，各该学员以是颇能奋进，各教员、教授亦能认真，限定二年毕业，成效或有可观。

　　惟是官场积习相沿，至今实有积重难返之势，非进得重酬，退有严处，则材者既无所希望，不材者亦无所儆惩。奴才拟定章程，所为既严不及格者咨遣回籍或与参处之条，复定优异者分别奏奖委署差缺，诚以仕途非此即无以为维系劝戒之道。除将章程分别咨送吏部、学部外，应请饬下部臣核明立案，庶在学各员愈益加勉，而学堂成绩乃有可期。（《锡良遗稿·奏稿》，第648—649页）

　　是日　遵旨设立川省戒烟总局并粗拟四川戒烟办法。（《锡良遗稿·奏稿》，第650—651页）

　　是日　设立川省藏文学堂。

　　经画边疆之要，在于洞知其情，而欲洞知其情，必自通其语文始。川、藏疆域毗连，即川、滇内附各番族，亦多习用藏中语文。历年台藏文武员弁，所用通事，明于事理者绝少，或则传达舛错致误事机，甚且有意倒颠，藉端播弄，番情每至不洽，弊窦防不胜防。际兹经营藏卫、整理边务之时，必须招集内地人士，自行肄习，方足以备任使而杜弊端。

　　奴才于去年春间，即饬令打箭炉听觅雇兼通汉、番文字之人，充当教习。惟关外番情锢蔽，能通汉文者甚少，迟之数月，始据遴送二人来省。当经饬司筹拨款项设立藏文学堂，招考文理通顺、身体健壮之学生百二十名入堂肄业，并以经费支绌之故，酌收学费，藉资补助。堂中学科以藏文、藏语为主，即饬所招番教习尽心讲授，仍用各科汉教员，教以国文、修身、伦理并兼授英文及历史、地理、算学、体操诸科，俾端

其本原，扩其学识。已于去年十一月间开学。(《锡良遗稿·奏稿》，第651—652页)

是日　奏陈四川铁路举定总副理并续订章程情形。(《锡良遗稿·奏稿》，第652—659页)

3月14日（二月初一日）　奏报交卸四川督篆日期。

奏为叩谢天恩，并报交卸四川督篆日期，恭折仰祈圣鉴事：窃于光绪三十三年正月二十一日奉电传上谕："岑春煊著调补四川总督，云贵总督著锡良调补，均著迅速赴任，毋庸来京请训。钦此。"又于正月二十三日承准军机大臣电寄："奉旨：'岑春煊电奏悉。四川总督著赵尔丰暂行护理，以便锡良迅速起程'"等因，钦此。奴才遵即望阙叩谢天恩，于是月二十七日将四川总督关防一颗暨王命旗牌、文卷、书籍等项，委员赍送护理督臣赵尔丰接手，奴才即于是日交卸。

查奴才前因患病，奏请开缺。旋拜调补之命，复经一再电奏，吁申前请，乃荷圣恩高厚，仍饬历任其难，迅速赴任，跪聆之下，感激莫名。遵即赶紧医调病躯，一面将应交办事宜，料理就绪，即行束装起程，驰赴新任，以纾宸廑。(《锡良遗稿·奏稿》，第659页)

3月19日（二月初六日）　收驻渝办事委员孙泽霖禀办理江北厅煤铁矿务事未就范请示批遵由并移函问答稿。(《近代史所藏清代名人稿本抄本》第3辑，第64册，第378—385页)

4月10日（二月二十八日）　遵旨筹划滇省应办事宜大概情形。

奏为遵旨筹划滇省应办事宜，先陈大概情形，并恳饬部迅议筹款，恭折仰祈圣鉴事：窃奴才蒙恩简调云贵总督，并叠奉温谕，训勉备至，饬将一切事宜，认真经画，跪聆之下，钦感莫名。

伏维列强竞争，立国之本，不外乎内政外交，而内政尤为外交之本，处外交之情见势绌，而乃修其内政，抑已晚矣。然既值艰危之际，犹不亟筹补救之方，则又何以为国？

滇之内政，若吏治，若人才，若民政、学务、农、工、商之一切应办事宜，颇闻旧者腐败已久，新者未尽实行，诸俟奴才到滇后，考察既真，再行逐一悉心经画。其关于天下之大计，滇省之根本，而为今日至要至切之图者，莫如练兵、铁路两端；其尤亟不可待者，则为目前应办

| 1907年（光绪三十三年　丁未）55岁 |

之赈务。然而言之匪艰，动需巨款，竭诚以任事，奋功以图成，此疆臣之责也。决议以施行，合力以通作，维持其大，酌剂于微，此则部臣之事也。滇当无事，本系受协省分，若以要政特别之所需，仍责之该省常年之所入，力何以胜？兹奉明谕，饬部内外和衷协筹接济，仰见朝廷廑念南陲，洞鉴万里，各部臣公忠夙著，必能共济时艰。

窃先综斯数者，赈款虽急，犹为一时之需；路款虽艰，亦不能专恃公家之帑；若夫练兵一事，盱衡时局，滇省至少非练成陆军一镇，驻扎适中，无以备缓急而资镇慑。地处僻远，既不能如山东江北调驻北洋已练之军，而该省旧有各营，或巡防铁路，或控驭蛮荒，又不能裁原有之兵以补新练之饷。且既练新军，则办理须一遵定章，万不敢敷衍从事，羼杂成军，以致有名无实。计常年额饷，数固浩繁，其开办应购之枪炮、装服及建筑营房等项，恐较之沿海沿江各省，劳费不止以倍。前调云贵总督臣岑春煊于奉命后，即由广东拨运枪枝，并调一营前往。奴才现亦由川选带一营，并商护理督臣，在川省陆军饷需项下，拨带饷银十五万两。但此皆不过借助邻疆，稍资基础；所有编练新军开办常年一切饷项，非先筹有的款，无自经营。应请饬下部臣，可否将滇省应行解部练兵之土药、统税等项，概准截留；抑或照数指拨另款，迅予核议，以济要需。

至滇省灾情，奴才在川督任内，曾准部电，饬拨盐务余款银八万两，当经立饬汇滇，并一面饬属广为劝捐在案。开缺督臣丁振铎，前已派员分赴川、黔采运米石，岑春煊亦经筹款自越南购运，惟道远运艰，大抵须数石之费乃可致一石之米。昨复电询丁振铎暨该省司道，据称灾区凡四十余属，现在省城米价每斗需银八两，蒙自等处尤昂。所办赈粜，须俟秋收后，体察情形，再议停展，为日方长，需款甚巨等语。奴才闻之焦灼异常。现在酌商赵尔丰，饬司由川提拨银五万两，即交滇省来川采米委员添购米石，迅运前往，稍为补助之资。伏念圣朝轸恤灾黎，无微不至，近如江苏赈务，渥蒙叠沛恩施。滇民万里边荒，既不同腹地偏灾，尤可迁徙就食，而东南义赈各绅，亦苦鞭长莫及，未遑分惠博施，凡兹百万哀鸿，穷饿瘴疠之乡，流离岩谷之际，种种困迫情形，惟有仰冀我皇太后、皇上如天之仁，矜全格外，饬部一面迅筹接济，一面由奴才到任后，确审灾情，奏陈办理。

滇省铁路，论形势已成补牢，论事机则甫谋始。前准丁振铎商筹滇蜀铁路办法，奴才已认由川合力通筹。旋准来咨，腾越一路，亦已设立公司。惟修路之难，莫难于集款。忆自奴才衔命来川，即奏请创办川汉铁路，督同官绅等苦心擘画，三年于兹，筹款勘工各事宜，始克渐有端绪。兹滇路之重要，该省士绅既已确知利害，亟谋自办。筹集股本，必能激发热忱。奴才职任封圻，自当遇事上秉宸谟，下采众论，深维公益，力保主权，以副简任而慰舆情。惟是民力久匮，矧在边瘠之区，办事固赖官为主持，筹款亦应官为辅导。合无仰恳天恩，俯念滇路关系安危全局，不仅有裨交通，饬下邮传部，统筹熟计，酌济巨款，以为之倡；抑或在于津榆、芦汉两路所获盈余项下，按年酌拨若干，俾得早日兴办。将来滇路告成，即为津、芦之子路，亦使外人知我，众志坚结，畛域无分，津榆、卢汉专其利，滇、蜀、藏、卫蒙其安，滇疆幸甚，大局幸甚！

要之，滇事之巨艰，有非奴才庸陋所能胜任；既蒙倚界，敢不勉殚血诚，力图报称。凡此要政，胥知深系厪怀，谨就愚虑所得，先陈大略。在部臣筹款同一艰窘，奴才固所深知，是以督川数年，练兵办赈，以及巴塘、桑披两次军务，均设法竭力筹挪，从未敢指请部款。今滇疆情势实有不同，不得不迫切呼吁，幸惟圣明鉴此愚衷。

至奴才病体，现经赶紧医调，虽未复原，谨当支持就道。拜折后，即于二月二十九日起程。

再，此折系借用四川总督关防拜发，合并声明。（《锡良遗稿·奏稿》，第661—663页）

5月24日（四月十三日） 上谢恩折。

奏为叩谢天恩，恭报到滇接篆日期，仰祈圣鉴事：窃奴才于光绪三十三年正月十九日钦奉恩命，调补云贵总督，当将交卸四川督篆及起程赴滇日期，先后奏报，并将滇省大概情形遵筹具奏在案。兹于四月初六日行抵云南省城，初十日，准前督臣丁振铎将云贵总督关防一颗，并王命旗牌、文卷，派员赍送前来，当即望阙叩头，祗领任事。

伏念滇、黔地居边要，总督职重兼圻，非察吏无以安民，非练兵无以固圉；权舆新政，育材以兴学为先，辑睦友邦，内政实外交之本。凡兹重任，已愧轻材。矧滇省亢旱频仍，沈灾未澹，筹款既穷于罗掘。转

| 1907年（光绪三十三年 丁未）55岁 |

粟倍极其艰难，百万嗷鸿，扶绥宜亟。他如路矿诸大政，在在胥待经营。以贫瘠著名之区，而为迫切补苴之计，奴才自维梼昧，深惧弗胜。惟有勉殚血诚，随时督同司道，并会商黔省抚臣，遇事认真办理，力戒敷衍因循，用期仰副高厚鸿慈于万一。

再，奴才经过川、黔各属，旸雨应时，麦收中稔。滇境多苦干旱，省城及迤南、迤西等处，经年无雨，望泽甚殷。惟民情尚称安帖，堪以仰纾宸廑。合并陈明。

九月初十日奉朱批："知道了。"（《锡良遗稿·奏稿》，第664页）

5月24日（四月十三日） 奏报蒙自关第一百八十六结期满征收税银及照章提拨支解各款情形。

奏为蒙自关第一百八十六结期满征收税银，照章提拨支解各款，开单具报，恭折仰祈圣鉴事：窃准部咨："洋关征收税银，照章按结奏报一次"等因。所有蒙自关自光绪三十二年八月十四日起，至十一月十六日止，第一百八十五结期满征收税银及提拨支解各款，业经开单奏报在案。

兹据云南临安开广道兼管关务魏景桐，将该关自光绪三十二年十一月十七日起，至三十三年二月十八日止，第一百八十六结期内征收正税，分别四六成，以四成作为京饷，其六成项下，除开支关用经费及倾熔折耗外，余银提一成五厘出使经费，所收子口半税，全数归入六成税内供支。并将实征船钞各款数目，开列四柱清单，详请奏咨，并声明此结提归税务处三成罚款银五十三两五钱九分等情，到前督臣丁振铎，未及核办移交前来。奴才覆核无异。

除咨税务处、度支部、南洋大臣查照外，谨照缮清单，恭折具陈，伏乞皇太后、皇上圣鉴，敕部查核施行。

七月初九日奉朱批："该部知道，单并发。"（《锡良遗稿·奏稿》，第664—665页）

6月6日（四月二十六日） 奏报思茅关第一百八十六结期满征收税银及提存支解各款情形。

奏为思茅关第一百八十六结期满征收税银及提存支解各款，开单具报，恭折仰祈圣鉴事：窃准户部咨："洋关征收税银，照章按结奏报一次"等因。所有思茅关自光绪三十二年八月十四日起，至十一月十六日止，第一百八十五结期满征收税银及提存支解各款，业经开单奏报在案。

兹据云南思茅同知兼管关务李同寿，将该关自光绪三十二年十一月十七日起，至三十三年二月十八日止，第一百八十六结期内征收正税，分别四六成，以四成作为京饷，其六成项下，除开支关用经费及倾镕折耗外，不敷银两，前已陈明由蒙自关暂行借拨支用。至应提一成五厘出使经费，现仍无款可扣，请免提解。开列四柱清单，详请奏咨，及声明此结各商均遵章上纳，并无罚款等情前来。臣覆核无异。

除咨税务处、度支部、南洋大臣查照外，谨照缮清单，恭折具陈，伏乞皇太后、皇上圣鉴，敕部查核施行。

七月初九日奉朱批："该部知道，单并发。"（《锡良遗稿·奏稿》，第665—666页）

是日 严厉惩处缺额侵饷之营员。（《锡良遗稿·奏稿》，第669—670页）

6月14日（五月初四日） 奏报收到江西等省解滇常年铜本银两。

查各省拨解云南常年铜本，自本年二月以来，先后据商号汇到江西一万两，陕西一万两，四川一万两，均经前督臣行司照数兑收支放。兹据云南布政使刘春霖汇详请奏前来。

除咨部查照外，谨附片陈明，伏乞圣鉴。

七月二十三日奉朱批："度支部知道。"（《锡良遗稿·奏稿》，第671页）

6月18日（五月初八日） 收外务部电并致外务部电。（《近代史所藏清代名人稿本抄本》第3辑，第65册，第233页）

是日 收沈秉堃电询巴龙事。（《近代史所藏清代名人稿本抄本》第3辑，第65册，第246页）

6月19日（五月初九日） 致外务部电。（《近代史所藏清代名人稿本抄本》第3辑，第65册，第250页）

6月22日（五月十二日） 收外务部来电并再致电外务部。（《近代史所藏清代名人稿本抄本》第3辑，第65册，第266—267页）

6月26日（五月十六日） 滇省各项军需报销例价不符，恳请核实造报。

奏为滇省各项军需报销例价不敷，恳请核实造报，以示体恤，恭折

| 1907 年（光绪三十三年　丁未）55 岁 |

仰祈圣鉴事：窃据云南布政使刘春霖会同善后、筹饷报销局详称："滇省善后报销，凡制发各营枪械、锅镰、锄斧、铅丸等项，所需铜铁各物件，向均查照军需则例价值造报。其实近年物价昂贵，较前大相悬殊，即红铜一项，每百斤共需价脚银二十两，经前督办矿物大臣唐炯奏明由部覆准在案。此外如黄铜每斤需银三钱，铁每斤需银五分，钢每斤需银一钱五分，黑铅每斤需银五分五厘，锡每斤需银七钱，熟煤每斤需银五厘五毫，木炭每斤需银九厘，白炭每斤需银一分二厘，硼砂每斤需银三钱七分，均核与例价不符。伏查采买物料，实在不敷，照例原准具奏办理。现在滇省铜、铁、钢、铅、锡、煤炭、砂等物料，例价均实在不敷，应恳自光绪三十一年起，俱照前项价值银数，分别造报。至制给各营账房等项，向章不论行营、坐营、按三个月更换一次，旗帜衣帽按六个月更换一次；嗣因饷项奇绌，酌将坐营账房旗帜衣帽，均暂改为一年更换一次，行营仍旧，原为节省开支起见。乃近年迭据各营纷纷禀恳，佥称米珠薪桂，赔贴维艰；而各弁兵驻扎边隅，瘴疠时侵，情亦可悯，不得已自光绪三十一年正月起，勉令将坐营账房等项改为半年更换一次，较之从前按三个月一换者，实属倍形撙节。其旗帜、衣帽暂准改照向章，六个月更换一次，俾示体恤"等情，详请奏咨立案前来。奴才覆加查核，尚属实在情形。

除咨部外，理合恭折具陈，伏乞皇太后、皇上圣鉴，敕部查照立案施行。

七月三十日奉朱批："该部知道。"（《锡良遗稿·奏稿》，第 671—672 页）

6 月 28 日（五月十八日）　收外务部滇桂交涉电。（《近代史所藏清代名人稿本抄本》第 3 辑，第 65 册，第 285 页）

6 月 30 日（五月二十日）　锡良致电外务部。（《近代史所藏清代名人稿本抄本》第 3 辑，第 65 册，第 291 页）

7 月 2 日（五月二十二日）　收张人骏来电知照法派驻粤领事魏武达二十日由粤启程。（《近代史所藏清代名人稿本抄本》第 3 辑，第 65 册，第 309 页）

7 月 7 日（五月二十七日）　据实覆陈查明已革藩司樊增祥被参各节。

奏为查明已革藩司参案，据实覆陈，恭折仰祈圣鉴事：窃于光绪三十三年正月十四日承准军机大臣字寄："三十二年十二月二十三日奉上谕：'有人奏，陕西撤任藩司樊增祥，把持铁路，激变舆情一折，著锡良确切查明，据实具奏，勿稍徇隐。原折著抄给阅看'"等因，钦此。钦遵。当派四川试用道何作照，驰赴陕西逐节确查，据实禀覆。兹据该道查明，具覆到滇。

奴才覆加查核，如原参该革司总办铁路，绅士不得与闻，暨奏请公举之绅士京官，被其阻挠各节。查该革司总办仅祇西潼铁路，嗣经各京官公举内阁学士李联芳等，系为拓办陕甘铁路，事关两省，似非陕藩一人所能阻挠。惟该革司于西潼铁路公司，只以司局文案各员兼司其事，并派议员数人，实未派有绅士在内。

又原参该革司事事操切，激成民变，暨铁路一款，按亩加征各节。查兴平、扶风、华阴等处，先后聚众滋事，均属不虚。惟有所称华阴毁署伤官劫狱，尚无其事。即各属启衅根由，亦非尽由筹款而起。至于所办路捐，该革司系按田亩完粮原数摊派，收钱未将零星小户剔免，诚有如原参所谓"不问贫富，一律追呼"者。

又原参赵乃普请缓办路款，立行撤任，暨使杨宜翰出差东洋避祸各节，查署岐山县知县赵乃普，承办路捐，甫经禀定折收数目，旋又请照别属减收。该革司以为任意更张，因予撤任，原参殆即指此。兴平县知县杨宜翰，当系杨宜瀚之误。该县在任时，县民曾有聚众情事。至卸任后，委充东洋留学生监督，是否该革司藉为设法避祸，未便臆断。

其余原参该革司办理粮务各情，查陕西粮务，业经奴才专案查覆，据实参奏，自不必再行饬查。

原参升允派员密查，为该革司防禁一节，据查亦尚无其事。

伏查已革陕西藩司樊增祥，筹款虽属操切，究系因公，业于粮务案内奉旨革职，应请免再置议。至陕西各属聚众之案，均早平靖，合并声明。

八月十一日奉朱批："知道了。"（《锡良遗稿·奏稿》，第673—674页）

7月9日（五月二十九日）　致那桐、袁世凯电。（《近代史所藏清代名人稿本抄本》第3辑，第65册，第316页）

7月11日（六月初二日）收那桐、袁世凯复电。（《近代史所藏清代名

人稿本抄本》第3辑,第65册,第322页)

7月15日(六月初六日)　奏请饬部指拨的款解滇供支。

惟现在铁路营队,额饷太薄,食用奇昂,兵额复参差不一,非将营制饷章,大加更定,厚给薪粮,万难得力,亦终难免贻人口实,断非前督臣所请之年需十六万两所能敷用。合无仰恳天恩,俯念交涉困难,地方瘠苦,赏准敕部按年筹拨的款银二三十万两解滇供支,俾资整顿而维边局,实出逾格鸿施。

八月二十一日奉朱批:"该部议奏。"(《锡良遗稿·奏稿》,第674—676页)

7月22日(六月十三日)　向清廷沥陈滇省困难情形,指出亟宜通筹补救。

兹到任已经两月,悉心遇事考查,外交之棘手,所见无异所闻,而内政之种种腐败,种种困难实情,尤不敢不为我皇太后、皇上亟陈之:

即如前奏练兵一事,滇省固早编练新军矣。初以为兵格不免杂糅,军械未臻完备耳。乃驻省者有步兵一标第一、第三营,二标第一营,炮队第一营。各营皆散处公所、城楼、庙宇,并营舍而无之。兵丁昼夜嬉游街市,出入无禁,在旧日勇营之稍讲纪律者,尚不至此。军纪不知,遑言训练?且将校中本罕通晓陆军学术之员,势亦无从训练。即名为炮队,实只演习枪操,新炮固未订购,并原有旧炮亦不能运动,殆亦由精于炮学之无人。其一标第二营、二标第二营,均以未经训练之兵,巡防路南州、宜良县等处铁路,分扎至为零星。现经访查,且有缺额情弊。二标第三营,则本以旧日土勇拨充,远在距省八百里外之广南府。是盖一苦于无饷,故不免拨旧军以蒙新军之虚称;一苦于无人,故名新军而仍无新军之实际。至于各路之巡防队暨铁路巡防队,其弊尤不可胜言。夫固练兵与不练同,且有兵直与无兵同也。

至若吏治,以滇省边区,亦何敢过求体用之全材,优异之治行。无如颓废既久,上下相蒙,庸劣牧令,固惟知一意私肥,寡廉鲜耻,几于劾不胜劾,防不胜防。其余碌碌,大率以泄沓为能,宴安为乐。即寻常吏事,如治狱、缉盗诸端,犹多敷衍草率,若责以推行新政,更盲无一知。其时局之安危,民生之休戚,直若于己无与者。实缺如是,候补道亦遂相习成风。奴才当推求其故,大抵由部签发者,每于边荒去之若浼,部选者，又多未习吏治边事。而附近流寓纨绔以及猥鄙杂流，多以输资捐纳，夤缘保举得官，此本不过以官为市，尤不足论。凡是皆所以败坏之由，而循是将绝无澄清之望也。

至若学务，僻远如滇，非学何以开民智？贫瘠如滇，非学又何以植民业、厚民生？乃省城官立者，如高等学堂、小学堂以及实业学堂等，盖已十数，名目不为不备；而一经考察，教科固未完全，阶级尤多紊躐，定章且未符合，成效于何取资？至省外各属，则或茫无建置，或空标名称，求其因陋就简，粗具形式者，且所罕觏。即各城乡应设初等小学堂，亦多未切实举办。此固迫于经费之艰难，抑亦囿于官绅之固陋。而学绅攻讦之风，学生嚣凌之习，则视腹地各省殆有过之。循是以往，学界从何发达，人材从何造就？矧农工商各实业，又复毫无进步。际此优胜劣败之世，而反乎生众食寡之经，恐即不遇灾荒，生计亦将日蹙，此尤奴才所为隐忧切念者也。

至若财政，滇本受协省分，曩年各省协饷较多，出入相衡，尚足支拄。近则湘、鄂等省皆已停协，川协亦经减数；而用款日有加增，合之藩、盐、粮三库及厘税所入，悉索支应，每岁不敷尚巨，无非挪后提前，或息借商款，以为周转。似此日处窘迫之乡，常款无从决算，新政更无自举行，直有势同束手。夫理财之道，不外开源节流，际此节无可节，各省因有裁并局所，酌减薪糈之举；滇则局所本属无多，再难裁并。至文武各差委薪水向视腹地为薄，日用则较腹地为昂，况又曾经核减；欲养其廉，以免舞弊，方宜酌增，断难议减。其开源之法，产于滇者，曰矿、曰盐、曰土药。矿学至精，矿政至重，非确见其利无以言兴，非洞知其弊无以言革。奴才现已派员周度详咨，惟欲图大举，须筹巨本，且获利亦在将来，讵能纾目前之急。盐价则近已一加再加，成本过重，商力不支，陵私、缅私之侵灌，年甚一年，万难再议加价。土药厘税，向恃为内销外销各款大宗，现奉十年禁绝之谕，正督司饬属妥筹办法，实力奉行。倘能不俟十年，绝此鸩毒，岂非生民大幸。然则常年旧有之税厘，尚须逐筹抵补。此又滇省财政更较他省为难之实在情形也。

凡是数大端，均应亟图补救。军事惟有彻底淘汰，从新改张。仍照前奏，先练陆军一镇，务期悉合定章，以求实效。其余巡防各队，亦当通盘筹度，厘定营制、饷章，并更选将领，严定纪律，以期克底精强。

学务则署提学使叶尔恺，业经到任，应由奴才督商该司等，次第考求，就程度以施教育，筹经费以事扩充，定宗旨以绝袤邪，兴实业以宏教养。区区此心，亦务其实、不务其名而已。诸俟筹办稍就，即行分别专折奏陈。

惟是吏治一端，实为内政制治之原，于外交又极有关系，非得人不能为政；而断非囿于偏隅，拘于常格，所能得人。除已电请将本科考取举贡签发知县，由部增签发滇外，伏维朝廷俯念时艰，近年内外各职，历蒙破格用人，滇事备极艰危，需材尤急，拟恳天恩饬下吏部，查照近年奉天、广西章程，并准将奏调及投效人员，随时分别奏留委署。其应扣归内选各缺，酌议多留外补，俾得为地择人，藉策群材而挽积弊。

至滇省财政，在部臣夙著公忠，岂不深知其积困？部款同兹艰窘，又岂能专顾夫一隅。但通筹协济之方，要赖部臣权其缓急轻重。即如新练一镇，凡开办以及常年经费，本省竟一无可筹；若仍徒托空言，是为有心欺饰；若非的有巨款，实觉无术经营。惟有仰恳饬下度支、陆军两部，务为勉筹练兵专款，俾足于用，以收实行之效而免中竭之虞。

所有一切派解款项，并请由部查照前云南抚臣林绍年原奏，以后免其再派，已派者酌准停解，用恤边区。奴才一面仍当督司派员，设法整理矿物，冀以渐拓利源，进规远大。

要之，滇省今日情势，即胜奴才材力十倍者，亦有补救弗逮。矧以奴才智识疎庸，久惭窃位，渥荷圣恩，叠加训勉，待罪是邦，今就内政论，其困难已至此极，何敢不以披沥上陈。深宫宵旰忧劳，廑怀南服，凡所以为滇计，即为天下全局计。谨殚愚诚，无任屏营待命之至。

八月二十四日奉朱批："该部议奏。"（《锡良遗稿·奏稿》，第677—680页）

是日　滇省考试优生，遵章录送，但因现届朝考期近，赶赴不及，锡良奏请恳恩后期补考，以示体恤。

奴才于本年四月初十日到任，查得署云南提学使叶尔恺于三月二十日到任后，赶即飞饬各属，将先后举报优生，申送考试。因辖境辽阔，四月二十日后，姑能一律取齐。当于四月二十四日考试首场，二十六日考试二场，分别去取。复经奴才于五月初四日扃门覆考，按照例额二名加取四倍，选得云南府学廪生张镇南、宁县学附生薛祥信、石屏州学附生王儒端、蒙自县学廪生邓和祥、白盐井学廪生张德盛、曲靖府学廪生邓桂馨、丽江县学附生杨穆之、太和县学附生杨楷、云南府学廪生尹钟琦、蒙自县学附生侯来宾等十名，人品端谨，文理清通，堪以取录。当饬司将该生等姓名，造具清册，同各场原卷，详请咨送部科发给贡照，饬令各生亲齐赴部投验。旋准部电，本届朝考，业已奏准在六月举行。滇省地处极边，距京窵远，核计程限，六月内万难赶到，必致有误试期。伏念此次考试，优生额准加倍录取，在国家待士，原属格外从宽。该生等万里遄行，若因本省考送稽迟，空劳往返，转非朝廷体恤寒畯之意。合无仰恳天恩，俯念滇省程途僻远，准予后期补考，以免向隅之处，出自逾格鸿慈。

八月二十四日奉朱批："吏部知道。"（《锡良遗稿·奏稿》，第680—681页）

7月31日（六月二十二日）　请旨分别惩处贪庸不职将领。

奏为滇省营务废弛，查明贪庸不职将领，请旨分别惩处，以肃军政而挽颓风，恭折仰祈圣鉴事：窃维滇省时局之阽危，军政之重要，仰荷朝廷南顾殷忧，不惜岁糜巨帑，责疆臣以选将练兵，此实系自强大计。奴才到任后，悉心考察，滇民颇不乏朴实刚劲之材，堪备兵格。无如各营将领，积习太深，不惟旧军视缺额侵饷为固然，即新军亦视罔利营私为得计，营垒未建，腐败已形，实为各省所少见。若再不认真整顿，旧军固等虚糜，新军万无进步，设边场偶有缓急，直难收一兵之用，思之可为痛恨！当经派员驰赴各营点验，除将查明情节尤重之管带田庆杰、孙殿魁业经电奏请正法外，查有云南新军第一标第二营管带、候补游击邓廷忠，第二标第二营管带、候选州判王绍谟，该两营驻扎路南、宜良铁路一带。据该委员点查邓廷忠所带之营，仅前队一队已有空额四名、幼孩一名，箕斗、籍贯、入伍年月不符者四十余名。王绍谟所带之一营，临点不到者三十余名，籍贯、箕斗、入伍年月不符者八十余名。当饬将该管带邓廷忠、王绍谟及前队队官廪生李有崧，提省发交护理迤东道秦树声、署理云南府知府周曔审讯。据邓廷忠供认，到营查验未周，铁路食物昂贵，日有逃兵等情。王绍谟于该营临点不到之兵，供称内有因事出差，追诘以所出何差，均难指实。至年籍、箕斗不符，均无可置辩，

1907 年（光绪三十三年　丁未）55 岁

诿诸造册错误，其为临时雇顶，已无疑义。兹据该护道等详请核办前来。

查该管带邓廷忠等，身充新军将校，宜如何力袪积习，懔遵军律，乃敢恣为弊混，法纪荡然，虽较之田庆杰等情节较轻，既据查讯得实，未便稍事姑容。相应请旨将游击邓廷忠、州判王绍谟一并革职，发往新疆充当苦差。队官李有崧讯有侵蚀截旷情事，应请革去衣顶，发交原籍监禁二十年，以示儆惩。至统领新军云南候补道柳旭，经前督臣丁振铎委以重任，叠加优奖，宜如何激发天良，认真督率训练，乃竟因循玩愒，于属营缺额侵饷毫无见闻，实属形同聋瞆，拟请以同知降选。此外各营，奴才仍当随时考核，如尚有缺额及不职之员，查明后即行奏请从严惩办，以肃军政。

九月初十日奉朱批："另有旨。"（《锡良遗稿·奏稿》，第 681—682 页）

是日　照章按季汇报滇省惩办各属盗犯土匪情形。

奏为滇省惩办各属盗犯土匪，照章按季汇报，恭折仰祈圣鉴事：窃查滇省强劫土匪各案犯，前经准奏，于审明后先行就地正法，按季造册奏咨，历经遵办。

兹查光绪三十三年春季分，据各属详报盗劫等案，共计十四起，罪应斩、绞盗匪明长生等二十五名，均经饬司委员会审，并解由该管道府覆审明确，按律定拟，照章将斩枭、斩决各项，分别改拟，开具供折，禀经前督臣丁振铎，核明情罪相符，随案札饬分别惩办在案。兹据署云南按察使增厚造册具详前来。奴才复核无异。

九月初十日奉朱批："法部知道。"（《锡良遗稿·奏稿》，第 684 页）

8 月 6 日（六月二十八日）　收高尔谦与魏武达谈判节略。（《近代史所藏清代名人稿本抄本》第 3 辑，第 65 册，第 417 页）

8 月 12 日（七月初四日）收英领事葛福来函并复电。（《近代史所藏清代名人稿本抄本》第 3 辑，第 64 册，第 387—388 页）

8 月 13 日（七月初五日）　请旨分别惩处贪庸不职将领。

奴才电奏管带云南铁路巡防队、参将田庆杰、游击孙殿魁缺额侵饷，请旨将该两员革职，一并正法，并将节制各该营之署临元镇总兵苏拎元即予革职一案，光绪三十三年六月二十一日承准军机大臣电传奉旨："锡良电奏悉。田庆杰、孙殿魁著即正法，苏拎元即行革职"等因，钦此。遵即恭录，檄委署按察使增厚，移会署督标中军副将李春华，督同署云南府知府周曧，立提各该犯，验明正身，恭传谕旨，即日一并正法，以昭炯戒。

至孙殿魁系准补澄江营游击，因回避调补昭通镇中营游击，尚未奉准部覆，应仍以所遗澄江营游击缺拣员请补。滇省现有应补人员，应请扣留外补。

九月十九日奉朱批："该部知道。"（《锡良遗稿·奏稿》，第686页）

是日　奏报蒙自关起解本年摊还俄法英德借款四成银两。

前准户部咨云南蒙自关每年摊还俄、法、英、德借款银四万两，分作两次，于三月解六成，九月解四成，均赴江海关交纳。嗣又准咨每年加拨银一万两各等因，业将本年三月内应摊六成银三万两，解赴江海关交纳，附片奏明在案。

兹查该关本年九月内应摊四成银二万两，现于六成洋税项下，竭力腾挪，如数凑齐，由省发交同庆丰商号领赍汇解，定限七月十五日起程，至九月十五日由上海天顺祥商号赴江海关交纳，不准稍有延误。所需汇解各费，照案在六成洋税项下开支，另案造报。据云南临安开广道兼管关务魏景桐详请奏咨前来。

九月十九日奉朱批："该部知道。"（《锡良遗稿·奏稿》，第686—687页）

8月14日（七月初六日）　致外务部电。（《近代史所藏清代名人稿本抄本》第3辑，第65册，第458页）

8月26日（七月十八日）　奏报滇省二麦南豆收成分数。

奏为查报滇省二麦南豆收成分数，缮单具陈，恭折仰祈圣鉴事：窃查各省收成分数，应按限分别查报，历经遵办在案。

兹据云南布政使刘春霖查明滇省光绪三十三年分二麦南豆收成分数，开单呈报前来。奴才覆加查核，计九分有余者二属，九分者一属，八分有余者三属，八分者四属，七分有余者三属，七分者五属，六分有余者五属，六分者六属，五分有余者三属，五分者六属，四分有余者三属，四分者六属，三分有余者二属，三分者三属，二分有余者三属，二分者一属，一分有余者八属，一分者三属。通省牵算，五分有余。

再，思茅、威远等属，均据报不产豆麦，是以未经开报，合并陈明。

1907年（光绪三十三年　丁未）55岁

十月初七日奉朱批："知道了。"（《锡良遗稿·奏稿》，第688页）

9月1日（七月二十四日）　甄别属员贤否，请旨劝惩，以肃官方。

奏为甄别属员贤否，请旨劝惩，以肃官方，恭折仰祈圣鉴事：窃维治田者恶莠原恐乱苗，芟除不能不力；察吏者扬清必先激浊，甄别不可不严。盖必有爱惜人才之心，一举一措，皆出于不得已，而后迟回审慎，彰瘅得当，造就乃宏。况在云南，地方僻远，疾苦艰难甲于各省，贤者且多裹足，安论中下？但使所在人员，苟有片长可取，方罗致之不暇，何忍屏除废弃。无如方隅所囿，习染所趋，卤莽者偾事固多，而疲癃庸暗者流终日昏昏，几不知所居为何官，所司为何事。百端颓废，比比皆然，参之不胜其参，用之不能为用；若曲予包荒，不惟贻误事机，且将败坏风气，整顿更无从措手。然亦有杰出之士，不随流俗为转移，才识操履超越寻常万万者。再听其薰莸混淆，抉择不精，区别不明，则智愚贤否，皆沦于苟且偷安而莫辨，吏治将无澄清之望。奴才思之，懔然大惧。

论者谓滇省吏治，向称质朴，只以近十余年来，无人讲求，多徇情面，相率营私，悠悠忽忽，陵夷以至今日，几于全体朽烂，不可收拾。夫以八十余万方里土地，千数百万人民，竟任腐败于昏庸之手，殊可叹息痛恨者也！奴才才疏识浅，自愧不能干济时艰以称职守，何敢遽以责人。特念人才之隆替，为地方治忽所关，倘玩愒如前，何以仰副圣主廑念边陲之至意。

兹谨就考询所及，查得开临广道魏景桐，器识闳深，边方倚重，洞明交涉，守正不阿。护理迤东道、曲靖府知府秦树声，清矫拔俗，忠爱忧时，谠论危言，所见者大。调署开化府知府、丽江府知府刘钧，熟悉边情，精明干练。署永昌府知府、试用知府谢宇俊，才华敏赡，明干有为。奏补普洱府知府王正雅，质直耐劳，饶有胆略。调署镇边厅直隶同知、俸满开缺镇沅厅直隶同知刘成良，心地朴诚，边民爱戴。候补直隶州知州江蕴琛，年强才敏，政事明通。署沅江直隶州知州、他朗厅通盘陆长洁，老成稳练，办事切实。昆明县知县陈先沅，才具开展，任事实心。顺宁县知县有瑞，书生本色，勤奋强明。候补知县田亮勋，宅心诚笃，所至有声。候补知县周安元，勤政爱民，循良之选。候补知县林志恼，条理缜密，留心实业。以上十三员，均拟请旨嘉奖，俾资鼓励。

十月二十三日奉朱批："另有旨。"（《锡良遗稿·奏稿》，第690—692页）

9月10日（八月初三日） 奏请免云南江川县属被灾条粮以舒民困。

奴才覆查江川县属被灾共田三十七顷五十亩九分五厘，应征秋粮米折银一百八十四两四钱三厘五毫六丝，条公等银二百四十七两七钱二分一厘二毫六丝。既经该印委会勘明确，委系十分成灾，若仍照常征收，民力实有未逮。合无仰恳天恩，俯念民情困苦，准将应完光绪三十二年分前项银两照数豁免，以舒民困，实出逾格鸿慈。

十月十六日奉朱批："著照所请，度支部知道。"（《锡良遗稿·奏稿》，第696页）

9月11日（八月初四日） 密陈滇缅北段界务，恳请清廷敕部筹办。

奏为前勘滇缅北段界务，损失已甚，延未定案，敬谨密陈，恳请敕部筹办，恭折仰祈圣鉴事：窃惟外交以信义为归，不得受诈虞而召侵吞之渐；疆臣以封圻为重，岂容以隐忍而失边要之区。奴才在蜀，即闻滇缅界图波及西藏，恫乎有忧之，而犹幸其未翔实也。莅任后，详细句稽，乃知外务部及前督臣丁振铎与英人相持不下者，诚迫于无可如何。奴才再四思维，此案必不可许者七，可争者六，往复文牍备存架阁，不俟覼缕也。谨撮其紧要，思所以应付者，为我皇太后、皇上剀切陈之。

故事我与英争者，恩梅开江以西、昔马以南，无论已退而有滇、缅界务，实腾、野界务耳。何则？野人山在腾越西北境，固滇、缅之瓯脱也。前出使大臣薛福成与英议界，即指明野人山，原奏具在。是野人山既属瓯脱，纵不能听其为中立之地，亦应彼此均分。乃今我不能越恩梅开江之西进获尺寸，彼竟越恩梅开江之东占我要害，讵合公理！必不可许者一。

外务部所译英文图，指的恩梅开江分水岭。以地望准之，正今扒拉大山，与高黎贡山何涉？不可许者二。

即以扒拉大山分划，其扒拉大山以西已失骂章、黄铁、茅贡数百户，此皆食毛践土数百年之赤子也。该部以英人办有成案，故未峻拒。英人乃更欲深入其阻乎？必不可许者三。

凡两水中间之山，皆可称为分水岭。高黎贡山乃潞江与麻里开江之

| 1907年（光绪三十三年 丁未）55岁 |

分水岭，与高良贡山相去辽绝；今彼以名称易混，遂欲以高黎贡山为分界之分水岭，指鹿为马，必不可许者四。

若自高黎贡起，则北通川、藏，西包俅怒、浪僳，东薄、保山十五喧，駸駸南下牧马，腾越已入其瞉中，更何仿三角租地之可言！必不可许者五。

原英人东侵之谋，权舆于之非河搬瓦、了口之间，进则窥大丫口，又进则拟以雪山为垄断。始焉蚕食，终乃鲸吞，雄心四据，猛气纷纭，几分水岭而滇不泯灭耶？必不可许者六。

不但此也。以大丫口为界，则茨竹、派赖两土司寨皆将划入彼境。以两土司执有札付，确有中国属地者，尚可横索；则他日任指别处凭证不足者，又将何以应之？必不可许者七。

理有曲直无强弱，论有是非无难易。传曰："国不竞亦陵。"与其不言而彼有默许之疑，何如提议而我有主权之望。

前署迤西道石鸿韶与英领事烈敦上界会勘非会画。可争者一也。

彼此过印辨图之真伪，注明并不为凭，彼安得有完全之报告？可争者二也。

译图具在，苍黄反覆，持彼之茅，入彼之盾。可争者三也。

部局函答，均扼定小江汇入恩梅开江之处。其以小江为界，小江之流，非小江之源也，正与扒拉大山线脉吻合。可争者四也。

烈敦虽故，萨使虽易，约牍皎然，延未蒇事，商请派员覆勘，勘而后画，自为公理。可争者五也。

英固信义之邦也，而此次顾不免诈虞者，岂本心哉！徒欲幸免茨竹、派赖命案之赔偿耳。命案尽可和平办理，牵涉界务何为者？若以命案争界务，万一滇民于缅境杀一不辜，我亦欲席卷新街，囊括南棍，以为护符乎？此亦罕譬易喻矣。可争者六也。

奴才偏激，思不周心，款款愚实，是否有当，恳请敕部筹办，大局幸甚！

奉朱批："外务部知道。钦此。"（《锡良遗稿·奏稿》，第697—699页）

9月23日（八月十六日） 云贵总督锡良为英总领事照会事札饬滇蜀腾越铁路总公司查照。

· 375 ·

钦命头品顶戴陆军部尚书都察院都御史总督云贵等处地方军务兼理粮饷兼管云南巡抚事锡为札行事。

光绪三十三年八月初十日准英国驻滇总领事官务照会称，昨阅本部堂所出告示，内开：滇蜀腾越铁路业经三迤绅商禀请奏准自办，不修滇蜀腾越铁路是自弃其利等语，当经电禀本国驻京钦使，现奉回电应请将告示内腾越二字删除更改等由一案。当经本部堂以腾越铁路应归中国自办，未便删除更改情形照复在案，合就抄录来往照会札行，为此札仰该总公司即便移会洋务局一体查照。特札。（《滇越铁路史料汇编》上，第74—75页）

9月27日（八月二十日） 照章按季汇报滇省惩办各属盗犯土匪情形。

奏为滇省惩办各属盗犯土匪，照章按季汇报，恭折仰祈圣鉴事：窃查滇省强劫土匪各案犯，前经奏准于审明后先行就地正法，按季造册奏咨，历经遵办。

兹查光绪三十三年夏季分，据各属详报盗劫等案共计二十八起，罪应斩绞盗匪孙玉蟥等五十一名，均经饬司委员会审，并解由该管道府覆审明确，按律定拟，照章将斩枭斩决各项分别改拟，开具恭折，禀经奴才核明，情罪相符，随案札饬分别惩办在案。兹据署云南按察使增厚造册具详前来。奴才覆核无异。

十一月十七日奉朱批："法部知道。"（《锡良遗稿·奏稿》，第699页）

是日 奏报实施监狱改良，改建省城监狱情形。十一月十七日奉朱批："法部知道。该督于监狱改良一事，筹办合法，布置周详，足见关心民瘼，能识其大；著即切实赶办，俾惠泽早得下逮。"（《锡良遗稿·奏稿》，第701—703页）

10月8日（九月初二日） 奏报沈秉堃、增厚任职情况。

调授云南按察使沈秉堃，现已到省，应即饬赴新任，并委令总办洋务铁路各局处事务。原署臬司之粮储道增厚饬回粮道本任，仍兼办洋务各局事宜，以重职守。

十一月二十一日奉朱批："知道了。"（《锡良遗稿·奏稿》，第703页）

10月13日（九月初七日） 云贵总督锡良为与英务总领事往来照

| 1907年（光绪三十三年　丁未）55岁 |

会饬滇蜀腾越铁路总公司查照办理。

钦命头品顶戴陆军部尚书都察院都御史总督云贵等处地方军务兼理粮饷兼管云南巡抚事锡为抄稿札行事：

光绪三十三年八月二十一日准英国驻滇总领事官务照会于本部堂，八月十七日照称各节，逐条照复后开，仍请将示内腾越二字删除，并抄送英国钦差照会外务部文一件等因。准此，当经本部堂于九月初五日逐条驳复在案，所有往来照会文稿，合就抄录札行，为此札仰该总公司即便查照。特札。（《滇越铁路史料汇编》上，第76—78页）

10月14日（九月初八日）　锡良札矿政调查局文。（《近代史所藏清代名人稿本抄本》第3辑，第98册，第308—313页）

10月19日（九月十三日）　奏报滇省改编陆军筹办大概暨饷需不敷情形。

查滇省陆军拟先练成一镇，经部议覆奏允准在案。计原有新军，凡步队二标，炮队二营。其第一标第二营、第二标第二营，因派护铁路，零星屯扎，弊混尤甚。该两营管带前已查明请旨惩处。惟路工重要，未能裁撤，现将该两营汰弱留强，一律改为铁路巡防队。其驻扎广南府之第二标第三营，本系巡边土勇，亦将该营改并编入巡防队。又驻扎临安、蒙自之炮队第二营，原以防营炮队拨充，既无新式快炮，又无谙习炮学之员，已饬遣撤。现即先将由川调来步队一营编入第一标，由粤调来步队一营编入第二标，俾资模范。合之原有步队三营暨再募补一营，计先可成立步队两标，连同原有炮队第一营委派候选内阁中书陈宧为统领，留学日本士官毕业生张毅为第一标统带，并再遴员委统第二标，由奴才随时督饬慎选官校，确遵定章，驻省认真教练，以期免立基础，次第经营。此改编各营队之大概情形也。

滇省现充军职各员，多未尝学问；即武备学堂毕业生，因该堂开办较晚，程度较低，亦尚难胜下级军官之任。奴才前由川随带陆军毕业生二十余人，旋又电咨两江督臣端方，调派南洋毕业生数人来滇委用。惟际此学堂、军队事事需员，深苦不敷调遣，只可一面随时添调有用之人才，一面就地亟施相当之教育。兹照章设立讲武堂，即派总办陆军小学堂留学日本士官毕业生胡景伊兼充该堂总办，遴选教员，先开下级讲堂，使各营自营佐以下官长各员，于教练之余，按期入堂轮流讲习。并稍宽其途，考选本省、外省曾毕业武备者，一并入堂肄业，以储异日军官之选。至各营弁目亦须粗知学术，兹并设学兵营，即由标统张毅兼办，考选营队内识字兵丁入营，遴派专门教员，授以浅近学术，以备拔充头目。此造就人才之大概情形也。

滇省军械缺乏，仅有前购曼利夏六米里五口径新式步枪三千杆，可供军用，而弹盒零件均未购备。现已派员分赴南北洋、湖北等处调查，各国如有新出快枪，口径速率符合定章者，即行试验订购；若无其选，拟添购前式步枪四千杆，俾归一律。并先选购外洋七生特半过山快炮三十六尊，以资操练。马、工、辎各队应用枪械，亦分别酌购。其工程队之架桥材料及土工器具，辎重队之车辆，只购标本，由滇仿造。至于营舍一端，关系军事甚重，滇省竟未修建。现于省城北关外尽校场隙地，先建步兵一标营舍，赶速饬造，年内当可竣工。又于南关外相度形势，酌购民地，建筑步队一标暨炮、工、辎各标营，其余步马各标，拟就蒙自附近择其地面相宜者，次第修造，均以一标驻扎一处。此筹备军械及建造营舍之大概情形也。

惟计创练陆军一镇，岁需薪饷及杂支各额款约在一百四十万两，一切开办经费为数尤巨。现经度支部拨发银四十万两，拟将此项匀济赈需外，所余银两，悉数拨凑陆军开办之需。而亟宜豫算为之彷徨无措者，则尤在常年之饷项。查滇省前虽改编新军部队一协，炮队二营，大半以旧营充数。现将步队三营改归巡防队，薪饷仍须支给。所有新军常年经费，并无岁筹的款，仅由司局辗转腾挪，日行竭蹶。兹拟练足一镇，岁增饷需何止以倍？现由度支部议将滇省每年应解练兵经费银十二万两，暂准照数截留，以资挹注。在部臣力顾边陲，于无可筹拨之中，固已勉为接济，而滇省久形悉率，即有此补苴之款，仍苦无自扩充。奴才身任疆圻，筹款练兵，皆属责无旁贷；无如常年之计授，必须有的确之来源，即如四川、广东等省，尚且只能各练混成一协，盖亦限于饷力所致，更何论贫瘠之滇。而滇省唇辅桂、藏，屏蔽川、黔，为西南全境门户，新练陆军一镇，实难再议减少。惟有一面赶紧布置，一面据实吁陈，合无仰恳天恩，俯念滇事危迫，迥与他省不同，饬下部臣，再为筹拨练兵常

1907年（光绪三十三年　丁未）55岁

年专款足敷一镇之用，俾得悉照部章，实力赶办，以期练成一支劲旅，巩固边防，仰副朝廷整武经军之至意。

十一月二十八日奉朱批："该部议奏。"（《锡良遗稿·奏稿》，第704—706页）

是日　奏报云南机器局现在制造情形。（《锡良遗稿·奏稿》，第706—707页）

10月28日（九月二十二日）　奏请免云南河阳县属被灾条粮。

奏为请免被灾条粮，以舒民困，恭折仰祈圣鉴事：窃查上年云南河阳县属被旱成灾，经前督臣丁振铎附片陈奏在案。

兹据署河阳县知县张书畴会同委员、补用知县邓大治，将勘明被灾田亩，分别村庄区图、花户姓名，并应免条粮数目，造具册结，由该管府道加具印结，咨由云南布政使刘春霖、粮储道增厚会详请奏前来。

奴才覆查河阳县属被灾共田五十六顷五十七亩二分，应征秋粮米三百九十一石九斗六升七合四抄，条公等银五百六两一钱二分八厘，既经该印委会勘明确，委系十分成灾，若仍照常征收，民力实有未逮。合无仰恳天恩，俯念民情困苦，准将该县应征光绪三十二年分前项银米照数豁免，以舒民困，实出逾格鸿慈。

十二月初七日奉朱批："著照所请，度支部知道。"（《锡良遗稿·奏稿》，第709—710页）

11月9日（十月初四日）云贵总督锡良为抄英务总领事照会札行滇蜀腾越铁路总公司查照办理。

钦命头品顶戴陆军部尚书兼都察院都御史总督云贵等处地方军务兼理粮饷兼管云南巡抚事锡为札行事：

光绪三十三年九月十二日准英国驻滇总领事官务照会内开，顷准贵部堂中历九月初五日照复内开，前据关道电禀烈领事认彼此各出资本修成此路一节，又本总领事不知此路为滇人自有之权利，何肯转电印度阻止工程师过界又一节等因。准此，查三十二年内业经本总领事与贵前部堂声明，将上两节细微事件详晰辩驳在案，以后不必重言，饶舌无益。今来文所云本总领事不知此路为滇人自有之权利等语，查与原文漏写只字，盖滇省铁路滇人自然可以自修，而不能云除滇人之外他人即断不能修造，何况更是腾越铁路一段。本总领事于三十二年四月间，接奉署理钦差大臣来电内开，缅甸至腾越铁路一事应由该总领事与滇督商议，俟得有印度政府将如何办法，电复时再行商定等语。当时贵前部堂已经面允照办在案，不料于未接印度政府电复之先，忽有奏设腾越铁路公司自办之语，未免似属欺负英国国家，此本总领事始终坚不能认有自办腾越铁路公司。且滇缅交界较长滇越二倍有余，何以优待法国而薄待英国，有是理乎？似觉不公甚已。又大文所云二十八年外务部照会虽在《条约》及二十七年照会之后，而三十二年外务部辩驳之文，实又在二十八年照会之后等语。查二十八年外务部照会系中英两国互相商订彼此情愿始足为据，非比三十二年仅外务部一面推诿之文，有意爽信，不足为凭。总之，本总领事只知遵照本国政府意见，以为二十八年三月初七日外务部复照所允，必系贵国政府允许凡在滇省允给法商之利益，应一体允给英商之据，恪守不移，一定照此办法以昭大信。相应照复贵部堂照等因。准此，当经本部堂于十月初一日照复在案，合就抄稿札行。为此札仰该总公司查照。特札。计抄发复英总领事照会稿一件。

附：云贵总督复英务领照会（光绪三十三年十月初一日）

顷准贵总领事中历九月十一日照会，内开：缅甸至腾越铁路公司自办之语，未免欺负英国国家等因。准此，查此路主权为中国所自有，条约分明，智愚共晓，故滇省官民对于此路夙以自行勘修为宗旨，历查卷牍并无允俟印度政府电复再行商办之明文，是则奏设公司自办事，本与印度政府无涉，滇人自尽义务，自保利权，言理言情均于贵国国家无负也。又来照云三十二年仅外务部一面推诿之文，有意爽信，未足为凭等语。查外务部三十二年之文指驳贵国驻京大臣来文比例之误，申明前说不得谓之推诿，先本未经允许更不得谓之爽信，此不足凭，尚有何足凭者。总之，国家敦睦邦交，惟以条约为重，明明条约所无者，断不能冒昧认允，无论何国家均是如此相待，并无所厚薄于其间也。相应照复，请烦查照。须至照会者。一照会英总领事务。光绪三十三年十月初一日照会。（《滇越铁路史料汇编》上，第76—78页）

11月10日（十月初五日）　奏设阿瓦领事。

各国于立约通商之国，无不择地酌设领事馆，藉以保护侨民，维持商务，考察外情，实于交涉至有关系。中国应设越南河内领事，业经前督臣丁振铎奏请在案。

惟滇、缅通商已久，前与英国订约议明，中国于仰光、英国于蛮允，各派领事驻扎，彼此应与相待最优之国领事所享权利相同，并订明领事驻扎滇、缅之地，须视贸易为定语等。旋英国议将应派蛮允领事改驻腾越，早经照约准设；而中国应设驻缅之员，尚未照派。兹查缅都阿瓦地方，贸易华民尤为繁盛，地势亦较仰光为宜，拟请设立驻缅领事官一员，即改派在阿瓦驻扎。该领事应隶出使英国大臣。但阿瓦去伦敦绝远，并请援照议设河内领事前案，凡该领事应办事件，准与滇省就近直接办理，一面申报使臣，以归简捷。据护理云南迤西道秦树声会同洋务局禀请具奏前来。

奴才覆查实与条约相符，且于两国商务交有裨益。谨附片具陈，伏乞圣鉴，饬下外务部酌核施行。

十二月二十三日奉朱批："外务部议奏。"（《锡良遗稿·奏稿》，第712页）

11月25日（十月二十日）　云贵总督锡良为抄英务领照会札饬滇蜀腾越铁路公司知照。

钦命头品顶戴陆军部尚书都察院都御史总督云贵等处地方军务兼理粮饷兼管云南巡抚事锡为抄稿札行事：

光绪三十三年十月初八日准英国驻滇总领事官务照会开，中历十月初二日准贵部堂照会内开，历查卷牍并无允俟印度电后再行商定之明文，足以奏设公司自办事，本与印度无涉等因。查上年四月间，本总领事接奉驻京署使钦差大臣来电云，缅甸至腾越铁路一事历由该总领事与滇督商议，俟得印度政府将如何办法电复时再行商定等因。奉此，当即亲手备函布达贵前部堂，可否定期晤商，请烦查照见复。旋于是月二十三日接准函复内开，敝部堂极愿与贵总领事晤商此事，请于华历本月二十五日午后三点钟在本署恭候台驾等语在案，本总领事届时亲往晤商，当承逐一悦允，今谓卷牍并无，似觉诧异，兹将原函抄送，请烦查阅后即可知。一则彼时贵前部堂明知印度政府有应修缅甸至腾越路之意，二则当时亦未想有奏设自办腾越铁路公司之事，倘若彼时既有自办腾越铁路公司，则贵前部堂函复时必不云极愿与本总领事晤商此事之语，其实彼时只有说滇蜀铁路即系由云南府修至四川叙州府，并无一滇人想及离此段最远毫无缪辖之缅甸至腾越铁路，因闻本国有拟修此段铁路之意，始将腾越二字插入滇蜀铁路公司名目之内，实系欺负本国国家，何能谓事本与印度无涉？又大文所云惟以条约为重，查《中缅条约》第十二条载明，中国答允将来审量在云南修建铁路，即与缅甸铁路相接等语，其约意无论滇省修造何段铁路则缅甸修筑续接，并非只说在交界相接也。前年滇省设立修建云南府至四川铁路，按照此约则本国可将缅甸铁路修至云南省城相接，实与《中法会订商务专条》第五款内载接至中国界内之语稳相符合，且有外务部与本国钦差二十八年之明文照抄送阅，可知在滇修建铁路乃贵国政府之意，英法本系一律相待，并无分毫允阻之见也。现在既经允准法国修建越南至云南府之铁路，独不允英国修建较短之缅甸至腾越铁路，何能谓并无厚薄于其间耶？又来文云外务部三十二年之文指驳驻京大臣来文比例之误，申明前说，先本未经允许，不得谓之推诿爽信等语。查外务部二十八年照复本国政府早经执定，此文以为确据，永无更易。本总领事只能遵照本国政府意见，不便与贵部堂再行辩论也。相应照复，请烦查照。计照送抄录来去文函三件等因。准此，当经本部堂于本月十二日照复在案，合就抄稿札行。为此札仰该总公司即便查照。特札。(《滇越铁路史料汇编》上，第79—80页)

11月27日（十月二十二日） 据实覆陈遵查川省逃勇窜滇各情。

查自前年川边巴塘肇乱，现获四川督臣赵尔丰，时任建昌道，经奴才奏派募军赴边剿办，即名所部曰巡防新军，剿平桑披等处，卓著战功。迨赵尔丰入关筹议边务，仍留该军分扎要隘，所以慰劳而拊循之者备至；嗣后巴塘腊翁寺之役，各营仍旧奋勇立功。惟边外天气奇寒，百物匮乏，所给饷项又未便与内地悬殊，久役思归，人所不免。该军左营前哨哨弁杨瀚臣，经该营管带吴俣调令带勇前赴巴塘，适巴塘粮员吴锡珍，因家丁与该勇争角滋事启衅，杨瀚臣遂诱胁各勇同逃，慑于川边后路节节驻兵，即带逃勇六十余人，由宗岩地方绕赴滇界窜逸。此川军哨弁带勇私逃之情由，业经赵尔丰一面查明具奏，奴才查访亦复相同。

伏查此次川边逃勇一再被人诱胁，愚者意图潜归，黠者乘机肆掠，星火涓泉，幸即立时扑灭。其纵丁激变之四川巴塘粮员吴锡珍，业经赵

1907年（光绪三十三年　丁未）55岁

尔丰奏参革职。至跟追来滇该军后营帮带顾占文，既奋迅追捕于先，嗣后哗变非由所部勇丁，受降亦系遵饬办理，现早回防，应请免予置议。滇省出力弁兵，由奴才酌给外奖。阵获军械，并饬解运回川。

光绪三十四年正月初七日奉朱批："知道了。"（《锡良遗稿·奏稿》，第713—715页）

是日　奏请军政届期请展缓举办。

准陆军部咨，定例绿营武职五年一次军政，自光绪二十八年以后，至光绪三十三年又届举行军政之期，行令遵照办理。当经分别咨行去后。

奴才查五年军政为黜陟大典攸关，理应按期举行，以符定制。惟滇省军务虽已肃清多年，而绿营弁兵未尽归伍，实与他省情形不同。故历届军政，各前督臣均请展缓举办。况查各营兵数，自迭年裁撤后，较原额已不及十分之一，其原就各营内挑作练军之战兵，仍分布延边各要隘。现在西南界邻缅、越，交涉纷繁，游匪充斥，较之从前，边务、防务尤为吃紧，若纷纷调考，必致有误边防。兹准提督及各镇先后呈请奏明展缓前来。

奴才覆加查核，系属实在情形。合无仰恳天恩，俯念滇省边防紧要，将本届军政展至下届再行酌量办理；各营员弁倘有衰庸不职，仍当随时据实纠参，以仰副朝廷整饬戎行、澄叙官方之至意。

所有军政届期恳请展缓举办缘由，谨附片具陈，伏乞圣鉴。

正月初七日奉朱批："陆军部知道。"（《锡良遗稿·奏稿》，第718—719页）

11月30日（十月二十五日）　云贵总督锡良为抄发英务领照会饬滇蜀腾越铁路总公司查照。

钦命头品顶戴陆军部尚书都察院都御史总督云贵等处地方军务兼理粮饷兼管云南巡抚事锡为抄稿札行事：

光绪三十三年十月十六日准英国驻滇总领事官务函开，中历十月二日顷接贵部堂照复一件，英国在于滇省应否按照《中缅条约》第十七条所载，凡有一切应享权利现在所有或日后所添均与相待最优之国，一律不得有异等语，以及二十八年照复之文，凡在滇省允给法商之利益应一体允给英商等语，遵照办理之处，事关大局，应归两国大府所定，自不便就地辩论也。惟上年四月间本总领事与贵前部堂晤商之事，实关本总领事是否诚信不虚，毫无捏饰，自可征验其来文云云。查原函词意正以滇省设立公司路归自办，碍难如贵总领事之意，极欲晤面达情，所以有愿与晤商之语也等因，阅之甚为诧异。因彼明去函说明，应由本总领事与贵前部堂商议，俟得印度政府将如何办法电复时，再行商定，当时本总领事亲手备函与贵前部堂晤商此事，原函谅必犹在贵署卷牍。其四月二十三日贵前部堂复函，即系按照去函词意，是三月二十五日晤商之时亦未提及滇省设立公司路归自办之语。查奏办滇蜀铁路系在三十一年三月，原折内并无腾越二字，滇省设立滇蜀腾越铁路公司系在三十二年五月二十五日晤商二阅月之后始有此事，请烦饬承将彼时函件检送查阅。查贵前部堂彼时并未办驳，可知本总领事现在所叙之语毫无谎言也。计函送摘录五月二十六日原函一纸等因。准此，当经本部堂于十月二十一日函复在案，合就抄稿札行，为此札仰该总公司即便查照。特札。计抄发五月二十六日原函一纸，函复稿一件。（《滇越铁路史料汇编》上，第80—81页）

12月6日（十一月初二日）　奏请秦树声调补云南府知府。

奏为拣员调补省会要缺知府，以资治理，恭折具陈，仰祈圣鉴事：窃查光绪三十三年九月十二日奉上谕："云南府知府员缺紧要，著该督于通省知府内拣员调补，所遗员缺，著陈宝瑨补授。钦此。"等因。归本年十一月底截缺，毋庸掣签，业经咨部在案。

查定例："各省首府缺出，于通省正途人员内拣选调补"等语。今云南府知府系省会首府，冲、繁、疲、难四项相兼要缺，地方紧要，政务殷繁，非得精明干练之员，勿克胜任。奴才督同三司，于通省正途出身现任知府内，慎加遴选。查有曲靖府知府秦树声，年四十六岁，河南固始县进士，由工部营缮司郎中考取经济特科一等，截取引见，记名以繁缺知府用。光绪三十年五月初二日奉旨补授曲靖府知府，是年十二月十七日到任，调署云南府知府，委护迤东道，调护迤西道，经奴才奏保循良，奉旨嘉奖。据云南布政使刘春霖会同学、臬两司具详前来。

奴才查该员秦树声，品学端粹，才识优长，以之调补云南府知府，实属人地相宜，洵堪胜任，与例亦符。合无仰恳天恩，俯念员缺紧要，准以该员调补云南府知府，以资治理。如蒙俞允，该员系现任知府调补知府，衔缺相当，毋庸送部引见。所遗曲靖府知府员缺，遵旨即以陈宝

1907 年（光绪三十三年 丁未）55 岁

瑢补授。

正月二十日奉朱批："吏部议奏。"（《锡良遗稿·奏稿》，第719—720 页）

12月7日（十一月初三日） 奏报筹办滇省学务大概情形。

奏为筹办滇省学务大概情形，恭折具陈，仰祈圣鉴事：窃维自强之本，教育为先。东、西各国，每以学校之兴衰，定国势之强弱。故兴学敷教，实为现今迫要之图。滇省学务开办已逾四年，一切编制、设备、管理、教授，仍多不能如法。就程度而论，较之腹地各省相去奚啻倍蓰；而士习之嚣张浮暴，动辄纠众扛讼，结党横行，则为各省所仅见。署提学使叶尔恺，闳通朴茂，教育热心，规则务取其谨严，趋向必程以正大。到任后，即查明各学生之停课滋事者革退十余人，士类始稍知儆惕。标病既治，乃可培其本原。随即调查通省学务，切实研究，合省内省外，悉心统筹。概用模范办法，次第改革，分别设施。先组织教育机关，于省内设立学务公所，编印教育官报；又于法政学堂内附设教育官练习所；省外则通饬设立劝学所，酌派省视学，前往视察；并刊发简明办法，详细规则，及各种表册，力谋划一整齐，由是学务之纷如棼丝者乃得渐次就理。现在时逾半年，厘定章程大致就绪：一，省城高等学堂应改为两级师范学堂也。二，省城官立之师范传习所，应改为附属中学堂也。三，省城各小学堂应改为附属小学堂也。四，省城原办之蚕桑学堂，议办之森林学堂，裁撤之体操学堂，应合并改为中等农业学堂也。五，省城半日学堂应改为艺徒学堂也。六，省城裁腾之半日学堂公屋，应改为女学堂也。七，省城东文学堂应改为方言学堂也。八，各府、直隶州官立师范传习所，应改为初级师范学堂也。九，各府、直隶州中学堂应附设中等农业豫科也。十，省城及各府厅州县小学堂，应以手工、农业作为必修科也。以上各条，如师范学堂、中学堂、小学堂、女学堂属于普通教育；如农业学堂、实业补习普通学堂、艺徒学堂属于实业教育；如方言学堂属于专门教育。均系查照奏定章程，参酌地方情形，通盘筹划，次第规定。

惟是纲要虽具，条目甚繁，非得多数人才分任职务，不能日起有功。滇省学务人才至为缺乏，就地选用，供不逮求，迭经函电纷驰，调用京外各省人员，藉资分布。其省外各学堂，俟省学各科师范生毕业回籍，派充管教各员，自可期划一而求进步。至省内为省外模范，原有校舍，大率因陋就简，如现办之两级师范学堂、附属中学堂、女子师范学堂均应改建新式，俾便管理。其余应行增置事宜，仍俟添筹经费，逐求设备，力图扩充，以期仰副朝廷兴学育才之至意。

正月二十日奉朱批："学部知道。"（《锡良遗稿·奏稿》，第724—728页）

12月11日（十一月初七日）　云贵总督锡良复英国务总领事函。是为：

复英国务总领事：敬复者：接展贵总领事中历十月二十二日大函暨抄件诸悉。查各国订约既于此事订有专条，日后交涉即照此专条办理，原约第十二条登明中国将来审量在云南修路允与缅甸路相接，并未允准缅路修至云南界内，语意甚明。其第十七条乃系两国优待客居人民之约，殊与路政无涉。至屡次函及丁前部堂任内务节，本部堂稽之案牍，并无前部堂承允之文。兹来函既谓彼时晤商本部堂并未在座，何能得知。等因，本部堂未能得知，何能承认。总而言之，本部堂对于此事，惟有按照条约，始终不能允认也。特此布候台祺。为照不具。名另具。（《滇越铁路史料汇编》上，第83页）

12月14日（十一月初十日）　奏报改编滇省防营厘定章制以固边陲而肃戎政情形。

现由奴才督同司道，再四筹商，非遴员统帅无以祛积弊而专责成，非厚给饷糈无以恤兵艰而作士气。至其入手之方，则以划一营制为要义。拟将全省巡防队及铁路巡防队，每营概以二百五十人为定额，按南防、西防、普防、江防、铁路巡防分为五路，各路以南防为最要，防营亦以南路为最多。计南防巡防队共十七营，驻扎临安各属者三营，归临元镇统辖；驻扎开化各属者六营，归开化镇统辖；驻扎广南、蒙自等处者八营，归南防营务处统辖。西防巡防队共十营，驻扎大理、楚雄、永北等处者三营，归提督统辖；驻扎腾越、蛮允、永昌、龙陵等处者五营，归腾越镇统辖；驻扎维西、中甸等处者二营，归鹤丽镇统辖。普防巡防队三营，驻扎普洱、镇边等处，归普洱镇统辖。江防巡防队四营，驻扎永善、昭通、巧家厅等处，归昭通镇统辖。铁路巡防队共十三营，驻扎省城、弥勒、路南、宁州等处者五营，为铁路上段巡防队，派调滇差遣四

| 1907年（光绪三十三年　丁未）55岁 |

川补用直隶州赵金鉴为统领；驻扎阿迷、蒙自、文山、安平、河口等处者八营，为铁路下段巡防营，归蒙自关道节制。综计五路，共四十七营，每路各为次序，均自第一营起，依次排列；驻扎之处，或为极边重镇，或为铁路要工，与夫蛮荒奥区，邻省犬牙交错之地，察其形势，尚属扼要。似此分筹布置，无事则各勤训练，保卫边隅，有事则互为声援，无分畛域，庶兵皆有用，饷不虚縻。

至各路防营向无营舍，沿边对汛，半多倾折，其驻防铁路边地者，居住草棚，不堪栖止。现饬南防营务处、临安开广道魏景桐，先将各处对汛兵房，赶紧修理。其南防勘定应修之十营，亦择要陆续举办。西防则于腾越先建二营，铁路则于上段先建三营，次第动工，限于年内告竣，以便更番驻扎，切实训练。

再，各营枪械、军衣，关系綦重，其旧领军械名目杂糅，已饬各营将所用枪枝，具造册表，如有一营两式及锈坏不堪应用者，缴还更换一色。每营每年发给军衣二套，以昭齐一而壮军容。

伏查滇本受协省分，近年邻饷匮乏，养兵经费，恒苦不敷；而铁路巡防队十营，又为瘠苦之滇所独有。前因铁路营数难减，饷无所出，曾经奏请敕部按年筹拨的款二三十万两，解滇供支。现复添设营伍，加给薪饷，修建营舍，制备军衣，需款愈巨，筹措弥艰，以致铁路各营薪饷，更为无著。合无仰恳天恩，俯念滇局艰危，地方困苦，敕部迅拨的款，按年解滇，以资挹注而供支放。奴才仍随时督率各路统辖之员，认真操练，以期仰副朝廷整军经武，力图自强之至意。

正月二十四日奉朱批："著度支部按年筹拨银二十万两，以资接济。"（《锡良遗稿·奏稿》，第729—731页）

12月17日（十一月十三日）云贵总督锡良为抄英领照会饬滇蜀腾越铁路公司查照办理。（《滇越铁路史料汇编》上，第82页）

12月21日（十一月十七日）　为滇省剿办维西各匪出力文武请奖。

奏为滇省剿办维西各匪奖案，遵照部驳，分别删减，吁恳天恩，照章奖叙，以昭激劝，恭折仰祈圣鉴事：窃准吏部咨："本部核议前云贵总督丁振铎奏剿办维西各匪奖案，驳令删减一折，于光绪三十三年七月初四日具奏，奉旨：'依议。钦此。'"抄录原奏，行令查照办理。查原奏内开:"定章异常出力人员,不得多于寻常出力各员。此案所保文职至九十八员之多,照寻常请奖者仅十九员,是异常各员多于寻常者数倍。应将全案列保人员,仍分别异常、寻常,再行核实删减,以重名器,而免冒滥"等语。当经檄饬云南善后局会同藩司、营务处切实查核,分别删减去后。

兹据该司局处会详称:"遵查上年维西所属僧蛮勾结川边巴匪滋事,焚毁教堂,戕害教士,占据要隘,抗敌官军,匪势披猖,沿边震动。节经督饬各营分路剿办,收复各寨,攻克坚巢,拔救洋员教士,并将教案一律议结。首尾两年之久,所有在事文武,实多系异常出力之员。惟既奉部驳,饬令核实删减,自应遵照办理。兹经公同查议,除原案列保之云南试用知府蒋立成现已因案参革,龙陵同知晏端溶业经病故,应行扣除外,拟请将出力稍次之截取知县周沆等十员删减,毋庸请奖。又将原列异常出力之通海县知县谢馨等三十二员,改照寻常劳绩,另拟升阶。综计开列异常出力者三十八员,寻常出力者四十八员",缮具清单,详请具奏前来。

奴才覆查此次单开请奖各员,较原案减少十二员,又改奖寻常者三十二员,委系核实删减。合无仰恳天恩,俯准照拟给奖,以示鼓励,出自逾格鸿慈。

二月初三日奉朱批:"该部议奏,单并发。"(《锡良遗稿·奏稿》,第732—733页)

是日 云贵总督锡良为英领照会事饬滇蜀腾越铁路公司查明;并详细具复,以凭察夺。(《滇越铁路史料汇编》上,第83—84页)

12月25日(十一月二十一日) 滇蜀腾越铁路总公司复云贵总督锡良,锡良批示:

文册均悉,仰候核复英国务总领事。查《回云车》一书现据称其中称谓实有未合,惟杨绅携版外去,无从焚毁,其刷存官书局及该公司者亦均行销罄尽,未由扯去书篇,所有此书第十五篇至第十九篇,该公司仍应切查禁,并搜寻书肆,如有书存售,即行全数购回,将此数页一律扯去,以期与本部堂照会相符,勿得率忽,致令再有所借口,切切!缴册存。十六。(《滇越铁路史料汇编》上,第84页)

1908年（光绪三十四年　戊申）56岁

1月4日（十二月初一日）　奏请免云南师宗邱北两县属被灾条粮以舒民困。

奏为请免被灾条粮，以舒民困，恭折仰祈圣鉴事：窃查上年云南师宗、邱北两县属被旱成灾，经前督臣丁振铎暨奴才先后附奏在案。

兹据署师宗县知县邬振铎会同委员、补用知县陈文灿、署邱北县知县杨文海会同委员、补用知县邓时霖，各将勘明被灾田亩并请免条粮数目，造具册结，由州申道，核明加结，咨由云南布政使刘春霖、粮储道增厚会详请奏前来。

奴才覆查师宗县属被灾共田四十六顷四十亩，应征秋粮米八十七石三斗一升，条公等银一百七十两五钱九分九毫六丝五忽；邱北县属被灾共田四十三顷一十二亩四分二厘六毫，应征秋粮米八十三石二斗七升三合，条公等银一百六十二两七钱二厘八丝。既经会勘明确，均系十分成灾，若仍照常征收，民力实有未逮。合无仰恳天恩，俯念民情困苦，准将各该县应完光绪三十二年分前项银米数照数豁免，以舒民困，实出逾格鸿慈。

二月十一日奉朱批："著照所请，度支部知道。"（《近代史所藏清代名人稿本抄本》第3辑，第92册，第6—17页）

是日　奏报滇省光绪三十三年秋季分惩办各属盗匪。

兹查光绪三十三年秋季分，据各属详报盗劫等案，共计二十一起，罪应斩、绞盗匪安树堂等四十五名，均经饬司委员会审，并解由该管道、府覆审明确，按律定拟，照章将斩枭、斩决各项分别改拟，开具供折，禀经奴才核明情罪相符，随案札饬分别惩办在案。兹据云南按察使沈秉堃造册具详前来。奴才覆核无异。

二月十一日奉朱批："法部知道。"（《近代史所藏清代名人稿本抄本》第3辑，第92册，第12—17页）

1月7日（十二月初四日）　奏大计保荐正佐教杂各员。

查定例：云南省酌定保荐州、县以上官七员，教职佐杂二员，提学、大使二项内保荐一员。如合例人员较少，保荐不敷原额，即于具奏时声明缺额几员，下次仍许照原定之额办理；倘出色人员较少，而该督抚滥举充数，至引见时奉旨不准卓异者，即将原保上司照保举不实例议处各等因，历经遵办在案。

诚以绥辑民生，必先澄清吏治。历三载而考绩，饬百尔之交修，明试以功，真才自见。奉激扬之大典，敢敬举乎所知。奴才蒙恩调任云贵总督兼管云南巡抚，数月于兹，日以振兴吏治，旌别淑慝为要务，随时考察，已得梗概。现逢光绪三十三年大计之期，因与在省司道，恪遵康熙、雍正历次圣训及例定各条，矢公矢慎。凡正印、佐杂，则核其平日抚驭民夷，奉行新政，地方日见起色，舆论亦属相符，实有可纪之绩；教职则核其训示励俗，学校修明，并于吏事尚能留心，才堪上进者，密饬该管道府，一体考核明确，所见相同。除应劾人员另折具奏，并将平等各官，造册注考，分送部、院，暨将藩、学、臬三司履历考语咨部查照外，所有廉能素著，政绩可观，历俸已满，堪膺卓异者，查有正印官五员：云南临安广开道魏景桐，曲靖府知府秦树声，顺宁府知府琦璘，广西直隶州知州黄麐，昆明县知县陈先沆。教职一员：永善县教谕吴遹。佐贰一员：右甸经历方濂。据云南布政使刘春霖、署提学使叶尔恺、按察使沈秉堃转据该管各官，分别查明，开报前来，均核与定例相符，应即汇折保荐，候旨遵行。（近代史所藏清代名人稿本抄本》第3辑，第92册，第53—66页）

1月10日（十二月初七日）　滇省边要，地方辽阔，汉、彝杂处，拟请升知州为直隶州暨添设知县，并土州改设流官，以资治理。

奏为滇省边要，地方辽阔，汉、彝杂处，拟请升知州为直隶州暨添设知县，并土州改设流官，以资治理，恭折仰祈圣鉴事：窃维变通损益莫大乎时，分土建官宜因乎地。滇省地处边檄，荒服无垠，境接川、黔，

1908年（光绪三十四年 戊申）56岁

犬牙相错，而且民夷纷互，回、汉杂糅，更又有土司羼入其中，风俗多有异同，政教亦有隔阂，非有以整齐划一之，殊失内外相制之宜，亦非大小相维之义。奴才到任后，综览形势，考求政俗，复与司道等详议熟商，有如镇雄州永善县暨北胜土州等处，有不得不量升酌改，添设员缺者。

奴才督饬司道等公同酌议，悉心统筹，拟请将镇雄州升为直隶州，于所管境内添设知县一员，归该州领辖，划分界域，择适中扼要之地，驻为县治。其旧有之州同、州判、知事、巡检各缺，或归并而裁减之，以一事权而资董率。复拟将永善县之副官县丞裁撤，改设知县一员，与永善县分地而治，均隶于昭通府，以免分歧。又拟将北胜土知州改土归流，并华荣庄分防之地，改设知县一员，隶于永北直隶厅，仍与该厅析疆分理，均各管理刑名、经征钱粮，畀以地方权责。若是则钤束较严，治理较易，仍与昔日之顾此失彼、苗土各族自为风气者，得失迥别。

至应如何添设典吏员役，定为何项员缺，地界如何清划，钱粮如何拨收，以及建城置署一切应办事宜，应俟遴委妥员，会同各该地方官，体察情形，勘清界址，绘具图说，拟定章程，禀覆详核，再行奏明办理。

二月二十四日奉朱批："该部议奏。"（《近代史所藏清代名人稿本抄本》第3辑，第92册，第76—84页）

1月26日（十二月二十三日） 滇省时局艰难，人才缺乏。兴办一切要政，在在需才，奏拟请调用留省各员。

滇省时局艰难，人才缺乏。兴办一切要政，在在需才，业经吏部议覆，准照奉天、广西成案，奏调奏留人员，以资臂助。

兹查有陆军部一等检察官、分省补用道崔祥奎，专精兵学，历练尤深，此次派查军政来滇，经奴才迭加考察，极能熟诚任事，劳瘁弗辞。广西补用道杜庆元，明体达用，治郡有声，于法政之学，尤能洞见本原。以上二员，拟请调赴云南差遣委用。

又查有奏调差委候选道刘孝祚，心细才长，明达矿务，现派总办矿政调查局，措置裕如。奏调差委分省试用道李镜清，朴勤果毅，办事实心，现派总办全省警察，已有成效。奏调差委分省补用知府杨福璋，朴实廉明，有为有守，历经调赴热河、川、滇等省，当差办事，勤恳肫挚，始终如一，洵为不可多得之员。又来滇投效分省试用知府高培焜，前奴才抚晋时，历加倚任，卓著勤劳，现派要差，亦无贻误，若令典守一郡，必能有俾地方。以上四员，拟请分别以道员、知府留于云南补用；俟补缺后，再行送部引见；并照奉天成案免缴班次、留省等项银两。

又查有前云南宾川州知州陈维新，经前督臣丁振铎以其志趣卑陋，奏请开缺。现据藩司刘春霖会同学、按两司详称，该员自开缺后，深自濯磨，趋公勤奋，委司警察裁判，明允得宜。奴才覆查无异，拟请仍以知州归于另补班酌量补用。

合无仰恳天恩，俯念边省需才孔亟，准如所请，敕下吏部，分别咨行注册，俾资整顿而敷委任，出自逾格鸿慈。

三月十一日奉朱批："著照所请，该部知道。"（《近代史所藏清代名人稿本抄本》第3辑，第92册，第121—129页）

1月27日（十二月二十四日）　奏请滇省绿营官兵分别酌拟裁留。

奏为滇省绿营官兵分别酌拟裁留，并将腾出饷需作为添练新军、扩充警察之用，恭折仰祈圣鉴事：窃查滇省各标、镇、协、营制兵，自同治十三年军务肃清，始行规复定额；旋因军饷不济，奏明停设马兵，并先后抽调八成步战兵，编立练勇，分扎边关要隘，以重防务；酌减五成守兵，以节饷糈；复添设开化、临元、镇边、永北、排口等营汛。通计各标、镇、营共存二成战兵，五成守兵，除年节裁汰外，复于光绪三十年奏请通省各标、镇、协、步战守兵，按照现存兵数，摊作十成，自二十九年起，每年递裁一成，以十年裁尽；并将额设千、把、外委、额外各弁缺先行裁撤。嗣于三十一年奏裁抚标两营、剑川一营官兵及裁撤云南城守营参将员缺，归并督标兼管，均经奏准在案。截至光绪三十三年，除已裁标营官兵不计外，综计共设二十八标、镇、协、营，现存提、镇、副、参、游、都、守及留千、把、外委等官一百二十五员，步战守兵二千八百九十名。此节年以来滇省绿营之大概情形也。

夫设兵所以卫民，亦以防边，必练一兵得一兵之用，始足以资捍御而备干城。绿营之制，其初未尝不善，乃相沿既久，大率茶疲成习，振作为难。且值迭加裁汰之余，通省存者，已不及三千人，分隶各营，或百人，或数十人，饷薄则存活尚艰，散处则训练匪易，国家犹岁靡饷糈

| 1908 年（光绪三十四年　戊申）56 岁 |

以养此疲羸之众，非计之得者矣。

十年递裁之案，阅今已历五年，兵将尽则官不能独留，且与政务处通行章程不合，此尤不能不为计虑者也。矧现今添练新军，扩充警察，均为当务之急。抚兹边瘠，筹措万难，与其留此多数疲惫之兵而虚縻款项，何如节存有用之饷以凑供要需。第变通贵协夫时宜，而张弛宜权夫缓急。迭经奴才督同藩司、营务处、善后局悉心商酌，通盘熟筹。

查云南地属严疆，提、镇职膺专阃，不可无坐镇边要之大员。维西则界临川、藏，顺、云则毗连猓黑，镇雄于川黔接壤，镇边乃新辟夷疆，类皆地面辽阔，形势吃紧。至于督标中军副将、提标中军参将则皆武职首领，均未便遽议更张，亦当量为酌留，以资镇慑。此外各标协、营，或驻扎近在腹地，或边地已有防军，且通省已办巡警，自应一并裁撤，以节饷糈。拟请将云南提督暨腾越、开化、临元、普洱、昭通、鹤丽六镇总兵，并督标中军、维西、顺、云三副将及提标中军、镇雄、镇边三参将，共十三员缺，均仍酌留。所部制兵，则提督六镇设有亲兵，且兼统防营，自可无须再留。镇边向未设兵，则仍兼带土勇。此外督标中军、维西顺、云三协暨提标中军、镇雄营二参将等五缺，均各留兵四十名，以资差遣防范。除共留官十三员，守兵二百名，仍照奏案展缓递裁外，所余各标镇、协、营、副、参、游、都、守及千、把、外委等官，共一百一十二员，步、战、守兵二千六百九十名，自光绪三十四年二月起，概予一律裁撤。所裁营员，从优给予三个月恩俸，并择其文理粗通、年力强壮者，分别考试，拨入兵事研究所、警察学堂肄业录用；所裁兵丁，亦从优给予三个月恩饷米，遣散归农，以示体恤。其裁撤官兵，每年节出蔬红、俸薪、例廉、马乾、公费、饷项等银两，并请留滇添作编练新军、办理警察之用，俾资挹注。据云南布政使刘春霖会同营务处、善后局详请具奏前来。

三月十六日奉朱批："该部知道。"（《锡良遗稿·奏稿》，第746—748页）

1月29日（十二月二十六日）　奏剿办维西各匪出力武职奖案遵照部驳删减恩恩照单奖叙。（《近代史所藏清代名人稿本抄本》第3辑，第92册，第231—246页）

2月13日（正月十二日）　奏在籍绅士捐赀助赈请旨准其建坊。

查滇省前于光绪三十一年七月间,霪雨兼旬,城外金汁、盘龙等河堤同时漫决,附省数十里,民房田亩概被漂没,灾情奇重,当经前督臣丁振铎据实陈奏在案。

溯查被灾之始,水势汹涌,深及丈余,数万户灾黎仓促逃生,率匍匐于城垣及附高阜,露坐环列,无食无栖,悲惨号呼,目不忍睹。不得已倡募捐急赈之法,由前督臣丁振铎捐银一千四百四十两,前督办矿务臣唐炯、藩司刘春霖各捐银一千两,在籍绅士二品衔、广东补用道王鸿图遵母王李氏命捐银三千五百两,同知职衔曹琳捐银二千一百六十两,分省补用知县李正荣捐银一千两,其余官绅自数百两以迄数十两,共捐获银二万三百六十余两。派委员绅分投设立赈粥各厂,按户按名给赈,并酌拨空闲庙宇房屋,妥为安插,灾民幸免流离失所。查文武各官捐赀助赈,本属应尽义务,未敢仰邀奖叙。惟在藉绅士王鸿图等各捐巨款,赈救灾黎,洵属好义急公,未便没其美举。据云南布政使刘春霖会同善后局司道查案补详前来。

奴才覆加查核,该绅等所捐赈银均在一千两以上,核与建坊之例相符。合无仰恳天恩,俯准王鸿图之母一品命妇王李氏、同知职衔曹琳、分省补用知县李正荣,各在籍自行建坊,给予"乐善好施"字样,以昭风劝,实出逾格鸿慈。

三月二十二日奉朱批:"著照所请,该部知道。"(《近代史所藏清代名人稿本抄本》第3辑,第92册,第295—302页)

2月23日(正月二十二日)　奏请免云南姚州属条粮以舒民困。

奏为请免被灾条粮,以舒民困,恭折仰祈圣鉴事:窃查云南姚州于光绪三十二年十二月天降火霜,豆麦枯槁,经前督臣丁振铎将被灾情形,附片奏报在案。

兹据姚州知州李金鳌会同委员、补用知县邓时霖,将勘明被灾田亩并请免条粮数目,造具册结,由该管府道核明加结,咨由云南布政使刘春霖、粮储道增厚会详请奏前来。

奴才覆查该州属被灾田地共一百九十七顷六十一亩五分,应征税秋米六百三十五石五斗四合四勺五抄四撮,条公等银八百一十两二钱五分四厘八毫九丝八忽。既经会勘明确,委系十分成灾,若仍照常征收,民

| 1908年（光绪三十四年　戊申）56岁 |

力实有未逮。合无仰恳天恩，俯念民情困苦，准将应完光绪三十二年分前项银米，全数豁免，以舒民困，实出逾格鸿慈。

四月初五日奉朱批："著照所请，度支部知道。（《近代史所藏清代名人稿本抄本》第3辑，第92册，第360—366页）

2月25日（正月二十四日）　遵旨荐举人才。

奏为遵旨荐举人才，开单胪陈，恭折仰祈圣鉴事：窃前奉内阁抄出，奉上谕："朕钦奉慈禧端佑康颐昭豫庄诚寿恭钦献崇熙皇太后懿旨：'振兴国势，必先简拔人才。朝廷侧席求贤，全赖内外臣工虚心访荐。著在京大学士、各部院尚书、侍郎、都御史、副都御史，在外各省督抚，率同藩、学、臬三司，公同访求，详慎甄择，不拘官阶大小及有无官职，如确知有才堪大用及各擅专长者，即行切实荐举，以备任使。'"等因。钦此。跪聆之下，钦佩莫名。

伏念才难之慨，于古已然。矧知奴才庸陋，更何足以语于知人。惟际兹需才孔亟之时，仰维以臣事君之义，自历官各省，縻不虚衷访察，随时考求，谨举平日所知，督商藩、学、臬三司，查有陶葆廉等五员，堪以上备擢用。遵旨将各该员心术品望，才器学识，暨生平经历事实，详晰缮具清单，恭呈御览。该员等或系得诸舆论，或曾试以事功，要皆考察既真，用敢应诏荐举。（《近代史所藏清代名人稿本抄本》第3辑，第92册，第375—393页）

是日　遵旨确查覆陈贵州布政使兴禄被参各款。（《近代史所藏清代名人稿本抄本》第3辑，第92册，第393—408页）

3月3日（二月初一日）　奏报实行禁烟拟请改缩期限，力图进步。

奏为实行禁烟，拟请改缩期限，力图进步，恭折具陈，仰祈圣鉴事：窃维鸦片流毒最深，数十年萎靡莫振。自奉旨饬禁，薄海臣民，无不欢欣鼓舞，全球称庆，共表赞成。奴才自上年四月莅任，即率司道于省城创设禁烟总局，通饬府、厅、州县联合绅商，各设分局，筹备方药，分班轮戒，组织规则，按日稽考。并调查吸烟丁口，造册给牌，清其源而遏其流。他如封闭烟馆，禁止制造烟具，责成印委切实奉行。所属文武各官，学界、军界以及在官人役，均勒限六个月戒断。一时人心感动，争自濯磨，极形踊跃，气机为之一转。

惟拔本塞源，尤在禁种罂粟。滇省山多田少，素称产土之乡，所在皆是。近年迭遭水旱，以致米粮匮乏，尤形困难。奴才疾首痛心，饬各地方官传集村乡绅董，指陈利害，反覆开导，确查种烟地亩，取结造册给照，如查吸烟丁口办法，限年递减，改种他粮。其有意识者，甚能领会，尚居多数。

兹据禁烟局司道祥称：昆明县为省会首邑，力任提倡，亲历各乡，理论情劝，各户甘愿自将所种烟苗铲尽改种豆麦以外，各厅、州、县较之丙午岁有减少三四成至五六成不等。现正委员查勘，一俟廉得其实，分别劝惩。

惟省界辽阔，人数众多，办理未能一律。访诸舆论，皆以限期过宽，反形棘手。奴才谨按政务处奏定章程，宽限十年以内革除净尽。以小民陷溺之深，不欲操之过蹙，仰体圣主如天之仁，于限制之中而寓体恤之意。然第一条内有"未满十年之限，能将辖境内种烟地亩勒禁全行改种他粮，查明属实，准将地方官分别奏奖"。又，第八条，"如未及十年，某处境内已无一吸烟之人，准将地方官奏请奖励"等语。是知期限虽迟至十年，而禁戒允宜从速。唐臣韩宏有言："君为仁，臣为恭，可矣。"无如下级人民，因循习惯，吸食者尚多借口限期，种烟地亩递减之法，又须按年挨户造册清查，恐滋烦扰。况各省禁令张弛不一，即使本省烟苗尽绝，而外省土药输入行销，致烟商种户以坐失其利无济于事为言，民心转滋疑惑，地方官虽仍勒禁，不足以服其心，故办理殊多窒碍。现象如是，若任展转迁延，互相牵制，窃恐勇者退而勤者怠，则终无断绝之时矣。

奴才默察事机，审度时势，拟请趁此人心激发之日，改缩期限。凡吸食之人，种烟之户，均限至本年年底禁戒净尽。其膏商、土栈，如有存货，亦准行销至本年年底截止，一律革除，改营他业。民情乐趋简易，当不至别生疑阻。自三十五年正月初一日起，通国不准再有吸烟之人、贩烟之商、种烟之户，上下一心，务期达此目的。阳奉阴违者，查出照章惩治，不稍宽假。至于文武官吏，当为齐民表率，原限六个月已逾，倘再讳饰欺朦，立予参劾。即有体弱瘾深，或因禁烟而受亏损，亦无所用其顾惜，以绝亿兆观望之私。似此直截办理，进口洋药，无地售销，

| 1908 年（光绪三十四年　戊申）56 岁 |

不禁自绝。古云："猛虎迫于后，弱者越涧而过；泰山颓于前，駑者崛起而驰。"天下事固气为之也。察时论之从违，觇民心之向背，与其多所瞻顾以遏其机，何如因势利导而作其气。涤污荡垢之进步，即转弱为强之精神。虽民风通塞各殊，属吏奉行又有力与不力，即以滇省而论，奴才亦未敢谓一经强迫遂能净绝根株；然若不急起直追，尤难望令行禁止。用敢敬陈管见，仰恳敕下会议政务处核覆施行。

四月初五日奉朱批："会议政务处议奏。"（《近代史所藏清代名人稿本抄本》第 3 辑，第 92 册，第 445—458 页）

3 月 20 日（二月十八日）　奏报贵州都匀府独山州属服色土同知由蒙继先承袭。

奏为请袭土职，恭折具陈，仰祈圣鉴事：窃查贵州都匀府独山州属服色土同知蒙焕纶，因上年游匪猖獗，扰乱边境，奉委侦缉匪徒，不避艰险，坠马伤足，又复染患瘴疠，于光绪三十一年九月十九日，在军营病故，业经咨报在案。

兹查有应袭该土职蒙继先，现年十八岁，系蒙焕纶之嫡长子，例得承袭父职，备具亲供及夷众悦服印甘各结，照造宗图，呈经该管官查明，层递加结。并声明该故土职蒙焕纶，原领号纸，因光绪二十七年被匪劫掳遗失，无从呈缴。由贵州布政司松塄查明，加结详请具奏承袭前来。奴才覆查无异。合无仰恳天恩，俯准以蒙继先承袭贵州都匀府独山州属服色土同知之职，并请敕部颁发号纸，转给祗领，以昭信守。

四月二十七日奉朱批："该部议奏。"（《近代史所藏清代名人稿本抄本》第 3 辑，第 92 册，第 500—506 页）

3 月 27 日（二月二十五日）　永善县铁路代表魏澍清为维股款而息讼端事禀呈云贵总督锡良，并得到批示。

具禀永善县铁路代表（附贡生）魏澍清为叩恳赏准以维股款而息讼端事。

窃滇事戋戋由外权之侵入，外权之侵入由彼国之有假手故耳。自恩宪莅位任，目击时难，次第改良举办，百政俱兴，且明鉴滇川之铁路宜修，以通南北洋之声气，滇越之路宜续而弭外权之浸入然也，曩者职员因铁路事奉邬县主谕，饬来滇候命，总局宪以定指南。职员草芥庸愚，安敢妄议，然两路并举，需款尤巨，虽滴水亦希归诸大流，以敷蒸气之用，是凡所知不得不陈请仁恩采择，聊尽职员之一分子，为此具禀，伏乞大人台前电鉴施行。

附：钦命头品顶戴陆军部尚书都察院都御史总督云贵等处地方军务兼理粮饷兼管云南巡抚事锡批：

禀折均悉。所请以地方公款提归路股，自属名正言顺，是否可行，有无妨碍？至抽收印花纸税一项，事体繁重，关系全局，非一县一邑所可轻易承办。仰滇蜀腾越铁路总公司，分别核明办理，饬遵具复，禀折并发。仍缴。（《滇越铁路史料汇编》上，第107—108页）

4月2日（三月初二日） 奏请滇厂铜圆准免予停铸。

恭读电钞谕旨，饬令京外各厂暂行停铸铜圆，仰见朝廷维持币政，酌剂盈虚之至意，钦佩莫名。

惟查滇省虽经奏明铸造铜圆，因机器未到，迄未开铸。前奴才由川奉调时，闻滇中久苦钱慌，银价过贱，当经筹拨银十万两，饬川厂代铸铜圆运滇以济其急。到任后催集铸圆各事宜，甫于去年冬间试铸。现在每日所出仅只二万余枚，较之部定日铸三十万枚，十中尚未及一。此固限于机力、铜本之未充，亦以边省商市本非繁盛，诚恐出数骤多，转致拥滞也。兹若并此亦饬停铸，市面又将立病钱荒，况滇地远在边隅，转运至为劳费。即如川厂代铸之圆，将及一年，始据陆续运竣。是各省虽形充斥，滇则固无外省铜圆之来，亦无虑其侵灌外省。拟恳天恩，俯念滇厂铜圆甫经试铸，出数甚微，且情形与各省迥异，准予免停，以裨圜法而省作辍。

五月初十日奉朱批："著照所请，该部知道。"（《近代史所藏清代名人稿本抄本》第3辑，第92册，第53—539页）

4月7日（三月初七日） 云贵总督锡良批准腾越铁路公司请以裁缺中营游击衙署为办公处所。

钦命头品顶戴陆军部尚书兼都察院都御史总督云贵等处地方兼管巡抚提督军务兼理粮饷锡批：据详腾越铁路公司及分银行原住旧学署偏僻狭隘，储蓄办公均不相宜，所请议裁缺腾越中营游击衙署作为该公司办公处，所免其交价，事属可行，应准照办，仰即遵照转移藩学两司、善后局、滇蜀腾越铁路总公司，云南按察使魏桌桐、云南布政使沈秉堃、署云南粮储道方宏纶知照。(《滇越铁路史料汇编》上，第86页)

4月12日（三月十二日）　奏报遵设云南宪政调查局大概情形。

奏为遵设云南宪政调查局，恭折仰祈圣鉴事：窃查前奉谕旨，饬令各省设立调查局，并准宪政编查馆咨称：各局应设总办一人，分法制、统计两科，每科析分三股，通行查照办理等因。仰见朝廷锐意立宪，考察精详之至意，钦佩莫名。

伏维各省设立调查局，所以上备编查馆随时之审核，下资自治局实地之研求，诚如该馆原奏所称："开办之始，必须事事简明确实，而后报告不等具文，调查得所依据。"夫既曰法制，则不同掌故之官书，祇征文献；既曰统计，则不同例存之公牍，有类钞胥。其理素至为精微，端绪更形复杂，自非设立专局，难望采取靡遗，编订合格；而局中自总办以下，治其事者，尤非不学无术之人所可滥竽充选。滇省僻处边陲，通才既不易得，局费亦无可筹，第似此政要所关，又何敢稍图敷衍。

查有署云南提学使叶尔恺，学识优长，洞明新政，热心毅力，办事条理井井，具见本原，当檄委为调查局总办。该局即附设于学务公所之内，其科、股各员，均由该司遴举。公所各课员绅中，学问素优，通达治体者，分委兼任，各专责成，概不另支薪水。并据该司详请仿照编查馆成案，逐日编印云南政治官报，送馆备查；由局添派编纂两员，经理报务。以上办法，虽属因地而制宜，要期实事以求是。而学界各官绅，亦得藉此参考政治，储为有用之才，似犹不仅经费之归于节省也。业经奴才先将大概情形咨明宪政编查馆在案。

五月二十日奉朱批："该衙门知道。"(《近代史所藏清代名人稿本抄本》第3辑，第92册，第567—574页)

是日　奏土司员缺久悬异族图袭拟请改流以弭边衅。

奏为土司员缺久悬，异族图袭，拟请改流以弭边衅，恭折仰祈圣鉴事：窃查云南向设镇康土知州一员，隶永昌府管辖，界连缅甸，夷、汉杂居。自光绪十六年，前土州刀闷锦图被土族刀老五勾结外匪戕害踞城后，其子纯祖、纯兴均因年幼，未能任事，札委锦图之嫡妻刀闷线氏护印抚孤。先是有该前土州刀闷济抚养罕姓子所出之刀上达既刀闷纯煆，蓄意争袭。刀老五及继起缪八、陈小黑等，迭次纠匪滋事，刀上达母子均隐与其谋，并有其母族戚南甸土司阴为之主。嗣因纯祖、纯兴相继夭亡，线氏续故，应袭刀闷绳位潜居缅甸，久不归来，以故刀上达之谋益急，而现在护印之刀闷罕氏赘婿罕荣邦亦图争袭。土民狡黠者，各援其党，造谣煽惑，边境骚然。经奴才密饬署永昌府知府谢宇俊亲往查明。该土族等互谋吞噬，构乱有年，微特此时无应袭之人，即勉强迁就，为之抚立，而亲离众叛，亦决难一日相安，势非改土归流，认真整顿，不足以杜反侧。该处土目、土民，困于土司苛虐，亦以承袭久虚，深愿迳隶汉官治理，共表同情。奴才督饬司道公同酌议，拟即改土归流，暂设委员一员，驻扎弹压，畀以权责，任以抚绥。一俟改办就绪，应否添设流官，再行酌夺办理。至该土州授官分土，相沿已数百年，应请仍留原衔，作为承祀官，择其稍近之支族，准予世袭，不理民事，仍酌量拨给田庄，俾资养赡。似此一变易间，庶几边事可资整顿，汉、夷得以乂安，其裨益实非浅鲜。据云南藩、学、臬三司会同粮储道、善后局具详请奏前来。

五月二十日奉朱批："该部议奏。"（《近代史所藏清代名人稿本抄本》第3辑，第92册，第615—623页）

4月16日（三月十六日） 卸署云南昭通府恩安县知县、石屏州知州魏朝瑞禀呈滇蜀铁路筹款办法，并得到云贵总督锡良批示。

卸署云南昭通府恩安县知县，石屏州知州魏朝瑞谨禀大人阁下，敬禀者：窃卑职伏查大地之上万国林立，举凡国势最强商力最雄者，莫不以经营铁路为急务，故欧美所筑铁路如网如织而能布置其权力，以伸其帝国主义于他国者安在而不用铁路政略哉。德人于小亚西亚伸其势力范围者，以铁路权也；英人于波斯伸其势力范围者，亦以铁路权也。近年以来，列强争竞之势皆集于亚东一隅，中国适受其患。满洲铁路日俄鏖战而争夺之，揄营铁路英俄几开兵衅以争之，津镇铁路英德卒持均势以划之。彼外人何肯放掷大资本于他人之地，竭死力以挽夺，而丝毫不相让者何也？盖铁路所及之地，即其兵力、权力所及之地，岂仅在通商矿产而已哉。幸中国近来民智渐开，见列强布置中国各省铁路权线不遗余力，于是有识之士虑主权之损失，惧祸患之无日。而绅商士庶极力争回

1908 年（光绪三十四年　戊申）56 岁

粤汉铁路，免失主权受制他族，而苏、浙、皖、赣等省接踵效之，亦复集股自办。此诚计之得也，实我中国人民前途之幸福，不禁为之欣慰。惟云南界连缅越，为英法角逐铁路线，将我南部行省生命财产归其本国势力领域之内，其角逐之势如两虎之争肉。英人曾于光绪二十四年间向总理衙门要求缅甸铁路延长之，以达云南顺宁、大理以通四川叙州、重庆等府至汉口，一以巩固印度、缅甸之势力，一以联络杨子江之流域而与津铁道相通。英人因有事于杜兰斯哇及我西藏，而此线虽屡经派人测勘，尚未修筑者也。法人要索总理衙门，由海防经河内，老开街接我蒙自以达云南府为一线，自河内而通过谅山至龙州、南宁、百色为一线，自广东之北海至广西省南宁为一线，皆包括其中。英、法两国直将我全国南部生活命脉举而置诸囊橐，岂仅云南受其大害已哉。光绪三十二年英务领又有测勘滇缅铁路之事，幸我滇省绅商早鉴于此思患预防，禀请奏明滇蜀腾越铁路归我集股自办。美哉斯举也，诚为滇民子子孙孙造福无量矣。然云南地方瘠贫，经费支绌，何日希望滇蜀铁路之告成，以杜绝英人之觊觎乎。而法人滇越铁路不日工竣，既掌握我云南南方铁路权、矿产利，则法人之计画线固已如愿相赏矣。英人安能安心向隅，隐让退缩，其乘我无款修筑此线之铁路而敷设滇缅、四川铁路之问题，难免不大生冲突。将来我滇蜀腾越铁路之结局，英人必藉已让法人滇越铁路为口实，致起衅端，而无理之要素势所不免。彼但以虚声恫喝，云南兵力势难反颜相抗。昔俄租借旅顺，列强相率效，尤德占我胶州，法占广州湾，焚占威海、九龙，殷鉴不远，实为隐忧。滇越铁路既允法人修筑，滇缅铁路英人决难退让，事势必然，不待龟筮。为今之计，滇越、滇缅铁路务须分别缓急，广筹经费，仿照争回粤汉铁路之前事，先将滇越铁路赎回，则英人自难启齿。赎回滇越铁路之后，然后修筑滇蜀铁路，于义务上固所当然，而于利害所关亦不得不然，稍不注意任其经营，一旦铁路既成，彼法人权力之扩张于两粤、四川，由此而无止境。英人援例修筑，力求均势以图抵制，势难阻止，后日大患，何可胜言，是不啻云南人之生命财产供彼英法之牺牲。法人古德尔孟所著《云南游历记》，其图我云南，笔之于书，用心叵测，毫无顾忌。当此时局阽危，谋画治安，惟有收回铁路主权，实有刻不容缓之势。我宪台烛照先机，谋虑深远，叠次颁发文诰，亦以铁路为急务，凡属官民馨香顶祝，亦望此铁路之成就，潜消后患于无穷。惟是云南地瘠民贫，筹此巨款实非易事，集股派捐固属绅商应尽之义务，而现在所筹之款实难为济。卑职历观欧美群雄，其强必本于富，而富又悉本于机器。现在筹款维艰，可否于集股派捐外，兼用机器以辟利源，不特为铁路多一分的款，且为滇民添一分生计，并为国家增一分势力。至于各种机器，卑职尚知端绪，颇能铸造。前以躬膺牧令，一切钱谷刑名黾勉不遑，思欲为而不能。今以不才废弃，本拟携子旋里，读书终年，但念世受国恩，卑职服官二十余年，又毫无片善，是以不揣鄙陋，敢效刍荛，妄拟铁路筹款八条开呈宪鉴，如蒙采择，举行机器一宗，卑职担任其责均可小试小效，大试大效。若无成效，卑职身家愿任其咎。倘蒙择用，当制小件机器数种呈验。卑职因思铁路有关主权，个人有应尽之义务，非敢以图幸进，亦非敢希冀厚薪。区区微忱，思得报效于万一，管窥蠡测，是否有当，可备采择。（《滇越铁路史料汇编》上，第108—112页）

4月29日（三月二十九日）　奏请调京员来滇襄办新政学务。

各省筹办新政学务，遇有延聘京员藉资赞助者，均由督抚奏调办理，免扣资俸在案。

滇省僻处边隅，人才缺乏。如现设之学务公所、法政学堂、宪政调查局、自治局，均赖有学行纯粹、才识通达之员，相助为理。

兹查有翰林院编修吴琨，学识优长，性行端谨；又翰林院编修顾视高，器识宏达，热心公益；又农工部主事姚华，诚笃渊雅，学有根柢；又法部主事王耒，才华茂美，潜心法律。该员等或在日本补修法政科学，或在日本法政大学毕业，均于法政各科学研究有得。相应仰恳天恩，俯准将翰林院编修吴琨、顾视高、农工部主事姚华、法部主事王耒调滇分别襄办新政、学务，俾资臂助；并请一并不扣资奉，不停升转铨选，以符定章。

六月初六日奉朱批："著照所请，该衙门知道。"（《近代史所藏清代名人稿本抄本》第3辑，第92册，第629—634页）

是日　奏团练土民并添练游击营防范逆党。

臣叠准外务部及两广督臣、广西抚臣咨电，以孙逆乱党窜伏边外，

1908年（光绪三十四年　戊申）56岁

狡谋图逞，嘱豫为加意防范等因，当经飞饬南防文武一体严密筹防，虽滇境毗连桂、越者，沿边千有余里，处处悉虞窜入，则节节均应设防，若募集多兵，微特无从筹饷；边地烟瘴毒烈，选材尤属为难。计惟团练土民，既皆习耐瘴疠之人，且有各保身家之念，以居为守，无异寓兵于农，情势实至为便利。现饬开化等府，除原有之保卫队外，劝谕各乡团整旧添新，更番自为教练，由官酌筹枪械津贴，以董其成。然匪踪飘忽无常，民团只能捍卫乡里，仍非有策应游击之兵，不足以操胜算。前已调拨新练陆军一营扎驻蒙自，居中策应。并查照巡防队章制，饬开化总兵白金柱添募游击一营，上下梭巡，稽诘匪类，用期兵民相辅，巩固边疆。数月以来，各边尚称安谧，足以仰纾宸廑。（《锡良遗稿·奏稿》，第787页）

　　5月14日（四月十五日）　奏报藩司交代情况。

　　奏为藩司交代，遵章改奏，恭折仰祈圣鉴事：窃查布政使交代，统限两月，造具册结保题，历经遵办在案。

　　兹据云南布政使沈秉堃详称：

　　准前任布政使刘春霖移交，自光绪三十一年六月初九日到任起，至三十四年二月初二日交卸截至前一日止，任内接管经管计：

　　司库各款：旧管存银一万三千一百八两零；新收银一千一十九万六千九百四十两零；内除拨收及估拨共银三百九十一万九千四百九十八两零，实收银六百二十七万七千四百四十一两零；开除银一千一十八万九千四百八十五两零，内除拨放及估拨共银三百九十一万九千四百九十八两零，实放银六百二十六万九千九百八十七两零；实在存银二万五百六十二两零。

　　铜库：旧管存银八千五百八十九两零；新收及拨收共银一百六十三万九千一十四两零，内除拨收银七十万二千七百三十五两零，实收银九十三万六千二百七十九两零；开除并拨放共银一百四十三万三百八十两零，内除拨放银七十万二千七百三十五两零，实放银七十二万七千六百四十四两零；实在存银二十一万七千二百二十三零。

　　又，司库另款解部旧海防捐输：旧存银五千六百六十七两。

　　又，新章减平：旧管存银一万三千二百三十二两零；新收银八万六千四十二两零；开除及拨还共银八万四千五百二十八两零；实在存银一万四千七百四十六两零。

课金及课金变价：旧管存金二百三两零，另变价银五十两零；新收课金三十两零，实在，存课金二百三十三两零，另变价银五十两零。

又，另款本省备支军马盐厘旧管，存银二千八百两零；新收银四千七百八十七两零；开除银三千二百六十六两零；实在存银四千三百二十一两零。

应留七成土药厘金支余作正备用：旧管存银四百九十九两零；新收银九万九千八百八两零；开除银九万九千八百四十七两零；实在存银四百六十一两零。

鼓铸三案报销铸息：旧管存银三千四百九两零；开除银一千九百七十七两零；实在存银三百五十九两零。

溢额盐厘：旧管存银二万五千三十六两零；新收银八万七千九百二十二两零；开除银一十一万二千六百两；实在存银三百五十九两零。

铁路经费：旧管存银三十四万七千四百七十两零；新收银一万两；开除银二十九万六千一百四十八两零；实在存银六万一千三百二十一两零。

以上各款均经照数盘查，并无亏短，按款接收清楚。理合分造清册。出具印结，详请查核具奏。并据声明，此外尚有从前应造款目，近均空悬，应俟收支有项，再行造报。

又此案交代，例应盘查加结，曾因库储匮竭，无从盘查，专案奏准缓办。

奴才复核无异。

六月二十五日奉朱批："度支部知道。"（近代史所藏清代名人稿本抄本》第3辑，第92册，第1—13页）

5月18日（四月十九日）　奏报汇请接袭世职情形。

奏为汇请接袭承袭世职，恭折仰祈圣鉴事：窃查尽先补用千总唐赓铸、千总职衔李正春，先后剿贼阵亡，奏奉谕旨："唐赓铸、李正春各给予云骑尉世职，袭次完时，给予恩骑尉世袭罔替。"等因，转行遵办在案。

查唐赓铸有嫡长子唐肇元请袭病故，有嫡长孙唐祖荫现年六岁，李

1908 年（光绪三十四年　戊申）56 岁

正春有嫡长子李荣光现年十三岁，与接袭承袭之例相符。据云南藩司具详前来。

奴才查定例，承袭世职如年未及岁者，先将宗图册结送部请袭。兹该应袭等均与例相符。合无仰恳天恩，俯准以唐祖荫、李荣光接袭承袭所得云骑尉世职。如蒙俞允，俟及岁时，再行照例办理。

六月二十七奉朱批："陆军部议奏。"（近代史所藏清代名人稿本抄本》第 3 辑，第 92 册，第 41—46 页）

是日　分别奏请免云南地方被灾条粮。（近代史所藏清代名人稿本抄本》第 3 辑，第 92 册，第 79—84 页）

5 月 31 日（五月初二日）　奏请免安宁州被灾条粮。

奏为请免被灾条粮，以舒民困，恭折仰祈圣鉴事：窃查云南安宁州属，上年被旱成灾，业将委勘赈抚情形，附奏在案。

兹据安宁州知州罗守诚会同委员、补用知县邓维琳，将勘明被灾田亩，并请免条粮数目，造具册结，由该管府道核明加结，咨由云南布政使沈秉堃会同署粮储道方宏纶具详前来。

奴才覆查该州属打金甸等村被灾，共田七顷五亩九分六厘四毫，应征秋粮米四十石五斗九升五勺，条公等银六十三两一钱九厘四毫九丝七微六纤。既经会勘明确，委系十分成灾，若仍照常征收，民力实有未逮。合无仰恳天恩，俯念民情困苦，准将该州应征光绪三十三年分前项银米，照数豁免，以舒民困，实出逾格鸿慈。

七月十二日奉朱批："著照所请，度支部知道。"（近代史所藏清代名人稿本抄本》第 3 辑，第 92 册，第 125—130 页）

6 月 3 日（五月初五日）　收军机处电。（《近代史所藏清代名人稿本抄本》第 3 辑，第 27 册，第 1 页）

6 月 11 日（五月十三日）　奏滇省土药厘金银两照案留用，并请在于各省欠解协饷项下划拨解部。

奏为请将滇省土药厘金银两照案留用，仍于各省欠解协饷项下划拨解部，恭折仰祈圣鉴事：窃查云南应提报拨土药厘金，历经在于各省欠解协滇饷内划拨，分晰造册，奏请拨解在案。

兹据云南布政使沈秉堃会同厘金局司道详称："光绪三十二年分，滇省共运销土药七千九百二十八担六百八十五两三钱，每担厘税并征银三十三两六钱，共收银二十六万六千三百九十五两一钱九分二厘八毫；内除派款加税计银七万六千一百一十二两九钱一分二厘八毫，又提报部候拨银一十万四千六百五十五两二钱五分三厘六毫，又赔款银三万八千五十六两四钱五分六厘四毫外，共计余银四万七千五百七十两五钱七分，计开支局用一成银三千七百七十七两七钱九分八厘七毫，实存银四万三千七百七十七两七钱九分八厘七毫，应请照案留滇备用，仍照部议，于各省欠解协饷项下，照数划拨解部"等情。并据将各省历年欠饷数目，造册详请奏咨前来。奴才覆核无异。

七月二十五日奉朱批："度支部知道。"（近代史所藏清代名人稿本抄本》第3辑，第92册，第133—140页）

7月2日（六月初四日） 奏滇蜀腾越铁路工巨费艰公议酌改随粮认股章程。

奏为滇蜀、腾越铁路工巨费难，公议酌改随粮认股章程，恭折仰祈圣鉴事：窃查滇省自办滇蜀、腾越各铁路，拟定随粮认股章程，每粮一升收钱二文，曾经奏准开办在案。嗣因滇居边瘠，巨室无多，又乏财雄力厚之商贾，平日讲求实业者，大抵皆农业一流，虽风气渐开，亦复热心公益，而心余力绌，终苦筹措为艰。上年奴才到任后，曾据该公司绅董拟请将随粮认股章程，酌改为每粮一升收银五分，以全省纳粮约二十万石核计，年可集银一百万两，十年可集银一千万两等情，禀经批司道会核，议准于三十三年开征之始，由省会之昆明县先行试办，如果民情踊跃，别无窒碍，再行推及全省。幸自试办以来，源源交纳，阻滞毫无，现已据报扫数完讫。覆经该公司函至各属，各举代表绅董来省会议。咸以铁路关全滇大局，粮股实集款大宗，昆明试办既已成效昭著，通省均愿一律办理，请自三十四年起，由各地方官督绅筹办，每粮一升收银五分，以十年为率；所有从前奏定收钱二文之案，即于本年一律停止，据该公司总办前署贵州提学使陈荣昌等呈由云南藩、臬两司核明，具详请奏前来。

奴才覆查滇省地瘠民贫，又复连年灾旱，本未便将铁路随粮股款骤议加增，致令民力稍形竭蹶。特事关全省公益，众议佥同，昆明已试办

1908年（光绪三十四年　戊申）56岁

一年，并无窒碍，民智发达，已见一斑；且边省枯窘异常，舍此亦别无可筹巨款，自应照准办理。仍由奴才随时体察情形，督饬官绅，详酌妥办，庶于筹办要政之中，仍寓体恤民隐之意。

八月十八日奉朱批："该部知道。"（近代史所藏清代名人稿本抄本》第3辑，第92册，第157—165页）

是日　奏请免昆明县属修建新军炮营占用民田钱粮。

滇省改编陆军，于省城南关外相度地势，酌购民田，建筑步队一标暨炮、工、辎各标营舍，业经奴才于改编陆军筹办大概情形折内陈明在案。

嗣查得南关外五家坝，地势平阔，堪以修建营舍，当经委员会县覆勘，购买修建；并饬将所购田地应纳钱粮查明禀办去后。兹据署昆明县知县周安元，将占用田地逐一勘丈，分别顷亩等则，造具花名清册，出结请予永远豁免钱粮，申经该管府、道，咨由云南布政使沈秉堃、署粮储道方宏纶会同善后局、兵备处司道具详前来。

奴才覆查此次修建营舍，共占用昆明县属五家坝民田八顷七十九亩三分九厘三毫，每年应征秋粮米三十四石二斗九升一合三勺二抄，条丁等银四十二两八钱六分四厘一毫五丝。田既废置，不能耕种，所有额征钱粮，自未便照常征收。合无仰恳天恩，俯念工程重要，准将前项应征银米，自光绪三十四年起，全数永远豁免，实出逾格鸿慈。

八月十八日奉朱批："著照所请，该部知道。"（近代史所藏清代名人稿本抄本》第3辑，第92册，第165—171页）

7月19日（六月二十一日）　奏报云南省光绪三十三年盐务奏销情况。

兹据云南盐法道载林会同布政使沈秉堃详称：

遵查光绪三十三年分盐务正款项下：旧管存银一十五万七千八百五十六两零；新收各井正溢盐课杂款等银四十六万七千四百七十三两零，又收回各井灶缴还三十一年分柴本银三万三千七百两；开除照案拨归溢课册内留备边防要需银一十二万七千五百一十七两零，又咨解司库汇解候拨另加溢课银一万三千八百二两零，又咨解司库银二十四万两，又咨解司库裁撤巡抚额支廉役等项，照案留滇备供新军练饷银七千六百四十两，又咨解司库照案汇解学部截存黑、白、琅三井学并威远厅解帮景东厅棚费银一百三十五两零，又支放各官减成养廉银二万五千二百三十九两零，又支放各井刊刷引票纸张等项银三万一千四百九十二两零，又借发各井灶三十三年分柴本银三万三千七百两；实在存库银一十七万九千五百一两零。

又，查溢课项下：旧管存银二十一万一千二百三十一两零；新收由正册拨入留备边防要需溢课银一十二万七千五百一十七两零；开除拨归漏报溢课册内存储专购枪炮银三万九千八百四十九两零，又咨解司库支放团练经费银三万两，又咨解司库专购枪炮银四万两，又移放团练薪饷银二万二千三百九十六两零；实在存银二十万六千五百二两零，照案留备边防要需。

又，查漏报溢课项下："旧管无项；新收由溢课册内拨入存储专购枪炮银三万九千八百四十九两零，又各井浮支公费漏报经费银二万三百二十八两零；开除咨解司库存汇江宁等省代制枪炮银六万一百七十八两零；实在无项。"等情，分造清册，据详情奏前来。奴才覆查无异。

九月初一日奉朱批："度支部知道。"（近代史所藏清代名人稿本抄本》第3辑，第92册，第216—227页）

7月22日（六月二十四日） 奏报各厅州县考实。

奏为开报云南各厅、州、县简明事实，恭折仰祈圣鉴事：窃查光绪三十年五月十四日奉上谕："钦奉懿旨：每届年终，将各州、县分别优劣，开列简明事实，奏交政务处详核，请旨劝惩"等因。钦此。并准政务处拟定划一章程，远省限次年五月奏结等因，历经遵办在案。

兹据云南藩、学、臬三司会同各局道，将光绪三十三年分通省各厅、州、县事实，遵照定式，造册列单，填注切实考语，具详请奏前来。奴才覆加查核，计列平等者二十员；又在任未及一年，拟以不列等第者共六十七员；奴才悉心考核，所拟等第，尚属允当。

伏查滇省边隅僻处，风气晚开，一切新政虽均次第筹办，而按实调查，只因地方过于贫瘠，办理未尽遵章。即以学堂而论，学生程度之未能及格者所在多有，现均督饬认真归并，核实造报。其余巡警、工艺、种植诸要政，亦大致相同，虽较之历年表册，似觉进步少而退步多，且并无堪列优等之员，然皆实事求是，不敢丝毫虚伪，欺饰朝廷，致干罪戾。奴才忝膺疆寄，惟有督饬司道，设法整顿，以期日渐发达，仰副圣主饬吏厪民之至意。

再南关、个旧两同知，弥渡通判，向均无专管地面，未经开列。

又，此案因屡次驳查，是以奏报稍迟，合并陈明。

九月初八日奉朱批："该衙门知道。"《近代史所藏清代名人稿本抄本》第3辑，第92册，第306—316页）

7月30日（七月初三日） 遵旨增设巡警道并以杨道福璋试署。

遵查云南分巡各道，或远驻边方，或兼管关务、粮盐，亦各有专司，实无可裁之缺。正在具奏拟请增设间，准军机处电："云南劝业道一缺，业经会同各部奏请增设。"

伏维劝业系民生之本计，巡警尤为民政之要图。滇省僻处边隅，幅员辽阔，内则汉、夷杂处，外则缅越比邻，加以铁路将成，事益繁杂。内地之巡警、消防、户籍、营缮、卫生与铁路之稽查、弹压、保安、防匪等事宜，均惟警察是赖。历年虽设局遴员，认真筹办，而规模粗具，未尽推行，自非设立专官，挈领提纲，切实整顿，断难实收成效。亟应增设云南巡警道一缺，凡全省巡警事宜，概归该道专管，原设局所，即予裁撤；其设属分科治事，一切均查照部定章程，并参酌地方情形，随时酌量，奏咨办理。该道事务繁要，所支养廉，应即查照本省粮道现支数目，每年额支五千九百两，照章八成支给；以现设警察局总办年支薪水、公费等款核计，增费无多。

惟是新设之缺，经营伊始，事事均关紧要，必须体用兼备，结实可靠之员，方能胜任。奴才督饬三司，遵章于实缺道府并候补道员内，详加遴选，查有二品衔、奏留云南补用道杨福璋，年五十岁，浙江会稽县人，由附生中式光绪壬午科本省乡试举人，丙戌科会试挑取誊录，传充国史馆誊录，于纂修大臣年表案内，议叙以知县选用。嗣因办理顺天赈务出力，保准选缺后以同知、直隶州用；复因办理晋边赈务出力，保加五品衔；奏调热河差遣，调赴四川差遣。于热河剿平建昌股匪案内，保准以知县不论双单月归本班尽先选用；旋在广东实官捐输局捐过同知班双月选用，又于四川赈捐局报捐三班分发试用。于攻克四川巴塘夷匪案内，保准免补同知，以知府分省补用，报捐三品衔。三十三年，经奴才奏调云南差遣委用，先后两次密保，奉旨交军机处存记；复经奏留云南补用，奉旨允准。嗣于收复河口案内保奏，三十四年五月初三日奉上谕："三品衔、云南候补知府杨福璋，着免补知府，以道员仍留原省补用，并赏加二品衔。钦此。"该员器识闳通，有为有守，奴才历任热河都统及四川、云贵各总督，均奏调该员随行，委任各差，率皆心精力果，任怨任劳；平日于东、西洋及各省警察章程，尤能悉心推究，洞明原委，实属滇省道员中最为出色之员，以之试署增设巡警道缺，洵勘胜任。据云南布政使沈秉堃等会详前来。合无仰恳天恩，俯念新设员缺紧要，准将该员杨福璋试署云南巡警道，以资整顿。如蒙俞允，仍俟一年以后察看，成绩可观，再行奏请实授，并俟奏请实授时，再照例给咨送部引见。

九月十八日奉朱批："著照所请，该部知道。"（近代史所藏清代名人稿本抄本》第3辑，第92册，第329—343页）

是日　为体恤微员，用肃吏治起见，奏请将俸满调验事宜变通办理。

奏为边省微员困苦，请将俸满调验事宜变通办理，恭折仰祈圣鉴事：窃查各省首领、佐贰、杂职，自从六品以至未入流，并捐纳之盐库各大使及各学教职，照例均应自到任之日起，历俸六年期满，由该督抚调取验看，详加甄别，其中实有人材出众，著有劳绩者，并准保荐，历经照办在案。

伏查滇省僻处边隅，幅员辽阔，各处距省程途有远在二三十站以外者。教杂缺分瘠苦，廉俸所入年仅数十金，每遇俸满，由该管官申送府、州、送道、送省层递验看，旷时须三数月，资费至数百金，边瘠微员，从何筹措？以故调验之举，各官均视为畏途；而定例所关，又无术可以推展。奴才到任年余，察看情形，知之最谂。查各官验看，到省不过堂见一二次，在年老有疾者尚可一望而知，而究其才具如何，操守如何，仍恃平日留心查察，向不敢定于庭参之顷；所以各省历来就验看而参劾属员恒不数见，非无故也。因思州、县以上，例应调取引见者，新章有捐免之条。教杂验看事同一律，特以微员末秩，若饬令捐免，窒碍实多。合无仰恳天恩，俯念滇省教杂困苦异常，嗣后俸满例应调验人员，准其变通，由该管州、县就近申送府、州，切实验看，出考申转，免令该员亲身赴道、赴省。如遇年老有疾，或才具庸劣之员，即责成该管府、州，据实揭参，不准稍涉瞻徇。其中实有人材出众，著有劳绩，堪膺保荐者，仍照例送道、送省层递验看，以昭慎重。

九月十八日奉朱批："吏部议奏。"（近代史所藏清代名人稿本抄本》第3辑，第92册，第343—351页）

8月12日（七月十六日） 奏请免楚雄县被灾条粮。

查云南楚雄县属，上年先后被旱、被雹、被水成灾，业经奴才将委勘赈抚情形，附奏在案。

兹据署楚雄县知县雷葆初会同委员、议叙知县路承熙，将勘明被灾田亩并请免条粮数目，造具册结，由该管府道核明加结，咨由云南藩司沈秉堃、署粮储道方宏纶具详前来。

奴才覆查该县属南界大小骠等村被旱成灾，共田五十五顷八十九亩五分，应征秋粮米一百四十六石九斗一升一合一勺九抄二撮四圭，条公等银二百六十二两六钱三分四厘七毫三丝七忽；又东界卢家河等村，被雹、被水成灾，共田一十一顷四十一亩九分，应征秋粮米二十六石一斗一升二合八勺七抄五撮，条公等银四十七两一钱五分七厘五毫一丝三忽。既经该印委会勘明确，均系十分成灾，若仍照常征收，民力实有未逮。合无仰恳天恩，俯念民情困苦，准将该县应征光绪三十三年分前项银米，全数豁免，以舒民困，实出逾格鸿慈。

十月初二日奉朱批："著照所请，度支部知道。"（近代史所藏清代名人稿本抄本》第3辑，第92册，第433—439页）

8月17日（七月二十一日） 锡良是激进的禁烟派，不仅主动要求云南缩短禁烟期限，而且上奏清廷全国速请一律改缩禁烟期限。

奏为速请一律改缩禁烟期限，以收实效而践大信，敬抒管见，恭折具陈仰祈圣鉴事：窃奴才前奏实行禁烟拟请改缩期限一折，经会议政务处议覆："奉准饬令一力坚持，以收令行禁止之效。"等因，遵已转饬禁烟总局，并通饬各属剀切晓谕，凡种烟之户，吸烟之人，务于年内禁戒净尽，其贩卖商民亦统限以本年为度；一面随时派员密查，以杜朦隐。

伏维朝廷毅然为斯民拔除酖毒，咸与维新，申命至于再三，行法始于亲贵，纶音所播，薄海同饮，环球共瞩，即恃为进款大宗之英政府，亦重违公论，愿表赞成，此实我国转弱为强之盛举，抑且难得易失之机会也。

奴才忝任滇疆，素知滇省为产烟最盛之区，行销极广，流毒甚深，决意力予禁绝。惟滇省禁烟之难，有更难于他省者：地方至为辽阔，甚至土司荒野穷边亦多布种，且自官绅以迄牧竖，每谓烟能却瘴，嗜者尤多。此禁种禁吸之难。滇为贫瘠省分，常年所收土药税厘恒四五十万两，各用于焉取资，禁绝则款从何出？而民间亦素罕出产，恃烟为输入巨资，非亟为别开利源，无以抵补。此又禁烟而善其后之难。

然奴才所以不敢稍畏其难，力主改缩期限之议者，良以十年之限奋励图之。固岁月之甚宽悠忽处之，则瞬息而已届。溯自诏书颁发将近两年，而会议政务处来咨，谓查明减种实数仅有数省。盖减种与禁种异，其事本曲折繁杂，当谋始而其难已然，恐积久而其玩愈甚。即谓递年皆有减数报告，以有司之习于虚伪，小民之溺于宴安，殊未敢信其所报皆实。倘届满十年之限，事仍未尽实行，下何以示民信，外何以谢友邦。矧外人调查最确，既有试行三年之说，窃恐不俟十年而责言固已洊至矣。

奴才亦知数十年沈痼，欲一旦扫而空之，诚非易事。即就滇省论，何敢自信一年之后，遂能悉净根株，然要必急起直追，在上者先有除恶务尽之心，确不可拔，而后小民胥绝其观望，有司亦易于奉行；计其成效，虽朞月之不足，或无待于三年。果至通国无复吸烟、种烟之人，洋药将自无销路，外人又安有不乐成其美哉！

抑奴才更有请者，设或各省禁令彼此张弛不一，宽严互殊，则邻省随地运销，势将禁不胜禁，非特本省烟商，种户必以一隅坐失其利，疑怨横生；吸烟之人，亦仍不恤多方购致，难期戒绝。此又理势所必然，为滇计并不能不为全局计者也。惟有吁恳圣明，立饬下各省直督抚臣体察情形，改缩期限，务于一二年内禁戒净尽，天下幸甚，生民幸甚！

十月初二日奉朱批："会议政务处议奏。"（近代史所藏清代名人稿本抄本》第3辑，第92册，第449—460页）

是日　奏报筹办滇省边防布置情形暨应需饷项。

奏为筹办滇省边防，谨将布置情形暨应需饷项，恭折具陈，仰祈圣鉴事：窃滇边窜匪自各军攻克河口后，复搜剿新店等处余匪，历经臣锡

1908年（光绪三十四年　戊申）56岁

良奏报在案。

兹臣春霖于七月初四日行抵滇省，当将边防会同筹商，伏查沿边本界早已肃清，惟匪党仍在界外窜伏靡常，警报叠至。游氛一日不靖，防务即一日不能解严；必须远计通筹，以惩前毖后之思，为固圉安边之策。滇边毗连越境凡千有余里，势不能处处设防；然攻隙蹈瑕，匪之惯技；一隅溃决，全局为之动摇，固不宜备多力分，亦何敢顾此失彼。计惟审度全边形势，择其冲要之区，据险筑营，团扎控驭，余则分定汛地，常川巡防，无事各专责成，有事互相策应；并为之严备后路，以厚声援，庶缓急乃有足恃。臣等现已布置略定，谨为我皇太后、皇上陈之：

查已故总兵白金柱，前奉谕旨，饬令募足五千人，计余原带六营外，应添募十四营，已电咨度支部在案。然其时旧营仍多防守原汛，匪氛正炽，期厚兵力以一鼓歼旃，白金柱新募实不止十四营。嗣奏派道员王正雅接统是军。曾叠次督商白金柱、王正雅，遵旨以该军专任开、广边防，自河口以西至于邻近临安边界之新街，其东直至广南之田蓬，凡兹边要，悉归防守。原议匪势稍松，即将新旧并成二十营之数，以四营驻河口，两营驻古林箐，再以两三营备游击，余营分地布扎，该统领则驻开化之马白地方，居中调度。但现时匪踪近在咫尺，军务吃紧如前，各营分路扼界，昼夜严防，实苦不敷分布。虽经酌量调动裁撤，于原案新募十四营之外暂尚溢出四营，广西抚臣张鸣岐奏派龙济光援军两营亦驻开边，统归王正雅节制调遣。一俟局势稍定，即行分别遣留，以符原案。此现筹开、广边防之情形也。

其河口之上，自南溪以至蒙自，非但为滇越铁路所经，保护、巡防关系至重，论全省则为要枢，于边军则为后劲，即如此次剿平匪乱，亦深赖中坚制胜，东、西两路得以迅收夹击之功。现已派临元镇总兵刘锐恒为中路统领，凡铁路下段各营悉隶之，盖以旧防临安边界蛮耗等处之营，而令该统领添练两营，督驻蒙自，以固根本，而资接应。

又查沿边自新街、蛮耗以西，为三猛土司，其地紧接越边，上通临安、个旧，此次败匪亦经窜入，亟宜设防；但瘴重地险，客军不能利用，且尤贵能抚驭土司。查有已保分省知府龙泽周，本系该处土职，熟习情形。前饬自募两营督带，现即留以边防，并添拨原驻临安、个旧等三营，均归署理临安府知府贺宗章暂行统领,自为一路。此又于开、广边防外兼筹中、西两路防务之情形也。

惟是滇省饷项奇绌,当匪乱猝兴,全省震动,即息借商款亦苦为难。幸蒙圣恩,饬部立拨饷银五十万两;旋又奉电旨:"部拨银两,准其审酌缓急,匀计动支,无庸指定龙济光、白金柱两军作为专饷"等因。钦此。仰见朝廷廑念边陲,无微不至,俾臣等得所藉手,士马胥资饱腾,分路巡征,肤功迅奏,钦感实难名言。

溯自军兴以来,除白金柱一路尚不计外,前敌、后路添募近二十营,而沿边及近边各地方官绅之请募营团者,其时匪党正在到处勾煽,防缉宜严,亦多量予照准,未敢惜费。现虽已将前敌各营分别裁留,后路各营一律遣撤,民团亦仅开、广酌留少数,余均遣散归农,而饷项固已不赀矣。况新军遣撤有恩饷,旧营行军有加饷,及各路转运粮械,各营恤养伤亡,前敌、后路添设台、站、局所等项,皆无不需款。兹据善后局司道详报:"自四月初奉部电后,即先挪借动支,截算至七月底止,前项银五十万两,仅剩银三万余两,八月份应发饷银已不敷支应。"等情。臣等查该局动支各款,委系核实开支。无如事急用繁,已成悉索。据报各款,盖三次奉旨饬由藩库筹发赏银及一应善后之需,尚不在内。惟有仰恳天恩,俯念滇省困难,边事重要,饬部迅予再筹接济。其白金柱原统现归王正雅统领之开、广边军,每营每月约需薪饷津贴一千八百两;龙济光援军两营,每营每月需银二千七百余两。并请由部查照原案,自八月始,将该两军月饷筹拨的款,源源先期解滇备发。广西援军,仍候审察匪情于遣回之日截报。

至开、广边军尚有应支统领、督带等薪费,应建营垒工程,须请部款者,统俟查核后,与该两军饷项、津贴细数,一并咨部立案。

事关计授要需,无任迫切吁祷之至。

十月初二日奉朱批:"著度支部速筹接济。"(《锡良遗稿·奏稿》,第815—818页)

是日 奏报筹拨帮办云南边务刘春霖办公经费银两。

帮办云南边防事务、候补三品京堂刘春霖,现已到滇,即日出省办理一切边务,事繁任重,自应筹给公费,以资办公,兹据司局详称:

| 1908年（光绪三十四年　戊申）56岁 |

"自该京堂到滇之日起，应需公费等项，每月由善后局筹拨银一千两，解交应用，请准作正开销"等情，详请奏咨前来。奴才覆查无异。

除分咨外，理合附片陈明，伏乞圣鉴，敕部立案施行。

十月初二日奉朱批："该部知道。"（近代史所藏清代名人稿本抄本》第3辑，第92册，第493—497页）

8月24日（七月二十八日）　丁彦呈报腾越铁路公司已移新址办公。

总办腾越铁路公司兼分银行二品顶戴浙江补用道丁为呈报事：光绪三十四年六月十八日准署腾越厅江丞移开，光绪三十四年五月初九日奉总理滇蜀腾越铁路总公司宪札奉督部堂锡批，本公司详准总办腾越铁路公司丁咨请将腾越裁缺中营游击衙署批给办公一案，奉批："据详，腾越铁路公司及分银行原住旧学署，偏僻狭隘，储蓄办公均不相宜，所请以裁缺中营游击衙署作为陔公司办公处所，免其价事可行，应准照办。仰即转移遵照，并行腾越厅查照拨交可也。及分移学、藩司、善后局知照。缴。"等因。奉此，自应遵照办理，除分别咨移照会外合丞抄详札饬，为此札仰该厅即便遵照院宪批示办理，仍将拨交缘由具报查考毋违。特札。抄发详稿一件等因。奉此，查中营游击衙署一所，座向东计三进大小二十一格，其地基并左右箭道周围计一百二十六丈，已如数接收清楚。惟房屋朽腐不堪，非大为修葺不能储蓄办公，即于二十五日权宜迁新，拟请将前垫修旧学署修费由租银扣还之项略加修补，使其外貌可观，至于大加修盖候临时再议。所有接收游击衙署地基并公司移住日期，理合呈请转报等情。据此，除移复腾越厅外，相应备文呈报，伏乞查核转报施行。须至呈者。（《滇越铁路史料汇编》上，第86页）

8月27日（八月初一日）　奏报蒙自关起解本年九月内摊还俄法英德借款四成银两。

前准户部咨，云南蒙自关每年摊还俄、法、英、德借款银四万两，分作两次，于三月解六成，九月解四成，均赴江海关缴纳。嗣又准咨，每年加拨银一万两，各等因。业将本年三月内应摊六成银三万两解赴江海关交纳，附片奏明在案。

兹查该关本年九月内应摊还四成银二万两，现于六成洋税项下竭力腾挪，如数凑齐，由省发交同庆丰商号领齐汇解，定限七月十五日起程，至九月十五日，由上海天顺祥商号赴江海关交纳，不准稍有延误。所需汇解各费，照案在六成洋税项下开支，另案造报。据署云南临安开广道兼管关务增厚详请奏咨前来。奴才复核无异。

光绪三十四年十月初十日奉朱批："该部知道。"（近代史所藏清代名人稿本抄本》第3辑，第92册，第517—522页）

是日　奏请赏给义领事戈理玛尼三等宝星。

自滇越铁路开工，其公司虽属法商，而所用包工、监工各项人等，籍隶义国者实居多数，每因细故，动成交涉，故义国派有专员在工约束。奴才查义领事戈理玛尼自光绪三十年抵蒙自履任，数年来商办各事，尚能和衷，共敦睦谊。现已调任，合无仰恳天恩，赏准给予戈理玛尼三等第一宝星，以资观感。如蒙俞允，即由外务部制造送交义使转给祗领。

光绪三十四年十月初十日奉朱批："著照所请，外务部知道。"（近代史所藏清代名人稿本抄本》第3辑，第92册，第522—526页）

9月9日（八月十四日）　滇省办赈抚事竣，奏请奖出力员绅。

奏为滇省办理赈粜一律告竣，遵旨将连年在事出力各员绅，核实择尤，开具清单请奖，恭折仰祈圣鉴事：

窃查滇省民贫地瘠，久鲜盖藏。光绪三十二年亢旱成灾，赤地千里，同时迫切呼吁者数十州县之多，遍地哀鸿，几于朝不保暮。经前督臣丁振铎奏蒙一再恩颁帑项，并驰请各省协济，设局派员，采运四出，赈粜兼施。三十三年春，奴才奉调，备闻灾重情形，即先由川拨款购粮，一面沥情奏吁；复荷鸿恩逾格，巨帑叠颁，而东南义绅亦慨允力筹协助，屡寄义款。奴才目击疮痍，期于救人救彻，爰分别灾情轻重，其尤重者，于常赈外，遴派员绅，周历山谷，携款放手查给。是年夏间，虽经得雨，因栽种稍迟，收成多歉，且元气未能骤复，灾民仍无以自存；其间迤东州县，又有被水告灾者，亦须妥为抚恤，直至冬尽，省城赈粜总局停撤，仍筹备余米，以为春赈之需，本年三月，始将赈粜事务一律告竣。查各属自去冬连得大雪，本年春夏雨水又极调匀，豆、麦到处丰收，秋成亦可预卜，省内外米价现无不锐减，灾黎重庆更生，从此能将农桑、实业次第讲求，罂粟禁种净尽，元气自不难徐培，是皆我皇太后、皇上如天

1908年（光绪三十四年 戊申）56岁

之仁，宏施覆帱，以万里边荒之众庶，遇百年未有之奇灾，卒乃胥获安全，同瞻乐岁，洵足以上慰宸廑。

惟溯自开局以来，办事勤劳，实资群力；而此次滇省之办赈，则尤有迥异于寻常。滇为边远之区，其时采运米石，内自黔、蜀，外至越南，率相距数十站，车楫不通，升斗皆须驮负，脱有迟误，待哺奚资？该员绅备极艰辛，设法广为购致，更番躬自趱运，始得接济源源。此转输赈粮之难也。

办赈首在清查，非到地不能知灾情之轻重，非挨户不能知贫民之极次。滇地至为崎岖辽阔，且多瘴疠之乡。该员绅分路驰驱，且查且放，类能短衣徒步，宿露餐风，考察各得其真，斯遗滥两无其弊。此查赈放赈之难也。

况自开局以迄藏功，历时凡两年之久，强半皆始终其事，寒暑罔间，昕夕不遑，尤非一事一时之出力可比。去冬奴才曾以办理员绅勤劳倍著，恳请援照江北赈案，准予核实择尤汇奖。奉朱批："著照所请，该部知道。"等因，钦此。仰见朝廷轸念民艰，有劳必录之至意。

光绪三十四年十月二十二日奉朱批："该部议奏，单并发。"（近代史所藏清代名人稿本抄本》第3辑，第92册，第591—603页）

9月15日（八月二十日） 收学部来电。（《近代史所藏清代名人稿本抄本》第3辑，第27册，第164页）

9月26日（九月初二日） 奏遵旨筹覆滇省土司改土归流情形。

奏为遵旨筹覆滇省土司改土归流各情，恭折密陈，仰祈圣鉴事：窃于光绪三十四年八月十三日承准军机大臣字寄："七月初八日奉上谕：'都察院代递云南耆民等呈称，土司暴虐，惨无人理，请改土归流，以救民生等语。着锡良按照所呈各节，体察边情，妥筹办理。原呈单著抄给阅看。钦此。'"仰见朝廷廑念民艰，眷怀边事之至意，钦佩莫名。

伏维滇省西南沿边土司以数十计，历来边吏，其贤者徒以羁縻为心，不肖者竟以贪婪取侮，驯至各土司日益骄恣，骎骎坐大，几于为所欲为，形同化外。该耆民所呈南甸土司暴虐各情，虽不无归恶已甚，然土民之久苦苛政，与土司之习为专横，则犹不独一南甸也。

奴才自去年到任后，即以腾越、永昌等处所属土司，毗连缅甸，凡边民之疾苦，边计之绸缪，皆应及时注意，旋闻腾越之干崖土司刀安仁，自东洋游历而归，擅自订延各项教习，当饬署云南提学使叶尔恺、前护迤西道秦树声，严行驳斥约束，仍不免阳奉阴违，近据道路传闻，多谓其心存叵测。其余腾属南甸等六土司，或昏庸相继，民厌诛求；或承袭久悬，政操豪猾；又以彼此之壤地相接，世为婚姻，遇事辄阴相狼狈。即如永昌属之镇康土知州，前因该土职本支应袭无人，迭次构乱，奏明委员驻扎，试办改流，经该署知府谢宇俊督员亲驻其地，布置经营，所属土民，绝无梗阻，而各土司乃胥动浮言，希图播弄。窃为统观全局，欲期边境长治久安，自非将土司改土归流不可，而改流利在土民，雅非各土司所愿，若枝枝节节以图，转恐徒以趣其向外之谋，甚或速其发难之举。

近时官绅颇有建议，宜将腾越等处沿边土司，一举而尽改之。其议非不甚是，顾奴才所为其难其慎，未敢据以上请者，一曰兵力。各土司虽解其事权，仍令世其禄位。第改流之始，断难期帖然服从，非得大枝精兵，屯扎边界，不足以资镇慑。一曰财力。边地不皆荒瘠，异日善为设筹，未必须仰给内地。第当甫经改革，则一切建置之费与夫教养之图，不能不需巨款，以滇省现时情形，安得有此兵力、财力。然奴才区区之愚，以为此犹不过一时之为难，而百年本根之计，犹不与焉。

夫国家改土归流，固以拯其人民，初不利其土地。必得贤有司与民更始，尽除苛虐，力跻康和，俾土民咸知汉官之远胜土官，心悦诚服，而后愚梗无虞反侧，边陲永庆乂安。滇省吏治之颓，人材之乏，历经奏陈宸鉴，又安得如许循良之吏，以分置诸边瘴之乡？此则奴才所日夜思之而尤虑无以善其后者也。

为今之策，前说既未能骤行，挽救要不容稍缓，迭经严饬管辖土司之地方官，暨出示晓谕，先将汉官向取于土司之一切规费禁革净尽，俾该土司无从借口虐取；并于补署各边缺时，加意遴才，以清其源而正其本。一面札饬护理迤西道刘钧，将所属未办承袭之土司，赶紧查明应袭之人，为之请袭，一洗从前需索留难之风，以安其心而涣其势。仍饬刘钧等宣布德威，相机抚驭；并严密稽查防范，以格其顽而伐其谋。倘再查有甘蹈法令以及阴蓄异图，即当随时奏明，请旨遵办。

| 1908年（光绪三十四年　戊申）56岁 |

　　惟是缓急操纵，亦必以兵力相辅而行。滇省饷绌兵单，西防空虚尤甚。前已调昭通镇总兵张嘉钰署理腾越镇，饬将所统巡防各营，认真整顿训练。又滇省陆军现筹添练成镇，拟于大理府分练步队一标，以为控驭迤西之劲旅，亦已派员前往就地征兵。此奴才近日整备腾越等处边事之大略暨通筹暂难改土归流之实情。

　　至于原呈所称南甸命案，曾据腾越厅同知禀报，迭获从犯。兹又严饬须究出正凶获办，毋得玩延。镇康试办改流一案，亦经屡饬该道府妥慎办理，务以体察民情为主义。

　　但以上皆边计要图，诚恐露章陈奏，转滋疑虑。所有遵旨筹复缘由，谨密折具陈，伏乞皇太后、皇上圣鉴。

　　光绪三十四年十一月初十日奉朱批："该督所筹办法，尚合机宜，著即认真办理，期收实效。钦此。"（近代史所藏清代名人稿本抄本》第3辑，第92册，第613—627页）

　　9月27日（九月初三日）　奏酌定云南劝业道养廉等款。

　　奏为新设云南劝业道缺应支养廉等款，酌定数目，恭折仰祈圣鉴事：窃查云南新设劝业道一缺，钦奉谕旨，以刘孝祚补授，当经奏明饬赴新任，并行饬司局，将应支廉俸酌议详办去后。

　　兹据云南布政使沈秉堃会同学、臬两司详称："查滇省新设劝业道缺，事繁责重，非宽给养廉，并另筹公费，办事不免拮据。拟请查照本省粮储等道缺，额定养廉银五千九百两，按八成实支银四千七百二十两，由司库公件耗羡项下开支。又俸薪银一百五两。并酌设门子二名，快手十二名，皂隶十二名，轿伞扇夫七名，铺兵二名，每名年支工食银六两，共额支银二百一十两，按八成实支银一百六十八两，悉由条丁项下开支，仍照章分别核扣减平等款。又每年另筹给公费银二千两，由善后局照数实支，入册开报"等情，具详前来。奴才覆核无异。

　　再，滇省应设巡警道缺，业经奴才奏请添设，将来应支廉俸、役食、公费等款，应即查照劝业道办理，以归一律，合并陈明。

　　光绪三十四年十一月初十日奉朱批："该部知道。"（《锡良遗稿·奏稿》，第826—827页）

　　10月10日（九月十六日）　照章变通办理滇省测绘学堂。

奏为滇省测绘学堂照章变通办理，恭折仰祈圣鉴事：窃维测绘一端，为行军之要著，东西各国，凡国防计划、军事计划，莫不恃有精细地图，以资考究。

滇省毗连缅、越，屏蔽川、黔，为西南重要门户；而幅员辽阔，山川阻深，需用舆图，实较内地各省为尤亟。奴才去年到滇时，即电商两江督臣端方，调派测绘教员来滇讲授，曾经奏咨在案，旋即购备仪器，修建校舍，饬各属选送学生，考取入堂，已于上年十一月二十八日开学。时值部章尚未颁发，堂内课程规划，均仿照南洋测绘学堂，并参照陆军小学堂章程，暂行试办，以二年为毕业之期。

兹于本年六月准陆军部咨行奏定章程到滇，按之现行章程，其总则、职任及堂规各条，大致尚属相符；此外不同条件，自应一律更正，悉遵部章办理。惟查部章，学生三年毕业，每年除假期外，在堂肄业约四十星期，三年毕业，共计一百二十星期。滇省天气和平，无庸给放暑假，每年除年假及考试给假外，可得四十六星期，以三十个月计算，适符定章一百二十星期之数。拟改预备科学术以十个月为期，期满挑升专门科，学习三角、地形等科学，以二十个月为期，自去年十一月开学之日起，计至三十个月期满，举行毕业试验。因滇省急需测绘之员，缩短年限，以冀人材之速成，伸足星期，以免学术之不备。

至部颁章程，常年经费，约需银四万两，滇省库款奇绌，实难一律照支。查部章第七十条内载："各省因款项短绌，或所收学生不足一百名，应准将薪津费用减成发给，员司额数可以暂减"等语。滇省学堂现有学生八十四名，自应将员司酌减数员，薪水减成发给；其余津贴杂费，亦均量为节省，约计常年额支经费，共需银一万九千二百余两，活支经费随时酌核发给，以杜虚糜。该堂开办及常年额支、活支经费，由善后局筹拨动用，均请准其作正开销。

光绪三十四年十一月二十六日奉朱批："该部知道。"（近代史所藏清代名人稿本抄本》第3辑，第92册，第664—673页）

10月20日（九月二十六日）　奏设立咨议局遴委员以资襄助。

伏查咨议局为采取舆论之机关，即地方议会之基础。滇省虽开通较晚，自非及时建设，无由促进步而立良规。遵即在于省城设立咨议局筹

1908 年（光绪三十四年　戊申）56 岁

办处一所，遴委云南藩司沈秉堃为总理，署提学使叶尔恺、候补道赵上达、暨在籍丁忧前署贵州提学使陈荣昌为协理，又在籍丁忧翰林院编修顾视高、陆军部主事金在镕、法部主事李增、浙江候补道丁彦、山东候补知府张树勋、候选知县刘显治等为参议；并饬举书记庶务等员，以资襄助。由奴才督同各该官绅，将应办事宜，精心研究，次第设施，以期仰副朝廷轸念民依、孜孜求治之至意。

光绪三十四年十二月十二日奉朱批："宪政编查馆知道。"（《近代史所藏清代名人稿本抄本》第 3 辑，第 93 册，第 27—33 页）

10 月 22 日（九月二十八日）　云贵总督札饬滇蜀腾越铁路公司将滇缅铁路筹办情形尅日查明呈复。

钦命头品顶戴陆军部尚书都察院都御史总督云贵等处地方军务兼理粮饷兼管云南巡抚事锡为札饬事：

本月二十八日接准外务部感电开，前因英人争勘腾越铁路，经本部于三十二年八月电准尊处效电复称据公司绅董声称现已筹有的款约四百万两，尽力修造并预筹备地、购料、招工切实办法，一面延请中国工程师俟到时即行开办等语。现在该路已否开工，所筹之款是否齐备，希即确切，查明电复等因。准此，查腾越铁路久已建议自办，所有一切事宜自应赶紧筹备，兹准电询，合亟札饬，为此札仰该公司即便遵照，将现在筹办情形尅日查明呈候电复，并移藩司劝业道查照。特札。（《滇越铁路史料汇编》上，第 87 页）

11 月 8 日（十月十五日）　收陆军部来电。（《近代史所藏清代名人稿本抄本》第 3 辑，第 27 册，第 217 页）

11 月 14 日（十月二十一日）　奏报滇省停止土药厘税。

查滇省禁烟一事，经奴才奏准改缩期限，凡吸烟之人，种烟之户，均限至本年年底禁戒净尽，其膏商、土栈，如有存货，亦限于年底贩运出境，改营他业。数月以来，督饬各属认真筹办，民间尚知幡然改悟，实力奉行，转瞬年底，存土计可运完，厘税即应截止。据云南厘金总局司道核明，请自光绪三十五年正月初一日起，通省局卡均一律停收土药厘税，俾符定案；如尚有匿未报运之土药，查出销毁，以期净尽等情，具详前来。奴才覆核无异。

惟是滇省著名边瘠，常年内外销开支各款均恃土药厘税为大宗，计数在四五十万两。现既按限禁烟停收厘税，而一切用款若仅恃盐斤加价，以资抵补，所绌尚多。应候饬由该司局通盘筹划，另行详办。

所有滇省缩限禁烟停收厘税缘由，除咨部外，谨附片具陈，伏乞圣鉴敕部立案施行。

宣统元年正月初三日奉朱批："度支部知道。"（《中国禁毒史资料》，第447页）

是日　奏甄别庸劣不职各员请旨分别惩处，以肃吏治。

奏为甄别庸劣不职各员，请旨分别惩处，以肃吏治，恭折仰祈圣鉴事：窃查滇省吏治疲玩泄沓，几成积习，经奴才认真整顿，惩劝兼施，风气渐以稍转；而偭规越矩，不能谨守范围者，仍复有人。兹查丁忧候补同知钟鼎铭，夸诈贪婪，肆无忌惮。前代理路南州知州，有冒销科罚，滥押毙命之案，署永北厅同知、准补罗次县知县黎肇元，貌似有才，行实荒谬，历任差缺，胆大轻率，贻误甚多。署弥渡通判、另补同知秦定基，庸暗无能，惩不知戒，纵差酿命，舆论沸然。卸署南安州知州、准补寻甸州知州林堃，遇事欺朦，操守难信，并纵容其子干预公事，被控有案。邱北县知县杨万选，办事谬戾，敢于诈伪，监狱屡饬改良，玩违不遵，酿成越狱重案。准补威远厅同知彭祖诒，年力已衰，难期振作。元谋县知县郭奎光，性情滑懒，办事玩延。均属不堪造就，碍难稍事姑容。相应请旨，将钟鼎铭、黎肇元、秦定基、林堃、杨万选，均即行革职；彭祖诒开缺，以原品休致；郭奎光开缺另补，以肃吏治。如蒙俞允，所遗罗次、邱北、元谋等县知县、寻甸州知州、威远同知各缺，滇省均有应补人员，应请扣留外补。

宣统元年正月初三日奉朱批："另有旨。"（《近代史所藏清代名人稿本抄本》第3辑，第93册，第118—125页）

12月16日（十一月二十三日）　奏已故举人木正源学行可风请旨崇祀乡贤。

奏为已故举人木正源学行可风，请旨崇祀乡贤，恭折仰祈圣鉴事：窃查定例："崇祀名宦乡贤，该督抚会同学政，每年八月以前具题，并将事实册结送部详核，于年底汇题。"又前准礼部咨："嗣后凡入祀名宦

| 1908 年（光绪三十四年 戊申）56 岁 |

乡贤者，须俟其人身殁三十年，方准具题核办。"各等因，历经遵办在案。

兹据云南布政使沈秉堃详称："查有已故举人木正源，云南丽江县人，赋性诚朴，居家孝友，中式道光甲午科举人。读书务以躬行为本，于经史诸子百家之学，靡不精心研究。历任晋宁、镇南、宜良等州县教官，多士奉为典型。晚年主讲丽江书院，诲人不倦。尝以文行忠信四者自勉勉人，年逾八十，言动必循于礼；性尤耽易，好学之心，老而弥笃，著有周易集说等书。光绪二年卒于乡，迄今三十余年，邑人士称道弗衰，实系行谊纯正，学问渊粹，足为士林矜式，核与崇祀乡贤之例相符。由学造具册结，牒由县、府、道层递核明加转，由司造册加结，详情具奏前来。奴才覆查无异。相应仰恳天恩，俯准将已故举人木正源，崇祀乡贤，以彰潜德而顺舆情。"（《近代史所藏清代名人稿本抄本》第3辑，第93册，第168—174页）

是日　奏筹给提学使公费情事。

查滇省原设学政一员，每年例支养廉银三千六百两，役食银一百六十八两，岁科两试，按临各府州另有棚费等款，足资办公。光绪三十三年奉旨停止考试，裁撤学政，改设提学使，部议养廉仍旧，旧有棚费则半为学部提解，半留充各地方学务经费。而提学使一缺，事务极繁，年仅支养廉银三千余两，办公实属不敷。当于现署提学使叶尔恺到任之始，经前督臣丁振铎饬由司局酌定，每年除例支养廉役食外，另行筹给公费八千两，由善后局支给，入册造报，以资办公。据云南善后局司道会同布政使沈秉堃补详请奏前来。奴才覆查无异。（《近代史所藏清代名人稿本抄本》第3辑，第93册，第186—190页）

12月20日（十一月二十七日）　奏报新设云南交涉使养廉等款数目。

奏为新设云南交涉使司员缺应支养廉等款，酌定数目，恭折仰祈圣鉴事：窃查云南交涉司一缺，钦奉谕旨以高而谦补授，当经奏明饬赴新任，并行饬司局将应支养廉等款，酌议详办去后。

兹据云南布政使沈秉堃等详称："查滇省界连缅、越，交涉极繁，设立专官，自宜规划久远，应请于俸薪廉役之外，优给公费及外交经费，俾办公不虞竭蹶，兼得延揽人才，藉资臂助；并拟照章设立交涉公所，选派专员分科办事。惟当试办之始，筹款维艰，人才难得，暂定为总务、界务、工务三科。各科应设之佥事一项，暂从缓设，拟每科设立正副科长并科员各一员，亦请暂作差使，不作实缺。另设英、法文头等翻译各一员，绘图生二员，薪水均量加优给，俾得尽心办事。

现经会同商酌，拟定交涉司养廉，每年额支银七千五百两，照章以八成实支银六千两，由司库公件项下开支。又俸薪银一百三十两。酌设门子二名，快手十二名，皂隶十二名，轿伞扇夫七名，铺兵二名，每名年支工食银六两，共银二百一十两，按八成实支银一百六十八两，均由条丁项下动支。又每年酌给该司公费银六千两，外交经费银一千二百两。正科长三员，每员月支薪水银一百两；副科长三员，每员月支薪水银六十两；科员三员，每员月支薪水银四十两。头等翻译二员，每员月支薪水银二百两。绘图生二员，每员月支薪水银二十两。应用书手、杂役及公所一切经费，每月额定银三百两。均遇闰照加，由善后局照数实支，入册造报。并声明各科佥事，俟酌定有员，再行议设薪水等情具详前来。奴才覆核无异。（《近代史所藏清代名人稿本抄本》第3辑，第93册，第216—223页）

12月29日（十二月初七日）　奏报滇省改设巡警学堂暨酌设巡警教练。

奏为滇省改设巡警学堂暨酌设巡警教练所，恭折具陈，仰祈圣鉴事：窃准民政部咨奏定各省巡警学堂章程内开："高等巡警学堂，各省城须设一处，限三个月内设立；巡警教练所，府、厅、州、县须设一处，限六个月内设立。其各省已设有巡警学堂者，均按照此次奏定章程办理。"各等因。当经转行遵办去后。

伏查巡警为内治之基，警学尤为施行警察之本。滇省警察学堂设于光绪三十二年，原定章程，文武学生各二十名，外附团练学生六十名，三个月毕业，派充教习，经前督臣丁振铎奏明在案。

上年奴才到任，查原设学堂专系造就警官，因于省城设立巡警营，挑选土著良民及原设警兵，电调四川得力警员来滇管带教练，毕业之后分段站岗。旋查警兵程度太低，复据前总办警察局调滇试用道李镜清会同臬司，详请将原设警察学堂暂行停办，改巡警营为警士学堂，提高警

1908 年（光绪三十四年　戊申）56 岁

格，罗致俊秀，于是投考者类皆文理通顺之人。计上年十二月开堂，本年四月毕业，共得头班毕业警士四百一十七名。爰于省城内外划分九区，区设巡官二员，司法一员，庶务长一员；又分设派出所六十三处，每所用长巡六名，即以毕业警士派充。各该警士分区当值之后，多能勤供职务，扫除积习，顿改旧观。此奴才去今两年编设巡警营暨改办学堂之情形也。

兹奉通行章程，厘订极为明晰，既有以示率由之准，昭划一之规，自应将省城现设警士学堂改为高等巡警学堂，另行设立教练所，招选学生以备巡警之用。惟定章高等巡警学生至少须满五十名，应以本省举贡生员及中学堂以上毕业者考选。滇省风气尚未大开，中学堂又甫经开办，斟酌现时情势，不能不略宽成格，稍展限期；而现有警官，又实不敷派用，拟先办高等巡警学堂应行附设之简易科，暂定学额五十名，一年毕业；候选有能合高等程度之人，再行开办三年毕业之完全科，以期深造。

至于省城巡警，现在警士学堂二班学生，亦经毕业，合之头班仅共四百八十余名，除随时斥退病假外，人数亦已无多，若待新设教练所一年毕业，则缺额填补需人，实属缓不济急。拟请于省城教练所，招足百名，先开一班，暂以六个月为毕业，以后即行遵章办理。

惟省外各厅、州、县地方困苦，财用拮据，按照定章，有不能不量予变通者。滇本边瘠之区，年来新政繁兴，地方公款罗掘已尽，各属现办巡警，每处多者五、六十名，少者亦二、三十名，经费已万分竭蹶；若遵定章，府、厅、州、县各设一教练所，额限百名，目前不特无此多数教员，而财力实有不逮。盖瘠苦州、县，往往有城内居民不满百户，乡间数十里寂无人烟者，情形既有不同，办理自难一致。拟请于各府、直隶州，先设教练所一处，调集所属合格学生教练。其并无属邑之直隶厅，即酌量送至附近府州附习。开办之始，亦请暂勿拘定一年毕业之限，俾得因地制宜。其各厅、州、县有力能筹款自行设所者，仍听其按章设立，以广造就。据署云南巡警道杨福璋具详请奏前来。（《近代史所藏清代名人稿本抄本》第 3 辑，第 93 册，第 268—281 页）

1909年(宣统元年 己酉)57岁

1月9日(十二月十八日) 奏请报效学费知府各员援案给奖封衔。

各省兴办学堂报效经费,比照赈捐章程,以五成实银核给衔封,经度支部奏准通行在案。

兹据署云南提学使叶尔恺详称:"查有盐运使衔、现署云南永昌府知府、正任开化府知府彭继志,前在丽江府署任筹办丽江中学堂,规模整肃,为迤西各属冠,建筑经费用至七千余金,皆躬自筹集,先捐廉银二千两以之为倡。又同知道衔、云南禄劝县知县李崇朴,时委办丽江厘务,亦即捐银一千两以继其后。由是阖郡绅民、土司均各踊跃输捐,骤集巨金,实系该印委等提倡之力。"造具履历清册,详请奏奖前来。

奴才查滇省地瘠民贫,筹款匪易;该员等均能热心教育,捐助巨款,洵属慷慨急公。相应吁恳天恩,俯准将盐运使衔、现署云南永昌府知府、正任开化府知府彭继志,给予随带加三级,并赏给正二品封典;同知衔、云南禄劝县知县李崇朴,赏加运同衔;以昭激劝,出自逾格鸿慈。(《近代史所藏清代名人稿本抄本》第3辑,第93册,第316—321页)

是日 奏收到各省拨解铜本情形。

查各省拨解云南常年铜本,自光绪三十四年十月以来,先后据商号汇到:四川一万两,两淮五千两,蒙自关五万零三百八十五两零,当经分别行司照数兑收支放。兹据云南布政使沈秉堃汇详请奏前来。(《近代史所藏清代名人稿本抄本》第3辑,第93册,第321—325页)

1月20日(十二月二十九日) 奏滇省设立保卫队处所及裁改添并酌加薪饷。

奏为滇省光绪三十三年春季起,至三十四年夏季止,设立保卫队处

1909 年（宣统元年　己酉）57 岁

所及裁改添并，并酌加薪饷津贴各情形，恭折仰祈圣鉴事：

窃查滇省原设团营，历将驻扎处所并裁改增添情形，按年奏报。上年正月，前督臣丁振铎奏明遵章将各团营改编为保卫队，声明营制、饷章悉仍其旧。奴才到任，体察情形，核因饷糈太薄，整顿綦难，且近边一带，食用奇昂，尤不可不稍示区别；只以饷源窘嗇，难议增加，因即督商司道创为减额加饷之法，另定营制饷章，并分别酌加津贴，各就地方情形，先后增减裁并，悉求得当。综计分设广南四营，开、临、河口三营，个旧、安平、镇边、腾越、宁洱各一营，其余零队亦复间有增减。兹据团练处司道沈秉堃等，将光绪三十三年春季起，至三十四年夏季止，各营分扎处所及营制饷章津贴数目，开单详请具奏前来。奴才覆核无异。

除清单咨部查照并饬按年据实报销外，理合恭折具陈，伏乞皇上圣鉴，敕部立案施行。

再，本年河口匪乱，近边各属均各添调团丁，藉资防剿，事竣遣撤归农，应归入军务案内造报，以清界限。合并陈明。（《近代史所藏清代名人稿本抄本》第3辑，第93册，第345—351页）

2月2日（正月十二日）　奏滇省光绪二十九起至三十三年止报销驿堡工食料草银两情形。

前因库款支绌，力难买马足额，先后详准变通办理。光绪七、八年，仅设驿马一百四匹，马夫五十二名。嗣于十一年，据霑益、宣威二州禀请添增驿马、马夫，以资驰递。当经委查属实，将霑益州所管之松林、炎方二驿，每驿各添马二匹、马夫各一名；宣威州所管之霑益、倘塘、可渡三驿，每驿各添马四匹、马夫各二名，共计添马十六匹、马夫八名。连前共合设驿马一百二十匹，马夫六十名，所支草料、工食，照例定银数支给。其在城等十堡，堡夫一千名，应支工食，分别有田、无田，按例定银数酌发二成。又各驿因设马未多，不敷递送，添募号书二十七名，每名日支工食银一钱，健夫三百七十名，每名日支工食银八分，遇闰照加，小建照扣，以抵各驿马匹之不足。统计滇阳等十五驿，在城等十堡，光绪二十九年分连闰共支放夫马工料、书健工食、买添马价、棚厂槽铡等项，共银一万九千三百二两四钱四分五厘六毫，扣收倒马皮张变价银十八两，扣收减平银一千一百五十八两一钱四分六厘七毫。光绪三十年分支放夫马工料、书健工食、买添马价、棚厂槽铡等项共银一万七千八百九十四两六钱九分二厘八毫,扣收倒马皮张变价银十八两,扣收减平银一千七十三两六钱八分一厘六毫。光绪三十一年分支放夫马工料、书健工食、买添马价、棚厂槽铡等项共银一万七千九百四十三两二钱三分六厘,扣收倒马皮张变价银十八两,扣收减平银一千七十六两五钱九分四厘二毫。光绪三十二年分连闰共支放夫马工料、书健工食、买添马价、棚厂槽铡等项共银一万九千三百五十两九钱八分八厘八毫,扣收倒马皮张变价银十八两,扣收减平银一千一百六十一两五分九厘三毫。光绪三十三年分共支放夫马工料、书健工食、买添马价、棚厂槽铡等项共银一万七千八百九十四两六钱九分二厘八毫,扣收倒马皮张变价银十八两,扣收减平银一千七十三两六钱八分一厘六毫。以上各该年扣收皮张、减平银两,除已由司按年照数核扣入于民屯地丁造拨外,所有造办近五年驿站销册,均系实支实销,并无浮冒,较之承平年例准支销银数有减无增,移由按察使世增查明造具清册,详请奏咨前来。(《锡良遗稿·奏稿》,第866—868页)

2月14日(正月二十四日) 奏报云南省会学务经费统计比较均摊大概情形。(《锡良遗稿·奏稿》,第869—873页)

是日 奏报滇省添练陆军一镇大概情形。

滇省陆军原练有步队六营、过山炮队一营。嗣经陆军部会同度支部奏准将滇军添练成镇,由部筹拨开办及常年经费,以资接济,电咨到滇。当由奴才督饬兵备处司道悉心筹划,凡应添各营,亟宜及早选募,先立一镇基础。

兹据报称,于上年添募步队三营驻扎大理,炮队一营、工程队一营驻扎省城,均已先后点验成军。至一镇应需之营房、枪械,滇省陆军粮饷局尚未设立,均由善后局赶速筹办。现在已成营舍,计有驻省之步队五营、炮队二营;其续修之步、炮各一营、马队二营、工程一营及临安、大理步队营房各一标,均于上年冬季开工,今年春夏之间当可一律告竣。辎重、交通等营,亦就省城附近择地修建,并由局处派员分赴上海、广东,购办全镇需用之步枪、马枪、机关炮、过山快炮、手枪以及雨衣、饭盒、水瓶、毛毯、军衣、皮带、弹盒等类,业经分批陆续运滇。(《锡

良遗稿·奏稿》，第 873—874 页）

2 月 15 日（正月二十五日）　催报各省拨解滇省铜本银两。（《锡良遗稿·奏稿》，第 876—878 页）

2 月 16 日（正月二十六日）　锡良调补东三省总督谢恩并报交卸云贵督篆日期遵即入都陛见。

奏为叩谢天恩，并恭报交卸督篆日期，遵旨入都陛见，仰祈圣鉴事：窃奴才钦奉宣统元年正月十九日电传上谕："锡良著授为钦差大臣，调补东三省总督兼管三省将军事务；云贵总督著李经羲补授，未到任以前，著沈秉堃暂行护理。"又奉电旨："锡良现已调补东三省总督，著迅速来京陛见"等因，钦此。遵即恭设香案，望阙叩头谢恩。

伏查东三省为根本重地，辖境辽阔，庶政殷繁，自愧迂庸，万难胜任，当经电奏吁恳天恩，收回成命，未邀俞允，并勖以"办事认真，力任其难"。渥荷朝廷倚畀，逾格优容，感激驰驱，敢不力图报称。奴才现于正月二十六日交卸督篆，赶紧料理经手事件，即行兼程北上，泥首宫门，跪聆圣训，俾有遵循。（《锡良遗稿·奏稿》，第 881—882 页）

4 月 9 日（闰二月十九日）　东三省总督锡良等奏吉省壤地辽阔治理难周，请援江省成案添改民官酌裁族缺折。

奏为吉省壤地辽阔，治理难周，拟请援照江省成案添改民官，酌裁旗缺，以资控制，而固边陲。缮单具奏，恭折仰祈圣鉴事：窃查吉省地界俄韩，土旷人少，强邻逼处，盗匪潜滋，边务防务日形重要。从前旗民兼治，纲纪未周，往往二千里设一民官。只以草莱未辟，政治简略，故得相安无事。自铁路通行，外交日亟，于是边塞重要之地，铁轨附近之区，商民聚集之处，管理空疏，自弃权利，而外人之所经营，胡匪之所啸聚，乃得乘我官力之所不及，侵略骚扰，殆无已时。是欲筹治内防外之要策，非添设民官，断不足以资治理。朝廷注念东陲，毅然改革，自设行省，政务日繁，不但察吏安民，宜求完密。当此边界空虚，交涉烦重，外人之所以待我与我之所以自防尤当悉心布置，以求控制之方。

至珲春、三姓、宁古塔、伯都讷、阿勒楚喀各地方，既皆添设民官，足资镇抚。所有各该处副都统员缺，毫无职任可言，自应援照江省添设民官成案，一并请旨裁撤，以一事权。至一切划界、分治、招垦、设防事宜，俟大致勘定，再将四至图册分别奏咨，并请各厅州县无论新设改设及原设者，仍照前次奏定办法，迳由该员直接公署，概不更归府辖，以省转折而归一致。其应行刊发关防，请铸印信，建茸城垣衙署，核给廉俸公费，及应否增设佐治等官，并其余未尽事宜，均由臣等参照奉江两省成案，酌量本地情形，陆续会商，随时奏咨办理。所有拟请添改民官，酌裁旗缺，缮单具奏缘由，谨合词恭折具陈，伏乞皇上圣鉴训示。饬下会议政务处核议施行。（《清代吉林档案史料选编·上谕奏折》，第38—44页）

是日 东三省总督锡良等奏请旨分别简放吉林行省各司道员缺，以重职守折。

奏为请旨分别简放吉林行省各司道员缺，以重职守，而励勤能，恭折仰祈圣鉴事：窃臣等于光绪三十三年十一月间，奏请遵照新定官制，因地制宜，于吉林行省先设交涉、民政、度支三司，劝业一道，派员试署，并声明俟考查果能胜任，再请实授，奉旨允准在案。

伏查吉省地偏东北，边务重要，吉长铁路，正筹修办，商埠税关，次第开设，交涉一司，职任至为重大。吉省财政，綦应整理，第承积弊之后，厘剔筹划，事繁任重，度支司能专其责成。则经费渐充，行政乃有所措手。且吉省地方，水陆交通，出产甚富，惟自兵燹后，各项实业尚未发达，非由官府竭力提倡，不足以厚民生，而挽利权。劝业道职掌亦极为紧要，该著司道等到任以来，或创办新政，或剔除旧弊，经营擘划，具有规模。经臣等随时察考，署交涉司邓邦述，阅通中外，因应悉协，尤能内固主权，外辑邦交；署度支司陈玉麟，管理财政，筹措咸宜，予全省度支出入，综核精详，力袪旧日积习；署劝业道徐鼎康，讲究实业，热心提倡，凡本省应兴之利，无不切实调查，力求进步。以上两司一道，署任均逾一年，臣等详加考核，实能胜任，自应遵旨将查明各该员事迹，据实胪陈，合无仰恳天恩，俯念边省职司重要，明降谕旨，将各该员补授实缺，俾得各专责成，勉图报称，期与吉省庶政有裨，实出自逾格鸿施。

至民政一司，职务亦甚繁重，惟吉林初改行省，且现在筹备宪政，必须将各属风俗习惯，详细考察，乃可于地方行政之区域、权限规划适宜，推行尽利。该署司谢汝钦，现正调查核议一切，俟其经理就绪，再

1909年（宣统元年 己酉）57岁

行奏明办理。

宣统元年闰二月二十四日奉朱批：另有旨，钦此。（《清代吉林档案史料选编·上谕奏折》，第44—45页）

5月9日（三月二十日） 东督锡良奏遵旨筹商东省事宜请敕合力通筹折。

钦差大臣东三省总督兼管三省将军事务、奴才锡良奏，为遵旨筹商东省事宜，恭折密陈，仰祈圣鉴事：窃奴才奉命补授东三省总督，到京以后迭与枢臣筹商办法。只以东省责任重要，事机日亟，深以未悉情形为惧。复奉电旨，饬奉天右参赞钱能训来京，与奴才筹商一切事宜。该参赞抵京后详加考察，次第研求，乃知东省介于两强，一切设施均非内地行省可比。其内政之经营，如审定官制、整饬吏治、抚辑商民、筹办新政，均属奴才当尽之职务。应如何推广改革，容俟到任后陆续奏明办理。若三省财政同一困难，自应量入为出，以地方之款办地方之事，综核名实，力戒虚縻。是行政之费用及行政之成绩，亦惟视岁入之数以为衡。至于外交之危迫，全在我无实力以为抵御，故相逼而来，几无余地。然我急欲筹抵御之方，则必先扩充实力。而所谓实力者，如开银行、修铁路、开放商埠、兴办实业、广开屯垦、筹边驭蒙诸大政，均属急不可缓之事，然非有大宗巨款断难集事。此非东省之力量所能办，而必须国家之全力以图，亦非奴才之权力所能为，而尤仗枢部之协谋以应。倘其终此因循，一筹莫展，内以空言相责，外则措手无从。他日者两强竞争，日肆侵略，举财权、路权、利权，甚至领土权，均尽攫于外人之手，则虽严治奴才以罪，亦何补于大局之阽危。此奴才所日夕惶惶而不能不预为披沥者也。应如何迅予拯救，俾免沦胥，拟请圣恩主持，敕下军机处、外务部、度支部、陆军部、邮传部，合力通筹，妥定办法。东三省幸甚！大局幸甚！所有筹商东省事宜缘由，谨恭折密陈，伏乞皇上圣鉴训示。宣统元年三月二十日。（《清季外交史料》第8册，第3961—3962页）

5月20日（四月初二日） 恭报到任日期谢恩。

奏为恭报奴才到任日期，叩谢天恩，仰祈圣鉴事：窃奴才渥承恩命，由云贵总督简授东三省总督兼署奉天巡抚，交卸到京，蒙召见六次，聆圣训之周详，荷恩赉之稠叠。陛辞出京，兹于三月二十六日行抵奉天省城，谒陵礼毕，于四月初一日，准东三省总督臣徐世昌，将钦差大臣关防、东三省将军印信、奉天省印信、盛京总管内务府印信、并大内宫殿钥匙，委承宣厅佥事饶凤璜赍送前来，当即恭设香案，望阙叩头，祗领任事。

伏念东三省为我朝发祥重地，幅员辽阔，物产丰饶。总督节制三边，巡抚各司本境。国家囊简重臣，改设行省，意在振兴庶政，恢拓国权。现当逼处强邻，尤应并力支拄，举凡官制、财政、军事、外交、边防、实业、蒙旗、交通各大端，在在均关重要。奴才自维梼昧，惧弗克胜，兼任陪都，尤虞陨越；惟有竭尽愚诚，广招贤俊，损益必准诸时势，劳怨不恤夫人言，节用费以资腾挪，开利源以规久大，所冀白山、黑水耀王灵而景象一新，绝徼穷沙被圣泽而边疆永固，庶以仰答高厚鸿慈于万一。

初七日奉到朱批："知道了。卿谨慎公正，办事认真，朕夙嘉悦。嗣后尤当善体朕倚畀之意，举凡一切应办事宜，分别缓急轻重，妥慎筹划，次第施行，须副朕训勉期望之心也。勉之！钦此。"（《锡良遗稿·奏稿》，第883—884页）

5月25日（四月初七日）　外部致东督锡良东省麦粉复出口应否免税请核复。

宣统元年四月初三日准日本使照称：除东三省所产粟与小麦、高粱准其一律外运外，尚有该省所产麦粉之出口，及外国所产小麦及其他麦粉之复出口之二问题。此事业经本大臣将贵部照会转达本国政府，兹接准复训如左：

一、外国产小麦及其他麦粉之复出口。查一般外国品之复出口，照例不惟不纳出口税，且可取回前此所纳之进口税。本件与此外国品事同一例，未应缴纳出口税。

二、东三省所产麦粉之出口，必须遵守在划定商埠界内设立制粉所之条件。查凡于开市场特别划定商埠，实系妨害外国人来往居住营业之自由，显与条约规定相违背。且本件麦粉之出口，与商埠之划定本无关系。东三省总督于出口麦粉之事，特设此不当且无关系之条件，是何理由？殊难索解。

1909年（宣统元年　己酉）57岁

查一般外国品之复出口既无出口税本件，外国产小麦及其他麦粉等之复出口，自当一律办理。贵国税关既已解禁，小麦等之出口麦粉等自可按照办理。且自东三省之农业发达观之，亦应力图制粉事业之兴隆，扩张农产物之贩路，斯为当务之急，而受其利益者实为贵国。请照前述各节，于外国产小麦及其他麦粉之出口，亦不加别种条件，按照小麦、高粱等以同一办法准其出口，商定见复等因。

本部查中日《通商行船条约续约》第十款载，盛京省之奉天府，又盛京省之大东沟两处地方，由中国自行开埠通商，此两处通商场订定外国人公共居住合宜地界并一切章程等语。是凡开埠通商，即须划定一处为外国人公共居住贸易之地，以定界限而资保护。外人制造麦粉厂，应设在商埠界内，自系照约办理。至外国产小麦及其他麦粉之复出口应否免纳出口税之处，相应咨行贵大臣、督抚查照，一并酌核见复，以凭转复可也。(《清宣统朝外交史料》卷3，第3册，第34—36页)

6月2日（四月十五日）　奏延吉边务经费不敷仍恳饬部如数筹拨。

延吉边务重要，所需经费六十万两，实属有绌无盈。奴才向来办事核实，不畏劳怨，于用款尤不肯任令虚糜，尚为部臣所信。到任后一再体察情形，此项边务经费实属万不可少之款，相应请旨，饬下度支部仍照原定数目，迅速指拨，以期有所措手，无误要需。

本月二十三日奉到朱批："著度支部体察情形。妥速议奏。钦此。"(《锡良遗稿·奏稿》，第884—886页)

是日　奏报派员创办松黑两江邮船局事宜。(《锡良遗稿·奏稿》，第886—887页)

是日　奏官银号库存龙圆请改铸小银圆。

据总办东三省官银号、山西候补道周克昌详称："银号资本必须周转灵通，方能维持久远。查官银号库存前由北洋搭铸奉天龙圆六十余万元，停积已及年余，因奉省向系惯用一二角小银圆，以致行销多滞。刻值财源枯竭，官本既难周转，市面不能流通，实属官商交困，恳将前项龙圆，移送银圆局改铸小圆，以便行用"等情前来。奴才详加考察，委系实在情形，应请暂准变通办理。

二十三日奉到朱批："著照所请，该部知道。钦此。"(《锡良遗稿·奏

稿》，第 888 页）

6月3日（四月十六日）　东督锡良致外部日捕乡约玄德胜提往韩京请严行交涉电。

顷据吉林陈简帅电转据陶丞电禀：据和龙峪许经历禀称，玄乡约德胜之兄玄泰正来署报称，伊弟文三由韩咸兴府来电云：日官问供玄德胜，并无招认罪状，韩政府提案遂于四月十日解赴韩京；复有信来言：日官责问，哈尔巴岭以南本为韩有，经玄惑乱，以致不能得手。玄德胜力辩，始终未认供等语。查玄乡约前经大帅电请外部向日使交涉，曾允释放在案，兹复提往韩京，未卜何意。垦民全恃乡约联络，近年禁止苛敛，各乡约已存退志，玄德胜日久不释，益存观望。应否电催外部之处，伏乞钧裁等因。查此事前经电达钧部，向日使交涉，曾允释放。今非但不放而竟提往韩京，实属反复失信。若不力与之争，将玄德胜索回，恐从前为我尽力之韩民，皆一变而向日本，实与延吉界务大有关系。应请钧部力为主持，向日使严行交涉，务令遵照前议，迅将玄德胜释放，并将不遵前议，擅将玄德胜提往韩京之日人，诘责究处。是为至祷，并乞将交涉情形电示。锡良。铣。（《清宣统朝中日交涉史史料》卷1，第34—35页）

6月4日（四月十七日）　外务部复锡良程德全征收销场税未便与各使提议文。

宣统元年四月十二日准咨称：据度支司呈案奉札开，洋货在华商手内，征收销场等税，历经各国领事照会，谓为不合商埠试办章程，请饬停止。果如所请，则三省税捐必致骤短，拟办加税免厘，而部议谓不能独先行于东三省。次则改办营业所得税，抽诸坐贾，不征行商，法非不善，似可试办。但此事关系三省全局，自应预为审度，札饬核议呈复等因。查营业所得税办法，系属不征行商。然洋商狡滑，若不与各使议妥，各洋商势必以未奉明文有所藉口，不服盘查，似未便率尔从事，致生枝节。其本地华商应缴税项，现在均系按货征收，相安已久，毫无异言。一经改章，倘洋商仍不遵办，徒扰华商，亦未尽善。请咨明外务部，速与各使提议，如果承认，再行试办，以昭画一等情。咨请查核见复等因前来。查本部前因奉省来咨，有拟改办营业所得税一节，谓如果并不指货抽捐，俾外人无可藉口，自属善法。盖以谓营业所得税者，系视商人

1909年（宣统元年 己酉）57岁

所营之业，约能获利若干，酌令纳税若干，是量其贸易大小，令之各输报效，其办法自与征收各货税捐迥别。若仍按货征收，则与销场税又何分别？在华商手内之洋货征税，各领事尚谓为不合，今竟拟盘查兼及洋商，欲其遵从，岂能办到？该度支司呈复各节，似属未谙事理。此事能否办理，要在奉省自行妥筹酌夺。所请与各使提议之处，未便照行。相应咨复贵督抚查照可也。（《清宣统朝外交史料》卷4，第4册，第2—3页）

6月8日（四月二十一日） 奏请拨款开设银行。

奏为沥陈东三省外患交侵，生机日蹙，恳恩饬部拨款开设银行，以资挽救，恭折密陈，仰祈圣鉴事：

窃维东三省当一发千钧之际，值列强环注之秋，今日财政之竞争，即为异日国权领土之竞争，此乃智愚共见之理。溯自两邻内侵以来，各以道胜、正金银行为财政操纵之总机关，所发羌币、日币充斥三省，夺我经济特权，蹙我民间生计。曩之筑铁轨，谋战争，近之边境移民，内地营业，钩饵蒙部，强掘矿山，皆恃银行为导线，故得以惟所欲为。我则财力荼疲，坐受束缚，币制既患糅杂，汇兑复不灵通。于是彼有财权，而我无财权，彼有进步而我无进步。驯至市面被牵，官商交困，浸且以财权制我之生命，而三省全局将为日、俄无形之利器所侵夺，大局益臻坏不可收拾，此奴才受命以来，所由日夜焦思、力谋挽救而万难稍缓者也。

伏惟经营万事，必先立其根本。东省应举庶政，极为纷繁，然无银行以谋交通，则矿、牧、林、渔皆同弃利；无银行以资周转，则实边招垦徒托空谈。故奴才深维今日东省一切要政，根本上之计划，尤以速筹大宗资本，开设银行，急谋抵制，最为紧要关键。查三省从前原有官银号、官帖局，惟资本薄弱，难资推广。仅官银号分设三省，略有基础。拟赶将款目清理，先就奉省设立东三省总银行，并于各处推广，多设分行，以期活泼流通。惟市面周转甚宽，即本金需用甚巨。综计广通汇兑，统一币权，兼营各项实业，至少非请款一千万不敷布置。东省财源枯竭，屡经前督臣奏陈，核计常年收支额款，即尽力裁节浮费，出入仍属不敷，断无余款足资挹注。如仅敷衍目前，任听财政利权，悉操诸外人之手，日朘月削，边局益危。惟有叩恳天恩，饬下度支部，恻念东事关系全局，

· 435 ·

妥速筹商，迅予照数拨济。设部中无法腾挪，或由部妥为借款，交由东省应用，分期归还；并定明此系专办银行生利事件，嗣后无论何项行政费皆不得挪用丝毫，以防虚蚀。所冀早拨一日之款，即早办一日之事；否则空拳徒奋，待罪东边，罅漏补苴，究何裨大局，人进我退，终见促于邻邦：此区区愚诚，不敢不直陈于君父之前者也。（《锡良遗稿·奏稿》，第890—891页）

是日　奏请敕部筹修东省铁路。

东省自日、俄战后，铁路为两邻所分据，彼则各展利权，我将势成坐困，此刻非另修大枝干路，不足以贯通脉络，稳固边防。查邮传部上年将瑷新一路，奏定为干线路。前督臣徐世昌续因新法一段磋议未协，复议改由锦州绕小库伦以至洮南，再行接修齐瑷各段，均经奏明有案。

臣到奉之初，目击边局方艰，与徐世昌一再熟筹，此路若能早成，尚可居中鼎立，大局可望保全。现在徐世昌总司邮部，胼怀东局，必能统筹办法，俾速观成。应请敕下该部，迅筹的款，派员勘路，急图兴修，不特东事裨益匪浅，即全局亦赖以维持矣。

谨附片密陈，伏乞圣鉴训示。（《锡良遗稿·奏稿》，第893—894页）

是日　奏保交涉人才。

奏为东省交涉繁难，敬举贤能以备任使，恭折密陈仰祈圣鉴事：窃东三省为根本重地，自俄、日竞争以来，主权利权半多损失，其大者侵占领土，混争国界；小之则薄物细故，亦复横生枝节，遇事龃龉，交涉繁难，百倍内地。所有东三省交涉使各员缺，必须有警敏强干，通权达变之员，方能胜任；而奉天交涉使一缺，事繁任重，关系尤为重要。臣轸念边局，留意人才，就平日所素知者，得二人焉。

一、云南交涉使高而谦。该司学问淹赅，识力坚卓。前在粤督幕中，襄办外交，深资得力。旋擢外务部参议，遇事筹划，洞达时宜，部臣倚以为重。上年蒙恩简放今职，适值滇省河口匪乱，该司与法领议结重要事件，往复辩论，义正词严，卒能磋商就范。其才智之机警，任事之血诚，实能肩任艰巨，尚不仅以交涉擅长。

一、河南候补道韩国钧。该道器识深沉，精明坚定，历任州县，夙著能声。于农、工、商、矿各实业，靡不殚心研究；而尤熟精条约，心思缜密，守正不阿，前在河南与福公司磋议路矿，暨在奉天办理交涉，舆论翕然，并为外人所折服。

以上二员均堪胜交涉之任。合无仰恳天恩，俯念东省交涉繁难，地方紧要，遇有东省交涉使缺出，准以云南交涉使高而谦调补，或以河南候补道韩国钧简放，必于边局有裨。

奉旨："留中。钦此。"（《锡良遗稿·奏稿》，第894页）

是日　东督锡良致外部安奉路日拟改用宽轨于我不利谨拟办法八条祈与日使磋商电。（《清宣统朝外交史史料》卷4，第4册，第6—9页）

6月11日（四月二十四日）　恭报交接抚任日期。

奏为恭报臣等交接抚任日期，恭折仰祈圣鉴事：宣统元年四月初五日奉上谕："奉天巡抚著程德全署理，锡良毋庸兼署。钦此。"臣德全遵即恭请圣训，出京赴奉，于四月二十二日行抵奉天省城，谒陵礼毕，臣锡良当将奉省外交、内政重要各端，及应行筹办事宜，与臣德全详细筹商接洽；臣锡良即于四月二十四日交卸兼署奉天巡抚，臣德全即于是日恭设香案，望阙叩头谢恩，到任视事。

伏查奉省系同署办公，印信即存储公署，一切案卷简要，现均分辑于两厅各司道，其财政、军事、吏治、交涉、实业诸要政，设有专司之官，即由臣等督饬认真经理。

五月初二日奉朱批："知道了。钦此。"（《锡良遗稿·奏稿》，第895页）

6月12日（四月二十五日）　外务部致锡良玄德胜归化我国有无证据请查复电。

玄德胜解赴韩京一案，前准铣电，当即照会日使。顷准日使复称：玄德胜系韩国人民，在韩国境内由韩官拿办，自属韩政府之自由，不能指为违法处置。此案从前并未答应释放，当转达政府，得有回信，再行通知等因。查玄德胜被捕，是否在韩国境内；其归化我国一节，有无合法证据，请饬详查电复。外务部。（《清宣统朝外交史史料》卷4，第4册，第9页）

6月13日（四月二十六日）　锡良等致外部日韩之营林厂与木把冲突已派员查办电。

昨据东边道沈道电禀：临江县中江镇地方，有日韩合办之营林厂，日人在彼整理漂流木，被该处木把聚众捆去日人五名。安东日领拟派兵队前往自卫,当经竭力阻止,一面电饬该县速行解救等情。经良等札饬临江,赶紧设法将该日人先行救出,并饬司派员前往查办。惟临江离省一千余里,山路丛杂,中国并无电线,消息不灵,一时难得实信。至此次肇衅,则因漂流木向无办法,中日木把互争,久不相能。从前曾酿事端,半由日人强横所致。现在既伤感情,善后之策,非速订规则,彼此遵守不可。木把但不吃亏,或无他虑。又如采木公司办法,亦欠公允,往往垄断居奇,勒价阻售,商情愤怒,后患尤甚。晤日领,曾经力说;并晤日派来调查之林学博士,亦经缕晰告劝,勿贪利忘害,彼等亦尚首肯。一面饬东边道沈承俊督同该公司理事长,妥筹疏通办法,免滋事端。顷因临江一事,恐日使向钧部谈及,特先详陈以备驳论,余俟得确情再闻。良、全、宥。(《清宣统朝外交史料》卷4,第4册,第9—10页)

6月14日(四月二十七日) 东督锡良致外务部日领催议安奉路改良事请详复电。

顷据日总领事面称,奉本国政府训电催议安奉铁路改良事宜等因。当以电请钧部示复再商答复。查改良安奉路线应与日本提议各节,业经拟就八条咨呈钧部,与日使磋商在案。惟所拟八条是否妥协?已否与日使开议?未奉钧部电示,兹据前因,用特电达钧部,祈即详细电复,以便转告日领为荷。锡良。沁。(《清季外交史料》第8册,第3991页)

6月15日(四月二十八日) 外务部复锡良安奉路事希照原议办法与日领磋商电。

沁电悉。安奉铁路改良,尊处所拟八条,极为周密。现日总领既奉训催议,即希由尊处按照原议办法,先与该总领磋商,以期就范。外务部。勘。(《清季外交史料》第8册,第3991页)

6月16日(四月二十九日) 东督锡良致外务部延吉越垦韩民归化有据应与中国人一律看待电。

承示玄德胜解赴韩京,被捕是否在韩国境内,归化有无确切证据。当经电询吉抚,兹准复称:我国国籍法尚未成立,外人归化未定专条。惟延吉越垦韩民,自光绪十六年总理衙门奏准:凡领有地照者,悉令剃发易服、编籍为民,与中国人一律看待,一切民事刑事率由地方官理处。是韩民领有地照者,即为归化确切证据。依例越垦,各社总乡约服役官

| 1909年（宣统元年 己酉）57岁 |

差多年，更何得以韩人目之？日人以玄德胜向不趋附于彼，久欲捕拿以示威韩民，今春将玄德胜诱至韩国钟城，擅行拘禁。查国际法，凡属归化者，无论至何国，皆在本国法权保护之下。玄德胜至韩国，仍不失归化人之资格，讵得以其至韩国境内，由韩官拘办，即属韩政府之自由乎等因。相应奉复，并请钧裁。良。艳。（《清季外交史料》第8册，第3991页）

6月21日（五月初四日） 锡良等致外务部营林厂与木把冲突事请商日使饬日领速办电。

临江县属所绑日人六名，当经释回，前已电陈在案。迭据临江县禀：系日韩营林厂先将我木把王秉太绑去，至今未释。衅由该厂夺我漂流木，不候我商缴费赎回，擅将木植凿孔编牌下驶。又因木料改为营林厂木植式样，将来售价大差，以至群情愤怒。现在虽经该县将日人设法释放，而王秉太既未释回凿孔之木，亦无认赔确信，众怒未解，后患方滋。迭饬东边道与日领严切交涉，至今毫无办法。传闻安东日领对于该厂无干涉之权，即采木公司减少捞费一节，日领亦无全权干预。似此久宕，必致酿成重案，谨请钧部将此详情知会日使，请其转饬该领速为办理，以保三国治安，不胜盼切。良、全。支。（《清季外交史料》第8册，第3993页）

6月25日（五月初八日） 锡良等致外务部安奉路事与日领提议十条电。

得勘电后，又据日领催议，当饬交涉司按照前拟，缮具节略共十条：

一、安奉铁路认明系独立之路，非他路之枝路。

二、工程应按照条约，专就原路改良，不得改造。尤须根据日本全权大臣之声明，酌要改良，不得改动全路。

三、应设车站须彼此会勘，设于地方、铁路两相便利之处。

四、沿路所用地亩，除铁路必须建造物所用之地外，不得购买余地。

五、六道沟所占之地，中国政府现有要需，应即收回。如曾付过价值，由地方官查明照数发还。

六、议定开工时，应彼此派员会同购地，公平给价。

七、中政府应派员，查察、经理关于铁路一切事宜。

八、日政府所派驻扎沿路兵队，应即撤去，由中政府派队保护。

九、沿路由中政府自治，全权办理。日派警察应一律撤去，归我派警保护。

十、运输章程，应赶紧派员会议。

于本日由司与日领开议。日领首以第二条为无理条件，争辩良久。坚请删除八、九两条，认为题外应议之件，惟须另议。其余七条则允会同商办。并云，惟第二条不能转达彼政府云云。此案注意，彼此均在二条，我所欲争，彼必不让，词气决裂，亦在意中。惟我之一、五两条，意在禁其与南满、京义两路相接，即预防造桥之用，现在彼已允商。虽未知办到何等地步，然已伏争拒之根。良等仍当抱定宗旨，切实确商，苟可挽回，惟力是视。务乞钧部协力维持，预密筹示。良、德全叩。庚。（《清季外交史料》第8册，第3996—3997页）

6月26日（五月初九日）　奏农科进士陈振先调赴东省办理农务。

农业为务本至计，东省土壤肥沃，旷地甚多，尤须提倡得人，以期开通农智。查有农科进士、新授翰林院编修陈振先，前在美国大学农科毕业，于农学确有心得。现经臣锡良电调来奉，相应仰恳天恩，俯准将该员陈振先调赴东省办理农务，俾资臂助，并请免予扣资，不停升转，以符定章。

除咨部查照外，谨附片具陈，伏乞皇上圣鉴训示。

十七日奉到朱批："著照所请，该部知道。钦此。"（《锡良遗稿·奏稿》，第898页）

是日　外务部致锡良改造安奉路日使请由东省议结希复电。

准日本伊集院使称：安奉铁路改造一节应由东省议结，现闻贵督将巡视北满，恐有耽延等语。可否暂缓离省，俟此事议结后，再行动身，抑由奉抚先与磋磨，电商尊处，希电复。外。佳。（《清季外交史料》第8册，第3996页）

是日　东督锡良致外部安奉路事先由程抚与日领会议电。

申密。初九日电敬悉。安奉路事开议十条业经电达在案。初八日良及程抚同交涉使与日领会议，据称，第二条不改轨，即不为改良。答以改良必改轨，原约并无明文，不敢创定。其余各条，某条应认，某条应驳，或再商议，可以逐一签回再商。彼云：第一条此路独立不为枝路，第八、九两条护路兵警须提开另议。余条是认与否，游移其词，并不著实。磋议多时,始云电达彼国政府,听候命令。则我处应俟彼如何答复,再行商酌电请钧示。兹事既难克日议结,而良此次巡阅亦不久即回。昨日面告日领,一切先由程抚同交涉使与该领会议,有要事由程抚与良电商,正与钧意相同,谅无耽延之虑。祈酌复日使为祷。再,良正在料理起程。先闻。良谨叩。青。(《清季外交史料》第 8 册,第 3999 页)

6月29日(五月十二日) 锡良等致外部日领袒营林厂派警压制木把电。

顷据东边道蒸电称:日领袒护营林厂,要求派警察赴上江,迭经驳拒。忽于本日派日警长一人、警兵三十名,并所用华警长一人、警兵二十名前赴帽儿山,各持枪械沿江陆行。兹复严诘,据称:非得上官命令不能撤退。现在一面飞饬拦阻,请与日领交涉,令其电饬速撤等语。当经饬司转告日总领照办。惟闻帽儿山一带华民已聚数百人,深恐日警前往,必肇衅端,省中鞭长莫及。日总领亦恐无权禁阻,万一别生枝节,殊难设想,除电该道赶紧分别禁阻解散外,用特电陈钧部,务请转告日使,速为禁阻,不胜至盼。良全。文。(《清季外交史料》第 8 册,第 3999 页)

7月1日(五月十四日) 锡良等咨外部日据金州如何设法收回请示文。

案查赵前将军任内,据金州满州协领英麟、代理汉军协领李得尊等禀称:窃因金州地方自甲午之乱,城池失陷、民罹水火、延颈待救者年余。彼时幸蒙朝廷偿款赎回,居民重睹天日,以为可以安居乐业。讵意二十四年春间,俄人假保险为名,租借旅大两口,复以租界必有隙地,随请以亚当湾、亚当山为隙地之界,金州地面划入界内,仅留金州城池一座。然有官兵驻守,犹存金州之名,遇事可与省城呼应相通。但以百姓之颠危,如水益深,如火益烈,当经前军宪依、副宪晋因查金州划归租界,民不聊生,奏准蒙皇上天恩,将金州军民拨往东流,围荒安插,民有生路,互相额庆。乃于二十六年春,派到委员查核户口,已放领荒执照八九千张之多。忽有拳匪之变,俄人借此起衅,勒要军器,据官占城,金州复陷。以致官兵至今犹寄寓省城充差,以待收复,其民人之苦况,更不堪言状矣。迨日人胜俄,甫入金州,即煌煌明示谓:清日为唇齿之邦,俄人何得占据?故兴义师,以保东亚和平之基,救生灵涂炭。

是金州之复旧、官民之转机，如期可待，人皆引领。惟思日人敦睦谊而出援师，亦非见利而不重义，岂能接踵效尤？其如万国公论何，谅日人必不处此也。夫俄人原约肯留金州城池，尚有大义所在，今之日人不将更有义举乎？且金州居民食毛践土，近三百年世受皇恩，岂忍一日为他人奴隶？民众盼望华官，如同饥渴，官兵盼望收复，得尽义务。若谓割弃此土无足轻重，而民落汤镬坐视不援，想亦我皇太后、皇上所不忍也。

顾念日俄业已和议，奉境均已撤兵，现当营口交还之际，而金州居民数遭兵焚，疮痍余生，其望救之急，有如救焚，伏乞速赐，呈请归复，以苏民困等情前来。职等详查所禀，委系实在情形。然此事关系收复大局，职等未敢擅预。惟既职任斯土，责有攸归，有此下情，亦复曷敢缄默。幸逢天使下临，恭读晓谕遵悉，宣上德通下情，准其具呈禀诉。凡属困难苦衷，莫不同声鼓舞，为此不揣冒昧，吁恳督宪俯赐查核，上为国计，下念民生，挽回金州危局，以复旧制，则万民幸甚，职等幸甚等情。赵前将军随即据情咨呈在案。兹据署金州右翼汉军协领兼署左翼满洲协领关防事务、蓝翎记名佐领阎传胪复以前情呈请前来。查金州城，现被日军占据，尚未收回。该协领系守土职官，迫切上陈，出自爱国之诚，自应设法收回，以慰众望。惟事关重大，应如何办理之处，相应咨呈钧部，谨请鉴核示遵，望速施行。（《清季外交史料》第8册，第4000—4001页）

7月2日（五月十五日）　外务部复锡良等日使谓营林厂派警因我保护不力希整顿警察。

营林厂事来电均悉。据日使复照称：鸭绿江一带，警察不备，致有重大危险，敝国万不得已，必施相当之手段。是派往警兵，实以我保护不力为藉口。除照复日使枬，以擅派巡警越界侵权，应饬日领撤回警长、警兵，并转饬释王秉太等情。得复再达外，希转饬东边道，就近磋商了结。并速行整顿警察，切实保护，设法弹压，以靖地方。仍将商办情形，随时电部，余咨达。外务部。（《清季外交史料》第8册，第4001页）

7月3日（五月十六日）　外部致锡良营林厂事日使请中国自办巡警保护。

删电谅达。营林厂事，现商日使，据云：派遣巡警，尚未接日领报告，中国如能自办巡警，日巡自当撤回。当答以保护弹压，中国地方官自担责任，务即电饬日领，先将巡警撤回。彼已允电日领。希饬东边道，迅派得力巡警驰往，切实保护弹压，勿致再滋事端，贻人口实，是为至要。外务部。铣。（《清季外交史料》第8册，第4001—4002页）

7月4日（五月十七日） 锡良等复外务部营林厂与木把构衅咎在日人何得藉口派警。

删、铣两电敬悉。查鸭绿江一带为我国土地，其应如何遣派警兵，切实布置之处，我国家自有权限，日人何得藉口干预？且前次木把在韩界拉去日人五名一事，皆因营林厂捞获华民木料，勒索挥费，绑去王秉太所致，其咎固在日人。我处当时即行设法将其救出，交还保护，不为不力。而日人所捆去之王秉太，至今尚未放回。虽称已逃，其谁信之。今日使反以沿江有重大危险，不得已必有相当之手段为词，继复以未得日领报告推诿，言不由衷，均属蛮不讲理。即使沿江果有危险情形，亦应知会我国派兵保护，彼亦何得遽行派警兵擅入内地？其蔑视国权，至于何极！务乞严诘日使，迅速将所派警兵撤退，王秉太即日释回营林厂，前次捞获华民之漂流木迅即发还，将凿孔之木赔偿损失，并减收捞费。嗣后不得再有捆绑华人，强取木料情事，以弭后患，而固邦交。除饬东边道速行整顿，警察驰往切实防范外，应仍请钧部力为主持，大局幸甚。良、全。十七。（《清季外交史料》第8册，第4002—4003页）

7月5日（五月十八日） 锡良等致外务部电，告知安东木商控日人夺业，已派员往查并改订捞木章程。

昨电想达。适安东木商联名呈控公司云，有插旗、打印、勒费、抢捞、抑价、增税各条事。恐有因情殊可悯，现已遴派施道世杰前往安东，查察木商所呈情形。并会同关道就近与日领暨公司，改订整理漂流木章程，减取捞费，妥定善后办法，以期免让别案。务恳钧部转告日使，请其电饬冈部领事，俟该员到安，迅与持平商办为要。良、全同肃。巧。（《清季外交史料》第8册，第4003页）

7月6日（五月十九日） 锡良等致外务部问以英里证华里应用何法计算。

奉省派李道凤年会同日副领事速水一孔，同赴临江勘绘界图一事，顷据李道电称：速水要求以英里证华里，约章成案汇览乙编卷二十二内，附中外度量权衡表，载明英一买尔合三华里。而表首列明，营造尺一寸合英三寸二分一厘七毫三丝二忽二微。中国以一千八百尺为一里，英以五千二百八十尺为一买尔。以尺寸合算，每一买尔实合华里二里八分九厘十毫五丝九忽二微，再三复核无异。约章所载一买尔合华三里之数，应用何法计算，始能符合，请核示前来。应恳钧部核复示遵。良、全同肃。皓。（《清季外交史料》第8册，第4004页）

7月8日（五月二十一日） 具陈吉林蜜山府垦务筹办情形。

臣等反复筹商，窃以非实边不能守土，非兴垦不能实边，非移民不能兴垦，非保安不能移民，既非因循苟且所可图功，尤非省劳惜费所克为力。谨将所筹办法，敬为我皇上分别陈之：

一曰度地。查蜜山形势，东界乌苏里江，南滨兴凯湖，西接绥芬，北通依兰、临江。东南密迩强俄，固为扼要；西阻青沟岭，盗贼啸聚，为患行旅，亦属要区。其间以穆棱河横贯全境，河南起青沟岭，迄呢吗口，东西长约五百余里，南北或百里、五六十里不等；河北界挠力河、老岭而接临江、依兰，南北约广百里或百三四十里，由东北至西南长约七百余里。北段计有净荒三四十万晌，垦者约二万晌；南段计净荒六七十万晌，垦者约四五千晌。从前放荒大都任人报领，并未实地测勘。今既定切实举办，自未便稍有含糊，似宜先以习农学、测绘学者入其境，辨别其地质肥瘠、土性所宜，而后依河流山脉，划分区段。每区应得地若干晌，何者可以置都邑，何者可以设屯村，何者可以开市场，一一分别勘定，始得有所把握。至地之最膏腴成大段者，半已为大户承领，未能开垦，徒事把持。此外界址混淆，官荒冒占者随地皆有，真伪不分，实有妨垦务之计划，尤宜实行清丈分段，划清经界。垦而未领者，令其补领荒照；领而未垦者，勒限垦种，逾限撤地另放；庶此时设法招垦，不致别有纠葛，横生阻力也。

一曰移民。曩者招垦积习，已如前所陈。兹欲就正其弊，应以实边之意而略寓屯田之法。除于其地专设垦务局经理一切外，宜先选派专员，分至内地，广招农民东来，每一班满百人为及额。应招者以有身家最为合格，能携家至者尤善。来时酌助以路费，并与邮传部咨商，请免轮船铁路半价，以纾财力。至则划地居之，每名给地四晌或五晌，视地肥瘠为定；并酌助庐舍、籽种、牛马之费，妻女半之，子年满十五者分地如成人。拟以百人以上，环居为一屯，合数屯为一社，屯社各有长；合数社为一乡，乡有乡正；合数乡而州、县治成焉。每屯酌给以枪支子弹若干，随时教以团练之法，令自为守卫。每社择地驻兵若干名，以代为之防。定于三年后，分年偿还籽种、牛马各费及补缴荒价，并照章六年升科，十年之后，其繁盛当可豫卜。实边之道略具此矣。

一曰设治。大凡设官分治，所以抚民，亦所以安民。故为治理计，地方繁富者不可无官；而为实边计，欲谋地方之繁富者，尤不可不先有官。今者既已议定移民之策，其始分疆布画，自须先事筹措，继而远民纷至，则一切教养保卫等政，皆当因之以兴。且地处边荒，久为官治所不及。从此户口稍繁，若不速筹分地以治，俾人民有所统属，得安其业，则强者流为匪类，黠者勾结强邻，实足为地方之患。此奏设之宝清、临湖、饶河各州县不得不分别妥筹设治，而呢吗一口，地当冲要，尤须速设专官，以资控驭者也。

一曰分防。吉林积匪，聚散无常。凡近边地者，皆必驻兵设防，始可招垦，而于蜜山为尤甚。向之放荒多年，民迹鲜至者，大都由此。去年匪徒啸聚，竟悍然与官府为敌，屡以大兵搜捕，终未肃清。故虽移民之法若何完善，而非妥为设防，决不足以资保卫而维治安。且俄于沿海州久已布置军队，分屯开垦，沿边千里，市廛栉比，人烟稠密；以荒废之地，掷数万万金钱，经营十数年遂成繁盛部落。我则不闻不问，荒凉如故；弱肉强食，何以图存！呢吗口对岸，现驻俄军已在万人以上，其举动殊不可测。即为边防计，亦不可不厚积兵力，以为不虞之备。故西之青沟岭，东之呢吗口，必须以重兵扼要驻扎，其他沿边及屯垦各区，皆应择要分防，方足以免内患外患之虑，而得实施其移民设治之策。否则不仅人怀恐惧，莫肯应招，即有至者，亦终不免逃避耳。

一曰通道。查蜜山一隅，周围二千余里，在群山之中，几与内地隔绝。若由东南路入境，则须经呢吗、南站、双城子等处，俄屯林立，节节留难。若由西路，则青沟岭上下七十余里，草木丛茂，久为贼巢；且沿途非山路崎岖，即水塘横梗，既少人家，更无旅店，车马动辄倾陷，行人皆须露宿。故欲谋移民，除驻兵防剿外，所有伐木平道，疏通沟渠，修筑桥梁，开设店舍诸事，均不可缓。果如是，将见行旅利便，百货输入，加以有官有兵，为之保护，庶闻风者，不待招募，皆将趋附恐后，则边地繁兴之象，从此可期矣。

再者，蜜山境内，五金之矿，蕴蓄无穷，参天之材，举目皆是，诚为全省大利之所在。向因道路梗塞，探运不便，利弃于地，洵为可惜。果以后人民日众，运输已通，即急须设法开采，以辟利源。至如滴道山煤矿，尤为本省出产之最，倘能集资大办，转运出境，全省政费，可期挹注于此。据外人所考查，其矿质之佳，在世界各国中亦为特色，欧、美人莫不涎之。其地在今蜜山府治正西，去俄国铁道约二百里，故俄人觊觎特甚。而日人于吉省境内，调查矿产最悉，其最注意者，在南则天宝山银矿，在东则此煤矿，日出诡谋，不遗余力。我若不及早经营，一旦横生交涉，或小有衅端，彼将藉此以为要挟，恐终不失于俄，必失于日，其损丧利权，殊非浅鲜。是亦举办蜜山垦务而不可不同时筹及者也。

夫历来创兴事业，办法之适宜固难，而筹款尤为不易。吉林自改行省，无成可守，百政待兴，每举一事，动需数十百万；而又迫于时势之不得不为，苟非有雄厚魄力，实难担此伟举。今查蜜山垦务，虽仅为吉林庶政之一端，而实关国家切要之大计，经费浩大，自在其中。他处办垦，以所收荒价，作办事经费，收效颇缓，尚可循序图功。蜜山则殊有弊而无利，是以办垦近十年，地方荒芜如故。而俄人盗买，韩民冒垦，大户包领，种种弊端，转因之而生。兹欲决计招垦，势非如臣等所陈办法，断难奏效。

现据俄国移民厅预算，本年在沿海州新定地区八十万亩，移民三万人，所有移民费、修路费、建屋费，共千余万元，备极经营，算无遗策。然则我国于边境之内，顾可漠然置之耶？前升任督臣徐世昌及臣昭常，曾早见及此。初拟先筹六十万，为今年开办经费。嗣因财政十分支绌，复拟以三十万暂行试办，徐谋扩充。集款未就，而臣徐世昌去任。自臣锡良来东，更加考察，知此事极关重要，决非少数之款所可从事。前经统筹东事大概，吁恳拨借一千万两，设立银行，兴办实业，部议未予准行。无米之炊，诸事束手。臣等筹思焦虑，徒切咨嗟，亦惟有竭其心力

| 1909年（宣统元年　己酉）57岁 |

之所能为，但期多垦一段荒田即多一殖边之利，多招一名垦户即多一实边之民，成败利钝，非所计也。

抑臣等更有请者，该处肥沃之区，为大户所包领者居多，当承领时，地界多不清晰，每领地一晌，私占辄至数倍之多。一经清丈，自必水落石出，未垦者且须限期另放。该大户等既失其侵占之大利，又绝其垄断之私图，谣诼之兴，在所不免。臣等固不敢稍避嫌怨，第恐悠悠之口，闻者不察，于行事不无阻滞，是则所赖圣明主持于上，俾臣等有所措手，不至竭蹶半途，大局幸甚，边陲幸甚！

所有臣等筹办蜜山府垦务缘由，理合恭折具陈，伏乞皇上圣鉴训示。

宣统元年六月初五日奉到朱批："著即尽力妥筹，次第兴办，期收实效，毋失事机。度支部知道。"（《锡良遗稿·奏稿》，第905—910页）

是日　锡良等致外务部日电，指出日人恃强占地造屋请备案，并望各项交涉早日解决。

顷准延吉边务吴督办禄贞电称：到防后以交涉重要，当经派员分赴调查日人举动。据光霁峪宪兵班长秦建斌报告，日宪兵藤谷浅吉在三道沟骨牌地方，强租韩民韩喜禄家居住。近忽强占该民地基造屋，前往理论，日宪兵自称：造屋非理，惟地主已允我随意修造云云。当传韩喜禄与日兵对讯，据韩民供，实系日人任意强占造屋，无法阻止。该宪兵班长面责日兵，又以奉有上官命令为词，不肯罢休云云。禄贞当以此案为国权所不容，因派施翻译至六道沟，诘问斋藤。讵斋藤以此次修造房屋，势在必成，若贵国不以为然，请报告政府办理可也。施翻译谓此事可在此处了结，无烦两国政府交涉，斋藤并不回答。此阻止三道沟骨牌地方，日人占地造屋之大概情形也。查去年火狐狸沟一案至今未结，日人凶策日张，其无理举动，我若稍有阻止，彼即以火狐狸沟一案相威吓。遂致有刀伤华民、强占民地、阻挠国权、殴辱警兵、拘留军队、苛敛韩民、擅筑警岗、侵越裁判，及一切扰乱治安等重案。禄贞初到边防，日人故意藉端尝试，势将演其火狐狸沟之故技，实属破坏和平。应请电达外部，速与日使交涉，饬令斋藤停止工程，免生意外。再，边务交涉丛生，皆由日宪兵、韩警为厉阶，并请与日使再申前议，从速撤退，以保主权。至此案现究应如何因应，请授机宜等因。查日人占地造屋，殊属无理。乃

·447·

斋藤以报告政府为词，彼一面赶造其屋，使我为日后之交涉，居心叵测，隐患滋深。除电复吴督办将此案先行就地设法，从速了结外，用特电闻。应请钧部查照备案，并乞将以上各项交涉早日解决，边务幸甚，大局幸甚。良、昭常。个。(《清宣统朝外交史料》卷4，第4册，第37—38页)

  是日 锡良等致外务部电，告知营林厂事撤警赔偿两层稍有眉目。

  营林厂事迭经电饬东边道与日领磋议，顷据电称：撤警一层，日领面告，既承布置妥贴，自应撤回，现已电饬遵照。索回王秉太一层，日领谓营林厂坚不承认，当请总监府派专员确查实在，再行办理。交还捞木及赔偿损失一层，现已商由日领函致该厂，先将已损未损捞木交由临江县，转饬原主认领，其该厂应收捞费、应赔损失各款开单，呈由该道与日领会商核办等语，此案似已稍有眉目。惟王秉太系日员小林长藏在临江立据限三十日交出之人，其为被绑无疑。该厂始云逃回，继云放回，今并不承认，恐系被伤身死，难以交出。我处仍当力争，如无下落，当以致死论偿生命，始可服众。除仍饬将王秉太确切追索外，谨先转达纡廑。良、全同肃。个。(《清宣统朝外交史料》卷4，第4册，第38页)

  是日 锡良等致外务部日兵在延吉持械轮奸请与日使交涉电。

  窃此案无论金仁吉等是否善良，有无控案，日兵断无越境擅捕，恃威行恶之理。今竟在我境内身佩枪刀，夜闯民室，擅行拷打，并肆奸污，如此强横，万难容忍。日人藉保护韩民为名，遍驻宪兵，而宪兵不法，至此已极。保护韩民者，固当如此耶？乃日人犹旦夕不遑，力谋增派宪兵分遣所，如三道骨牌；既强行建筑，又于依兰河八道沟等处，意图派设。其用心只俟三道骨牌一占胜着，则彼宪兵足迹必遍全境。宪兵所到之地，即其国权所及之地，以国家根本重地，祖宗发祥故墟，岂能尺寸退让，任人蹂躏哉然！

  任彼如何冒进，在我惟知坚守，抵制日久，势必有决裂之一日。禄贞再四思维，如欲维持平和，非令彼撤退兵队不可。用再奉达，恳转外部与日使严重交涉，鹄候示裁等因。查韩民金仁吉果有犯法情事，日人亦何得越界擅捕，况黉夜闯入民室，横行骚扰，并称有轮奸情事。此等不正当之行为，其必非办案可知，迨肇祸后，日官非独不加惩治，复派宪兵前往。其袒护宪兵，虐视韩民，概可想见。现虽未据续报，遥揣案

| 1909 年（宣统元年　己酉）57 岁 |

情棘手，恐难免冲突。除电复吴督办相机因应，据理与抗外，用特电陈。务请钧部迅与日使交涉，日兵、韩警从速撤退，并将此次肇事日宪兵等，饬令按名惩办，以后不得再用此等举动。维持危局，以安边氓，曷胜盼祷。良、昭常。个。（《清宣统朝外交史料》卷4，第4册，第38—40页）

7月9日（五月二十二日）　锡良等致外务部电，告知日人拟从孤山筑路达金州，请钧部密为指示。

顷据卸署孤山巡检面禀，现在日人拟从孤山修筑铁路，经庄河厅五百余里，直达金州，通安东、大连之轨。且称孤山附近南限海口，寒天不冻，当年日俄战时，日人即从此口登岸，为天然船坞，请预为经营等语。查孤、壮一带，即光绪二十四年中俄续约所称之隙地。日人现以满洲南路余利，不惜巨资，陷我华工包筑此路，尚未议妥。若此路一通，则奉省门户全失，害较间岛为甚。条约虽订明，隙地地段不让与别国通商及享用利益，然并无禁阻中国自行经营之说。似应由我酌量将此路自修轻便铁道，占用铺轨之地，默为抵制。是否可行，或应如何设法抵御，请钧部密为指示，以便随时筹画。至盼。良、全同肃。养。

7月10日（五月二十三日）　锡良等致外部日人占地造屋关系至大请严重交涉电。

前准吴督办电称：日人在延吉强占民地盖屋，设立宪兵分遣所，请电钧部与日使交涉，电请前来。当以此种案件，应就地设法从速了结，电复吴督办，并电达钧部在案。兹又准吴督办马电称：个电敬悉，三道骨牌日人强占民地，建宪兵分遣所一案，蒙转电大部备案，并嘱禄贞就地设法了结，自应遵办。惟此案已派员查悉，韩喜禄原系韩民蔡姓，自幼为华民韩姓养子，遂易韩姓，获有财产承继。并据韩喜禄呈诉云：今年四月，日宪兵欲租买未允，五月初旬，日宪兵竟强占建造房屋，无法拦阻，恳请追还，云云。查我国土地所有权，除租借地外未有准外人享受者，延吉僻处边陲，土地权尤不得不加意防范。昨以韩民租卖土地与日人有禀，奉大部电谕：此处非通商口岸，自应悬为厉禁，现日人强占民地，更非租买可比，实属有意侵犯主权。况韩喜禄实与华民无异，尤当力任保护，以对归化者之心。若不将被占地基争回，不惟无以对韩喜禄，将何以对韩境十余万喁喁望治之边民。且此处若任其强占，以后随处可以建造，延境土地权竟将谁属？此案虽小，关系甚巨，此处与斋藤迭次交涉，彼词穷理屈，置之不理，而房屋建修如故。口舌既穷，若用武力将日人所造房屋拆毁，事关国际，或酿成意外事故，又非我帅慎重防务之至意。

前此边务交涉，虽由此处维持，其主持多赖大部。再四思维，惟有仍恳将前电所陈斋藤强横无理，及此案关系重要情形，电请大部诘问日使，转饬斋藤从速停工。一面再由禄贞设法阻止，或尚有挽回之一日。盖此案若非由大部与日使严重交涉，无以戢其以后进取之野心，仍请卓核等因。查日人占民地任意盖房，而又设立分遣所，意图扩张权力。若不严行禁阻，将来日见侵占，诚于边务关系至大。吴督办屡次诘责斋藤，彼虽词穷理屈，然仍赶造不止，是非就地所能了结。除仍电吴督办设法阻止外，用特电恳钧部，请即查照，迅与日使严行交涉，速将所造房屋拆毁，将所占民地退回原主，嗣后不得再用此种无理举动，以杜后患，而固邦交。并乞见复。良、昭常。（《清宣统朝外交史料》卷4，第4册，第40—42页）

7月13日（五月二十六日）　锡良等致外务部日人以安东为烟馆逋逃薮请诘日使电。

顷据民政司禀称：昨委员查禁鸦片，行至安东日本租界六七道沟等处，现种罂粟二三百亩之多，又报市场内烟馆林立各等情。查禁烟功令何等森严，外人无不赞成，日本尤为关切。不图安东日人独纵吾民为之，且以市场为烟馆逋逃之薮。转瞬烟膏收割，充溢市廛，禁令难施，未免有心容隐。除饬交涉司东边道切实与日领交涉，要求将烟苗刨除，烟馆禁绝外，倘该领置不闻问，务恳钧部向日使严诘，俾期禁绝，以重国权。不胜盼祷，先此奉达，并请鉴核。良、全同肃。宥。（《清宣统朝外交史料》卷5，第5册，第5页）

是日　为禁烟事，札饬奉天交涉司，严行照会日本领事，将日租界内栽种二三百亩之罂粟一律拔除，改种他项粮食，并将烟馆即行封闭。（《日本侵华罪行档案新辑》（二），第445—447页）

7月14日（五月二十七日）　外部复锡良等，安东我未认为租界仍应施行禁令电。

| 1909 年（宣统元年　己酉）57 岁 |

宥电悉。安东日本租界在我并未明认，禁该处烟亩、烟馆，但知照日领仍应由我官吏施行禁令。兹本部照会日使，告以中国在东三省地方有完全行政之权，为日俄和约所允认，想日本领事必能遵守此意，听中国官吏切实施行禁烟之令等语。希查照饬筹妥办。外。（《清宣统朝外交史料》卷5，第5册，第6页）

7月15日（五月二十八日）　外部复锡良等安奉路提议十款日谓违约希切商电。

安奉路事来电均悉。日使照称：提议十款，本国政府以为失当，请从速派员会议，俾得实行改筑之事。又面称所开十条，显系破坏条约。若不速了，恐别生枝节各等语。此事彼既催议，似未便久置，希由尊处酌量情形，与日领切实磋商，以免藉口。外务部。（《清宣统朝外交史料》卷5，第5册，第6页）

是日　清廷批准东督锡良等奏筹办吉林长春自开商埠恳饬部借拨的款一事。（《清宣统朝外交史料》卷5，第5册，第6—9页）

7月16日（五月二十九日）　准德使称东清租地合同有背德人应享利益事，外务部咨锡良查照。

本年五月二十六日准德雷使照称：贵国政府与俄国政府所订划清在东清铁路租地彼此权利暂行之合同，及关于此事三月二十二日互换之照会，均经本国政府知悉。据本国政府之意，该合同内有数款与德国人民按约应享之利益背碍，故本国政府不能使德国人民遵守该合同章程，必经有约各国允准，方可饬令各国人民遵守。故谓该合同第十七款所载，将来尚欲拟定详细章程，应与有约诸国酌议商定为宜，备文照会等因前来。相应咨行贵督查照可也。（《清宣统朝外交史料》卷5，第5册，第9页）

是日　锡良等致外务部延吉日人添筑警楼实行警政电。

近据吉林边务吴督办电称：今春日人于六道沟修有警岗一所，兹复展拓地基，动工建造。经多方交涉，始暂允停工一二日，嗣复与斋藤竭力争论。斋藤谓奉政府命保护韩民，宪兵巡警亦奉命带来。该处人民繁杂，故建一略大岗楼，若以所为为不合，惟有请贵国政府向我政府谈判。又忽谓间岛问题三年未决，各执一是，若因此而有战事亦属无法云云，其强蛮情形，实似奉有该政府密令。然此事关系极重，当禄贞任事伊始，尤不合退让，除仍就近设法理阻外，请电达外部严与日使交涉等语。按斋藤越境，虽带有韩巡二十名，我政府并未承认。前时办理边务，因韩巡检之案屡次交涉，抵制甚力。今彼忽添筑警楼，实行警政，藐视我之主权益甚，自应极力阻止。惟斋藤始以奉有政府命令为词，继以战事为对，实属无赖已极。今当边务新更督办，日人自必百出手段，以为尝试。此次未能抵御，后更不易为力，似应内外合力与抗，俾稍遏其野心。已电吴督办，仍随时于事实上竭力抗拒，不可稍存推诿。特此电恳大部务与日使严重交涉，使彼知我边务决无退让，亦实奉有政府命令，则彼诡谋将无所复施。是否可行，尚乞电复示遵。锡良、昭常肃。艳。（《清宣统朝外交史史料》卷5，第5册，第13页）

7月17日（六月初一日） 东督锡良致外务部安奉事原拟以改轨易其他之九条请在奉先议电。

顷据程帅电开：昨日下午，日总领事来署面谈，安奉路事已由日政府电饬伊使向我外务部交涉，全当答以既在京中开议，彼此可省争执。小池复将第一、第二等条驳辩许久，要索甚多，最后忠告谓：全说现在轨线即可为运货之用，是否全之政见？全云：此固与条约不背，非我一人之私。彼又云：倘中政府派贵抚勘查，是否亦如此答复？此路贵抚一见即可了然，知其必须改宽。我政府属某转告贵抚，云云。全当告以若我外部下询如何答复，虽难预定，然难保其不将我意上陈。既为地方大吏，即有责任在身，言论当自由，利害亦所不计，词色稍有严决。彼始谓非敢干预，不过自抒所见，逊谢而去。全察其意，似探知大部口气或露出调查之说，预来侦察，微肆恫喝者，当时不能不急折之。今日复来信谓：原约改良即系改轨，为工商便利之计。全亦据约答复此事。该领许久不议，今来说便称迳向外部交涉。然至再至三，总要全认改轨，否则谓全不认原约，意殊叵测，应如何转达外部，乞酌裁等因。查安奉铁路改良事宜，关系我国主权者，在在皆是，亟宜趁此力图补救。前经提出应议条款十条，与日总领事小池开议，当时小池认议者六条，欲提出另议者两条，惟不改宽轨，及应认明安奉路为独立之铁路两条不认商议。经我竭力驳复，始允一体转达彼政府请示办法而去。我所提出之条款，皆根据条约，并不相背。今日领谓为违背条约，确为强辩。然不改轨，

1909 年（宣统元年 己酉）57 岁

固日本之不利，宜其力抗。当初我之所以提出此条者，意在换其他之九条耳。日本若能允认其他之九条，则我不妨将改轨一层量予变通，否则只有始终坚持之一法。日使如提议此事，应请钧部力为主持，使其仍在奉议，将来万难议结，再归钧部与议，较有退步。如何乞钧部示复。再，此电务乞秘密，以免松劲，是所虔祷。良叩。东。（《清宣统朝外交史料》卷5，第5册，第14—15页）

7月19日（六月初三日） 外务部咨告锡良中俄满洲里界图查无底本。

本年四月初三日准咨称：满洲里一带边界久未清理，前请颁发俄国外部官书，并咨库伦办事大臣将雍正五年议设东路鄂博全案、嘉庆二十三年会勘之地图调取来东。旋准该大臣咨到蒙文钞册一本、地图一张，当经译成汉文。惟该图册新由蒙文汉译，是否与原本图册相符，猝难校正。此案为重要文牍，部中有蒙、汉对译完善底本，请核定见复等因。并将图册附送前来。查俄外部官书所载布约全文暨阿巴哈依图、色楞额两鄂博单蒙俄拉丁全份，又恰克图界约满、俄、拉丁文，前准萨大臣咨送前来。本部当于四月十三日将原件咨送在案。细查此次所送图册，图系雍正年间勘界旧图，并非来文所称之嘉庆二十三年会勘地图。本部所存之嘉庆二十三年会勘界图，则系自库勒库图河汊起，至乌鲁里河汊止。查乌鲁里岗乌苏在色楞额河西岸河汊，为土谢图汗、三音诺颜交界之地，与光绪三十年十月库伦办事大臣咨送到部，库伦所管中俄交界地图核对，知系由乌雅勒千卡伦以南即西经八度九度之间，与库伦东部无涉。又将库伦送来之图与此次所送雍正年间界图核对，所有东边五卡伦译名、方位均符。至议设东路鄂博全案，本部查无底本，所有蒙文汉译钞册无从核对。除将图册存部备考外，相应咨复贵督查照可也。（《清宣统朝外交史史料》卷5，第5册，第15—16页）

7月20日（六月初四日） 外务部致锡良日使已饬驻安东日领限期禁烟电。

安东禁烟事初一日电悉。现准日使照复称：安东领事前拟将新市街之烟馆禁止，适华官提出新旧市街同禁之议，领事亦赞成，未知何故，华官于协议事项未遽实行。日政府曾训令安东领事：华官虽缓办，我仍当厉禁。该领遂于本月初五日令该营业者限十五日一律闭歇。望贵部严饬东边道，将旧市街之烟馆实行禁绝，彼此通力合作，以达目的。再，栽种罂粟一事，接来文始知其事。现饬领事确实调查，如果属实，自当处以适当之措置等因。特电达，希转饬遵照。外务部。支。（《清宣统朝中日交涉史史料》卷2，第29页）

是日　东督锡良致外部日兵闯入和龙峪经历署伤官戕兵请严重交涉电。

顷接延吉吴督办萧电开：五月二十九日早一钟接和龙峪台拨耿哨长相武飞报：昨晚八钟，突有日本宪兵闯入和龙峪府经历署，枪毙捕盗营兵曲得胜，刀伤外委杨景泰各节。当即派员分途驰往弹压调查，并相验、医治死伤官兵。一面通知斋藤，令彼派员同往调查去后。旋据该经历曹得洧禀称：因光霁峪养正学堂季考，前往监试。忽接警报，有日本宪兵多名，持枪行凶、擅闯衙署、枪毙官兵情事，当即驰归，于翌晨抵署等情。并据派往之刘参谋一清、警察队司令官陈蔚、胡殿甲等所禀各节，择要电陈：先是二十八日下午四钟，和龙峪街华商毕成赴距街三里之小八道沟，向韩民金彦京索账不予，因在京耘草地上互闹。京至日宪兵分遣所，邀日宪兵一名与韩人全成哲前来，见毕成能作韩语，均诬其必系韩民，改作华装为中国人当奸细。全成哲手持锄柄，日宪兵用刀背，不由分辩，并肆凶殴，又拖毕成发辫，声称将解至彼分遣所杀头，治以奸细之罪。金彦京之弟惧祸来衙报知，我巡警派警兵二名追往保护，日宪兵一言不发，拔刀乱砍我巡警。张得祥夺其刀，彼持枪将放，又被派警王得胜所夺，该宪兵以武器全失，飞驰而去，只得将毕成救回，并将韩人全成哲带署，询其其起事颠末。甫及日昏，突来和龙峪东沟潴宪兵分遣所曹长深津银平，率宪兵三名，韩派查一名。二兵持枪立门外，该曹长等率同派查持枪闯入衙署。门岗王得胜举手为礼，不顾，直入大堂。哨长耿相武、外委张景泰以府经历不在，延彼入客厅，又不愿，且向内奔。当拦阻彼深入，彼持枪。曹长深津银平即拔刀，从后面砍落外委左耳右腮，连砍头部手足数刀。时因该经历公出，署内空虚，仅有巡警二人，一立门岗，一看守。全成哲未克暂离，外委既伤，阖署汹惧。耿哨长复连被刀砍，幸闪避未中。捕盗营勇曲得胜见势危迫，欲闭大门，以

1909 年（宣统元年 己酉）57 岁

防外兵再入。刚奔门首，辄被门外日兵举枪迎击，子弹贯彻小腹，回屋登时殒命。署内，日曹长等闻门外枪声，疑有他变，在署内连放二十余枪，贯射厅堂上房等处殆遍，旋亦仓皇走出。适有捕盗营勇刘晰顺一名在街连放数枪，以示虚声。日兵不测虚实，始相率向东沟分遣所驰去。此当时肇事之原因及实在情形也。

此间所派调查员参谋官刘一清、总事务官胡殿甲，约集斋藤所派境野、宪兵少佐坡东、翻译等，一同至该署看验。其大门内曲得胜负伤奔回，一路血迹。大堂后，张外委受伤处血迹，侧屋及上房窗板、木柜枪子痕迹及门墙刀痕血点，历历不爽。复同验视死伤人等，境野将其受伤部位，及枪子出入处记簿，即藉口日暮须回，明日再查起事原因。刘参谋欲当即复查，境野辞以疲倦。刘又因斋藤有日兵亦受打伤等语，请其眼同验明。又以不知受伤宪兵现在何处为词，刘参谋力驳其虚，坚欲一验，境野到底以疲倦辞说，定明日再同查验而去。

又据报，张外委伤重恐难痊可，毕成虽无性命之虞，伤亦沉重。曲得胜尸身俟延吉厅陶丞邀同日官相验后，即行成殓。此调查第一次报告之情形也。

俟与日官如何提议交涉，尚须俟调查各员回署得其全盘方能决定。除以后准据事实情形随时指示机宜外，合先电达等因。查日人藉端先诬华人毕成为奸细，是非不辨、痛施毒殴，经我巡警闻信前往，将毕成救回。乃和龙峪东沟日本分遣所宪兵曹长深津银平，遂挟嫌率领兵警多名闯入该署。幸该经历公出，未被伤害。乃即枪毙营兵，刀伤外委，至闻门外枪声，始仓皇走出。其野蛮行为，惨忍举动，殊堪发指。况华人能操韩语者甚多，延吉是我疆土，两国并未开战，何来奸细之称。其有意启衅，可知日人自去年火狐狸沟闹事以后，因此益无忌惮，恒欲演其故技，使我不敢与抗。俾获遂彼野心，扰乱我边圉，残伤我壮士，言之伤心。此次若不与严厉交涉，使彼抵偿，则将来非但该处内政将不堪设想，恐我之军士人人寒心，谁肯效命。界务问题关系重大，其成败得失间不容发，自在钧部烛照之中。务请迅速严诘日使，令其将此次肇祸宪兵曹长等处以死刑，以抵偿我死于非命之营兵。一面速将界务问题设法解决，以救危局。日本素称文明国，法律所在，自不能袒护罪犯，以伤两国感情。除电复吴督办再行详查,随时电告,一面与斋藤严行交涉外,乞查照速赐办理。并请电复为盼。良叩。初四日。(《清宣统朝中日交涉史史料》卷2,第30—32页)

7月22日(六月初六日)　外务部致锡良延吉越垦韩民希详晰调查迅复电。

胡使电称:延吉裁判一案照准日外部复称:从来之越垦民,应照中韩商约第十二条办理。日人以我无国籍法可据,欲将越垦民仍为韩人,故援条约为辞。然我有从前习惯可为铁证,现应就该处人民居住年代及置产纳税等项,详细调查,以资辩论等语。东省各案,因延吉裁判一节,久未议决,悬搁至今。现拟订期复议,胡使所请调查各项,应由尊处转饬查明,迅即电复。外务部。初六日。(《清宣统朝中日交涉史史料》卷3,第1页)

7月23日(六月初七日)　外部复锡良等,日使藉词诿过嘱吴督办稳慎电。

初四日支电,并吉抚支、东督初四日电悉。当照会日使并电胡大臣,要求严办。正缮发日照会间,准该使照称:边务督办吴禄贞办事不当,且无解释纷争之诚意,凡日本吏员,因保护韩民所为之正当行动,常为该员暴力所妨害。据最近报告:本月十五日新兴坪分遣所一宪兵,与韩巡警一名,共挟有犯罪嫌疑之一韩人,同赴分遣所。行至中途,遇他拉子中国派办处之巡警五名,率华人十数名,拦途邀击,夺去该嫌疑者,殴打宪兵,且加以刃伤,并夺其带剑及手铳等件,韩巡查因之遂致行踪不明。我宪兵班长乃于同日申刻,仅带宪兵三名、巡查一名,亲赴该派办处。进门后,仅带一宪兵、一巡查,以稳和方法请见长官。因其不在,方期归去。忽见华兵数名拔刀前来,伤我宪兵一名。班长不得已,亦拔刀抵制,方得救护该宪兵。此时派办处内之华兵,急向我宪兵开枪射击,班长等乃乘夜遁走。中国官宪横暴手段,足见一斑。又吴督办拟在间岛全部并珲春地方,煽起抵制日货之举动,且布防谷令。又拟在间岛西部招募马贼,逾境袭击在韩国茂山之统监府营林厂。要之,吴督办迹近挑拨贵国政府,倘任其所为,我国官宪不得不采用适当之措置,以为抵制,则两国难保不陷于不快之局等语。

| 1909 年（宣统元年　己酉）57 岁 |

又准胡大臣复称：诘据日外部称：现因延吉华兵日增，故彼亦增兵。该处屡生事端，其曲不尽在日人，如中国派员往查，自可明白实情等语。查日使所称新兴坪一案，即来电日兵入署伤兵戡官之案，彼此报告大相悬殊，究竟确情如何，在我自应详切查明，方有办法。至来照痛诋吴督办横暴各节，日外部又有华兵日增之语，当系藉词饰过。现在议决界务，我屡以彼此维持现状为言，应电该督办，事事稳慎，以免口实。除将此案及以前各案往返照会一并抄咨外，希查明核办电复。外务部。初七日。（《清宣统朝中日交涉史史料》卷3，第1—2页）

是日　锡良等致外务部安奉事俟其就商时互换利益电。

江电敬悉。安奉铁路改良事宜，我拟十条早知日人不能尽数认诺，在我亦并无不能改易之说。惟当时日领欲剔一、二两条，我未应允，请其将十条全达彼政府，随后亦应并议。盖日人狡猾，留此两条，他条或可望其应允。若初次即允改轨二条无效，余难挽回。至称政府命令一层，系按照条约，应彼此各承本国政府命令，始能开议。日领辩驳时，每以政府命令为辞，我亦不得不以此为对。好在我处所拟，皆根据条约，并无不合，日人亦难为意外之责言。至此次日领并未催议，第言由彼公使与我政府交涉，外间似不便强彼协商。现良巡行已归，如小池日内来见，当再相机与之续议。此间，英美各领谈论，颇不以日改轨为然。暂时相持，俟其就商时互换利益，藉以结局。是否乞鉴核为荷。良、全同肃。阳。（《清宣统朝中日交涉史史料》卷3，第3页）

7月26日（六月初十日）　东督锡良致外部纳租韩民即可为入籍铁证电。

延吉韩民越垦事，当经电询，吉抚复称：图们江自同治八年韩国内地大饥，故韩民犯禁越垦，自此相继入境者每年皆有。考其居住年代，最久者实当在同治年间，惟小白山东、图们江源一带，当穆克登查边时，即有禁止越境之语。前其地越垦韩民，想康熙年间即有之。前昭常在边曾调查，有每年韩民入境表，惟未编订完竣。当电嘱吴督办饬员编就送览。至我国虽未明定国籍法，而置产纳税实为完全之入籍证据。

查光绪十六年，经吉林将军奏准，凡越垦韩民，辫发易服者，许其领我地照，纳我租税，一律认为入籍，否则驱遣回国，不准私垦。自兹以后，越垦者除佣工外，无不领照纳租，历年办理有案。虽我国素待远人宽大，犹未逼其辫发易服，而所有行政司法，居此土者，因无一不服我国权。至光绪二十八年奏设延吉厅后，主权日益巩固，而越垦者亦无人无事不服从，与我国人初无稍异，安有更认为韩民之理？不得称为从前之习惯等语。查奏案既有领照纳租，认为入籍，否则有驱逐之明文，则现在领照纳租、未经驱逐之韩民，即可为入籍铁证。原不必拘于辫发易服一语。先此奉达，请即鉴核。余俟详查再电。（《清季外交史料》第8册，第4042页）

7月27日（六月十一日）　锡良等致外部报与日领晤商安奉路事情形电。

申。顷间小池来署，良虽在假，仍勉支接晤。入座后先谈别事，次及安奉。遽询曾否得政府命令，全答以贵领前次来说，已云由伊使与我政府交涉，现我政府并无命令。小池云：前次亦未说定必须公使在京办理，若第二条小有商量，即在奉办亦可。看其用意，因良归，特来转圜，良等旋告以此事若贵领必欲先删二条始开议，则我实有为难。若将十条并议，何者可允、何者可商、何者必不允，则我必转达我政府，自能接续开议。小池又云：现尊意欲以二条换他项之利益，惟于公司有关系之利益可换，无关系者则不能换。答以姑将十条逐一答复后再商。小池允其归后斟酌妥当电告彼国政府，再行晤商。此本日会晤情形。彼注意在第二条不肯放松，然换利益之说，出自伊口，前电所筹以一条换九条一层，或冀稍有头绪。先此详陈，诸乞钧核，并求秘之为幸。良、全同肃。十一日。（《清季外交史料》第8册，第4043页）

7月28日（六月十二日）　恭报巡阅吉江回奉日期。

奏为恭报奴才巡阅吉、江回奉日期，仰祈圣鉴事：窃奴才于五月初九日由奉天起程，巡视吉、江两省，业经奏报在案。旋于十三日行抵吉林，二十五日行抵黑龙江，先后与抚臣陈昭常、周树模晤商一切，当将应办紧要事宜，分别奏陈。兹于六月初五日旋驻奉天，沿途雨泽应时，麦苗畅茂，堪慰宸厪。

本月二十一日奉到朱批："知道了。钦此。"（《锡良遗稿·奏稿》，第922页）

1909年（宣统元年 己酉）57岁

是日　奏拟请接续添铸小银圆。

查前因官银号库存大龙圆六十余万圆，不便行使，请交银圆局改铸一二角小银圆，奏经奉旨允准在案。刻已改铸完竣，发行市面，商民颇称便利。惟改铸之数无多，而本省习惯通用小银圆，若不接续添铸，究无以益民生而资周转。近来外币日见灌输，尤当广储现行小银圆，以便流通，藉示抵制。况现在银圆局既然已停铸铜圆，就其空闲机器铸造小银圆，尤属正办。臣等再四图维，应急筹备银两铸造小银圆，以期推行尽利。惟我国币值未定，此种小银圆系属辅币之列，未便滥行加铸，拟俟敷用即行停止。

朱批："度支部知道。钦此。"（《锡良遗稿·奏稿》，第923页）

8月1日（六月十六日）　锡良等致外务部安奉事拟先议九条再议改轨电。

安奉铁路事，今日小池又到晤谈，交出说帖一纸。内称彼政府之主张正如该领所声明，清政府提议条件，皆是作难藉阻改筑之实行，此时何得议及条件细目。清政府如有诚意，应将该条件概行收回，而于改筑之实行一层，即表同意。表同意后则日政府再于各条件互相商议，亦无不可等语。小池指此说帖为彼政府训条，与前互换利益，用意迥绝。综计小池议过五次：第一次在司不认二、八、九三条；第二次于三条外增第一条；第三次言彼政府令伊使在京办理；第四次又云可在外办，并有互换利益之言；第五次又复翻悔，欲将条件概行取销，俟改筑实行，再行面议。忽而代表政府，忽而请命政府，变幻离奇、莫衷一是。在彼与政府及公使消息灵通，有所主持，政府无不承认，敢于随意允换。我虽临机因应，终无确实依据。现拟仍抱定以一条易九条办法，派司前往，要求先议九条，再议改轨一条。彼用公使向钧部办延吉交涉技俩，我亦以此应之。兹特先将今日情形电陈，俟该司所议如何，即行奉达，祈鉴为幸。良、全同肃。（《清宣统朝外交史史料》卷6，第6册，第4—5页）

8月2日（六月十七日）　奏报遵旨考察东三省情形。

奏为遵旨考察东三省情形，裁并差缺，撙节经费，恭折仰祈圣鉴事：窃奴才承准军机大臣字寄："宣统元年三月初四日奉上谕：'有人奏，东三省冗员太多，用款太巨，亟宜仿照内省，改定官制一折，著锡良到任后体察情形,妥筹办理,据实具奏。原折著抄给阅看。钦此。"跪诵之下,钦佩莫名。

奴才伏查东省自改设行省以来,庶政繁兴,规模式廓,设官较内省为众,用费亦较内省为多。其时总司核定官制王大臣改定官制通则尚未颁行,东省原议官制,本系试办,故先后奏设各缺,于三省已非一律,与原奏亦多异同。今既屡致人言,自不能不酌议变通,以期妥洽。兹就原奏各节悉心考核,有实宜裁并者,有毋庸更改者,有应从缓议者,有碍难照办者,谨为我皇上缕晰陈之。

如原奏:"内省督抚同城者,均巡抚裁缺,奉天似宜仿照归并,以专责成"一节。查东三省总督建驻署于奉天,吉、江两省各建行署,原拟随时周历,商同三省巡抚,办理外交、内治一切重要事件。旋复议总督移驻长春,以便控驭三省。驻扎奉天原非久制。今则总督每年巡历吉、江为时甚暂,移驻之议亦难遽行。遵照外省官制通则,总督所驻省分不另置巡抚,即以总督兼管巡抚事,自宜将奉天巡抚一缺裁去,以专责成。惟该抚臣程德全现甫奉旨补授,应否裁撤之处,恭候圣裁。

又原奏:"左右参赞,一司用人,一司行政;度支司专司财政。今以用人、行政、理财归并于布政司,即节费用又免纷歧,则左右参赞及度支司均当裁撤"一节。查奉天左、右两参赞暨所领承宣、咨议两厅,奴才到任后业经奏明裁撤。度支司有总管财政之责,东三省并未设有布政司,自可毋庸议裁。

又原奏:"民政司一事,巡警道足以办理,何必十羊九牧,自取纠缠,似民政亦毋庸另设"一节。查巡警仅民政之一端,民政可以包括巡警,巡警不能包括民政。奉省巡警道缺,业经前督臣徐世昌奏裁并归民政办理,现设民政司一缺,自未便再议裁撤。

又原奏:"现拟融化满、汉,旗务司毋庸另设,即有旧办之事,奉天副都统亦可代办"一节。查奉天设立旗务司,专司从前将军衙门及三陵、内务府各项旗务,而尤以筹办八旗生计为专责。惟现值化除满、汉畛域之际,且宪政成立后,八旗旧迹皆应变通,自应将奉省旗务司一缺即行裁撤,仿照吉省设立旗务处,而以该司原办之事属之。

又原奏:"蒙务司之事,由督署设一分科即足办理,何必另设一司,徒耗巨款"一节。查奉省并无蒙务司，惟省城现有蒙务局，系为规划全盟兴革事宜而设，因办事尚无成款，业经奴才奏请裁去该局督办一差，以节经费。

又原奏："奉省劝业道之所布置，只骛虚名，不求实际，乃每岁用款多至六十余万两。现又新设农官，纷扰更甚。今以其事或归之商会，或归之农会，公款之所省甚巨，地方之获益甚多，则劝业道及农官似宜缓设"一节。查奉省劝业道衙门暨所属各局场所，每年用款六十余万，糜费颇多，现已大加核减，年可节省银三十万上下。该道管理事件较繁，未便遽议裁撤。至农官现未设立，且乏农业专门之员，自应暂从缓议。

又原奏："提法司为民刑之总汇，即属高等审判，即可与地方审判直接，则厅丞审判似宜毋庸另设，地方审判附入府署，初级审判只设一处，附入县署，即以府县官充检察之任"一节。查提法司职掌系管理司法上之行政事务，监督各审判厅并调查检查事务，奉天事较繁赜，未便兼任审判。现在行政、司法正谋分立，凡已设审判厅处所，亦未便以府县官兼充检察。

又原奏："各局处所名目甚繁，择其尤切要者存之，其余亦尽行归并"一节。查奉天省城各局处所，多系另派道员专办，奴才到任后，业经迭次裁并，如裁东三省支应处归入度支司，裁矿政调查局归入劝业道，裁省城牛马税局归入税捐总局，又以省城工程总局、钦工局、探访局、乡镇巡警总局，并归各司暨地方官兼办，现存局所均关切要，应免再裁。

又原奏："既有三司、两道、不必再有佥事，每司道署中，择候补人员才堪胜任者，分科办事"一节。查东三省官制，各司道每科设佥事一员，现未照章尽设，惟首科佥事为各科领袖，职务重要，类皆办事得力之员，揆之东省情形，实在相需，未便更议。其余各科毋庸增设佥事，以省冗赘。至各司道署科员，业经大加裁减，仍饬由该管司道随时察看去留，以足敷办公为度。

又原奏："吉林省巡抚以下，设藩、学、臬三司及交涉司、巡警道、首府分理其事，其余官缺，皆宜酌裁；推之黑龙江巡抚以下，设藩、学、臬三司及首厅，而交涉、巡警为事无多，道缺似宜缓设"一节。查吉林现设交涉司、民政司、提学司、提法司、度支司、劝业道各一缺，黑龙江现设民政司、提学司、提法司、度支司各一缺，所有巡警事宜，均由民政司兼管，江省则并无交涉司。若照官制通则，裁民政、度支两司，改设布政司，则巡警须另设差缺，用费未能节省，官制徒涉纷更，应请悉仍其旧。惟江省政务稀简，所辖仅十余州县，现设四司，事少官多，拟请将该省度支司暂行裁撤，归并民政司兼管，以免冗费。

又原奏："奉省每岁进款不下五百万两，官之廉俸及委员之薪金约须一百万两；练军一镇约须一百二十万两，办公及杂用约须一百万两，尚有敷余可以协济吉、江两省"一节。查奉省出入各款不敷甚巨，通省额支各衙署、局处廉俸薪津经费、役食、祭祀等项，按现时核减，年需银二百零五万五千余两，各学堂及留学生经费年需银六十九万三千余两，督练处并所属各学堂局处，暨陆军二标、奉军五路、安海绥辽炮舰、河防、捕盗等营各薪饷，以及淮军津贴，各营军装，年需银二百二十万零四千余两，八旗俸饷津贴年需实发银四十九万三千余两，又加调陆军第一混成协，自本年六月起，年需饷银七十二万两；以上各款，已共需实银六百一二十万两。此外一切活支及特别用款，约需饷银二百余万两，无论如何节省，万难敷用，焉有余款可以协济？原奏似未悉奉省财政出入情形。

又原奏："奉省之官银号，吉、江两省之官帖局，均成本无多，纸币甚夥，官场之取携甚便，纸币之应付殊难，亟宜及时补救，改设大清银行"一节。查东省现银缺乏，半恃纸币，以资周转，本金太少，出帖太多，殊非所宜。然目前若遽阻发行，无现银为之接济，官款既穷于应付，市面亦立见恐慌，非仅恃设立大清分银行所能补救。奴才此次巡历吉、江，已分饬彻底清厘，限制出票。应俟通筹办法，再行奏明办理。

综核原奏各节，大率不外裁员减费，藉纾物力而恤民艰。奴才到任后，计裁两厅，汰冗员，并局所，并先自革除浮费，为僚属倡，前经奏明每年可节省银四十万两。嗣据各署局所陆续呈报裁减，通盘核算，每年实可节省银一百余万两，于财政不无裨益。奴才忝总三边，责大任重，庶政既待人而理，凡事又非款不行，苟有需用之人才，应用之款项，断不敢存省事惜费之见，自隳规为；而际此款绌时艰，亦不敢虚糜公帑，曲徇人情，上负朝廷澄叙官方、综核名实之至意。

1909年（宣统元年 己酉）57岁

再，拟裁奉天旗务司司使等缺，如蒙允准，应俟奉到朱批，再将裁缺人员奏明请旨办理，合并声明。

本月二十六日奉朱批："奉天巡抚事宜，另候谕旨，余照所请，该部知道。钦此。"（《锡良遗稿·奏稿》，第910—914页）

是日 奏拟请变通吉江两省巡抚奏事程序。

东三省设立督抚原奏章程，总督为长官，巡抚为次官，三省公事，皆由督抚联衔具奏，其例行之事与迫不及待者，总督出省时，仍列总督前衔，由该省巡抚一面办奏，一面电商总督，自应循照办理。兹查东省情形原殊内地，诸凡用人行政，率须三省通筹，自未便划疆而治。惟总督现驻奉天，吉、江两省距虽较远，若一切例行事件均须会商会稿，既多转折之烦，而公事亦虞延误。拟请变通办法，嗣后凡例行之事，由该两省巡抚主稿，会列总督后衔具奏，一面咨送奏稿备案，俾省周折；其关系重要及特别事件，或由各该省巡抚主稿，咨送核定，或先电商定稿，再行缮奏拜发，以昭慎重。如蒙允准，即由奴才咨明吉、江两省，遵照办理。

二十六日奉到朱批："著照所请。钦此。"（《锡良遗稿·奏稿》，第914页）

是日 奏请设东三省帮办大臣。

奏为密陈管见，恭折仰祈圣鉴事：窃奉天巡抚与总督同驻省城，论者皆谓督抚同城，应在裁撤之列，臣业于奏覆裁改官制折内陈明在案。

惟巡抚一缺，如果议裁，则总督自应兼管奉天巡抚事件。查东省自改建行省以来，情形迥殊内地，诸凡用人行政，率须三省通筹，不分畛域；而边垦、军政、外交重要事件，尤以奉省为总汇之区，政务极为纷繁，实非督臣一人精力所及。现任奉天抚臣程德全，洞悉边情，诸资赞助，倘荷天恩逾格，仿照边地办事，设立帮办大臣之例，特设东三省帮办大臣，以程德全简授是差，帮办边垦、军政、外交事宜，实于东省大有裨益。

奉旨："留中。钦此。"（《锡良遗稿·奏稿》，第915页）

是日 锡良、陈昭常致枢垣外部日人向延吉添兵运械请维持电。

窃据督办吉林边务大臣吴禄贞电称，先后据密报员稽查员报称日人动辄添兵，意存挑衅。朝鲜会宁、清津等处俱已戒严，十一日早六钟有日官兵由会宁渡江越境者，洋官一员，均着宪兵服制整队而入，携带马枪六十三枝，手枪六十八枝，军刀六十九把，载子弹牛车二十一辆。我处宪兵白班长赴日宪兵分遣所诘问，日兵已抵六道沟，不及阻止，即欲派兵往阻，而左右兵力不备一队，寡不敌众，束手无策。惟有备文诘责日员斋藤。昨接斋藤来函，延吉马贼将欲蠢动等语，禄贞到防后，地方甚为安谧，并无华贼出没。窥其用意，无非为日后进兵张本。综观近日举动陆续调兵运械，又欲蛊惑，马贼扰乱治安，生事挑衅，势将破坏和平，藉词占领，祸患之来，迫于眉睫，非由钧部迅速设法维持，大局不堪设想等情。查日人近在延吉强占民房，伤官戕兵种种无理举动，迭经电咨钧部与日使交涉，并饬吴禄贞事事稳慎妥办在案。此次日人复添兵输械，闯入我国领土，并捏称马贼蠢动，居心实为叵测。延吉兵力单薄，既难拦阻日兵，且恐轻开边衅。而日人之横肆强蛮，系因间岛问题尚未解决，不认我国领土，故敢妄设宪兵，擅运枪械。界务一日不决，则日兵一日不退。我愈退让，彼愈强横，藉故生衅，何患无词？诚恐祸在旦夕，相应请旨，饬下钧部迅将界务设法议决，一面严与日使交涉撤退延吉日兵，以弭衅端，大局幸甚。再，昨奉初七日钧电，已由良转电昭常派员确查，合并声明。锡良、陈昭常叩。（《清宣统朝外交史料》卷6，第6册，第7—8页）

8月5日（六月二十日） 东三省总督锡良等奏遴员试署东北路道东南路道员缺折。

其最关紧要不容稍缓者，则为东南路东北路两道缺也。查东南路道一缺，原奏驻于珲春所辖区域，南起延吉，东北迄绥芬，沿边绵长二千余里，均与韩俄犬牙交错，地方极为重要，界务问题至今尚未解决，日后东南等处开埠，且须兼理关税各事宜。东北路道一缺，原奏驻于三姓，即今依兰府治，沿江而下，与俄国东海滨省实相毗连，内政外交，均关紧要，且兼依兰临江等处关税事宜，均系边疆要缺。前者各设副都统员，驻防该处，现既奏裁改为道缺，自应即速遴员试署，以重职守，而免旷误。兹查有现属珲春副都统留奉补用道郭宗熙，品端学优，才长心细，由翰林院庶吉士改官道员，经升任督臣徐世昌等奏署是缺。到任经年，办理悉臻妥协，且于边塞情形已称熟悉，以之试署珲春东南路道员缺，

| 1909年（宣统元年　己酉）57岁 |

洵堪胜任。又开复原官留奉补用知府王瑚，守洁才优，堪膺艰巨，由翰林院庶吉士改归外用，历任川粤各地方，所至有声，嗣以署理广东廉钦道，因属县失陷，部议革职，经臣锡奏调来东，以才堪大用，奏请开复。奉旨著照所请，钦此。近委查蜜山府三姓一带垦务事件，调查极为明晰，以之试署依兰东北路道，洵属用当其才，王瑚一员以知府试署道缺，于例稍有未符，但系先行试署，自与即时请补不同。合无仰恳天恩，俯念边省人才缺乏，即以该员郭宗熙试署珲春东南路道，王瑚试署依东北路道，出自逾格鸿施，并俟各该员等到任以后，果于地方办有成效，再行奏请补授。所有臣等筹商添改各缺情形，并遴员试署道缺缘由，理合恭折具陈，伏乞皇上圣鉴训示。（《清代吉林档案史料选编·上谕奏折》，第48—52页）

　　是日　清廷命锡良等人，妥为应付日本种种图谋不轨。

　　日人在延吉添兵戕弁。种种情形无非意图挑衅。现值磋商未定之际，不可使有借口。著锡良等严饬吴禄贞妥为应付，力求稳慎，勿得稍涉大意，以防叵测。钦此。（《中华民国史事纪要（初稿）》，第389页）

　　是日　锡良等致枢垣外务部日人对延准备军事行动乞示机宜电。

　　日人在延吉输械添兵，昨经电奏并电大部速与日使交涉在案。兹据吴督办禄贞十三日电称，据稽查处报告，日本婆渥兵轮运来陆军五百余名，已至会宁，将开赴茂山驻扎。茂山距我六道沟仅一江之隔，向为延吉西境马贼出没之区，又为朝鲜茂山、甲山通夹皮沟娘娘庙，以达吉省之要道，与奉天临江、通化二县只长白一山之隔。其地山岭丛杂，森林密茂，本不足屯扎大军，而乃竟移驻五百余人于此。盖日人于奉天鸭绿江沿岸素有陆军官长混迹马贼之中，给以资财枪械，暗中联络。前在奉时，菊帅电向大部提及并嘱禄贞留意。到防以来，严密访查，延吉境内布置周密，颇难成事。此次日人派兵至茂山屯驻，其用意竟欲联合奉吉二省马贼，窜入延境，扰乱地方治安，彼可藉保护韩人为名，添派大兵越境，为实行占领之计。现已拨工兵四十名，假修道为名于六道沟暗地保护，又调白草沟炮手队四十人，至该处搜剿马贼，并派员谕娘娘庙等处练长严加防范。惟日人蓄谋已久，不知能销患于未形否？又茂山附近东景德地方，原驻有巡防队四十人，昨据该员报告我兵向韩人购买粮草数车,将至营时被日宪兵劫去。次日又购数车,日宪兵将韩民输户拷打,意在断绝我兵粮草。一俟彼此稍有冲突,彼亦可藉词添兵越境,现已购粮输送东景德供用,并派员向斋藤诘责矣。近又据六道沟事务员报告,日人在该处附近捕获俄人一名,则俄人之注重此地,日人之严防侦探可知。

总之,自俄人闭封海参崴为军港后,对于延吉百出诡谋,图挑边衅,务欲乘机占领。而此地实足制海参崴之命,俄人万难坐视。日人若进兵占领延吉,俄人必以重兵进据珲春、宁古塔,以取均势,则吉林南边转瞬即变为日俄二家之战境,而我国首受其祸,不独延吉一隅万难保守,且恐牵制三省大局,并非禄贞所忍言者。今欲保全和平,必须阻止日人之进取,而沿江一带进兵要道如稽查处、光霁峪、凉水泉子、飚山等处防营,多者不过三五十人,少者仅一二十人。此外军队驻扎本城,纵横约二三里,布防多至六十余处,每处所有不到五十人以上,防务处处吃紧。若稍有调遣,则恐有顾此失彼之虞。禄贞左右军队,合计马步队不及二百人,一旦祸生不测,实有束手待毙之势,此时或仍增兵,恐起交涉。彼竟明目张胆任意添兵,若非厚集兵力,注重江防,令其野心稍戢,边务大局万难维持。危迫如此,因应无方,如何因应,务恳飞速电示机宜,以便遵循等因。查延吉兵队,我处从未增拨,吴禄贞此次到延,屡次切嘱办事务须稳慎和平,前案虽有冲突,究系兵警口角,并非出自官长。乃彼复增兵不已,吴电占领一层纵出过虑,恐欲以虚声恫赫,促我解决,使我急不暇择,堕其术中。现在仍严电吴禄贞,务自忍耐,听候大部,一面将境界问题早日决定,一面饬彼将现调日兵尽数撤回,仍以维持现状为主。至延吉兵力单薄,究应如何应付,应请电示机宜,以便遵守办理。锡良、昭常二十日。(《清宣统朝外交史史料》卷6,第6册,第30—32页)

是日　锡良等致外部和龙峪日兵行凶案证据确凿录呈函诘斋藤原稿电。

延吉线阻半月,因水灾尚未修通,吴督办来电辗转投递,迟速不一。兹接初五日电如下:和龙峪命案现刘参谋归报,与日宪兵境野少佐公同调查各节,与前电虽微有出入,事证已极确凿。业已据报,将此案原委及日宪兵不法行为,函诘斋藤,用将原函录呈钧鉴:

1909 年（宣统元年　己酉）57 岁

　　五月二十九日清晨接和龙峪来报云，前晚八钟和龙峪突有日宪兵四名、韩通事一名，闯入经历衙署内堂，枪毙捕盗兵勇曲得胜、刀伤外委张景泰一案，当经本督办派刘参谋官前往贵处，请派员同往调查此案。兹将刘参谋与境野公同调查情形，各节详述于后。

　　先是二十八日下午四钟，和龙峪街华商毕成赴小八道沟向韩民金彦京索账，与彦弟玉官在田间闲谈。忽有韩人全成哲前来，全成哲向恃贵宪兵威势，凌虐华韩人民，且素与毕成有隙，见面时互相口角，全成哲持锄扭打毕成。适贵宪兵久重笃信亦至，不问情由即用刀背助殴。嗣有韩民辛世丰命扭毕发辫，声称解往宪兵分遣所治罪，宪兵在马上指示。旋有人报知我巡警，警兵王得胜、张得祥，因出保护，值辛世丰脚滑松手，毕成遂逃向巡警兵公所。宪兵回马前追，我警兵前阻，全成哲持锄即打，当被张得祥夺来。贵宪兵遂抽刀砍来，王得胜夺之，宪兵落马后持枪将放，又被张得祥所夺。贵宪兵以武器全失，驰去。我巡警只得将毕成救回，并将韩人全成哲带署。此次我宪兵救回无辜之毕成，带回凶殴毕成之全成哲，并夺回贵宪兵长枪短刀，此我巡警正当之职务也。不意时甫日昏，突来外沟贵宪兵分遣所特务曹长深津银平，率宪兵岩崎喜吉、西村清助、福田等三名，韩通事一名，均带武器，留岩崎在大门外把守，余均闯入衙署。两骑马宪兵，西村清助至二门下马，戒严而立。该特务曹长率上等兵福田及韩通事，并不通知，直闯内堂。我张外委嘱语通事向贵宪兵所带通事云：许老爷公出，贵官有何话说，请到客堂稍坐。日通事开口恶骂云：此事何用交涉！我通事不能阻止，耿哨长因向前理阻，此去则我官上房不可再入，仍请贵宪兵至客堂。宪兵福田以耿阻彼深入，持枪将击，张外委见其情形，乃力抱福田之身阻其施放，至彼此揪扭倒地。清津银平即拔刀从后面砍落外委左耳并右腮，张外委受伤释手，又被曹长连砍头部四刀。耿哨长从后劝解，亦被该曹长乱砍数刀未中。当时我经历公署内空虚，仅有巡警二名，一立门岗，一看守，全成哲未克轻离。捕盗营勇曲得胜恐贵宪兵来者愈多，至大门探望，刚奔门首即被贵宪兵迎击殒命。署内曹长等闻门外宪兵开枪，亦放枪轰击，并枪射上房及收发所，弹痕历历，幸未伤人。适捕盗营勇刘景顺一名，在门外见曲得胜殒命，贵宪兵又欲向伊开枪，始行还击。追枪声停止，贵宪兵等打哨率往东沟分遣所驰去。此曹长深津银平率领宪兵携带武器闯入署内，伤毙我国官兵之实在情形。而其所以胆敢暴行凶横无状者，询系奉有境野命令，故敢出此用，将贵宪兵前后不法行为列举于下：

一、全成哲因与毕成有隙，相遇即行殴打，贵宪兵助其凶殴，致毕成受伤甚重，此贵宪兵不法者一。

一、贵宪兵在此无逮捕我人民之权，华商毕成即令有罪，并非贵宪兵所能过问，况毕成既无罪犯，横被凶殴，擅行逮捕，且行且打，惨无天理，此贵宪兵之不法者二。

一、贵宪兵既无逮捕我人民之权，遇我巡警即应将毕成交出，何得径行带往分遣所？况毕成已乘势逃至我巡警前，贵宪兵又骑马追赶，举动凶猛，必欲将我理应保护之人民夺去，此贵宪兵不法者三。

一、贵宪兵追赶毕成，与我巡警相遇时，我巡警和平阻止，而全成哲持锄行凶，贵宪兵不惟不加拦阻，且有拔刀用枪种种暴动，此贵宪兵之不法者四。

一、经历衙门为我朝廷行政重地，贵宪兵曹长率领多人携带武器，乘许经历公出，衙署无人之时，擅入内堂，恃其暴动，蹂躏我行政公署，藐视我国法权，此贵宪兵不法者五。

一、贵宪兵入署时，先置一名于大门外，又置一名于二门内，意在断绝衙署内外交通，其决意行凶，预谋暴动可见，此贵宪兵不法者六。

一、贵宪兵进署时并不通知，直闯内堂，我韩语通事请其至客堂稍坐，贵通事开口便骂，若非受有用武命令何得野蛮如此，此贵宪兵不法者七。

一、贵宪兵闯入内堂复欲深入，耿哨长仍请其暂至客堂稍坐，贵宪兵不依理论，即持枪相向，预备开放。张外委徒手在后，见势紧迫，遂抱持枪宪兵阻其施放，意在和平解决。贵宪兵不从，二人遂交扭倒地。贵曹长果为交涉而来，即应从旁排解，乃竟持刀砍落张外委左耳并砍右腮，且张外委既受伤释手，又复连砍头部数刀。贵曹长对于徒手解救受伤释手之人如此行凶，实属决心谋杀，此贵宪兵之不法者八。

一、贵曹长既在署内行凶，贵宪兵又在署外开枪，我捕盗营勇曲得胜闻听枪声出门探望，刚至门首即被贵国在门外埋伏之宪兵枪毙，足见贵宪兵早为预备实行谋杀，此贵宪兵之不法者九。

一、我署内既无抵抗之人，上房乃妇女所居，收发所为办理文牍之所，贵宪兵并向此处射击不知是何居心，此贵宪兵之不法者十。

由此观之，贵国官兵人等，始则同全成哲将华民殴打逮捕，继又向我巡警擅用武器，终则由境野少佐命曹长等率领多人携带武器闯入衙署，伤毙官兵。此等不法行为，实为世界文明各国所未有，中日两国国际所不容，乃出诸贵官及宪兵队长境野命令，其居心诚不可解。如此暴动不法殊甚，本督办闻之不胜骇异之至，惟以维持邦交，以全和平起见，应先行通告。至此次贵处所行种种不法及行凶各宪兵等，应如何秉公处治之处，务祈迅速明白答复云云。此外，所有应向日人要求条件及与斋藤交涉情形，容再续陈。将此函转电外部，备与日使交涉为祷等因，祈察核备案。良、昭常。号。（《清季外交史料》第 8 册，第 4067—4069 页）

8 月 7 日（六月二十二日）　奏三陵岁修工程暨采买各项器物动支银两请销事宜。

奏为供应三陵等处岁修工程暨采买成造各项器物，照案动支银两，造册请销，恭折仰祈圣鉴事：窃查盛京三陵等处各项要差，向由盛京前工部恭备，所需款项，照案在于征收牛庄苇税款内动支，按照京部折减章程发放。光绪三十一年七月间归并部务，前项税款由前财政局核收，嗣又改归度支司接办，业将查明前工部自光绪二十八年起至三十一年六月底止，发放采买成造各款，动支苇税银数，分别奏咨，并声明苇地丈放后已无苇税，应请在所收地价及课赋项下动支在案。兹自光绪三十一年七月起，至三十二年十二月底止，计旧管银一千三百六十七两七钱五分五厘五毫二丝八忽四微，新收银一万七千六两七钱一分三厘，开除银五千三百十一两四钱四分五厘四毫三忽五微七纤七沙五尘，均系按照折减章程发放；下存银一万三千六十三万二分三厘一毫二丝四忽八微二纤二沙五尘。据度支司查核明确造册呈请奏咨前来，臣等覆核相符，自应咨部核销以清案款。

二十九日奉到朱批："该部知道，单并发。钦此。"（《锡良遗稿·奏稿》，第 916 页）

是日　奏清查旗署款项筹办生计事宜。

奏为清查旗署款项，筹办生计事宜，以免虚糜而归实用，恭折仰祈圣鉴事：窃上年屡奉谕旨，变通旗制，推广生计，尤注重于实业、教育，事关久远，自非先筹的款不足以备应用而期成效。奉省财政支绌，既不能另筹巨款，专备兴办生计之需；而实业、教育等事，亟应预为规划，待款孔殷，势难久缓，办理尤属非易。前经责成旗务司，先从清查款项、革除积弊入手，即以旗署原有之款，还作筹办旗务之用。旋据该司调查整理，切实钩稽，先后筹出公私款项，为数颇巨。计现在所已收者，共得实银十万余两，每年所增收者亦得实银十万余两，其中半系正款，半系杂款，分别提拨，作为推广教育振兴实业之费，目下已足敷用。

查奉省自遭兵燹，案卷荡然，无论杂支各款，向系随时动用，莫从稽考，即正款亦皆无案可查，非悉心考核，或属中饱，或系陋规，早已化为乌有，无可归公。仓余一款数目较多，上下把持，视为应得之款，酌提拨用，尤费经营。旗务司本无管理财政之责，力任劳怨，艰难筹划，竟能得此巨款，使办理生计有所藉手，其益于旗务者非小。

兹据该司开具清单，呈请奏咨立案前来，臣等查核相符。合无仰恳天恩准予饬部立案。臣等自当随时督饬，认真经理以归实用，而免虚糜；一面仍将关于八旗生计事宜，次第筹办，藉期成效。

二十九日奉到朱批："该部知道，单并发。钦此。"

谨将清查旗署款项数目，缮具清单，恭呈御览。（《锡良遗稿·奏稿》，第917—922页）

是日　东三省总督锡良奏考察东省整顿内政情以资整理折。

奏为考察东省情形，整顿内政，以资整理，恭折具陈，仰祈圣鉴事：窃东三省为朝廷根本，畿辅屏藩。自俄、日竞争以来，外力伸张，主权损失，策东事者遂莫不以交涉之困难为行政之障碍，顾未有内政不修而外交可期进步者也。东省值兵燹屡经之后，民物凋敝之秋，一切设施，当以培养元气固结人心为第一要义。奴才到任后，睹库藏之空虚，悯闾阎之困苦，汰冗员，并局所，裁无益之浮费，停不急之工程，为国帑计，为民生计，权衡缓急，固事之不容已也。而内政之所亟宜整顿者约有四端：

一、曰考核官吏。为政之要，首在得人。东省未设行省之前，吏治窳败，无待赘言。行省既开，投效人员人员联翩继至，非无超群轶类之才，而阘冗无能、滥竽冗食者，亦复不少；甚至市井龌龊之辈，不官不士，钻营奔竞，差委滥膺，流品混淆，贤者阻气。当饬令当差、候补各项人员呈验捐照履历，并随时询考，觇其能否，分别弃取，以肃仕途。仕途既清，人才始见，奋兴庶政，乃可就理。

一、曰推广审判。司法独立为宪政之始基，而司法官员实于人民生命财产有密切之关系，非有专精之学者不能胜任。遵照预备立宪清单，本年应筹办省城及各商埠之审判，至明年一律成立。查奉天之省城及新民、营口、抚顺等府厅县，吉林之省城及长春府，均已先后设立。又奉天安东一处，现亦开办在即。此外各商埠当可不误明年成立之期。调查成绩：奉天高等审判厅基础初立，吉林之高等审判略具规模；其余则法律未尽深谙，案件亦多积压，法官难得，舆论未孚。已饬提法司就省诚法政学堂内设司法讲习科，遴员肆习，预储裁判人才。并于省城另设检验讲习所，招选合格生徒入堂教练，以备将来推广各处审判检察之用。其现设各级审判检察厅，仍饬由司认真督察调度，以重庶狱而维法权。

一、曰振兴教育。三省学务：奉省开通较早，规模渐备，程度尚优；吉、江虽文化较迟，进步亦速，且均无内地浮嚣习染，足征风气之纯。奉省现设维城学堂，专为造就宗室、觉罗子弟，规则颇见整齐。又三省各有满、蒙学堂，令各蒙王公、台吉一体遣送子弟就学，成绩亦有可观。惟从前筹设学堂，趋重高等专门，未为教育普及之计划。又因边地师资缺乏，罗致为难，故乡镇未能遍设小学。现已饬提学司多设初级师范及师范选科、师范传习所，以养成多数教员。一面饬令州县划定学区，就地筹款，多设两等小学，察看地方情形，参用单级多级各教授法。且广设半日学堂、简易识字学堂暨短期补习学堂，以造就穷民子弟。务期地方多一读书识字之人，即多一明理之人。其要尤在学堂之建置、设备与一切费用各有限制，使各地小学能以少数经费，养成多数学生，俾费省而事易举。如能实力推办，庶几十年以后，教育普及可期，自强之基，端由于此。

一、曰筹办实业。考察三省形势，东北自乌苏里江过瑷珲、海兰泡、观音山各境直接漠河，流域数千里，处处与俄疆相望。沿江属岸荒芜无际，我不自辟，人将越俎，事后争持，徒生枝节。是垦务宜急也；五金矿产蕴蓄丰富，日、俄人民里粮私勘，时有所闻。若不早自开采，天宝山之案，且将丛出。是矿政宜急也；三省江流，大半发源长白，以乌苏里江、嫩江及牡丹、松花、鸭绿各江为最巨，支流错出，灌注东西，俄、日汽船，连樯内驶。吾国航业未盛，除松花江近省一带及呼兰河埠稍置官轮数艘外，其余尚未兴办。此不独权利攸关，且边岸空虚，时虞疏失。是航路宜急也；奴才迭与三省抚臣往复筹商，拟先将吉省之蜜山府、江省之瑷珲厅各处生荒从速招垦，其从前放荒时有归大户揽领、日久未辟者，并令严限升科，或撤佃另放，俾免旷废。吉、江两省煤矿，如蜂蜜山、甘河等处，质佳苗旺，均为绝大利源，蜂蜜山尤密迩俄疆。奴才均已派员调查，惟徒奋空拳，未免心余力绌。现拟分别招商，筹款开办，以杜觊觎。至三省航权以乌苏里、松花两江尤为紧要，前督臣徐世昌任内，曾于哈尔滨设邮船局，为推广航业之计。现拟添筹成本，购轮行驶，藉兴航业而保利权。

以上所陈，按诸东省现在情形，均为当务之急。第一念外强之日迫，则冀内政之速修；而一顾库藏之空虚，则又虑初心之难遂；昼夜旁皇，焦思无术。惟有随时与三省抚臣认真筹划，勉其职分之所当尽，竭其心力之所能为，既不敢稍涉铺张，亦不敢自安简陋，总期循序图功，以仰纾宵旰忧勤于万一。

本月二十九日奉到朱批："该督所筹甚是，即著认真经理，以收实效。钦此。"（《锡良遗稿·奏稿》，第926—928页）

是日　向清廷密陈东三省关系大局情形。

奏为密陈东三省关系大局情形，恭折仰祈圣鉴事：窃奴才仰承恩命，总制三省，到任之始，即熟闻东省关系天下大局，非以全国之力经营筹划，不能图存，私心犹谓言者之过。兹已亲历吉、江两省而归，体察一切情形，实有不能已于言，而较所闻有更见迫切者。

如日本之谋我也，其于奉则铁路经营不遗余力，近议安奉改轨，实欲联络在韩之京义路线，使为一气，以便于运输。所占之抚顺煤矿，每日出煤甚多，进款甚富，相传皆储为用兵之费，居心极为叵测。其于吉则间岛问题迁延不决，既以宪兵、警队时时入境骚扰以为挑衅之地，复

1909年（宣统元年 己酉）57岁

藉领土之解决，要求自韩国会宁至我之宁古塔更辟一路，冀与吉、长相接，名为便商，实则便兵。盖期奉、吉两省，皆在彼国轨路包抄之中，自足制吾死命，而亦隐与俄人划疆而理。日人之策划如此。

若俄则自哈尔滨至江省出俄界原有干路，各站组织公议会，即为行政之基。其乌苏里江铁路，又沿我吉省边界敷设，节节布置，对界遍设民官，移民实边，谋划久远。我虽仍形荒僻，彼则渐成都市。近来我民在彼境者，亦复显违约章，肆行驱禁。

且俄之营哈尔滨也，则日人将营长春以应之。日之争延吉也，则俄人又将觊珲春以应之。奴才此次过哈，乃知江省直同化外。一旦有事，日人横亘于中，奉、吉固在其囊橐；俄人若复唾手而收江省，我无如之何也。奴才尝窃计之，无论衅自我开，不可收拾；万一日、俄再有失和之事，我亦断不能如前中立，苟且图安。即令幸而无事，而辽东租借之约，十三年后即届赎回之期，我国无论有无此等计划，彼则汲汲预备，深恐我之取赎。故外间相传有日于十三年中，将增练百二十师团，以为十三年后备用之说。是我即年年退让，事实和平，一至彼时，亦以无幸矣。

且以三省之关于大局者言之，则因逼近京畿，朝夕可达。向之所谓根本者，犹谓祖宗发祥之地；今之所谓根本者，则有社稷密切之忧。中国西北、西南，地方弯远，尚非祸在腹心。三省则实切近心腹之区，稍有挫失，不堪设想，亦不忍言，所谓卧榻之侧不容他人鼾睡者也。奴才受国厚恩，岂敢故为危耸之谕；然事势如此，不能缄默。伏冀朝廷速定筹办东省宗旨，仍不外以天下之全力赴之，其筹办之目的，以辽东半岛赎回为归，其筹办之精神，以十三年后足用赎回为度。必皇上主持于上，部臣与各疆臣并力于下，然后内政之兴废，主权之得失，奴才与三省抚臣任之，虽捐糜顶踵亦不敢辞；否则枝枝节节而为之，窃恐其不能及也。

宣统元年　月　日奉旨："留中。钦此。"（《锡良遗稿·奏稿》，第928—930页）

是日　再次奏请指出部议禁烟太宽，恳请缩期禁种。

奏为部议禁烟年限太宽，恳请一律缩期禁种，以维大局，恭折仰祈圣鉴事：窃奴才准度支部咨，会同禁烟王大臣、外务部议覆两江总督遵办禁烟各节筹拟情形一折，于各省禁种土药，独陕西、甘肃、四川、贵州至第五年始行禁绝，宽严失当，迟速异宜，窃有所大惑不解也。

夫鸦片之害甚于洪水猛兽，中国被其毒垂六十年，屡禁屡弛，逐致蔓延全国，举军界、政界、学界、商界下至细民贫户，无不沈沦烟籍。忧时之士谓中国若不严禁鸦片，虽日日言立宪，人人言自强，终无救于危亡之祸，诚笃论也。

光绪三十二年八月初三日谕旨，定限十年以内将洋土药一律革除净尽，原恐积重难返，入手之初不得不出以详慎。两年以来，各省于禁种一条，均办有成效。今则奉天等十八行省，已能于宣统元年下半年起全行禁绝，独于陕西、甘肃、四川、贵州迟至宣统五年，在部臣之意，自以此四省中种烟较多，骤禁不易，分别先后，统计限期仍不出十年之外。不知一严一宽，实即一禁一弛，绵历岁月，不特四省烟害未能遽绝，即已禁种之省分难保不迟疑观望，遍受影响。且同此疆土，同此禁令，年限不一，心志难齐。陕、甘、川、黔之民，岂真有特别之劣质不足与图更始耶？夫以产烟之多，禁烟之难，当无逾于云南、山西。云南能缩限，他省岂不能缩限？山西能禁绝，他省岂不能禁绝？原奏谓"各省禁烟无非迫于功令森严，并非民间甘心舍此而不为，查禁稍懈，难保已罢种者不再尝试"。此固二十二行省普通之情形，但视疆吏奉行如何，尤不必鳃鳃为陕、甘、川、黔过虑也。

且限期迫近，万众一心，谁无天良，敢违明诏！若延长至四五年，适恐渐渐疏懈，别生枝节，此又理势所必至而可断言者。

总之，禁烟一事，虽分禁种、禁卖、禁吸，而禁种实为第一要著，禁种不力，即禁卖、禁吸亦断断无效。无论如何困难，勿以一篑之亏，致铸九州之错。恳乞乾断主持，明降谕旨，无论已未禁种省分，统限宣统元年下半年一律禁绝，以祛积害而重宪政。

本月二十九日奉到朱批："著该衙门归入沈秉堃电奏一并速议具奏。钦此。"（《锡良遗稿·奏稿》，第930—931页）

是日　奏参翼长张勋擅离职守。

统兵大员有督率营伍、整饬军纪之责，自应常川驻营，督饬训练，以重防务。查有东三省行营翼长、甘肃提督张勋，统领奉、淮各军驻防

1909年（宣统元年　己酉）57岁

昌图一带，该提督在营日少，动辄潜赴京、津，数月始归。刻值草木蒙山、匪徒充斥之时，防务正为吃紧，乃该提督自四月初间离营，迄今尚未回防，以致各该营统率无人，纪律荡然，实属擅离职守、玩视军纪。相应请旨将甘肃提督张勋饬部照例议处，并撤去东三省行营翼长及统领奉、淮各军差使。所部淮军一时未能开拔入关，仍由奴才咨商直隶督臣遴员暂行接统，用肃戎政。

除分咨外，理合附片具陈，伏乞皇上圣鉴训示。

二十九日奉到朱批："张勋著撤去行营翼长一切差使，迅赴甘肃提督本任。钦此。"（《锡良遗稿·奏稿》，第931—932页）

是日　锡良等安奉路事应照约妥商希与日领速商电。

安奉铁路事来电均悉。昨准日使照称：奉政府训电，东督所拟办法，如撤退守备兵及铁路警察等事，与改筑线路毫无关系，中国政府藉词延宕，意在蒙晦成约，本政府决定不俟协力，自行改筑线路等语。当经本部照复，其文撮要节录如下：此路贵国于二年内商办，此次日领与该省督抚提议，亦多方延宕，是延迟之故不能归咎中国。此路由军用改为商用，应视商务盛衰为改良标准。如必须改宽轨道，尽可推诚熟商，何必遽然独断，致违条约？妥商之文，惟改宽轨道须与京奉路相同，以归一律。至更正线路果为工程所必要，自可照约派员妥商，断不容藉词更改线路，致背立约本意。以上两端既经明定大旨，其余细目自易妥商。应饬驻奉日领，按照中日条约，并此次声明大旨，与该省督抚迅速议定，以期早日开工。再，守备兵指旅长一路而言，他路不能援照，约内亦并无明文，铁道警察将来自当由中国派遣等语，除将来往照会抄咨外，希查照与驻奉日领从速商定，并电复外务部。（《清季外交史料》第8册，第4066页）

是日　外务部致锡良陈昭常延吉事日外部所称增兵究属何指希查复电。

延吉事十七、二十两电均悉。本部已据前电照诘日使，请其撤兵，并电胡大臣切商。日外务部旋准日使复称：此事未接详报或因保护韩民之故，日宪兵偶有增减移动，亦属当然云云。又准胡大臣电称：日外务部谓未接报告，恐因延吉边务大臣有增兵六百名之举，故添兵以示均势，究竟我增兵是否确实，希电复，以便措词各等语。查此次来电有延吉兵队从未增拨之语，日外部所称增兵六百名究属何指，抑有误会之处，希再饬查明电复。外。(《清季外交史料》第8册，第4067页)

8月8日（六月二十三日）　锡良等复外务部自吴禄贞到延迄未增兵请商日外部饬撤兵并警楼停工电。

二十二日电敬悉。延吉兵队自吴禄贞到防后，迄今未添一兵，日外部谓我增兵六百名，全属子虚。请电胡大臣切商日外部，饬斋藤将现添兵队尽数撤回，添建警楼立即停工，仍以维持现状为主。良、昭常。(《清季外交史料》第8册，第4070页)

是日　外务部致锡良、程德全安奉路改筑以绕线设站占地为最要，希相机争持函。

清弼制军、雪楼中丞阁下：敬启者：安奉铁路一事，日人以我不允改轨线为藉词延宕，并称撤退守兵警察与改筑线路无关，决定自行建筑等情，所有本部与伊集院使来往照会，业经撮要电达，并抄录原文咨行备查在案。查改宽轨道暨更正线路两端，如为该路不可少之办法，自未便一味固拒。现我既允其派员妥商，则大旨已定其中，细目与议之时，尤宜格外详慎，以期操纵得当。原议以二年为改良竣工之期，迟延至今，其竣工之期自应仍以二年为限。详阅勘路委员黄国璋等原呈，知日人命意，拟由陈相屯折入苏家屯，以附南满铁路，名为缩短，实则加长。且所省极微，诚不若以轻便旧轨，由陈相屯直达奉站之为愈。又拟废沙河站，移安东站于新市之正南，且自路线西南至六道沟，强购民地殆尽，约两万亩尽入租地。是其圈地设站，实于安奉全路利权一网打尽。尊处原拟节略三、四、五三条本为预防地步，菊人尚书与弟等晤谈此事，亦肫肫以绕线设站占地三项为虑。是此三项关系至为重要，务希执事于提议时相机争持，免入彀中。至守兵、警察两节，彼既认为题外应议之件，允与另议。若与同时议定，转恐为所牵制，致难收束，应否先与订定，分作另议条件，统希荩筹核夺为幸。(《清宣统朝外交史史料》卷6，第6册，第43—44页)

8月9日（六月二十四日）　锡良等致外部安奉路事如晤日使请将奉议让步告知电。

安奉路事。十九日饬司往晤日领，提出甲乙两办法为让步：甲、日

1909年（宣统元年 己酉）57岁

政府允认九条，则我允认第二条；乙、我暂允第二条，俟九条议决，再行开工。请其与彼政府商量答复。小池初仍坚持开工后再议九条，否则不能转达。复谈良久，允转达后答复。惟今已三日，尚无何项答复，似该领已无诚意商办。前该领见良等时，明言可以互换利益，兹不惟不认，且以迁延为词，难保其不另怀诡谋，特先电陈。如与日使晤谈，请将奉议让步情形告知，勿令说我不愿商议为幸。良、全同肃。（《清宣统朝外交史史料》卷6，第6册，第46页）

8月10日（六月二十五日） 针对日廷照会各使谓安奉先行开工的事情，锡良等电告外务部请将议过情形布告各国，以此揭露日人之阴谋。

二十二日电敬悉。昨电想已达览。本日由司派员往询小池，彼政府有无答复，小池始颇支吾，继云已由政府电知公使照会贵政府，即此项之答复。我处旋以此事未归北京办理，日政府命令竟不直达贵领，则贵领究竟有无与议之权亦可直告，何必故为迁延转致耽误。并将钧电大意告知，言我政府促我向贵领开议，勿再失信。小池准允日内必将彼政府诚意确实回复。又彼铁道会社总办镰田今午来谒，公司奉彼政府命令，安奉立即开工，关于购地各事，望中国官府协助等语。良等告以此事现正与领事会议未定，贵国素行文明，想难强迫开办，并询无开工日期，随即辞去，特以附陈。正译电间，忽据某国领事来司报告，接彼国驻日公使函云：日本政府现在照会驻日各使，中国对于安奉路事种种无理，日特申明先行动工，再议各种条件，并言决不多用兵队武力等语。某领言日所云中国无理情形，与在奉所云不合，事多谣谤，贵国亦应将议过情形照会各国，以凭解释等语。现将开议后历次情形先告胡使，应如何布告各国，即请钧裁。某领事来告，意甚切挚，并求勿泄为叩。再顷，又探得确信，南满会社已于昨日命工程师开工，究应如何诘问、抵制之处，并求迅示机宜。良、全同肃。（《清宣统朝外交史史料》卷6，第6册，第48—49页）

是日 外务部复锡良等前电，指出日使谓安奉路事中国认为妥当，果何所据，希询黄委员电复。

安奉路事来电均悉。顷日使照称：改宽轨道与京奉同可照办，更正线路确以技术上必需者为限。本年两政府派员会勘，华员曾申报中政府，认为妥当之线路无须再商,如贵国承认轨道及线路之问题确定,以后则一切购地暨其余细则,当饬驻奉日领与督抚妥商等语。并准胡大臣来电,据小村所言意旨略同。查黄委员国璋原呈,曾称新定路线诸多不合,尤不以绕出苏家屯为然,邮传部亦同此意。如以技术上必需为限,只可照直线略有改易,如舍险就平之类,若绕出苏家屯则违安奉之义。兹该使谓中国认为妥当,果何所据,希详询黄委员,速电复。再宣布一节,昨已分电各驻使登报申辩矣,并闻。外。(《清宣统朝外交史史料》卷6,第6册,第49—50页)

  8月11日（六月二十六日） 奏考察东省军政编配陆军添练成镇情形。

  奏为考察东省军政,并拟编配奉省陆军,添练成镇,恭折仰祈圣鉴事:窃维国势之盛衰,莫不视兵力之强弱以为衡。东省逼处强邻,屏藩畿辅,欲为建威销萌之计,首重整军经武之规。无如迭经兵燹,元气已伤,地处边荒,伏莽犹盛,旧营既无可裁汰,新军又不克扩充,仰屋徒嗟,时机坐失,此臣等夙夜筹维莫名焦灼者也。

  臣锡良此次巡视吉、江两省,沿途校阅陆防各营,军学、军容、军纪之精娴严肃,自以调东陆军第三镇为较优,吉林陆军一协次之。其巡防各营自遵章改编以后,营制渐次整齐。刻值夏秋之交,林密山深,易藏奸宄,迭经严饬各营将弁,加意巡缉,并与明定赏罚,以示劝惩,庶捕务日有起色,地方可期乂安。惟是三省陆军,前经陆军部奏明奉、吉、江三省统限二年各练一镇,计至今年七月即届期满。以现时东省军队计算,除调东之第三镇暨第二混成协不计外,奉省甫经改编步队六营、炮队一营,此外则有调东第一混成协,自本年六月起,由奉支饷。吉林则练有步队一协。江省陆军尚未编练。论形势则三省同一重要,江省何可视为缓图?惟款项备极艰难,并举兼营,实属力有未逮。

  伏思奉省为陪都重地,吉、江后援。迄今门户洞开,列强环伺,讲求武备,尤不容缓。乃本省陆军仅有此数,又复四散分扎,协标各自独立,地方悬隔,情势暌离,平时本有此疆彼界之分,临事安望协力同心之效?是宜亟筹统一,编配成镇。

  综计奉省陆军独立两标暨混成第一协共有步队十二营、马队一营、

| 1909 年（宣统元年 己酉）57 岁 |

炮队二营、工辎各一队，拟即编为一镇，遴员派充该镇统制官，饬令督率训练，仍将所缺马队二营、炮队一营、工程辎重各三队，赶紧筹编，以足一镇之数。估计所添营队约计开办经费需银四十余万两，常年经费需银三十余万两。奉省库储奇窘，无可筹拨，而编配成镇，又属迫不及待。容臣等会商，督饬司局，妥为筹议，此项巨款究应如何筹拨以应急需，再行奏明办理。至吉、江两省陆军，仍由臣锡良会同两省抚臣并力图维，设法筹备，以副朝廷整戎固圉之至意。

所有考察东省军政暨拟编配奉省陆军添练成镇缘由，除分咨外，理合恭折具陈，伏乞皇上圣鉴训示。

七月初二日奉到朱批："该部知道。钦此。"（《锡良遗稿·奏稿》，第932—933 页）

是日 锡良等致枢垣外务部安奉事日允定两层办法电。

安奉事，昨今两日迭饬交涉司派员，前与日领商办，日领允定办法两层：一、除第二条归我允让外，余九条彼已认者五条，只一、五、八、九四条须候彼政府意旨，本约三日内即行开议。日领甚满意，有明日即可会商之语。二、以会议之日作为允让第二条之日，该公司可于会议之次日开工，现如已开，即暂停办，若仅止运料，我亦不阻止，以省冲突。此次日领词意甚诚，现已允让，断不再施强硬手段，谨先驰电，并请将此案细目仍归奉天议结，彼此方易接洽，余俟会议后再行详陈，祈鉴核为叩。良、全同肃。宥。（《清宣统朝外交史史料》卷7，第7册，第1页）

是日 锡良等复外务部安奉路线日领已允不绕苏家屯电。

二十五日电敬悉，更正线路一层，钧意只可照直线略为改易，舍险就平，至为钦佩，外间所争亦是为此。现日领口气，已允不绕苏家屯，业经屡次申说，小池并无异议。中国认为妥当，毋须再商，以免另生枝节。好在黄国璋原呈具在，此层可请钧部声明，由外妥议，小池当不至翻悔。现黄丞请假回京，钧部可就近传询，并请促令回奉为祷。良、全同肃。宥。（《清宣统朝外交史史料》卷7，第7册，第1页）

8月12日（六月二十七日） 外部复锡良安奉设车站事希与日领熟商电。

两宥电均悉，安奉案日使照复，亦甚满意，并称由日领与尊处商议一切。本部已饬黄丞迅即回奉，备议苏家屯一节，日领既无异言，自当仍与切实声明。改设安东车站一节，据黄丞面称，安东县治原站，亦足敷扩充站基之用，如日领坚执移站，可与商将日人圈购之地，酌量照价购回，作为车站用地，并为将来开作各国通商埠之用，以为抵换利益之计。如能照此就范，似属有益，希由尊处熟筹，与日领逐次进商，以期速结。惟不必声明系由本部授意，以为转圜地步，并随时电达本部为要。外。沁。（《清宣统朝外交史史料》卷7，第7册，第4—5页）

　　是日　外部致东三省督抚设关及松黑行船章程俄已允认，希饬关道妥为因应函。

　　瑷珲、哈尔滨、三姓、拉哈苏苏分设关卡，及议定松花江、黑龙江行船章程等事，本月二十二日业将本部节略及俄使来照抄咨在案。此事前后辩论情形，前咨未及详叙，请再言其崖略。查瑷珲等处开关日期，迭经本部照会俄使，俄使来照，于所订《松花江行船章程》，坚不承认。且引咸丰八年瑷珲和约第一条及光绪七年改订条约第十八条，来相诘责本部。当驳以中国并未全废瑷珲条约，惟日俄订立朴资茅斯条约，已将中俄在松花江独得行船之权利让出。现时俄国在满洲所处地位，较之一千九百三年以前，实不能相提并论。兹中国在各该处开通商埠，系实行中日会议条约之事，与两约无涉，所拟试办专章，亦未指明何国船只应否准在松花江行驶。惟行驶该江内之船，均须遵守此章，并饬裴署总税司缮具洋文，给与阅看。该使则谓，朴资茅斯之约，日使亦曾强词讲解，我固未尝允认，中国何能牵涉此约，而置前两约于不顾。断断辩论，相持不决，本部以各该关卡业已次第开办，彼若迁延不认，势必阻碍全局，遂拟一节略草稿，面与磋商。只令其允认关章，新旧约均置不论，该使始允复翻，多方支展。争到尽头，必欲引咸丰八年及光绪七年两约，力请删去，坚不肯承本部公同详酌，中俄两约于我尚有利益之处，断不能全废。该节略中虽引及两约，并未指定松花江只准俄国独占利权，不准他国行船贸易语句，尚属活动。至黑龙江系中俄交界，与松花江之在东三省境内者，略有不同。节略内既分两笔声叙，则俄亦已默认两江有别，其行船章程亦应由中俄接续提议，当令该使照原稿另缮英文，经本部复校，并迭饬裴署总税务司反复推勘，尚无流弊，是以缮正节略，函送该

1909年（宣统元年 己酉）57岁

使。现该使既将该章允认，所有以后彼此商酌之处，务希随时转饬，哈尔滨关道及税务司等筹酌机宜，妥为因应，是为至要。（《清宣统朝外交史史料》卷7，第7册，第6—7页）

8月13日（六月二十八日） 军咨处致东督锡良有关中日交涉随时密电本处电。

密。二十日电悉，苾筹甚佩，朝廷廑怀延边，若因彼运械添兵，我亦遽增兵力，转恐有所藉口，益复增进不已，则交涉更增困难。且恐因延吉一隅掣动大局，所关殊重。尊电卓见，拟一面商彼将现调日兵撤回，仍以维持现状为主，洵为扼要办法。请即饬令吴督办务须通筹大局，就现有兵数不动声色，严加扼守，密为侦察，尽其外交方法暂与委蛇。务须保持现状，俾彼不致藉端要求，再一面由外务部设法与彼驻京公使办理，以期撤退此次增兵，并从速解决境界问题，方为妥善。特复请酌，此后情形如何，仍希随时密电本处为盼，军咨处印。（《清宣统朝外交史史料》卷7，第7册，第17—18页）

是日 锡良等致外务部安奉路事日领递到节略五条电。

沁电敬悉，大咨及漾函亦奉到指示各节，深为钦佩。本日上午，小池来诣，递到节略一件，内凡五条，兹就原文改正如下：一、筑该铁路轨道应与京奉轨道相等；二、该铁道路线，应以两国委员前已会同勘查测定之路线为准，至由陈相屯到奉站路线，应照原线改宽，不得绕越别处；三、俟此项节略彼此签字盖印之日起，应即开议其他应议各条件；四、俟开议其他条件之第二日起，即将该路开工上紧赶办；五、俟开工后，中国可令沿路各地方官妥为保护。为改正者，第一条原文有南满干路相等字样业已删去；第二条声明陈相屯至奉路线照原线改宽，即为杜绝苏家屯绕越起见，余则字句之间，无关出入。下午派员往领署商酌，小池尚无驳难之处，惟云仍俟通告政府，明日回复，即可彼此签字盖印。如来不及，下星期一亦可开议。嗣后开议，即饬交涉司遵照钧部指示，逐日在司会商，并于会议录签字备查，总期速结，以慰台廑。良、全同肃。勘。（《清宣统朝外交史史料》卷7，第7册，第19页）

8月14日（六月二十九日） 锡良等致外部电，指出延吉日人益肆凶横，俄人亦思窥伺珲春，请速解决界务。

二十八日，据督办吉林边务吴禄贞电称，据驻珲春陆军第一标裴统带电称：本月二十一日有俄官一员带俄兵、韩民十五人，至况馆坂埋插红、白旗三四处，当由驻黑顶子第三营队官会同派办处萧事务员前往确查。旋又据裴统带电称：韩国义兵首领李范允迭次传饬东三道沟，皆经统带阻止。刻下卡伦地方，俄人军队日多演练，以耀军威，日本军商又多方故寻口实，韩国乱党复频来骚扰，布散谣言。统带掌握之兵除分防外，仅足百名，万一有变，防兵固不能调珲城，又不可空虚，赤手空拳，镇边无策各等语。查日人暗增兵岗，野蛮不已，俄人藉日人之增兵为口实，忽插国旗为异日抵制地步，显有蠢蠢欲动之势。该统带所陈兵单，不敷分布，委系实情，恳指授机宜，俾得因应等因。又二十九日，据吴督办电称，准珲春郭副都统电，据萧事务员报告，俄官兵数名查勘国界，插立红、白旗三四处。查系由沙草岸东北岭起，至阳关坪后屯土岗，止成一直线，共插三旗，约占去地三百余顷。当即拔旗平垒，并与俄官辩论，告以须会同勘改，俄官即回源渠河报知廓米萨尔等语。

查阳关坪左近哈桑湖地方，以界限未测，久与俄人争辩，此次越界插旗虽经拔去，而来日方长，恐难杜绝后患。拟电饬该处事务员查明界务，并电郭都统会衔函诘廓米萨尔，严戒俄员勿再有此举动。惟俄人此举实为抵制日人起见，延吉界务若不早日解决，则俄人势将相逼而来，恳将此情达部为祷等因。

同日又据吴督办电称，顷接六道沟飞马来报，云昨晚九钟我宪兵出街巡逻，突被日宪兵多名殴打，胡参谋万泰闻信前往理阻，亦被凶殴。胡既为所辱，以日宪兵不可理喻，拟与彼上官交涉，刚至派办处，日宪兵又纠集多名，各持手枪将我派办处头门围住，其势汹汹，意图挑衅。我警宪等皆愤欲与争，胡参谋极意镇静，力持和平，命令警宪倘伊等不入我门，不先以武力相加，决不准擅行用武，至不得已，始准以正当防御等因前来。

六道沟距此四十里，事隔五点之久，此时成何变局尚难预算。万一不幸，宪兵欺凌太过，致启衅端，我仅派办处内巡警二十余人，宪兵八名，较日人之兵数不过什一，加以一带韩民皆彼爪牙，以众凌寡，势必尽被戕伤。当时事务员因就医，事务官因请饷，均各先后回署。禄贞闻

| 1909年（宣统元年　己酉）57岁 |

报后当命事务官驰往，相机因应，并派去事务官彭树模带同译官范恩溥前往与斋藤和平交涉去讫。查日人在延吉凶横无状，不一而足，曾经先后电陈在案。而六道沟为尤甚，一月以内我官警被彼兵任意殴打，派办处被彼兵众包围者三次。前此均经禄贞极力维持，和平了结，毫不顾忌，屡肆横暴。派办处为国家行政之区，官宪为国家行政之人，一再侮辱，殊与国际有关。禄贞到防后，事事平和，乃我愈平和彼愈激烈，士气愤极，虽经极力抑制，恐亦将有不了之局，如何处置，并候钧裁等因。

查该处边务，日人既益肆凶横，俄人复意图侵占，种种情形实属有意挑衅。如果衅端一启，日据延吉，俄必进占珲春，两强竞争，祸患实为叵测。除电饬吴督办事事稳慎，坚忍维持，勿使为彼藉口外，仍乞大部将延吉界务设法早日解决，以戢争端而保边圉，不胜幸祷之至。良、昭常叩。艳。（《清宣统朝外交史史料》卷7，第7册，第20—22页）

8月16日（七月初一日）　锡良等致外务部日人于王士屯一带改宽轨道乞示电。

申。本日小池来司会晤，据称已得彼政府回信，将本处送去节略第二条为两国应概行承认两国委员前已会同勘查测定之路线，至陈相屯以西路线，应由两国日后协议妥定等语。其余各条仍系字句出入，该司并未与争，惟请于协议妥定下加以"但不得在苏家屯绕越"一语，并云此系奉谕声明，不绕苏家屯亦系贵领及南满总裁佐藤允可之件。该领仍云须电告彼政府始能签印，约以明日再晤而去，特先奉达。又此路虽该领面称，现只运料并未动工，惟据承德县禀称，由王士屯至三家子一带现已改宽，每日有数十人在彼工作。查王士屯系抚顺路旁屯铺，而三家子则系安奉正线路，作定形线已修十数里。王士屯距苏家屯颇近，名为支线实则相连，虽甫造即拆，难期允办。而抚顺为南满支路，此路又为抚顺支路，开工既未通知，又不预先购地，私相联属，其意何居？应俟开议后仍令拆去，方免纠葛，是否如此办法，并乞钧示。良、全同肃。东。（《清宣统朝外交史史料》卷7，第7册，第32—33页）

8月17日（七月初二日）　外务部致锡良等王士屯若非安奉正线应商令停工电。

安奉路事，东电悉。所订各节略，若于要旨无甚出入，即可签定。

王士屯若非安奉正线,彼遽行改宽,即无理解,应饬于开议后商令停工,以免与苏家屯影射。惟抚顺矿彼不愿退,其志颇决,将来恐难争回,如须造运煤支路,亦应另案商妥,方能兴工,合并密闻。外。冬。(《清宣统朝外交史料》卷7,第7册,第34页)

  是日 锡良程德全致外部日领言不愿将不得在苏家屯绕越一语入约电。

  顷小池来言,彼政府回电,不愿加以"但不得在苏家屯绕越"一语,不得已请将原文"陈相屯以西"改为"陈相屯至奉天",以清界限。彼又云,如必须改,仍非请示政府不可。查"以西"二字范围较广,且自陈相屯至奉一路并非正西,故不得不加以斟酌。该领动以请示为延宕之计,一字不肯通融,现惟有听其请示。万一彼仍不允,是否即行签印定议,仍乞示遵。再,彼国报纸造谣鼓吹,致各国领事俱信其言,时来探问,而我报纸反禁登载,外人有谓我代彼守秘密者。前民政部之禁,似应暂弛以申舆论,并请酌裁。良、全同肃。冬。(《清宣统朝外交史料》卷7,第7册,第34—35页)

  是日 外部复锡良程德全路线须握定安奉字样为宗旨电。

  外部复锡良程德全路线须握定安奉字样为宗旨电。

  申。冬电悉。自陈相屯至奉不用以西字样,自较干净。如仍坚执不允,亦须就日使来照所称以技术上所必需更正之线路为限之语,坐实定议,以期就范。见伊使已告以必须扼定安奉字样为宗旨,若绕他处,便非安奉。渠透之技师,华报弛禁,已知照民政部酌办矣。外。(《清宣统朝外交史料》卷7,第7册,第35页)

  8月18日(七月初三日) 奏请援案变通成例补各厅州县员缺。

  奏为援案变通成例,请补各厅州县员缺,以资治理,恭折仰祈圣鉴事:窃照奉省各厅州县员缺,历由前任将军、督臣奏请变通补署,均奉旨允准在案。

  查改设行省以来,地方各项新政,或已植有始基,或须详加擘划,牧令事繁责重,措置倍觉为难;矧地当强邻之冲,各处均有交涉事件,随机因应,今昔异宜,非慎简贤尤无以收得人之效。臣等到任后,于各厅州县缺分之繁简,候补人员才具之短长,迭经询事考言,详加体察,

1909年（宣统元年 己酉）57岁

已能得其梗概。应请将悬缺待人之处，酌量拟补，以裨地方。

查奉省尚有法库厅同知，锦西、盘山等厅通判，义州、宁远等州知州，本溪、锦县、靖安、辽中、临江、安东、宽甸、柳河、广宁、海城等县知县，悬缺未补，亟应为地择人，按照缺分，衡量人才，取其衔缺尚属相当者，分别奏请试署、补授，以专职守而靳治安。其有出缺在前、到省在后者，委因奉省分发候补人员合例者较少，不得不援案变通补署。谨将各缺拟补人员，出具切实考语，缮单汇陈。合无仰恳天恩，俯准分别试署、补授，实于吏治有裨。如蒙俞允，其有应行送部引见人员，仍俟该员等经手事竣，再行陆续给咨送部补行引见，以符定章。

初十日奉到朱批："著照所请，吏部知道，单并发。钦此。"（《锡良遗稿·奏稿》，第934页）

8月19日（七月初四日） 东三省总督锡良与日本驻奉总领事小池张造议定安奉铁路节略。

大清国东三省总督锡及大清国奉天巡抚程，与大日本国驻奉总领事小池，兹各奉本国政府之命，关于安奉铁路一事，订定左列各项：

一、筑该铁路轨道，应与京奉铁路轨道相等。

二、该铁道线路，两国政府承认，大致应以两国委员前已会同查勘测定之线路为准，惟陈相屯至奉天之线路，应由两国日后再行协议妥定。

三、本节略彼此签字盖印之日起，应即开议购地及其他一切细目。

四、本节略彼此签字盖印之第二日，即开议购地及其他一切细目之第二日起，即将该路工事上紧赶办。

五、中国应令沿路各地方官，关于该工事之施行妥实照料。

为此缮就中、日文各二分，彼此签字盖印，各持中、日文一分为据，以昭信守。

宣统元年七月初四日。

大清国东三省总督锡良、奉天巡抚程德全。

明治四十二年八月十九日。

大日本国驻奉总领事小池张造。（《日本侵华罪行档案新辑》（二），第337—345页）

是日 锡良等致外务部与日领议安奉路改筑事已签印交换电。

本日，小池到司已允将以西改为至奉天，即于午后彼此签印交换，其原文照录于下：

一、筑该路轨道，应与京奉铁路轨道相等；

二、该铁道线路，两国政府承认，大致应以两国委员前已会同查勘测定之线路为准，惟陈相屯至奉天之线路，应由两国再行协议妥定；

三、本节略彼此签字盖印之日起，应即开议购地及其他一切细目；

四、本节略彼此签字盖印之第二日，即开议购地暨其他一切细目之第二日起，即将该路工事上紧赶办；

五、中国应令沿路各地方官，关于该工事之施行，妥实照料，请查核为幸。

……

签换后，又约该领到司斟酌开议次第，现拟将我所提出之三、四、六、七各条关于购地事件提前商议，余按次第续商，并约其早派工程司会同黄丞前勘未定之路线，该领均已允告彼政府，请示后再来会议，并陈。良、全同肃。支。（《清季外交史料》第8册，第4101页）

是日　锡良等致外务部日于安奉抚顺行联络之实拟默与坚持函。

安奉路线一事，黄丞到奉传述钧部指示，不以绕越苏家屯为然。当经遵照钧意饬司，于开议时切实声明，而小池总领事辄以彼政府不愿列入不再绕越别路之语相答，业经据情，电陈在案。顷奉钧部电示，王士屯若非安奉正线，彼遽行改宽，既无理解，应饬于开议后商令停工，以免与苏家屯影射。惟抚顺矿彼不愿退，其意颇决，将来恐难争回，如须造运煤支路，亦应另案商妥，方能兴工各等因。查此次该铁道会社在王士屯、三家子之间接修弧形铁道一节，据交涉司派员会同承德县往查，曾经绘具图形送核，兹特摹绘呈览。此路由王士屯经五里台至三家子，不过十里左右，然王士屯为抚顺线路，而五里台、三家子则已入安奉正线。虽询据此路暂时敷设，实为运料便利起见，而不啻与旅长路线相接，将来请其拆去恐已为难。至不绕苏家屯一层，屡次晤商，该领及铁道总裁均已应允，此次不愿声明之意，则经详细推测，又得大略。盖日人现在计划，自五里台以西不拟再行修筑，欲于王士屯至浑河桥口更筑以弧形之路，以达奉天。此语出自该会社之口，而证以不允声明不再绕越别

| 1909年（宣统元年　己酉）57岁 |

路及不允改陈相屯以西，而改为陈相屯至奉天之意，颇相吻合。伏思钧部不允绕越之意，不过绝其联络旅长而已，乃体察情形，则彼藉安奉与抚顺两路交互之际，添一弧线，即已行联络之实，而仍可避绕越之名，其计甚巧。现在惟有俟开议后，饬黄丞与日工程司订期再往会勘，默与坚持，不令修筑红色弧线，以杜蒙混。其抚顺一线，则俄人修筑在先，煤矿既难争回，此路本系宽轨，即使两弧线均不许其接筑，亦自可借此线以通旅长。钧部所称运煤支路须商妥方能兴工者，此事因仍已久，更难与之置议，深恐电文简略不明，特将详细情形奉陈，并绘图一纸，以备查阅。敬候钧示遵办，不胜至盼。专此。敬请钧安。（《日本侵华罪行档案新辑》（二），第329—334页）

8月20日（七月初五日）邮部致东省督抚安奉改线应由日人绘图送核后兴工电。

申冬电悉。改去以西二字，自较明协。外务部意，该领如仍坚执不允，亦须就日使来照所称，以技术上所必需更正之路线为限之语意，坐实定议，自系权宜收束之法。但路线关系甚巨，技术上所必需更正一语，其界线易于出入，应请于与日定议时声明。如因避陡坡、狭道或改易弯道，半径稍有挪动，方为技术上所必需，其他不在此例。总以抱定黄国璋上次会勘路线为主，至应如何更正，伊集院现委之技师，能订明预先由日技师绘图送交尊处核定，方行兴工，似尤妥协。地方官有保护购地作工之责，彼之路图似不能不允先送贵处阅看也，此节应如何斟酌措词，一面询之黄国璋藉备采择。再，本部四月二十八日咨行尊处对待办法八条，未知现在议至如何地步。又黄国璋会同沈道履勘路线后，所上条陈图说均关紧要，尊处已否办到若干？其安东设站一层，尤须特加慎重，现拟如何办法，统乞筹示，切盼。（《清季外交史料》第8册，第4100—4101页）

8月21日（七月初六日）　外部致锡良等，日使允电延吉武官不得生事电。

延吉交涉，渐有头绪，日使已允转电该处武官不得生事，希转吴督办镇静维持为要。（《清季外交史料》第8册，第4102页）

是日　锡良程德全致外部邮部电，告知安奉非南满支路，应撤兵警日领允商彼政府。

安奉路事，自将前议二条交换后，即与日领约明一切细目，饬令交涉司随时会商。计议过三次，除购地已由我处设局派员并妥议购地章程，正在核办外，其沿路所用地亩不得多购一条，亦由佐藤承认。旋据满铁会社送来购地及设站两图，又经饬令黄丞国璋酌核，仍嫌所购之地太多，开具理由，驳请减购，尚未得复。又应派查察经理之员，及派员会议运输章程两条，日领亦允照办。惟奉无合用妥员，拟即委黄丞查察经理，乞大部酌示再定。此外如撤兵、撤警及声明非南满支路三条，日人始而延宕缓议，托词请示政府训令。昨经该司前往领署催议，该领直称此路实系南满支路，故日本政府不能允撤兵警。经该司辩驳甚力，谈论甚久，日领辄云，支路虽未载明条约，彼政府早已默认，既系南满支路，自无撤兵警之理。该司告以条约系两国政府所定，不能以贵政府个人意见消去条约能力，从前撤兵警既属条约允许，即此路非支路之确证，日领无词，始允函商彼政府，得复再议。该领云，电商不及函商之翔实，则仍用延宕之计。又索回六道沟地一条，日领亦不允认，盖此地即当鸭江造桥之处，在我收回彼即诸多不便。此条辩论良久，日领亦归诸上请政府核示之列。此迭次商议之情形也。至查勘陈相屯以西路线一层，由黄丞与日技师往勘，日技师直欲并入南满干线，以实行为支路之据。盖此线若经我允，则支路即系确定，所争撤兵警各条，自归无效。黄丞现已携图归京面陈钧部，不难问悉狡谋，一力坚拒。正译电间，奉钧部歌电敬悉，不知日使所称河桥，系在何处，抑仍指鸭江而言，安奉无必须与干路接贯之理，所请添置河桥，意极牵混。如系江桥，则此桥既成，国防尽失，虽有他项利益，亦不足以抵偿损害，必为他国所笑。且桥成后与彼京义相接，是安泰不独为南满支路，直京义干路，更何望其撤去兵警，挽回利益耶？仍请钧部慎持勿允，日使知江桥不在约中，以道歉为进取，似可勿堕其术中也。仍乞示复为叩。良、全同肃。鱼。（《清宣统朝外交史史料》卷7，第7册，第42—43页）

8月23日（七月初八日）锡良等致外部抚顺烟台煤矿请于还本外争回税款电。

延吉问题，承大力维持，渐已解决，并能保我疆土之权，甚为欣幸。抚顺、烟台煤矿恐难争执，可否于认还本之外，将战后应征矿税一律要求照奉补纳。即其大宗进款，将来归何处拨用皆可，权利所在，应恳预筹，与之交涉，免致事后又归无效。闻不日定议，特先密陈，祈采择为幸。良、全叩。庚。（《清季外交史料》第8册，第4104页）

8月24日（七月初九日）锡良程德全咨外部开浚辽河请复美英德日各使文。

案准贵部咨开，宣统元年四月初四日，准美柔使照称：本大臣兹与英、德、日本各大臣会商营口，辽河行船一事，均愿请速行，设法维持。近年来东三省大吏已明晰，辽河旁出支流，有碍行船，若速设善法办理，亦能免此困难。并悉营口情势，因河流旁出处所距正河边岸有三英里之遥，若不急行设法，定致运务不能灵通，于此盛兴口岸受损，殊非浅鲜。该处口岸现既有日形浅涸之病，沿岸所设卸货码头自必全归无用，于中外商人建造资本，岂不大半虚掷该河。若欲改去分流河道，须待新河大定，数年方能移设码头，至此时商人已去而之他，难以复归。营埠在此数年，每年由营河经行之船约有二万五千余只，现在只剩有五千余只之数，均因此路不易行船之故，万不可不集工兴修，以免该埠将来之衰败。现据专门工程师勘估，如速行开工，经费尚不甚巨，只须有二十万银元，足敷应用。驻营口美、英、德、日本四国领事迭与地方官相商，该员亦视为至要，均已禀知督宪。惟于筹款兴工办法，尚未商定，该埠衰象现已日深，若延至不能不修之时，所用经费必行过巨。在营口商务，四国居多，所有货物惟恃河流输送，甚望本年夏季所兴之工就绪，俾辽河水不旁流，再将正河应行酌修，方保河流永远顺轨等因前来。查辽河支流旁出，有碍行船，如能设法兴修，于中外商务均大有裨益。据该使来照，谓英、美、德、日本各领迭与地方官相商，该处经行之船约有二万五千余只，工程师估勘经费亦不甚巨。究竟此事情形如何，相应咨行贵督查照，转饬该地方官详速查勘核办，仍咨复本部，以便转复该使可也等因。准此，当即札饬奉锦山海道立即遵照，会集商董，务将辽河应行疏浚事宜，暨如何筹款方法，克日妥议，绘图贴说，呈候核办，商务攸关，勿任违延去后。兹据奉锦山海道呈称，并奉直隶督宪札同前因，查营口系航路交通之商埠，运输货物惟恃辽河，辽河运道为三省商业之咽喉，实为营埠商业之命脉，关系匪轻，疏浚诚不可缓。去年冬奉前宪台札，据英工程司秀思查勘报告，修浚全河工程分作三段：一、双台子河筑滚水堤工程；二、间于通江子、营口淤浅各处疏挖工程；三、营口、京奉铁路车站附近之鸭岛修筑工程。三项之中，以双台子工程为最要，盖双台子河实为辽河旁出之支流，下游水力微薄，不能冲刷河泥，日积淤浅，大率由此。此项工程估需工款十万元，奉饬由职道就地筹款兴办。业筹议息借商款，抽收辽河来往牛槽船捐为抵还，分六年清偿，详订船抽章程，并治河规则呈奉宪台，批准照办，现正鸠工庀材，赶速办理。其间于通江子、营口等处疏挖工程及鸭岛修筑工程，估需工料各款三十余万元，现亦赓续筹办。惟因工大款巨，筹备不易，尚难克时定议。至来往辽河运载之牛槽船，从前极旺时约有八九千艘。甲午后逐渐稀减，庚子后河道梗阻，毁坏更多，近年河运无利，船户以折阅改图，亦复不少，调查现在实只二千八九百艘。所有奉饬筹办疏浚辽河情形，并查明现在辽河来往船只数目，除分呈直隶督宪，理合呈请宪台查核示遵，并请咨明外务部查照转复，实为公便等情。据此，除批据呈已悉双台子河滚水堤现已开工，仰即督饬各员认真经理通江子、营口等处疎挖工程及鸭岛修筑工程，一面赓续筹办，俾维航业而竟全功，候一并据情咨明外务部，查照转复，仍候直隶总督部堂批示祗遵等因印发外，相应备文咨复贵部，请烦查照，并希转复该使可也。（《清季外交史料》第8册，第4104—4105页）

8月25日（七月初十日） 外部致锡良陈昭常日使谓延吉日警被捉希查复电。

日使面称，间岛地方，中国官吏因此案将结，领土权归还中国，对于日韩官民时有苛待、骄傲情事。又华官捉去日警一名，尚未释放等语，究竟该处现在彼此官民相待如何，所称日警被捉，是何情节，希即查明电复。外。（《清宣统朝外交史料》卷7，第7册，第48页）

8月25日（七月十一日） 外部致锡良延吉商埠日使拟开六处应减何处希核复电。

延吉商埠，日使拟开局子街、龙井村、头道沟、白草沟、铜佛寺、下泉坪六处，本部迭与磋减，并以白草沟在布尔哈通河之北，商令删去，彼坚执不允。惟称可于铜佛寺、下泉坪两处内酌减一处，究竟该两处应减何处，抑宜两处同减，希速酌核，两日内电复。外。（《清宣统朝外交史

1909 年（宣统元年　己酉）57 岁

史料》卷 7，第 7 册，第 48 页）

是日　东督锡良致外部延吉界务已饬坚忍维持日使谓接待骄傲日警被捉已饬查电。

初九日电敬悉。近因界务解决在即，迭次电嘱吴督办严饬所属官弁，事事坚忍维持，勿使藉口，吴督办来电亦坚持此旨。日使谓接待骄傲，恐系臆测之词，日警被捉，吴督办并无报告。日使所称，不言明情节，亦不言事在何时何地，恐亦未确。除电吴督办查明有无其事，并严饬所属，遇日韩官兵务须照章接待外，谨先电复。良。真。（《清宣统朝外交史料》卷 7，第 7 册，第 48 页）

8 月 28 日（七月十三日）　奏请加恩录用裁缺奉天旗务使、黑龙江度支使。

奏为裁缺各司使，请旨分别办理，恭折仰祈圣鉴事：窃奉天旗务使司旗务使一缺，黑龙江度支使司度支使一缺，前经奴才奏请裁撤，并声明俟奉到朱批再行奏明请旨办理，业蒙允准在案。

兹查实任奉天旗务使司旗务使恩志，稳练详明，任事勤谨，在旗务使任内，筹划一切，具有条理；现在原缺业已裁撤，应如何加恩录用之处，恭候圣裁。实任黑龙江度支使司度支使谈国桓，才力薄弱，办事模棱，不称监司之任，既经裁缺，应即饬令回籍。除饬该员等将经手事件交代清楚，并分咨查照外，谨恭折具陈，伏乞皇上圣鉴。

本月二十日奉到朱批："恩志著交军机处存记，余照所请，该衙门知道。钦此。"（《锡良遗稿·奏稿》，第 942 页）

是日　因承办屯垦，竟敢营私舞弊，捏报浮支，奏请革黑龙江民政使倪嗣冲职。（《锡良遗稿·奏稿》，第 943 页）

是日　东督锡良致外务部闻日人拟修延吉路乞坚持勿允电。

延吉问题现议到何地步？顷闻小池在司法处亦云将结，惟口气中露出开放及修路两层。从前本有欲由会宁修至吉林之说，又有由延修至宁古塔之说，未知此次要求及此否？路事关系最大，若由延吉至吉林再允彼修一路，无论合办或借款，则奉吉两省全被日轨包抄，更无一线生路，且恐俄人必藉口肆意要求。既闻日领语及，不禁惶惧，用特密布，遥想钧部及我公对于此事定有斟酌，无俟续陈。然务求坚持勿允，宁以别项掉换。愚虑如此，诸乞审择。倘此举毫无影响，即可罢论。良叩。真。
（《清宣统朝外交史史料》卷8，第8册，第15页）

8月29日（七月十四日） 东督锡良致外务部日使面询各节系斋藤捏造之词乞查察电。

据吴督办禄贞文电称：延吉近日情形，自六道沟日宪兵殴辱胡参谋后，经禄贞派员多方交涉，彼于此处已稍稍敛迹。惟近接各派办处报告，日人由会宁拨遣兵队或十余名，或二十名成行不等，并携带车辆装载枪械子弹越境之举时有所闻。又常使宪兵十余名，或二十余名到处出没，煽惑韩民阻挠政权，并云清津兵已备齐，尔韩民可以无恐等语。又在七道沟增设愈〔宪〕兵分遣所，已派驻二十余名，东盛永地方亦谋添设。现界务既由两国政府议决，而斋藤犹有此等举动。窥其用意似阳予我政府以解决之虚名，而阴行其狡诈急取之伎俩。或欲巩固其实力，即界务解决，而彼越境兵警终不肯撤退，以为日后侵略之地步，亦未可知已。据理函责斋藤，现尚未接回复。禄贞迭奉朝廷训谕及我帅告诫，期以稳慎和平办理，未敢稍形激烈。惟有连日派得力人员分往各处抚慰韩民，训令兵警，妥为维持。并传令各事务员遇事谨慎，不令彼有所藉口。于我兵警等所占区域相距较远之处，则令其逐月会哨联络声援，以期于和平之中仍无松懈之意。但我愈平和，彼愈急进，我愈谨慎，彼愈放肆。目前虽经百端维持，暂免于事，然病根渐深，则发而愈烈。我帅慎重边防，深明大计，伏乞随时设法指示机宜，以便应付。

又据元电称，蒙外务部电开日使面询各节，全系斋藤捏造之词。彼近日擅行种种不法情形，恐我据理诘责，乃饰词诬人，以为先发制人之计，狡赖无耻，殊堪痛恨。查我处对于日韩官民，毫无所谓虐待情事。惟上月有日人桥本在光霁峪地方，携带武器，窥伺营房。该处队官以其形迹可疑，略加盘诘，彼即出言无状，当将该日兵送至边务公署。桥本与陶丞原系旧识，由陶丞以礼接待，日人自知理曲，即由公署辞去。越日，斋藤来函，谓虐待日本绅士。经禄贞将前后对待该日人情形详复有案，嗣又有内村保俗郎在六道沟、延吉各处，自谓日本绅商，招摇撞骗，积欠华民及我国官商账项甚多。嗣在珲春游荡娼寮、旅馆，不给钱财，经当地巡警查悉电禀前来。因告知有太田，彼亦谓其素行无赖，嘱我捆

1909年（宣统元年　己酉）57岁

送交付。禄贞以日官在此并非领事性质，未便交付，将内村护送出境之。二人者，桥本携带武器，窥伺营房，不服盘诘，固属罪有应得，然至公署时，待以客礼，和平使去；内村招摇撞骗，素行无赖，日官嘱我捆送，我仅护送出境，亦属格外优容。至斋藤怂恿韩民扰乱地方之举，不一而足。除日人所派都社长尹铸铉倚仗声势，擅作威福，屡戒不改，控案如鳞，暂留待质外，其余由各处解送前来。情节较轻者，略加告诫，随时释放，更属宽宥之极。禄贞正以解决界务在即，极力维持和平，何至刻[苛]待日韩官民，致彼有所藉口。谓捉去日警一名，当即指全成哲而言。全成哲因殴伤毕成，致酿和龙峪交涉重案，此案既未了结，则全成哲为肇事要犯，似未便即行释放也。以上所陈，请转达各等因，乞查察。锡良。元。（《清宣统朝外交史料》卷8，第8册，第15—17页）

是日　东督锡良致外部日要求白草沟等处开埠宜拒绝电。

文日奉十一日电，当转吴督办查复，并据电称：文电敬悉，日使要求开埠各地点，其利害已详虞电。至白草沟，居延珲、宁古塔之中心，占形势，握交通，于军事上有绝大关系。彼之所以坚持要求者，岂独谋我，兼以图俄。我若许之俄人，亦必要求一相当之处，以为抵制，前于黑顶子插旗侵略，此明验也。查白草沟一带，既无街市，又无村庄，散处该地韩民不过数十户，极荒凉之区，辟作商埠实非易易。而日人不惜烦难，其别有用意，亦可想见。吉林林矿素称丰富，白草沟尤为东南一带林矿最著之区，我若整顿边务以为善后之计，自应从实业入手。倘允开埠，将来必多要挟，此又须留意者也。铜佛寺乃延吉通吉林之咽喉，距六道沟与局子街均仅四十里。该两处既允开埠，此处似宜拒绝。下泉坪，即光霁峪滨图们江北岸，固属国际要地，然沿江门户既已洞开，此处不妨许之。头道沟为吉林北部之屏障，图们天堑，既无险要可扼，此处若任其侵入，势必连奉、吉为一气，北满半壁我无插足地矣，我林矿尤其小焉者也，伏乞转达等因。祈查核办理，示复为祷。良。愿。（《清宣统朝外交史料》卷8，第8册，第17—18页）

8月31日（七月十六日）　东督锡良致外部日求开埠六处白草沟断不能许电。

准吴督办删电称：前上元电详陈白草头道沟及铜佛寺不宜开作商埠

情形，谅蒙转达外务部。日使要求开埠六处，以至不得已而论，则白草沟与头道沟两处断不能许。若二者之中仍难全减，宁可许头道沟而不可许白草沟。惟既允通商，则界务宜照十三年中韩勘界定议，或以红丹水，或以石乙水决定国界，以了结二十年来界务成案，庶可永绝后患。再延吉富源甚广，若能振兴实业，商务必大有起色，出口货亦将日渐增多。似宜与日使提议，要求将朝鲜会宁、庆源、庆兴三处开作商埠，以为相当之抵制。是否有当，伏乞钧夺达部，仍备采择等因。乞酌核办理为祷。良。(《清宣统朝外交史料》卷8，第8册，第25—26页)

9月1日（七月十七日） 锡良、周树模为禁阻俄轮驶入嫩江等地札饬地方官知照。

黑龙江行省总督锡、巡抚周为札饬事：案据墨尔根副都统衙门昨据报称：本年六月间有俄轮一艘，行驶嫩江上游墨尔根一带，于同月二十一日停泊墨城嫩江南岸，二十三日始行开回等情前来。查咸丰八年《瑷珲条约》第一条内开，黑龙江、松花江、乌苏里江此后只准中、俄行轮等语。光绪七年改定条约第十八条，复经申明在案，是俄国行轮区域除黑龙、松花、乌苏里等江应准航行外，其余我国内江该国轮船自不得任便行驶。又本年准税务大臣咨，松花江贸易暂行章程内载：凡轮船于内地处所如新甸等处往来贸易者，一切均照中国各省内港行轮办法之宗旨办理。又载：凡船只进口时，须将牌照或领事官所发报船进口之单照呈关。各等语。

查墨尔根一带既未指明准其行驶，自未便由关给予关牌。其未经持有关牌之一切轮船自不得进行内河等处，此次俄轮上驶究竟是否由哈尔滨江关报名给有牌照，应由哈尔滨关道查明呈复，其以后遇有轮船行驶内河等处，应由各地方官随时查明禁阻并呈报省署，以凭核办。除照会驻省俄国领事官并饬滨江关道查明声复，暨分饬沿江各处随时禁阻外，合亟札饬。札到该局即便知照。特札，右札仰交涉局遵此。(《中东铁路》(一)，第287—288页)

是日 锡良、程德全致外部驻奉各领谓延吉议约失败俄将生心请详示电。

间岛问题已否决议，何日签换？除彼此电商各款外，内容细目若何？

1909年（宣统元年 己酉）57岁

久闻议决有期，迄今未荷示。及而驻奉各领时来探问，有谓承彼国钦使电告业已签字者，有来斠问其中条款是否确实者，并有讥刺此次条款为大失败者。似此情形不惟俄国势必藉口，列强亦将从而生心。况又民气不靖，亦在意计之中，窃恐愈速了事，反致枝节横生。良等惶惑异常，莫知所措，惟有求将近日所议各节与彼此争持未决条件一一详告为盼。良、全。铣。（《清季外交史料》第8册，第4125页）

9月3日（七月十九日） 锡良等致枢垣中日东三省交涉部守秘密关系存亡，请旨饬部妥筹挽回电。

东三省日本交涉各案，经外务部与日使议商，内容各情部守秘密，外间无从揣测。惟知间岛问题中，会宁至吉林一路已允合办，开埠亦允五处。而得诸各领代传闻者，有韩民裁判仍是会审、日人营业允其照旧、辽河以西不允造路各节，此外尚多让步。虽不知确否，而日人无求不遂，外人讥讽颇多。会吉一路，尤足制我吉林死命。锡良、昭常得此信后，先后电部力争并详询现议情形，迄今三日未奉部复，尤为惶惑。此事关系三省存亡，若彼之铁路节节灵通，我不准丝毫施展，我即束手待缚。俄必出而干预，江省、蒙疆，俄思占据，固不待言。且闻宁珲一带，俄兵增加无算，运输军械、子弹不绝于路。万一乘机倏发，又将奈何？

此次所办交涉，只属界务问题。日人手段险狠，阳以领土许我，而要索此路，阴遂其包抄之计。各路告成，即统监韩国之法以处三省，祸在眉睫，患在腹心，此种允让与战败后条约何异？反复忧思，实难缄忍。伏思国家交涉，外务部虽有全权，而疆臣亦有守土之责，详询既不见答，鄙意实不可知。若待签约再陈，事势已去，锡良等负疚甚重。惟有仰恳朝廷力为主持，饬下外务部更求妥善办法，以期挽回。即令悬而不结，亦觉害速而轻。明知部臣为难，然利害轻重不可不察。现在民气正嚣，安奉一案尚有抵制之说。去年吉长路几费唇舌，得以解散，此约宣布，更将哗乱生事。倘外间所传不实，即治锡良等以轻躁之罪，亦所深愿。因关系三省全局，用特联衔上陈，谨请代奏。锡良、德全、昭常、树模等同叩。十九日。（《清宣统朝外交史史料》卷8，第8册，第33—34页）

9月4日（七月二十日） 外务部致锡良陈昭常吉会铁路条款仿照吉长办法电。

本日与日使签定条款，另电计达。吉林至会宁铁路，吉抚谏电所论已悉。东三省两强逼处，后患方长，日欲展造此路，用意自在防俄。惟若不允其要求，延吉必无撤退警兵之望，彼此冲突，事变即在目前。万一藉端占据，我又何以应之？边衅一开，恐非割让土地所能免患。来电因论吉会（铁路）利害，至欲举沿边百数十里弃之，无论国家疆土尺寸，皆不可弃。延吉西接长白，密迩发祥重地，何敢轻言？现定该路条款，将来仿照吉长办法，路权并未损失，但能操纵在我，究非即属他人。路亡地亡之说，殊不足据。本部权衡轻重，业经详酌，定议断难再改。至绅民立会抗议，多恐未明事理。是在地方大吏勿徇浮言，以淆观听，亦息事宁人之一道也。希查照。外。（《清宣统朝外交史史料》卷8，第8册，第34页）

是日　锡良等致外部日人欲于鸭绿江造桥有无附约乞复电。

据钱道哿电，日人欲于鸭绿江建铁桥以通大车，刻于韩岸新义州已建造木墩四个，我岸六道沟稳木墩一个。查光绪三十一年，中日条约并未议及修桥，刻已动工，请电告外部商办等因。查鸭绿江一江为中、韩两国国境，河流吉、韩，韩国欲在江上有所设施，亦必须受我国之许可。今日人竟跨江造桥，并不知会我国，遽尔动工，其蔑视国权至于何极？钧部与日使所订约内，有无此件附约？如已许其造桥，即请明白宣示，以便饬知地方官遵照。否则惟有仰乞钧部力争，藉免后患，并速电复。叩祷。良、全。号。（《清宣统朝外交史史料》卷8，第8册，第36页）

是日　外务部致锡良等各省督抚与日使议结延吉界务情形电。

延吉界务一案，本部与日人争持两年有余。现始与日使议定条款，会同签押。该款大旨，两国以图们江为国界，其江源自定界碑，至石乙水为界，江北仍准韩民垦地居住。该韩民服从中国法权，归中国地方官管辖裁判。中国允开放商埠四处，准日本设立领事馆。协约签定后，统监府派出所及文武人员从速撤退。此案关系最要，因将其余交涉各案权衡轻重，酌定办法，始得有此结束，办理尚属和平。恐外间或有误会，鼓动浮言，特将大略电闻，希查照。外。（《清宣统朝外交史史料》卷8，第8册，第36页）

是日　外务部致锡良等节录延吉界务及东省五事条款希查照电。

1909年（宣统元年 己酉）57岁

延吉界务及东省五事条款已定，本日画押，节录如下：

延吉条款

一、两国彼此声明，以图们江为中韩国界，其江源地方自定界碑起至石乙水为界。

二、中国从速开放龙井村、局子街、头道沟、白草沟各处，准各国人居住、贸易。日本可于各该埠设立领事馆或分馆。其开埠日期应行另订。

三、中国仍准韩民在图们江北垦地居住，其地界四址另附图说。

四、图们江北地方杂居区域内，垦地居住之韩民服从中国法权，归中国地方官管辖、裁判。中国官吏当将该韩民与中国民一律相待，所有应纳税项及一切行政上处分，亦与中国民同。至于关系该韩民之民事、刑事一切诉讼案件，应由中国官员按照中国法律秉公审判。日本领事官或由领事官委派官吏，可任便到堂听审。惟人命重案，则须先行知照日本领事官到堂听审。如日本领事官能指出不按法判断之处，可请中国另派员复审。

五、图们江北杂居区域内，韩民之地产房产等，由中国政府与华民产业一律切实保护。并在沿江择地设船，彼此人民任便来往，惟无护照公文不得持械过境。杂居区内所产米谷，准韩民贩运。如遇歉收，仍禁止柴草援引照办。

六、中国政府将来将吉长铁路接展造至延吉南边界，在韩国会宁地方与韩国铁路连络，其一切办法与吉长铁路一律办理。至于何时开办，由中国酌量情形再与日本商定。

七、本协约签定后，即当实行。统监府派出所及文武人员亦即从速撤退，限于两月内退清。日本政府在第二条所开商埠，亦于两月内设立领事馆。

东省五事条款

一、中国政府如筑造新民屯至法库门铁路时，允与日本国政府先行商议。

二、中国政府认将大石桥至营口支路为南满洲铁路支路。俟南满洲铁路期满，一律交还中国。并允将该支路末端展至营口。

三、抚顺、烟台两处煤矿，现经中日两国政府和平商定如左：

甲、中国政府认日本国政府开探上开两处煤矿之权。

乙、日本国政府尊重中国一切主权，并承允上开两处煤矿开探煤斤，向中国政府应纳各税，惟该税率应按中国他处煤税最惠之例另行协定。

丙、中国政府承允上开两处煤矿开采煤斤，出口外运时，其税率应按他处煤斤最惠之例征收。

丁、所有矿界及一切详细章程另行派员协定。

四、安奉铁路沿线及南满洲铁路干线沿线矿务，除抚顺、烟台外，即应按照光绪三十三年东省督抚与日本国总领议定大纲，由中日两国人合办。所有细则，届时仍由督抚与日本国总领事商定。

五、京奉铁路展造至奉天城根一节，日本国政府允无异议。其应如何办法，可由该处两国官宪及专门技师妥为商定。（《中朝边界沿革及界务交涉史料汇编》，第946—947页）

9月6日（七月二十二日）　奏旧病复发吁请开缺。

奏为奴才旧病复发，恳恩开缺，以免贻误，恭折仰祈圣鉴事：窃维东三省大局危迫情形，屡经前督臣徐世昌一再沥陈，其所规划，亦皆深合事机，惟以部臣不允借债兴办，至虽有良策而不能行。奴才出京之时，仰蒙温谕，策励慰勉，无微不至；奴才感激图报，到任后体查察形，又将东事危迫各情，与奉天抚臣程德全先后奏陈在案。一面遵奉寄谕，将三省官制加省并，并将冗员滥费切实汰裁，务必撙节。而欲为整顿三省、抵制外人之计，仍不外将徐世昌所筹各事，赓续办理。三省财政只有此数，不得不别求挹注。并以锦、洮一路，尚为东省一线生机，一面请款设立银行，一面与邮传部臣往返函商，仍主息借外债为筑路资本。乃度支部既议驳银行，又复驳诘路款，以致蹉跎未定。而日人乘东省交涉各案，要言此路亦为日轨并行之线，外务部电饬从缓。且延吉案虽议决，会宁、吉林允修铁路。彼则头头是道，我则首尾受敌，徒拥领土之权，竟无一路可以自由兴筑，譬言之人身血脉已绝，虽服补剂，亦有何益。奴才窃恐自此以后，东省惟有束手待缚，并无一事可为。到东三月，不意时局变迁一至于此，皆由奴才力小任重，补救无方所致，忧思焦虑，寝馈不安。

1909年（宣统元年　己酉）57岁

前因巡视吉、江患病请假，嗣以边事重要，力疾从公，今日旧恙复发，益见加剧，深恐久病之身，精力不继，贻误大局。合无仰恳天恩，俯准开去东三省总督之缺；并求垂念东省要区，外患方急，另简贤能，当此巨任，或于东事不无小补。不胜惶悚待命之至！

八月初一日奉朱批："该督久任封疆，顾全大局，不辞劳怨；调补东三省总督，朝廷深资倚畀，乃到任未久，遽因病奏请开缺，殊为非是。嗣后务当力任其难，以图报称。其筹备财政为难情形，著该督详细具奏。所请开缺之处，著毋庸议。钦此。"（《锡良遗稿·奏稿》，第950—951页）

9月9日（七月二十五日）　外务部复锡良程德全日人在鸭绿江造桥并无附约电。

号电悉。日人在鸭绿江建桥，此次约内并未提及立有附约，已由部照诘日使矣。俟得复再达。外务部。（《清季外交史料》第8册，第4138页）

9月11日（七月二十七日）　外务部致锡良程德全日使照称鸭绿江造桥系经理人误会电。

鸭绿江造桥事，昨准日使复照称：如在中国境内未经妥商，遽行举办，断非敝国本意。果有其事，当系经理人之误会，实深抱歉。已电达政府，得复再达等语。希查照。（《清宣统朝外交史史料》卷9，第9册，第4页）

9月12日（七月二十八日）　外务部致锡良、程德全陈昭常东省中韩界务及交涉五事请妥筹善后函。

图们江中韩界务及东省交涉五事条款，遵旨于二十日画押并录各条款电达在案。此次与日人商定各节，揆之朝廷顾念大局、权衡轻重之深衷，实有不能不如此收束者。溯自延吉界务争论以来，迄今几及三年。其初日人所争，直在地土问题。本部罗列证据，请其会勘，彼反复强辩，终不少屈，一面于图们江北地方派遣员弁干涉行政，势将久据。迨相持至于去冬，彼始要我将东省五案全行允许，并允开吉会铁路，然后可以延吉领土权归我，然于该处警察及韩民裁判权，尚不肯让步也。本部当将吉会铁路及五案内之抚顺煤矿，即行驳拒，而以余案示转圜，仍与争警察裁判，不少松懈，且谓如再不结，拟归海牙公断。是本部于东省各案要端，持之不可谓不力矣。乃日人在延吉屡生事端，始有火狐狸沟枪毙巡警之案，继有和龙峪伤官戕兵之案。延至今夏，愈逼愈紧，竟添多兵，意存寻衅边界，官弁有岌岌乎不可终日之势。以上情形，迭经尊处驰电报告，并催本部将延吉界务从速解决。本部默察局势，公断恐不足恃，边情复极迫切。彼既有挟而求我，难空言相抵。延吉西接长白，南滨图们，为我朝发祥之地，非寻常边界可比，是断无轻弃之办法。万一界务迁延不决，彼既强行占据，其祸患且恐不可胜言，是更无悬案不结之办法。再四筹维，惟有随时奏秉宸谟，急谋定局，计与日使会议五六次，条款始定。其中于最为扼要之延吉一案，公认图们江及石乙水为中韩国界，声明垦地韩民纳税及行政上处分与华民并同，一切诉讼案件由华官以华律审判。是该处领土管辖之权，全归于我，并无亏损商埠一节。我本利于开为各国公共营业之地，以资牵制，埠内警察、工程等项复系自办，似无流弊。听审一节，则系争至无可如何，始留此以存彼保护韩民之面子。盖按照中韩条约，但言越垦韩民应令安业，其是否与华民一律裁判，实无明文。而韩民在中国者，应归韩领用韩律裁判，约内却有明文。今争执归华官用华律裁判，而但许彼听审，则彼照约应得之领事裁判权顿归消灭，亦可证此项韩民之实行归我管辖矣。至于彼所以挟而相争之各案，如安奉沿路矿务，外间已立有章程新法，铁路正在改筹办法，大石桥展路与京奉移站利益，堪以相抵。其内外所均重视而必宜审慎者，自为吉会铁路及抚顺、烟台煤矿两事。烟台煤矿彼据为战胜所得之利，列为南满铁路之产，势实不能归还，所虑者侵我主权耳。今与订明尊重中国一切主权，似不至有所牵碍。吉会铁路尤为外间所力争，然以本部观之，日人请通此路原欲制俄，必百计以达其宗旨，虽无可挟之端，亦恐难于终拒。

今与订明，仿照吉长办法，仍系借款自办，操纵在我，并未有失路权。且将来开办尚须由我酌量情形，彼亦不能克期相迫，此则本部虽处万难而尤不敢不出之审慎者也。惟各该条款内尚有未尽事件为本部会议所已及，而将来地方善后所宜知者，兹特条举如左：

一、杂居区域内日员听审办法，只能专设一座在旁听审，不能有所讯问。除人命重案外，其寻常案件，日员到堂听审与否，只听其便，不能率请派员复审，亦无须预先知照，与上海会审及他处观审办法均异。

一、韩民杂居区域四址，日本原开，东以艾呀河，北以老爷岭，西沿老爷岭至定界碑为界,当因裴税司调查之图界线与此相同。惟西北无老爷岭名目,恐其名不确,故另附图说,而图中西北以红线为界。

一、垦地韩民如有在商埠内居住,而所垦地在商埠外者,仍应照第四条归中国官管辖裁判。此节曾与日使当面声明,彼谓自应如此办理。

一、图们江北杂居区域外,如有垦地韩民,照旧归中国地方官一律保护、管辖、裁判。此节业经日使切实声明。惟谓鸭绿江两岸彼此均有人民越垦,须俟他日提议。

一、商埠内巡警由我自办。惟日使曾经声言领事馆内设有巡警,但为保护该馆起见,其数亦不过一二人,不能干涉地方行政之事。

一、商埠地段自以缩小范围为宜。日使曾经声言该地段不必过大,此项可由中国自定。所谓与日领协商者,不过接洽而已。

一、抚顺王承尧偿款银数,曾经向日使声明,该商所出之资统计二十一万,彼谓俟查明优给。

总之,现在条款已定。日人订明于两月内撤退宪兵,并设立领事馆。我亟应预备巡警,节节填扎,以保治安,并将划定地段预备开埠等事赶行举办。将来设立审判所,遴派法律人员极关紧要,尤当及时预谋。至应如何整理地方,扩充实力,以期于照约应守之权利无所放弃。执事全局在握,自能措置咸宜,东省深有赖焉。兹抄录两项条款,并图附送冰案。又前准来咨以延吉一带虫灾大起,援案禁止米粮出口,请照会日使等因。查界务第五款,区域内米谷准韩民贩运,原亦声明,如遇歉收,仍行禁止。惟甫经定约,即照商禁止,稍著痕迹。此节将来总可照约办理,目下自以缓提为妥。(《清宣统朝外交史料》卷9,第9册,第7—11页)

9月16日(八月初三日) 奏已故东边道沈桐以死勤事,恳请宣付国史馆立传。

奏为已故道员政声卓著,遗爱在民,吁恳天恩,将生平事迹宣付史馆立传,以彰循绩,恭折仰祈圣鉴事:窃据锦新营口道周长龄、前东边道沈承俊先后具详,准营口商务总会总理潘达球等、安东商务总会总理张克诚等移称:"已故东边道沈桐,浙江德清县进士,学问渊赅,志趣正大,由内阁中书赞使美洲,洊保道员,洞达时宜,周知外事。光绪三十三年署山海关道,履任甫五日,适遇商号东盛和倒闭之案,亏欠华洋公私各款六百余万金，牵连者八省，交涉者七国，富商巨贾，纷纷辇金出境，全埠震动不可收拾。该故道立商驻营各国领事，禁止洋银出口。一面飞禀督抚，请拨巨款协济，由是人心渐定，复业安居，穷民数千仍得力役谋食。厥后摊偿华洋各欠款，开诚布公，苦心孤诣，未及半年，全案俱结，阖埠商民赖以安全。

臣等查该故道沈桐，扬历中外垂三十年，历任山海关、东边等道，整理庶政，除暴安良，循声懋著，逮今士民感戴，称道弗衰。合无仰恳天恩，俯准将已故东边道沈桐生平政绩宣付史馆立传，以顺舆情，出自鸿慈逾格。

本月初九日奉到朱批："该部议奏。钦此。"（《锡良遗稿·奏稿》，第951—953页）

是日　外务部致锡良陈昭常图们江界务条款谅筹备就绪希迅复电。

图们江界务条款，业经本部先后电咨，并将一切事宜，详细函达尊处，预为筹办，尚未得复。查该约第七款声明，签定后各条即当实行。日本派出所文武人员，限两月内退清，所开商埠，亦于两月内设领。是为期甚迫，延吉各地方均关紧要，亟应预备，以期毋误事机。现签约已将半月，布置谅有头绪，务将该处近日情形，及如何办理之处，迅即电复。外。（《清季外交史料》第8册，第4146页）

是日　外部致沿江沿海各督抚遇有交涉动辄倡言抵制希饬消弭电。

近年沿江沿海各省人心不靖，遇有交涉案起，动辄结党开会倡言抵制，或称不买某国货物，或称不装某国轮船。此等举动，不但于事实上有损无益，且抵制一国，他国亦闻而寒心，中外感情因之大伤。外人每以地方官有意纵容，责言频至，不得已函电纷驰，是于交涉之中又生交涉，甚无谓也。此端一开，恐效尤者益复滋甚，势将无时无事不可以抵制之说行之。其中约有两端，凡货物滞销于此，必畅销于彼，即畅销之商人未尝不因以为利。又匪党意存煽乱，抵制若成，既足鼓惑人心，亦以激怒友国，而该党因用为生事肇乱之资，所关尤非浅鲜。本部为重交涉、保治安起见，用特通行电告，希随时严饬地方官，一遇前项情事，或事前劝谕解散，或临时严切禁阻，务令立行消弭，以免口实而遏乱萌。此电请格外严密，幸勿泄漏为盼。外。（《清季外交史料》第8册，第4146页）

1909年（宣统元年　己酉）57岁

9月17日（八月初四日）　东督锡良复外部延吉应办事宜已分别筹布俟日宪兵退后节节填扎电。

初二日电悉。前准电示界务条款，当经电转吴督办，以开埠期限甚迫，嘱将地段赶速圈定，并将应办事宜筹布速复。现准吴督办电转，据延吉厅陶丞筹拟办法数条，其大致谓：延吉及六道沟、头道沟、百草沟四处既开商埠，驻扎领事，我国亦须设官对待。拟将拟设之旺青县移设百草沟，和龙峪移设六道沟，另于头道沟添设一县，图们江北四堡拟添设三府经以便治理。又于延吉府设地方审判厅，百草沟、六道沟、头道沟设初级审判厅，各分防署设审判厅。此外如定税则办林矿、修铁路，均非开埠以前急办之事。吴督办筹议，则谓商埠四处应设各级审判，统于两个月内成立，各分防审判员可暂缓设置。其所需经费及应用裁判人员，请饬司筹派，其余酌拟办法，容另缮呈核等因。当以既开商埠，设立审判厅，迫不容缓。电请陈抚帅速派习法律切实可靠之员，前往开办。其陶丞所拟设官移治各节，亦系当务之急，商由陈抚帅酌核办理。一面电嘱吴督办预备兵警，俟日宪兵撤退后，节节填扎，以保公安而免藉口，并将所拟办法迅速示复去后，兹准前因，除再电催吴督办将办理情形，择要电复转达外，合先电闻。良。江。（《清季外交史料》第8册，第4147页）

是日　锡良程德全致外部东省界路五事交涉条款已遵办请发地图电。

江电计达。钧函及图们江中韩界务，东省交涉五事条款已奉到。印抄寄陈抚帅、吴督办查照办理，并先择要电复。惟检查并无地图，恐系遗漏，乞查明补发。良、全。支。（《清季外交史料》第8册，第4147页）

9月18日（八月初五日）　奏请将滨江西路二道改为西北西南兵备二道。

奏为援案拟请将吉省滨江西路二道改为西北路、西南路道缺，恭折仰祈圣鉴事：窃吉林自改行省，除裁改驻省分巡道为劝业道专管实业外，先后添设滨江道、西路道，及本年奏定新设之东北路，东南路二道。查滨江道系专办哈埠之关税交涉，初未明定辖地。西路道虽有兵备道之称，权限多不分明。现既奏准裁撤五城副都统，添改民官各缺，其情形与前稍异，而办法即不得不更为变通。

窃思吉省地方辽阔，控治既有难周，而各边均极冲要，镇抚更未可稍忽。兹虽添设东北、东南两路道缺，而以西各地人民商业较为稠密，外交、内政尤觉殷繁，亦实不可无监司大员以资坐镇而专责成。臣等再四筹商，拟请以滨江道改为西北路道，仍驻哈尔滨，巡防吉林西北一带等处地方，兼管哈尔滨关税及商埠交涉事宜；其西路道则拟请改为西南路道，仍驻长春，巡防吉林西南一带等处地方，兼管长春关税及商埠交涉事宜；并援例各加参领衔以归一律。更请并前设之东北路、东南路二道，均名为分巡兵备道，俾得随时监察属吏之贤否及政治之得失。至各路管辖之地则拟：划依兰、临江、密山三府，呢吗一厅，绥远、宾清二州，勃利、桦川、富锦、饶河四县，为东北路道之区域；划绥芬、延吉二府，东宁、珲春二厅，穆棱、敦化、额穆、汪清、和龙五县为东南路道之区域；其西北路道则拟以新城、双城、宾州、五常四府，榆树一厅，长寿、阿城二县为其区域；西南路道则拟以吉林、长春二府，伊通、濛江二州，农安、长领、苏兰、桦甸、盘石五县为其区域，以便事权有所专属而责任各有攸关。以上所陈，实系目前切要办法。如蒙俞允，即请饬部铸发吉林省西北路、西南路、东北路、东南路分巡兵备道印信各一颗，以重职守。至哈埠开关已久，现改设之西北路道即应兼办关税事务，并请颁发滨江关监督关防一颗。其他各路道缺，统俟开关之日再行奏咨办理。

本月十二日奉朱批："该部议奏，片并发。钦此。"（《锡良遗稿·奏稿》，第953—954页）

9月19日（八月初六日） 东督锡良致外部筹备延吉开埠事宜应请示者四端乞核复电。

准吴督办电称，接读简电，合将开埠事宜速筹具复。窃查开埠一事，交涉綦繁，非有专员不能办理。拟将公署原有交涉科废去，改设开埠局。其六道沟、头道沟、百草沟三处，拟将原有派办处事务员撤去，遴选明习法政人员充当开埠官员，令速往该处查看地址，调查官有民有土地，预备购置。并派测绘生详测各该处附近土地，以便将来圈定。至地段坐落，延吉厅治拟在街之西南，六道沟拟在街之西北。其头道沟、百草沟两处本无街市，尚须查明后再行圈定。惟六道沟日本建筑房屋及购占民地甚多，现拟将其地购回，以备自开商埠。此次条约大纲虽已规定，而细则仍待订明者颇多。一、第一条云：江源地方自定界碑起至石乙水为界。所谓定界碑大概指穆碑而言，惟查由穆碑至石乙水源尚有七八十里，其间应否由两国政府重行派员勘定，以清江源国界？二、第四条云：中国官吏当将该韩民与中国民一律相待，其一切行政上处分亦与中国民同。惟诉讼准其听审，是韩民仍系侨民性质。现延吉地方筹设自治会，若将韩民一律照办，则韩民又无我国国藉；若分别韩民一律有此权利，则华韩人民感情终难融洽，而行政上之义务必不能平均担负。欲解释此等问题，惟以办理国籍为要义。现我国国籍法既经颁定，延吉韩民愿入籍者甚多，若能实行办理，则可收其良善韩民，日领事听审权自可逐渐消灭。此后如有合格韩民请求入籍，应否照准？三、第四条云：韩民诉讼案件日领事可以任便到堂听审，如能指出不按法判断之处，可以另请派员复审。日领既有此权，难免日后不藉端要挟，干涉我国法权。现正议收回领事裁判权之时，如我国法律已经改良，领事裁判权若能收回，则其听审权似应同时消灭。四、第五条云：杂居区域内韩民之产业由中国切实保护，并在沿江择地设船。查沿江各船向来由中国设立，去岁日人为设船之举屡起争端，惟此次条约文义似指由中国设立而言。究竟系由中国专设，抑或应由两国分设，尚未明定，请转达大部示定办法等因。查江源国界应以钧部所定图内红线为凭，俟原图寄到后，拟即检寄吴督办查阅。其所拟韩民入籍、沿江设船两条应否向日使声明，乞即核夺示复为祷。良。歌。（《清季外交史料》第8册，第4150页）

9月22日（八月初九日） 锡良、周树模为俄使所订黑龙江支河行船章程事札。

黑龙江行省总督锡巡抚周为札饬事：案准外务部咨开：为咨行事。宣统元年七月二十三日准俄使函称，六月十一日本大臣面交所拟中俄交界黑龙江暨各支河行船条款大纲。又，六月十九日准贵部函送节略内开：黑龙江行船章程允即时提议各情如何办理，请速见复，并希示知派哈尔滨中国官员系为何官会同商议该章程为盼等因。

本部查俄使送来中俄交界黑龙江暨各支河行船条款大纲第二、第三、第五等条所载，是沿江一带权利均归俄所独占，实与咸丰八年《瑷珲条约》第一款载明该江作为两国共管之地句相背，其余各款亦未尽详妥，自应由两国派员另订妥善章程，方足以资遵守。除函复俄使查照转饬俄员遵照外，相应抄录该使所送黑龙江行船条款大纲咨行贵抚查照，转饬哈尔滨关道会同该处税务司与俄员详酌妥议，并将所议情形随时声复本部查核可也。计附抄件等因。准此，查此案关系江权国防，事体重大，自应预先详细酌议明定范围。除分饬外，合亟抄粘原件札饬。札到该局即便知照。特札。计抄件。右札仰交涉局准此。

附：

中俄交界黑龙江暨各支河行船条款大纲

一、黑龙江暨支河以及兴凯湖划分两国境界之中作为分界，其沿界限内允准两国商船及筏只任便驶行，他国船筏各只均不得在该江暨支河及该湖路线径行。

二、俄国政府出资设立俄国管理黑龙江一带水路处，修浚经理各该水路，其监管行船及泛货物均归该处应管之各官监理，中俄两国地方官应行照料。

三、俄国管理黑龙江一带水路处附设中俄公所，派黑龙江一带水路处总办兼充为专员，及两国各派委二员，共计四员，商订后开本大纲第四条及第五余之第二节各事宜，以多数议决。

四、该各水路不得建造各项工程妨碍行船，若有应行建造各工程，以致改变该各水路形势或有滞碍行船之处，应由第三条内所载中俄公所酌定准驳。

五、查俄国政府业出巨赀整顿该各水路行船并特派委员监理，以保全行船泛货无险，其中国司理船筏人员等凡行驶各该水路，应行遵守俄国政府现定及将来应定整顿行船各章程及违章罚金各条款，均于俄国人民一律遵守。

本条所提各章程，凡遇关系中国船筏各只暨人员等事，可由中俄公所参照地方及船筏各只暨人员情形，随时改良。

六、该各水路行驶船筏，其司理水手各人员等专由中俄两国人民派充。

七、中俄两国船筏各只开行之时，凡遇装载柴薪购买食物夜间飓风大雾各情形，其除已定之码头外，于各处靠岸停泊。

八、中俄两国委员就近酌订码头停泊场，以便互在两国江岸贸易装卸货物，上下搭客。

参酌货客运动应行设立停泊处所，将来随时随势由两国改订。存储柴薪处所可以除本大纲内第七条所开各处外，在各江河之两岸各处设立，以便两国船筏各只应用。

九、船筏各只行驶该各水道，不得仅以驶行或泛货作为上捐之据，凡在村镇界内停泊始应上捐。此外，如遇沿江河特备码头或他项停泊处所，亦一律上捐。宣统元年八月二十三日。(《中东铁路》(一)，第288—290页)

是日　外部复锡良延吉开埠事四条分晰具复请转吉抚电。

江、歌电及吉抚鱼电均悉。所筹开埠事宜均极周妥，即可陆续筹办。兹将见商四条分晰具复：一、约内浑言江源以穆碑至石乙水为界，其由穆碑至石乙水源七八十里间自应勘立标识，以为国界之据。拟即商日使，彼此派员会同勘定。二、杂居区域内垦地韩民，此次协约于听审一节所以量予通融者，实恃有国籍法以持其后。国籍系我内政，收受韩民入籍，本地方官应办之事，并非因有此约始谋补救。既入我籍，自不归听审之条，日使于议约时业已声明，毋庸再与提及。惟办此事务须不动声色，出以自然。对于韩民固不可少施抑勒，对于日人更不宜少用意气，恐致为所借口，转足害事。三、韩民审判系用中国法律，本非他处领事裁判可比。至于法律改良后收回领事裁判权，系全国一律之问题，岂有他处裁判权收回，而延吉听审权转不能消灭之理，此节似无庸过虑。现宜将审判一事实力整顿，并培植法律专门人员。先求保守照约应得之权，勿使日人藉端干涉，倘能办理尽善，逐渐扩充，安见延吉不为全国收回法权之嚆矢。四、沿江设船一节，按照约中文义，自应由中国设立。既华人在彼向有设船之举，现宜酌择江畔要地就旧设者，亟谋推广以保利权。约文既明，自无须向日人声明，反生枝节。以上各节，除会勘国界俟商妥日使即达外，希查照，饬属切实举办为要，并转吉抚。外。(《清季外交史料》第8册，第4154—4155页)

9月24日(八月十一日)　外务部致锡良请将与日订定安奉路沿线矿业全案咨部电。

三十三年秋间，东省与日本订定安奉路沿线矿业办法五条，当经菊

帅电达到部，希饬将此项提议全案从速咨本部备查。外。（《清季外交史料》第8册，第4156页）

9月25日（八月十二日）　锡良、陈昭常致枢垣遵旨筹办延吉定界后情形电。

窃自延吉界约定后两月之期限甚迫，锡良、昭常等曾将近日情形及所拟概略，各先后电达外务部在案。前奉电传谕旨，著将定约后应办各事，迅筹布置，随时会同电奏等语。奉此仰见眷念国本、注重边陲之至意，锡良等遵即往返电商，分别缓、急，妥慎筹议，并饬边务督办吴禄贞就近布置一切。兹先将此时筹办大致情形，谨为分条陈之：

一、开埠办法。首应按所订埠场区域，画定大小方位，由我先行购备，租借外国商民，方合自开商埠之例。已饬吴禄贞派员赴各该处妥为布置，并测绘附近详图。准于本月内地段可以圈定，即将埠内地基分别购买，再行分派工兵修理各埠道路，以冀不误开埠之期。

一、分设民官。吉省南部已定开放，中外人民杂居地方日见发达，他国现将分驻领事，我似不可不急图治理。前已奏定升改延吉厅为府治，和龙峪为县治，并添设旺清一县。今界务已决，自应即时改设其他。如六道沟及龙井村、百草沟、头道沟皆属紧要之区，既已指定开埠，亦应有专官赖以镇抚。如越垦地方，沿图们江北界所居尽韩民，其政治尤不可忽，统应如何分防设治，兹已筹有端绪，一俟复查议定，即行奏请训示。

一、创办审判厅。杂居区内韩民审判既准日领听审，倘判断稍不合意，难免不任意要挟，则任用地方官转将有所左右。拟速于延吉府设地方审判、检察厅各一，更于各商埠分设初级审判、检察厅。其韩民越垦界内，听断尤宜加意，亦拟逐渐增设。现已饬吉林提法司遴选明白法律人员，尅日驰往该地，遵章妥办。

一、整顿巡警。商埠既定，自开巡警、卫生等事皆须特加注意，而各地华韩杂居亦必力筹保安，方免外人藉口。查延吉边务原设有巡警总局，局子街、龙井村、百草沟、头道沟及各越垦地方，前皆驻有巡警，惟其数过少，而巡官尤为要员。现已由奉省警务公所挑派警官四五员，并拟由吉省加派警兵若干名，即日前赴该处以资布置。此现在定约筹办

| 1909 年（宣统元年　己酉）57 岁 |

之大概情形也。余俟逐节议定，再行随时奏请办理。至前经奏准拨解边务经费，今尚未拨到，每月由吉林度支司挪垫，仅敷经常开支。现因开埠购地、修道及建筑审判厅衙署、卫生局、警舍等项需款孔亟，昭常责任所在，无论如何为难，自应设法筹垫。拨解应用先其所急，惟吉省财政异常困难，久在圣鉴，合无恳恩饬部援例速拨开埠费四十万两，以应急需，而重边务。再，昭常拟于中秋节后亲往延吉查看情形，以便实地筹备一切，合并奏闻。所有遵旨会奏、定约后筹办情形，理合电请代奏。锡良、昭常谨叩。真。（《清季外交史料》第 8 册，第 4156—4157 页）

9 月 26 日（八月十三日）　东督锡良咨外部安东海关码头中日合资修桥文。

为咨呈事。安东海关码头与日本所占租地分界处，有小沟一道，日人建议修桥。当据兴凤道赵道电禀，以恐碍商民交通，拟由我先修，以图抵制。经本大臣饬同巴税务司赶紧酌量估勘去后，兹据该道呈称：日铁路公司以该处系铁道界内，坚不允我独修，该道等与之再三商榷，始允中日合办，各认出资一半，名曰公和桥。业已议定桥式，绘图估价共需小洋二千八百三十元六角四分，请示前来。查铁道界内桥梁，本在日人势力范围之内，现议合办，不特便于交通，且得收回一半权利，自应照准。所有中国应出桥资一半，小洋一千四百十五元三角二分，拟由该道库存项下先行垫发，另行造报核销。除批示外，相应连同原图，咨呈钧部鉴核，备案施行。须至咨呈者。（《清季外交史料》第 8 册，第 4157 页）

9 月 27 日（八月十四日）　指示奉天民政使张元奇发布禁止抵制日货事的告示。

钦命奉天民政使司民政使张（张元奇）为禁止抵制日货剀切出示晓谕事：照得懋迁有无，为生民必要之端；互市交通，乃各国通行之例。奉省自开商埠以来，铁轨轮舟，四通八达，各国货物之进口者，麇集鳞比，销售亦日多一日。近闻因此次外务部与大日本国交涉案议成，一二无知之徒倡有抵制日货之说。夫国际交涉，政府自有权衡，岂容妄生谣诼？控其究竟，不过一二人煽惑其间，遂致此倡彼和，传播几遍。尔等须知，保邦善邻，古之明训；造谣生事，法有常经，买卖虽属个人之自由，抵制必为友邦所藉口。自示之后，倘再有开会演说，布散传单，宣言抵制日货者，一经查觉，即以抗违论罪，决不稍宽。为此，出示晓谕，仰尔诸色人等一体知悉，其各懔遵，毋违。切切。特示。（《辛亥革命在辽宁档案史料》，第3—4页）

  是日 邮部致锡良、程德全安奉路撤兵警各节以办到为主电。

  辰、密、蒸电计已达。鉴安奉路地不得多购一节，日领已经承认派员查察；经理该路事务，暨会议运输章程一节，亦允照办。是以上两节大致就范，随事磋商，当不难于妥贴。至撤兵、撤警及声明非南满支路三条，日领仍托词延宕。此路蜿蜒百数十里，若保护权力属之他人，设有事故拆毁一线或增设一线，彼皆可任意自为。是日本即允声明非南满支路，并允不绕越王士屯、三家子间弧线，将来万一有事，彼恃其护兵、警察之力，顷刻增设弧线，我亦无以禁之，仍于路事无补。如此节可以争回，则绕越三家子、王士屯一节，似不妨稍为通融。且抚顺煤矿在该路左近，其欲添设弧线以利运输，亦在意料之中。故撤兵、撤警各节当以办到为主，如彼已肯退让，我方可酌许此项弧线以为报酬。诚如尊电所云，此线若经我允，则支路即系确定，所争撤兵、撤警各条自归无效，亦不可不防。鄙见如此，仍希酌议鸭江造桥一节，不识与两国毗连交通之公例相合否，似宜先筹及造桥，后于实业交通上何国多占利益，以资谈判。事关国防，统俟外务部酌核奉达邮传部。寒。（《清季外交史料》第8册，第4158页）

  9月28日（八月十五日） 奏筹设检验学习所及其经费作正开销。

  奏为筹设检验学习所，请将所需经费作正开销，恭折具陈，仰祈圣鉴事：窃查接管卷内，升任督臣徐世昌等奏请仵作改为检验吏，给予出身一折，经法部会同吏部议覆，具奏奉旨："依议。钦此。"由部恭录咨行在案。

  臣等窃维检验一门为刑事诉讼最初之关键。近世文物发达，事变日新，生人致命之方既非一道，官吏检验之学别有专科，良以检验不实，则审判难持其平，各国司法刑事部中所以于此特加慎重也。

  中国勘验刑场，旧用仵作，职沦贱役，平昔所挟为衣钵者不外洗冤录一书。即使技艺精良，在今日药毒种类复杂之时代，已未必所遭悉备；矧此辈操术，率系徒党流传，私相沿袭，求其通晓文义者，盖百无一人。

1909 年（宣统元年 己酉）57 岁

遇有相验案件，仅恃该仵作等之当场喝报，其不至于枉滥也几何？

前督臣曾于上年督饬在前奉天府地方检察厅内附设刑仵讲习所，造就吏役十二名，分配各厅任使，以应急需。惟前此办法单简，人数无多；转瞬全省地方初级各厅次第增设，非预谋养成多数检验吏，实不足以重民命而慎刑狱。现经臣等督饬奉天提法司吴钫，一再筹商，拟遵照部章设立检验学习所一处，以高等检察长监督其事，额定学生一百名，延聘专员教授，以一年半毕业为期，毕业后照章给予出身，分厅任使，实于慎重庶狱、改良刑政大有裨益。

惟开班常年各经费，需用孔殷，现值奉省财政支出支绌之时，自应力求撙节。现据提法司切实核减，计预算开办经费需银一千两，常年经费需银一万三千六百余两，具详请款前来。臣等再三覆核，尚属核实，自应饬司筹拨的款，作正开销。现当清理财政之际，特别用款，应先遵章奏咨立案。

二十三日奉到朱批："该部知道，钦此。"（《锡良遗稿·奏稿》，第955—956页）

9月20日（八月十七日）　锡良、程德全复外部安奉路沿线矿业并未商及办法电。

十一来电敬悉。查安奉路沿线矿业合办五条，当徐督、唐抚电达之时，尚是未定草案。原议安奉铁路如不改线，始准合办。旋因日领以路不改线，难以从命，复经照会日领，将合办矿产五条作废。议久并未商及办法，细查无可抄呈。谨复。良、全。铣。（《清季外交史料》第8册，第4158页）

10月2日（八月十九日）　奏遵旨密筹东省大计，筹借外债，议筑铁路。

奏折遵旨密筹东省大计，筹借外债，议筑铁路，以保危局，恭折仰祈圣鉴事：窃臣等承准军机大臣字寄："宣统元年七月初四日奉上谕：'东省介居两强，势成逼处，积薪厝火，隐患日滋。该督等各密陈危急情形，所虑甚是，自宜预为筹备。迭据臣工陈奏，莫如广辟商埠，俾外人麕至，隐杜垄断之谋；厚集洋债，俾外款内输，阴作牵制之计。既使各国互均势力，兼使内地藉以振兴，似尚不为无见。即著该督等斟酌事理，体察情形，按照以上所指各节，详审熟筹，奏明办理。'"等因，钦此。仰见朝廷廑念根本重地，睿虑周详，莫名钦佩。

窃维东省大势，自日、俄罢战以来，权力竞争，久成南北分据之局。日人以旅顺、大连为海军根据地，其铁路由朝鲜之义州越鸭绿江入安东达奉天，又由奉天而北至长春，南至旅顺，近复允许合办吉长至朝鲜之会宁铁路，全国陆军不日可达。俄人以海参崴为海军根据地，其铁路由莫斯科入黑龙江，更循江岸，经波里已达于海参崴，近又修改贝尔加湖铁路，而用双轨，全国陆军亦不日可达。东省命脉已悬于日、俄两国之手，情势了然，无庸讳饰者也。

且穷其祸，尤不止此。日人之阴鸷险狠，俄人之高掌远蹠，蓄志均不在小，深谋密计，人人知之。其缓以有待者，只因战后元气互伤，不敢轻发难端，而吾犹得偷安旦夕，数年之后，非所知矣。今于无可收拾之中，作万一保存思想，并于两国路线之外，别筑一路，不足以救危亡。譬诸人身，血脉既断，肢体徒存，未能有生者也。

然就三省计之，路长款巨，无论部臣不认筹拨，各省不肯协济，即竭全国之力以图之，路未成而力先竭，其道亦至危。况乎我议自修，不见阻于日，即见阻于俄，无论何路，终无让修之日，束手待毙，可为痛心。

臣等焦虑熟筹，非借外人之财，不足以经营东省；尤非藉外人之力，不足以抵制日、俄。谕旨"厚集洋债""互均势力"两言，实足拯东省今日之危，而破日、俄相持之局。现美国银行代表司戴德来奉，臣等公同接见，以筹修锦、洮至瑷珲铁路商议借款约三四百万金镑，司戴德业已承允，签立合同。借款实数暨一切细目，俟钦奉谕旨后，续行议定奏闻。此项借款，原拟东省自借自还，该代表坚请政府承认，业予列入条款，并仿照关内、外及卢汉铁路借款章程，声明以路作保；一俟订立详细合同，仍当逐条详慎磋商，期于主权无损。将来该路勘修已定，或再议修由奉天至延吉一路以为交通之筋络，商垦之机关，并为将来用军之唯一命脉，必如是而后国防可固，地利可兴，东省大局或有挽回之一日。如蒙允准，并请迅赐谕旨，臣等再当遵筹一切，详细奏陈，无任吁祷之至。

1909 年（宣统元年 己酉）57 岁

朱批："仍著外务部、度支部、邮传部会同该督抚妥议具奏，单并发。钦此。"（《锡良遗稿·奏稿》，第959—962页）

是日　因俄兵阻挠富华制糖公司建厂事，锡良札饬铁路交涉局迅速照会俄人即将兵队调回，毋任横阻。

黑龙江行省总督锡、巡抚周为札饬事：

案据富华制糖公司禀称：窃公司集股在呼兰府界马家船口地方，购地建房，禀准设立富华制糖有限公司。该地基系价买张永禄、谭广德等产业。正在建造厂房，有东清铁路公司藉口地在铁路界内，派兵往阻。嗣向驻哈俄总领事具控，并蒙宪台照会饬查，经该领事查勘明白，所有公司价买张永禄、谭广德地基，现在建厂处所实在铁路界外，与铁路并无干涉，由该领事签字，给发执照。当送铁路交涉总局一并签押，则以铁路大界未清，未经签押。现在铁路公司复又派兵阻挠，当此工作正紧，该处既在铁路界外，经俄总领事签押给照，铁路公司何又派兵阻止，有误要工。拟合禀恳宪台鉴核俯赐，垂念要工，准予电饬铁路交涉总局迅即知会俄人将兵调回，毋再阻挠，以免误工而维商业，实为德便，谨禀宪台鉴核施行，等情。

据此，除批禀悉，此项地基既据称与铁路并无关涉，并由该领事签给执照等情，铁路公司何得派兵阻挠，致误工作。据称前情，仰候电饬铁路交涉局迅速照会该公司即将兵队调回，毋任横阻，并札饬该局及交涉局知照，摘由批发，等因。印发并电饬外，合亟札饬。札到该局，即便知照，特札。右札仰交涉局准此。（《中东铁路》（一），293—294页）

是日　锡良、程德全致枢垣遵旨筹借洋款议筑锦瑷铁路电。

窃锡良等奉七月初四日密谕：东省介居两强，势成逼处，积薪厝火，隐患日滋。迭据臣工陈奏：莫如广辟商埠，俾外人麇集，隐杜垄断之谋。厚集洋债，俾外款内输，阴作牵制之计。即著该督等斟酌事理，体察情形，按照以上所指各节，详审熟筹，奏明办理等因。钦此。圣谟广远，钦佩莫名。窃维东省大势，自日俄竞争以来，久成南北分据之局。日人以旅顺、大连为海军根据地，其铁路横贯东省南部。俄人以海参崴为海军根据地，其铁路横贯东省北部。两国陆军均不数日可达，东省命脉盖已悬于两国之手，无可讳言。况日之阴鸷险狠，俄之高掌远跖，其蓄志均不在小。只因战后元气未复，不敢急图进取，故我犹得旦夕偷安。设再迁延，万无幸理。为急则治标之计，非于两国路线之外另筑一路，不足以救危亡。然集款千数百万，不特无此巨帑，且我若自修不见阻于日，即见阻于俄。无论何路，终无让修之日，束手待毙，可为痛心。锡良等焦虑熟筹，非借外人之款不足经营东省，尤非借外人之力无由牵制日俄。谕旨厚集洋债，互均势力两言，实足救东省今日之危，破日俄相持之局。昨美国银行代表司戴德来奉，锡良等公同接见，以筹修锦洮至瑷珲铁路，商议借款，业已承允，并称勿虑日俄干预。锡良以事奉密旨筹办，已议立草合同，所有借款实数及一切细目，应俟奉旨后续行议订，奏明办理，并恳迅赐谕旨遵行。所有遵旨筹借洋款，议筑铁路缘由，谨请代奏。锡良、德全叩。十八日。(《清季外交史料》第8册，第4158页)

10月3日（八月二十日） 外部致锡良、陈昭常延吉通商日使请定期开放电。

日使照称：协约第二条龙井村以下四处通商地之开放期，应行规定。第七条自画押后两个月内，应在各开放地设领馆，并将统监府、派出所撤退。现本国政府已在极力预备，望中国政府亦从速将各通商地实行开放，勿误时机。并准面称，日本政府已命驻沪永泷总领事回国，因其在华多年，情形熟悉，拟即派为延吉总领事，惟尚未发表，大约西九月底即可到任。界碑至石乙水相距处设界桩事，允俟领事到任后会同地方官办理各等因。当答以永泷在华日久，到任后诸事必可和商。至开埠事，本部已电该处地方官将应办事宜妥为料理矣。各埠可于何时开放，酌定日期后即电达。外。(《清季外交史料》第8册，第4159页)

10月8日（八月二十五日） 奏报筹备宪政第二届成绩并第三届筹办情形。

本年筹办期限，照章分为两届，以六月底为第二届，十二月底为第三届，而皆为第二年内督抚应办之事。按照清单，计分八项，除资政院选举应俟奉到选举章程再行遵办，简易识字塾已就省城旧有官话字母学堂改设三处，一俟部颁课本到日立即开办外，其余六项，有为奉省开办在前，经臣等复加整顿，进步较速者三项：

其一为筹办厅、州、县巡警。奉省自遭兵燹，伏莽遍野，丧乱甫平，

1909年（宣统元年　己酉）57岁

即就堡防改设巡警。故不但厅、州、县巡警开始较早，而镇乡巡警亦复略具规模。惟事属草创，条理未能井然，规则难言完整。臣等到任后，体察情形，知本原不清，难与为治，章制不齐，无以言法。当经檄饬民政使张元奇，先谋统一之规，以作进行之准，必内部机关完全无缺，而后进行为有具，则为之定警官制度，遵照部章，于府、厅、州、县各设警务长一员，执要驭繁，职乃不旷。

奉省警费取足亩捐，而捐法不一，最为弊丛，则为之定收捐制限，凡向以方、晌、绳、锄计者统以亩名概之，向以两、钱、毫、厘计者统用银圆代之。月要岁会，制用有节，民乃不怨。

经理警费，向归乡董，会首、方长把持财权，对于民则相削，对于官则相抗，对于同类则相争，地方要政，几成若辈利薮，则为之定出纳方法，于各属署内通设收捐处，由民人自行赴处直接交纳，并由纳捐人投票公举捐务总董，专管其事，有稽核催收之责，无干涉行政之权，拔本塞源，官绅互相监督，害乃不作。

至执行警务全在警兵，警兵无学则形式徒具，因复通饬各属，限期设立教练所，务使人人具卫群之思想，一洗从前窳陋不振之习。

综上所述，皆奉省警政目前当务之急，业经将编定通则，咨部立案，颁发各属，颙若划一。

此则筹办在第二届而现时已有成绩者也。

其二为筹办城、镇、乡自治，设立自治研究所。奉省自治研究所，去年七月间，前任督臣徐世昌已将开办章程，分别奏咨。嗣准宪政编查馆颁发民政部奏定城镇乡地方自治章程暨研究所章程，当将前定章程遵照改正，并檄饬咨议局筹办处兼办地方自治，一俟该处裁撤，即就改为地方自治筹办处，凡关于自治事宜，统归筹办，以专责成。现已由臣等核定章程，议分三期：第一期举办奉天府自治，第二期举办冲繁各属自治，第三期举办偏僻各属自治。三期完竣即为全省地方自治一律告成之日。而研究所学员实为各属自治之导师，该所开办在先，本年十月内可以毕业，照章派赴各属充当教员。现已檄饬各属，将研究所赶速筹备。俟该所学员毕业，则各属研究所即可次第成立。

此则于第二届内虽有成绩可言而尚待第三届续办者也。

其三为筹办省城及商埠各级审判厅。查奉省自设提法使后，即以筹办审判为先务。光绪三十三年设奉天高等审判厅一，奉天府地方审判厅一，初级审判厅六；续将奉天府地方、初级各厅量加裁改，奏定名称，更增设抚顺地方审判厅一，抚顺第一初级审判厅一。以上均属省城。其在商埠，则于本年三月设营口、新民两处地方审判厅一，初级审判各一。除安东一埠已由臣等饬司筹定专款，刻日成立外，尚有凤凰、辽阳、法库、通江、铁岭五处，现饬筹款设立，亦断不至逾明年之限。

此则提先筹办而于第二届内成绩已有可循者也。

其为奉省从前所无，于第二届内继续第一届以为筹办者，则有若咨议局选举一项。自前任督臣徐世昌将造具初选举人名册于第一届内奏报后，嗣于本年三月十八日举行初选举，计初选区四十五处，得当选人五百名，候补人一百零八名。臣等到任后，复经严立限期，于四月十四日举行复选举，计复选区八处，共选定议员五十名，造具清册，循章咨报。臣等以此事为亘古创举，苟非慎图始基，无以发前途之光荣。当将各议员等，或酌给旅费，饬赴各属实地调查，俾研究地方利病，以作议案之准备；或留驻省城，预筹开会时各项规则，以免临事之张皇。

此则第二届内继续筹办之情形也。

至报部期限在第三届而第二届内筹办已有端倪者凡二项：一曰调查岁出入总数。奉省清理财务局，自三月初一日奏明开办，遵照部章，分科治事。现所规定，约有二端：奉省体制与各省不同，凡关于币制、盐务、税务、军务、蒙务各项财政，常与吉、江两省有交互之关系，故三省虽各设局清理，而报告程式，必以奉省为准，是为定三省统一之制以清旧案。预算决算事属创办，将来调查毕事，深恐各属无所依据，因饬将该局费用先行试办，预算分经常、临时两部，部分为项，项别为目，明定表式，昭示来兹，是为尽该局综核之实以茁新机。并叠经臣等严檄各属，将去年暨本年春夏两季报告册勒退造送，业已陆续呈送到局。惟案牍山积，爬梳钩稽，实非易事。现又添派员司赶办，按照部电展限三月，当不至再有延误。

二曰调查人户总数。奉省巡警遍及乡镇，编查户籍，著手自较他省为易。自巡警道奏定裁撤后，臣等即遵章檄委民政使张元奇为总监督，通饬各属，先期出示晓谕，俾咸知调查户数为调查口数之根据，而户口多寡，即以判选举区域之广狭，自不肯隐匿漏藏以自丧其权利。并饬各属就地方情形，先定入手办法，以防流弊。由总监督详加审核，再行分区调查，钉牌编册。现已据各属将拟定办法呈送，十月以前当可报齐。

以上二项皆报部期限有待于第三届而于第二届内筹办已有端倪者也。

伏维本年筹备八项事宜，本关内务行政。奉省根本重地，尤应官民交勉，赶先筹办，以裕宪政成立之基。臣等到任以来，奏设宪政考核处，随时考察，按限督催，其已办者，虽未届年限而勿懈进行，其待办者，则力顾考成而毋敢推宕，总期循序渐进，日起有功，以仰副朝廷因时制宜，变法图强之至意。

九月初二日奉到朱批："著即认真筹备，妥慎办理。该衙门知道。钦此。"（《锡良遗稿·奏稿》，第963—966页）

是日　奏奉天改设禁烟公所办法情形。

奏为奉天改设禁烟公所，谨将办法情形，恭折具陈，仰祈圣鉴事：窃维禁烟为自强要政，禁吸与禁种并重。奉省种烟地亩，经前任督臣徐世昌切实查禁，复于今春遴派委员分赴各属，会同地方官，按乡履勘，办理尚属认真，民间颇知畏法，均次第改种粮食、木棉、蓝靛等项；间有僻壤穷乡违禁偷种者，亦经勒令拔毁，斩绝萌芽。此奉省禁种之大概情形也。

然禁烟为国家唯一之要政，既杜绝种烟者以清其本，尤必严禁吸烟者以遏其流。查奉省于上年七月间奏设官吏禁烟查验所，所有旗汉实缺、候补人员，现已验过三百数十员，其嗜好未净规避不到各员，业经分别参撤，官场尚觉整肃。臣等抵任以来，更随时督饬严查，但期痼习廓除，不敢稍避嫌怨。

惟查禁民间吸烟一层，各属办法不一，虽风尚简朴，沾染无多，总须竭力扫除，方能根株尽绝。因饬民政司使张元奇妥议章程，将原设之官吏禁烟查验所改为禁烟公所，仍兼办官吏查验事宜，已于六月十五日接续开办，遴派专办委员一员，以专责成；分设稽查、交牍、稽核、庶务等员，以资佐理。一面详细调查，颁发牌照，按两个月换照一次，每次递减一成，以二十个月减尽，即不准再有吸烟之人。另于省城四关各设戒烟分所一处，广给良药，劝禁兼施；并通饬各属一律遵照办理，以冀速收成效。倘有察看地方情形，不待二十个月限满即可禁绝者，准其随时变通，总以不逾二十个月为限。凡在限内，只准本省各土店请领护照自赴外埠购运烟土，不准外客贩运烟土入境，以免源源灌入，致误预定禁绝限期。

伏查禁烟一事，屡奉严诏，不啻三令五申，凡在臣民，咸宜警惕。臣等办理此事，嫉恶甚严，求效期速，惟有责成该司使随时督饬该公所，破除情面，认真经理，按期减瘾，由少而无，以期痛祛锢习，仰副圣明锐意图强、咸与维新之至意。第此次在事各员，筹划精详，不避嫌怨，拟俟将来办有成效，容臣等酌量择尤保奖，以资鼓励。

九月初二日奉到朱批："该衙门知道。钦此。"（《锡良遗稿·奏稿》，第966—967页）

10月10日（八月二十七日） 外务部致锡良日使称伊藤赴东省游历希优加接待电。

日本使面称，伊藤公爵订于九月初一日由东京起程，赴奉天、哈尔滨一带游历。不过借此闲散，毫无事事，中国地方切毋生疑，并不接待等语。查伊藤为日本政府所信任，名誉卓著，此次赴奉虽托名游历，或因俄户部大臣将至北境，隐相对待，亦未可知。惟彼既拟与尊处接晤，似应备车迎送，优加接待。所有两国未了之交涉，至有关系者，亦可相机提议，以期回国时转达政府，俾得易于解决。特此密达，希查照并电复。外。感。（《清季外交史料》第8册，第4163页）

10月13日（八月三十日） 锡良、程德全致外部安奉路地税可否援东清路豁免乞示电。

安奉铁路购地章程，正与日人逐条磋商，大致可望就绪。惟税契、承粮两节，日人坚持不允，以中俄东清铁路第六条款不纳地税云云为驳诘。查安奉铁路与东清铁路性质不同。东清系中俄合办，由我给予官地，不纳地价。民地则照章给价，其地税自应奏请豁免。今此路显然两途，不纳地税，似难准行。惟日人自称，亦明知应纳地税，但援最惠国利益均沾之说，再四要求。可否准予按照东清铁路章程豁免之处。应请钧部酌核电示遵行，不胜盼祷。良、全。三十日。（《清宣统朝外交史史料》卷

10，第10册，第1—2页）

10月15日（九月初二日） 外务部致锡良、程德全安奉与东清不同不能豁免地税电。

三十日电悉。安奉路与东清路性质不同，所有地税自不能援引豁免，仍希转饬与日人妥为磋商为要。外务部。（《清宣统朝外交史史料》卷10，第10册，第2页）

10月19日（九月初六日） 锡良为禁阻俄商在扎站路外设酒厂事札饬民政司、交涉局知照。

钦差大臣头品顶戴陆军部尚书衔都察院都御史总督东三省等处地方兼管三省将军事务锡、钦命陆军部侍郎衔都察院副都御史巡抚黑龙江等处地方兼副都统衔周为札饬事：案据铁路交涉局呈称：案奉宪台札开，俄商拟在扎兰屯站铁路界外开设对酒厂等情一案，据省城交涉总局议复呈称，查约载洋商不准在内地非通商口岸地方居住、营业、开设行栈。近年各省遇有洋商在内地附近铁路一带私设店铺，均已饬令该地方官一律照约禁阻，历经遵办在案。今该俄商拟在兰站华屯开设酒厂，诚如度支司原文所云，系以俄人在华界开设商业，照约并无特准之条，惟既据铁路交涉局援照吉林铁路交涉局成案准其开设，系该局对于此事业有成议或因该处情形不得不如此变通办理。职局遵奉宪批核议，理应根据约条立论，如于约文互有出入未便率行议准等因，饬令铁路交涉局核议再夺，等因。奉此，查此案前往本局咨询度支司，原以事关税务，例应行查，对于俄商确无成议。现在即经省局定议，自应照约禁阻。兹奉前因，除由本局径行札饬兰局遵照赶即禁阻，并将禁阻情形转饬该俄商知照外，理合具文呈复。为此，呈请宪台鉴核施行，等情。据此，除批据呈已悉，候饬民政司、交涉总局知照。缴。等因。印发并分饬外，合亟札饬。札到该局即便知照。特札。右札仰交涉局遵此。（《中东铁路》（一），第294—295页）

10月21日（九月初八日） 查明戒烟不力各员，并据实参劾。

奏为查明戒烟不力各员，据实参劾，以肃功令，恭折仰祈圣鉴事：窃维禁烟一事，迭奉明诏，责成督抚司道认真考察所属人员等因，仰见圣明廓清烟害、咸与维新之至意，钦悚莫名。

查官吏为人民之表率，官不自治，则上行下效，烟毒未易肃清。奉省自设官吏禁烟查验所后，业将全省旗汉实缺、候补人员向有嗜好者认真查验，勒限戒断；其藐违功令之员，亦经前任督臣徐世昌奏参有案，仕途渐行整肃，惟尚未能弊绝风清。

臣等到任后，节经督饬该所严查，复明察暗访，如有情形可疑、藉词规避者，即饬该所随时调验，所冀酖毒从此蠲除，即嫉恶不嫌其已甚。数月以来，官吏尚多袯濯自新，力图振奋；其沉溺烟癖始终不知改悔者，自未便稍事宽假。查有锦州留省骁骑校百昌、镶蓝旗骁骑校增庆、骁骑校魁俊、候补骁骑校王臣、福陵笔帖式延龄、福陵章京品级常祺（及）福山、义州云骑尉魁陞、福陵防御福陞阿、永陵防御麟祥、防御刘景春、巨流河佐领恩陞、福陵尚茶人维彰、尚香人绮文，以上十四员，均系曾经吸食鸦片延不赴所查验，实属玩章藐法，相应请旨一并革职，永不叙用，以儆官邪。

十六日奉到朱批："著照所请，该衙门知道。钦此。"（《锡良遗稿·奏稿》，第971—972页）

10月28日（九月十五日） 锡良、程德全致外部日伊藤来游东省谨陈晤谈情形函。

本月初十日，日本伊藤公爵前来公署答拜，经良等延入秘室，并邀曹左丞入座，晤谈两点半钟之久。良等所言，大致以维持东亚和平推重伊藤，并将此间交涉事件择要提议。伊藤大旨则谓东亚大局关系皆在中国内政，二十年以前早经告知中国，即甲午以后，日本亦未尝无退让之心，以待中国自强，乃至今仍无进步。其语气直隐以朝鲜视中国，而急图进取之野心尤流露于言表。阴谋密计，祸至无时，思之可为悚栗。良等筹边无状，负罪滋深，惟有痛自责惩，勉支危局。伏乞钧部谅察外情，默为筹备，审度时变，内外协持，大局幸甚。除函达军机处外，谨将问答节略抄呈钧览，伏维垂察。

谨将九月初十日上午十钟会晤日本伊藤公爵问答节略呈览：

良云：贵公爵名望素著于东亚，大局关心最切，平日维持亚东和平之局，我们素所钦仰。日俄和约所载，不侵中国行政权及不妨各国均等主义，即为贵公爵夙昔所主张。今日游历来此，于东方和平大有关系，

1909 年（宣统元年 己酉）57 岁

全球所注目，我们愿聆高谈。

伊藤云：我于贵国大计，用心筹画，不自今日始。溯自光绪十一年，即与李文忠相见，切告以两国之关系，贵国总须力图变法自强，方可共保东方之和平。披肝沥胆，力为陈说，文忠颇以为然。迨光绪二十四年又游贵国，晤见北京亲贵大老，告以亚东之大势，两国之关系，贵国亟宜变法图存，方能有济。当时，诸亲贵大老咸以为然，允为变法。不意未尝实行，以至于今日，我甚惜之。现在贵国方悟非变法无以图强，近年来始行新政。我甚愿贵国事事求根基稳固，政府须担责任，行政机关务求组织完备，万勿半途中止，竭力前进，犹恐或迟。我两国利害相关，贵国如能自强，亦日本之幸也。

良云：诚然，变法图强必自困难始，即如贵国变法之初，亦有许多为难，贵公爵均所亲历。我国现在实行变法，宪政亦已萌芽，万无中止之理。惟若东三省交涉之事，我们政府既与贵国驻京公使商定大纲，不惜让步以图妥协。而东省所办之事，贵国人民不能仰体贵国政府及贵公爵维持和平之意，我们处处实难措办，请问贵公爵，有何法以善其后？

伊藤云：我此行虽是漫游，然于东亚大局向为关心。本欲借此考察，为我国政府作一考证。至于贵国现在方针若何？贵督有何政见？我即不能悬揣，还请先为明示，方好彼此谈论。

良云：贵公爵平时主持东亚和平，所以日俄和约首先保全中国主权，此真大公无私主义。此次东三省悬而未决各案，已经中国政府极力退让，足满贵国政府之意。原期邦交日益亲密，然而附属地内一切行政主权，如警察、收税等事，中国皆不能办。此外亦多有未了之案，急须想一和平办法。

伊藤云：两国交涉，自有负责任者当之。此次中日协约，谁是谁非，我亦不能下一断语。然贵督对于东三省之事，当时日俄未战以前是何情形，日俄既战以后是何情形，作一比较。向使日本无此战事，东三省仍在俄人势力范围，不知现在又有何等景象？日本对于此战，盖因东局危险，始掷二十万金钱，数十万生命，死力争回。贵国政府欲保持和平，正应趁此和平之时，修明政事要紧。着手者，一在财力，二在兵力。然练兵非铺张门面，财政非空言清理，所能济事，盖必培养人才，着着进步。二者充实根本，方期稳固中国，稳固东亚，和平方可永保。至东亚和平，即极东和平，范围甚广，凡在极东地方皆包含在内。我两国未了交涉，但视贵国内政及国基如何？果能确实稳固，而后又能彼此诚意相商，自然容易办理，和平大局正不在此区区小事也。

良云：天下小事，往往误解即以酿成大事。贵国掷金钱，捐生命，原为俄人在东方势力太大，所以成此义举。想贵国必不至蹈俄人之故辙，贵国政府亦决不至主张俄人之所为。然自停战以来，附属地行政事权，久未交还我国。政府虽深知此事极宜迁就，而愚民不知，易伤感情。此间领事事权太小，且不统一。警察兵队、铁道会社，均不属领事权限。我则只能与领事商办，如前此安奉铁路一事，我所开送十条，原与领事说明，可驳者驳，可商者商。嗣已由我允改宽轨，一面斟酌其余各条，正议之间，不料忽有自由行动之事。论其实情，不必如此动作，亦属易办，乃贵国未悉情形，起此风潮，伤中日感情，殊属不值。我甚以为此事，贵国未免小题大做，深为惜之。虽事已过去，告知贵公爵以备参考。

伊藤云：自来国家办事，有时不能尽以舆论为衡。倘舆论实有妨碍，政府必须施其压制，断不可使彼此生出恶感。至于行政方法，要在立定宗旨，绝不改变，则根基即能稳固。大抵须于行政上急谋实力。中国初办宪政，一切正在艰难。民意断难即恃，更不可妄恃强力。贵国现在热心主张收回权利，收回权利固属好事，然不知收回权利，尤须能保此权利不更为人侵害。若徒将权利主张收回，而不能实保权利，则旋收旋失，徒然无益。一切机关俱不完全，则尚非真收回权利。此次我系旁观之人，故特反复言之。尤愿贵国以后千万勿以感情二字作政治上之观念。至东三省未了之事，他日归去，可向当局者道之，于事或有助益，亦未可定。

德全云：贵公爵适言东亚和平四字范围甚广，此言最有意味。盖东亚为全球所注目，中日交谊之所在，即列强政策之所在。故我两国宜互相提携，互相退让。顷间所言一切忠告，我与总督均极感佩不忘，必当详细报告政府。至中国立宪，虽觉稍晚，要亦力求进步，毕竟事在人为。且风云变态，本属无定，亦未可一概而论也。惟我与总督皆系守土之官，于东三省一方之事负有责任。贵公爵所言，行政一切须用实力。现在敝国政府于宪政极欲进行，此间裁判所、咨议局，甫有萌芽机关，实未完备。然执行时，时有窒碍，即因附属地行政权不能统一。是以一方面之事，以此为要，不得不筹虑及之。贵公爵既望敝国宪政进行，然必彼此持平，开诚布公。使两国人民晓然于两国互相退让之意，自然人民亦互相友爱，而权限又各自分明，办事方有下手之处。若仅偏重一面，不免大伤舆情，而欧美各邦窃窃睨笑，甚非两国之福。贵公爵全局在胸，此次又亲来三省目击情形，自必归商当局，别求妥善办法。中日为唇齿相依之国，仅恃强力，或亦非和平本意，请三思之。当知我言亦贵国之忠告也。

伊藤云：贵抚台所说固然有理，但国家权力亦必施于相当之处。今日我为游人，不负责任。故彼此纵谈，急欲贵国宪政从根本作起。凡所谈论，皆非日本政府及日本人民之意思。若说到日本人民意思，则凡事只问能力若何，如彼此能力不相当，即无所谓持平办法。况贵国土地辽阔，统一甚难办理，宪政亦非容易。中央政府自不可放弃权利，然地面太大，亦易为人倾复。我为此事极为贵国忧虑，不怕贵国见怪，此事艰难异常，一时恐难办好。且尚有一不利言，即是革命二字。贵国政府防范虽极严密，然万一发生，于国家即大有妨害。此时贵国办理新政，外面极为安帖，一旦有意外不测，危险不可不防。若云中日两国交涉，则果有诚意商量，似尚易办。中国不强，则日本亦不能独强。若中国根本稳固，则日本亦自得益不少。此即贵抚台所谓唇齿之喻。

德全云：今日所谈，大致不外两端。一则贵公爵忠告，中国现办新政，急须切实进行，以期巩固国本。一则附属地之事，总期中国行政主权不稍损抑，从此权限分明，商业发达，各增进步。则贵公爵此行，实为两国幸福，且亦为全球所仰望者矣。

伊藤云：贵抚台所言两端，我为局外之人，对于贵国，固极忧虑时艰，对于吾国虽无责任，然归去，当奏明大皇帝，以为将来之考证。并告当局者，以为办事之参考。但自甲午以至日俄战罢，敝国政府何尝不存退让之心，以待中国自强。惜我让而人不让，斯不能不并力直追耳。现在我尚有三四端意见，颇思得一机会，到北京与贵政府面谈。今日为时已久，请告辞。遂去。（《清宣统朝外交史史料》卷10，第10册，第4—9页）

11月2日（九月二十日）　东督锡良致外部日领带警察到延吉乞诘

日使照约裁撤电。

准延吉吴督办电。据斋藤函称，已于中历九月十九日将统监临时派出所锁闭，二十一日所有所员及宪兵全体撤退等语。惟日总领事永泷此次复带警察一百二十名前来，殊与前约每领事馆派警一二名之语不符。且于宴会时昌言，此来以保护韩民，振兴商务为责任。当此施行条约之初，若不令其确守范围，将来得步进步，必复致竞权夺利而后已。是则领土虽归，亦不过拥主人翁之虚名而已。应如何交涉之处，应请酌裁等因。查该领永泷甫到延吉，即行违背条约，随带警兵百余名之多，若不严行诘阻，将来何所底止。伏乞大部诘问日使，令将日领所带警察照约裁撤，以免事端。良。号。（《清季外交史料》第8册，第4177—4178页）

11月6日（九月二十四日） 奏盛京大内恭存磁器提赠英将克奇纳。

前准外务部电开："英将克奇纳过奉游览，从优接待"等因。臣等遵即派委员司沿途接待。并据该英将以久闻盛京大内恭存磁器为世界之宝，吁请恩赏，藉邀荣宠。当经据情电奏，奉旨允准。仰见朝廷怀柔远宾、破格优待之至意，钦佩莫名。

该英将旋即到奉。当由臣等恭在大内磁器库内提出康熙年制小花瓶、小花罇二对，宣示廷旨，亲自赠给。该英将感谢恩施，敬谨领讫。兹据内务府呈请奏咨立案前来，臣等覆核无异。

宣统元年十月初二日奉朱批："该衙门知道。"（《锡良遗稿·奏稿》，第974—975页）

是日 东督锡良等咨外务部英使请停纸烟运出东三省厘金碍难照办请查核。（《清季外交史料》第8册，第4179—4181页）

11月10日（九月二十八日） 关于日本人在瓦房店侵占房地情形，日人违约占地各事，复州知州曾宗韩呈报锡良。（《日本侵华罪行档案新辑》（二），第393—407页）

11月15日（十月初三日） 锡良、周树模札饬交涉局禁阻俄轮驶入内河。

钦差大臣头品顶戴陆军部尚书衔都察院都御史总督东三省等处地方兼管三省将军事务锡、钦命陆军部侍郎衔都察院副都御史巡抚黑龙江等

1909 年（宣统元年　己酉）57 岁

处地方兼副都统衔周为札饬事：华历本年八月二十九日准俄领事俄历本年九月二十九日第六百七十号照会，本年俄历八月十六、十九等日接准贵抚部院无号及第三十二号照会均悉。当按贵抚部院来文所表之意见，详为调查，兹应将此事陈述于后。俄国汽船实有由富勒尔基顺嫩江行驶墨尔根之事，惟系因俄国海参崴东方大学候补教习格列本什阔夫考究嫩江沿岸人种等学及学习满洲文语，在所必需，故有此行。该教习为来考究学问之捷便起见，曾在海参崴贵国领事官处领有护照一纸，内载前往哈尔滨、齐齐哈尔、海拉尔、布特哈、墨尔根、瑷珲等处，各地方官应律放行，妥为保护等语。该教习本此宗旨，于去岁夏间抵省，本领事曾带领拜谒并请贵抚部院施以赞助，及该教习于本年俄七月到省，又复谒请交涉总局转饬各处华官，一俟该教习到境，验照放行，保护赞助，一如昨年，并将贵国海参崴总领事所发护照送请交涉总局签字，以便呈验，庶各处地方官可以遵照办理。

交涉总局除将护照签字外，并于本年俄七月十二日第二十九号文内知会本处，已经行文各处遵照矣。该教习由富勒尔基沿嫩江乘坐轻小汽船前赴布特哈、墨尔根之路，于考究学问宗旨，甚属便善。如果注意俄国有永远特权在松花江、嫩江行驶汽船以便民，并无何等误会各情。则该教习乘船来往墨尔根之间，实不能认为违犯规章秩序之事也。至于俄轮驶入呼兰城一事，尤当为贵部院陈之，盖此项俄轮曾被华人包定，本领事以为不顾上列之常规，将运载华货之俄船拘留，殊属非是，并且于俄国有权在松花江行轮之条规大相违背。除黑龙江、乌苏里江为两国边界之江，并非内河俄轮行驶已经定明，载在一千八百五十八及八十一年在瑷珲、彼得堡所定条约，本领事毋庸置议外，其中俄两国行轮章程或由两国彼此商定，现正拟在哈埠，特派专员办理，相应照会贵抚部院，请烦查照可也，等因。准此，查各国于领土以内河流，非与他国订有条约，指明所在予以航权，勿论何国均不得在该河行船，此国际之通例也。此次俄教习格列本什阔夫往墨尔根等处游历，虽经驻崴领事发给护照，交涉局签字放行，亦以外人游历约章所许，自应饬属保护，并未允其于嫩江河流任便行驶汽船，乃该教习竟乘俄轮前往，实属有碍主权。本部院前次照请禁阻，阻其不应于嫩江行轮，非指该教习于游历各处有何误会也。来文谓俄国有永远特权在松花江、嫩江行驶轮船，殊属不解。俄人在松花江行船，虽经华历咸丰八年及光绪七年，即俄历一千八百五十八及八十一年在瑷珲、彼得堡两次条约定明，此项问题彼此屡经提议，尚未解决。若嫩江显然各别，从未载入约章，该领事谓俄人有在该江行船特权，不知何所依据。至俄轮驶入呼兰河亦属违约，照章本应拘留，姑念系华商雇运，当将该华商照例惩处，立令俄轮驶出，已属顾全两国睦谊，通融办理。该领事谓此举于俄人有权在松花江行船之约大相违背，岂知呼兰河判然一水与松花江毫不相混，所称实属误会。该领事既知黑龙江、乌苏里江系国际河流，俄轮行驶载明条约，并非内河可比，则凡地属内河非条约所订者，自不得任便行船，可以不辩而知，所有嫩江、呼兰河两处河流，按照约章，俄轮既不能驶入，自无庸商定行轮章程，仍请该领事查照历次照会，照约禁阻可也除照复外，合亟札饬。札到该局，即便知照。特札。右札仰交涉局准此。（《中东铁路》（一），第295—297页）

11月19日（十月初七日）　奏密筹延吉善后事宜。

奏为密筹延吉善后事宜，恭折仰祈圣鉴事：窃吉林之延吉厅，自光绪三十三年日兵越界图占，前督臣徐世昌遂奏请特派专员督办吉林边务，其时日人借口界务未定，地方官应办诸事，措置为难，故边务处之设，不独兵队归其管辖，即地方一切裁判、巡警、学堂亦无不统属于边务，藉资应付而壹事权，自系一时权宜之计。现在延吉界务业已解决，日人原设宪兵分遣所亦经裁撤，开办商埠大致亦已就绪，亟应设官建治，因时制宜。

查督办边务，本系军事性质，以后自当划分权限，除军政国防仍由该督办吴禄贞随时商办外，凡地方一切行政及外交事件，应即专归地方官主持管理。惟日人于延吉特设总领事，体制较崇，我自应有高级之地方官与之对待，拟即将驻珲春之东南道移驻延吉，或半年驻珲，半年驻延，以期兼顾。臣昭常昨抵延吉晤商督办边务吴禄贞，并与臣锡良一再电商，意见均各相同，自应奏明办理。

惟臣等所至为筹虑者，延吉全境，南临朝鲜，东控海参崴，为吉林南部重要地域；日俄两国一旦有事，亦为形势之所必争。利害攸关，实系东省全局，趁此领土已定，整军经武，讵能再作缓图。此次日人要约

1909 年（宣统元年　己酉）57 岁

开埠四处，均占延境形胜，无非为军事上之计划。且名虽开放，交通未便，西人里足，实与日人租借地无异。现在驻延日总领甫到，擅带警兵多名，即有违约举动。臣等焦忧切虑，未敢谓边务大局从此可望和平。且查俄人于东海滨省一带有陆军十余万，日于朝鲜亦驻兵数万人；我则由延至珲，分段驻扎，仅有陆军一标，边卡空虚，兵力单薄，不特缓急一无可恃，且益以召外侮而启戎心。

臣锡良前在京时，曾奏请调拨陆军两协前往延吉。比到任后，查明除调东客军不计外，奉省仅有陆军两标，吉省仅有陆军一协，均系驻扎要地，不能抽调，江省则并无陆军。夫吉、江两省，东自临江州以至珲春，南自长白山以至图们江口，绵长三千余里，处处与俄、韩边境毗连，即在平居无事之时，亦应添练重兵，扼要设防，藉资震慑。今既实逼处此，不得已先其所急，则延、珲一带，至少非练有陆军一镇不足以言备边。

查吉林边务经费，部拨与吉省筹拨各三十万两，支应一切，本未宽余。吉省财力拮据，骤增出款三十万金，实已筋疲力尽。自开放商埠后，预计添设各级审判、检察各厅，每年已需经费十三四万两。此外如增设官署，推广巡警、学堂，筹办实业，在在均须补助。来年督办边务经费，极力腾挪，只能勉拨银十余万两。通盘筹划，必须由部常年筹拨银一百万两，内外协济，方可编练陆军一镇。现督办边务吴禄贞，熟谙韬略，胆识俱优，求之现今边才，实属不可多得。应恳天恩，俯念根本重地，敕部会议筹拨，仍令吴禄贞督办边务，专管延、珲全境军政防务事宜，必于边局大有裨益。倘部臣筹款为难，未允拨济，则军事无由展布，督办徒拥虚名，驻延兵队无多，似毋庸专阃大员督辖，惟有将督办边务一差，暂予裁撤，仍俟筹有巨款，再行扩张规划。

要之，此事关系国防，必当内外协力通筹，始克徐图补救，此则臣等旦夕焦思，举凡筹虑所及，不敢不切实上陈者也。

朱批："该衙门妥议具奏。"（《锡良遗稿·奏稿》，第 983—985 页）

是日　奏奉省设立电灯厂开办及常年经费请作正开销。

奏为奉省设立电灯厂，请将开办及常年经费作正开销，恭折仰祈圣鉴事：窃臣等查接管卷内，奉天银圆总局附设电灯厂一所，系因光绪三十四年五月间奉文停铸铜圆,该局前总办、郎中舒鸿贻以原有工匠、机器废弃可惜,呈请创设电灯厂一所,制办电灯,经前督臣徐世昌批准,并委舒鸿贻兼办。维时订购各种料件尚未到齐,而外人在铁路一带安设电灯,渐绕进外城,攫我权利,若不从速开办,不仅坐失厚利,亦且大碍主权。臣等到任后,节经檄委调奉差委道员祁祖彝赓续办理,所有订定章程,购料安机,测地竖杆,一切事宜,即由该道妥慎经营,以专责成;一面饬令省城巡警加意保护,以防危险。并刊木质关防一颗,发交该厂开用,俾资信守。现在该厂电灯已于八月二十二日发光,官绅商民颇称便利,购用亦尚踊跃,此项权利当可无虑外溢。

十五日奉到朱批:"该部知道。钦此。"(《锡良遗稿·奏稿》,第980—981页)

11月22日(十月初十日) 奏报兴立蒙学选译教科书以启边氓。

奏为兴立蒙学,选译教科书,以启边氓,恭折具陈,仰祈圣鉴事:窃蒙古接壤东三省,如哲里木盟十旗,延袤三千余里,近边设立郡县,与行省属地无殊。屏藩东北,利害攸关,闭塞既深,强邻日迫。比年外人派员游历,踵趾频仍,调查物产民风,测绘山川隘塞,或以小惠要结,利用其民人,或以图籍流传,阴行其教化;近更练习蒙文、蒙语,用意尤为深远。一旦有事,彼得驾轻就熟,收楚材晋用之功;我转势隔情睽,不免郑昭宋聋之诮。且优胜劣败,蒙民趋于愚暗,非浚其智识亦无以救亡图存。是以臣等到任,随时督率蒙务局员筹办各要政,汲汲焉以振兴学校,开启蒙民为首务。

惟是文言未能一致,教化难以强同,欲求输入新知,不得不授以中文科学。中文繁杂,蒙文简单,义例有难赅括,不得不证以满文。矧近代蒙古文字渐就销沉,其有从学寺僧亦仅能讽习梵典,以故翻译文牍他书,率鄙俚浅陋,舛迕难通,即保存蒙学亦为不可缓之图。是知求固边防,必先兴学,兴学必先译书。特蒙文几成绝学,更求贯通满、汉文字,并难其人。遍加访求,查有已革奉天、蒙古右翼协领荣德,深习满、蒙文言,中学亦俱有根柢,爰委令将学部审定初等小学教科书,择其适要,配列满、蒙文字,务求彼此意谊吻合,散给蒙小学堂以为课本。该员不惮烦劳,日夜迻译,一字一谊,课虚叩实,期与本旨不离,竭四阅月之力，译成满、蒙、汉文教科书四册，先缮订一分，恭呈御览。随付石印二万部，发给蒙边各学，俾因类以博取，由浅以入深，知患至之无日，不学之可忧，相与奋发争存，民智日开，边圉自固，于国家覃敷文教、保卫藩封之意不无所裨。

本月十九日奉到朱批："该部知道，书留览。钦此。"（《锡良遗稿·奏稿》，第985—986页）

是日　奏宗室觉罗互选资政院议员委金梁为管理员。

查资政院选举议员章程内开："宗室、觉罗互选资政院议员，在奉天以东三省总督为监督，应设互选管理员一员，奏明派充"等语。现已由奴才照章认真监督筹办。并查有奉天旗务处总办、保送同知金梁堪以派充互选管理员，业饬该员将应行调查互选人名册暨一切管理事宜，先期详慎规划，禀由奴才核定施行，俾届时举行互选，不致贻误。

本月十九日奉到朱批："该衙门知道。钦此。"（《锡良遗稿·奏稿》，第986页）

11月23日（十月十一日）　二品顶戴锦新营口兵备道周长龄呈覆锡良，遵札查明日人违约各情形。（《日本侵华罪行档案新辑》（二），第408—427页）

11月25日（十月十三日）　锡良、程德全致外部安奉路造桥事请仍归京议电。

申前奉钧函，业已肃复，想蒙鉴及。昨邓司使晤催小池，安奉议案仍无确信。因询及造桥事，闻日使在京商办，已蒙梁尚书应允。至有何应商条件，则并未奉日使与以商办之权。且此事京中如何商量，从未接洽，不如仍归京议云云。特此奉闻。应否由尊处面告日使，转饬小池就商，仍候钧裁见复。良、全。元。（《清季外交史料》第8册，第4193页）

11月27日（十月十五日）　锡良、程德全致外务部日人猛速兴筑安奉铁路于撤兵警等事一味延宕函。

日昨捧读赐函敬悉。一是安奉铁路事。自允日人兴筑以后，工程进步猛速异常。而应议各条，至今未能赓续商榷，故未敢以空言上渎尊听。敬绎台函，于此路利病，洞若观火，不胜佩仰。查自与小池订立改轨开工五条互换之约，迄今已及三月。迭经督饬交涉司与之续议，其扼重者，不外撤兵、撤警及索回六道沟地址三端，与钧部所以筹画抵制者，洵属不谋而合。其时仅有陈相屯以西改线问题发生。架桥一层，虽彼已暗中布置，而未成交涉，不便遽向提议。洎改线之说，两国所派工程师，协商已无余地，始奉邮传部电告，如其撤兵警可以办到，即路线亦不妨通融。钧部亦欲以商撤兵警，换彼鸭江造桥之利益。是在我之商撤，本是题中应有之义，而暗中已俨以改线、造桥二者与之相易。若在别国，似易就我范围。奈小池狡展异常，前后催询不啻十数次，总以未得彼政府训令相答。始则允以电询，继谓欲得详细，非函达不可。此次小池入都之前一日，该司又往追询，渠只再三道歉，并将电催彼政府之稿相示，以明不欺。日昨小池归来，该司又经面催，仍无实在下落。其中是何情节，无从揣测，而一味推宕，无可如何。闻数日内，小池又将出省矣。此三条能否商量，既从未见其答复。架桥一事，该领又始终未置一词。屡蒙钧部指示，即应与之磋商。惟商撤之说，彼尚未出拒绝之辞，我遽许以架桥之利，颇虑后难为继。惟有恳请钧部转诘日使，以外间提议各节，何以小池延不肯商。一面俟其再询桥事，即告以已饬奉省就近与小池商办，俾易接洽，不至突如其来，别生误会。至六道沟地亩，本议备价购置，自当遵示力办。此安奉应议现办之大概也。

沿路日商经营市肆，恐为南满附属地之续，锡良等已早虑及，荩谋指示，尤征周密。此事当开工时，该司即经电饬沿路地方官加意防范，并函牍交错，刻刻在怀。其难处在我之乡镇甚稀，人民亦少。开工后，日人骤增无数，日以拆毁民居，缔构市肆为事。地方官权力本小，各属巡警程度尤低，一时万难查阻。现一面派员察度情形，一面由省预备路警节节填扎。然得力警弁有限，沿途路线甚长，能否严密敷布，殊不可知。且难保必无冲突，容俟筹办稍有头绪，再行详细奉陈。先此肃复，敬请钧安，诸维鉴察。锡良、程德全。谨肃。（《清季外交史料》第8册，第4193页）

12月2日（十月二十日）　奏奉省新设之长白府拟增设安图抚松两县员缺，以资治理。

奏为奉省新设之长白府内，拟增设安图、抚松两县员缺，以资治理，恭折仰祈圣鉴事：窃臣等一再考核，稔知鸭、图两江之间水线中断，国

1909年（宣统元年 己酉）57岁

界混淆即由于此。现界务虽已解决，而日、韩对岸开埠驻兵，经营一切，兼以韩人越垦盗木，易启争端，拟即于图们江上源，自红旗河以西，北循省界，南至石乙水，中包布尔湖乃圣朝发祥之地，设一县缺，名曰安图县，建治于红旗河西南岸，近接韩境，以树国界之大防。又冈后之地，深林丛薄，素为盗贼出没渊薮，府治冈前，防遏韩边，已虞不给，势难兼顾冈后。拟即于松花江上源，循下两江以东，上两江以南，尽紧江、漫江流域设一县缺，名曰抚松县，建治于下两江东岸之双甸子，与吉林之濛江州隔江相望，俾靖省界之匪类。以上两县员缺统归长白府管辖，一以防边，一以靖内，各就天然流域划疆分治，以与长白府相犄角，形胜利便无逾于此。

上年前督臣徐世昌奏设长白府折内，本拟地僻民聚，再行敷设县治。现边境益形吃重，臣等征之时事，实见夫长白接壤邻强，孤悬边外，必须增官设治，因时制宜。故揆度地形，就三江之源以树三方鼎峙之势，使长白一府如辅车之得依，庶于固圉绥边两有裨益。如蒙俞允，该两县系绝边要缺，非谙练边情勤奋耐苦之员，断难胜任。拟即檄饬该处调查委员留奉补用知县刘建封筹办安图设治事宜，直隶试用府经历许中书筹办抚松设治事宜，如能胜任，再行分别奏请补署。至设治以后，应行伐木通道，勘界筑室，请铸印信，添派防兵，核给廉费，由臣等酌量情形随时奏咨办理。

二十八日奉到朱批："会议政务处议奏。钦此。"（《锡良遗稿·奏稿》，第996—997页）

是日　奏扩充维城小学校额，以培本根而宏教育。

奏为扩充维城小学校额，以培本根而宏教育，恭折仰祈圣鉴事：窃奉天旧有宗室觉罗官学，因遭兵燹废圮，经前将军臣赵尔巽奏明合并培修，筹加经费，改作学堂，共招学生一百八十名，旋增至二百名。臣等到任，每往视学，示以国家育才展亲之深意，与夫今日优胜劣败之竞争，各学生具知感奋，试以各种科学颇能领悟，文笔亦多斐然可观。本年夏间考验堂内高等小学毕业生一班，成绩甚优，兵式体操尤为省城各学之冠，当加奖励，勖以大成。由是宗室、觉罗子弟类皆闻风歆动，求入学堂。夏间毕业生升送陆军各学校，遗额仅三十余名，考取过倍，合前住堂内学生已共二百四十人，而报名投考者犹复纷至沓来，择取则未免向隅，兼收则食费无出，前住各生竟愿改易粗粝饭食，藉以分饷余额学生，其敬业乐群之意，苦心向学之忱，至为难得。间有家远年幼子弟，其父兄以寄宿为难，则又佥称保家存身无踰学舍，闻此尤怦然于怀。盖虽在童稚，年来受外界之感触甚深，遂不觉其言之痛切也。臣等前因校舍不敷，当饬提学司鸠工庀材添建楼房，该宗室、觉罗等即愿以领回国民捐银二千七百余两为补助之费。今见来学者众，益谋式廓，理化、图书、器具更求完全，并尅日竣工以便新班开课。各宗室、觉罗等益复相与兴起，乐助厥成，又呈请共捐银二千五百余两，由应领饷项扣支。计两次盖成新式楼房三座共四十二间以为讲舍，别盖瓦房十数间为息宿庖溷之所，并前约可容住五百余人，计费银九千余两。除将国民捐与续捐款项尽数动用外，尚短银三千余两，拟与应行置备之书籍器物，一切均由本省学务经费项下另行筹拨。现已添招学生连前共三百名，明春拟再续招二百名，以足五百人之额。兹据提学司卢靖呈请奏咨立案前来。

臣等窃维胄子、国子之教，昉于虞廷而盛于周代，一时公姓、公族，咸泽虎门之化，上应麟定之祥，播诸咏歌，垂声家国。东邦为我龙兴之地，陪京旧壤，王化肇基，帝室周亲，英才荟聚，思培本根重计，教育难为缓图。今得宗室、觉罗等一再捐赀，俾得增拓规模，宏施造就。异日人才蔚起，辅弼皇家，磐石苞桑，即基于此。臣等仍当随时督饬学员，认真管教，力求进步，以期仰副朝廷乐育亲贤之至意。

二十八日奉到朱批："该衙门知道。钦此。"（《锡良遗稿·奏稿》，第 1000—1001 页）

12 月 4 日（十月二十二日）　外务部咨锡良、程德全安奉路事请饬司催日领速商电。

安奉路事，本月十三、十五等日接准函电，以日本小池领事屡延不议，请告日使转饬就商等因。本部当以此路沿线各事，处处与中国地方行政相关，务祈迅速议结等情照会日使。去后，兹据复称，该总领事直接受日本政府之命令，与奉省督抚协商该路问题，自必诚意努力议结。但至今尚无成议者，或因请示政府不久必有回示等因。相应钞录往来照会，咨行贵督抚查照，即饬交涉司催令该总领事从速妥商可也。（《清宣统

朝外交史史料》卷11，第11册，第1—2页）

12月5日（十月二十三日）　奏筹设安东初级各审判检察厅情形及拨用款目。

奏为筹设安东地方初级各审判厅并附设检察厅，谨将开办情形暨拨用款目，恭折具陈，仰祈圣鉴事：窃照筹备宪政年限清单内开："本年应筹设商埠审判厅，限于明年一律成立。"奉省商埠重地，如奉天府之承德、抚顺，如营口，如新民，业经前督臣徐世昌先期筹设，分别具奏。此外安东、辽阳、铁岭、凤凰、法库、通江六处，繁简各殊，情势互异。安东一埠近为日人麇集之地，商务之盛不亚新、营，尤宜尽先筹设审判各厅，以维法权而重宪政。第事属推广，求才匪易，集款尤难。臣等莅东之后，虽极力撙节，财用仍行拮据。际此各埠次第设厅之时，苦无正当之款可以动支，当经饬令盐务局于一五加价项下，岁筹银一万两，并饬兴凤道就埠筹款，由商会于水师捕盗款内，岁筹银五千两，由巡警局于员司经费项下，岁筹银二千四百两，计尚不敷银四千余两，拟在该埠巡警市房租金项下动用。以上共银二万一千余两。比照本年七月法部奏定各商埠审判厅编制大纲，酌以地方情形变通办理，设安东地方审判厅一，第一初级审判厅一，分理安东全境民刑诉讼事务，各附设检察厅。地方审判厅，暂设民事刑事各一庭，仿照营、新两处办法，派推事长兼刑庭庭长一，推事兼办理民庭庭长一，两庭各派委员一人，公开则集两委员于一庭，以符会议之制。派主簿兼办典簿一，所官一，医官一，录事二。地方检察厅派检察长兼检察官一、委员二，录事一。初级审判厅派推事一，检察厅派检察官一。仍拣派法政学堂毕业生于各厅为练习员，藉资辅助。其各员公费，比照承德、抚顺现行章制核减四成，以六成实银发给。都四厅常年额支经费需银二万一千五百二十八两，闰年按一个月定数照加，饬由提法司查照指定之款具领转发，核实动用。

据提法司吴钫呈报，该两厅定于本年十月十六日开厅，遴派本任金州厅同知孙长青署理地方审判厅推事长兼刑庭庭长，奉天候补同知黄庆阶署理民庭推事兼庭长，调奉民政部六品警官赵毓衡署理地方检察厅检察长兼检察官，留奉补用县丞曾纪馨署理初级审判厅推事，议叙县丞舒渭滨署理初级检察厅检察官，呈经臣等分别札委，依期开办，仍将辽、铁等处审判厅应行筹备事宜，饬提法司赓续筹办，毋误定期。

十一月初一日奉到朱批："该部知道。钦此。"（《锡良遗稿·奏稿》，第1002—1003页）

12月6日（十月二十四日） 东督锡良致外务部延吉日人购地建屋应收回出租电。

申。准吉林陈抚院电开：接吴督办电，略谓：六道沟总领事馆即从前派出所，其地基系斋藤暗中购自垦民，此外该处日、韩商人，前此亦颇有购地建屋者。以自开商埠而论，自应由我国收回出租，倘无一定办法，该领势难承认。其他埠分馆，该领亦拟自行购地建筑。究应如何办理？遍查各埠章程，亦无成案可据，拟请示外务部，俾有遵循。又据电称：和龙峪、火狐狸沟案内死伤兵弁，日领允送吊慰金一千五百两，请我速释韩警全成哲，以完前案。惟玄德胜一案，商诸统监以久，经正式判决，碍难释放。查玄德胜当日被拘，已经我外务部商允日使释放，终未实行，应请外务部严行交涉。又和龙峪等案应否如议完结，韩警全成哲能否即时释放，均请电商外务部等语，特此转达，即乞酌核，电部请示办法等因。敬乞大部迅赐裁夺，电示办法，以便转复吴督办遵照办理。良。洋。（《清宣统朝外交史史料》卷11，第11册，第8页）

12月7日（十月二十五日） 东督锡良致外部安奉铁路改良应援东省合同由中国派员经理函。

敬启者：安奉铁路改良，所有办理该路事务，应由中国政府援照东省铁路合同，派员查察经理。该路既经动工，自应照办，以符约章。现已派委候选同知黄丞国璋经理其事，惟办事权限亟应分明，一切章程尚待妥定。该员曾见驻奉日本领事，属其到京后可往晤伊集院公使，不知有无用意。至南满铁道会社，则谓安奉铁路总机关悉在大连，劝该员长驻大连办事查账、勘工，庶期便利等语，是我尚应有查账、勘工之权。该员现正请假入都，特令晋谒钧部，伏希指授机宜。俟见伊使后，如有询问并饬该员随时禀陈钧听。至查察经理，本无一定范围，如蒙面加训诲，俾该员见日本公使时得以有所遵循，不至陨越，则尤为感祷者也。专此。祇请钧安，伏祈垂鉴。（《清宣统朝外交史史料》卷11，第11册，第8—9页）

是日 外务部复锡良延吉日宪兵等伤官毙兵案宜商结以不失体为断电。

申，漾电悉。日、韩商人购地照自开商埠通章，自应由我租给。至日领所建总馆之地既已购定，可即作为永租，其分馆亦一律办理。火狐狸沟一案，本部曾严重交涉，要以办犯、惩官、偿恤各事。前伊使面商，欲以抚恤了案，并援广东、热河土民戕毙游历日人两案作抵，当经切驳。现该两案首从各犯，我已按律严办。此案情节较重，若仅以千五百之吊慰金议结，太觉失体。全成哲与玄德胜两案，如彼此互行释放，尚足相抵。总之，案经迁延过久，均宜一体了结为是。应请电饬吴督办将各案与日领妥商办理，如在我不至失体过甚，即可了结，希核办电复。外。
(《清宣统朝外交史史料》卷11，第11册，第9页)

12月8日（十月二十六日） 奏奉天地方自治筹办处办理情形并预算常年经费。

奏为奉天地方自治筹办处办理情形，并预算常年经费，恭折仰祈圣鉴事：窃地方自治为咨议局进行之始基，现咨议局既经筹办完竣，则城、镇、乡自治，必须急起直追，继续办理，方无偏而不举之弊，而收交相为辅之功。查奉省咨议局于九月初一日成立，地方自治筹办处亦即于九月初一日开始，当经臣等刊发关防，选派员司，核定章程，责成民政使张元奇监理其事，并照会籍绅盛京副都统多文为会办，凡关于城、镇、乡地方自治各事宜，暨附属各会所，统归该处核转，由臣等随时认真督饬，务臻周密。

臣等窃维筹办自治，必先养成人民智识，使皆知自治名义为辅官治所不及，而非独立于官治之外，宗旨不致误会，始于地方为有益，则入手办法自以遍设府、厅、州、县自治研究所为第一义。奉天省城研究所，业于本年八月二十一日毕业，共得毕业学员一百七十三名，当即分别派赴各属举办自治研究所，分作三届，限期成立，每届每属至少以一所为限。此次毕业学员即充作该所讲员。以四个月为一学期，计两学期毕业，并由臣等核定规则颁发遵行，用防流弊而归一律。将来学员毕业后，传习渐广，一般人民均具有普通自治之智识，瞭然知地方自治之真意，庶续办城、镇、乡自治，得以推行尽利，不致贻误。此奉省地方自治筹办处创始筹办之情形也。

至常年经费，据该处开具预算呈请奏咨前来。由臣等切实核减，每年约需动用银一万七千二百八十两，拟由度支司税捐项下动支，应请作正开销。

十一月初四日奉到朱批："该衙门知道。钦此。"（《锡良遗稿·奏稿》，第1004—1005页）

12月12日（十月三十日）　奏筹借外款遵照部议妥筹办法。

奏为筹借外款，遵照部议妥筹办法，恭折据实密陈，仰祈圣鉴事：窃臣等前因东省大局危迫，遵旨筹借外款，修筑锦瑷铁路，先后电折奏陈，奉旨："著外务部、度支部、邮传部妥商该督抚，统筹全局，会同具奏"等因，钦此。钦遵在案。兹于宣统元年十月十五日，准外务部咨称："前件经该部会同度支、邮传两部妥议覆奏，于十月十二日奉旨：'依奏。钦此'。"钦遵抄折，咨会前来。

臣等伏查部臣原折，于日、俄之布置，东省之阽危，与夫隐患之宜防，外款之应借，固已洞见靡遗；至云修路必须兼筹本计，借款尤宜组织银行，且虑办事之不得其人，偿还之漫无把握，慎始图终，尤为周密，臣等何敢稍有异词。惟就现在东省时局而言，有不得不恳求朝廷迅速定断，俾臣等获措手之方而免贻误之咎者，谨将此事利害，披沥陈之。

夫筑路之举，他省志在兴利，固当谋出万全。东省则所争者，只在早筑一日，轨躅交通，国防巩固，所以收目前有形之利者尚微，而收此后无形之利者甚巨。况乎此路直接京奉干线，旁达葫芦岛不冻海口，内通蒙古要隘，外扞黑龙江边陲，形势极便，百货更宜流通，断不至于无利可获。

臣等遵照部议，通盘筹画，惟有筑路、兴业二者兼营并进。筑路合同，或由三部与之直接另议，或即仍交臣等查照前次所订，除部臣所指为侵损利权各条再与该代表悉心磋商，其余不必作废，免致坐误事机。至兴办实业，应请遵照部折，另借巨款，或办矿务，或办移民开垦，总须预计将来利益，确有把握，实有抵偿，方为兴办。

世界各国，如美洲当日何尝非一片荒土？彼其所以致富之道，则在先营铁路，铁路通行，然后土地始逐渐开辟。盖有路则远方之民易于来集，开垦之后，转鬻甚灵，货物亦便于得值。数年之后，人民日益繁富，殖业必日益丰饶，其利较诸内省地利久开，菁华已竭者，难易厚薄，不

1909年（宣统元年 己酉）57岁

可以道里计。美之崛起，前后不过百年，而富莫与京，可为前例。

东省如沿路森林及著名煤矿，从前我无运路，无资本，故不能收实效；至于移民开垦，则尤形节节阻滞。若一旦有铁路以为运输，将来筹还本息，即以森林、煤矿及垦牧之余利归偿，当不至于无著。

若用人各节，臣等更当受其责成，应俟借款定后，遴选贤能，奏明办理。其办事次第，亦俟借款合同画押之后，再行陆续奏陈。

应恳朝廷，俯念东局紧迫，仍准照臣等所筹借款办法，或请敕下部臣直与美银公司代表商定，或仍由臣处接续开议，一俟奉到朱批，臣等即当与部臣随时电商办法，以期浃洽。事关东省大局，时势迫蹙，无可缓延。

朱批："该部议奏，片二件并发。"（《锡良遗稿·奏稿》，第1006—1008页）

是日 奏密陈借款修筑锦瑷铁路。

锦瑷铁路借款，虽经臣等一再奏陈，而于东省之存亡，外交之得失，关系最巨，未便形之前折，有不能不密陈于皇上之前者。盖东三省经中日、日俄战后，危而复存者，类由于列强牵制之力。然日人善其外交权术，叠与英、法、俄国联盟外，假开通门户之说，实以肆其隐占之谋，势力乃愈侵愈逼，本年安奉铁路正与协商，遽倡言自由行动，迨中日约成，海陆包围，机局更愈迫愈紧。俄则日思报复，经营北满，窥测蒙疆，境上屯兵常十数万。此外各国亦鹰瞵虎视，待两国之举动如何，以定其趋向。牵连全局，岂惟东省一隅。幸有此锦州至瑷珲一路，连贯二千余里，内与并驾齐驱，兼以顾京师右臂；是东省生路只此锦瑷一条，东省生机只有均权一法。前奉谕旨，有均势之说，指示至为深切。适美国以日人垄断满洲，彼之商务遭其损失，积愤不平，欲以投资，均其利益。臣等恰于此时议设锦瑷铁路，该国商人允以巨款贷我。又因英与日盟，必须联英入股，以杜英人之牵掣，遂合为英美公司共贷此款。此虽名为商路，实含有政治外交之策。盖无论我今日无款，即款有余裕，而国力未张，能保此时不出而干涉？即不干涉，能保其永不相侵？并恐一切矿产、森林，终非我有。是借款者，乃兼借其势力，彼以势力换我利权，我即借其势力以巩疆圉。该国代表司戴德与臣等面商之时，即云此次借款，与内省不同，实有外交上莫大关系。盖彼深知资本必大，势力始均，然后能与日、俄相抗，而东三省亦即藉以自存。彼此各有隐情，皆已昭然若揭。是锦瑷铁路一议，在我之主脑实在救亡，非仅兴利已也。

臣等自顾庸愚，膺兹重任，上思根本重地，祖宗缔造之艰难，下念丰镐旧部，人民生聚之繁盛，触目殷忧，莫知所届，舍此一策，别无他术。臣等前次所以先与画押者，事机所迫，不得已也。否则日久变生，将有第三国要求加入，恐蹈粤汉铁路之覆辙。

至此议发起以后，日本报纸，每著论说，斥言无利，以图破坏，盖欲惑朝廷之聪听，而逞一己之阴谋。又闻俄、美现正交欢，近有俄借美款经营东方之说。此说果确，齐瑷一路，将非吾有，而美人以不啻投资我地。他日美人间接以图日，而我无丝毫之权，何如今日与美人合资以自谋，而我尚有保全之望。伏愿皇上宸衷立断，密敕外务部、度支部、邮传部从长计议，将锦瑷铁路公司，仍允贷借英、美巨款，迅速核准签押，俾得支持未危局，免滋贻误，东省幸甚，大局幸甚！（《锡良遗稿·奏稿》，第1008—1009页）

12月13日（十一月初一日）　奏报蒙旗债累困苦恳求由官银号借银接济。

奏为蒙旗债累困苦，恳求接济，议由官银号借银十五万两，以恤蒙艰，恭折仰祈圣鉴事：窃本年七月间，接据哲里木盟长郭尔罗斯前旗札萨克镇国公齐默特色木丕勒函称：该旗地方硗薄，财政支绌，往年积欠练兵及置备旗纛、马匹、器械并举办新政各项要需，渐渐增益，共欠银十五万余两，愈累愈重，无法筹措。拟为避重就轻之计，恳请官家代借银十五万两，由该旗长春府地租项下按年分还，以济该旗之困等语。臣等查各蒙旗财力困苦，始则为奸商欺弄，及债迫情急之时，往往使外人乘机挽越，致多镠辖。上年札萨克图郡王乌泰私借俄债，几至害及大局，可为前鉴。此次该公旗因债累无法筹借，恳求官家接济，为避重就轻之计，尚属明白利害。所请以该旗地租作抵，亦与历次办理蒙旗借款成案相符。自应亟代筹借，以体国家优待藩封之意，而坚蒙旗慕服之心。

惟蒙旗积习，借款到手，浪费无节，债累终于难清，必须彻查为之主持，方保款不虚掷。当由臣等选次咨行该镇国公，令将各项欠款详晰开报，并邀该镇国公来省面商。该镇国公嗣于九月间亲自到奉，与臣等面晤，并据开呈所欠各款本息数目。臣等查核属实，当即允准代向东三省官银号筹借，因札饬蒙务局总办道员于驷兴与该镇国公商订借款办法。旋据于驷兴呈称：代向东三省官银号商借银十五万两，按月以七厘六毫认息，以该旗应征长春地租作抵，由官银号派员监督经征，分作七年，本利还清，拟立合同九条，互相商订。该镇国公暨官银号金各公认按照定议。其所欠北京、长春官商各款，即由两处官银分号按数分别拨还取销借据。又查该公旗欠款统共十五万二千二百六十九两七钱，除借定银十五万两外，尚不敷银二千余两。查该旗应征长春府属本年地租，自本年十月开征起至明年五月间收齐截至，除拨还此次借定官银号应付第一期还款外，所收租项尚有赢余，应一并由官银号将此项欠款二千余两照数提还，以期扫数清结；并将所订合同呈送盖印，拟请奏咨前来。臣等复核所拟各节尚属妥协，该镇国公亦极愉惬，当即批准照办。

初八日奉到朱批："该部知道。钦此。"（《锡良遗稿·奏稿》，第1010—1011页）

是日　奏东西各国洋员在奉办事有年请赏给宝星。

奏为东西各国人员在奉办事有年，恳恩颁给宝星，以示奖励，恭折仰祈圣鉴事：窃查各国交际通例，凡遇他国人员在国内佐理事务著有劳绩者，例须颁给宝星，以资辑洽。东三省自开商埠后，各国分设领事，遇有交涉，类皆和衷商办；至开办新政，间有借材异国者，亦皆勤奋尽职。现查有驻安东县之日本领事冈部三郎，前曾与议采木公司事宜，悉臻妥协。我国与议各委员均已得有彼国宝星，自应互相酬赠。其驻铁岭县之日本副领事村山正隆于交回日军收没官之房屋、地亩，办理亦甚合宜；又如驻辽阳州之日本第十师团长、陆军中将、男爵安东贞美等约束兵官，遵守法律，亦拟分别赠予，俾联交谊。此外奉省聘用洋员如德人雷满等，或派充教习，或担任医官及派充各项差使者，任用既久，亦均有成绩可稽，似应择尤酌量给奖，用资激劝。谨汇案开具清单恭呈御览。合无仰恳天恩，俯准饬部照单赏给各该洋员宝星，以示奖励而资联洽之处，出自逾格鸿慈。

除咨部外，所有恳恩赏给洋员宝星缘由，理合恭折具陈，伏乞皇上圣鉴。

本月初八日奉到朱批："著照所请，外务部知道，单并发。钦此。"
谨将在奉东西各国人员职名，分拟宝星等第，缮具清单，恭呈御览。
计开：

驻辽阳日本第十师团长、陆军中将、男爵安东贞美，以上一员拟请赏给二等第二宝星。

驻铁岭日本副领事村山正隆、步兵第二十旅团长日本陆军少将藤本太郎、步兵第八旅团长日本陆军少将津川谦光，以上三员拟请赏给二等第三宝星。

驻安东日本领事冈部三郎、劝业道农业试验场技师长兼农业学堂日本正教习横山壮次郎、第十师团参谋长、日本陆军步兵大佐金久保万吉、第十师团经理部长、日本陆军一等主计正鹤田义绍、第十师团军医部长、日本陆军一等军医正守屋甫一郎、步兵第四十联队长、日本陆军步兵大佐八木下纯、步兵第二十联队长、日本陆军步兵大佐小泽季治、步兵第十联队长日本陆军步兵大佐平冈茂，以上八员拟请赏给三等第一宝星。

营务处日本教员堀米岱三郎、第十师团副官、日本陆军步兵中佐中川节、第十师团副官、日本陆军步兵少佐、关东野、炮兵第十联队长、日本陆军炮兵中佐伊藤弦、骑兵第十联队长、日本陆军骑兵中佐吉利悌辅，以上五员拟请赏给三等第二宝星。

提学司师范学堂日本教员南洞孝、法政学堂日本教员柏田哲男、劝业道商务调查员日本井深彦三郎、劝业道树艺技师长兼农业学堂日本教习角田启司、劝业道化学技师兼农业学堂日本教习石田研、森林学堂日本正教习三户章造、卫生医院德国医官雷满、卫生医院日本医士志熊贞治、卫生医院日本医士杉本浩三，以上九员拟请赏给三等第三宝星。

劝业道农艺技手日本藤田喜代作、劝业道园艺技手兼农业学堂日本教习若竹千代吉，以上二员拟请赏给四等第一宝星。（《锡良遗稿·奏稿》，第1011—1013页）

是日　奏英日美洋员整顿榷政出力，请赏给头衔宝星。

驻华洋员有办事多年、劳绩卓著者，例准给奖，以示鼓励。兹查有三品衔三等第一宝星奉天税务司英员包罗，整顿榷政，办事勤劳；又大连关税务司日员立花政树，经征关税，责任最繁，该关税务向不易办，而该税务司每遇交涉，收回利权不少；又四品衔安东税务司美员巴伦，在边关办事已历三年，颇有成效；又四品衔吉林税务司英员克勒纳，因公跋涉，劳苦不辞；又三品衔奉天邮政司英员花荪，在关二十余年，夙著勤能，现任邮政亦能称职。据署奉天交涉司邓邦述呈恳奏请给奖前来。臣等复核无异，相应请旨，将该税务司包罗给予二品衔二等第三宝星、立花政树给予三品衔三等第一宝星，巴伦、克勒纳均给予三品衔、邮政司花荪给予二品衔以资奖励，出自逾格鸿慈。

初八日奉到朱批："外务部议奏。钦此。"（《锡良遗稿·奏稿》，第1013—1014页）

12月14日（十一月初二日） 锡良札饬交涉局阻止俄人违章钻矿。

钦差大臣头品顶戴陆军部尚书衔都察院都御史总督东三省等处地方兼管三省将军事务锡、钦命陆军部侍郎衔都察院副都御史巡抚黑龙江等处地方兼副都统衔周为札饬事：案据东布特哈总管呈称：为呈请速转禁阻事。窃查光绪三十四年秋间，据商人王玉珍、把头侯金鳌等禀请试办平山煤矿，以开利源等情。当经转呈，嗣因款项无著，由职招集商股，饬令先行开采，时蒙委派矿政调查局总理任差之事，本拟始终其事，因蒙宪台札署布特哈东路总管不暇兼顾，曾于光绪三十四年五月二十一日请将平山煤矿股款账目、矿产家具一并移交梁守掌卿接办。斯时，共招股分并商家借款计开支两万五千九百余吊。等因，粘单呈报在案。自该守接收之后，因分作景星山款项不济，禀请赴内省招股等因亦在案，究竟该守招股有无成效，始终未据函报。惟职特恐矿厂被外人乘机占据，于去岁十月份饬派把头么兆海带领工人前往挖作，俾资看守，刻已年余。所有需费，均系职一人担承，合前共算为数已达五万余吊。

近据把头么兆海到署报称：俄人见我中窑太平山煤矿已得大槽煤，已堪备机器烧用，因而垂涎。于未年八月初十日，由满洲里煤窑内用火车载来大钻十副，于我作之煤井四周中间安置下钻，时下正在钻探。小的屡次拦阻，该俄人佯为不理，问悉由俄铁路公司矿务局派来者。小的拦他不住，惟有前来禀报总办，赶紧设法阻止，以便自行开辟，保我利源。兹将作出煤样一包，呈请查验，等情。

据此，查平山煤矿原系经职呈请招商开采，迄今已三年。所采矿地南北三处：中曰太平山，即现在出煤处所，在俄路西南，距朱家坎俄站约十六、七里，其地系在广信公司追回李兰亭承领之地其旁，近靠雅路河南沿，系把头么兆海开采；北曰平山，所作之煤井系占佃户于涌泉之地，因该处底水矿气过胜，熏死矿丁十一名，故未能大作，此系把头侯金鳌开采；南曰景星山，所作煤井占有佃户焦姓地界，系把头么兆海、刘振鹏开采。去岁五月梁守接办后，开挖数井，嗣以款项不济，该守始赴内省招股。现计所开南北三厂并非中国弃挪之地，中国亦并非无人挖作。该俄人竟不遵条章，于我早经开作煤井四周中间强行下钻，殊属有悖公理。

复查光绪三十三年七月二十二日宋道小濂与俄铁路公司所定该铁路两旁煤矿条章第三条内载：铁路两旁三十华里之煤由公司勘办，但中国人民亦可享在铁路两旁三十里内挖采煤斤之利益；五条内载：凡勘明其处实可开挖煤矿，应需地段若干，由该公司会同交涉局员向业主查勘地势，公平议价或租或买方可开办；第十条内载：以上章程系专为铁路公司自开之矿而定，其华人自办之矿无论新旧，无论何处均仍照中国各章办理，铁路公司毫无干预，各等情。

查太平山煤矿华人开采在先，按照合同第十条所载，该公司干预且不能，何况侵夺，合同昭然，各应遵守。且查各国矿产，以煤矿为最重。今该俄人见我所作太平山煤矿功已成就，不顾约章前来钻扰，其居心不问可知，倘不呈请及早拦逐，恐日后缪辖横生，殊非保我利权之道。除饬把头么兆海携资迅速回窑，照常工作，所送煤样附封呈验外，理合绘图备文具由呈请宪台鉴核，恳速照会俄官阻止开采，实为公便。计图一份，煤一包等情。据此，除批呈图暨煤样均悉，查太平山煤矿畅旺，前经该总管等集资开办，本为主权利权所在，未便自行放弃。该俄人乃擅行侵采，殊属显背约章，候饬铁路交涉局从速照会铁路公司严行阻止，并由该总管转饬把头等迅速回厂，照常开采，勿得自误工作为要，并饬交涉局知照，缴。图及煤样存等因。印发并分饬外，合亟札饬。札到该局，即便知照，特札。右札仰交涉局准此。（《中东铁路》（一），第297—299页）

12月19日（十一月初七日） 东督锡良等就开埠事宜致税务处电。

税务处钧鉴：奉省各商埠，约章内载，均系自行开放。前准感电，

1909 年（宣统元年　己酉）57 岁

业经前督徐、前抚唐札饬交涉司转行开埠各地方官，从速筹备相当地址划作商埠，以便与洋商为公共居住贸易之所。嗣据新民等处地方官集绅商会同拟议相当地方，陆续绘图，送经交涉司呈核。查拟定地段均在火车站暨附近之处，既便交通，即所定方里亦足敷用，尚称合宜，应早划定以清界限。第奉省情形，外人在城镇杂居者已属不少，该司迭与驻奉各领事面商，划清埠界办法，各领均欲坚执全市通商之说，侵我税权。现彼此均未承认埠地，亦有照常征税者，然埠界一日不定，一切皆无妥实办法，易损主权且非长策。至省城商埠，早经前督赵圈定小西边门外田亩，插立标志。各国人民有向界内禀请租用者，正拟饬司分别另绘图本，呈送核定，照会驻京公使核办。兹准咨询，除备文咨送，并咨呈外务部查核办理外，谨将筹备情形先行电复，即希查照为祷。良、全。歌。（《清宣统朝外交史史料》卷12，第12册，第6页）

　　12月24日（十一月十二日）　奉天知府王顺存呈报锡良，列举清单，查明日人侵占民地等情。（《日本侵华罪行档案新辑》（二），第428—435页）

　　12月24日（十一月十二日）　奏请立案查照奉省旗民正佐各缺迭次续加津贴情形。

　　奏为奉省府厅州县正、佐各缺暨各项旗缺，迭次续加津贴，请旨饬部立案，以昭核实，恭折仰祈圣鉴事：窃维重禄所以养廉，饩廪必使称事，故宽给廉费，实为整顿吏治之要端。奉省府厅州县征收租赋，向本无甚赢余，且有并无征收之处，佐贰、教职更属清苦。当此创办新政，振兴庶务，费用繁多，而铁路交通之地尤应讲求外交，沿边冲要之区并须兼筹边务，职务繁重，办事困难，殊非内地各省可比。夫奉省乘迭次兵燹之后，百物翔贵，迥异曩时，官吏岁入之款不足以兼及公私，将令贤者视缺为畏途，不肖者益因而骩法。若不酌加津贴，无以励廉隅即无以禁贪鄙，甚非勤求上理、鼓舞贤劳之道也。

　　查前任将军臣廷杰等曾经酌定各属缺分等差，发给津贴，奏咨有案。至光绪三十二年，前将军臣赵尔巽复经酌改，开单具奏，并声明如有应行变通之处，当随时察核增减等因，钦奉朱批："户部知道，单并发。钦此。"嗣以原定各处津贴数目尚未酌剂盈虚，权衡悉当，又经逐加增改，并将旗署政务稍繁各缺一律加给津贴，以示体恤。洎乎改设行省，前督臣徐世昌以庶政聿新，事事责成各地方官实力筹办。惟办事以款项为根本，公帑既无所取资，则竭蹶从公在所不免；且又严申裁革陋规之禁，不准丝毫骚扰。而民困稍纾，官累渐重，因复察核情形，酌加津贴；其奏设各缺，亦酌给公费薪水，均以足敷办公为度。前项银两即于奉省田房契税与税捐项下开支，未及奏咨立案。

臣等到任后，极力节省糜费，本不敢稍事铺张，见好僚属。惟思恤民必先恤吏，养廉正以惩贪。与其取之民间，簠簋不饬，何如给诸公帑，名实斯符，因饬如数照发。此次派辉南直隶厅设治委员亦经援案支给薪公，以便措置。

查此项银两迭经分别饬发。现当清理财政之际，亟应汇案奏闻。谨开清单，恭呈御览。拟恳天恩，饬部立案，以昭核实。从此奉省旗民地方正、佐各员俾无内顾之忧，咸自奋于功名之路，于民生吏治两有所裨。臣等惟有随时悉心察核，严定考成，务令款无虚糜，事无废弛，藉收整顿之实效；如有应行增减之处，仍当随时酌核办理。

二十日奉到朱批："度支部知道，单并发。钦此。"（《锡良遗稿·奏稿》，第 1017—1023 页）

12 月 25 日（十一月十三日） 指示奉天民政使发布严禁散布抵制日货传单事的札文。

钦命奉天民政使司民政使张（张元奇）为札饬事：案准交涉司咨开，为咨请事，案准日总领事照会内称，近来因有倡言抵制日货、煽惑商民之人，屡由本官请贵司留意，并请设法管束在案。不料，此等煽惑之人，至今不改态度。现在，奉天、铁岭、辽阳及其他各处公然散布传单，措危激之词，煽动人心，强迫贵国正经商民不准向日商卖买货物，且极口诋骂邻邦，毫不受官宪之禁止。此等人所在多有，甚为遗憾也。贵国政府，前因贵国人有煽动人心抵制日货之行为，认为有碍国交，命各省督抚切实整顿。本省已由锡总督及民政司使出示禁止，而仍有置禁令于度外，分布无稽之传单，希图煽惑之人，不但玩视官宪之告示，且有戾贵国政府重视贸易利益，顾全两国交谊之本意。又，本地发行之《醒时白话报》，日前将向我国商人购买货物之华商等商号刊登报上，决非无意，实不外逞其狡谋，恐吓贵国商人，欲阻害正当之卖买也。故特备文，附同传单二纸照会贵司，请烦将散布传单之人及其他即速实行取缔，方法并望示复等因，附送传单二纸到司。

查此案前经贵司出示禁止晓谕，照常贸易在案。兹准前因，除函复外，相应抄录传单备文咨请贵司，烦为查照。仍希饬属严密查禁散布此项传单之人，并望酌订惩办方法见复，俾期转达，免滋藉口，实为公便，等因。准此，本司查前因谣传抵制日货，曾奉督抚宪谕出示晓谕在案。兹复有煽惑之人，仍然散布传单，并《醒时白话报》刊登报上等情，亟应严行禁止，以保邦交。自禁之后，如尚有谣传之人并报馆登刊者，查获即照例惩办。除咨复交涉司外，合行札饬札到该府，务希严密查禁。切切。（《辛亥革命在辽宁档案史料》，第4—5页）

12月28日（十一月十六日）　奏遵旨查追已革民政使倪嗣冲赃款。

奏为遵旨查追已革大员赃款，恭折仰祈圣鉴事：窃前准吏部咨："宣统元年七月十六日奉上谕：'锡良片奏监司大员，性情夸诈，遇事欺蒙，请旨惩处等语。江省财力艰窘，身为大员，应如何激发天良，实心任事。黑龙江民政使倪嗣冲承办屯垦，竟敢营私舞弊，捏报浮支，实属辜恩溺职，著即行革职，勒追赃款，以肃官方。该部知道。钦此。'"钦遵，当经恭录转饬查追。

旋据该革司倪嗣冲以屯垦局总理办理不善等情具禀，意图诿饰。当查哈拉火烧垦务，系奏派该革司承办，款项亦系该革司造销，责无旁贷。屯垦局所用员司，半系该革司私人，总理附贡生华鑑章及代理屯垦总理前充护垦马队管带补用游击华钧章，皆系该革司外甥，通用作弊，均难宽纵。随又严饬现署黑龙江民政使赵渊将华鑑章等看管彻查究办去后。

兹据该司查明垦务情形，并将赃款确查呈覆前来。逐加复核，其捏报浮支之款，有尚为前查所未尽者。如马匹一项，上年销册开支三百二十一匹，现经交出马二百二十一匹，除去倒马五十四匹，淹毙马六匹，计短少马四十匹；每匹价银三十两，共应追缴银一千二百两。马犁一项，上年实购六十张，每张多支银六两八钱三分二厘，共应追缴银四百零九两九钱二分。房屋一项，上年造销六百二十一所。据华鑑章呈出包修字据连水淹之三十三所，计算实止修过四百三十八所，计多报一百八十三所。每所捏报银五十两，共应追缴银九千一百五十两。已修之房四百三十八所，每所包修实仅江钱二百吊，按五吊五百八十文折银一两，合银三十五两八钱四分二厘，计每所多报银十四两一钱五分八厘，共应追缴银六千二百零一两二钱四厘。劈柴捏报六十一古磅，每古磅江钱一百三十吊，共应追缴银一千四百二十一两一钱四分六厘。羊草捏报三十三万捆，每百捆江钱二吊五百文，共应追缴银一千四百七十八两五钱。又上年造册总局房屋十间，工料钱二千八百吊，存储火犁大厂房一所，工料钱三千二百吊，现经移交并无该项房厂，共应追缴银一千零七十五两二钱七分六厘。以上总共应追缴银二万零九百三十六两四分六厘，业已悉数追出，拨归屯垦经费。其本年收支各项款目，亦由接收委员交代清楚，自应分别拟办。

  查该革司倪嗣冲承办屯垦，以十数万金之巨款任用私亲，滥费浮支，恣意挥霍，迨弥缝无术，辄敢藉水捏销，徇情弊混，实属异常荒谬。惟业已革职，应请免再置议。屯垦总理安徽阜阳县附贡生华镕章浮冒巨款，胆大妄为，应请革去附贡生，驱逐回籍。仅先补用游击华钧章曾经代理屯垦总理，倚势把持，败坏局务，声名尤为恶劣，应请革职，永不叙用。此外不肖员役，一律斥逐离江，不准逗留。应办屯垦事宜饬由现任民政使详加考察，妥筹整顿办法，务期事归实际，款不虚糜。

  十一月二十四日奉到朱批："著照所请，该部知道。钦此。"（《锡良遗稿·奏稿》，第1028—1030页）

1910 年（宣统二年 庚戌）58 岁

1月3日（十一月二十二日） 锡良、程德全咨外部安奉路用地能否照表开数目购买乞核复。

为咨行事。

案据交涉司呈称：查接管卷内，安奉铁路各车站需用地亩，照南满铁路会社原开数目，计分甲乙丙丁戊五等，除安奉两端大站另议外，如本溪湖等处乙站竟需地至九百二十亩之多。迭经前署司暨购地局局长秉承宪台命令，与南满公司暨日本总领事往返商减，严定用地限制，声明此项土地专限铁路及铁路业务必要事项之使用，不得用为其他之经营。至火车站位置等，当与我国官宪妥商决定，如用地内欲设马路时，必须先商请所在地方官，得其许诺后始可实行等因，由彼此议定，各以公文作据在案。现据南满公司送到商减车站用地数目表暨图说各件前来，复经本司详加复核，照南满会社原开用地数目表已减去过半，调查沿路车站用地，似属无从再减。应否准其照表开数目分别购买，理合先行钞录原表，备文呈请堂宪鉴核批示，并请转咨外、邮两部核示祗遵。

再，用地图说已饬由购地局分别详细核绘，一俟绘成，随即补送，合并声明等情。据此，除批据呈已悉，仰候钞录原表咨行外务部、邮传部查核办理，缴表存印发外，查安奉铁路需用地亩迭经派员往返商减，严定限制，按照此次表开数目，似属无可再减。究竟能否准其照表所开数目分别购买，相应钞录原表，备文咨行贵部查照，核复施行。（《清季外交史料》第8册，第4220页）

1月5日（十一月二十四日） 奏调东陆军镇协恳请暂留东省仍由原处拨饷。

奏为调东陆军镇协，恳请暂留东省，仍由原处照常拨饷，以维边局，恭折仰祈圣鉴事：窃照升任督臣徐世昌前于光绪三十四年十二月间具奏调东陆军底饷，瞬届期满，请仍由原处协拨一折，奉旨："陆军部议奏。钦此。"嗣经陆军部议覆：以所有赴调各镇协，除第一混成协正饷加饷截至明年五月底止，自六月起应由陆军部收回备练军队，不再协拨外，其第二混成协暨添设协标人员薪饷，自可准如所请，仍暂由直隶照案拨给。至第三镇应需饷项，亦拟再准接展一年，俾得稍纾饷力等因，奏奉谕旨允准，钦遵咨行到奉。复经升任督臣徐世昌奏请将第一混成协常年正饷、加饷由东省盐厘款内腾挪应付，奉朱批："该部知道。钦此。"钦遵各在案。

臣等伏查东省为国防重地，非简练军实，无由巩固边陲；只因饷绌兵单，布置未能周匝。自该镇协调驻东省，扼要填扎，时逾两载，地方赖以粗安。惟各该军底饷展限已及二次，转瞬又届一年，自应先事预筹，免误计授。第三省财政同一困难，若令自行筹付，实属力有未逮。臣等夙夜图维，正深焦灼，适准护理直隶督臣崔永安，以北洋抽拨东三省混成协一协，现经具奏，请仍调回归补二四镇，或收回该协底饷，以备补练等因，抄奏咨会前来。在北洋频年以来筹兵筹饷，不遗余力，固已顾全大局，共济时艰；其调回原营收回底饷之请，亦属事理当然。无如东省屏蔽京畿，为北洋之门户，不怀各国观瞻所系，即以时局而论，亦全恃调东军队以壮声威。虽经部议责成三省各练陆军一镇，然奉省极力经营成镇，规模甫有端绪；吉林仅有步队一协，刻正力图扩充；江省陆军亦拟先立基础。即使三省陆军同时成立，亦虞不敷分布；矧值各镇编练未成之际，何能将原有之军骤行遣调！

至收回底饷一节，亦有万分为难之处。东省财力向称支绌，加以今年举办新政，需款孔亟，出入相抵，不敷甚巨。凡此情形，久为内外所共知而共见。臣等忝膺疆寄，责无旁贷，但凡有可筹措，何敢不勉任其难；实因力绌计穷，不得不藉内外协筹之力。查调东第二混成协饷项，自本年闰二月后，北洋即未经拨解。现由各商号挪垫关放，积欠已至三十余万两之多。如果东省不须兵力，则臣等早将该协奏请调还，何至垫此巨饷。倘东省稍有的款可筹，则部定三镇，早经照章编练，何至久借客军。惟是东省介在两强，时艰势迫。自第一混成协正饷、加饷由东认筹，已属筋疲力尽，若竟责令将调东一镇一协饷款自明年五月以后改由东省自筹，深恐贻误边局。惟有仰恳天恩，俯念东省为朝廷根本所系，地方重要，财力困难，拟请饬下陆军部、北洋大臣，准将调东一镇一协正饷、加饷暨第二混成协添设协标人员薪饷等项，自明年五月以后，仍照常由原处按期协拨，并将北洋所欠第二协饷项如数清解归垫，以资接济。一俟东省三镇成立后，即由臣等查酌情形，奏明办理。

十二月初三日奉到朱批："该衙门知道。钦此。"（《锡良遗稿·奏稿》，第1030—1032页）

1月6日（十一月二十五日） 东督锡良致外务部松花江贸易试办章程请驳拒电。

据哈尔滨施道肇基电称：松花江贸易试办章程，现部与俄使商准，派职道会同税司与俄员在哈商改，于本月十五日十一钟在领署开议。职道与葛税司向俄员属将彼所拟议之事开送节略一分，以便逐条详细译阅，再行酌议。俄人不允，即拟分条提议，俟甲条议定，再议乙条。职道与税司商酌，向来会议无此办法，遂坚不允俄人之请。始将原章程阅看宣读，甫一启口，即请将税司所出告示内"案奉札行"字样改为"下开章程"，业经中俄两国派员商准云云，并要求立予回音，原章亦停止不再开诵。职道等再三诘辩，始接诵原章，每诵数行必有指摘，又力索回音。职道等置不予答，如是者数次。甫诵毕总纲四条，时近一钟，即停议，订于十八日未刻为下次议期。职道等仍索节略，此意坚持到底，嗣由某俄员转圜，允先将总纲十四条内现拟议改之处，日内开一节略送阅。是日，彼所议之一其最有关系者，如章程题目改作按照瑷珲及光绪七年条约中俄互商定准之章程。又总纲第一条，彼称俄有松花全江贸易利权，不认商埠与内地之分别。又第四条货物入官，彼请改定罚款银数，无庸将货物充公各节等语。除俟节略送到，随时续陈。铣。

又据啸电称，俄人请改试办章程内总纲各款节略，昨已送到。兹将有关条约之款译汉电呈。章程题目俄人请改，曰哈尔滨特派议员商定由关稽查松花江往来船只暨进出口货物暂行试办章程底稿，第一条甲、乙办法，请删除另议。曰俄华船只按照瑷珲圣彼得堡条约，准向松花江全流任便往来贸易之独利,照以下所开之章程办理。再总纲末尾一节之第二段请改,曰所有行船、理船、防疫专章并给发专单暨军火凭照。章程以及各该章如有更改及加减之处,须按照光绪七年条约第十八款,彼此商准后方能颁布各节。因以上各条均与光绪七年条约第十八款有关,究应如何与议之处,请速电示遵办。

查德、美二领事,月初先后来署面称,闻华官即日与俄人开议,更改现行贸易章程,惟松花江之哈尔滨、三姓等处,旋经开放为各国商埠,目前如有更议,彼国代表亦应与议。并闻松花江行轮,俄人如要求专利,中国将何以复之等语。职道复云:所定贸易暂行试办章程早经颁布,其中并无独准俄人专利之说,亦无禁止他国船只之语。今因俄人屡次龃龉,部宪始允商改窒碍之处,以期尽善云云。以上德、美二领对于松花江贸易事宜之意见,并以禀闻各等语,先后到院。

查松花江贸易试办章程,六月间由钧部与俄使磋商,经俄使照复允认在案。惟其中细节,如于俄商有窒碍之处,则可由俄员与我商议。今俄员请将章程题目更改,直欲翻改从前俄使之承认,殊属无理。其第一款甲、乙两项,系规定船舶行驶各通商口岸及内地时,应行报关完税之办法,万难更改。况俄国在朴茨茅斯与日本所订之约,已将松花江行船独得之权利让出,现在中国在各该处开通商埠,系实行中日条约,俄国早已承认,何得尚以独利为请?均应据理驳拒。至末尾两节第二段,俄人请改之处尤属不合。查中俄条约,并未许其干预我国管理船舶之权,且防疫及给发专照等事,为我国主权之作用,亦为海关之专职,断无须与俄人商议,亦应一并驳拒。除电复施道遵照外,相应合并电达钧部鉴核。良。有。(《清宣统朝外交史史料》卷12,第12册,第3—5页)

是日 就东督锡良所咨安奉铁路用地问题,外部咨邮部其需用地亩应否照表购买请核复。

宣统元年十一月二十二日准东三省总督奉天巡抚咨称:据交涉司呈称,安奉铁路各车站需用地亩,照南满铁路会社原开数目计,分甲乙丙丁戊五等。除安奉两端大站另议外,如本溪县等处乙站竟需地至九百二十亩之多。迭经前署司暨购地局局长与南满公司暨日本总领事往返商减,严定用地限制,声明此项土地专限于铁路及铁路业务必要事项之使用,不得用为其他之经营。至火车站位置等，当与我国官宪妥商决定，如用地内欲设马路时，必须先商请地方官得其许可后，始得实行等因。彼此议定，各以公文作据在案。现据南满会社送到商减车站用地数目表暨图说各件，经本司详加复核，照原开用地数目已减去过半，调查沿路车站用地，似属无从再减。应否准其照表开数目分别购买，理合备文呈请鉴核，并转咨外、邮两部核示祗遵等情。查安奉铁路需用地亩，迭经派员往返商减，严定限制，按照此次表开数目，似属无可再减。究竟应否照表所开数目分别购买，相应钞表备文咨行贵部查核见复等因前来。查此事已由该督抚分咨贵部，事关路政，应如何核办之处，相应咨行贵部查核见复可也。须至咨者。（《清宣统朝外交史史料》卷12，第12册，第1—2页）

　　1月9日（十一月二十八日）　关于锡良前咨安奉路需用地亩问题，邮部咨外部请将原开数目声复。

　　路政司案呈准东三省总督、奉天巡抚咨称：据交涉司呈称，安奉铁路各车站需用地亩，照开南满铁路会社原开数目计，分甲、乙、丙、丁、戊五等，除安、奉两大站另议外，如本溪县等处乙站竟需地至九百二十亩之多。迭经前署司暨铁路局局长与南满公司暨日本总领事商减，严定限制，声明此项土地专限于铁路及铁路业务必要事项之使用，不得用为其他项之经营。至火车站位置等，当与我国官宪妥商决定，如用地内欲设马路时，必须先行商请所在地方官，得其许可后，始得实行等因。彼此议定，各以公文作据在案。现据南满会社送到商减车站用地数目暨图说各件，经本司详加复核，照原开数目，已减过半，调查沿路车站用地，似属无从再减，应否准其照表开数目分别购买，呈请鉴核，并转咨外、邮两部核示祗遵等情。查安奉铁路需用地亩，迭经派员商减，严定限制，按照此次表开数目，似属无可再减，究竟应否照表开数目分别购买，相应钞表备文咨行查核见复等因前来。正核办间，又准外务部咨同前因。查此次表开等级亩数，计乙种需用地面积，凤凰城一处共九百十一亩八步九厘，鸡冠山一处共七百八十九亩三步一厘，连山关一处共三百四十六亩九步六厘，本溪湖一处共四百二十亩五步七厘。丙种五龙背等五处，每处二百四十三亩三步。戊种沙河镇等十二处，每处一百二十一亩六分三厘。此外，更于本溪湖车站加桥梁材料场一处，共四十二亩二步四厘。

本部以该铁路需用地亩未经收到原开数目，无案可稽，惟前据该督抚电开，据安奉车站用地图，大概分甲、乙、丙、丁、戊五种。安东、奉天为甲种，凤凰、本溪、连山、鸡冠四处为乙种，其余为丙、丁、戊三种。甲种地亩无定，因奉天原有南满车站，安、奉已购有极大地段。乙种用地九百四十亩，丙种二百七十余亩，丁种二百二十余亩，戊种百二十余亩等语，核与此次表开亩数不同。究竟其原开地亩数目若干，此次表开亩数是否大减，且前电内称安东已购极大地段，其平方若干，相应咨呈贵部有无收到此项原开地亩数目。如有原案，请将前项各节检钞原开数目声复过部，以凭核办。俟核办后，再行知照可也。须至咨呈者。（《清宣统朝外交史史料》卷12，第12册，第14—15页）

1月11日（十二月初一日） 兴京副都统衙门为造送永陵关防处官兵等应领俸饷银两清册事咨报锡良。

印务处案呈，为咨报事。于宣统元年十一月二十五日，据永陵花翎三品衔掌关防祥龄、蓝翎副关防兼内管领世恩、记名掌关防蓝翎副关防兼尚膳正裕桢为呈送俸银两册事：查得本处官五员内除八品笔帖式一员旷缺外，仅剩官四员，共应领宣统二年春季俸八成实银壹佰壹拾玖两贰钱。香、膳、拜唐阿等共应领宣统二年春季饷实银贰佰玖拾陆两壹钱陆分。其制钱暂行不造外，理合造具花名印册二本、白册二本、总数印册二本、白册二本，出具空白领四张，出派蓝翎五品顶戴拜唐阿恩兴、蓝翎六品顶戴领催景凤赴省关领。理合备文呈送衙门转咨验领发给。须至呈者。等情。据此，除将关防呈送到印册四本内捡册二分附案存查，并将空白领四张钤印饬交该差蓝翎五品顶戴拜唐阿恩兴、蓝翎六品顶戴领催景凤执持关领外，合将原册二本、白册四本钤印一并咨送贵督部堂、抚部院、副都统查核转饬验领发给施行。计咨送印册六本。

一咨钦差大臣东三省总督兼管三省将军事务锡良、钦命副都统衔巡抚程德全、盛京副都统宗室多文。

附：

1. 宣统元年十一月永陵关防处造送官员、拜唐阿等应领宣统二年春季俸饷银两花名数目清册

计开：

| 1910年（宣统二年　庚戌）58岁 |

掌关防祥龄应领俸八成实银肆拾贰两，副关防兼内管领世恩应领俸八成实银叁拾贰两，副关防兼尚膳正裕桢应领俸八成实银叁拾贰两，七品笔帖式文敬应领俸八成实银拾叁两贰钱，八品笔帖式旷缺。食二两饷银尚香人恩德、永恩、继存、承恩，此四名制钱暂时不领外，共应领饷实银叁拾两零柒钱贰分。食二两饷银尚膳人贵升、吉兴、增荣、庆升、承庆、荣春、桂森、锡恩，此八名制钱暂时不领外，共应领饷实银陆拾壹两肆钱肆分。食一两饷银拜唐阿文凤、广恩、连喜、恩兴、永海、春泰、恩祥、荣甲、荣岐、贵兴、永贵、荣明，此十二名共应领饷实银伍拾柒两陆钱。食一两饷银摆桌人英奎、文奎、庆喜、双和、恒奎、荣奎、双玉、英祥，此八名共应领饷实银叁拾捌两肆钱。食五钱饷银厨役兴万发、潘礼、张桢、张太和，此四名共应领饷实银玖两陆钱。食一两饷银院户领催朴景凤应领饷实银肆两捌钱。食五钱饷银院户壮丁朴永吉、朴景荣、王永亮、朴永林、王永禄、朴景春、朴永茂、张永富、于广有、谭金贵、朴景先、朴景旺、朴景全、于海、朴景升、王吉、王文郁、王泰、朴永斌、王永清、王文彬、王宝山、王永山、朴震书、于常德、王安、于春、张凤义、周起增、王信、王文秀、朴永武、王发、于景旺、王永昌、于斌、朴永印、王庆、王宝珍，此三十九名共应领饷实银玖拾叁两陆钱。

以上官四员共应领俸八成实银壹佰壹拾玖两贰钱，香、膳、拜唐阿等共应领饷实银贰佰玖拾陆两壹钱陆分。

2. 宣统元年十一月永陵关防处造送官员、拜唐阿等应领宣统二年春季俸饷银两数目总册

计开：

掌关防一员应领俸八成实银肆拾贰两，副关防兼内管领一员应领俸八成实银叁拾贰两，副关防兼尚膳正一员应领俸八成实银叁拾贰两，七品笔帖式一员应领俸八成实银拾叁两贰钱，八品笔帖式旷缺。食二两饷银尚香人四名，此四名制钱暂时不领外，共应领饷实银叁拾两零柒钱贰分。食二两饷银尚膳人八名，此八名制钱暂时不领外，共应领饷实银陆拾壹两肆钱肆分。食一两饷银拜唐阿十二名，此十二名共应领饷银伍拾柒两陆钱。食一两饷银摆桌人八名，此八名共应领饷实银叁拾捌两肆钱。

食五钱饷银厨役四名，此四名共应领饷实银玖两陆钱。食一两饷银院户领催一名，此一名应领饷实银肆两捌钱。食五钱饷银院户壮丁三十九名，此三十九名共应领饷实银玖拾叁两陆钱。

以上官四员共应领俸八成实银壹佰壹拾玖两贰钱，香、膳、拜唐阿等共应领饷实银贰佰玖拾陆两壹钱陆分。（《兴京旗人档案史料》，第371—373页）

1月12日（十二月初二日）　外部咨邮部安奉路需用地亩本部并无原开数目。

安奉铁路各车站需用地亩一事，接准来咨，以此次表开等级亩数与该督抚前电所开亩数不同，咨请查照有无收到此项原开地亩数目原案，检钞声复，以凭核办等因前来。查本部并无收到此项原开地亩数目原案，无凭钞送，相应咨复贵部查照可也。（《清季外交史料》第8册，第4237页）

1月14日（十二月初四日）　恭报己酉科考取选拔生优生姓名。

奏为恭报己酉科考取选拔生、优生姓名，分缮清单，恭折具陈，仰祈圣鉴事：窃查光绪三十二年二月，政务处奏准宽筹举贡生员出路章程内开："己酉科举行拔贡，照向额加倍考取；优贡每三年举行一次，各省均照例额加四倍考取，于壬子年考优后一律停止"等语。奉省拔贡向额二十名，本年复经臣等奏准将新民等府十三学合考添设拔额二名，共额二十二名，加倍应考取四十四名；优贡定额四名，加四倍应考取二十名。本届己酉应行考取选拔生、优生之年，经礼部咨行遵照定章办理。当饬各属地方官会同教官切实保送，先由提学使分场局试，慎加遴选，复经臣等覆试验看，计考取选拔生四十四名，优生二十名。兹据提学使卢靖呈请奏咨前来。

十三日奉到朱批："该部知道，单二件并发。钦此。"（《锡良遗稿·奏稿》，第1038—1041页）

是日　奏奉省咨议局开会闭会暨会议情形。

奏为具报奉省咨议局开会闭会及会议情形，恭折仰祈圣鉴事：窃查奉天咨议局议员选举事竣，暨一切筹备事宜，业经奏报在案。

本年九月初一日为该局开会之期，当由臣等率同司道莅局行开会礼，宣读八月三十日上谕，为设局以后官绅趋向之标准，随即敬谨录挂议场，并布告朝廷德意，绅民同深欢感。由全体议员互选得内阁中书吴景濂为正议长,保送知府孙百斛、补用知县袁金铠为副议长,并常驻议员十人以次举定。先期由臣等提出交议草案,就地方行政利弊所关,凡在咨议局应议范围以内者,并交该局集议可否,表决意见,并遴派行政委员随时前往议场,遇有疑义,详加解释;所有局绅自行提议各案,亦按期协议。当以交议、提议种目繁多,由局呈准延会十日。届期闭会,嗣将议决各案陆续呈由臣等核定,分别准驳,次第施行。

窃维奉省为陪都重地,庶政兴革为天下先,士风素尚诚朴,加以迭遭兵燹,疾苦既深,望治益急,此次呈定议案,类多切中时势,有益地方;即会议期内,具能秩序井然,恪诚任事。臣等忝为监督,时以俯察舆情,使官绅恪守范围,不致稍踰权限为主,用仰副朝廷勤求民隐、维持宪政之至意。

十三日奉到朱批:"该衙门知道,片并发。钦此。"(《锡良遗稿·奏稿》,第1042—1043页)

是日 奏创设八旗满蒙文中学堂请立案。

奏为奉省创办八旗满蒙中学堂以广教育,恭折仰祈圣鉴事:窃思今日为八旗筹生计,自以振兴实业、推广教育为先务,而教育一端尤关重要。奉省自近年创设八旗学堂、工厂等处,先后经营颇见成效。惟考旧章,八旗官学均习满蒙文字,诚以祖制所定,国本攸关,理应并视为要图,非特设专科研求有素,不足以保国粹而裨时政,立意至为深远。迩以学者日少,渐至失传,每遇派办旗蒙事务,时叹乏才,自不可不先期筹备,加意教养,以为储材之计。爰饬仿照学部奏定满蒙文学堂办法,创设八旗满蒙文中学堂于省城,学科年限均照定章,暂定额二百名,考取八旗合格子弟入堂肄业,筹备略妥,拟于明春开办。至于应用开办经费,如新建学堂宿舍及置备器具等项,约共需银一万五千两。查有前收内务府牧厂浮多地价,原拟充作筹设八旗实业学堂经费,现在尚未创办,应可拨用。常年经费,如薪公、膳费及杂支等项,亦约需银一万五千两。查有酌提各城旗仓盈余银两,原系充作八旗农业讲习所等经费,现已毕业停办,应即拨用;如有不敷,另行筹备;仍徐议扩充,务使八旗教育逐渐振兴,满蒙人才足备时用,以为百年树人之策,而广八旗出路之谋。兹据奉天旗务处总办金梁呈请奏咨立案前来。臣等覆查属实。合无仰恳天恩，俯准饬部立案以垂久远。

本月十三日奉到朱批："该部知道。钦此。"（《锡良遗稿·奏稿》，第1044—1045页）

是日　奏创设八旗女工传习所请立案。

奉省前为筹办八旗生计起见，既于省城创立八旗工艺厂，复设分厂于锦州以渐推广。惟八旗户口向称繁庶，生计至为艰困，而妇女大抵坐食，皆无职业，尤足为室家之累，自应设法提倡，振兴实业以广生计。爰饬旗务处筹设八旗女工传习所一处，定额百名，招集八旗妇女入所学艺，分设四科：一曰裁绒，一曰编物，一曰缝纫，一曰刺绣；并附讲堂，教授普通学课，以宏教育。业于本年八月借用官房暂行试办，先期招考，报名愿学者至数百人之多，足征生事艰难，妇女皆出谋业。所需经费，系以指定八旗白赏银两拨充，现在核实动支，开办仅用银不及二千两，常年每月约用银三百两。俟有成效，再当另筹款项，徐议扩充，以期女子教育之广兴，而为筹办生计之辅助。兹据该处呈请奏咨立案前来，除咨部备案外，谨附片具奏，伏乞圣鉴训示。

十三日奉到朱批："该部知道。钦此。"（《锡良遗稿·奏稿》，第1045—1046页）

是日　奏清理内务府财政而革弊端。

奏为清理盛京内务府财政以资整顿而革弊端，恭折仰祈圣鉴事：窃查盛京内务府承办贡差事务，款项出入，数目纷繁，积习相沿，流弊滋甚，几至莫从究诘。前饬旗务处妥筹办法，派员整顿。旋据查明，该府每年进出款目约分二类：一曰正款，如丁银折色、地租课赋、房租马乾等项，共约收银二万七千余两，均系备充贡品车脚、散放兵丁粮银及学堂经费等用，向有定额，盈余无多。一曰杂款，如丁差、杂差、平余、串余及房租等项，共约收银一万六千余两，向系备办贡品拨充川资及办公津贴等用，每届盈余为数非细。现将正杂款项一律清查，和盘托出，所有应需贡项差费丁粮学款等项，除本色贡品及折放仓粮暂照旧章办理外，均详加核算，明定数目，实用实销，每年约得盈余合银一万余两。唯该府员司当差人等向系浮收冒滥，恃此为生，今既改章，化私归公，若不别筹津贴藉资补助，似不足以充养赡而示体恤。当将此项盈余银两，按照人数，分别等第，酌定津贴，自本年八月起照章支给，计每月约需银一千余两，即以此数为限，搏节动用，不使稍有虚縻。一面仍严定责任，各专职务。并将旧有私弊，通行禁革，以期整顿。至该府官地向有浮多，丁口不免隐匿，自应随时稽核，另行整办，以求成效。兹据该处呈请奏咨立案前来，臣等复核相符。

十三日奉到朱批："该衙门知道。钦此。"（《锡良遗稿·奏稿》，第1047—1048页）

是日 奏大内改练巡警守卫并拨定经费情形。

查盛京大内为皇宫禁地，凡殿阁所尊藏，档库所恭储，事事物物皆关重要，非体制尊严、守卫整肃，不足以昭诚敬而崇观瞻。今宫门内外，禁墙周围，原皆派有官兵轮班守护；唯定制虽称周备，日久不免懈生，自应速筹整顿之法。爰饬旗务处妥拟改章，挑选兵丁，考送巡警教练所练习警务，并加课守卫宫禁章程以备任用。兹已毕业，当即详定规则，分派守卫，责成内务府办事处管辖办理。应需经费，查有该府积存谷草银二千六百余两，向系备解盛京户部员司饭食等用，现在户部已裁，拟即拨充开办经费。又内库每年应收布价银四千八百两，向系采买布匹备放丁壮僧役等用，现在截留未发，拟即拨充常年经费；如有不敷，另由伍田地租及仓粮折银余款项下设法筹补，仍饬随时严加考核，切实稽查，勿使稍有疏懈，以期得力而免贻误。业已定期开办。

十三日奉到朱批："该衙门知道。钦此。"（《锡良遗稿·奏稿》，第1048—1049页）

1月16日（十二月初六日） 东三省总督锡良等奏增设安图抚松两县员缺折。

奏为遵旨会议，恭折复陈，仰祈圣鉴事：本年十月二四日军机处钞交东三省总督锡良等奏，奉省新设长白府治内，拟增设安图抚松两县员缺一折，奉朱批：会议政务处议奏，钦此。原奏内称：奉省新设长白府治，西尽鸭绿，东接图门，中抱松花江，处处与韩毗连。而三江相距各数百里，有鞭长莫及之势。前督臣徐世昌曾派员分往调查，现据呈报前来，臣等一再考核，拟即于图们江上源，自红旗河以西，北循省界，南至石乙水，中抱布尔湖里，设一县缺，名曰安图县，建治于红旗河西南岸。又于松花江上源循下两江以东，上两江以南，尽紧江漫江流域，设一县缺，名曰抚松县，建治于下两江东岸之双甸子，统归长白府管辖等语。

查长白府总控三江，近接韩境，长白山脉横亘其中，府治据鸭绿江上游，背负长白、松江，既远隔岗后图门，又偏绝东北。当此界务初定，内政待修，诚非设治增官，不足为靖内防边之计。上年前督臣徐世昌奏设长白府折内，本拟地辟民聚，再行添设县治。现经该督审度形势，就天然流域，增设安图抚松两县，洵得地利之宜，应如所请，以资控制。原奏又以该两县为绝边要缺，非谙练边情勤奋耐苦之员，断难胜任。拟即檄饬原派调查委员留奉补用知县刘建封，筹办安图设治事宜，直隶试用府经历许中书，筹办抚松设治事宜。如能胜任，再行奏请补署，自系为地择人起见，与东省近例相符，应请一并照准。至设治后应行伐木、通道、勘界、筑室、铸印、添兵、核给廉费一切未尽事宜，应由该督妥为筹划，随时奏咨办理，以收实效，而固边圉。所有议复锡良等奏请添设安图抚松两县员缺缘由，是否有当，谨合词恭折具陈，伏乞皇上圣鉴训示。（《清代吉林档案史料选编·上谕奏折》，第53—54页）

1月18日（十二月初八日）　兴京副都统衙门为请发给永陵总管处官员俸银事咨报锡良。

印务处案呈，为咨报事：于宣统元年十二月初一日，据永陵署理总管事务二品衔花翎总管祥征、左翼蓝翎翼长富裕、右翼翼长宝仁呈为关领宣统二年二月季俸银事：卷查总管一员应领俸八成实银伍拾贰两，于宣统元年八月初二日遵奏定新章，服制未满改为署任，支食半俸。等因。奉此，应领半俸实银贰拾陆两。翼长二员，各应领俸八成实银肆拾贰两。八旗防御十六员内缺旷四员，现有防御十二员，各应领俸八成实银叁拾贰两。笔帖式二员内缺旷一员，现有笔帖式一员，应领俸八成实银拾壹两贰钱。理合分晰造具官员衔名印册二本、白册二本、空白正副领二张，备文呈报衙门查核转咨发给各该员关领。为此申呈，须至呈者。等情。据此，除将该总管呈送到印册二本内捡一分附卷备查，并将空白正副领二张钤印饬交各该员等关领外，合将原册一本、白册二本钤印一并咨送贵督部堂、抚部院、副都统，请烦查核转饬验领发给施行。计咨送印册

1910年（宣统二年　庚戌）58岁

三本。（《兴京旗人档案史料》，第374—376页）

是日　兴京副都统衙门为请发给笔帖式依尚阿俸米豆事咨报东三省总督锡良。

印务处案呈，为咨报事：于宣统元年十二月初一日，据永陵署理总管事务二品衔花翎总管祥征、左翼蓝翎翼长富裕、右翼翼长宝仁为呈送米豆册领事。查得本属八品笔帖式二员内缺旷一员，现有笔帖式依尚阿一员，应领宣统二年二月季俸米拾贰斛叁斗、一成搭放豆壹斛贰斗，分晰米豆数目，造具印册二本、白册二本、白领四张，备文呈报衙门查核转行，发给该员自行关领。为此申呈。须至呈者。等情。据此，除将该总管呈送到印册二本内捡一分附卷备查，并将白领二张钤印饬交该员关领外，合将原册一本、白册二本钤印一并咨送贵督部堂、抚部院、副都统，请烦查核转饬验领发给施行。计咨送印册三本。（《兴京旗人档案史料》，第380页）

是日　锡良、程德全致外务部安奉路所需地亩俟绘就图说再呈电。

安奉铁路需用地亩，前蒙邮传部派员来奉会勘路线，曾于八月间将日人原开沿路用地分甲、乙、丙、丁、戊五种数目，电陈在案。嗣饬交涉司屡与日领事商减用地，坚持日久，未能解决。十一月中旬，始将车站各项用地大致商议就绪，当因用地图说核绘未成，先将表开数目分咨查核。现正迭饬交涉司，将此项图说赶速绘画，约计一旬内当可告竣。因案情复杂，若不披阅图说，万难明白，尤非电文所能详述。容俟此项图说绘就后，再行咨呈钧部核办。其安东车站，日本在军政时代已购占六道沟极大之地，应同撤换沿路兵警问题并案交涉。查本年四月间咨请钧部与日使交涉，必邀荩筹，此间亦屡向日领催议，均以未得彼国政府训令为词。昨准邮部电询，除复外，谨将办理情形先行电陈，统俟鉴察。良、全。阳。（《清季外交史料》第8册，第4239页）

1月20日（十二月初十日）　恭报宣统元年奉省调查户数情形。

奏为奉省遵限先行调查户数情形，恭折具陈，仰祈圣鉴事：窃臣等前准民政部咨行调查户口章程，当即照章委派民政使张元奇为总监督，各州、县及各辖有地面之府、厅为各该地方监督，通饬各属确切调查，已于筹备宪政第二届成绩并第三届筹办情形折内具奏，奉朱批："著即认真筹备，妥慎办理。该衙门知道。钦此。"钦遵在案。

旋据该总监督张元奇，将已经查竣户数之承德县等二十三属送到清册，汇核填表，呈报前来。经臣等复核无异，已于本年九月咨呈民政部查核在案。其业经查报户数各属，应即遵章将户数册每两个月编订一次，并饬令将调查口数事宜，提前赶办，藉促宪政之进行。此外尚未呈报之处，亦经臣等责成该总监督认真督饬，务于第二届报部期内依限呈送，以符定章。

臣等伏思调查户口，关系宪政，且为户籍法实行之基础，绝不敢敷衍因循，亦不使操切从事。其未尽事宜，仍由臣等随时筹备，务期循序渐进，日起有功，以冀仰纾宸廑。

是月二十日奉到朱批："民政部知道。钦此。"（《锡良遗稿·奏稿》，第1051—1052页）

是日　据情代奏多罗宾图郡王条陈蒙旗兴革事宜。

奏为据情代奏，恭折仰祈圣鉴事：窃于宣统元年十一月二十二日，据科尔沁左翼前旗札萨克多罗宾图郡王棍楚克苏隆呈称：

窃维内外蒙古逼近强邻，觊觎之心日甚一日，非速行宪法不能挽弱为强。自立宪限以九年，各直省均已次第依限预备，惟蒙旗至今尚无萌芽。其故由于蒙民见闻闭塞，知识不开，内外各盟又复风气互异。伏念各旗王公，分茅胙土，世受国恩，若不急图自强，何以屏藩王室。本爵厕身藩服，目击时艰，苟有一得之愚，何敢安于缄默。谨就现今蒙旗情势缓急，拟为变通办理之法，请分条陈之：

一、宗教上之取缔。信教自由，本东西各文明国之通例。蒙民之以佛教为宗教，始于元代，至今六百余年。初不过佛法平等，戒杀好生，藉以化其残暴争陵之气。乃日久相沿，迷信日众，学佛者踵趾频仍，除讽诵经咒外，别无研究；以至不事生产，愚陋日甚，贫弱之根实基于此。急于图强，非取缔宗教不可。取缔者非禁止之谓，以后先定学佛规则，凡蒙民出家必有本旗长官查验，年至五十岁以外，有弟兄四人实无业可执者，方准披剃。如此限制之，则信教者仍不失自由之旨，而迷信之风亦可稍戢，由愚而明，由弱而强，庶几近之矣。

一、振兴教育，以开通知识。蒙民之愚陋，一误于迷信日深，再苦

1910年（宣统二年 庚戌）58岁

于学风不振，以致外人乘隙而入，或因贸易而厚其利，或以馈赠而动其心，外盟之受病尤甚。今欲杜此隐患，宜从设立学堂入手。先由各旗选派稍通时务之人员，挨屯宣讲，晓之以现在各国侵略之阴谋，殖民之政策，与其国富兵强无一非教育普及之效，极力诱导而鼓吹之，使蒙民生其爱国保种之心，思患预防之计。然后责成各旗筹资多设小学，以教其子弟，俟其毕业，考验程度，以次推升选入京师大学，不惟造成国民资格，并予以出身之途，向学自日见其多，知识渐开，宪政之前途自能发达矣。

一、训练蒙兵，以固边圉。蒙人风气勇猛，最合军人资格，欲捍御边患，莫若利用其尚武之精神。今拟照征兵章程，由部遴派教习，先行设立陆军小学堂，以为基础；再由各旗之及岁壮丁内挑选资质聪颖、膂力强健者，依式训练成军，先行填扎外蒙古边疆一带，以备不虞。一切详章仍由陆军部酌核，责令各旗遵照办理。盖蒙民习惯枪马，能耐寒冷，地势熟悉，加以学识，便成劲旅。或谓地当僻远，饷械艰难。然天下未有无兵之国。蒙疆万里，终不能长弛其防，束手待命。匈奴游牧以当汉，充国屯田以制羌，患在无鼓舞以振兴之耳，是练兵之刻不容缓者也。

一、择地开垦，以筹生计。蒙旗绵长万余里，可垦之地甚多。近年归化一带，虽办有成效，亦复辟地无几；即各旗所得之盈余，亦多耗于无用之地。今宜调查各国垦种新法，由各盟设立垦务公司，辨其土宜，招人试垦，所得荒价，除报效国家外，余作为本旗办理新政及兴学练兵之用。如有碱地、荒山，一律栽植相宜树木。务使地无废弃，庶殖民政策亦渐次可以实行，筹款实边，一举而两得之矣。

一、筹设公司，以兴实业。内外诸盟，土产之丰，矿质之富，久为外人所垂涎。况值此财政困难之时，若不开辟利源，何以维持新政？必须创办实业，兴起工商，或由国家先行借拨，或招集股款，相度各盟适宜之处，设立实业公司，以次推广垦牧等业，仿照各国之卓著成效者办理。其各种矿产，则聘请各省之矿学专家勘定，择尤开采。复以各旗所产之皮毛角骨作工业上之资料，一律督饬改良，制造各货。实业发达，输出之额自能畅旺，交换银货即源源不绝；其蒙民之富有者，即可令其随时存入公司储蓄，以取利息。今京张铁路已成，归新又议兴筑，交通利便，百货自易转输。如有余利可资挹注，亦可在蒙旗繁盛处所，修筑支路。十年以后，内外各蒙必能成一绝大互市之场。既能自辟利源，即可抵御外货，筹蒙万全之策莫先于此矣。

呈请代奏前来。

臣等覆查所呈各条，均为蒙旗急应改革振兴之事。该郡王深明时局之艰，朝廷立宪之旨，力图自强，求之各旗札萨克中实属不可多觏；且出自蒙古王公自行呈请，尤足以见纯诚。应请饬下政务处、理藩部、学部、陆军部、农工商部，会同核议施行。谨恭折具陈，伏乞皇上圣鉴训示。

二十日奉到朱批："会议政务处议奏。钦此。"（《锡良遗稿·奏稿》，第1052—1055页）

附：内阁会议政务处议复东三省总督关于代蒙王奏请速行宪政的奏折（宣统二年四月初四日）

内阁会议政务处议复，东三省总督锡良代奏，蒙王呈请速行宪法一片。再，上年十二月十五日，东三省总督锡良等代奏，科尔沁左翼前旗扎萨克，多罗宾图郡王棍楚克苏隆呈请，速行宪法变通办理一折。奉朱批：会议政务处议奏。钦此。遵查该蒙王原呈五条，一取缔宗教；二振兴教育；三训练蒙兵，四择地开垦；五筹兴实业。臣等详加核议，该蒙王深察时艰，力矫俗尚，洵为各旗扎萨克中不可多觏。惟如原呈取缔宗教一节，大抵宗教之流传，出于人心之信仰。故列国信教自由，但以不背臣民义务为限。而其教内条规，并不强加干涉。该蒙王请令蒙民出家，必由长官查验，年逾五十而有兄弟四人，无业可执者，方准披剃，限制过严，恐非蒙众所能禽服，应请勿庸置议。至如兴学、练兵，开垦，实业四条，核与前次喀喇沁郡王贡桑诺尔布条陈之意大略相同，业经臣等逐条议复。现理藩部正在调查筹办之中，就其事实论之，办事必先筹款，筹款必出蒙民。此次该蒙王条奏，亦责成各盟旗集资招股。为言所有学堂公司等项，诚能由各蒙王等倡率振兴，酌量举办，自可渐收得尺得寸之效。应仍请旨饬下理藩部，迅速切实调查，通行劝谕，协力兴办，以开风气而裕本计。所有遵议缘由，理合附片具陈。伏乞圣鉴。（《清代吉林档案史料选编·吉林旗务》，第268—269页）

1910年（宣统二年 庚戌）58岁

是日 清廷批准外度邮三部会奏议复锡良等奏借英美款兴筑锦瑷铁路折。（《清季外交史料》第8册，第4245页）

1月25日（十二月十五日） 锡良札饬交涉总局甜草冈设税务事是中国主权应行之事，应仍照会该公司极力辩驳，毋稍退让，以固主权，而维权政。

钦差大臣头品顶戴陆军部尚书衔都察院都御史总督东三省等处地方兼管三省将军事务锡、钦命陆军部侍郎衔都察院副都御史巡抚黑龙江等处地方兼副都统衔周为札饬事：据铁路交涉总局呈称：案照甜草冈设立税务局一事，知府前奉宪台札饬与铁路公司商办各节，业经呈明，奉批在案。嗣经来往照会并面晤争议数次，迄无端绪。兹准公司照复，仍据铁路合同第六条铁路界内归公司一手经理一语，于设税局一节不能具表同情等因，照驳前来。除俟接与面商再行续报外，理合将来往照会各文稿一并抄录具文呈报。为此，呈请宪台鉴核施行，等情。

据此，经批呈暨照会文稿均悉。查铁路合同第六条意义迭经外部与俄使往来照会辩驳所谓一手经理者，系指铁路界内关于铁路营业如建造房屋并设立电线等事由该公司一手经理，解释极为明白，权限极为清晰。且据公议会大纲第二款，凡中国主权应行之事，中国皆得在铁路界内施行。该公司不得藉词阻止。甜草岗设卡征税，自系中国主权应行之事。该公司违章干涉，殊属不合。现对青山已设局收税，该处事同一律，自应援照办理。仰仍照会该公司极力辩驳，毋稍退让，以固主权，而维权政。原文发交民政司存查并饬交涉局知照，此缴。等因。印发外，合行抄粘文稿札饬。札到该局即便知照，特札。计抄文稿一纸。右札交涉总局遵此。（《中东铁路》（一），第300页）

1月26日（十二月十六日） 奏移设辉南厅治并拨款建筑衙署情形。

奏为移设厅治，并修建衙署各情形，恭折仰祈圣鉴事：窃奉省海龙府属新设辉南厅治，业经前督抚臣将办理各节，并在大肚川设治情形，汇案具奏在案。

兹据民政使张元奇呈称：原定该厅设治大肚川地方，局势逼仄，不敷展布，山路崎岖，交通不便。迭据该府暨设治委员往还履勘，拟改于距府东南九十里之谢家店设治。该处为辉境适中之地，四面山环水抱，其中平坦，西南为赴柳河大路，东北为赴盘石冲衢，正东系濛江要途，西北通海龙府治，四通八达，人民易于招集，商旅便于往来，洵属全境最优地点等情，并由该府厅禀请拨款建署，以资镇慑等情前来。

　　臣等再三审核，所禀确系实情，请即准将辉南厅治移设谢家店，以规久远。至请款建署一节，查奉省奏定章程，凡建筑州、县衙署，准给银五千五百两，监狱给银一千五百两。现在辉南厅系属新设，自应按照办理。统计衙署、监狱两项工程，共需银七千两。当经饬由度支司查照拨发，作正开销；并饬设治委员赶速估修，核实动用，不得稍有浮冒，以符定额而循向章。

　　二十三日奉到朱批："该部知道。钦此。"（《锡良遗稿·奏稿》，第1059页）

　　是日　锡良致盛宣怀电。

　　咸电敬悉，荩筹甚佩。昨订草合同，本有先尽购用中国合宜材料一条。将来如该路开工，自应极力主持，以免利权外溢。良。谏。

1月28日（十二月十八日）　东三省总督锡良等发布为再行晓谕报荒各户一概停放并缴回小票的告示。

　　为再行出示晓谕事：照得吉省前于庚子兵燹之后，饷项奇绌，前任将军长顺奏明：旗民田地一律清赋升科，兼放腹地零星夹荒，以济饷需，等因。于光绪二十八年设局之初，经前总理贵铎定章简率，且急于速收功利，并不勘明荒段界址，辄即先行收价，发给小票执据，以致各户呈报夹段零荒，或香火庙产，或土坑义冢，或系粮户红契四至以内荒边草甸。所报荒界包套侵欺，甚至一段夹荒改换地名，数人捏报，因而屯会业户与各报户群起讼争，积案数百余起，频年缠扰。奸黠者妄希领地，良懦者弃业废时，结案无期，徒滋拖累。前督部堂徐、抚部院朱查照署将军达桂奏案，将各户所报之荒，凡系界址包套、重复纠葛、累年缠讼者，虽已交价领票，一概停放，以弭讼端。曾于光绪三十四年三月出示晓谕，催令各报户依限赴局呈缴小票，将原交荒价如数领回，倘逾限仍不具领，即将荒价充公。等因，在案。迄今一年之久，其缴票领价者虽居多数，而犹有观望迟回妄希得地者。殊不思奏案攸关，岂能任尔等狡恃交价领票，遂可觊觎侥幸领荒也。现在荒务一律完竣，立即撤局，所有报荒一切案卷款项统归劝业道署存查核办，本应查照前定逾限不领原案，将此项荒价钱文拨充公用，以为贪妄之诫。惟本大臣、部院轸念尔民艰苦，措资匪易，姑再宽展限期，俾尔等依限领回，以示格外体恤，合再出示晓谕。为此，示仰旗民人等一体知悉。自示之后，凡系从前报荒早已交过荒价未经领得荒地各户，统限于三个月以内，务须赶紧投赴劝业道衙门，呈请缴回小票，即将原交荒价照费如数发还。倘再仍前观望不领，逾限之后定将荒价尽数充公办理地方公益之事。莫谓宽典可再邀也，其各懔遵毋违。切切，特示。(《东北农业史料·吉林农业经济档卷》，第123—24页)

1月30日（十二月二十日）　奏请拨款兴修社稷先农两坛。

奉省社稷坛、先农坛年久失修，房屋倾欹，岁时致祭，殊非所以隆祀典而昭诚敬。臣等当饬民政司张元奇派员敬谨估修。嗣据该司估覆，两处工程共计银圆五千六百一十圆。臣等审核再三，尚无浮冒，并饬照估兴修。所有工款银圆，业由度支司如数拨发，应请作正开销。

除将估单图式咨部立案外，理合附片具陈，伏乞圣鉴。

三十日奉到朱批："该部知道。钦此。"(《锡良遗稿·奏稿》，第1069页)

2月1日（十二月二十二日）　奏奉天禁烟拟照咨议局议案再行缩短期限。

奏为奉天禁烟，渐有成效，拟照咨议局议案，再行缩短期限，恭折具陈，仰祈圣鉴事：窃查奉省禁烟一事，叠经臣等督饬民政使张元奇，妥定章程，严密查禁，杜绝外货之来源，限制土膏之销路，发牌照以便稽查，施丸药以涤旧染，统限二十个月，全省一律禁绝。业于本年八月间，将改设禁烟公所办理情形，专折奏报，奉朱批："该衙门知道。钦此。"遵即饬知该司，妥善经理，尅期责效。数月以来，在事员司，均能勤奋从事，于禁吸、禁卖、禁私贩三者尤为加意查察，有犯必惩，以期根株尽绝，民间风气为之一振，群凛然禁令之不可违，无不力加濯磨，痛自惩戒。据各府、厅、州、县陆续具报，有现已一律戒净者，有吸户无多正在严禁者，当可从速收效，堪以仰慰宸廑。

第禁烟关系自强要政，筹画不厌精详，办理尤贵神速。本年九月咨议局开会，经臣等草具议案，提交该局筹议急进办法，以辅官力之不足。旋据该局公同议决，呈请核夺，公布前来。臣等详加查核，所议五项，颇为切要：一曰采取急进主义，施行特别禁令；一曰禁种之办法及禁令；一曰禁吸之办法及禁令；一曰烟具与药品及烟馆与外土之取缔；一曰官厅、军营、店铺之稽查。而以各属公益团体公同设立戒烟会为枢纽，以官民两方面切实并行为要著，以缩短期限施行特别禁令为方法，当经臣等札行民政司，赳日公布，著为条教，转饬各属认真奉行。并由民政司厘订戒烟会通则，限于宣统二年正月十五日以前成立，所需经费，准由牌照捐暨禁烟罚款项下开支。该会成立以后，专司调查稽察，施药劝戒；其执行判罚之权，仍归地方官厅主政。务使境内无一吸烟之人，无一私藏之土，方为禁绝成绩。此奉省咨议局议决禁绝烟害之议案暨现在办理禁烟之情形也。

伏维禁烟一事，功令森严，臣等断不敢徒博宽大之名，致贻敷衍之咎，留此毒种，贻害民生。兹查咨议局所议各节，与奉省现行章程，皆可相益相成。惟期限略为缩短，拟照所议，改于宣统二年十二月为全省禁净之期。臣等惟有随时督饬，认真办理，迅速奏效，以期痛袪痼习，仰副我皇上锐意图强，共保康和之至意。

三十日奉到朱批："该衙门知道。钦此。"（《锡良遗稿·奏稿》，第1067—1068页）

是日　为俄人将对青山税卡书差拘送哈埠亭事，黄维翰呈报东三省总督锡良。

总办呼兰等处税务事宜、署理呼兰府知府黄维翰为呈请事：窃署府前以对青山新易俄员不令设立税卡情形，业经据实呈明，请速饬交涉示遵各等因在案。查该俄员格拉得个夫系本月十八日到该税卡，逼令立即搬出。当经署府饬该委员暂移出附近地方，卡内书巡正在收拾物件，讵该俄员刻不容待，是日即将该卡书识一名、通事一名、巡差一名，一并拘押。十九日晚，即将三人送往驻哈铁路交涉局。

查现在铁路界线，既未划清其界内界外，本难分辨。即使果是铁路界内，但去年在此已设卡数月，今年开办亦已三月余，何以并不声明阻止，今该俄员新到，既不承认，然已允其即日迁出，何得并不稍待，并

| 1910年（宣统二年　庚戌）58岁 |

不照会哈埠交涉局，辄敢擅便拘禁官差，实属有违世界公理，侵我中国主权。除已分电民政司及交涉局外，理合备文呈请，伏乞宪台鉴核，饬交涉局妥速交涉，以崇国体，须至呈者。（《中东铁路》（一），第303页）

2月2日（十二月二十三日）　东三省总督锡良等附片具奏勘明方正县界址并拟定缺分事宜。

吉省旧有之大通县，移驻松花江南岸方正泡地，即改名为方正县，作为吉省新设之缺，业经奏蒙俞允在案。并准部文，令将该县界址，迅速分定，该县应作何项缺分，亦即分别拟定，奏咨办理等因。行知到吉，遵即转饬试署民政司谢汝钦，从速委员，分定疆界，以便治理。去后。兹据该司详委试署密山府知府魁福，前往勘分。方正县东至依兰府，应以牡丹江为界；北至黑龙江省，应以松花江为界；南至长寿县，应照从前旧界。此三面天然形势，无须另行划分。惟西面较狭，应请拔宾州直隶厅所属地段，以附益之。查腰岭子地方，西距宾州百五十里，东距方正泡九十里，应于此埋立封堆，定为两属界限。并查该县缺分，应定为繁、疲、难近边要缺。如遇缺出，升调兼行，如无堪以升调之员，再于候补委用人员内，酌量请补等情前来。臣覆加查核该司所拟各节，尚属合宜，除咨部立案外，理合会同东三省督臣锡，附片具陈，伏乞圣鉴。（《清代吉林档案史料选编·上谕奏折》，第54—55页）

2月4日（十二月二十五日）　锡良、周树模为不准俄人阻挠在甜草岗收税事并札饬交涉局知照。

钦差大臣头品顶戴陆军部尚书衔都察院都御史总督东三省等处地方兼管三省将军事务锡、钦命陆军部侍郎衔都察院副都御史巡抚黑龙江等处地方兼副都统衔周为札饬事：案据民政司呈称：案据肇州厅税局委员吉升呈称，兹于十二月初七日据甜草岗司事英秀面称，于十一月二十七日本站俄总管将司事约至票房告知，有俄字据准在此收税，若无俄字，不准在此。当即以前已具文请领，现在未经发到。俄总管即刻不容缓，勒令出站。如稍有耽延，另拟由火车将司事等送至哈尔滨交巴里司等语。无奈，自得暂行搬移，雇车回局。并有本站义兴栈代报义合公碱税钱三十吊零八百三十文，侯家店执事人侯振山报纳粮税车捐欠钱十四吊六百二十文。其二家现闻此事，均以无钱搪塞。若再追讨，恐生事端。故将此情移呈肇东分防经历派差追缴，各等情。据此，职前以俄人阻挠，曾据实呈请。蒙督、抚宪批呈悉，候饬铁路交涉局迅速照会俄领事转饬该站遵照，并速议华俄合璧告示多张，径发该局就近张贴，仰即遵照，缴。等因。奉此，兹已及二月并未奉到，故该处华商鼓惑俄人阻挠，若不与俄力争，恐终难办理，滋生别情。且此事关主权，亦未便从此中止。并闻对青山经呼兰府见铁路公司允准设立，且此事同一律，拟请据约力争，以挽主权。所有甜草岗税卡被俄人阻挠并华商拖欠公款各情，理合具实备文呈请宪台鉴核转呈，等情。据此，查铁路界内中国设局征税，系主权应行之事，载在条约，确有明证。对青山现已设局，甜草岗事同一律，自应照办。该俄人何得故违约章，妄行阻止。此案前已蒙宪台饬由铁路交涉局据约力争在案。兹据该局呈称前情，除批示外。理合具文呈请宪台鉴核，再饬该局迅速查照前案，据约力争，以维主权，实为公便，等情。据此，除批呈悉，候饬铁路交涉局迅速查照前案，据约力争，以挽主权而维税务并饬交涉局知照，缴。等因。印发并分行外，合亟札饬。札到该局，即便知照。特札。右札仰交涉局准此。（《中东铁路》（一），第304—305页）

2月13日（正月初四日）　奏调查东三省各蒙旗情形筹拟变通办法。

奏为调查东三省各蒙旗情形，筹拟变通办法，恭折仰祈圣鉴事：窃臣等承准内阁会议政务处咨："本处议覆内阁中书章启槐、喀喇沁郡王贡桑诺尔布、署归化城副都统三多，条陈蒙古事宜折，又议覆编修朱汝珍片，于八月十四日具奏奉谕旨：'均著依议。钦此。'"刷印原奏，咨行到奉。遵查原奏各节，如练兵、筑路，已由各部分筹；蒙、汉文学堂，东省各蒙旗已渐多设立；一切垦牧、商矿、林渔诸业，前准理藩部分别咨札查报应汇案咨部核办外；其责成各路将军、大臣暨沿边督抚筹议奏咨者，如原奏内开："该蒙王所奏变通权限，佐领及台吉、塔布囊、箭丁人等出路各节，应以何事归地方官，何事归扎萨克，及未经设官地方如何划分权限之法，详慎筹议，分别奏咨"等语，自应遵照办理。

伏查东三省所属哲里木盟十旗，历年放荒，奏设地方官治共三府、四厅、一州、十县，向来管辖权限，有此府与彼府不同者，大都因陋就

1910年（宣统二年 庚戌）58岁

简，本无画一之规。夫蒙旗久隶藩封，近边设官分治，与内地无殊，实为国家完全领土，统受治于唯一主权之下。矧今颁行宪政，尤宜及时更定，以期道一风同。就目前事理而言，自应将行政、司法之权均责诸地方官吏，其旗务仍属于各旗扎萨克，庶与该蒙王条奏"以政事分权限，不以蒙、汉分权限"，名实相符。臣等督饬蒙务总局调查各旗现状与亟应划分之处，悉心筹议，谨为皇上陈之：

一、行政权限宜划清也。田亩税捐，户籍巡警，政之大纲。奉省新设之洮南一府、江省新设之肇州、安达、大赉各厅，尚能操诸守令。如科尔沁左翼中、前、后三旗，郭尔罗斯前旗，因嘉庆、咸丰以来，自行招垦，所有租赋，概由蒙旗设局征收，庞杂纷歧，不可究诘。置买田房，既未向地方衙门投税，凡自行招佃垦荒地各蒙旗，又有每届五年清丈一次之例。民间隐匿夹荒，诚所不免。特官无册籍可稽，又不会同办理，每因该旗自行丈量，酿成重案。其设治界内原有蒙屯向归本旗管辖者，蒙员遇事阻抗，户口既调查非易，烟禁亦窒碍多方。其未经设治地方，蒙旗设立捐局，自收草租，或车捐、巡警等捐，以科尔沁左翼中旗之温都力郡王府尤为扰民，如车捐一项，有较前加征至十余倍者。至各该蒙旗王公、扎萨克亦繁征重敛，恣意取求。执政蒙员，损上揞下，取便私图，仇杀忿争，树立徒党，穷愚困累，匪盗鸱张，凡此情形，均非所以为治。拟请嗣后凡已经设治地方，统照新设之洮南等处章程一律办理，所有租粮，均由地方官催收，按数移交。该旗无论汉、蒙人民典买田宅，一律照章税契，从前原领基地，另换户管。倘有地亩浮多，或争执界址情事，应由蒙旗商请地方官清丈，不得自往踏勘。调查户口、禁种罂粟，如有蒙员阻扰，准地方官据实详参，并严禁官吏藉端需索。其未经设治地方各蒙旗，原有草租、车捐等局，应一律交由地方官查明，禀定章程，再行核办。各蒙旗自办之学堂、巡警以及应办各项要政，亦统由地方官监督。如此则蒙员无滥用行政之权，庶几界限分明，治理渐臻于完善。

一、司法权限应整饬也。查蒙地遇有命盗、财产词讼各案件，单蒙者归扎萨克核办，单民者归地方官核办；若关涉蒙、民命盗重案，或财产争讼，均由地方官讯办，间有与蒙员会审者。如罪犯、人证不住设治境内，由地方官派差持文知照各该旗会同分别拘传。乃积习相沿，所有要公均系台吉、梅楞人等主持，往往应传人证、应交人犯，任意宕延，或祖匿不交，以致案结无期，民滋拖累。至单蒙案件，虽例由蒙旗核办，而蒙员不谙法律，以意重轻，或遇贪残，动施酷虐。扎萨克又不及查察，常有案关窃盗，供证未确，而瘐死者；案关人命，未经传讯而私和者；其余诬枉之案所在多有。拟请申明旧章，凡民、蒙交涉之案，如有应传人证，应拘人犯，居住不在设治境内者，一经地方官派差持文知照，即由各该旗迅速拘传解送；倘仍借故推延，任情匿庇，准由地方官详请奏参。其单蒙案件，有已经蒙旗办结、冤抑未伸者，或经地方官访闻，或赴地方官控告，并请准由地方官禀请提讯拟办。将来州县遍设，仍统属于有司衙门，庶蒙边得有完全法权，蒙员不至有滥用刑威之弊。

该蒙王原奏所称："各旗佐领下人丁，错杂居住，仍行旧制，不无凿柄。拟照地方远近，以地段分管，不以人数分管。并变通蒙官考成薪俸升途，以期与京、省各旗体制相协"等语。查哲里木盟十旗地多未辟，与喀喇沁旗情形不同。昌图、洮南、长春各府、州、县，虽间有蒙丁居住，不过十之一二，其余仍分散于未经设治之地，以游牧为生，若按地段分管，反形不便，似宜仍旧。蒙官考成薪俸亦暂可毋庸变通。惟升途一节，查蒙人必解汉语、通汉学，然后知内地民情风俗，始可与汉人一律选补各项差缺。现在各蒙边学堂逐渐成立，学部奏定章程，蒙人与汉人一律升学。陆军部亦奏准教练蒙兵。嗣后各台吉均由此出身，自当与满、汉、京旗一律服官各省及分拨陆海军队。其届时服官本省，政绩卓著者，既与汉人言文无间，各旗扎萨克亦不难据实奏陈，予以升擢。一俟将来蒙学大兴，即应妥议变通办法。

又，该蒙王所陈"各旗台吉与分属各台吉下箭丁之出路，并请分拨军队，免其分属"各节。查箭丁一项，或称马甲，或称甲丁，或称壮丁，本属公共兵丁，然又兼充随丁者，或称随甲。此项随丁，有随缺、随人之分。如协理台吉、管旗章京各缺均有随缺箭丁四人，副管旗章京有随缺箭丁三人，扎兰章京有随缺箭丁二人，索木章京及坤都各有随缺箭丁一人，凡此皆本旗派令随缺供差者。该箭丁无暇充差，则缴纳差费，由各缺自行佣雇，是谓随缺箭丁。又，一等台吉准留箭丁十五人，二等台吉准留箭丁十二人，三等台吉准留八人，四等台吉准留四人，凡此皆

| 1910 年（宣统二年　庚戌）58 岁 |

本旗分给各台吉属下随人供差者。该箭丁无暇供差，亦缴纳差费，由各台吉自行佣雇，是谓随人箭丁。查随缺箭丁系属在官供差，自应照旧。至随人箭丁一项，其初除供应公差外，只有轮值该旗扎萨克之差遣，逮扎萨克兄弟子侄析产分居，遂分隶于各台吉，为之经理财产，供给差徭，暨畜牧、树艺之事。此项箭丁既受役于台吉，于是黠者以侵渔致富，拙者沦为厮贱，终身无由自拔。查各旗历年放荒，各台吉均有应得地租；其应需人役，自可随时佣雇，无庸再受箭丁供给。除各台吉出资佣雇及箭丁自愿受雇者在所不禁外，应请将各旗箭丁以后永不得再属台吉之下。并由各旗扎萨克于箭丁内挑选年力精壮、资性聪颖者入小学堂肄业三年，考验成绩，升送各学堂毕业后，悉照各学成例，予以出身。化除阶级，俾咸知自奋，积弱庶可逐渐挽回。

　　以上各节，经臣等考察情形，研究利病，有不得不遵议更张者。虽我朝抚驭蒙藩务崇宽大，未尝以内地制度相绳；即东西各国治理藩属政策各有不同，亦未能强为一致。然际此外患内忧之日亟，与夫优胜劣败之相形，设仍听其贫弱自安，闭塞犹昔，旧制既未能改革，新政即无由推行，将何以巩固藩篱、奠安疆圉！

　　近据科尔沁左翼前旗扎萨克多罗宾图郡王棍楚克苏隆，以破迷信、兴教育、练兵、办垦数大端呈请代奏，核与该喀喇沁郡王原奏所陈同为筹蒙至计。既有幡然改图之意，自易收因势利导之功，时会可乘，是宜内外合筹亟图改进者也。

　　十一日奉到朱批："会议政务处妥议具奏。钦此。"（《锡良遗稿·奏稿》，第 1073—1077 页）

　　是日　奏联合中外商人组织公司开办奉天海龙府属香炉盌金矿。

　　奏为联合商人组织公司，开办奉天海龙府属香炉盌海仁社地方金矿，以兴实业而辟利源，恭折密陈，仰祈圣鉴事：窃维中国矿产之富，超轶环球，东省尤首屈一指。甲午、庚子以后，俄人思攘大利，迭起环争，又有东清铁路附近三十里之协约，足以增长其势力。未几，而抚顺、烟台诸矿由俄而转入于日。频年以来，因矿产交涉之案不一而足。近本溪一矿甫议合办，烟台一矿至今仍为日有。其余若金、银，若铜，若铅，日人四处查勘，甚或勾引乡愚，订立私约，以致防不胜防，自非我先设法开采，不足以收效果而杜觊觎。

前督臣赵尔巽、徐世昌等有见于此，先后招致南洋华侨来奉兴办，冀以提倡实业，迄无成议。推原其故，大抵限于资本者十之三，格于定章者十之五。盖资本不厚则贷款重而成效难期，定章太严则获利微而人情易阻。我方迟回审顾，而日人已兼营并进，百计扩充，慢藏之咎，谁实任之！

臣等到任后，体察奉天情形，知非变通办理，招集欧、美商人组织公司，搀入华股，不足以保持权利。上年十一月，据试署奉天劝业道赵鸿猷呈称：上年"十月间，据上海职商唐元湛、陈鸿年、何兴模等函称，该职商等联合中、英、美商人组织公司，拟办海龙府境内金矿，公举代表人柯敦、唐元湛到奉筹商一切。经该道与柯敦等商订合同，议明中、英、美三国公同出资一百万两，中国资本至少居三分之一，指定海龙府境内香炉盌海仁社地方，定名为奉天海龙府香炉盌海仁社金矿有限总公司。其合同内开各款，以二厘为矿地年息，以百分之二分五厘为报效，即以抵出井税一款，除年息公积外，余利与我平分。虽于部定矿务新章不无出入，然以开放为保全之计，较之各省与外人合办矿务者，于公家利权实已保持不少"各等语。当于上年十一月二十七日，经臣等批饬该道会同该公司代表人将合同签押，复按照合同第八条办法，饬令该公司取具上海汇丰银行证书，证明公司资本确有把握，以凭请旨办理。旋据将银行证书呈送到奉。臣等复查华、洋合股开矿，本为部章所规定，但股本以各占一半为度，该公司华商资本占有三分之一，似尚未合部章。此外矿税、矿界等事，亦稍有变通之处。惟我既收平分之利，复有监督之权，即亦与华、洋各半无异。况奉省时局已在日人范围之中，非招徕欧、美人多投资本，不足以牵制势力。近数年闻，朝廷于三省开放商埠先后至二十余处，比复筹借巨款，经营锦瑷一路。亦明知保守东省，非输入欧、美资本不可，而资本之最巨者，铁路而外，厥维矿务。该职商等体时局之艰难，愤强邻之逼处，联络英、美商人，请办海龙金矿。该地处奉、吉之间，我先开采，足以扼其要领；而日、俄南北势力之平均，或因此而稍有顾忌。故论开矿，于内地自以循照章程为先，而奉省似应另有规画，此则臣等区区之微意，不敢求白于天下，实不敢不陈明于圣

1910年（宣统二年　庚戌）58岁

主之前者也。

兹据试署劝业道赵鸿猷呈请奏咨前来，相应据实奏请圣裁。如蒙俞允，恭俟命下之日，即由臣等转饬照办。

本月十一日奉到朱批："该部议奏。钦此。"（《锡良遗稿·奏稿》，第1082—1084页）

2月16日（正月初七日）　锡良、程德全致外务部俄请吉江弛运杂粮禁乞主持电。

吉江两省禁运杂粮事。

初四日接江省交涉局于道兴驷来电，以俄领照称，此项杂粮收割时预禁，而在冬令出示，于理不合。缘各俄商明订该时供给大宗粮食，不能半途废此，此如禁运，则俄商前后亏折，均归地方官赔补。已将此事禀敝使与贵外务部交涉。初六日又据哈埠施道电称，连接俄领照会，大致以新城禁运粮食归咎华官，俄商亏损开单索赔，请先禀闻复。据奉天交涉司准俄总领事照会，转奉俄使来谕内开陆路通商章程第十五条，禁止出入境货物均有明文，此次禁运杂粮有违条约，且损及俄商之利益，请予弛禁各等语。

查陆路通商章程于违禁食物类，仅载中国米不准出口，其他谷类并未提及。上年日使有小麦等类既准北满陆路输出，则南满海路亦准出运之要求，故商订纳税禁运办法，日使甚以为然，而德使寻亦承认。未知钧部当时曾否照知俄使？与俄使曾否承认奏无明文？此次俄领一则以冬令不能禁运为词，一则以非约章所有，亟应弛禁为请，甚至连词照索赔偿。总观其意，殆将上年商允准运一案全行抹煞。否则歉岁由我禁运，既经照会有案，预期知照，在我并无不合。应请核案主持，照请俄使饬令俄商遵照。除电吉、江两省外，并乞电商为叩。良、全。阳。《清宣统朝中日交涉史史料》卷4，第13—14页）

2月17日（正月初八日）清廷批准锡良奏遵旨详筹延吉边务情形请仍裁撤督办一差。

奏为遵旨详筹延吉边务情形，请仍裁撤督办一差，以纾财力而专责成，恭折仰祈圣鉴事：窃臣等具奏吉林边务经费无著，恳请裁撤督办边务一折，宣统元年十二月二十五日奉朱批："延吉经营伊始，东南道驻扎延吉半年是否足资镇慑，吴禄贞于该处情形熟悉，应否留办之处，一并再行详筹具奏"，等因，钦此。仰见朝廷廑念边陲，训示周至，莫名钦佩。

臣等往复电商，悉心筹酌，窃谓延吉自中、韩界务条约缔结以后，情形与前迥异，前则偏重于界务，今则偏重于内政。延吉厅初升府治，和龙、汪清新设县治，分疆而理，地方各有责成，而以东南道为之铃管。如果半年驻珲，半年驻延，计延、珲相距不过二百余里，尚足以资控驭。抚臣疆寄所在，责无旁贷，虽省垣远隔，不无鞭长莫及之虞，而每年巡行，有事移驻，亦未始不可镇慑。故就目前延吉而论，边务督办一差，实有不得不裁之势。臣锡良前据该督办吴禄贞来电，暨臣昭常到延与吴禄贞晤商，意见正复相同，实已再三审酌。

至以国防言之，自临江以至敦化，绵亘数千里，与俄、韩两国犬牙交错，击柝相闻。苟平日无专阃大员领重兵以镇守，万一不虞，外兵处处可以阑入。吉省兵力本单，大局何堪设想？条约既不足保和平，且日、俄将来倘有第二次之战争，并不足以守中立。通筹全局，不惟督办边务一差不当裁撤，且将厚以兵力，畀以重权，俾得于军事大有展布。前奏所请添练陆军一镇，实为慎重边防起见。若无兵无饷，空留督办大员，于边务仍无裨益，而于行政反多窒碍。兹部议既以筹款为难，无论吉省原认延吉边务经费银三十万两，以之经营内政，如开埠设官暨各级审判厅，以及推广巡警，增设学堂，筹办实业等事已觉不敷支给，即尽数移作练兵之费，相差尤属甚巨。况此三十万两实难移作他用。吉省财力业已竭泽而渔，乌能与干涸之余再有挹注！此等困难情形，谅荷圣明洞鉴。夫国防之重要既如彼，而经费之支绌又如此，必不得已，惟有暂顾目前，仰恳天恩仍将督办边务一差即于裁撤，所有边防一切事宜，责令东南道随时禀商妥办。将来应如何添扎军队，以重防务之处，并由臣等会商办理。

正月初八奉朱批："著照所请行。其将来应如何添扎军队，以重防务之处，仍著该督抚会商，再行具奏。该衙门知道。钦此。"《清宣统朝中日交涉史史料》卷4，第13—14页）

2月19日（正月初十日）　东三省总督锡良为呼兰府呈报俄人逼令

| 1910年（宣统二年　庚戌）58岁 |

对青山税卡迁移事札。

为札饬事。案据总办呼兰税务事宜、署呼兰府知府黄维翰呈称：窃署府前以对青山云云，以崇国体等情。据此，除批呈悉，查俄人阻挠甜草岗设卡征税一案，事同一律，候饬该局与该公司严切交涉，以固主权，而维税务，并饬民政司知照，缴。等因。印发并分札外，合亟札饬。札到该司局，即便知遵照办理。特札。右札仰民政司、铁路交涉总局遵此。（《中东铁路》（一），第305页）

2月21日（正月十二日）　奏吉省长春府设立农产公司。

奏为吉省长春府设立农产公司，以恤民艰而弭隐患，恭折密陈，仰祈圣鉴事：窃东三省出产土货，以粮豆为大宗，自日、俄战后，各国洋行群集采购，尤以日本三井、正金各商为最巨。每值夏秋之交，辄以贱值向农民预先订买，并取民人地契作押。冬间粮食价涨，不能交货，则该洋商等或收没农民地契，或率领通事赴四乡民户追索，纠葛纷纭，屡滋交涉。且日久积重，各属田地势将悉归掌握，其用意实与英人设立东印度公司办法相似，贻害大局，实非浅鲜。虽由官府叠次禁止，而小民贪利忘害，私相授受，防不胜防，一经酿成债案，办理即行棘手。

上年吉、奉均遭水灾，夏秋之间，农民窘迫尤甚。由臣等公同商酌，在长春设立农产公司，并会同东三省官银号及吉林官帖局筹集资本，凡农民青黄不接之交，由官付给资本，订明冬间收获时交还粮豆，以清官款，俾免受洋商预购之害。至各国洋商来东三省购买粮食者，即由公司及官银号间接订卖，藉广招徕。现在创办之初，虽农民私卖期豆之弊未能尽绝，而押契索债之案已属无多，于交涉实多裨益。仍一面劝导华商，集合公司，以便与洋商贸易。一俟华商公司成立，官府即行停办。

"外务部知道。"（《锡良遗稿·奏稿》，第1086页）

是日　奏通筹全省狱政拟请变通成法次第举办。

奏为通筹全省狱政，拟请变通成法次第举办，恭折具陈，仰祈圣鉴事：案查宣统元年九月准法部咨，该部于九月初一日奏陈第二年第一届筹办成绩折内奏准各省建筑模范监狱，统限宣统三年以前一律告竣，府厅州县旧有监狱，以各省新筑之监狱为模范，于单开推广各该府厅州县审判厅年限期内一并改筑，行令查照办理，并绘图贴说，将预算成立之期报部等因，咨行到臣。当饬奉天提法司吴钫查照办理去后。

谨按狱政之良否，系乎司法之名誉。奉省模范监狱早经奏报成立，年来省外人犯因监狱不完，请寄省监者甚多，颇形便利，其故因省监经费较充，管理较善。方今各属财政奇窘，狱吏未备，并旧狱而无之，安望其更筑新狱。臣等通盘筹画，似非变通办理不可。谨就现拟办法五事，为我皇上陈之：

一、规定饬建监狱之地域也。奉属州县，新设治者多无监狱。近年各属议办罪犯习艺所，拘留人犯使之习艺，以代监狱，其意甚善，而其法不完。且习艺所者，监狱之工场也。以狱制而兼设工场，令人犯习艺则可，以习艺所名义而聚囚人于一场以羁禁之则不可。然设习艺所易，设监狱难。拟就府厅城治先筑监狱，其有习艺所者均饬并入监狱管理，以期经费减省，狱制整齐。计应设监狱者九处：曰兴京，曰锦州，曰新民，曰营口，曰凤凰，曰昌图，曰海龙，曰洮南，曰长白。其狱中以足容人犯三百人为准，令收管近邻暨所属之重罪人犯。长白尚未设治，仍拟缓设。其承德、辽阳、铁岭、开原、本溪、辽中、法库等处人犯，则令就近寄禁省监，盖交通易则解送亦不致为难也。

一、扩充看守所之范围也。各属重罪人犯，既总汇于省府厅治，其未决犯及轻罪人等亦宜有以处之。现在奉省各属收禁人犯之处名目猥多，办法凌乱，吏缘为奸，弊害实甚。查日本狱制，轻罪、重罪异地以禁，已决、未决分房而居。日本狱内有民事劳役场，德国狱内有民事监，哈埠俄国监狱亦合轻、重罪各犯于一处而分禁之；不独节费，亦易管理。是宜化散为整，仿法部奏定各审判厅内设看守所收管未决人犯之制而变通之，于各州县各设看守所一，收管本境内民、刑事未决人犯，凡刑期在一年以内暨巡警局违警人犯皆得入之。建筑可以从俭，习艺可以随意。该所不必隶于审判厅，凡旧有狱署、封房、习艺所、看守所、待质所等处地方，可以改设者，均令改设，置所官一以董其事。各属既有此项看守所，嗣后各审判厅成立，厅内即毋庸附设看守所，以省经费。并拟通行奉天高等以下各厅悉令将看守所裁撤。缘各国裁判所内拘留人犯不过二十四点钟，逾期则必送如监狱。倘以二十四点钟之拘留人犯，而设所设官以管理之，未免太费。以奉省论，即须岁糜十余万金，万万无此财力，不如去之为愈。依此办理，费去大半，狱政益肃，庶几可以维持司法制度。

一、管狱之吏宜规定也。光绪三十二年七月，法部议覆改良监狱折内称，狱务人员与司法人才同一重要，官卑不足弹压，禄薄无以养廉。省城监狱置正典狱官，秩从五，副官秩从六。上年王大臣厘定官制草案，于各州县置典狱员，法部奏定各审判厅看守所，设五品以下所官，慎狱分职，不厌求详。奉省模范监狱已于上年奏设正管狱官一员，声明副官缓设。查省城罪犯习艺所，分禁轻罪人犯数在五百人以上，为省城第二监狱。其各府厅监狱容囚至三百人，各州县看守所拘留人犯多者亦在百人以上，不可不设官以治之。拟声明模范监狱设官成案，添设省监副管狱官一员，秩从六品，令驻罪犯习艺所中，经理该所事务。设各府厅监狱管狱官各一，秩正七品。均作为奏补之缺。设各州县看守所所官各一，秩正八品，作为咨补之缺。各监狱暨看守所成立之年，所有管狱之经历、司狱、吏目、典史等官应一并另案奏裁，以一职掌，即以裁缺之廉俸津贴，移作新设各缺之用。

一、经费待筹画也。现拟筹设各处监狱，除长白外，为狱凡八，为看守所凡四十余。看守所拟饬地方官就地筹款。监狱经费岁需十余万金，现正饬司切实核计，筹款并无把握，而要政期在必行，容俟臣等察酌，随时奏明办理。

一、狱官宜造就也。改良狱政，求材为难。需材别为二类：一，职员；

一、看守。将来狱制完备，职员需百余人，看守需数百人。旧日狱吏不娴狱务，其吏役积弊太深，亟宜淘汰，加之教练。现拟饬司就法政学堂添设狱务一科，慎选学员，添员教授，以备异日任使。其录用办法，俟该科届毕业时，再由臣等另案奏明办理。

二十四日奉到朱批："该衙门议奏。钦此。"（《锡良遗稿·奏稿》，第1088—1090页）

2月23日（正月十四日） 为安徽已派员前来会验熊成基事，锡良札饬吉林提法司配合监提。

宣统二年正月十二日准安徽巡抚部院朱家宝咨开，案照本年十二月二十八日，承准军机处电开，奉旨：陈昭常电奏悉。逆犯熊成基既经拿获,著朱家宝迅速派员来吉,验明正身,即行就地正法。孙铭一犯,著民政部步军统领严密查拿,毋任漏网。此次获匪出力各员,著俟将该犯验明正法后,再行请旨。钦此。等因。到皖。查熊成基叛案内所获要犯,系安庆府知府豫咸承审,详悉一切情形。又六十一标混成协马营管带官李玉椿,前与熊逆同在新军,当时熊逆为乱,李玉椿仓卒拒战,身受重伤,其于该犯面貌辨认较真。兹遵谕旨,饬派该二员前来会验,以便验明之后,即行惩办。至皖省前因熊逆在逃,曾悬赏银伍千两购捕在案,今既在吉拿获,自应如数给赏。所有赏银伍千两,一并提交豫守赉呈转给。除由电复奏外,合就咨会,为此合咨,请烦查照,祈即转饬承审之员,会同豫守、李管带提犯验明办理,并将皖省移送赏银给发具领,见复施行。等因。准此。除将赏银给发外,合亟札饬。札到该司立即督同承审之员,会同豫守、李管带迅速监提该逆犯熊成基到案,验明正身,办理毋违。切切。特札。(《扬州文史资料》第6辑,第210—211页)

是日　锡良陈昭常致务吴禄贞交卸在即火狐狸沟和龙峪玄得胜三案应否准其议结乞示电。

申。准吴督办电称,禄贞现将去边,所有寻常交涉案件自应移交后手接办,惟火狐狸沟、和龙峪两案,前蒙转到部,电令贞严与日领交涉。乃去年冬间磋议数次,日领持议颇坚。惩办宪兵一层,彼以此时各宪兵业经遣回本国,未便再行议撤。吊慰金已议增至四千元。玄得胜一案,日领谓与以上两案无涉。如我国允将前案从速了结,则彼亦可请求政府释放玄得胜。初议要求分案,同时议结,以清积案。查各案均于界务未决以前发生,是非各执,是以未竟其议。应否移归部议,抑或由禄贞从权议结之处,乞裁示等因。查边务一差,陆军部已奏裁,吴督办交卸在即。以上三案延宕已久,应否准如吴督办所议,饬令从权议结,敬乞核示。良、常。愿。(《清宣统朝外交史料》卷13,第11—12页)

2月24日(正月十五日)　外务部复锡良陈昭常火狐狸沟等案希饬吴督办妥商议结电。

愿电悉。火狐狸沟一案,照本部上年十月有电,本无轻受抚恤议结之理,但伊使所称宪兵遣撤,查办綦难,亦系实情。且彼此报告不符,惩犯一层彼断不肯轻认,只好权受恤款,作为了结。和龙峪案内之全成哲与乡约玄德胜两案,仍即查照前电,商令互行释放。以上各案均已久悬,统希饬吴督办于未交卸前,与日领妥商议结为要。(《清宣统朝中日交涉史史料》卷4,第14页)

是日 锡良、程德全咨外部送呈安奉路购地各项图表章程事宜。

案据试署奉天交涉司呈称,窃照安奉铁路车站用地数目,业经本司督同购地局局长屡向南满公司暨日总领事商减用地,严定限制,先将用地数目表件呈请宪台转咨外务部、邮传部核示在案。嗣因沿路如沙河镇、陈相屯、通远堡、连山关、桥头、本溪县等处,尚有增减数目,改绘图说,卷帙纷繁。一面派员切实勘查,为时稍迟。现在核改图说,业已绘成,沿途需用地亩,民间亟待发价。当此路开工时,日人即恃强勒购民产、逼迁坟墓,本司秉承宪台命令,屡经通饬沿路地方官妥为禁阻。旋蒙派员设立购地局,因税契承粮地价各节,日人狡执异常,久悬莫决。而民间产业一旦失所依据,深堪怜悯。乃蒙宪谕,将税契承粮两节,交由本司与日总领事另行提议。复督同局员与南满公司将购地章程迭次磋商,动以利害,往复辩论,至数十次,始克酌中议妥,呈蒙批准施行。不得已即于上年邮传部派员会勘沿路线六百余里内之房屋、坟墓、树木等项,饬令该局先行会同日人分别发价购办,民间困苦,藉以稍纾。其地亩价值,虽经章程订定宣布,因未将图说呈部,未敢发价。调查沿路山地居多,其所用隧道取土筑堤,间有六七丈之高。此种用地虽未免稍宽,然于工事上察勘似皆实在,披阅图说,自可了然。其余车站各用地,已较日人原开数目减去过半,似属无从再减,应否准其按照图说,各用地分别购办?理合将绘成沿路车站用地图说计十四件,又各车站因增减后另绘车站详图九件,减定铁路用地表一件各三份,备文呈请宪台鉴核批示,并请各以一份转咨外务部、邮传部迅赐核示,俾早发价以恤民生。

再,上年八月间,本司照会日总领事应减少用地理由书、拟减地亩表、按站用地亩数表,计有三件,又购地章程一件,兹一并钞录三份送呈宪鉴,并请分送外务部、邮传部各一份,以备查核备案。其安东车站,日本在军政时代已购占,六道沟极大之地应同撤换,沿路兵警暨不允税契承粮各问题,并案交涉。本司屡催日总领事续议,均以未得彼国政府训令,藉词延宕,应请宪台咨请外务部迅与日使交涉,俾得协力维持大局，幸甚。计呈图表、章程、说明书等各三份等情，到本大臣、抚院。

据此，除批据呈安奉铁道车站各用地，已较日人原开数目减去过半，似属无从再减，自是实在情形。究竟应否准其按照图说，各用地分别购办，候将核改各项图表，咨请外务部、邮传部核复饬遵。至减少用地理由书、拟减地亩表按站用地亩数表、购地章程，并候分送外务部、邮传部查核备案。其安东车站，据称日本在军政时代已购占，六道沟极大之地自应同撤换，沿路兵警暨不允税契承粮各问题，并案交涉，仍候咨请外务部与日使妥议办理后再另行饬知。此缴图表、章程、说明书分别存送等因印发外，相应将该司呈到核改各项图表，咨请贵部查照核复，以凭饬遵。并将减少用地理由书、拟减地亩表、按站用地亩数表暨购地章程各件，送请查核备案。

再，安东车站据该司呈称，日本在军政时代购占，六道沟极大之地自应同撤换，沿路兵警暨不允税契承粮各问题并案交涉，应请迅与日使妥议，另案办理，藉维大局。并希见复，以凭转饬照办，望切施行。须至咨呈者（计呈安奉铁路图一捆共二十三张，并附减定用地表一纸，又购地章程、用地理由书、增减比较表各一份）。（《清宣统朝外交史史料》卷13，第12—24页）

2月27日（正月十八日）　奏请销修设营凤奉临等处电线工程用款。

奏为请销修设营凤、奉临等处电线工程用款，恭折仰祈圣鉴事：窃查接管卷内，光绪三十四年四月间，东三省电报总局修设营口至安东电线，业经该局前总办、降补同知黄开文呈准前督臣徐世昌暨邮传部分别立案办理在案。嗣以凤凰城距安东仅一百余里，自应一并修通，故改名营凤电线工程。该线自营口经海城、大孤山、大东沟、安东以达凤凰城，共计线路七百八十六里。从光绪三十四年四月初一日由营口开工至六月二十六日通至凤凰城，全工告竣。所用杆线、钩碗、运费、家具、薪工、伙食、川资等项，并开局经费，统共支库平足银四万零一百九十九两八钱五分四厘七毫六丝六忽五微。又宣统元年四月间，修设奉临电线。该线由奉天省城起，经抚顺、兴京、通化以达临江，复加入怀仁、辑安两路，直达通化，为奉临之支线。此项工程，计自宣统元年四月二十日由奉天省城开工，至八月十三日止，全工告成，总共线路一千零八十里，共支库平足银六万一千二百九十三两二钱三分七厘二毫六丝二忽七微。两共用银十万一千四百九十三两零九分二厘零二丝九忽二微。

以上开支各款，该局前总办黄开文未及报销，交卸局事，当经臣等饬令该局现任总办、降调山西布政使吴匡将以上工程分别派员验收，尚属工坚料实。所用各款，亦经逐细钩稽，尚无侵渔冒滥等弊。

兹据该总办吴匡呈请奏咨核销前来，臣等覆核无异。除分咨查照外，所有请销修设营凤、奉临等处电线工程款项各缘由，谨缮折具陈，伏乞皇上圣鉴，饬部核销施行。

二十八日奉到朱批："该部知道。钦此。"（《锡良遗稿·奏稿》，第1091—1092页）

是日　锡良致军机处报熊成基已斩讫代奏电。

北京军机处王爷中堂钧鉴：

申密。安庆叛逆熊成基，年前在吉就捕，当经将详细情形电请代奏。旋奉电旨：著朱家宝云云等因，钦此，钦遵。即将该逆发交司监收扎待验，并派妥员更番守视，无任疏虞。兹准皖省派员安庆府知府豫咸、马队营官李玉椿等赍咨到吉，提取该逆，当堂逐细检验，的系正身无疑，未便再稽显戮，自应遵旨即行就地正法，以昭炯戒。当饬提法使吴焘，查明正月十八日系不停刑日期，将该逆熊成基由监提出，当堂点验，派员押赴市曹处斩讫。

查该逆前在皖省倡谋叛乱，漏网未获，竟敢潜行来吉，勾结外人，乘机谋逆，实属罪大恶极。幸赖朝廷威福，觉察较早，元恶伏诛，地方遂以安谧。但该逆东来既有阴谋，难保不无余党散布在外，自当严饬兵警，随时防范，设有可疑，即行访拿，尽法惩办，不使滋蔓，再贻后患。除将此案干连各犯审明虚实、分别释办并将在事出力各员择尤奏奖外，合将验明取决日期，会同东三省总督锡良，先行电请代奏。谨肃。十八日印。（《扬州文史资料》第6辑，第212—213页）

3月2日（正月二十一日）　吉林提法司为会验熊成基情形及正法日期事呈报东三省总督锡良。

吉林提法司为详请奏咨事。

宣统元年十二月二十五日奉宪台札开，宣统元年十二月二十五日，据署西路道颜世清申称，案查去岁安庆谋逆首犯熊成基，近日潜匿哈尔滨，前由宪台派委管带刘燮松等往拿，旋据该管带电称，业经拿获。奉面谕饬即遴员赴哈提解至长，由道先行讯问，等因。奉此，遵即派委长春巡警局局长陈守友璋，前往提解。即据于本月二十一日晚押解到道，职道亲提该犯，严密讯问。除将供词另录呈报外，仍派陈守友璋将该犯押解宪辕复讯，等情。据此，合亟札发。札到该司即便将发去逆犯熊成基，并草供查收，立即悉心研审，务得确情，录取切供，妥拟详办。切切特札。计札发逆犯熊成基全刑草供一本。等因奉此。

十二月二十九日奉宪台札开，案查拿获逆犯熊成基一案，业经札发收审在案。兹于本月二十七日，又据署西路道颜世清申称，窃查逆犯熊成基业经拿获解省，该犯党羽臧贯三为案内紧要人证，续于本月二十三日由职道派探将该犯拿获。即经严密提讯，得有确供，理合录供呈报，并将该犯二押解宪辕，听候复讯。兹派警卫队官赵永平，押解该犯，并携带供词，解赴宪辕投交，等情。据此，合亟札发。札到该司即便将发去人犯臧贯三，并草供及案内要证徐尚德；立即查收，提同逆犯熊成基，质讯明确，并案拟办。切切此札。计札发人犯臧贯三一名、案证徐尚德一名、草供一本。等因奉此。

当即由本司督同试署佥事傅善庆亲提该逆熊成基，严密审讯。据该逆供认，光绪三十四年十月二十六日，在安庆谋反等情不讳，核与西路道讯供大致相同。复加审讯，该逆当堂自书供词一纸，语多悖逆，自应按律问拟。查律载：凡谋反及大逆，不分首从，皆凌迟处死，此案该逆熊成基身充军队，辄敢倡谋不轨，戕官攻城，实属大逆不道，罪不容诛。该逆熊成基合依凡谋反及大逆皆凌迟处死律，凌迟处死。遵照新章，由凌迟改为斩立决，并免其枭示。惟系叛逆重犯，应如何办理之处，当经本司面禀请示在案。

宣统元年十二月二十八日奉宪台札开，照得本部院于宣统元年十二月二十六日，电请军机处代奏，拿获逆犯熊成基讯供情形，请旨定夺缘由。于二十八日承准军机处电开，奉旨：吉林巡抚陈电奏悉。逆犯熊成基既经拿获，著朱家宝迅速派员来吉，验明正身，即行就地正法。孙铭一犯，著民政部步军统领严密查拿，毋任漏网。此次获匪出力各员，著俟将该犯验明正法后，再行请旨。钦此。等因。合行钦遵恭录，并照录电奏稿札饬。札到该司立即钦遵，一俟安徽省派员来吉，迅速会同监提该犯熊成基，验明正身办理。切切特札。计札发照录电奏稿一本。等因奉此。

宣统二年正月十四日奉宪台札开，安徽巡抚部院朱咨开：查熊成基叛案内所获要犯，系安庆府知府豫咸承审，详悉一切情形。又六十一标混成协马营管带官李玉椿，前与熊逆同在新军，当时熊逆为乱，李管带仓卒拒战，身受重伤，其于该犯面貌辨认较真。兹遵谕旨，饬派该二员前来会验，以便验明之后，即行惩办，等因。准此，合亟札饬。札到该司立即督同承审之员，会同豫守、李管带迅速监提该逆犯熊成基到案，验明正身办理。毋违。切切特札。等因奉此。

遵即督同承审员本司试署佥事傅善庆，会同安庆府知府豫咸、安徽六十一标混成协马营管带官李玉椿，监提该逆犯熊成基到案，验明正身。查明正月十八日系不停刑日期，委派吉林府地方检察厅试署检察长李廷璐，会同宪台委员二品衔广西补用参将吉林抚院行营中军官王殿魁，监提该逆犯熊成基，绑赴市曹斩决正法讫。除臧贯三、徐尚德两犯供词狡展，俟讯取确供，另文详办外，所有逆犯熊成基先后供词，及正法日期，理合先行钞录，备文详请宪台鉴核奏咨。为此备由具呈，伏乞照详施行。
（《扬州文史资料》第6辑，第213—215页）

3月6日（正月二十五日）　锡良程德全致外部安奉铁路以减定用地表为准电。

准邮传部马电：询及此间咨送安奉车站用地等表，先后数目不符，请为电复等因，遵即复告。安奉全线当日人初议车站用地时，计要求甲、乙、丙、丁、戊五种。除安奉甲种大站另议外，乙种每站用地九百二十亩，计五站合地四千六百亩；丙种每站用地三百零六亩，计三站合地九百十八亩；丁种每站用地二百四十五亩，计七站合地一千七百十五亩；戊种每站用地一百二十二亩，计十一站合地一千三百四十二亩，统计用地八千五百七十五亩，此即日人原开各车站用地底数。迭经饬令交涉司督同购地局与日领事核减，至去冬定，计用地七千二百七十三亩五分，按照原开底数已减去一千三百零一亩五分,此减用地亩最后磋商之实在情形也。日人原开车站有二十一站,交涉司拟减为十八站,日人未允。除安东、奉天另议外,并于避道处所加入戊种之高力桥、秋木庄、分水岭、金坑、姚仙屯、蛤蟆塘、老古沟七站,是以共数二十五站,此站数不同最后磋商之实在情形也。日人在安东经营公沟地方不遗余力,附近安东之沙河镇不愿立车站,当因市面所关,不得不为商民筹交通之便,故照日人原开站数,饬添沙河镇一处。日人以该处既设车站,不得不增购地亩,故地积表所列亩数,转觉有增无减,其实比较日人所开用地底数,仍减一千余亩,此比较先后有减无增之实在情形也。总之,此次咨送以减定铁路用地表为准,其附送之拟减地亩表、按站用地亩数表,系交涉司从前彼此磋商未定之件,咨请参考,一为复阅,当可了然等语。除电复在案,谨此电闻,即请鉴核为荷。良、全。有。(《清宣统朝外交史料》卷13,第28—29页)

3月9日(正月二十八日)　奏东省建设军装制造厂。

治兵之道,欲求整肃军容,必先简练军实。东省陆军营队现已逐渐扩充,所有服装、皮件需用甚伙,若仍由各处采办,价值既昂,运费亦巨。且塞外严寒,一切军服,必须因地制宜,方为合用。自非设立专厂,分科制造,殊无以昭整齐而节縻费。惟公家款项奇绌,建厂购料需费不赀,似不若招集商股,由官督率,庶几众擎易举,免致筹款为难。

兹据陆军粮饷局呈称:该局制造官,分省补用知府王九成精通制造,自愿集股银十五万两作为资本,在奉天省垣设立军装制衣局,选集精于材木、铁革、纺织、缝染各工师分科受事,研求制造之法,以期价廉物美,专供奉、吉、江三省军队、学堂、巡警之用;仍由官派员督办,俾有稽核。现在股本均已集齐,交由东三省官银号验明储收,尅日开办等情,转请奏咨立案前来。

臣等伏查东省素饶皮革,奉、吉地方均产木棉、土靛,只以工艺夙未讲求,成品率多苦窳。前由公家设立硝皮厂一区,原期由官提倡,乃因经费支绌,成效未彰。兹既建设制造专厂,所有原设硝皮厂自应归并该局办理,即派分省补用知府王九成充当东三省制造局总办,吉林候补道曹廷杰为该局督办,以一事权。仍责成该督办等督率工匠,精益求精,庶工业可由此振兴,军用亦不虞匮乏。

二月初八日奉到朱批:"该部知道。钦此。"(《锡良遗稿·奏稿》,第1095—1096页)

是日　锡良程德全致外部日在鸭绿江架桥请禁阻电。

鸭绿江架桥事,上年屡电大部与日使转商,未能决定。该处韩岸桥工筑已及半,不日即至我国流域。前饬交涉司与日领声明,此事奉省并未奉有明文,亦未接彼照会,如不先行商允,一至我国境内不得不为禁阻。昨据安东赵道电禀,伊已搬运材料,势将不日动工。复饬司一面告知日领,一面用公文催询日领,允电询伊公使再复。查安奉铁路既允建造此桥,为达韩孔道,势难扼阻。惟鸭绿江国界所系,各国通例,凡火车出入国境必须换车,且须设关稽查,此应先商者一。安奉铁路照约十五年购回,从江心起至西岸一半之桥身,系在中国境内,应与铁路一体议价收回,此应先议者二。六道沟日人占地太大,安奉沿路兵警至今未撤,前此屡商无效,或藉此为抵换利益,此应先商者三。日领既请命伊公使,倘在奉开议,必当竭力与商,如或日使至钧部面商,务望将以上各节与之提议,以期内外一致。春融在即,盼早定局,用特奉布。良、全。勘。(《清宣统朝外交史料》卷13,第29页)

3月11日(二月初一日)　外务部致锡良等设关稽查系我主权希与日领磋商电。

鸭绿江架桥事勘电悉。设关稽查为我主权所有,应即速筹妥办,无庸与彼先商。其余各节,现日使并未来部提议。仍希尊处与日领竭力磋商,并随时电部为盼。外务部。(《清宣统朝外交史料》卷13,第32页)

3月12日(二月初二日)　锡良等致外务部锦瑷路事请部核示后再行订定电。

初二日电敬悉。议商锦瑷路事,因与司戴德先期约定,未便临时食言,拟仍饬该司等赴津询明合同内容。非蒙大部核示,断不能擅行订定。知注谨闻。良。全。初二日。(《清宣统朝外交史料》第13册,卷13,第34页)

是日　关于东三省总督锡良等前咨关于安奉路用地问题,邮部咨外部安奉路用地既经商减请核复。

据路政司案呈准东三省总督、奉天巡抚咨称:据试署奉天交涉司呈称，安奉铁路车站用地数目，业经本司督同购地局局长屡向南满公司暨日总领事商减用数，严定限制。先将用地数目表件呈请转咨外、邮两部核示在案。嗣经沿路如沙河镇、陈相屯、通远堡、连山关、桥头、本溪湖等处，尚有增减数目，改绘图说，卷帙纷繁。一面派员切实勘查，为时稍迟。现在核改图说，业已绘成，沿路所需地亩，民间亟待发价，不得已即于上年邮传部派员会勘沿路线六百余里内之房屋、坟墓、树木等项，饬令该局先行会同日人分别发价购办，民间困苦藉以稍纾。其地亩价值虽经章程订定宣布，因未将图说呈部，未敢发价。调查沿路山地居多，其所用隧道取土筑堤，间有六七丈之高，此种用地虽未免较宽，然于工事上查勘，似皆实在，披阅图说，自可了然。其余车站各用地已较日人原开数目减去过半，似属无从再减，应否准其按照图说，各用地分别购办？理合将图表等件备文呈请分咨外、邮两部，以便查核。其安东车站，日本在军政时代已购占六道沟极大之地，应同撤换，沿路兵警暨不允税契承粮各问题，并案交涉等情。据此，除批示外，理合咨请查照核复等因。当经本部以所送表内减定铁路用地表甲、乙、丙、丁、戊共二十六站，据车站增减比较表，车站原定数共二十一站，拟改之数共十八站。两表互异比较，表内原定之数是否即系原开数目？至减数一项，据减定用地表所列仅四处，共减三百二十三亩六分三厘，而增数二处，共增四百三十二亩四分八厘，实数有增无减。至原开数目，尚无详细底数。

  电查去后，兹据电复：安奉全线，当日人初议车站用地时，计要求乙种每站用地九百二十亩，计五站，合地四千六百亩；丙种每站用地三百零六亩，计三站，合地九百十八亩；丁种每站用地二百四十五亩，计七站，合地一千七百十五亩；戊种每站用地一百二十二亩，计十一站，合地一千三百四十二亩，统共用地八千五百七十五亩。此即日人原开底数。迭经核减，至去冬，定计用地七千二百七十三亩五分，按照原开底数，已减一千三百零一亩五分。至日人原开车站有二十一站，交涉司拟减为十八站，日人不允。除安奉另议外，并于避道处所加入戊种之高力桥等处七站，共二十五站。嗣以附近安东之沙河镇为商民交通之便，饬添一处。故地积表之数转觉有增无减。总之，此次咨送以减定铁路用地

1910年（宣统二年　庚戌）58岁

表为准等语。查安奉一路议用地亩较胶济合同所订为多，迭经本部咨查在案。兹既据该督抚复称，该路用地原数共八千五百七十五亩，核减用地共七千二百七十三亩五分，统共减去一千三百零一亩五分，核计数目相符，比较原数尚属有减。事关交涉，相应咨呈贵部查照核复，以凭办理可也。（《清宣统朝外交史料》第13册，卷13，第32—34页）

3月14日（二月初四日）　关于锦瑷铁路事缓议，外务部电东三省总督锡良等电。

初二日电悉。锦瑷路事，日俄来照于我，藉固国防默为抵制之意业已揭破。词意斩截，断难容我空言辩驳。即肯转圜，我亦断难恃有他国扶助，即可操切从事。若不待商妥，遂派员与司戴德接议详细合同，恐将来美为保护商人利益，出而争执，则我更面面失据，无从应付。此事关系重大，仍希饬令郑、邓①两司缓与提议，免致后悔。至盼并复。（《清宣统朝外交史料》第13册，卷13，第35页）

3月15日（二月初五日）　东三省总督锡良等致外务部锦瑷路事日俄抗议乞主持电。

初四日电敬悉。此次郑、邓赴津，重在践约，不在开议。一切静候大部指示，自与尊旨缓议相符。窃日、俄抗议自在意中。然此路绝非并行线，均无关系，彼所断断至不愿者，我受两强夹挤，气息欲绝，寻出一线生路，稍可图存，梗其咽喉耳。倘若使其如愿，大局何堪设想。满洲开放，彼所常言，何竟违背。尚乞大部设法主持，以维边局。（《清代外债史资料》（1853—1911），中册，第560页）

3月16日（二月初六日）　关于东三省总督锡良等前咨关于安奉路用地问题，外务部咨邮部安奉路用地是否确需此数请核办。

案查安奉铁路议用地亩一案，本年二月初二日接准来咨，称东三省督抚所送表内减定铁路用地表，与车站增减比较表数目互异。兹据该督抚查复，该路用地原数共八千五百七十五亩，核减用地共七千二百七十三亩五分，统共减去一千三百零一亩五分，核计数目相符，比较原数尚属有减，事关交涉，咨呈核复等因。并准东三省督抚电同前因。查安奉

---

① 郑、邓，指郑孝胥与邓祁述二人赴天津与美方代表司戴德磋议借款合同。

铁路用地，按照列表虽较原数稍减，尚有七千二百七十余亩之多，究竟各站用地是否确需此数，仍应详加研究，以昭核实。相应咨复贵部，查核办理可也。（《清宣统朝外交史料》第13册，卷13，第38页）

3月17日（二月初七日）　吉林提法司致吉林督抚详拿获熊成基讯供正法情形。

吉林提法使司提法使为详请奏咨事：窃查吉林地属边隅，强邻逼处，匪徒蠢动，息息堪虞。去年夏、秋以来，外间时有谣传，谓有革命党多人，乔装来吉，勾串胡匪，潜谋滋事之说。当蒙宪台严饬警兵，密派侦探，分布哈尔滨、长春等处，随时防范访拿，以备不虞。是年十二月间，考察海军大臣由俄回国，道出长春，谣言愈起。宪台恐有疏虞，因即先期到长迎迓，并饬沿途官兵妥为护卫。适试署民政司谢汝钦，以考查各属警务，亦至长春，因接密电报告，谓：安庆兵变首逆熊成基，近日来往哈、长两埠，似有秘密举动。当由该司密禀宪台，随派巡防中路马队第一营营官已革游击刘燮松、长春府警务长已革分省试用知府陈友璋等，许以优奖，励以自新，饬令改装易服，带同眼线，严密查拿去后。旋于宣统元年十二月二十日，果在哈埠宾如栈，将该逆熊成基拿获。并在该逆身旁，搜得秘密书札等件一包，一并解交长春西路兵备道颜世清派员转解来省。

当蒙宪台督同本司，并遴派干员，亲提该逆犯到署，严密审讯。据熊成基供称：（中略）

旋于宣统元年十二月二十八日，承准军机处电开，奉旨：陈昭常电奏悉。逆犯熊成基既经拿获，著朱家宝迅速派员来吉，验明正身，即行就地正法。孙铭一犯，著民政部步军统领严密查拿，毋任漏网。此次获匪出力各员，著俟将该犯验明正法后，再行请旨。钦此。恭录行知到司。

复经本司督同试署佥事傅善庆，一再亲提熊成基，严密审讯。该逆所供与宪台亲审原供大致相同，此外实无余党及别有密谋。究诘至再，矢口不移。并准皖省奏明，派委安庆府知府豫咸、马队营官李玉椿，来吉会同监提该逆犯到案，验明实系熊成基正身。

当于宣统二年正月十八日，遵旨将该逆熊成基即行就地正法讫。除将臧冠三讯明是熊逆余党另文详办外，所有拿获安庆兵变首逆熊成基讯供正法缘由，拟合另录该逆供词，备支详请宪台查核，分别奏咨。为此备文具呈，伏乞照详施行。（《扬州文史资料》第 6 辑，第 220—222 页）

是日 兴京副都统衙门为请按春秋两关领官兵津贴银两事咨报东三省总督锡良。

印务处案呈，为咨呈事：于宣统二年正月二十九日，据永陵花翎三品衔掌关防祥龄、蓝翎副关防兼内管领世恩、记名掌关防蓝翎副关防兼尚膳正裕桢为关领津贴银两事。案遵三陵总理承办事务大臣衙门札饬，奏准定章加给三陵官兵津贴。等因饬知遵照在案。查职属在内里值班官员、拜唐阿等八名，奉文每日给津贴银各壹钱，前所领到六个月津贴银两现已散放完竣，另文呈报核销外，惟职属所领津贴银两为数无多，每遇派差关领，道路遥远，往返盘费不易开销，仍恳体恤，照依上届所请，按春秋两季每次关领六个月津贴，以免多耗盘费。理合将自宣统元年十二月十六日起至宣统二年六月十五日止应领六个月津贴银壹佰肆拾肆两内，扣小建三日不领外，计五个月零二十七日，共实领备放津贴银壹佰肆拾壹两陆钱，造具印册三本、正副白领二张，出派拜唐阿永贵赴省关领。理合备文呈报衙门，祈为转行关领。须至呈者。等情。据此，除将该关防呈送到印册三本内捡一分附卷备查，并将正副白领二张钤印饬交该差拜唐阿永贵持赴关领外，余册二本相应备文咨呈贵督部堂、抚部院、副都统，请烦查核转饬验领发给施行。计咨呈印册二本。（《兴京旗人档案史料》，第 385—386 页）

3 月 20 日（二月初十日） 奏请予饬部立案东三省协赞会各项经费援案三省分成摊筹事宜。

奏为东三省协赞会各项经费援案三省分成摊筹，请予饬部立案，恭折仰祈圣鉴事：窃照宣统元年七月十七日，准农工商部电开："本部会奏议覆南洋筹设劝业会及赛物免税一折，十三日已奉明发上谕。除咨送奏稿外，该会初议明年四月开会，为期已促，请速饬设立出品协会，并饬劝业道、商务议员、商会，联络绅商学界，设立协赞会"等因到奉。当由臣等转饬遵办去后。

嗣据奉天劝业道呈请联合三省设立协赞会拟定章程，并择三省适中之地设立事务总所，以为筹办一切事务之机关。所有该会应需各项经费，拟援照三省公用分成摊筹成案办理等情前来，节经臣等批准照办。

查该会事务所每月通常经费共需银三百四十两，奉省应摊十成之五，每月筹银一百七十两；吉省应摊十成之三，每月筹银一百零二两；江省应摊十成之二，每月筹银六十八两。此项经费，业经议定三省按月照数摊筹。其余该会应需筹办出品公司股本洋十万圆，官商各半；除商股五万圆外，公家应筹银五万圆。该事务所办事经费银七千五百五十两；又派员赴江宁建筑三省别馆，需洋七千五百圆。以上三款，共计银七千五百五十两，洋五万七千五百圆。仍应照章三省按成摊派：奉省以五成计，应筹银三千七百七十五两，洋二万八千七百五十圆；吉省以三成计，应筹银二千二百六十五两，洋一万七千二百五十圆；江省以二成计，应筹银一千五百十两，洋一万一千五百圆。至出品公司商股五万圆，即由三省商家按成摊派。臣等往复咨商，意见相同，均各应允照摊，饬令三省度支司如数筹拨，发交该所应用，并声明嗣后该会经费如有不敷，再行随时按成筹拨，俾资接济。一俟该会事竣，即将用过各款数目核实报销。

十八日奉到朱批："该部知道。钦此。"（《锡良遗稿·奏稿》，第1098—1099页）

是日　吉林行省总督锡良等饬吉林府自宣统二年改征大租银。

劝业道案呈：本年正月初八日奉公署发文，准度支部咨开，田赋司案呈，吉林巡抚陈昭常等奏吉省办理清赋，现将通省原设银米兼征陈民老地清勘完竣，将各属银地数目缮单具奏一折。宣统元年十一月二十五日奉朱批：度支部知道。单并发。钦此。钦遵抄到部。相应恭录朱批，咨行吉林巡抚遵照。查原奏内称，设局派员办理清赋，现一律完竣。综计吉林省原设额征地丁米折耗羡共银九万一千一百七十二两二钱九分六厘八毫，此次共清出地七十九万三千二百四坰五亩七分，遵章每坰改征大租银一钱八分，每年共应征大租银十四万二千七百七十六两八钱二分二厘六毫。内抵除原征地丁米折耗羡旧额银九万一千一百七十二两二钱九分六厘八毫，每年计多征银五万一千六百四两五钱二分五厘八毫。自宣统二年起，由各该地方衙门征解抵饷等语。应令按年按亩分晰造册，送部以凭查核可也。等因，奉此。相应呈请札饬遵照。等情。据此，除分札外，合亟札饬。札到该府，即便遵照征租可也。特札。（《东北农业史

料·吉林农业经济档卷》,第87页)

3月25日(二月十五日) 奏统筹吉省边防兵备情形。

奏为统筹吉省边防兵备情形,请将旧有陆防各军先行改编陆军一镇,恭折密陈,仰祈圣鉴事:窃维整军经武,首重国防;而设备之缓急,必视与国之动静以为衡。设若强邻逼处,久怀窥伺之心,边境晏然,殊少绸缪之策,洎夫一旦事起仓卒,进退失据,战守俱穷,谁执其咎?此臣等所以日夕殷忧而思防患于未然者也。

虽然,放言高论固无补于时艰,好大喜功亦难言夫远略。综其困难,实非一端。粮饷未充则不足以言守,枪械未备则不足以言战,人材未得则不足以言将,训练未精则不足以言兵。轻举妄动,失败堪虞,一策未周,动牵全局,此又臣等踌躇满志不敢轻言举办者也。

伏查光绪三十三年七月,陆军部奏定编练全国陆军镇数案内,奉天、吉林、黑龙江三省统限二年各练陆军一镇,其余各省或三年、五年不等。诚以三省为畿辅屏藩,南日北俄,腹背受敌,边防紧要,故不能不较内地各省为急。

现在奉天既已成军,吉省自应赳期编练。况自中、韩界务解决而后,边务督办近已奏裁,所有驻防该处兵队行将撤戍,正宜添练新军,扼要填扎,以免空虚。去年八月间,臣昭常巡阅边防,亲至沿边各地暨俄属之海参崴、双城子等处亲察一周,窃见吉省幅员辽阔,土旷人稀,设备稍疏,易招外侮。俄人眈眈欲逐,久藏祸心。乃自旅顺铁道割弃以后,受制于日,其势力不能重越长春而南。于是幡然改计,移其军事根据地于波里以扼松花江、黑龙江、乌苏里江之冲,而与海参崴、哈尔滨相犄角。并于该埠设粮秣、枪炮制造诸厂,修筑西伯利亚双轨铁道及满洲里至波里铁道,以供军事之需。现在乌苏里江东岸所驻俄兵已达二十万人,一有战事,旦夕可集。近复封海参崴为军港,增加野战炮队,驻重兵于岩杵河、蒙古街等处,以为瞰制珲春进攻朝鲜之计。将来满波铁路告成,必且乘机袭取,肆其侵占之谋,即使缓不及待,则黑龙江南岸乌苏里江西案随处皆可越境长驱,毫无阻碍。

至于日人,则自战胜以来,奉、吉两省,海陆形势全为所扼,仍复不能忘情于俄。于是秘密经营,力谋抵制,先辟温贵军港以与海参崴相抗，复开清津、敦贺、舞鹤间之航路，以便军队运输。其于渤海及东朝鲜一带，布置亦已周密。犹恐不足与俄争雄大陆，故复提议中、韩界务问题必欲据延吉为己有，以为联贯北韩、南满之计，而与俄领之东海滨省暗相抵御。此次界约告成，既已攫有吉会铁路借款开办权，更要求开埠四处，则其处心积虑，不问可知。

虽彼两国互蓄阴谋，各有命意，而睚眦相向，视线所注，要皆以吉省为集合点，种种计画无非暗为军事预备。而我则疏节阔目，漫无部署，瓯脱之地，动辄千里无一兵一卒之守，道途阻塞，调遣不灵，一旦边疆告警，犬牙交错，处处可虞，直有防不胜防之势，危机潜伏，近在眉睫。加以东省胡匪为患匪伊朝夕，夏出冬藏，旋扑旋起，频年征剿，迄无宁时，亦非扩充兵备不足以资镇慑。

臣等身膺疆寄，目睹时艰，皇急万状。间尝统筹全局，以为吉省至少非练陆军三镇不敷分布。意以一镇驻扎三姓、临江东北一带，用以防俄；一镇驻扎延吉、珲春东南一带，用以防日；更以其余一镇分扎内地，为防剿胡匪之用。庶几边腹相联，缓急可恃。惟吉省自经兵燹之后，元气久伤，至今未复。近年举办各项新政，罗掘一空，部定一镇之兵，尚难如期成立，何能遽言三镇。论国防则嫌兵少，论国帑则恐兵多，顾此失彼，实难偏废。惟有悬此目的，暂就现有之兵，设法改编，先成一镇，然后徐图扩充，以为得寸得尺之计。

查吉省巡防队向分中、左、右、前、后五路，共马步三十三营，部章本有逐渐改编之议，亟应遵办。现拟除前路各营驻防延吉未便轻动，应以留为另编一镇基础外，即以中、左、右、后四路连同原有陆军步队一协，一并改编，先成一镇，用更番抽调之法，分期训练，务使操防两无妨碍。所有官兵薪饷，拟请仍照吉省奏定变通章程，以银圆核发。军官暂按八成发给，军佐暂按七成发给，目兵以下仍照定章如数发给。统计每年约需银一百零七万两有奇，即在吉省旧有陆防各军常年经费项下移用，为数略可相抵。其开办时应购军械军需之类，除上年购存过山炮十二尊并各种枪械堪以留用者外，约需银一百二十余万两，则拟就地筹画，分作两年置办，以纾财力。一俟边局大定，即将所留前路各营添招成镇，再作其第三镇预备，限以五年一律编齐。现在计画已定，拟即先

1910年（宣统二年 庚戌）58岁

从改编一镇着手，恭候命下之日，即行成军。相应请旨饬下陆军部、军咨处暂行编定镇数，电咨到吉，以便刻期举办，而免延误。

惟臣等更有请者，吉省度支非裕，此次改编，所需开办经常各费，均系勉力支撑，就地筹措，固已竭泽而渔，嗣后续编二、三两镇经费，自应先期预筹，以资动用。现虽竭力搜罗，业已筹有一二的款，堪以指拨，为数究属无多。方拟推广实业，举办林矿诸政，以盾其后。招商集股，甫有眉目，欲求成效，尚需时日。如托朝廷威福，得以如愿而偿，自可无须上烦宸廑。设或筹款不足，应否由部酌量补助，则俟届期再行请旨定夺。明知正帑支绌，京外同为一难；但为边疆筹久远之计，即为国家谋万稳之安，慎终于始，不得不先虑及之。

所有统筹吉省边防兵备情形，请将旧有陆防各军先行改编陆军一镇缘由，恭折密陈，伏乞皇上圣鉴训示。

再，此折由臣昭常主稿，寄由臣锡良敬谨缮发，故未钤用吉林省印，合并声明。

奉朱批："该衙门议奏，片并发。钦此。"（《锡良遗稿·奏稿》，第1105—1108页）

是日 奏吉林改编陆军成镇请以孟恩远暂充统制。

查吉林督办防剿事宜记名提督孟恩远，老成练达，久历戎行，曾在北洋充当协标统领，于新旧军制均有经验。此次吉林陆军既就防营改编成镇，似应选择谙练陆防军政人员派充该镇统制，以资熟手。合无仰恳天恩，俯准以孟恩远暂充该镇统制，责成妥速改编，俟有成效，再行奏请简放。至协统以下官佐各员，则以现充防营及原有陆军一协官长暂为派充，随后甄别，再行逐渐撤换，以肃军纪而免滥竽。

奉朱批："览。钦此。"（《锡良遗稿·奏稿》，第1108页）

3月26日（二月十六日） 奏循例监收官庄粮盐等项完竣情形。

奏为循例监收官庄粮、盐等项完竣，恭折仰祈圣鉴事：窃查奉天官庄粮石，经前户部奏归盛京将军监收，毋庸由部开单奏请派员等因，奉旨："依议。钦此。"历经钦遵办理在案。

兹届应收宣统元年分官庄粮石之际，臣等遵于上年十二月二十三日，督同仓员、司员，较准斛面，在官庄处监收。查该官庄额设报粮庄头一百一十八名，共应交粮三万二千三百九十一石，内除水冲、沙压官地免交粮三千五百五十二石五斗，折交运通豆四千八百六十石零一升八合六勺，折交杂项粮一万零零八十五石五斗四升三合三勺，每石折银二钱二分，折交盈余秭三千九百八十三石零五升零八勺，每石折银二钱二分，两项共折银三千零九十五两零九分零七毫零二忽外，计应交仓粮九千九百零九石八斗八升七合三勺。此内复照例存留官庄处粮一千七百石以备折给三陵祭祀需用各物，存留内仓粮二千三百八十石以备发放各项匠役口粮等项之用，尚应交仓粮五千八百二十九石八斗八升七合三勺。加以上届存留内仓未经用完粮四十三石二斗六升零一勺，存留官庄处未经用完粮三百六十六石六斗二升一合二勺，共应交仓粮六千二百三十九石七斗六升八合六勺。又报棉花庄头五名，共应交棉花三千五百斤。又报盐庄头三名，盐丁五百名，除病故二名外，实剩四百九十八名，统共应交盐六万八千斤。内除照例存留内仓备用祭祀应用熬白盐一千七百七十一斤外，实应交仓盐六万六千二百二十九斤。又所属庄头领种草豆米地，除水冲、沙压并铁路占用地亩不计外，实剩草豆米地二十六万二千七百八十八亩零六厘，应折征银四百二十二两零七分二厘零三丝零二微。

二十四日奉到朱批："该衙门知道。钦此。"（《锡良遗稿·奏稿》，第1108—1109页）

4月4日（二月二十五日）　奏援案择尤保奖奉省办理交涉人员。

奏为奉省办理交涉人员，已届三年，援案择尤保奖，以昭激劝，恭折仰祈圣鉴事：窃奉省东邻韩、日，北接强俄，铁路纵横，轮舶辐辏。今年来陆续开埠通商，久为各国视线所集，一切更形繁剧。加以日本自胜俄之后，客军虽早撤尽，而居留人民日复加多，民气浮嚣，动以细故争执，若非因应得宜，鲜不关乎国际。经前督抚臣奏设交涉使司一缺，专办全省外交事宜，即将原设交涉局裁撤，按照奏定东三省官制，于司中分设佥事、科员，以交涉局任事各员并遴选通材酌派充任；其省外交涉繁重之地，均派专员经理其事。该员等颇能殚精竭虑，弭患无形。计自光绪三十三年春季，经前督臣赵尔巽将交涉局各员奏保奉准后，迄今已届三年，办事悉臻妥协。

查吏部奏定洋务人员保举章程内开："专办洋务人员，扣满三年，准

1910 年（宣统二年 庚戌）58 岁

照寻常劳绩保奖十员。又常年洋务出力人员，三年期满，准于寻常外酌保异常数员，沿江沿海省分统计不得过二十员。"各等语。奉省为丰镐旧都，昔仅俄、日交通，今则英、美、法、德各国添设领事管理商务，各国考察游历人员络绎不绝于途；况保护沿海渔业，安插边地韩侨诸端，尤与他省情形不同。在事各员，力保主权，妥慎办理，不无微劳足录；自应援案请奖，俾资策励。据署交涉使韩国钧将尤为出力之袁良等二十员，分别异常、寻常两项，开单请奖前来。

臣等覆加查核，各该员等均系办理交涉届满三年，所奖员数系按照沿江沿海省分请奖二十员之额，实与例章相符，委无冒滥。谨缮清单，恭呈御览。合无仰恳天恩，俯准照拟给奖，以示鼓励，出自逾格鸿慈。

三月初四日奉到朱批："该部议奏，单并发。钦此。"（《锡良遗稿·奏稿》，第 1109—1110 页）

4月5日（二月二十六日） 锡良程德全咨外务部日俄战争时华民赔款请询俄使核办。

案照日俄战争，奉省适当其冲，以致人民财产、禾稼等项被俄军蹂躏、焚毁者，为数甚巨，业经前将军增会同府尹奏报，并请动款抚恤。嗣于光绪三十一年间，经前将军派员赴京，禀承钧部请示办法。并准先后电饬查明损害地方，详细造册咨部，各在案。当经饬据各地方官查报，并据各属人民陆续赴省呈报，均经随时照会俄员武廓米萨尔。虽俄员随时勘查，只以战事匆促，未及核发。此次俄军战线横贯全省，沿路居民荡析离居，非特财产虚糜，抑且身命莫保。事平之后，又系屋宇全非，田禾尽失，所受损害实非寻常可比。迄今时逾数年，各属人民纷纷赴省呈请赔偿，历饬交涉司与俄领商办，迄无要领。近有俄政府发给海参崴赔款之事，民间闻风呈请者日见其多，苟非实行提议，恐无以慰灾黎而副民望。兹已饬由交涉司将以上各节商明俄领，请为转达俄政府及其公使，选派专员会同查办。旋据复称，业将此案禀明该国外务部及驻北京公使核办等语。恐俄使到部询问，特为备文咨呈钧部，谨请查照施行。（《清宣统朝外交史料》第 13 册，卷 13，第 42—43 页）

4月7日（二月二十八日） 锡良、程德全致外务部邮部报鸭绿江架桥事议定条款四项电。

鸭江架桥事，初一日奉钧部电示，由奉磋商日领，先未承认。嗣饬交涉司与之声明，如不商妥，将来入我国境，地方官必当禁阻，甫允开议。现据议定条款四项：一、按照各国通例，国境换车一事，俟协定满韩铁路联络业务时，彼此妥商。二、允中国在鸭江西岸设关稽查火车，其细则日后协定。三、从江心起至西岸一半桥梁，过十五年后与安奉铁路统归中国赎收，该工费由中国查察员稽核。四、中日两国木牌或船只经过该桥，忽有人力所不及以致损坏桥工，不得责令赔偿。此项细则应日后协定，各缮中日文两纸，由该司签字互换。至六道沟先购之地，及安奉铁路守备兵并警察问题，据日领声称，彼国政府正在调查，伊当即日归国，竭力设法，俾此事早日就绪。一俟回奉，接到政府训令，即当协商，并用信声明。日领现已回国，除将来仍饬交涉司妥议，随时报明外，合将议定情形电请钧部查照。良、全。沁。（《清宣统朝外交史料》第13册，卷13，第43页）

4月9日（二月三十日）　奏筹备宪政第二年第二届成绩并下届筹备情形。

奏为筹备宪政第二年第二届成绩并第三年第一届筹备情形，恭折仰祈圣鉴事：窃查奉省第二年第二届筹备宪政情形，业经臣等于上年八月奏报第二年第一届之期先时奏陈，奉朱批："著即认真筹备，妥慎办理。该衙门知道。钦此。"祗聆之下，矢勤矢慎，夙夜图维，不敢因循废事，亦不肯粉饰见功，有进行，无退缩，实事求是，以期上达圣明。兹值奏报之期，谨将第二年第二届成绩暨第三年第一届筹备情形，分别为我皇上陈之。

查奉省咨议局选举于上年九月初一日遵限开办，臣等亲莅该局，宣布朝廷德意，绅民感戴，庆忭同深。随即监视投票，举定议长吴景濂、副议长袁金铠、孙百斛暨议员五十名。当由臣等草具议案，交其决议；该局亦自行提议，呈请施行。凡开会五十日，得议决之案三十四事，有立予实行者，有尚待研究者。俟咨询就绪，当将各议案分别汇咨馆部，并督饬各属刻期举办，以收庶政公诸舆论之效。此已办之成绩一。

奉省人户总数，于上年十月间遵章第一次调查完竣，计得正户五十六万八千六百零三，附户二十七万一千九百三十四，当经列表咨送民政

1910年（宣统二年　庚戌）58岁

部在案。惟是生故嫁娶，随时变迁，节经批饬各属随时由巡警稽查列表按季报告，庶户数既实，将来覆查报齐时，即不难按籍而稽。此已办之成绩二。

奉省简易识字学塾，于上年十一月间创设省城官立简易识字总塾一，官立第一简易识字学塾、私立简易识字学塾各一，并通饬各小学堂均附设简易识字夜班，以树风声而谋普及。其省外各属，或专设，或附设，或数处，或数十处不等，现查业经开办之府厅州县已有二十五处，课本甫经颁到，即已纷纷请领，惟虞不给。查奉省各属蒙小学堂创办较早，此项学塾于人户稠密之区，利用专设以作模范，而于蒙小各学遍行附设，以期推广，费省事集，莫善于此。将来乡间多一识字之辈，即自治多一明理之人，与宪政前途，不无裨益。此已办之成绩三。

奉省举行资政院选举凡四次：一为宗室、觉罗，照章以臣锡良为监督，业于本年二月初一日召集互选人，在公署内举行投票互选，计得宗室当选十六人，觉罗当选十七人。一为纳税多额，应以民政使为监督，亦与二月初一日举行投票互选，计得当选二人。一为硕学通儒，臣锡良、臣德全暨提学使卢靖应各搜访合格人员，亦经分别遴员保送。以上三项均经遵章造具当选人名册，咨送汇案，恭候钦选。其照章应由臣等覆选确定为资政院议员者，则为咨议局议员互选，业于上年十月间经臣等覆加选定，以陈瀛洲、王玉泉、书铭三人为资政院议员，分别给与执照，将名册分咨馆院各在案。此已办之成绩四。

以上四项，皆于第二年第二届遵章按期筹备者也。

至于第二年第二届筹备已有成绩而于下届接续筹备亦有端倪者，则有若厅州县巡警年内粗具规模。奉省巡警，本系城乡兼办。自上届奏报颁定通则、划一章制后，渐次整齐。除长白府、辉南厅甫经设治尚在筹办外，据民政司呈报，各属警务局之成立者四十七处，食饷官弁二千五百一十员，马巡五千七百三十一名，步巡一万三千八百九十九名，不特府厅州县巡警业经完备，即乡镇巡警亦已粗具规模。此提先筹办者一。

有若筹办城镇乡自治，设立自治研究所。奉天省城研究所于上年八月毕业，共取学员一百七十三名，当经分派各属充当讲员，而各属自治研究所亦即立时开办。现据自治筹办处监理、民政使张元奇呈报各属已设立自治研究所者三十四处，共得学员二千六百八十六名；其偏僻州县未成立者，饬令限期成立，学额未足者限令补足，已足者饬令推广，并饬该处将学课认真稽核，务臻完善。至城镇乡自治会成立应在下届续办年限，现已通饬各属一律设自治事务所，以为组织自治会之根据。并以划分区域，调查人数，事极繁重，由该处制成限期表说，以免误会而促进行。除长白府、辉南厅、醴泉、镇东两县甫经设治有待续办外，其他各属统限六月内先将城厢议事会董事会一律成立。此提先筹办者二。

有若筹办省城商埠各级审判厅，除奉天省城高级审判厅，承德、抚顺、营口、新民各地方初级审判厅并检察厅均于上届奏报成立外，安东一埠为日商麇集之区，复经提前筹办，设地方初级审判厅各一，皆附设检察厅，于上年十月十六日开厅，奏咨有案。此外商埠如凤凰、辽阳、法库、同江、铁岭五处，现正饬司筹款，赶期设立。查筹备清单，省城商埠审判厅应于本年年内一律成立。奉省商埠较各省为独多，而地方并非繁盛，财力尤形艰啬。现届尚在筹办年限，而两项成立实已过半。此提先筹办者三。

有若调查岁出入总数，奉省光绪三十四年分全省岁入银一千五百八十万零七千二百七十五两零，岁出银一千五百五十八万七千八百八十九两零，业经电咨度支部在案。其宣统元年分各衙门局所营旗各款季报，亦经造送清理财政局，由监理官覆核编造，先将春夏两季入款细册呈转咨部。惟光绪三十四年出入报告册，宣统元年春夏季支款细册，并秋季收支款细册，现正严饬催办。一俟编造齐全，即行咨部查核。至试办各省预算，本应在下届年限。奉省上年已由清理财政局制定预算册式，经臣等通饬仿行，定自本年起，即照预算办理。并饬各属一律设立收支委员，令其担负责任，实地练习，庶几循序渐进，办理部预算时即不致无所依据。此提先筹办者四。

以上四项，皆于本届应报成绩外业经筹办下届之情形也。

伏惟筹备立宪为朝廷确定政策，奉省尤根本重地，臣等材轻则重，敢不凛遵上届谕旨，真实不苟，妥慎将事。惟是举办要政，在在需款，综核偶疏，即邻于滥；并时时告诫僚属，总期循名责实，力戒虚縻，以仰副皇上眷顾东陲、殷殷望治之至意。

1910年（宣统二年 庚戌）58岁

三月初七日奉到朱批："该衙门知道。钦此。"（《锡良遗稿·奏稿》，第1115—1118页）

是日 奏请将粥厂余银拨作贫民习艺所成本。

奉省设立贫民习艺所大概情形及筹拨常年各项经费，曾经升任督臣徐世昌奏陈，并声明不敷之款，责成民政使设立筹拨在案。

查该所自开办以来，制造各项物品需款甚繁，采购各种原料占本尤巨，叠向商号通融挪借，本系一时权宜之计，若非别筹的款，不足以图经久而资扩充。

兹据民政使张元奇呈称："查有光绪三十三年冬季办理粥厂项下节余银一万五千七百余两，系属善举用款，恳请尽数拨交贫民习艺所，作为购办物料底本，以资周转"，等情，呈请奏咨前来。臣等查贫民习艺所系为教养穷民而设，事关地方善政，自应设法维持。今以原办粥厂余银拨作习艺所经费，成本不至无着，名实亦属相符，应请准予照拨以维公益。

三月初七日奉到朱批："该部知道。钦此。"（《锡良遗稿·奏稿》，第1118—1119页）

4月13日（三月初四日） 关于锡良前咨安奉铁路用地问题，外务部再咨邮传部安奉路用地略多应否照准请复东督文。

案查安奉铁路议用地亩一案，前以需数略多，业经咨复贵部核复在案。兹准东三省总督等电称，接邮传部佳、漾两电，车站用地，迭饬交涉司督同购地局与满铁会社往返商减，旋准中村总裁电复：用地能减者已经减尽，请原谅。日本购地局长佐藤亦以公文复称：奉总裁命，转告此项土地专限于路线之用，各站用地系设备从事员之宿舍、病院、取土舍土场、材料并货物集积场等，均为营业上必要之地，决非供商业市街等设置之用各等因。复饬购地局员等实地调查，据各该员先后复称，尚无浮多之处。此项用地既为铁路所必需，并不为商业市街之用，实属无从再减。况日人路工著著进步，因用地未奉核准，至今未能发价，沿路人民纷纷请求，请速行核示等因前来。查车站用地，既经东督等饬员查明为铁路所必需，并不为商业市街之用，无从再减，应否照准之处，相应咨行贵部查核办理，电复该督，并知照本部可也。（《清季外交史料》第8

册，第4285页）

4月14日（三月初五日）　于驷兴为铁路公司不认界内百货一成捐事禀报东三省总督锡良。

钧座：敬禀者。窃对青山、满沟两站界内税局一事，自议归并交涉局后，铁路公司总办霍尔瓦特索取税则阅看，职道随将满沟及马家船口税局司事等开送之各项税捐章程抄给。查上年俄自治会（初设自治会未改公议会名目以前）逼我华商纳捐之始，昂站华商颇有以中国税捐太重为词，向俄耸动者，意以为如令认交自治会之捐，即不甘再上中国之百货一成捐。因此，俄人于我百货一成捐极为注意。又查上海、天津各租界，凡修路、净街、开渠、卫生一切有关公益之事，除房捐、地捐外，有按货价百两抽捐一钱者，有按成本千两收银一两者，与我一成捐相仿，而额减一倍，在外人视此统目之为地方税，不能作为国家税，盖谓各货均已抽过国家正税也。铁路界内虽与上海、天津租界性质不同，而公议会以地方之款办公益之事，亦与各埠外人居留地办法大略相似。职道久虑界内之百货一成捐，必为俄人所反对。上月进省曾面禀宪台，并为民政司赵司使言之。

迨职道回哈，霍尔瓦特提议此事一次，达聂尔先后提议共两次，大致谓各货一税之后，不应再税。百货一成捐系属重征，不能承认。职道权词答之曰：凡税则内如黄烟、油麻诸物已有专章纳税者，概不再收一成捐。所收一成捐，系未定专章未经纳税之货耳。该百货一成捐，确系国家正税，与地方营业税绝不相涉。若以地方营业税论，如警费捐、学费捐、一成零捐、一五商捐、店捐、铺捐，内地各城镇名目甚多，固不止百货一成捐也。霍、达谓：百货一成捐即系正税，然与营业税究无区别，仍属种种碍难，不如于界外俟货物始至先行征税，及货归各铺买卖，概不再税，以期简当而免混淆。职道再三磋磨，迄无成议。最后，达聂尔曰：辩论已非一次，敢以实言奉告，铁路系商务性质，以商务兴旺为目的，凡在界内营业者，必使之稍有便宜，方收近悦远来之效。兹捐无论如何，公司断难赞成。

其粮石出境一成捐，公司初亦反对。经职道反复剖辩，并告以洋商在内地买粮认捐已久，且在内地各处购来之粮，如在内地业已缴足税捐，

1910年（宣统二年　庚戌）58岁

至满沟、对青山均不再纳税捐。该公司疑团始解，属备照会声明。达聂尔并称：如能减去界内百货一成捐，暨声明内地购来之粮在内地已缴足税捐者，至满沟、对青山不再重征，将来税局即仍独立，不归并交涉局亦无不可。职道诘曰：前因界内税局公司只允暂设，是以议归交涉局兼办。今贵代办又谓税局不妨独立，是可以允江省税局在铁路界内长久设立矣。达云：此是我一人之私见，自尚须与霍总办商量。但江省如能减去百货一成捐，暨声明内地购来之粮在内地已缴足税捐者，至满沟、对青山不再重征，则江省税局于铁路界内本无损碍，既系毫无损碍。吾之意见，虽不能即言江省有在界内收税之权，但界外既无住房，界内自可安设，大约暂设二字可以删去。此三月初二日，达聂尔面议情形。

该百货一成捐，究应如何办理，及能否变通之处，伏求饬司妥议施行。

再，现在已准民政司咨到新订税捐章程，职局前抄给公司者，系属旧章，兹并录呈宪览。专此肃禀。恭请钧安，统惟垂鉴。职道驷兴谨禀。（《中东铁路》（一），第308—310页）

4月15日（三月初六日）　兴京副都统衙门为将永陵值班官兵宣统元年十月至十二月底津贴银两发放完竣事呈东三省总督锡良。

印务处案呈，为咨呈事：案据左翼蓝翎翼长富裕、永陵署理总管事务二品衔花翎总管祥征、右翼翼长宝仁呈为核销津贴银两事。遵三陵总理承办事务大臣衙门札开，为札饬事。案准奏定章程三陵官兵津贴银两等因一折，当蒙抄单札饬在案。职等遵查，本属值班官兵六十二员名，奉文每日给津贴银各壹钱，自宣统元年十月初一日起至十二月底止，二个月零二十九日，共实应领津贴银伍佰伍拾壹两捌钱，按日如数散放完竣，造具每日值班官兵花名核销清册四本，理合备文呈报衙门查核转咨施行。为此申呈。须至呈者。等因。据此，除将该总管呈送到印册四本内捡一分附案备查外，余册三本相应备文咨送宪台查核施行。计呈送核销印册三本。（《兴京旗人档案史料》，第394—395页）

是日　就锡良所咨安奉铁路用地问题，邮部再咨外部安奉用地无可再减应否照准请核复。

为咨呈事。路政司案呈前准咨称：安奉铁路议用地亩一案接准来咨，以东三省督抚所送表内减定铁路用地表，与车站增减比较表，数目互异。兹据东省督抚查复，该路用地原数共八千五百七十五亩，核减用地共七千二百七十三亩五分，统共减去一千三百零一亩五分，咨呈核复前来，并准东三省督抚电同前因。查安奉铁路用地按照列表，虽较原数稍减，尚有七千二百七十余亩之多，究竟各站用地是否确需此数，仍应详加研究，以昭核实等因前来。当即电由该省督抚就近确核。兹准电复称：车站用地迭饬交涉司督同购地局与满铁会社往返商减，旋准电复，用地能减者，已经减尽。日本购地局亦复称，此项土地专限于路线之用，各站用地系设备、宿舍、病院、取土舍土场、材料并货物集积场等，均为铁道营业上必要之地，决非供商业市街等设置之用等因。复饬购地局等实地调查，据各该员先后禀称：尚无浮多之处，查此项用地既为铁路所必需，并不为商业市街之用，实属无可再减。况日人路工著著进步，因用地尚未核准，至今未能发价。沿路人民纷纷请求，应请大部速行核示，除分电外务部外，谨此电复等情。正核办间，复准咨同前因。查此项用地为数较多，迭经本部咨行该省督抚切实查核。兹既据复称，此项用地为铁路所必需，并不为商业市街之用，实属无可再减等语。似亦实在情形，惟事关交涉，其应否照准之处，仍应咨呈贵部查核见复，以凭办理。须至咨呈者。（《清季外交史料》第8册，第4288页）

4月19日（三月初十日）　锡良札饬奉天交涉司即便查照，关于日本汽船滋扰之处，是否确在中国海面，就近考查明确，与日本领事严重交涉，妥为处理。（《日本侵华罪行档案新辑》（三），第60—62页）

4月20日（三月十一日）　就东督锡良所咨安奉铁路用地问题，终于告一段落。外部复邮部安奉用地为铁路所必需自可照准文中有明确体现。

为咨复事。

案查安奉铁路议用地亩一案，本月十六日准咨称：此项用地为数较多，迭经本部咨行该省督抚切实查核。据复称，用地为铁路所必需，并不为商业、市街之用，实属无可再减等语，似亦实在情形，应否照准之处，请查核见复等因。查车站用地，既经日本购地局声明，为铁路所必需，决非供商业、市街等设置之用，自可照准。相应咨复贵部查照，电

1910年（宣统二年 庚戌）58岁

复该督可也。（《清季外交史料》第8册，第4292页）

4月24日（三月十五日） 吉林提法司呈吉林督抚详报臧贯三、徐尚德供词的禀文。

吉林提法使司提法使为详明事：案查拿获安庆兵变正法首逆熊成基案内牵涉之臧贯三、徐尚德二名，前经声明是否熊逆余党，俟讯明另文详办在案。兹经本司督员提犯，逐加研讯，据臧贯三供：

小的是奉天怀德县人，年四十八岁，父母都故，胞兄臧贯有。小的娶妻裴氏，生有一子，名克明，年二十岁，于光绪三十四年七月间，赴日本东京，在志诚学校留学。小的向在怀德县开设复顺成粮米铺生理。宣统元年三月初一日，小的来长春开办旭东皂烛公司，招股四千元，与周晋生伙做。五月初八日，因资本不济，歇业收账。九月间将公司房退租。十月初一日迁居西四道街裕丰泰客栈，开设顺和转运公司，这在案的熊成基，先不认识。本年二月间，熊成基来到长春，住在《长春日报》社周晋生处。周在报社当编辑员，小的到周晋生处，遇见熊成基几次，因此才相认识。他自称姓张，名建勋，字立斋，河南永城县人。随后熊成基将赴日本东京，小的因儿子在东京学费不足，托他到东京时，前往看视，随时接济费用，熊成基随亦应允。三月间，熊成基由《长春日报》社起身赴日本去讫。八月间，熊成基从东京回到长春，托小的代为赁房居住，小的因无房可找，即将其送到素识在日本都督府当差之徐尚德仆人郑富顺所租之西四道街西牌楼门外闲房，与郑富顺同住。以后熊成基常与小的往来，他说有日本陆军秘密书一部出卖，托小的代找买主，并言非卖给俄人不可。又说，如能卖出此书，可以帮助小的数千元，重立旭东公司。随后小的代找一俄文翻译王雨亭，转找二道沟俄国守备队翻译邵善征，托其向俄国兵队官出卖此书。俄国兵官见书只有目录，不肯相信，是以不要。

以前从不知熊成基的真姓名。八月中秋后，不记日期，小的同王雨亭、熊成基在宾宴楼饭馆吃饭，酒后同坐一辆马车出城，行至半路，王雨亭问熊成基家事，熊成基酒后失言，自称姓熊。小的当向追问，他又不肯实说。两三日后，小的到熊成基处追问车上所说姓熊之话，他用铅笔在书上写出熊成基三字，并叮嘱小的不要声张。自此小的才知他的真姓名。小的心中疑惑，仿佛记得熊成基是上年在安庆作乱的叛首，又因记不清楚，遂找着董冠三，即董瀛舫，又名董瑞峰，随时探访。随后熊成基即赴哈尔滨。十月初间，董冠三来找小的告说，已探明熊成基实系上年安庆兵变叛首，现在安徽悬赏严拿。小的听说就想报告官府。那时熊成基尚未回长，后来又听说熊成基已赴俄国京城，故未出首。十一月二十日后，熊成基从哈尔滨回至长春，住在裕丰泰栈内，下车时向小的借银元三角开付车钱，小的未及首告。十二月初一日，熊成基又回哈尔滨去，初二日小的遂同张老七一同到哈，查看熊成基动静。十五日小的同张老七回至长春，十六日小的就托董冠三上禀报告，十八日小的合董冠三两人，随同抚宪中军刘大人赴哈尔滨。董冠三住在宾如栈，小的住在华丰栈，刘中军和民政司的萧差官住在道外傅家甸大有栈，十九日早十一点钟，刘中军他们遂到栈房，把熊成基拿住。二十日，小的随同他们回到长春。二十三日，蒙巡警局把小的传唤到局，送道解省，发到案下来的。今蒙审讯，小的以前实不知熊成基真姓名，事后迟未首告，委因先未探访确实所致。小的实非熊成基余党，也没知情故为隐匿的事是实。

提讯徐尚德，亦称与熊成基先在《长春日报》社见面认识，当时仅知其姓张，名建勋，字立斋，河南永城县人。迨经董冠三报告拿获后，始知熊成基真名，为安庆兵叛首逆。伊事先委不知情，亦非同党等语。

嗣董冠三来省，复经本司传案，提同臧贯三质讯，供亦无异。

本司复查该犯臧贯三，现经督员一再研讯，坚供并非熊逆同党。惟探知熊逆真名，理应即时报告，乃迟延数月之久，始嘱董冠三具禀出首，难保非意存观望。且访闻该犯平日广交匪类，虽无实迹可查，而人言藉藉，事非无因。自应酌量将该犯臧贯三发交省狱监禁三年，随时访查劣迹；如果限满查无实据，再行详明释放。徐尚德讯非熊逆同党，此外亦无不法情事，前经西路道电蒙宪台饬司释放在案，应无庸议，无干省释。是否有当，拟合照录徐尚德递到亲供，一并呈请宪台查核，批示祗遵。为此备文具呈，伏乞照详施行。（《扬州文史资料》第6辑，第229—232页）

4月26日（三月十七日） 奏报安东正分两关第一百九十七结洋税收支数目。

1910 年（宣统二年 庚戌）58 岁

奏为安东关暨东沟分关第一百九十七结洋税收支实存各数目，缮具清单，恭折会陈，仰祈圣鉴事：窃查安东关、东沟分关征收洋税，自宣统元年五月十四日起，截至八月十七日止，第一百九十六结，业经缮单奏报在案。

兹据安东关监督兴凤等处兵备道赵臣翼详称："自宣统元年八月十八日起，至十一月十九日止，即西历一千九百零九年十月一号起，至十二月三十一号止，计三个月作为一百九十七结，计收洋货进口正税银二万一千三百九十两零三钱一分五厘，土货出口正税银八万三千三百三十四两一钱八分，土货复进口半税银二千三百四十五两零九分八厘，子口税银二百九十七两四钱，船钞银二千一百六十九两五钱，统共收银十万零九千五百三十六两四钱九分三厘。"经该道会同税务司详细稽核，数目均属相符等情，具详请奏前来，臣等覆核无异。

二十五日奉到朱批："该部知道，单并发。钦此。"（《锡良遗稿·奏稿》，第 1123—1124 页）

是日　奏参戒烟不力之孟庄嵩庆二员。（《锡良遗稿·奏稿》，第 1125 页）

是日　奏密陈时局危急管见。

奏为时局危急，密陈管见，恭折仰祈圣鉴事：窃今日朝野上下，施措万端，无非藉以救亡图存；以臣所见，则变本加厉，恐适以召乱耳，敬为我皇上痛切陈之。

筹备立宪，限年进行，挽回危局，实恃通变。乃京师所最要之筹备，内阁尚无责任也，旗制尚未变通也。士夫习于奢侈，绝少实心任事之人，朝野号为文明，率多奔竞夤缘之习，狗苟蝇营，尽丧其廉耻，釜鱼幕燕，日逐于酣嬉。各省则如学务，如警务，如自治，如禁烟，如清理财务，如司法独立，或敷衍，或掊克，或有名无实，或似是而非，较之前十年气象，其进化欤？为退化欤？财力凋敝，民情骚动，不新不旧，不特为东西各国所腾笑，且恐上下交困，将有土崩瓦解之一日，思之可为寒心。臣愚以为，欲施行立宪，无贵贱上下，胥当受治于法律，先革其自私自利之心。若败坏纪纲，蔑其公理，政治日弛，人心日漓，虽九年立宪，终为波斯、土耳其、越南、朝鲜之续，庸有幸乎？此宪法不可不实行也。

甲午以前，风气闭塞，出洋游历者鲜，其一二留学者，率皆寒畯劼苦之士。近数年来，则重臣联袂，亲贵接轸，无一事不考察，无一国不欢迎。究其所考察者，则随员钞撮之纪述，无裨实用；所欢迎者，则列强敏活之作用，别有祸心，徒糜金钱，藉饰观听。夫师人之长，以益吾短，讵不甚善。然必如俄之大彼得，德之俾士麦，身入工厂，甘执兵役，学有所得，归为国用。岂数日之勾留，随意所游览，遂得其要领耶？即如此次贝勒载涛赴日，日人方挟其皇室外交之手段，善为笼络。近又传闻英国有不接待之说。其事如确，辱国孰甚！臣愚以为，此后宜选亲贵中之明达朴实能耐劳苦者，亲入各国学校，留学数年，方有实用。如但游历考察，虚应故事，则出洋亦仅壮游耳，何益于国！此则亲贵出洋之宜慎选也。

至于今日所最忧者，尤为中央集权一事。主是说者，鉴于外人讥我二十二行省为二十二小邦之说，思欲整齐画一之，意非不善。不知中央集权之制，揆诸中国历史及地理上各种关系，断难尽适于用，即西人亦能言之。夫汉以众封建而存，宋以削藩镇而弱，重内轻外，强干弱枝，亦视其时代何如耳。即以我朝论，发、捻之役，故督抚臣曾国藩、胡林翼等，运筹决策，克收光复之功。拳匪之祸，江、皖、湘、鄂合约保疆，亦幸有故督臣刘坤一、张之洞等支拄其间，不至危及社稷。且如川、陇、滇、黔皆迥绝数千里，若事事仰承部臣意旨，必至拘挛痿废，坐误事机；即使部臣智周藻密，算无遗策，亦难遥制。况二三新进者流，挟其偏见，怂恿当局，遂谓坐论国门之内即可收长驱远驾之功，不亦慎乎！

总之，朝廷分寄事权于督抚，犹督抚分寄事权于州县，无州县，虽有督抚不能治一省，无督抚，所有部臣不能治一国，督抚无权是无督抚也。我朝立法最善，黜陟大柄操之君上，纵有奸匿，朝旨旦发，冠带夕褫，庸足为患？必欲以数部臣之心思才力，统辖二十二行省之事，则疆吏成赘疣矣。风气所趋，属寮解体，设有缓急，中央既耳目不及，外省又呼应不灵，为祸实大。

臣受恩深重，待罪疆圻，国步艰难，奉职无状，若知而不言，言而不尽，实无以对君父。谨具折密陈，伏乞皇上采纳施行，大局幸甚！

三月二十五日奉旨："留中。钦此。"（《锡良遗稿·奏稿》，第 1126—1127 页）

| 1910年（宣统二年 庚戌）58岁 |

是日 吉林边务督办吴禄贞呈东督锡良玄得胜案遵商日使允予特赦电。

火狐狸沟和龙峪两案交涉情形，前曾面陈。惟玄得胜与全成哲互换一节，连日与日使伊集院磋商。昨据复称，玄已由韩国法庭决定监禁，法权所关，遽难释放。但重以庆邸那相之命，又经阁下再三促议，因力与政府电争，已允将玄德胜于两月内特赦回延，以期速了各案，而重交谊。惟该犯曾犯罪案，回延后，倘令再充乡约，恐生枝节而伤情感，因将此意要求外部转饬东省督抚认可等因。贞即据情面回那相允为照办，嘱达帅座并请转饬郭道遵照办理。禄贞叩。铣。（《清季外交史料》第8册，第4294页）

4月28日（三月十九日） 东督锡良致外务部据宋道禀陈中俄勘界办法四条请核示电。

申。中俄勘界事，接周朴帅筱电，开据宋道禀陈办法：一、此次会勘后，是否即时议分，抑另请派员议分，应请询明俄使，以免俄员临时要挟。二、中俄勘界委员，拟以华历四月十五日后会齐于满洲道，均请与俄使订明，早日饬员，以便预备。三、随带员弁、通事、兵役，均由道署抽带，酌给津贴、火食，其车船、帐棚、食物、雨具以及接待俄员各费，约须羌钱八千元，请动用公款，事竣核实报销。四、会勘情形，须借用俄电随时呈报，请咨外务部转商俄使，饬沿边各俄电局代传各等语。所陈均属切要，希电复等因。用特电请钧部核示，以便转电饬遵。良。（《清季外交史料》第8册，第4296页）

4月30日（三月二十一日） 锡良等奏安庆兵变逆首熊成基在吉拿获，遵旨验明就地正法，并将在事出力文武各员择尤请奖。

奏为安庆兵变逆首熊成基在吉拿获，遵旨验明就地正法并将在事出力文武各员择尤请奖，恭折仰祈圣鉴事：窃前岁安庆兵变，逆首熊成基于上年十二月间在吉拿获，业将当时供认情形先行驰电具奏。奉旨：陈昭常电奏悉。逆犯熊成基既经拿获，著朱家宝迅速派员来吉，验明正身，即行就地正法。孙铭一犯，著民政部步军统领严密查拿，无任漏网。此次获匪出力各员，著俟将该犯验明正身后，再行请旨，钦此。旋准安徽巡抚臣朱家宝派员安庆府知府豫咸、马营管带官李玉椿赍咨到吉，验明确系正身无疑,遂于正月十八日将该犯由监提出,押赴市曹处斩讫,复经电奏在案。

伏查该犯以南洋炮兵学堂毕业生,充当安徽炮营队官,不念祖父世受国恩,竭诚图报,竟敢昌言革命,阴结死党,潜谋不轨,屡思藉端起事。适值朝廷叠遭大故,各省军队多赴秋操,遂谓人心浮动,时会可乘,黄夜率众纵火攻城,意在袭取皖垣,即便直趋金陵,路取吴楚,长江流域可以唾手而得。否则一隅据守,亦足徐图进扰。使当日设备稍疏,安庆一有蹉跌,沿江各省殆不可问。逆谋诡计,险诈万端,而该犯实为主谋。幸我皇上继天立极,景运方昭,城守綦严,将士用命,曾不崇朝即行扑灭。虽所有逆党悉已伏诛,而元恶大憝率被漏网,未能明正典刑,天下咸以为憾,莫不欲得而手刃之。不意该犯潜渡日本,而海外诸叛党引为同志,济以资斧,令其东来阴图刺探。初以无隙可乘,去而复至。盖虽明知悬赏购缉,法网难逃,乃竟一再冒险、轻于尝试者,固已决其别有密谋。案经迭次研鞫,该犯供词闪烁,难保不无避就。然其大意,实欲勾通外人,挑起战事,以便乘机窃发。并一面要结胡匪,暗为党援,以图大举,而藉售书为导线耳。居心叵测,罪不容诛。

臣因上年夏秋之间,外间时有谣传,谓有革党多人乔装来吉,潜谋起事,用即严饬民政司、督练处暨长春道、滨江道等多派兵警,分布长春、哈尔滨及各要隘处所,留心侦探,遇有形迹可疑之人,即行访拿,无得疏忽。数月以来,多所举发,而长春道特设专局,派员探访,布置尤为周密。嗣奉谕旨,查禁谣言,因复重申禁令,妥密防维。

时适钦差考察海军大臣郡王衔贝勒载洵,由俄回国,道出长春,而谣言愈起,谓有叛党沿途暗图行刺之说。臣于彼时既得报告,惟恐或有疏虞,因即先期至长春迎迓。并饬沿途兵警,妥慎护卫。随据试署民政司使谢汝钦、试署长春西路道颜世清先后禀报,以逆犯熊成基现在设名易装,来往长春、哈尔滨两埠之间,似有秘密举动等语。爰念使功不如使过,重赏之下必有勇夫,遂即密派随员巡防中路马队第一营管带官已革补用游击刘燮松、长春警务长已革分省试用知府陈友璋、行营支应委员已革浙江补用知府文锦、行营中军官已革广西补用游击王殿魁等,许以优奖,励以自新,饬令改装易服,多带干员,率同线人在长春、哈尔

| 1910 年（宣统二年　庚戌）58 岁 |

滨一带，不动声色，严密访查。果于十二月二十日，在哈尔滨宾如栈内，将该犯拿获。查该客栈系在东清铁路附属地内，彼时俄兵闻声踵至，将我兵围绕，几欲开枪轰击。当经各该员等出示护照，并即告以此系在逃叛逆首犯，现在我国境内就获，不能援国事犯之例，出为干涉，致碍邦交等语。俄兵争论再三，知难强辩而退。随将该犯解省，发司审讯。据供革命主义，谋叛情形不讳，言词狂悖，殊堪发指。而其东来计划，尤具深心，使不先期发觉，酝酿已深，一旦猝发，贻患何堪设想！幸赖朝廷威福，元凶授首，逆党寒心，国法以申，地方以靖，实非臣始料所及。

窃查前岁安庆兵变之役，所有在事官兵人等，悉荷恩施，优给奖励。此次获匪出力文武各员弁，不辞艰险，几费侦查，乃得逆首就擒，办理悉臻妥协。既积功于平日，复消患于未萌，均属异常出力，较诸当日戡乱之功，实无等差之别，若不一体优加录叙，何以明顺逆而彰勤劳？况闻近日各省军警，辄滋事端，类有匪徒从中煽惑。而该犯此来既有密谋，必多余党，事后防维更难疏懈，尤非藉此择尤优奖，不足以励将来。合无仰恳天恩，俯准将花翎二品衔试署吉林民政司使谢汝钦、花翎二品衔滨江道施肇基，均请交部从优议叙；花翎二品衔试署长春西路道颜世清，请俟升缺后赏给头品顶戴，已革花翎副将衔补用游击刘燮松、革花翎三品衔分省试用知府陈友璋、已革浙江补用知府文锦、已革花翎二品衔参将用广西补用游击王殿魁等，开复原官原衔，并免缴捐复银两；花翎三品衔分省补用知府文彝，免补知府，以道员分省遇缺尽先即补；花翎三品衔候选同知陈璩章，免选同知，以知府归部选用；补用盐运傅谢明良，免补本班，以盐运同分省补用；花翎四品衔留吉补用知县傅善庆，免补本班，以直隶州知州仍留原省补用；分省试用通判张曾榘、分省补用知县徐世扬，均免补本班，以直隶州知州仍分省补用；尽先选用县丞张世铨、候选县丞陈明庆，均免选本班，以知县不论双单月选用；守备用尽先补用千总王文治，免补千总守备，以都司尽先补用。出自逾格鸿施。

至于此案干连各犯，均已由臣分饬逮案，发交提法司严切审讯。如果情真罪当，自应尽法惩治，以昭炯戒。设因疑似牵连，则亦不敢妄事株求，致多拖累，统俟讯明，分别省释，以广皇仁。除将该犯详细供招录送军机处备案，并将请奖各员详细履历与咨奖武职各员衔名分别咨部外，所有拿获叛逆首犯，遵旨验明就地正法，并将在事出力文武各员择尤请奖各缘由，理合会同东三省总督臣锡良，恭折具陈，伏乞皇上圣鉴训示。(《清代吉林档案史料选编·辛亥革命》，第60—63页)

是日　东督锡良吉抚陈昭常咨外部报公主岭日本护路兵到吉省游览情形。

案准钧部咨开：外人游历各处，实地调查极有关系，嗣后凡各国武官持有外部护照，赴各该省及各口岸游历者，希即将该武官游历一切情形，另单所开各节详报本处，以备考查，相应咨行查明办理。计粘单一纸、格式一纸等因。准此。查本年二月初七日，有奉省公主岭日本护路兵七十六名，将校、通译、新闻记者等一十五名，又写真师一名，共九十二名，由公主岭经过长春来吉林省城游览，当分饬交涉司、兵备道派员招待。该骑兵驻留省城三日，旋开赴伊通州，回公主岭去讫，在吉省境内始终相安，并无地方交涉之事。除遵照格式另填清单，并咨报军咨处外，理合具报钧部备案，希即查照可也。

附：公主岭日本护路骑兵到吉林省城游览情形报告

一、骑兵数目及军官衔名

查骑兵共七十六名，军官平佐、中佐两角，中佐驹形、大尉作竹、中尉山田、中尉武藤、中尉福原、中尉峰崖、中尉田村、少尉井上、主计本间、军医失岛、兽医等十三名，又武藤通译一名，三村新闻记者一名，又写真师一名，共九十二名。

一、骑兵出境入境日期

查骑兵于二月初七日自长春到吉林省城，初十日开赴伊通州，十四日离伊通州出吉林省境。

一、骑兵经过道路及游历各地

查骑兵由省起程，夜宿大水河。十一日由大水河起程，夜宿岔儿沟。十二日由岔儿沟起程，夜宿双阳河。十三日由双阳河起程，夜宿伊通州。十四日由伊通州起程回公主领。

一、参观何项要所

查日本骑兵在吉林省城但游览街市，其军官则参观兵备处及陆军小学。

| 1910年（宣统二年　庚戌）58岁 |

一、有无测绘及拍照要地等事

查骑兵所到之处，均未测绘，但拍照风景，并未拍照要地。

一、接待情形及地方有无交涉事宜

查接待骑兵交涉司，拟定规则五款：一、由交涉司派定招待员二人，会同第一协所派相当之军官二员，妥为接待。一、由兵备处指定德胜门外天义客栈为该官兵等住宿旅馆，所用米粮等件，悉由该官兵自行备办。一、该官兵等出行游览，须卸去军械，并不得任意测绘。一、除要塞地点外，该官兵等均可游览，但须经接待员之许可。一、参观军队学堂等处，只须该官兵长等前往，兵卒不得随从。以上五款，日本骑兵均能遵守，地方并无交涉事宜。（《清季外交史料》第8册，第4297—4298页）

5月2日（三月二十三日）　奏审明兴京府等处命犯刘瀇盛等八案犯，照章摘叙简明案由。

奏为审明命案人犯，照章摘叙简明案由，恭折汇陈，仰祈圣鉴事：窃查前准刑部通行："寻常命盗死罪案件，由题改奏者，遵照光绪二十六年奏定章程，摘叙简明案由，汇案具奏"等因，遵办在案。

兹有兴京府案犯刘瀇盛踢伤赵城升身死一案，又营口地方审判厅案犯刘金殴伤胡澋海身死一案，又岫岩州案犯陈少秀踢伤于藻越日身死一案，又镇安县案犯马得淦扎伤苏纯身死一案，又海城县案犯房潮滨扎伤萧富溁身死一案，又铁岭县案犯胡小釜扎伤薄凤楼身死一案，又通化县案犯张合扎伤刘澱发越日身死一案，将该犯刘瀇盛、刘金、陈少秀、马得淦、房潮滨、胡小釜、张合均审依斗殴杀人者，不问手足、他物、金刃并绞律，拟绞监候。又辽阳州案犯李全幅，喝令沙广顺等放伤赌博罪人刘砡书身死一案，将该犯李全幅审依罪人不拒捕而擅杀者以斗杀论，斗殴杀人者不问手足他物金刃并绞律，拟绞监候。该犯等均事犯在光绪三十四年十一月初九日恭逢恩诏以前，核其情罪，俱在部议条款准予援免之列，应准援免；后再有犯，加等治罪。李全幅系擅杀，毋庸追埋。其刘瀇盛等各犯，仍追埋葬银二十两，给付尸亲具领，以资营葬。

以上各案，均经各该府、厅、州、县覆审拟议，解由提法使吴钫勘转前来。臣等提犯审讯，核拟无异。

四月初四日奉到朱批:"大理院覆判具奏。钦此。"(《锡良遗稿·奏稿》,第1127—1128页)

5月5日(三月二十六日)　上兼管奉天巡抚事谢恩折。

奏为叩谢天恩,恭折仰祈圣鉴事:窃臣恭读电传宣统二年三月十九日上谕:"奉天巡抚,著即裁撤,东三省总督锡良著兼管奉天巡抚事。"等因,钦此。遵即恭设香案,望阙叩谢天恩讫。

俯念臣忝总边陲,瞬周岁序,惕时艰之日亟,愧展布之无方。兹复渥荷纶音,兼管奉天巡抚事务,责成愈重,报称愈难。臣惟有勉竭愚诚,恪供职守,综三边而兼筹并顾,饬百度以循序图功。旧邦维新,溯宅镐宅丰之隆轨;画疆而理,踵分陕分洛之成规。

四月初四日奉到朱批:"知道了。钦此。"(《锡良遗稿·奏稿》,第1128—1129页)

是日　奏奉省公署遵设行政会议厅。

奏为奉省公署遵设行政会议厅以资统辖而勉进行,恭折具陈,仰祈圣鉴事:窃维立宪总纲,三权鼎峙,惟行政范围最广,事体极繁。计九年期限,瞬踰两载,已去三分之一,非竭力遵行,无以臻完备,非众论兼采,无以定方针。溯查光绪三十二年续定直省官制通则第六条载"各省督抚应于本署设会议厅,定期传集司道以下各官,会议紧要事件"等语。原拟为各省行政官设一统辖机关,以为提挈纲领、甄采群言之枢纽。奉省于光绪三十二年改设行省,原定官制章程,督、抚、司、道同署办公,虽无会议厅之名,已隐寓会议厅之制。兹覆准宪政编查馆颁发新章,遵即于公署内设立行政会议厅,并分设参事、审查两科。凡本省应行事件,必须妥筹熟计者隶参事科;凡咨议局呈请事件,分别应行与否、应覆议与否,必须公同抉择者隶审查科。参事一科,即以本署额设秘书员、参事员各幕职充之;审查一科,即以奉省同城司道首府各局所总副理及咨议局常驻议员充之。此外各府、厅、州、县,无论士绅耆旧,如有精通法律,名实相符者,尤当随时召集,而使之尽言。

顾章制纷繁,门类宜晰。拟将议案分为两宗:奉旨颁发暨准部院咨行者为国家议案,由绅民发起关系公益者为地方议案。会期亦分两种:曰通常,曰特别。普通公共事件,即于通常会期,随时决定施行。遇有

| 1910年（宣统二年　庚戌）58岁 |

紧要事件，则不拘期限，立行开会，是为特别会期。纲举目张，冀有条而不紊；集思广益，庶采择之弥精。所有以上筹议各案，仍由臣随时随事，虚心裁酌，核定施行，以仰副我皇上立宪保邦之至意。

四月初四日奉到朱批："该衙门知道，片并发。钦此。"（《锡良遗稿·奏稿》，第1129—1130页）

是日　奏遵将奉省宪政考核处改为宪政筹备处。

恭查宣统元年十二月二十日奉上谕："宪政编查馆奏请，饬京外各衙门设立宪政筹备处，并将十月十三日上谕恭书悬挂一折，著依议。钦此。"钦遵由馆抄录原奏咨行到奉。

查奉省于宣统元年五月，就公署内设立宪政筹备考核处，遴派熟习宪政幕僚，酌定简章，分任考核，业经奏报在案。钦奉前因，遵将已设之筹备考核处改为宪政筹备处，俾归一律，即派各司道商同各幕僚办理，照章不另支薪。并将上年十月十三日钦奉上谕，恭书悬挂，昕夕省视，以资警惕。臣总揽全纲，责无旁贷，惟有督率僚属，勉力进行，仰慰朝廷循名责实之至意。

四月初四日奉到朱批："览。钦此。"（《锡良遗稿·奏稿》，第1130页）

是日　奏拨款修建八旗女工传习所。

臣前为筹办八旗生计起见，既于奉、锦等处创建八旗工艺厂，复设八旗女工传习所于省城，曾经奏明，奉旨允准，钦遵办理在案。

自上年八月开办，半载经营，颇著成效。新制栽绒一种，系该所工师发明创造之物，形色坚美，观者称传，业已带赴南洋劝业会陈列比赛。本地妇女闻风兴起，争愿入学。惟该所原系假屋开办，过于窄小，不能推广。现拟就已裁工部旧署地基，修建女工厂一所，核实估算，约需实银八千两。查有历年收存辽河抽分木植变价银两，前拟备建蚕桑实习所之用，尚未创办，可以动支。其常年不敷之款，亦即由此项下拨用，以便扩充办理，提倡实业教育，为筹办八旗生计之一助。

四月初四日奉到朱批："该部知道。钦此。"（《锡良遗稿·奏稿》，第1132页）

5月9日（四月初一日）　总办渔业商船保护总局李龙彰呈报锡良：职局兵力单弱，而营口道标队伍，堪称劲旅，恳请电札调拨两哨，藉资弹压，实与地方大有裨益。并请饬下交涉司从速照会日本领事，尅期办理，实为公便。(《日本侵华罪行档案新辑》(三)，第72—74页)

5月12日(四月初四日)　内阁会议政务处议复东三省总督奏筹拟变通蒙旗办法折。

内阁会议政务处议复，东三省总督锡良等奏，调查东三省各蒙旗情形，筹拟变通办法一折，奏为遵旨妥议具奏，恭折仰祈圣鉴事：

宣统二年正月初八日，东三省总督锡良等奏，调查东三省各蒙旗情形，筹拟变通办法一折。奉朱批：会议政务处妥议具奏。钦此。由军机处抄交前来。臣等遵查原奏内称，准会议政务处咨，议复喀喇沁郡王贡桑诺尔布等条陈蒙古事宜，咨行到奉。查东三省所属哲里木盟十旗历年放荒，奏设地方官治，共三府四厅一州十县。向来管辖权限，此府与彼府不同，大都因陋就简，本无划一之规。夫蒙旗久隶藩封，统受制于维一主权之下。矧今颁行宪政，自应将行政、司法之权均责诸地方官吏。其旗务仍属于扎萨克，庶与该蒙王条奏以政事分权限，不以蒙汉分权限，名实相符等语。臣等窃维宪法贵合民而同化，政策必因地以制宜。蒙古久隶藩封，本为国家完全领土。第以言语风俗不同，向来治理之方不划比于内郡。即今东西各国管领土地，亦有施行特别条例者，如日本之于北海道等处是也。方今预备立宪之际，蒙旗地方开荒设治，垦辟日增，该督等拟以行政司法之权责诸官吏，旗务属诸扎萨克，诚为划清权限扼要之法。惟揆之目前情形，行政司法中尚有宜分别变通者，必合政俗而悉协其宜，庶合蒙汉而同归于治。

如行政权限一节，原奏称田亩、税捐、户籍、巡警等务。奉省新设之洮南一府，江省新设之肇州、安达、大赉各厅，尚能操诸守令，科尔沁左翼中、前、后三旗，郭尔罗斯前旗，因嘉庆、咸丰以来自行招垦，征收租赋庞杂纷歧，置卖田产既未投税，又有每届五年清丈一次之例，每因该旗自行丈量，酿成重案。其设治界内，蒙屯蒙员遇事抗阻。未经设治地方，蒙旗设立捐局，自收草租或车捐、巡警等捐。以科尔沁左翼中旗之温都力郡王府尤为扰民，车捐加征至十余倍。各旗王公，扎萨克亦繁征重敛，执政蒙员损上掊下，仇杀愤争。拟请嗣后凡设治地方，统照洮南等处章程，一律办理。所有租粮，均由地方官催收，按数移交该

1910年（宣统二年 庚戌）58岁

旗。无论满蒙人民，典卖田宅，一律照章税契。从前原领基地，另换户管。倘有地亩浮多，争执界址情事，应由蒙旗商请地方官清丈，不得自往踏勘。调查户口，禁种罂粟，如有阻挠，准地方官据实详参，并严森官吏藉端需索。各旗原有草租、车捐等局，应一律交由地方官查明禀定章程，再行核办。其自办之学堂、巡警，以及各项要政，亦统由地方官监督等语。

臣等查蒙古地亩，向例不准私自开垦，亦不准私自典卖。即奏准开垦之地，并应报官记档，不得重复招佃，理藩部则例所载甚明。典卖既干例禁，自无税契可收。至于催收租粮，若系蒙旗奏明招垦例准，自行收租，亦未便遽加侵夺。且仍按数移交，该旗徒多周折，而滋疑贰，均属碍难照办。惟无论地由何人开垦，租由何人经收，其实在亩数户数，必须报官登记。如系蒙旗私放与人民私开，并无奏咨案件，应即饬地方官会同蒙旗，逐一清丈照章核办。各该蒙旗自行清丈之例，自应删除，免滋扰累。其有蒙汉典卖田房，虽与旧例不符，若一概追夺迁移，亦非持平之道。然必先清典卖之根，乃能定税契之法。如须豁除旧禁，变通新章，应由该督等另行专案议奏。所请统照洮南等处一律办理。究竟洮南各属如何章程，亦应并案奏明办理。现办新政如学堂、巡警，以及查户禁烟等项，自当统由地方官监督施行，该蒙旗不得稍有抗阻。其蒙旗自收之革租、车捐、巡警捐等，理藩部则例并无专条，既有繁征重敛损上掊下各情，应由该督等查明向章，禁除积弊，酌核中数，另行奏定饬遵，以纾民困。

又司法权限一节，原奏称蒙地命盗财产词讼案件，单蒙者归扎萨克，单民者归地方官。若关蒙民命盗重案或财产争讼，均由地方官讯办。间有与蒙员会审者，如犯证不住设治境内，由地方官派差持文知照各该旗会同拘传。乃积习沿台吉梅楞人等宕延袒匿，以致案结无期，民滋托累。至单蒙案件，蒙员不谙法律，以意重轻，或贪残酷虐。窃盗瘐死人命，私和诬枉之案，所在多有。拟请申明旧章，凡民蒙交涉之案，如有拘传人证，居住不在设治境内者，一经地方官派差持文知照，即由各该旗迅速拘传解送，倘仍推延匿庇，准由地方官详请奏参。其单蒙案件，有已经蒙旗办结，冤抑来伸者，或经地方官访闻，或赴地方官控告，并请准由地方官禀请提讯拟办。将来州县遍设，仍统属于有司衙门等语。

臣等查蒙旗词讼，分别单蒙、民蒙案件审理办法，核与会典暨理藩部则例所载相符，所请申明旧章之处，自应照办。至单蒙案件有经蒙旗判结，冤抑未伸，拟准地方官访闻，或赴地方官控告禀请提讯。按会典内开，凡蒙古之狱，各以扎萨克听之，不决则盟长听之，不决则报于院驻司官者，司官会同扎萨克听之。是向来单蒙案件，本有不决报院及司官会审之例。近亦常有赴理藩部控告之案，或由部拨回盟长办理，或咨送各路将军大臣就近代办。各该蒙民果有冤抑，自应准其分别控告，交该地方官与扎萨克会同讯办。惟欲收回完全法权，现在甫经设治，尚未设立审判各厅。本年二月宪政编查馆奏定蒙古案件，死罪遣罪以下判决奏报办法声明，俟蒙古地方审判厅一体成立，届时斟酌情形，再行变通。并称将来蒙古则例如何参修，暨地方如何筹设审判厅，由理藩部酌拟会奏，应即照案由理藩部分别先后妥议分办。至蒙员贪残酷虐，瘐毙私和种种情弊，本属有干例禁。该督等应即随时咨明理藩部，札行该蒙旗严行禁止，以示矜恤。

原奏又称，哲里木盟十旗地多未辟，与喀喇沁旗情形不同，昌图、洮南、长春各府州县间，有蒙丁不过十之一二，余仍分散居住，以游牧为生。若按地段分管，反形不便。蒙官考成薪俸，亦暂可毋庸变通。惟升途一节，蒙人必解汉语，通汉学，然后知内地民情风俗，始可与汉人一律选补差缺。现各蒙边学堂逐渐成立，学部奏定章程，蒙汉一律升学。陆军部奏准教练蒙兵，嗣后各台吉由此出身，当为满汉京旗一律服官，及分拨陆海军队等语。臣等查蒙汉一家，朝廷本无歧视。惟蒙民向以游牧为生，自不便以地段分管，转形束缚。以及蒙官考成薪俸，应如该督所陈，均暂无庸变通办理。至差缺升途，诚如原奏必先通解汉语汉文，始能一体选补。

现在蒙边学堂，仅喀喇沁与宾图三旗设有汉文学堂，其余各旗设学，均系专习清蒙文，预备各旗当差之用。应令一律添习汉文，方足以资造就。俟学务大兴，再行变通升转。即由该督等咨明学部、理藩部分别照办。其各台吉出身，分拨陆海军队，尤非具有军人资格，不能列选。陆军部并无奏明教练蒙兵成案，原奏系属误会。海军舰队兵勇，须由海军练营训练。而当选入练营，亦须年龄程度合格，方准报名投考。如果各台吉等愿习陆海军者，应由该督等分别咨报，照章办理。

原奏又称，各旗台吉下箭丁出路一节，箭丁本属公共兵丁，又有兼充随丁者，有随缺随人之分。箭丁无暇供差，则缴纳差费，由各缺及各台吉自行佣雇。随缺箭丁系在官供差，自应照旧。随人箭丁初只轮值该旗扎萨克差遣，后遂分隶各台吉受役，沦为厮贱，无由自拔。查各旗历年放荒，各台吉均有应得地租，应需人役自可随时佣雇，无庸再受箭丁供给。除各台吉出资佣雇，及箭丁自愿受雇者在所不禁外，请将各旗箭丁以后永不得再属台吉之下，并由各旗扎萨克于箭丁内挑选聪颖者，入小学堂肄业三年，考验成绩升选各学堂，悉照成例予以出身，化除阶级，俾知自奋等语。

臣等查理藩部则例只有随缺箭丁，并无随人箭丁，各台吉果系出资佣雇，即与内地佣工无异。若其世为隶役，不特沦为厮残，且名则供差而实则纳费。蒙丁苦累素深，自宜亟加拯拔。第查各旗箭丁情形不同，究竟一律裁除有无窒碍，现在蒙旗设立无几，上级蒙民尚多失学，亦恐未能选及箭丁，应由理藩部一并调查，通筹办理。要之俗习因治化以为转移，而宪政视民智以为进退。现在筹蒙之策不在于操切求效，而在于循序图功。所有臣等遵议缘由，是否有当，谨恭折具陈，伏乞皇上圣鉴。（《清代吉林档案史料选编·吉林旗务》，第264—268页）

5月14日（四月初六日）　东督锡良致外务部日本觊觎松花江行船请预防电。

据施道迭次禀称，松花江行船一事，俄使坚执咸丰八年及光绪七年条约，屡议不结等情。查俄使前以此事照会钧部，要求五月止，否则自由贸易。闻已将应完关税交存道胜银行。种种手段，无非意图要挟。论松花江中俄行船照约办理，目前于我并无所损，惟日俄朴资茅茨（斯）和约已将松花江独得行船之权利让出，我照旧约，难保各国不起而干涉。此事经施道会议二十余次，迄无端绪。若不预筹应付之法，恐俄人藉词要挟，或致失国体而启争端。拟请钧部通告驻京各使，诘以朴资茅茨（斯）和约俄允让出独得权利，松花江行船一节是否即在让出之中？得复后，便可据以议辩。辽河行船，日人觊觎已久，如松花江为中俄专利，日本将援例以争。此则区区之意，又不得不先为计及者也。是否有当，仍乞钧裁。良。(《清季外交史料》第 8 册，第 4305 页)

  是日 外务部复锡良瑷珲约所谓松花江系按黑龙江下游而言已复俄使电。

  初五日电悉。俄使照会，本部已复，以仍应照前拟办法。章程有窒碍俄商之处，可以酌改，其有关条约各节，提出另议。又会同税务处函致施道，大致辩明，瑷珲约所谓松花江系按黑龙江下游，非中国境内之松花全江，以驳其全江贸易自由之说。至谓江路与陆路一例，则以长江等处俱照海路通商总例驳之。此二节为全章最要关键，其余各条，或准、或驳，亦经酌定，已饬施道接函后钞呈尊处。此次于日俄和约姑置弗论。以免愈议愈形决裂。俟续议情形如何，再酌筹办法。(《清季外交史料》第 8 册，第 4305 页)

  5 月 20 日（四月十二日） 奏报牛庄新常两关光绪三十四年至宣统元年进出口米粮数目。

  兹据锦新营口道、山海关监督周长岭呈称，所有牛庄新、常两关，西历一千九百九年正月起至十二月底止，进出口米粮确数，业经按月呈报转咨在案。兹届年终，准新关税务司将西历一千九百九年正月初一日起至十二月三十一日止，即光绪三十四年十二月初十日起至宣统元年十一月十九日止，全年新关进口大米共一万五千八百二十七石八十三斤，出口共二千一百十石三十五斤；常关进口大米共三百四十二石十六斤，出口共三千二百八石五斤。又新关出口高粱二十九万八千二百八十七石。又湖北购运赈粮三万七千三百六十五石，海州购运赈粮四万八千石。出口小米四万四千四百九十石，包米三万七千二百五十石。又湖北购运赈粮三千四百三十九石。出口小麦二千四百六十五石。常关出口高粱六十七万九千四百二石，小米八万八千二百七十七石，包米一万四千一百七十七石，小麦六百三十七石，各数目报由该道查明，呈请奏咨前来。臣等覆核无异。

  四月十八日奉到朱批："度支部知道。钦此。"(《锡良遗稿·奏稿》，第 1135—1136 页)

  是日 密陈筹办葫芦岛不冻口岸情形。(《锡良遗稿·奏稿》，第 1139—

| 1910年（宣统二年　庚戌）58岁 |

1140页）

5月21日（四月十三日）　外部复商部六七道沟地东督自必设法挽回。

接准来咨。以据安东商务总会电称，闻鸭绿江桥约已成，于六、七道沟地仍未收回；安奉改宽轨，另设专车站于六、七道沟间，在日本市街原路车站左近；沙河车站现已停止装卸，乞速将六、七道沟全数收回；安奉既改筑宽轨，仍在沙河车站装卸等情，咨请核复等因前来。查安奉路事，现由东省与日人磋商办理，倘有与民情不便之处，该省总督自必设法挽回，相应咨复贵部查照可也。须至咨者。(《清季外交史料》第8册，第4305页）

6月1日（四月二十四日）　上奏清廷创办《黑龙江官报》。

奏为江省创办官报，以为公布机关，恭折仰祈圣鉴事：窃维筹备宪政之道，首重贵通上下之情，然必先有组织于中权媒介于两方者，为之传达于其间，其气脉乃能一贯，则报章尚已。惟近来新闻各纸，往往传闻异词，摭拾无当，甚或别有宗旨，荧惑是非，是以东西各国颁行法令，皆藉官报以公布之，与中国月朔读法、象魏悬书之旧制，用意隐若合符。

江省僻处边荒，民风朴实，教育甫有萌芽，政治素少研究。当此修明宪法，规制日新，苟非刊行官报，何以为甄采政闻，疏沦民智之准绳！爰仿馆部各省所办官报体例，参酌本省情形，手订规章，名为《黑龙江官报》，拣派通晓时务人员专司编辑，凡谕旨、奏章暨一切筹备宪政之文牍、经营边务之法规，苟非事关慎密，靡不甄选纲要，分门采录。先办旬报一种，一俟传布寝广，再行编印日报，以期敏速。议论求其纯正，事实取其详明。分行省外各署局所及绅商学界。凡载入报中批牍，勿论已否另文行知，一并作为定案。并咨送京部外省，以备考究边事之资。所需开办暨常年额支经费，均饬由民政司于正款项下拨用。将来报费收入盈绌，统行归官，以清款项。已于宣统元年十二月设局，本年正月出报。数月以来，发行渐多，但冀群情观感，晓然于官府政治之设施，无不与民生休戚相关系。庶几发摅忠纯，共任负担义务之责，开明智识，各有服从法律之心。实于宪政前途，不无襄助。

所有创办《黑龙江官报》缘由，除将章程分咨查照外，理合会同东

三省总督臣锡恭折具陈，伏乞皇上圣鉴。(《黑龙江报刊》，第60—61页)

是日 就复州巡长张景荃同日本巡查井上久太郎等查找失豆，日巡用枪伤人事，锡良札饬奉天交涉司，照会日本领事，从严究办，以重民命。并行民政司速饬复州，即将该巡长张景荃撤差惩治。(《日本侵华罪行档案新辑》(三)，第132—140页)

6月4日（四月二十七日） 奏审明辽阳州等府厅县案犯韩城葆等案情形。

奏为审明命案人犯，照章摘叙简明案由，恭折汇陈，仰祈圣鉴事：窃查前准刑部通行："寻常命盗死罪案件由题改奏者，遵照光绪二十六年奏定章程，摘叙简明案由，汇案具奏"等因遵办在案。

兹查有辽阳州案犯韩城葆因疯砍伤陈柏林身死，覆审供吐明晰一案，将该犯韩城葆审依斗殴杀人者，不问手足、他物、金刃并绞律，拟绞监候；事犯在光绪三十四年十一月初九日恩诏以前，系因疯杀人拟绞，应准援免。又康平县案犯张小囤殴伤伊妻张杜氏越日身死一案，将该犯张小囤审依夫殴妻至死者绞律，拟绞监候；事犯在光绪三十四年十一月初九日恩诏以前，系殴妻至死拟绞，应准援免。又新民地方审判厅案犯王得润殴伤无服族兄王得有越日身死一案，又案犯王可勤殴伤丁宝幅身死一案，又海龙府案犯郑泳汰殴伤丁发越日身死一案，又西安县案犯戚峻得殴伤黄发身死一案，将该犯王得润、王可勤、郑泳汰、戚峻得均审依斗殴杀人者，不问手足、他物、金刃并绞律，拟绞监候，俱入秋审缓决。

以上各案，经各该府州县覆审拟议，解由提法使吴钫勘转前来，臣提犯审讯核拟无异。

五月初五日奉到朱批："大理院覆判具奏。钦此。"(《锡良遗稿·奏稿》，第1141页)

6月8日（五月初二日） 清廷批东督锡良奏收回本溪湖煤矿作为中日合办及订立合同情形折，令外务部、农工商部知道。

东三省总督兼奉天巡抚事锡良奏，为收回本溪湖煤矿作为中日合办，订定合同，恭折密陈，仰祈圣鉴事：

窃查宣统元年七月准外务部咨行议订东三省交涉五案，第四款内载，安奉铁路沿线及南满洲铁路干线沿线矿务，应按照光绪三十三年即明治

| 1910 年（宣统二年　庚戌）58 岁 |

四十年东省督抚与日本国总领事议定大纲，由中日两国人合办等语。奉天本溪县所属之本溪湖煤矿，系安奉沿线矿产之一，光绪三十一年日俄战起，日商大仓因军用占据开采。迨战事既罢，经前督臣赵尔巽、徐世昌等先后按约令其交还，卒未照允。嗣议改为中日合办，以开放为保全之计，并据呈请前矿政调查局将附近之庙儿沟铁矿准其开采，出具保单存案。卒以本溪湖矿事未定，亦复令屡议屡阻，旷日无功。臣到任后体察情形，该矿自日人经营布置，规模日扩，获利亦日见其丰，与其争执而坐废主权，孰若照约以平分利益。当饬交涉司照会日领事妥议收回，作为中日两国商人合办事业，大致仿照井径、临城两矿办法商订合同，设立公司名为本溪湖中日商办煤矿有限公司，中日各派总办一人，以交涉司为督办。其合同内载，议定股本北洋龙洋二百万元，中日商人各出其半，中国政府将煤矿作权利股本银三十五万元，另再筹定六十五万元，其余一百万元即归日商大仓担任。惟该矿经日商独立开采已及五年，所有现存机器、房屋并开办时掘井工程投入之一切款项，准其查明，即以之抵作股本。历年所售煤价亦照数交与公司存储。除股本年息八厘外，余利分作十份，以二份五为报效，一份作公积，六份五归中日股东平分。其余厘金、矿税等项，均仿照井径临城合同办理。该矿本在日本掌握之中，前后磋议将近五年，其间波折横生，不啻笔舌俱敝，现与订定收回合办，所议合同既于部定矿章无大出入。而地股作为三十五万元，从前售得煤价悉数交出，均较井径为优，即于公家权利实为保持不少。但公司开办之始，免纳厘金三年，仍于此三年中照纳出井税一钱二分五厘。又该矿所出之炼成焦炭，即可用以炼铁。庙儿沟距该煤矿不远，产有铁质，将来公司发达，即照该商前此呈请矿政局原议，准令公司开采，仍作为中日会办，以期公司营业日有起色，亦与外务部议结之前案相符。以上二事，另由交涉司与日领事彼此用公文声明，未载入正合同之内。据试署交涉司韩国钧将议订合同呈送前来，饬由该司先与签押。理合开单，奏请圣裁，恭候命下之日，即由臣转饬照办。

宣统二年五月初二日奉朱批：该部知道。钦此。（《宣统朝外交史史料》卷15，第6—11页）

6月9日（五月初三日）　东三省总督致外务部电。

日本驻旅顺大岛子爵于四月二十日由大连赴长春，本月初七日将由营口抵奉天，初十日起行，除照章接待并饬地方官保卫外，谨电闻。良。江。（《清宣统朝中日交涉史史料》卷5，第3页）

6月10日（五月初四日）　呼伦道宋小濂等就改订俄约调查纲目表事呈报东三省总督锡良，并得到锡良的认可。

详东三省总督部堂锡。为详请事：窃于宣统二年二月二十日奉宪台札饬，以中俄陆路通商条约，自光绪七年续改以来，计至宣统三年，已三届十年修改之期。东省交通日广，流弊甚多，函应修改。闻俄人关速此事，考察、调查不遗余力。而我一无预备，自应派员妥预筹。除电达外务部外，合亟札委。札到该道，即便遵照，迅将有关东省要政各事宜，或应删应改确切调查、考察，以资修改，等因。奉此，职道家鳌并禀奉宪批，中俄条约三届十年未经修改，边境情形，今昔迥异，利害所关至巨。该道等会议，务将条约先行研究，某条宜修、某条宜改，或于修改之外另须增添若干事。然后亲历边境，实地印证，方为不负此行，等因。仰见宪台按时切势指示周详，不胜钦佩。嗣职道小濂、驷兴于三月二十日先后到奉会同职道荣、仕福、家鳌等筹划大概，分任调查。金事疆于四月初七日到奉，复与职道荣、仕福、家鳌等详议调查办法。窃维此次修订俄约，以地域论东三省固属关系紧要，而西北沿边一带亦应逐细详查，藉资统一；以事实论虽曰改议陆路通商章程，实无异修订中俄通商条约，亟宜筹及全体，未可胶执一端。因遵宪谕，通查光绪七年中俄续议通商章程及改定条约作为调查根据，复查咸丰十年中俄条约暨中法越南边界通商章程作为调查参考。兹分四类，曰界务、商务、税务、杂物，摘其大纲设为问题，注明调查区域，责成各员逐款调查。其有思虑不到为事实所有者，准由各员随事增添，庶几事例详尽，足备改议张本。现经约明统于本年八月底报告到奉，即以职道荣寓所充作总事务所，为调查之总机关。金事疆寓所及职道小濂衙署作为吉江两省分事务所，一俟调查完竣，再行集合一次，会同研究。并恐各员散居各省，毫无联络，特议立为委员会，谨拟章程十六条，藉资遵守。惟内外蒙古、天山南北等处调查报告实非东省委员所能兼及，应请宪台咨请外务部转咨沿边各省督抚大臣，将军、都统一律派员会查，亦限于八月内按照所拟章程咨部分别报告到奉,并咨明驻俄出使大臣、驻沪商约大臣公同研究,庶几联络一气,不致顾此失彼。所有职道佥事等会同尊议调查修订俄约方法缘由,是否有当,理合将章程及调查纲目先行缮呈察核。如蒙宪允,再由职道等印刷成册,呈请分咨吉江行省衙门转饬司局各道暨税务司一体遵照。为此具详。伏乞宪台批示祇遵。再,职道小濂、驷兴业已遄回本任,此由职道佥事等主稿,合并陈明。须至详者。宣统二年五月初四日。呼伦道宋小濂、留奉道钱荣、留奉道于驷兴、分省补用道黄仕福、吉林交涉司佥事傅疆、候选道李家鳌。

督宪批:据详已悉。所拟调查纲目以原约为根据,而将界务、商务、税务、杂物析为四类,分别部居,有条不紊,于改约大有关系。惟事繁时促,又两国水陆上下数千里,该道等既见及此,必应确切查明,方足以资预备,三省委员事务所既为调查机关,亦应即时成立。至内外蒙古、天山南北等处自非该员等所能兼及,应俟咨呈外务部核咨各该处督抚、将军、都统一律派员会查,并咨明驻俄出使大臣、驻沪商约大臣公同研究。该道等速将调查纲目表排印成册,即日呈送,听候分咨,毋延。切切,缴。附件存。(《中东铁路》(一),第320—322页)

6月15日(五月初九日) 黑龙江行省衙门为托匪窜入俄境事咨呈东三省总督锡良。

为咨呈咨明事:案查托匪历年窜入俄境,前经钦遵电旨,派统领许兰洲带队驰往剿办。据报该匪在俄境什维雷图地方盘踞,与我军相距不过百里,当与俄卡屯长商议剿办,该屯长不允我军越界等语。查该匪入俄之始,即经电请俄齐都巡抚协剿。呈悬赏五千卢布,冀得早获渠魁,及据该统领电告前情,又复照请俄领事电请该俄抚派兵截击,虽准该俄抚电复照办。迄今月余,据报该匪逍遥俄境,俄兵并未剿缉,业将详细情形于上月奏报在案。兹准东三省总督锡电开,此案经电大部照会俄使索交,讵俄使称系国事犯不能交出。令抄该匪抢掠证据,以便再商,等因。所有该匪在奉省蒙边一带抢劫,证据业经由奉电咨:案准贵军督部堂盛冬电开,查明托匪抢掠证据报部,等因。当经电复在案。兹查该匪历年在江省所犯各案,光绪三十三年十月间曾在尹家屯抢掠民间财物,又在柴火垛地方将渔业公司委员并民人蔡阳南绑去勒赎,十一月间在杜尔伯特旗抢掠屯中马匹，劫去罪犯云敦之一名。三十四年正月间在大赉厅属抢夺三盛公商号银钱马匹等物，又在罕白代屯抢夺枪械马匹银元，绑去三人；又在鸭绿河一带抢掠财物；又在札赉特旗抢掠台吉浑塔、张奇普、巴达尔虎等家财物，二月间在绰而河木植税局西南抢掠蒙民财物，六月间在呼伦贝尔界内强抢蒙人德平家鞍马衣服银两等物，七月间在札萨克地方强抢台吉德勒格家食物。宣统元年二月间，在札赉特旗界内搜索乡村财物，杀死毡匠王姓父女二命。又抢劫张姓客民车上财物及牛两只，枪毙鞍马一匹，并将张姓掳去，迄未放回。又绑去札赉特荒务帮办阜海之父吉拉嘎尔勒赎。又抢劫札赉特旗台吉克木德家财务。闰二月在札赉特旗纠党闯入台吉噶勒毕克家，将其外甥崔成茂掳去。又将该旗遣往侦探散丁阿玉喜殴至垂毙抛弃。又威吓屯丁嘎尔奇克、扎拉森二人，逼令跟去，并将官兵拿获该匪赃马七匹抢去。宣统二年复在呼伦贝尔地方绑去卡兵邓金一名，均历经报省有案，其他被害未经禀报者尚不知凡几。是该匪积年所犯，纯属强盗行为。与今日所称国事犯无丝毫近似之处，该俄使强词见拒，可谓毫无理由。现据各报载，有俄人将派该匪为蒙古探险队之说，揆之俄卡不许越界，俄抚不即派兵及俄使不允交付各情，难保彼族不利用该匪扰我边疆。设任听容留为患将无纪极，应请大部、外务部查照各案证据，力争照约索交惩办，边局幸甚。除分咨、咨部查照外，相应备文咨呈大部、贵督部堂，请烦查照施行。须至咨呈者。右咨呈外务部、东三省军督部堂。（《中东铁路》（一），第312—315页）

6月16日（五月初十日）　东三省总督致外务部电。

大岛子爵由大初七日由营口来奉，一切妥为接待，均甚欢洽，已于今日上午十钟回旅顺矣。谨闻。良。初十日。（《清宣统朝中日交涉史史料》卷5，第3页）

6月20日（五月十四日）　东督锡良致枢垣外部报日俄联合情形请预筹电。

东省逼处两强，近日俄联合，益将协而谋我，虽新协约内容尚未宣布，而中西各报所登载与良处所探访，大约日则合并高丽，俄则进规蒙古。又闻俄有要求东清铁路作为永占，不听赎回之说。此后对我手段，无非强横无理，除电外务部、军机处外，究应如何预筹应付，尚望密示机

宜，俾有遵循，无任企盼。良。愿。(《宣统朝外交史史料》卷15，第16—17页)

6月22日（五月十六日）　周树模为报套匪在三省抢掠证据事咨呈东三省总督锡良。

为咨呈、咨明事：案准东三省贵军备部堂锡电开：盛。查套匪（即托匪）在三省抢掠证据，业经分查电咨各在案。兹准外务部电开，驻俄萨使来电，俄外部复文仍执前说。希将被害各户禀控案据抄咨本部，以便照交俄外部冀辩论时较可得力，等因。除电复俟抄齐咨呈外，仍请尊处迅饬详细抄齐径咨外部核办，等因准此，查该匪托克托历年抢掠案据已于五月初十日咨呈，行查照在案。兹准前因，除分径咨外，相应抄粘各案备文咨呈大部谨请鉴核各案证据，照约将该匪索交惩办，以除边患，须至咨呈者；咨行贵军督部堂请烦查照施行，须至咨者。计抄案右咨呈外务部、东三省军督部堂锡。(《中东铁路》（一），第315—316页)

是日　东督锡良致枢垣外度邮等部锦瑷路美财团将在俄开议借款包工合同恳速核示电。

锦瑷铁路借款、包工两合同，前已钞送钧核。昨准司戴德自俄京函称，接到纽约来电，内称为时无几，即在俄京开议。如其议妥，美国资本家已备有工程师，以便立可派往等语。此事若一经议妥，该财团代表势必立派工程师催促开办。今拟订详细合同，尚未蒙核复，一切均难筹备。届时若有延误，必生枝节，应恳钧处大部迅赐核示，以便预筹。一俟接到司戴德确信，即将合同缮奏。近日喧传日俄新订协约，东事日棘，焦虑莫名，叩请速复。良。铣。(《清宣统朝中日交涉史史料》卷5，第5—6页)

6月23日（五月十七日）　试署民政司使赵渊为严禁日俄侨民开场设赌事呈东三省总督锡良。

全衔为呈请事：案据警务公所呈称：窃维警察之设，原以保卫治安云云，伏乞鉴核批示前来。查开场聚赌，为害地方洵非浅鲜。匪特中国悬为厉禁，即东西各国亦早视为不法行为。况日俄两国素称文明，领事有管辖本国人之责，断不能任本国人民在中国领土藉球场为名实行窝赌主义。除批示外，理合呈请宪台饬交涉局照会日俄领事，实行禁止，并

将现行娱乐场章程照抄具覆。须至呈者。(《中东铁路》(一),第316页)

6月24日(五月十八日)　奏筹款招集旗户迁移长白府属拨地试垦。

奏为奉省筹款招迁旗户,拨地试垦以广生计,恭折仰祈圣鉴事:窃光绪三十四年八月二十日,恭奉筹画八旗生计之谕旨,著各省督抚会同将军、都统等,查明驻防旗丁数目,计口授田等因,钦此。仰见朝廷轸念旗丁、广谋生计之至意,钦感莫名。

伏思东省为八旗根本之地,旗民杂居,均属土著,与各省驻防情势不同。内外城旗随缺伍田向有定额,本系计口授田之制。唯数百年来,户口日增,地亩有限,赡养不给,博济为难,其生计遂致日艰矣。

为今之计,计口授田,固属体大而难于轻举,若拨地试种,则尚便利而易于实行。查现在长白府移民设治,正待经营,招集无业之旗民,迁赴新开之要地,一以为八旗资衣食,一以为长白固本根,事无便于此者。今拟先招旗丁百户,暂就安图县内试办,酌拨地亩,分起迁移,牛、具、房、粮,并由官备,合计先迁百户,约需银三万两,查有清理旗地收存照费可以动用;如有不敷,另行筹拨。以移民实边之策,为迁旗谋生之计,一举两得,事半功倍,诚今日之要务也。

夫为旗丁广筹生路,当先去其待食于人之习,然后徐为人自为养之谋。今既予以土田,则自立务在于力农,而本业自定;且复迁之边境,则左右骤失其倚赖,而志意自坚。如果办有成效,当再逐渐推广,以为八旗生计之本图。

二十五日奉到朱批:"著先行试办,果有成效,再行奏陈。该衙门知道。钦此。"(《锡良遗稿·奏稿》,第1141—1142页)

是日　奏筹拟派员清理旗地。

查奉省八旗官兵随缺伍田、马厂、园庄等地,坐落各城,为数非少。总计内外城旗、三陵官兵及内务府各处所属,总额约有百五十万亩之数。此项地亩向为旗产,均系招佃承种,历年既久,盗典隐占,积弊甚深。虽有官存册案,四至段落,仅载大略,未尽相符,自非设法清厘,普行查丈,不足以重官地而保旗产。上年特派妥员实行清查,先由内城旗地试办,按册查地,按地发照,凡在四至以内,无论正额浮多,照章查报,

1910年（宣统二年 庚戌）58岁

统归旗地，不与清赋相混，酌收照费以资办公。办理尚无窒碍，现应推及外城一律照办。并拟将内务府园庄各地，清出浮多，分别丈放。所收此项地价及各地照费，除开支办公、川资经费外，统饬另款存储，专备筹办八旗生计之用。业已妥拟章程，派员分办，一俟办理完竣，再行详造清册咨部备核。

二十五日奉到朱批："该衙门知道。钦此。"（《锡良遗稿·奏稿》，第1142—1143页）

6月26日（五月二十日） 外部复锡良锦瑷路事日俄如不干预其借款包工合同可由尊处核办函。

锦瑷路事，前准来函钞寄借款、包工两合同，并于本月十六日续接尊处铣电。一是均悉详核两合同条款，斟酌损益，深协机宜，荩虑周详，至为钦佩。此事前因日俄从中干预，自须俟商酌妥协方可定议。如该两国能无异言，即可由尊处酌核办理。总之，本部对于此事惟意在实力赞成，并无他见也。泐此奉复，即颂勋绥。（《宣统朝外交史料》卷15，第17页）

6月29日（五月二十三日） 批五月十七日赵渊前呈。

呈悉。前据该公所径呈，请禁止球场等情，业经批饬交涉局遵照办理，并分饬该司知照在案。兹据前情，候再饬交涉局照会日俄领事，迅速实行禁止，以保公安。并将娱乐场现行章程照抄呈复，以凭转发，缴。（《中东铁路》（一），第316—317页）

7月1日（五月二十五日） 奏昭陵大班楼房等工请饬择吉兴修。（《锡良遗稿·奏稿》，第1149—1150页）

是日 续估福陵东西配殿等处工程，奏请发实银。

前以福陵东西配殿等处工程要紧，奏请兴修，奉旨允准，当经遵照钦天监选择吉期，敬谨开工在案。

兹据承修委员等报称：恭查福陵东西配殿、省牲厅等处，年久失修，现在开工折看，情形甚重，非增加工料不足以重要工而期保固。原估数目，实属不敷购办，呈请派员续估等情。臣当即派员前往敬谨复勘相符，核实续估，应加工料实银三千二百两，开单呈请核奏前来。臣覆核无异。自应准照续估兴修，以昭郑重；仍请援照原修成案，准发实银。此次系续估工程，应并入前案办理，毋须再请择吉。

六月初二日奉到朱批："览。钦此。"（《锡良遗稿·奏稿》，第1150—1151页）

7月4日（五月二十八日）　东三省总督锡良奏筹设省城特别地方审判厅。

奏为筹设省城特别地方审判厅，以重法权而维审级，恭折仰祈圣鉴事：窃维司法独立，为宪政之始基。自法院编制法颁布以来，臣已行司通饬所属审检各厅钦遵办理，惟细绎原法规定各条款，按诸奉天现在情形，新旧之间似有未能尽洽，倘非别设补助机关，转于司法独立多所妨碍。查原法于明定等级、划分职权二者最为注意。例如，属于地方审判厅者，有一定之区域，非其区域以内，则不得而受理；属于高等审判厅者，有一定之审级，非其审级所及，亦不得而受理。诚以职权定，则法官之权限可清；等级明，则民间之蔓讼可绝。意至美，法至良也。

惟是创办之初，势难一律。以奉天全省论，已设审判厅者仅十之一，未设审判厅者尚十之九。其未设审判厅之府厅州县人民诉讼，势不能禁其不上控于院司。且新律未颁，旧章具在，如逆伦重案、京控要案、及民人控告官吏之案，准之旧例，均应提省讯办。遇有此项案件，发交地方审判厅，则案系省外区域，既非所辖；发交高等审判，则案系初审审级，又不相符。若仍以向日之发审局处承审，又乖统一法权之旨。

经臣饬司再三筹议，拟就省城暂设特别地方审判厅一处，凡未设审判厅地方，审理未结上控之案，或控关官吏，及由院司发觉提审案件，并一切京控发回原省审讯者，均交该特别地方审判厅起诉，按照厅章审理。如判决不服，准其按级赴高等上诉，其应以大理院为终审者，准其以次诉至大理院，庶几阶级无虞缺略，区域不至混淆。此为目前过渡时代之权宜办法。一俟全省审检各厅成立，即行裁撤该厅一切组织，应酌量参照地方厅章程办理，并遵章将省城原设之行营发审处裁撤，就该处地方改设特别厅，以节经费。其行营发审处，向办各项盗案，仍责成该厅照常办理。据提法司吴钫呈请具奏前来，臣覆核所拟办法，均属可行，相应请旨，敕部立案，如蒙俞允，再将该厅拟派各员饬司开单，咨部办理。（《政治官报》，宣统二年五月二十八日）

1910年（宣统二年　庚戌）58岁

7月7日（六月初一日）　遵旨查明奉省并无仓谷暨旗民地米折价情形。

奏为查明奉省并无仓谷暨旗民地米折价情形，据实覆陈，恭折仰祈圣鉴事：窃查前准度支部咨："宣统元年七月二十一日内阁奉上谕：'翰林院侍读学士恽毓鼎奏，直省仓谷有名无实，请饬实行储积以备凶荒一折。地方建仓积谷，实为备荒要政，自应认真稽核，荡除积弊。如该侍读学士所奏，殊属有名无实。著直省各督抚将预备各仓切实稽查整顿，勿使稍有弊窦；并责成地方官督率绅衿悉心经理，务期循名核实，庶足以防凶荒而植元气。钦此。'"即经通饬钦遵办理。嗣又准度支部咨："汇核各直省光绪三十四年分谷数，拟令遵章编造表册一折，又奏催各省将筹办仓谷情形专案奏报，并令拟具章程一片，于宣统元年十二月二十五日具奏奉旨：'依议。钦此。'"钞奏咨行到奉。复经通饬遵办去后。

兹据旗、民各属查明光绪三十四年分实存本折米石数目，编造表册呈覆，饬由度支司汇案核明请奏前来。臣查积谷为备荒要政，自应速筹办，以重民食。惟奉省向无预备常平等仓，亦无社仓、义仓，至各城从前虽设有官仓存储额征地米，备充灾赈，并拨放俸米、兵米暨各项口粮之用，无如历年既久，旧制浸湮，各州县应征米石，均系折征钱文，旗仓虽间有征存现米，然亦折色居多，迄今相沿既久，民间完纳折色已成习惯，骤令完米，则各花户散处四乡，远道运输，既多折耗，又苦不便，未免强以所难。且各城旧官仓自经庚子乱后，多以坍废，其新设州县并未建有仓厫，若将额征旗、民地米仍征本色，则各属建仓需费甚巨，当此度支奇绌之际，实属无从筹措。如令民间捐集，则奉省叠经兵燹，元气凋残，加以新政警学各费，按亩摊捐，担负已重，骤议创立社、义各仓，民力亦有未逮，此查明奉省官仓、民仓不易筹办之情形也。

惟水旱偏灾不能保其必无，图匮于丰，自应预计。查前项旗、民地米折价截至光绪三十四年止，共存银二十三万余两，拟悉数提省，以一半拨充饷需，以一半发商生息，专作荒年购粮备赈之需。嗣后岁征旗、民各地米，仍拟将折价银两按年酌提二成，一并发商生息，备荒需用。现在关内外轮轨四达，交通便利，但使款项应手，似不难各处采运，以资接济，正不必专恃积谷为也。

至历年报谷数，即系各州县折征民地米石旗地之米，向仅由旗仓按年奏销，而于报部谷数案内并不列入；所有旗、民米地折征之数，均有各属自行定价，并无划一章程。其应存米价，民署则每仓石折存库平银八钱，旗仓则每仓石折存库平银一两五钱。此项折价由来已久，不知始于何时，因乱后案卷毁失，无从查考；而历年奏销册内则仍虚存本色之名，究非正当办法。兹当清理财政之际，凡事均归核实，自应据实陈明。查各属册报光绪三十四年分共应存民地米十三万五千零九十石零七斗八升八合三勺零，内有抚顺县米一千一百二十九石七斗九升二合，系由旗地改归民粮，仍照旗仓折价，每石存银一两五钱，余均每石存银八钱，共应存银十万零八千八百六十余两，内除辽阳、锦县、广宁、盘山四厅州县因公动用，并仓书亏挪暨交代案内欠交米价共银一万五千五百四十余两外，实存银九万三千三百一十余两。又旗仓共应存米十三万一千零四十八石三斗三升九合四勺，内除义州、宁远、广宁、凤凰四仓因公动用，并承催人等侵亏、铺户倒欠暨折耗米一万六千八百四十二石九斗二升七合一勺外，实应存米十一万四千二百零五石四斗一升二合三勺，内存本色米一万四千四百二十九石二斗二升五合，折价米九万九千七百一十六石一斗八升七合三勺，内有宁远仓米五千八百五十石零七斗八升二合三勺，折存东钱十万零六千二百九十余吊，余均每石存银一两五钱，共实存银十四万零八百八十余两。

臣维额设官仓既难规复旧制，与其有名无实，徒滋弊端，何如明定章程，庶垂久远。应请自宣统二年秋后起，将旗民地米一律折征银两，尽征尽解，不得存留属库，以杜亏挪。其折征定价，容臣督饬度支司统盘筹画，妥拟划一章程，另案奏明办理。其各旗仓现存本色米一万四千余石，积储过久，易致霉变。并请照数提粜充饷，以免折耗而资实用。至各属亏短米石，多系光绪三十年以前之项，迄今事隔多年，官非一任，其或因公动用，情尚可原；或经手物故，无处著追。应由臣察其尚有着落者，分饬追补；其确系无着者，再行吁恳天恩豁免。总期核实办理，不敢稍涉欺蒙。

初八日奉到朱批："度支部知道。钦此。"（《锡良遗稿·奏稿》，第1156—1158 页）

| 1910年（宣统二年　庚戌）58岁 |

是日　东督锡良致枢垣俄人胁制中国请提前议定锦瑷张恰二路电。

窃维外交政策瞬息千变，自锦瑷铁路草约成立后，日、俄两国向欲分据东省者，又将改变其方针。虽俄国反对路事甚力，近据美资本家代表司戴德、包工公司法兰芝先后函告，业已竭力经营。惟锦瑷路约如成，俄不得逞志于东方，必将肆力于西北。近来日、俄邦交亲密，日之合并朝鲜，俄之规画蒙古，两国已不啻互相默许。闻近日俄军在我国西北边界举动，野心叵测，万一俄人以全力胁制中国，要求借款，代办张恰铁路，拒之不易，允之为难，殊有进退维谷之势。我若出其不意，密速将粤汉借款先行拨为张恰造路之用，趁此事机未竟以前，东之锦瑷，西之张恰，同时并举，迅雷不及掩耳，使彼无计可施。倘粤汉借款难以移拨，似宜另向美、德借款而以比国包工，则俄人之力必不能阻。此皆境内之事，主权在我，尽可自由，及今不为，必有后悔无及之日。近日处置西藏，外人颇奇中国政策之敏捷，若能将锦瑷、张恰二路同时提前定议，使列国不敢轻视中国，以后交涉，可望渐有起色。成败利钝，相去天壤，机不可失。锡良待罪边徼，日抱杞忧，谨贡刍荛，以备采择，可否代奏，伏乞裁酌施行。锡良谨叩。（《宣统朝外交史史料》卷15，第18页）

7月11日（六月初五日）　试署民政使赵渊为昂站税局征税事呈东三省总督锡良。

试署黑龙江民政使司民政使赵渊为呈请事：窃据昂昂溪税局委员常裕呈称，兹于本日已刻经昂站交涉分局知会，据俄八厘固金克声称，奉俄铁路公司帮办阿发舍夫饬令，昂站税局不准征收一成捐，否则三、四日内定将税局人员强掠送哈，等语。职正拟详呈间，复于申刻俄八厘司固金克到局，如前所述，职答以自西历一千九百四年昂昂溪设立税局于铁路之傍，已经六载。与铁道公司近在咫尺，何无异词，其与公法明示承认可知。查一千八百五十八年五月缔结条约，及一千九百零一年即光绪二十八年八月初二日从订铁路合同，第一条首先承认中国主权。去年四月经贵总办霍、帮办达在都京外务部重行订定，亦申明首先承认中国主权。第二条凡中国主权应行之事，中国皆得在铁路界内施行。如无背东清铁路公司各合同，则公司及会议会不得藉词阻止。第四条凡关于中国主权法令政治者由中国官员主持。新约甫立，环球皆闻。本税局设立六载，为已成之局所收系国家正税，事关行政，中西同风。试问经征华人维正之供与铁路公司有何违背？似此横生阻力，何谓承认中国主权？不唯与约章有悖，亦觉与邦交不雅。曾有外来未收税之货物在此销售，补收一成正税并非一成厘捐，误会如斯，似应解释。夫外国贸迁尚有属土主义，况租界之商民乃中国之领土，所议免一成税要挟之论，实属碍难承认。职据理力争，反复详陈，彼无言可答。酉刻又使交涉局知会阻止，伏思职自去岁二月到差以来，俄人几起风潮，均以和平了结。今归交涉局知会，职如何对待，惟有据情详请鉴核转详，迅赐施行等情，呈请核转前来。查铁路界内俄人不认一成捐一案，业经宪台迭饬于道晤商，尚未解决。该公司何得忽用强硬办法，究竟是何情形，现今如何磋议，请宪台饬下该道迅速妥商具复，再饬遵照。除批饬该员务须和平对待外，理合备文呈请宪台鉴核饬遵施行。须至呈者。(《中东铁路》(一)，第317—318页)

7月12日（六月初六日） 外部咨锡良中俄陆路通商条约所拟调查纲目已分咨照办。

案查预备修改中俄陆路通商条约一事，前准来电，当经本部电复，并分电沿边各督抚、大臣、将军、都统等，各选派熟悉人员专任调查在案，兹准咨据李道家鳌等详称，奉饬遵查光绪七年中俄续议通商章程及改定条约，作为调查根据，咸丰十年中俄条约暨中法越南边界通商章程，作为调查参考，分四类：曰界务、商务、税务、杂务。摘其大纲设为问题，注明调查区域，责成各员逐款调查，统于本年八月底报告到奉。惟内外蒙古、天山南北等处调查报告，非东省委员所能兼及，请咨外务部转咨沿边各省督抚、大臣、将军、都统一律派员会查，并咨驻俄出使大臣、驻沪商约大臣公同研究等情。查该道等拟呈调查纲目，条分缕晰，于改约尚有关系，应将原呈调查纲目表册咨呈查照核办等因前来。查所拟调查纲目已属详备，即由该员等按款切实查考。惟当洞悉利弊情形，期于可行，不必议论太多，一俟查竣，迅即汇送本部，以资研究。除将送到表册分咨照办外，相应咨复贵督，查照饬遵可也。(《宣统朝外交史史料》卷15，第23页)

7月15日（六月初九日） 为中东路护军运入子母（弹）骤增事札

1910年（宣统二年　庚戌）58岁

饬交涉局、铁路交涉局知照。

钦差大臣头品顶戴陆军部尚书衔都察院都御史总督东三省等处地方兼管三省将军事务锡、钦命陆军部侍郎衔都察院副都御史巡抚黑龙江等处地方兼副都统衔周为札饬事：案据胪滨府张守寿增禀称：窃查中东铁路护军每年应用子母（弹）运入满洲里，不过在一兆枚上下。查今年护军运入满洲里寄往哈尔滨铁路一带子母，已有十七兆枚之数。至过站军械，如运往东海滨一带者，尚不在此数之内。

查该军所运子母，比较去年相差悬殊，事关调查要事。知府身任边境地方，理合具禀呈报宪台鉴核，等情。

据此，除批禀悉。查俄人本年运入子弹骤增如此巨数，殊甚骇异，应时加注意，预为筹防。除电商军督部堂并电饬江关道确查呈报外，仍仰该守随时密查，详细具报为要。候饬交涉局、铁路交涉局知照，缴。等因。印发并分札外，合亟札饬。札到该局，即便知照。特札。右札仰交涉局准此。（《中东铁路》（一），第318—319页）

7月16日（六月初十日）　奏东省陆军各镇协营军马缺额请购买免税。

东省陆军各镇、协、营应用马匹，每年遵照定章，按三成倒毙数目，核计购补。向在江省呼伦贝尔一带地方，按格选买，运回补额，历经办理在案。

现查各镇、协以及讲武堂、陆军警察队，各处马匹缺额甚多，自上年九月起，扣至本年九月底止，按三成倒毙计算，共应添购一千四百三十匹之谱；且第三镇正在预购校阅期内，所有缺额，尤未便任其虚悬。拟仍援照历次购马成案，派员前往呼伦贝尔产马地方照数采买，分起运回，以资操防而重军乘。据陆军兵备处、粮饷局会同详请奏咨立案，并请予免税前来。伏查采买军马，屡经奏明免税有案。此次事同一律，自应照案办理，以符向章。

除咨部查照外，谨附片具陈，伏乞圣鉴。

十六日奉到朱批："该衙门知道。钦此。"（《锡良遗稿·奏稿》，第1171—1172页）

7月23日（六月十七日）　奏报奉省推设预备巡警。

奉省巡警虽已遍及乡镇，而胡匪尚时时窃发，未能断绝。其故由于乡僻村屯，零星散处，往往百里一家，四望空虚，巡警势难分布，伏莽因而生心。邻镇赴援，缓不济急，兵至盗飏，剿捕实难。

上年吉省创设预备巡警，行之期年，盗踪稀少，成效昭著。奉省亟宜推行其法，就各村壮丁，分别挑充，更番教练。闻警则聚而捕盗，无事则散而归农，即可节省饷需，并可辅助警力；而巡警资格逐渐养成，并可为将来挑选正警之预备，一举而数善，具固目前治盗之良策，亦宪政进行之要端也。

除俟核定章程再行咨部外，所有奉省推设预备巡警缘由，谨附片具陈，伏乞圣鉴。

二十六日奉到朱批："该部知道。钦此。"（《锡良遗稿·奏稿》，第1175—1176页）

8月3日（六月二十八日） 奏拨用旗兵旷缺额饷，改练陆军，分驻陵寝地方，以资守卫。

奏为拨用旗兵旷缺额饷，改练陆军，分驻陵寝地方，以资守卫，恭折仰祈圣鉴事：窃查盛京内外城八旗驻防，原设兵额约二万名，饷项约银四十余万两，按名领饷，随缺拨地，实系兼行屯兵之制。迩岁以来，户口日繁，生计日困，不足自给，皆出谋生，饷糈照支，差操久废。又以库款支绌，应发旗饷仅照六成，并按每年三季折减发放；而旗署办公向无的款，积习相沿，复摊公费，每兵实领不及原饷之半。譬如每一甲兵旧制每年额饷二十四两，自减折后每兵仅得十一两，余附加摊扣，乃至年领不足三四两之数。兵既徒有空名，饷亦不得实惠，已成积重难返之势。是以近年旗兵出缺，皆未挑补，前后积旷兵缺一千余名。如以此项旷缺兵饷，改练旗兵，化无用为有用，实属相宜。

恭查兴京永陵、盛京福陵、昭陵等处，为陵寝所在，最关重要，理应派兵保护，严肃以昭诚敬。爰拟饬令旗务处挑选旗丁，按照陆军新制，先练步兵一营，陆军练成，分派驻扎三陵，藉资守卫；既以递积旷饷，改拨动用，以足敷一营经费为额。

如此办理，练兵既收实效，额饷不致虚縻，陵寝地方派兵驻守，亦足以肃观瞻而示郑重；而变通旗制定限八年，尤可藉此稍为安置。一举数善，切实易行。如蒙俞允，当即由臣分饬筹办。

七月初七日奉到朱批："著照所请，该衙门知道。钦此。"（《锡良遗稿·奏稿》，第1179—1180页）

是日　东督锡良咨外部日领否认赔俄抚顺煤矿利益并钞呈驳复俄使向我索偿。（《清季外交史料》第9册料》第8册，第4343—4346页）

8月5日（七月初一日）　东督锡良致外务部税务处抚顺煤运赴韩国是否照满洲里通商章程办理请核示。

据交涉司案呈会议抚顺煤矿事。据日议员要求，该矿所出煤斤，由安东运赴韩国，援照中俄陆路通商章程第十四款，完纳出口税二分之一。当由该司函询，据奉省税司转准安总税司函称，俄约第十四款系专指俄商在张家口购买中国土产出口而言，是以中文添有张家口一处字样，例如，俄商在张家口购买抚顺煤，运入俄国，则可完纳半税，否则不能照行等语。并经该司据以驳复：惟安东一埠，转瞬鸭绿江桥告成，将来即系陆路，此项税则既不得照二分之一完纳，是否按照满洲里陆路通商章程三分减一办理，抑或如何定拟？谨电。请钧部尊处酌核示遵。良。东。（《清宣统朝外交史史料》卷16，第1页）

8月9日（七月初五日）　外部咨税务处东三省总督锡良前电关于抚顺煤斤出口应照何项税率酌核见复文。

宣统二年七月初一日，准东三省总督电称：交涉司案呈会议抚顺煤矿事，日议员要求所出煤斤由安东运赴韩国，援照中俄陆路通商章程第十四款完纳出口税二分之一，该司函询奉省税司，转准安总税司函称，俄约第十四款系专指俄商在张家口购买中国土产出口而言，不能照行等语，经该司据以驳复。惟安东一埠，转瞬鸭绿江桥告成，将来即系陆路，此项税则既不得照二分之一完纳，是否按照满洲里章程三分减一办理，抑或如何定拟？请酌核示遵等因，并分电贵处在案。

本部查抚顺煤矿所出之煤斤，固不能照张家口俄商贩运土货税则，亦不应照满洲里陆路章程办理。惟上年本部与日使议定东三省交涉五案条款第三款丙节，内载抚顺、烟台两处煤矿开采煤斤，出口外运时，其税率应按他处煤斤最惠之例征收等语。现在各处煤斤外运，完纳出口税应以何项税率为最惠之例，相应咨行贵大臣查照酌核见复，以便电复该

督可也。须至咨者。(《清宣统朝外交史料》卷16，第2—3页)

8月16日（七月十二日）　东省大局阽危，亟图补救起见，锡良谨披沥密陈管见。

奏为东省大局益危，密陈管见，恭折仰祈圣鉴事：窃维东省大局，久成日、俄分据之势，叠经臣将危迫情形及筹划事宜，先后奏陈在案。

近自两国协约成立，而大局益岌岌可危。该协约全文第一条云："两国相与协力目的进行，不为有害之竞争。"是其在东省之势力范围，固已区定划分，明认默许矣。

第三条云："倘有侵迫之事件发生时，两国认为必要措置，随时相互商议。"是直视若己国领土，近乎防御同盟，将来无论何事，该两国有认为不便于己者，皆得指为侵迫，协力抗御。我虽绝对不忍，彼则联合竞争，不特蔑视中国主权，且不许第三国人插足，一二年后，势力弥满，东省岂尚为我有哉？况正约之外，必又有特别之赴约，内容虽未探悉，一则合并朝鲜，一则侵占蒙古，均在意中，祸患之来，不知所届。

夫东三省非他，乃祖宗陵寝所在而朝廷根本之重地也。此而不保，全局动摇，中国其尚能自立乎？虽及今补救，已觉后时，然万无坐视危亡之理。况以东山省壤地之广，物产之饶，锐意振兴，未始无转弱为强之日。此臣所由彷徨旦夕而不能不呼吁于君父之前者也。

伏维东省积弱之故，首在土旷人稀，吉、江两省荒凉尤甚，东南、东北沿边数千里，处处毗连俄、韩，有土地而无人民，犹自弃也。俄人于沿海州，岁移民数十万，分屯开垦，市廛栉比，千里相望，以荒废之区，经营十余年，遂成繁盛部落。一入我境，荒芜满目，弱肉强食，何以图存？近者日、俄两国皆设拓殖局，一以内阁总理大臣领之，一以户部大臣领之，隆重其事权，增厚其魄力，统一其殖民政策，实逼处此，以与我争。朝廷苟为保存东省计，非通筹利害，大展设施，不足以挽救于万一。拟请于东省设立垦务局，敕下度支部，或特简公忠素著之大员督办其事。派员前往内地，招垦移民，岁以若干万人为率，分段垦辟，按年进行，内力渐充，方可抵制外力。

惟兹事体大，既非数百万金所能济事，亦非一二年内所能奏功。现在内外同一艰窘，无款可筹，自惟有议借外债之一法。该两国以全国力

| 1910年（宣统二年　庚戌）58岁 |

量逼我疆土，我亦必须以全国精神，奋迅经营，力图进步，断非东省一隅之地所能撑持。应请敕部臣统筹全局，贷款速办，内外相维，庶可补救。如责令东省担代筹借，时势至此，亦不敢有所推诿，坐失机宜。

查东省地大物博，应办实业甚多。即仅以矿产论，如江省之甘河煤矿，吉省之蜂蜜山煤矿，蕴蓄宏富，外人垂涎已久，均为绝大利源；只因交通未便，以致货弃于地。如甘河煤矿，须筑铁路六百余里，蜂蜜山煤矿，须筑铁路二百余里，至少非有的款五六百万金，不能开办。此外如森林、牧畜，出产丰盈，但使厚积本金，均可徐兴大利。拟请商借外债银二千万两，以一千万两设立东三省实业银行，以五百万两为移民兴垦之需，以五百万两为开矿筑路之用。此等借款，用之于生利之途，不嫌其多，本为各国所习惯；且厚集洋债，互均势力，尤与钦奉上年七月初四日谕旨相符。臣拟即商借洋款，俟借妥议订合同后，再行具奏。惟款由东省商借，非经政府承认，则各国银行未必乐从，应请准于合同内声明中国政府担任字样，以期见信外人。

以上办法，奏效虽迟，赴机宜速。现在锦瑷铁路虽未议定，若先修锦洮一段，俄国当无异议。葫芦岛开辟商港，主权在我，亦与他国无干。一俟筹款有著，同时并举，得寸得尺，固未始非图存之策也。

朱批："外务部、度支部妥速议奏。"（《近代史所藏清代名人稿本抄本》第3辑，第137册，第1—14页）

8月17日（七月十三日）　东督锡良致外部抚顺煤税磋商为难将来鸭江桥成税务如何办理乞示电。

十二电敬悉。现正与日领磋商抚顺煤税，极费唇舌，陆路通商，日无专约，即难援照。但出口税每吨一钱，系海口章程，陆路未能援引，将来鸭江桥成，究应照何项章程办理，仍请示遵。良。（《清宣统朝外交史史料》卷16，第9页）

8月20日（七月十六日）　巡抚周树模为大赉厅等先后电禀俄兵私取托匪家属事咨东三省总督锡良。

为咨行事。本月初八日据署大赉厅通判钟毓、驻大赉厅奉军右路巡防军帮统福汇电禀，初十日云云，向俄人交涉等情。当以事关重大，必须确查实在情形，始便交涉，而免狡展，当经电饬该倅确查去后。兹据电复,庚电敬悉云云,查核等情。查托匪骚扰蒙边,窜匿俄境,现经外务部与驻京俄使严重交涉在案。兹据前情,是俄人有意庇护匪徒,甘为逋逃渊薮,况擅以队兵私入蒙地。当此两国敦睦之时,殊非所以重我国权,维持交谊,苟不极力争持,边患殊属堪虞。究应如何办理,抑或转咨外务部主持核办之处,相应备文咨行贵军督部堂,请烦查照办理,赐覆施行。须至咨者。(《中东铁路》(一),第399—400页)

8月22日(七月十八日)　关于禁止日俄人球场设赌,东三省总督锡良严饬龙江府警务公所、地方检察厅会同妥速遵办,并严饬民政司知照。

案据交涉总局呈称:案奉宪台札开,据警务公所呈称:窃维警察之设,原以保卫治安,尤在预防危害。诚以危害不去,则治安终不可期。江省地处极边,人民稀少,所有客民输入,率皆毫无执业,藉诓骗以营生。甚则聚赌抽头,鱼肉良善,其愚懦之受其害者,不至破产倾家,流为游荡;而其桀黠者,方且习惯成性,挥霍自耗,迨至迫于饥寒,遂率甘为盗贼。故三省盗风之盛。识者研究其弊,莫不以赌博为厉阶。伏查大清律例,同赌、窝赌、诱赌各有专条,而尤以窝赌者当其重罪。往年广东开设闱姓票,不过以精拟姓名为角逐输赢之计,且岁助军饷数十万,于经济上似尝有裨,乃朝廷以其性质相同,严谕禁阻。夫以姓票之邻于赌,犹且弃多数军饷而不顾,则凡甚于闱姓票者,当可推矣。

知府到江将及三年,于一般社会情形稍稍谙悉,故自接办警务,禀承钧训,于赌博一事,暗侦明察,一经拿案,靡不立予重惩。数月以来,赌风因而禁绝。乃查第六区管界早有日本人开设球场,名为娱乐,实与赌博无异,我国不肖商民,以职所查禁维严,他无聚赌之处,遂恃该日人为护符,群往与博。知府屡次面竭日本领事商请禁阻,乃辄佯为应允,并不实行,以致俄人亦复甘效行,为冀争利益。只此附郭一隅之地,球场所在竟有四五处之多。赌博所赢,甚有数千缗之巨。我方禁止,务期其尽;彼乃招之,惟恐不来。设有奸徒溷迹其中,小之滋生事端,大之致酿交涉。变或猝起,咎将谁归?查泰西各国法律,禁止赌博,悉有专条。即日本娱乐章程,除景物外亦皆悬为厉禁。似此藉端肆赌,未免有碍公安。再四思维,唯有仰恳宪台饬下交涉局照会日俄领事,速将前项

| 1910年（宣统二年 庚戌）58岁 |

娱乐场实行禁阻，令该日俄人等改营他业。在该日俄人富于经商能力，原无待藉此以谋生。在该领事维念两国邦交，当不致藉词而诿卸，否则查照奉天成案，犹可相与力争。如必以实非赌博为词，应请将现行娱乐规则照抄一分交职所，以便随时持查。知府为预防交涉保卫治安起见，除分呈民政司外，是否有当，理合备文呈请，伏乞鉴核批示施行，等情。

据此，除批呈悉。据称日俄人在六区管界开设球场，藉端赌博，遂致不肖商民恃符聚赌，明目张胆，肆行无忌，实属大干历禁，妨碍公安。仰候迅饬交涉局照会各该领事，速将前项娱乐场实行禁止，以杜弊端，而维秩序。并饬民政司知照，缴。等因，印发并分札外，合亟札饬。札到该局，即便遵照。特札，等因。

奉此，遵即照会各该领事，请其迅速转饬该日俄人等限期改营正业，免碍公安去讫。职道等复面晤日俄领事，与开谈判，往返数次。旋准日本领事覆称：案准贵局庚字第二十六号及同二十九号照会内开，本邦人营业之娱乐场，有害地方安宁秩序，即请定出相当之期限，饬令改营他业，等因。阅悉。查如来示所谓赌博一节，最为有害安宁秩序，于我国法律上夙为严禁者。惟娱乐场乃以游戏为目的，而为娱乐之机关，与赌博之性质全异，与普通营业无所区别，是以于我国亦未有禁止之，本邦各地故至今犹存，当地亦与之同样，概以景品，并不使用何等之金钱，以为营业之方法。若从之而禁止其营业，则诚属困难之举矣，至保全地方之安宁秩序，乃本官亟为希望者，以其于向国民之通商，及亲交上为属最要之事。故本官到任以来，对我国民时时以之训戒，常常谕以向贵国人民当重以信义礼让。曩曾出以和亲之示谕，已于前年信第二号通知贵局在案。我居留民能体此意，迩来与贵国民从未一有不和之冲突，实为两国所不胜庆幸之事。故如娱乐场之营业者，亦皆各自加其慎重之，注意奉法惟谨。是以如扰乱地方之安宁秩序之事，实未一为本官所认有者。但若其营业一但改为赌博之时，并无须传贵处之照知，于本官之职责上亦不得不为禁止之处分。所以，本官常遣派我警察官严重监视其营业，今而后更加一层注意其管束可也，等语前来。

职局覆云，接贵领事第十四号照覆本局照请禁止日人在省城南门外开设球场一事，谓该日人所设球场以游戏为目的，而为娱乐之机关，与赌博性质全异，与普通营业无所区别。若其营业一旦改为赌博，无须贵局知照，本官亦不得不为之禁止。所以本官常派警察官严重监视其营业，今而后更加一层注意以管束之，云云。足见贵领事官维持秩序，保护安宁之意，良用钦佩。惟来文所称，该球场行为与事实上不相符合，叠经本局查明，该日人所设球场，凡入场者先以金钱斟换纸牌，再以纸牌押猜球之颜色，以分胜负。赢则持牌取钱，输则出钱另换。盈千累百赌博金钱外，并无实在景品以为娱乐之具。名为娱乐，实系赌博，前与贵领事官面谈，贵领事官亦确认其为赌博行为，允许严禁。近经警务公所禀呈督、抚宪，亦确指赌博行为，众人耳目，万难掩饰。今来文所云，普通营业，本邦各地至今犹存，等语。查贵国之所谓打球，系三数人以竿击球，藉为娱乐。此地则聚多数人，藉滚球为胜负，确系赌博行为。其托名为娱乐场者，或者贵领事官尚未细查耳。仍尚望贵领事官顾全邦交，维持公益，务将该球场一律限期严行禁止，而保治安。不惟于本地方幸甚，而与贵国名誉亦有光荣也。当经备文照复去后，仍面与各领事严重交涉，限令一礼拜严行禁绝。俄领事承认禁止，而日本领事意在迟延。职道等一面备文照会日俄领事，务于一礼拜内严行禁绝；一面行文警务公所、龙江府派兵前往各球场监视，遇有赌徒即行拿惩；一面会同警务公所、龙江府出示晓谕，俾众咸知。

嗣准警务公所移称，拿获赌徒张和一名。地方检察厅移称，先后拿获赌徒殷庆林等八名，均从严惩办。该日本领事犹来文强辩云，接准贵处关于娱乐场之件，庚字第三十三号及第三十五号照会内开，各等因。阅悉。

查前日会晤之际，本官言明若名为娱乐，实藉以赌博之时，则对之必加以处分。对于娱乐之营业，遽加禁止，是为不能之旨。当经言明，列坐诸员皆悉知之。若以本官已认为一周间内为之禁止，公然记述于照会文内，本官不胜为之惊异。且按照彼此互相以信义为重之地位，言之则甚有所遗憾焉。乃本件今在互相交涉，而如今日忽然派兵出示，为之禁止，则所为不独有妨碍本邦人之营业，即与最重之国际交涉关系上亦当视为重大之事件也。就请贵处撤退一切该告示及派兵各事，更望为继续交涉，即请查照办理可也。又，指娱乐场称为赌博者，本官深不得其

| 1910年（宣统二年 庚戌）58岁 |

意之所在。若假使娱乐场果为赌博，则当日日集数千人、数百人之群众，想为繁盛混杂，方为明证。若照娱乐之极其闲散寂寞之点，则不足为其赌博行为之证。请试一考查，实为至便，要之以本件为赌博行为之样，严为取缔。若一皆有其行为，是必一一罚之，不可就之。于前段本官之要求，即请实为施行，更请就其取缔方法等再为协议可也。但贵处若不乐与本官交涉，已决计不用交涉即取任意之行动，或另有别意，即望见覆施行，等因。

职局复云，案准贵领事第十六号照会，谓前日晤会之际，本官言明若名为娱乐，实藉以赌博之时，则对之不加以处分。对于娱乐之营业，不能遽加禁止，今忽派兵出示为之禁止，有妨碍本邦人营业，请再为协商，等因。查前日本总办言明娱乐场实系赌博无异。其事实已于三十三号照会内详述之，既系赌博，即当禁止，贵领事应无异议。且审判厅警务公所有华人在球场赌博案证据，兹照抄一分送阅。本总办与俄领事官协商，已慨允一礼拜禁止。现俄领事官照复，已实行一律禁止。日本人所设球场，事同一律。亦请贵领事官于礼拜内禁止之。在座诸员是所共悉。事后本总办即将所议情节告知警务公所，是狙有华人数名在球场走出，被巡街警兵向其盘问，概系赌徒。夫赌博向有严禁之条，巡警又有巡查之责，送厅讯办，是其职务，并无与日本人之营业有何等妨碍。凡赌博行为，但系以金钱决胜负，无论人数多少，直接间接换取金钱者，均属于赌博，即以违禁论。昨日接到贵领事官照会，因再面晤协商，贵领事仍执前说，意谓娱乐场并非赌博，如系赌博自应禁止，云云。本总办对于此事，明知其为赌博，何能视为娱乐。好在巡警所查拿者概系赌徒，与日本人正经营业毫无妨碍。仍望贵领事顾全公益，敦睦邦交，将名为娱乐藉以赌博各场实行禁止，共保治安，是为至幸，云云，并令见复。

嗣接俄领事来文云，案查关于封闭俄人在省城南门外两处球场一事，本署于本年俄历六月十七日、二十二日，七月初二日曾准贵局第二十六、二十九、三十五等号照会在案。本署为持公道及两大国之友谊起见，业经传谕照办。所有两处球场现在皆已关闭，不再赌博，相应照复贵局，请烦查照。尤望贵局顾全己国人民利益，于日本在省城所设球场亦速设法封闭，庶免开赌球之定例，遗将来以可援之据也，等因到局。当将俄人球场封闭情形分移警务公所、地方检察厅并龙江府知照矣。

俄人球场既经该领事实行查禁，日本领事复来一信云，关于娱乐场之事，顷接贵局庚子第三十八号公文敬悉，一如前次贵公文所称，本副领事已允于一星期内禁止娱乐场一节，嗣经来访时详细说明，因其非特本副领事之所甚为遗憾，抑属国际交涉上极重大之事，已请将贵庚字第三十五号公文取消在案。此次贵局公文及附送之取调书中有授金钱之事，但于娱乐场之内以金钱而卖娱乐券，依娱乐券而行娱乐，其结果或收回原券或给与物品，此普通娱乐场之内所有之一般营业方法也。此地之娱乐场，依之而准备各种给与之物品，其事实为众所共知。惟以此次关于娱乐场之问题，系从遵处发生提议，就交谊上言之，本副领事自有磋商之责，而尊处能容本副领事前次所请，则可变通办理。即或对于娱乐场内部之营业方法加以如何之更改，或尊处将其藉娱乐之名而行赌博之实，以后即由尊处及本副领事讲求双方常时监督之方法，以宽尊虑，均可更进而协商之。本副领事顾念邦交，故遵重尊处之提议，而为退让协商。区区微意，不外于此，达邀谅鉴，即赐覆音，等语。

职局复云，准贵领事第十七号复文，谓日本人所设立之球场以金钱而卖娱乐券，其结果，或收回原券，或给与物品，此普通娱乐场之内所有之一般营业方法也，等语。查该球场内，并不以物品卖娱乐。近因本局迭请贵领事严禁，该场内始藉物品为掩饰之具，而结果仍以物品换钱，此众所共知，已有确据。谓非赌博，实所不解。现在俄领事已将本邦人所设球场一律封闭，严行禁绝，未尝以娱乐之名而回护之。今贵领事愿与本局讲求双方时常监督之方法，本局亦所甚愿。但为某种游戏者，必须加以某种游戏之名。如演奏音乐者，即用音乐场之类，不可以娱乐二字混括之，免致生出种种流弊。且必须无论何种游戏，直接间接，其结果不得换取金钱，致有类似赌博之行为，是为本问题最重要之点。如以滚球为赌博之行为，仍必须严行禁绝，并请将此项取缔规则抄录一分照复本局，俟查酌情形转行警务公所查照有无违背警章，以便实行监督，即希见复可也。

备文照复去后，该领事迄未回复。惟查悉第六区各球场日俄人遵禁闭歇后。日本人各球场亦无赌徒踪迹,该领事虽未能将娱场规则抄复,然已暗中令其停歇,可想而知。此遵札禁止日俄球场历次交涉之大概情形也。现在各球场虽已一律停歇,而日本人狡猾非常,难免不死灰复燃,或藉端尝试,或巧立名目,仍潜行赌博之事。与其禁止于后,莫如防范于先。拟请饬下龙江府、警务公所、地方检察厅随时严密访查,并传谕居民不得租房外人营不正之事业,致干罚办,以期弊绝风情,共保治安,是为至幸。是否有当,理合具文呈复,伏乞宪台鉴核示遵施行,等情。

据此,除批呈悉。据称各球场现虽一律停歇,而日人狡猾非常,难免不藉端尝试,巧立名目,仍潜设诱赌之局,与其禁阻于后,莫若防范于先,所见甚是。至传谕各处居民勿得租房外人营不正之事业,致于罚办,尤属拔本塞源切实办法。严饬龙江府、警务公所、地方检察厅会同妥速遵办,并严饬民政司知照,缴。等因。印发并分札外,合亟札饬。札到该司,即便知照。特札。右札仰民政司准此。(《中东铁路》(一),第400—407页)

8月26日(七月二十二日) 为奉省法政学堂第一次甲乙两班毕业学员练习期满遵章请奖。

奏为奉省法政学堂第一次毕业学员练习期满,遵章择尤请奖,恭折具陈,仰祈圣鉴事:窃查奉省法政学堂甲乙两班学员,第一次毕业,经调任督臣徐世昌于光绪三十四年十二月附片奏明,酌派奉省各署暨拨往吉、江两省实地练习,俟一年后择尤保奖等情,奉朱批:"该部知道。钦此。"嗣经学部议准覆奏,奉旨:"依议。钦此。"钦遵咨行到奉在案。

查此案第一次毕业学员考试,取列最优等二十名,优等一百名,中等三十六名,共一百五十六名。当经酌留奉省各署六十名,余均拨往吉、江两省,分别委差,明试以事;尚有投效四川、贵州两省者。计自光绪三十四年九月起,扣至宣统元年九月,均已实地练习一年期满。据奉省司道暨各处按照当差成绩,加具考语呈报;其吉、江、川、贵四省,亦均由该充差处所加考,呈请核奖前来。

窃维奉省风气初开,法政学堂系属创办,招生肄业,煞费经营。况当筹办宪政之际,非养成多数法政人才,不足以收成效。该学员等均知仰体时艰,苦心研求,用能如期毕业;试之以事,其能劳瘁不辞、著有成绩者颇不乏人。现值当差一年期满，自应遵章择尤酌奖，以昭激劝。兹经臣逐加详核，择其尤为优异者十二名，各按应升官阶，悉心拟议，缮具清单，恭呈御览。合无仰恳天恩，俯准照拟给奖以示鼓励之处，出自鸿慈逾格。

八月初一日奉到朱批："该部议奏，单并发。钦此。"（《锡良遗稿·奏稿》，第1200—1201页）

8月31日（七月二十七日）　清廷批东督锡良奏奉省葫芦岛商埠工程重要请筹款开办折。

前准度支部咨议复奉省奏请拨款修造葫芦岛商埠一折内开，该岛与锦瑷一路关系极重，利赖极宏，自宜先筹开埠办法以为预备。所需款项，仿募公债应用，俟集有成数再议举办开埠，仍由该埠自筹。公债抵款，如有难于周转之处，准咨商臣部酌筹分认等因。奏奉谕旨：依议。钦此。钦遵咨行到奉，自应遵照办理。伏查葫芦岛扼海陆形胜，其港岸足与大连海口并峙，其工程宜与锦瑷铁路兼营，实关东省全局命脉。现在路事虽尚未定议，若先修锦州至洮南一段，俄人无可措词，自未便观望迁延，致多贻误。且查港岸工程，建筑海堤，经营船坞，约计非七八年不能告成，尤应克期举办。部议募借公债，同系正当办法，惟东省民力拮据，劝募非易，且须预筹确实抵款，同一为难。臣前已在东三省官银号红利项下酌拨银十万两，以为购地勘埠之需，现在全埠地址业已圈定，并已买民地五百数十亩、民房七十余间，函沪订购机器材料，将海堤船坞次第兴工。目前节缩估算，非百万金不能开办。再四设法，无款可筹。兹查有东三省盐务局盈余一款，系各局报解银价盈余，向归外销，除额拨审判等经费外，年可余银二十万左右。上年因购买枪弹，曾经奏明动用。又查有补征盐厘及盐栈店帖、税票费、斗课、减平等杂款，除各局开支一切外，零星搜提，年可余银七八万以上。各款截至宣统元年止，约共积存二十余万两，应请尽数提用。并请自本年起，除原支各项经费外，其余一并提充开埠经费。俟工竣之日，停止不敷之款，再由臣咨商度支部酌筹分认，以维要工。

宣统二年七月二十七日奉朱批："该部知道。钦此"。（《清宣统朝外交史史料》卷16，第28—29页）

1910年（宣统二年 庚戌）58岁

9月3日（七月三十日） 总督锡良为俄人乘船载走匪首套什套事咨复黑龙江行省衙门。

钦差大臣东三省总督兼管东三省将军奉天巡抚事锡为咨复事：案准贵行省衙门咨，据署大赉厅通判钟丞毓、奉军右路赵帮统福汇电禀，本月初十日夜俄人乘轮驶至他虎地方，将匪首套什套及伙党家属共十七名口载走，不知去向，请转咨外务部主持核办，等因。查此案，前据该署通判钟丞毓、奉军赵帮统福汇先后电禀，当经电请外部向俄使严重交涉，将该犯索回惩办。旋准外务部复电，套匪事已据庚电再电萨大臣并案商交，并询俄外部有无答复，得复即达，等因在案。兹准前因，除俟接准部复再行转达外，相应备文咨复贵行省衙门，请烦查照。须至咨复者。右咨复黑龙江行省衙门。（《中东铁路》（一），第407—408页）

9月9日（八月初六日） 密陈利用筹借外资办法，以弱敌势而振危局。①

奏为财政日窘，外祸日迫，密陈利用筹借外资办法，以弱敌势而振危局，恭折仰祈圣鉴事：窃维国际交涉，能先发以制人者强，有协谋以图我者危。现在我国所处之地位，列邦对我之政策，危迫日甚，已岌岌矣。夫人之所以协谋以图我，固由世界大势之所趋，然亦我国拥富厚之物产，不知力为振兴，蹈匮乏之境地，不知早图补救自致之耳。臣等窃深痛之！

然臣等今日言此，议者必谓我国家今已筹备立宪矣，政治兵力将欲求争胜于各国矣。臣等愚见，则谓欲以政治兵力争胜于各国，一时万难幸胜，故上下内外今日种种之设施，俱非解决根本之论，尤属缓不济急。为今之计，惟有实行借债造路，可为我国第一救亡政策。盖借债乃十年以内救亡之要著，造路乃十年以外救亡之要著。

所谓借债乃十年以内救亡之要著者何也？因十年之内，我国正在推行币制之日，倘无数千万现金为之储备，则上下必致俱困，财政必致恐慌，稍一蹉跌，各国将从而干涉之。即就筹备宪政而论，亦无一不仰给于财政。臣等侧闻今年度支部预算各省岁入、岁出不敷者殆四千万，然

---

① 《宣统政纪》所载日期为宣统二年八月戊寅（1910年9月10日）。

预备新增款项尚有多未开列。又闻邮传部预算明年万不能少之用款，亦非三千数百万不可。推之各部，大概相同。然欲增加民间税率，则势难即行；欲裁节行政经费，则义难中止。如能以借债为题，吸收外资，以厚国力，以甦民困，则财政可一，币制可定，将来立宪之筹备可以进行而无阻也。

所谓造路乃十年以外救亡之要著者何也？今日诸臣所采用各国立宪之制，揆诸我国现在情形，多不能行。盖各国国内交通至为便利，虽南北距离最远，亦数日可达，如臂使指，无不灵捷。返视我国，大相径庭，以致政令之宣布，军事之征调，障阻既多，缓急难恃；所有森林、矿产因运输之不便，亦多弃利于地。故疆域虽广，人民虽众，物产虽富，皆有虚名而无实力。乃欲守此而言富强，是犹举未获之稻而使为炊，制为缫之丝而使为衣也。果十年以外铁路尽通，御中控外，势增百倍，斯时采用各国行政之法，决无扞格难行之虑。盖立国要政贵于统一而有比较，所最忌者，枝枝节节而为之。臣等窃观今日各省办法，各谓百事具举，实则一事无成，耗财失时，至为可惜。如铁路告成，则此弊当可永除矣。

有此二利。何惮不为？岂以借债亡国，引埃及、土耳其为前车之鉴耶？臣等以谓埃及、土耳其固亡于借债，而我国将亡于不借债，即今图之犹可及也；失今不图，濡迟其时，更数年后，恐欲借而人将不我许矣。臣等所谓借债造路乃我国救亡第一政策者，此也。

拟请朝廷速定大计，指明我国亟应兴筑之粤汉、川藏、张恰、伊黑四段干路，准以本铁路抵押，募借外债，以十万万为度，即由度支部、邮传部主持；一面议定借款，一面议定包工，限期十年完竣。其附属于铁路事业经营者，则责成路线所经各省将军、督、抚、都统，妥为规划，次第兴办。即商民所立之实业公司亦准其以实有之资产抵借外债，以为辅助。惟当由部臣定一商借商还之法令，不使与国际相涉。此令一下，世界当为之震动，我国债票必将日涨，各国债票必将日跌。

伏查近今世界，财权惟美国最裕，其富商苦于工党限制，群思投资远东。欧洲旧称英、法，英国近以保护税之争，风潮未息，法国旧以俄为放债之区域，频年俄多失败，法之股票损失颇巨。其余若比国等财力有限，以吸收为计，则亦可兼容而并纳之。至德、俄、日三国，皆以借

1910年（宣统二年 庚戌）58岁

债为业者也，其扩张权利之心，尤为鸷险。今日我国家果下借债造路之令，则美、英、法、比诸国之财团毕竟输财于我国，而俄、日等国更欲借债，必极困难。盖世界财力只有此数，我先取之，即彼无可取资。此犹理化学家之言，物理既增我之涨力，必缩彼之涨力也。此议果行，则不特十年之后，可收铁路之益；即十年之内推行币制之时，亦可免于危险；不特国内宪政进行更速，即各国图我之谋，亦必苦财力不给，因而大挫。釜底抽薪之法，莫捷于此，先发以制人，乃可以不战而屈人，利害昭然可断。

言者更征诸古今中外之历史，国家之盛衰，实视财政为消长。盖政治、兵力之竞争，万万不如财政竞争之有效，约而数之，可分为四时代：一曰本国财力完全之时代；二曰借债维持之时代；三曰债主代为维持之时代；四曰债主监督财政之时代。今日我国所处之阶级，即由借债维持时代渐入于债主代为维持之时代。情见势绌，实逼处此。惟有利用借债政策，乃可复还其财政完全之时代；如不善于借或不敢于借，或借债以供扩张军备及一切不能生利，徒为耗失之事，皆足蹈于债主代为维持及债主监督财政之二时代也；至财政受人监督，则国事不忍言矣。

臣等世受国恩，既有所见，不敢不为我皇上披沥陈之。仰恳圣明督察，毅然决行，无为浅人所挠，以失救亡之机，则天下幸甚！（《锡良遗稿·奏稿》，第1204—1206页）

9月15日（八月十二日） 东督锡良致外部请商日使迅释玄德胜并示复电。

外务部钧鉴：申。延吉全成哲、玄德胜案，前准钧函，当经转电吉林照办去后，兹准电称，已饬据郭道照知地方检察厅将该犯送验，即在局子街开释。并分电钧部，谅邀鉴察。玄德胜应请转知迅速释放。仍盼示复。良。文。（《清宣统朝外交史料》卷16，第43页）

9月16日（八月十三日） 总督锡良为俄船接托匪家眷事咨其他行省衙门查照。

钦差大臣东三省总督兼管东三省将军奉天巡抚事锡为咨复事：案准贵行省衙门咨开：本年八月初二日准哲里木盟长、管理本盟驻防官兵镇国公衔、郭尔罗斯扎萨克辅国公、加四级奇莫特森坡儿咨称，为急报事：

本年七月初九日，据本旗四等台吉吉尔莫尔格儿林钦尼玛扎勒三等呈称，胡匪托克托霍嘎达乃兰札普等之家口大小十六名被俄人以轮船前来强取一事，当即电报吉林巡抚衙门在案。兹将该屯事主台吉毕力克吐传来查问，据台吉毕力克吐供称，本年七月初五夜半之时，忽听外边众人噪声，未久有一人强进小的家内，小的与妻因均系二目失明，未知何人，又不懂伊等所言何事。正在恐怖之际，听与小的同居之族弟胡匪托克托霍之妻阿来厚氏言称，俄人持枪前来搬去我等家口，等语。意待再询未及，跟同该伙出屋前往，未知去向。小的与妻仅二人，目又失明，年岁亦老，当即未能送信与屯众，该伙等去后，小的之妻田力氏到台吉六喜家送信，就转告知屯众。至该伙人等强取胡匪托克托霍之妻阿来厚氏、女奇月、子得勒和尔之妻玛衣买氏、子额尔钦巴尔牙、女有阿儿、三子乃满之妻森坡儿氏、子吐普信巴牙尔；又有胡匪嘎达之媳母喀普他该氏、妹槟榔、妻来小氏、长子巴彦色楞、次子钦达木尼巴吐尔、女布库拉克；又胡匪乃兰札普之妻金吐儿氏、妹英格儿、侄米吉特僧格一并被其强取。再，托克托霍系小的亲堂叔弟，因前年身为胡匪，因之逃匿。其家口被驻防大赉厅之春统领收去后，久未经拿获托克托霍，又将令回。其时经该管达台吉将托克托霍之家口，因系近族，交与小的管看是实。现在小的年老，二目失明，未知俄人因何故前来强取，惟托克托霍实系于前年身为胡匪，等供。当即饬派该族达台吉去传轮船所站附近大江名曰倭果玛儿之渔房民人盛姓前来查问。据盛姓诉称，本年七月初五日午后，由南来轮船携带风船一支，到小的渔房之东半里之遥大江之岸站停，因隔小河水大，未能近前去看，惟远望船上见有二十余名俄人。第二日早晨船支全无，未知去向，等情。正在备文咨报之间，七月十四日，有大赉厅派巡官张荣喜前来本旗，查问胡匪托克托霍之家口究系何人来取，等情。当将事主台吉毕力克吐并其屯近族台吉奇罗、宣保六喜、二德双喜以及倭果玛儿之渔房民人盛玉江等，复行传集，会同该员张荣喜当面查问，所供各节与前相同，故向毕力克吐等六台吉并民人盛玉江等令具押结，附封咨复大赉厅之处，合并声明。相应备文咨请贵部院烦为查核施行，等因。

准此，查俄兵潜入郭旗，将托匪家属携去，前据署大赉厅钟丞毓电

1910年（宣统二年 庚戌）58岁

禀各情，业经咨请查照，主持办理，等因在案。兹准前因，是钟丞前禀各节，更属确实无疑，应如何办理，以除匪患，而维边局之处，相应备文咨行贵军督部堂，请查核办理，并希见复。等因。准此，查此案前据大赉厅钟丞毓、奉军赵帮统福汇先后电禀，并接准吉林巡抚部院电咨，前因曾经电请外务部转向俄使严重交涉，将该犯索回惩办。嗣准外务部复电内开，托匪事已电咨萨大臣并案商交，并询俄外部有无答复，得复即达，等因。当经分行知照，并咨复贵行省衙门查照在案。兹准前因，除俟接准部复再行转知外，相应备文咨复。为此合咨贵行省衙门请烦查照。须至咨复者。右咨复黑龙江行省衙门。（《中东铁路》（一），第408—410页）

9月17日（八月十四日） 奏报安东关暨东沟分关第一百九十九结洋税收支各款。

奏为安东关暨东沟分关第一百九十九结洋税收支实存各数目，缮具清单，恭折会陈，仰祈圣鉴事：窃查安东关、东沟分关征收洋税，自宣统元年十一月二十日起，至宣统二年二月二十一日止，第一百九十八结，业经缮单奏报在案。

兹据安东关监督兴凤等处兵备道赵臣翼详称，自宣统二年二月二十二日起，至五月二十四日止，即西历一千九百十年四月一号起，至六月三十号止，计三个月，作为一百九十九结，计收洋货进口正税银二万八千五百二十三两二钱三分八厘，土货出口正税银二万五千九百七十六两三钱五分一厘，土货复进口半税银三千九百八十二两四钱三分五厘，子口税银一千一百六十八两三分六厘，船钞银一千七百十六两九钱，共收银六万一千三百六十六两九钱六分。经税务司开折报由该道稽核数目相符，具详请奏前来，臣等复核无异。

二十日奉到朱批："该部知道，单并发。钦此。"（《锡良遗稿·奏稿》，第1206—1207页）

是日 外部致锡良日使请剿东省马贼希电复办理情形电。

东省马贼猖獗，日使请设法剿办，上月二十五日函达在案。即将办理情形电复，以备应付。外务部。（《清宣统朝外交史料》卷16，第43页）

9月21日（八月十八日） 总办李鸿谟为俄人乘船接匪事呈报锡良。

总办驻哈黑龙江铁路交涉总局花翎奉天候补知府李鸿谟为呈报事：

案准郭尔罗斯前旗札萨克辅国公齐移会内开，于本年七月初九日，兹据本族族长四品台吉济尔格谟尔根林沁尼吗扎拉散等呈称，将胡匪套克托呼哈达乃然扎布等家小，共男女大十六口，俄人乘轮船取去等情，当际电咨吉林抚宪在案。现传该事主台吉毕里克吐，查讯据称七月初五夜间，门外人声噪杂，未久有一群人突入屋内，小的夫妇均系失目，亦不知其为何人所说，言语亦难分别，正在惊惶之际，小的家内寄居本族宗弟胡匪套克托呼之妻阿赉侯，言现有俄人带有军械接吾等来也。言毕即随所来之人经去，未及询问去已远矣。小的夫妇均年近七旬，又无子女及亲近之人，是以当时未能赴营子里报信。伊等去后，小的之妻天理始赴台吉刘西家中告之一切，转赴本村各户送信。这一群人将套克托呼之妻阿赉侯、女儿七月、大儿得勒哥尔之妻麦麦；又小儿鄂尔奇木巴牙尔、女儿鱼叶儿、弟二子奈曼之妻醑萨木丕勒、小儿吐巴心白牙尔；又胡匪哈达之母哈巴他该、哈达之妹槟榔、妻来小、儿子巴彦色楞二子秦大木尼巴吐尔、女呼博洛克；又乃然札布之妻金桃儿、妹莺哥儿、侄子米吉特曾格等全为接去，套克托呼乃小的之亲叔兄弟，伊前数年为匪，逃出本旗之后为大赉厅驻防之春统领将其家小拘去看守多日，后套克托呼未能就获，复又放回本旗本村。族长台吉等为小的系套克托呼之近族，遂将其家小交在小的家中寄居。现为此事传讯小的，兹因小的年老失目，其他一切概不知情，惟套克托呼实系胡匪等语。当即派该村族长台吉等赴江沿停泊处察勘，当经台吉等将停船处附近地名五呼马之网房子盛姓传到。当经讯问，据称七月初五日下午由南来轮船一只、风船一只在五呼马之东约半里许停泊，网房与停泊处间有水流，因河水涨发未能前往窥探。远望该船上载有俄人二十余名，次日早晨即不见了，不知去向等情。正于移咨各处之间，七月十四日有大赉厅派来巡官张荣锡，至本扎萨克处查讯套克托呼之家小究系何人接去，等语。因此，复传事主台吉毕里克吐及其本村同族台吉奇楼、宁保、刘西、二得、双喜等，并五呼马网房子之盛姓到案。本扎萨克与张荣锡会同审讯，所供各情均与前供相同，因将该台吉毕里克吐等六名并盛姓均经画供存案外，将以上情形咨行大赉厅之处，理合一并声明，请即查照等因。准此，理合具文呈报。为此，呈请宪台鉴核备案施行。须至呈者。（《中东铁路》（一），第415—416页）

| 1910 年（宣统二年　庚戌）58 岁 |

9 月 23 日（八月二十日）　拟建设盛京大内博览馆，奏请敬将殿阁恭储器物酌移陈列，以肃观瞻。

奏为拟请建设盛京大内博览馆，敬将殿阁恭储器物酌移陈列，以肃观瞻，恭折仰祈圣鉴事：窃我朝肇兴东土，盛京大内为列圣陟降之地，宫墙美富，禁籞森严，飞龙、翔凤二阁恭储御用器物、珍宝、图籍，尊藏齐整，而文溯阁四库全书尤为完善。内府禁地，封鐍守护，向称严肃。迩以交通便利，外宾来游，神丽阙廷，咸殷瞻仰。圣朝方欲慰海内观光之望，示王者无外之义，灵台、灵沼与众同乐，正足以广皇仁而昭盛概。

伏查上年学部筹建京师图书馆，奏请赏给热河行宫文津阁藏书及各殿座陈设书籍，又本年浙江抚臣奏请于西湖行宫内文澜阁旁空地建设图书馆，先后奉旨俞允在案。臣拟请援照，于盛京大内文溯阁前隙地建设博览馆，敬将殿阁恭储器物分别移置其中，厘定规章，纵人观览；其余殿阁尊藏仍旧封锁，不得任人启视，以昭诚敬。

查东西各国多设有皇室博览馆，专储皇室传用物件，谓足以示皇室之尊严，而发国民之忠爱。臣今请设盛京大内博览馆，用意正同。如蒙天恩俯如所请，当即由臣选派妥员，敬谨筹办。一俟该馆成立，所有应请移储对象，仍当另行开具清单，奏明办理，以昭郑重。

二十八日奉到朱批："所有尊藏器物准其陈列齐整，敬谨瞻仰，毋庸另设博览馆名目。钦此。"（《锡良遗稿·奏稿》，第 1210 页）

9 月 25 日（八月二十二日）　东督锡良致外部查报东省与吉省奏借之款系属两案电。

二十一日电敬悉。东省应募外债兴办实业，前在长春时曾与陈抚议论东局，泛谈及此，却无由吉省借款二千万之说。德人巴士亦未见面。至本月十六日，接陈抚来函并其单衔片稿，始知有此事，自与奉省奏借二千万之案系属两起，应如何核复之处，谨请钧裁。良。养。（《清宣统朝外交史史料》卷 17，第 17 页）

9 月 27 日（八月二十四日）　东督锡良致外部报日韩合并后日本举动情形函。

日韩合并以后，业将彼族情状暨在我应行筹备各节，先后函陈。兹据探报，该国合并后，财政益形困难。已决定实行统一殖民政策，以吸取东三省之财力，补助高丽之经营。又利用在东三省之沿边韩侨，以扩张其势力。其建筑离宫一节，虽托词于临幸阴谋秘计，路人皆知。欲筹目前对待之方，自以移民实边，振兴实业为最要。而取缔韩侨，尤宜趁彼合并事宜尚未就绪之时，速与日使提议妥定办法，以杜后患。除前已函达钧部，并续函详陈外，谨将此次探报情形录呈钧鉴，伏乞垂察。

谨将日韩合并后日本近日之举动探明开折呈请钧鉴。

一、日本文部省现将日韩合并之理由，附加于小学历史教科书中。

一、日本将高丽京城、釜山、马山、浦津城、元山、仁川镇、南浦、木浦、群山等十处改为府制，各设府尹一员，均以从前之理事升补。

一、日本将朝鲜之义州府改名为平北州。

一、闻现任递信省大臣后藤男爵为考察殖民事宜，即将来之殖民大臣，于月内到高丽。

一、日本决定于高丽建造离宫，以备日皇临幸。惟迁都高丽之说现尚未定。高丽总督府之官制闻于日内将次发表。其细节如何，容再探陈。

一、高丽人民自合并于日本，均欣幸万状，故剃发易服者不少。惟侨居于青岛、上海、海参崴、新加坡等处之韩人极力谋反抗，然终无效也。

一、合并以前，在高丽之美国教士势力极大。自此次合并后，日本总督对于教民专用压制手段。故现在美国教士颇抱不平，拟运动美国政府出而干涉。

一、日本在高丽建造平壤至镇南浦之铁道，现已完工开车。

一、日本政府因日韩合并之结果，即命令其在我国之领事，详细调查侨居我国之韩民，以便与日本人同一保护。对于在我内地之韩民，则企图与我订一特别之办法。

按：此节关系我沿边非小，是应赶早设法布置。

一、日本财政专家高桥秀吉氏调查日本全国富力，只二千五百余万元。从前日平均每人之富力有五百余万元，因合并高丽之结果，个人之富力因之减去。现在平均每人只得四百六十余万元，故竭力劝其政府注意财政。观此一节，可知日本合并高丽，于财政上更加一层困难。其亟亟求取偿于东三省者必矣。倘使其财力充足，则我东三省益危。及今急起直追，或尚有为耳。

一、日人现在韩国镇南浦勘度地势，以便将来开辟军港，修筑船坞，设立铁厂，制造战舰等用。查镇南浦距安东水道仅五百余里，陆路尤近。

一、韩通行延吉之路有三，平时韩人尚可任便往来。自合并后，日人于该路节节派兵驻守，以防韩人前往。又闻韩国皇宫近日亦增加警兵，较前防范益严。

一、日本庙议决定，将现有之拓植局升为拓植省，以便统一满、韩、台湾之殖民事业。然舆论甚反对之。

一、日本庙议之结果，决定在我东三省扩张农、工两业及植林事宜，庶吸收东三省之财力，补助高丽之经营。

按：此节即日本对待东三省惟一之政策，其祸虽缓，受害最烈，我宜从速设法对待之。

一、高丽总督府于阳历十一月下旬开办，日本政府决定高丽总督专用武官。

按：此节可知日本政府用意之所在，所谓武装的和平是也。其目的何在？即我东三省是也。（《清宣统朝外交史史料》卷17，第17—19页）

9月28日（八月二十五日）　上奏筹备宪政第三年第一届成绩并第二届筹备情形。

奏为筹备宪政第三年第一届成绩，并第二届筹备情形，恭折仰祈圣鉴事：窃查奉省第三年第一届筹备宪政情形，业于本年二月间奏报，第二年第二届之期先行奏咨在案。

谨案逐年筹备清单，本年各省督抚应行筹备事宜，计分九项。查此九项筹备次序，虽有缓急先后之殊，惟同在本年内均须一律告竣。当入手之初，固当遵限筹备；如有余力，自不妨通盘计划、同时并进。故凡本届应办事件，其可提前办理者，亦当竭力赶办，期底于成，庶于宪政前途不致贻误。兹届奏报之期，谨为我皇上缕晰陈之：

一曰续办城、镇、乡地方自治。查奉省城、镇、乡地方自治，系继续第二年办理。本年二月，遵章调查选民资格、居民口数竣事。据自治筹办处呈报，统计四十六属城厢人口总数共一百二十三万一千七百一十九人，选民总数共二万六千八百四十七名，平均居民四十七人中得选民一人。至正税、公益捐两项，共二百万七千八百八十九圆二角七厘，平均计算，每选民一人合七十四圆七角有奇，每居民一人合一圆六角有奇。旋于五、六两月遵章组织议事、董事各会，投票选举，计得议事会议长、副议长、议员共五百九十名，董事会总董、董事、名誉董事共二百六十八名。现全省自治区域内四十六属城厢自治会，业已一律成立，镇乡会同时成立者计十一属。至自治研究所，除人口稀少之处准其合设外，余均每属各设一所，统计学员已有三千六百七十人。并饬各属开设自治研究会，俾自治职员得以互相讨论。查筹备清单，城、镇、乡地方自治，限宣统五年一律成立。现奉省城、镇、乡自治虽未一律成立，业已略具规模。此提前办理已有成绩者一也。

一曰筹办厅、州、县地方自治。查厅、州、县地方自治，当以城、镇、乡地方自治为根据，断难一蹴而几。奉省城、镇、乡自治会既已设立过半，厅、州、县地方自治自可早日成立。现由自治筹办处通饬各属，凡城、镇、乡自治会已办者，限本年十月内开办厅、州、县自治；城厢办竣，接办镇、乡者，其镇乡自治，限本年十二月成立，即于宣统三年正月接办厅、州、县自治；并厘定厅、州、县自治事务期限表札，发各属以便督查。此提前办理已有成绩者二也。

一曰汇报全省人户总数。查人户总数，业经遵章调查明确者四十三属，计得正户一百零二万三千七百九十三，附户四十八万五千一百二十六。尚有九属未经报到，业已严催，统限本年十月前一律报齐，再行列表汇报民政部。至口数照章应于宣统三年调查，现已饬令即行办理。已据开通一属查明呈报，此外各属当可陆续报到。此提前办理已有成绩者三也。

一曰覆查全省岁出入总数。奉省财政复杂，款项纠纷，上届调查总数，业将光绪三十四年全省出入款目，分别内结、外结、外销，梳剔钩稽，依限报部。至三十四年及宣统元年之报告册，并饬由清理财政局汇造齐全，先后咨部在案。此筹办之成绩四也。

一曰厘订地方税章程。查地方税一项，征之各国前例，均须附加于国家税内；如未厘订国家税章程以前，遽欲厘订地方税章程，事实上颇多窒碍难行。近准部咨，以本年为调查国家税地方税期限，宣统三年为

1910年（宣统二年　庚戌）58岁

厘订期限。业经饬度支司及清理财政局迅速从事调查，缮具说明书以备咨部。此筹办之成绩五也。

一曰试办各省预算决算。查奉省宣统三年之预算报告册，业据清理财政局详细编成，经臣查核，另案分别奏报在案。计国家行政经费一千二百二十万八百二十四两八钱九分七厘，地方行政经费三百九十二万一千一百二两九钱五分五厘，收支两抵，所亏之数计六十万四千八百九十两八钱二分八厘。第岁出临时门列有预备金六十万两，系属国家行政经费，若除此款以相抵，则岁出仅亏四千八百九十两八钱二分八厘。东省内政外交，在在困难，临时经费能否敷用，尚难逆料。惟仅就此预算报告册而论，似尚不背收支适合之意。此筹办之成绩六也。

一曰省城及商埠等处各级审判厅限年内一律成立。查奉省高等审判厅，承德、抚顺、营口、新民、安东地方初级审判厅并检察厅均于上届奏报成立。至辽阳等处商埠应设之审判厅，皆应于本年成立。嗣因宪政编查馆奏定新章，府、厅、县得分别设立分厅。凤凰、法库地方指定通商，尚未开埠，现定先行设立辽阳、铁岭两埠地方初级审判厅，筹备已有端倪，约计九十月间即可开办。其凤凰、法库两厅拟俟明年遵照新章筹设分厅，业经咨部查核。此外尚有因补助审判机关而筹办者。查宪政编查馆颁发审判阶级区域新章，权限分明，因设特别地方审判厅。又查馆颁现行刑律及登记章程，条理繁密，因设审检讲演会及登记讲习所。又查审判厅之成立，须改良监狱以清狱政，因于法政学堂添设狱政专科以储人才。均经分别奏咨在案。以上数端，虽为筹备事项所无，要皆于司法前途极有关系。此已办有成绩者七也。

一曰推广厅、州、县简易识字学塾。查此项学塾，上年业经饬司于省城设立三所，并于城关内外各小学堂附设夜课八处以为之倡。现府厅、州、县呈报筹办者计一百八十八处，开学者七十四处，学生二千九百余人；其余筹办尚未成立者，当严行督催迅速举办，务期逐渐普设，使识字者日多，藉收开通民智之效。此已办有成绩者八也。

一曰厅、州、县巡警限年内一律完备。奉省各属巡警粗具规模，上届业经奏报。所有辉南、长白、安图、抚松等属，前因设治伊始，未及筹设，嗣饬民政使督催赶办，现均次第据报一律成立。查各属巡警分区广狭不同，有因款项支绌、区官缺额及并未设立者，亦经饬司实力整顿，每区各置区官一员以归一律。至巡警教练所，尚有未经普设之处，亦已严催速设，每所学额并照章以百名为限，必期教练推广，警务日见起色。计年内各属巡警可期一律完备。但奉省地接蒙荒，盗风素炽，仅恃额定巡警，保卫尤恐难周。前经奏明筹办预备巡警，以补额定巡警所不及，尤为刻不容缓之要图。此已办有成绩者九也。

综上九端，或依限次第妥筹，或办理已经竣事，要皆竭诚以求治，并力以图功。惟是奉省承兵燹之余，处强邻之间，较内地各省情势不同，筹办一切尤不能拘执期限，致误时机。自当督促进行，赓续赶办，藉图补救于万一，断不敢畏难苟安，因循敷衍，以期仰副朝廷宵旰忧劳眷顾东陲之至意。

九月初二日奉到朱批："该衙门知道。钦此。"（《锡良遗稿·奏稿》，第1219—1222页）

10月1日（八月二十八日） 总督锡良、巡抚陈昭常遵章奏报第四届筹备宪政情形。

奏为遵章奏报第四届筹备宪政情形，恭折具陈，仰祈圣鉴事：窃查宪政编查馆奏定考核专科章程第三条内载：九年筹备事宜，责成内外臣工，每届六个月将筹备成绩胪列奏闻，并咨报宪政编查馆查核。自光绪三十四年八月起至十二月底止为第一届，以后每年六月底暨十二月底各为一届，限每年二月、八月内各具奏咨报一次等语。臣于第一、二、三届先后会同升任督臣徐世昌暨现任督臣锡，将筹备宪政情形，历次奏报在案。兹届第四届奏报之期，谨按宪政分年筹备清单，开列督抚应办事宜，除变通年限提前办理各项，业已节届声奏，不复赘陈外，本年应行筹备各项，其前届之筹备未尽者，则接续筹备，前届之已经筹备者，则推广筹备。谨将本届历办情形，为我皇上缕晰陈之：

一续办城镇乡地方自治一项。查自治事宜，当以研究所为先导，宣讲所为旁助，而以筹备公所为其办事机关。省城研究所学员本年二班毕业，仍即分派各属，办理自治事宜。各属之研究分所，凡繁盛、中等之属，均已次第成立。各属宣讲所首在繁盛，次及偏僻，均已先后告成。其自治筹备公所，本年春间即饬繁盛之城一律举办，并通饬中等、偏僻

| 1910年（宣统二年 庚戌）58岁 |

各属，苟力所有逮，亦应酌量提前赶办。计中等厅县之提前办理者，有滨江、敦化二处。繁盛乡之提前办理者，有吉林府属之乌拉乡一处。综核成绩，以吉林长春、宾州、农安、新城等属为最，其他各属次之。间有办法不合或稍事迁延怠懈者，均经分删记速数以儆其余。并饬由自治筹办处派委视察员，周列各属，详细考查，以为殿最。他如城镇乡自治区域之划分、自治经费捐之规定，则以吉省情形迥殊内省，凡按之部章，有必须略为变通者，均经电部准行，庶几推行无阻。至若城镇乡自治章程之施行细则及自治选举事宜之预备，已饬由该处分别拟办。凡城镇乡自治规模，业已大定。

一筹办府厅州县地方自治一项。查府厅州县地方自治，虽较城镇乡略迟一年，而彼此同一进行，即先后自相联属。现经饬由自治筹备处按照部章悉心筹议，仍仿城镇乡办法，分年分级依次推行，业已拟具大纲表，俟将《分办明白表》拟定后，当即咨部查核，以为筹办基础。

一汇报人户总数一项。查此项吉省系提前办理，业于前届奏内声明。以本年为调查人口总数之期，现在填报者已有一十九属之多，所未报者，仅只三属。仍分饬依限赶办，约计本年十月，人口总数即可报齐。嗣后当再将迁移生殁之数，随时调查，更注册报。至新设各厅州县，多因界址未分，此项调查事宜，均由原管地方官办理，以免参舛。

一复查岁出入总数一项。查馆单宣统元年调查岁出入总数，系指光绪三十四年决算而言。本年覆查岁出入总数，系指宣统元年决算而言。次序分明，本应遵照办理。惟上年试办之初，迭奉度支部催报宣统元年决算各册，爰饬清理财政局，先将本届复查一项，提前办理，业经编竣元年决算各册，咨经度支部奏明有案。本届复查岁出入总数，即系追办光绪三十四年决算，现已大端就绪，俟全部告竣后，再行咨部查核。

一试办预算、决算一项。查是项预算，系指本年及宣统三年预算而言。当试办之始，或款目不免纷歧，或表册不中程式，往还驳造，稍致稽迟，现已于七月内，一律告竣，经臣专折奏明在案。其临时发生事项，现又饬局赶办追加预算，本月即当咨部备核。至决算一项，系指本年决算而言，业由该局先将本年春季收款造册报部，现正接办春季支款、夏季收支各款，一俟分别办竣，再行咨送。

一厘订地方税章程一项。查厘订务必先将各项税源一一证明，方有下手方法。吉省税目繁多，税源冗杂，调查沿革倍觉繁难，业经饬由度支司、清理财政局将全省税目考其源流，辨其性质，何者应属国家税，何者应属地方税，地方税内又析分省税、府厅州县税、城镇乡税。编定划分税表，咨报度支部备核在案。兹该局续奉部知，本届厘订地方税一项，议并入国家税，均于明年办理。是本届应办事项，首在调查两税情形，以为厘订张本。现正由局详细调查，俾臻周密。以上六项，皆前届筹备未尽，接续筹备者也。

一、推广简易识字学塾一项。查简易识字学塾，原为年长失学及无力读书者而设。吉省风气闭塞，生计艰难，此项人民实较他省为多，则推广此项学塾，亦较他省为急。迭经饬由提学司悉心规划，转饬各属各就所管地方，督同劝学所酌量开办，并饬各属，凡办理此项学塾，当专收年长失学及实在无力入学之人，广为陶成，以期普及，不得率将旧有私塾及原班学生改易名称，敷衍塞责。界限既明，教育乃有实际。现查各属，此项学塾成立有案者，计学塾新增一百二所，合之上年共一百四十六所，学生新增一千九百九十一人，合之上年共二千七百一十九人。一面仍饬各属随地随时再事推广。良以吉省办法更与内省不同，每年冰冻之期，几居半载，岁晚务闲等于逸居无教。是此项学塾办法，尤应将识字时间量为加减，冬春倍之，夏秋半之。凡属村屯，均用此制。如人数过多，仍当临时添设学塾，以广造就。如是则劳逸适均，就学者当更众矣。

一、厅州县巡警年内一律完备一项。查吉省巡警筹办较早，并于节届奏内声明将乡巡提前办理在案。吉省原只二十二属，自上年以迄本年，迭经增改府厅州县，共计三十七属。现在城巡已办者，计三十处。乡巡已办者，计二十六处。城乡巡共分一百七十八区，马步长警共一万一千七百四十三员名，此正巡也。复筹办预备巡警二万六千五百七十一名，以辅其不足。又奏定每属设马步游巡三十八员名，新安镇主簿、赫尔苏州同两分防，各设马步游巡三十四员名，共计一千四百五十四员名。此款由旧有捕盗营护垦队改编作正开销。吉省现时警政虽不足语完全，而保卫治安，尚资得力。由是再加训练，自不难更臻进步。

| 1910年（宣统二年 庚戌）58岁 |

一、省城商埠等处各级审判厅限年内一律成立一项。查吉省审判各厅，除省城及长春成立最早外，此外如延吉等处，均于上年成立。即非商埠地方，亦酌饬提前办理，节经分别奏报在案。惟依兰府、宁安府、滨江厅三属，均属商埠地方，以经费未充，迟迟待举，现已筹有端绪，务于本年一律依限成立，赳日程功，当无贻误。其他关乎司法之应行筹办者，如改良监狱、创办登记两项，实为切要之图。查省属旧有监狱，规制未完，每虞湫隘。至新设各治，尚未筹议兴建。如使每属各设一狱，不特无此财力，且僻小州县罪犯稀少，徒耗巨资，无补实际。拟以全省分为六区，每区各建监狱一所，全省狱政既可律整齐，而筹措之方亦较轻而易举，此筹办监狱之大要也。

吉省客民杂处，遇有民事案件，案涉于田产婚姻者，往往奸诈百出，判理为难。延吉一隅，韩侨尤众，杂居无制，交涉愈繁，亟应设立登记，以资稽查。惟登记事项，应附入初级审判厅办理。该厅成立，各属尚未遍及四乡，办理多形不便。独延吉则初级六厅，节节布置，举办登记较易为力。拟先从延吉入手，再行逐渐推广，此筹办登记之大要也。二者既备，司法前途自可日臻完善。

以上三项，皆前届已经筹备而推广筹备者也。统计九项，皆系按照宪政筹备清单所升，本年应行筹备之事。举凡各项筹办情形，略具于是。

臣惟国家厉行宪政，原以植议院之始基，其所以需至九年始行钦颁宪诏者，良以逐年筹备，非旦夕可以期功。然使内政大端，得以先期成立，提前年限，朝廷岂靳予人民。凡圣主之苦衷，皆微臣所深疚。比年旷观时局，事变益繁。吉省丰镐旧都，尤虞僵处。稍有知识者，无不以速开国会为补亡救弱之谋，其说为天下之公言。即凡事为疆臣之专责，待时乘势，何敢以筹备定限为衡。自当督率司道各员，并力进行，竭诚图治。宪政先一日完备，即国会先一日观成，得以上慰圣明，下纾民望，微臣所以报国者，如是而已。所有第四届奏报筹备宪政缘由，除分咨查照外，谨会同东三省督臣锡，恭折具陈，伏乞皇上圣鉴训示。（《清代吉林档案史料选编·辛亥革命》，第174—179页）

10月7日（九月初五日） 奏报安东海关第一百九十三结至一百九十七结洋税收支数目。

奏为安东海关第一百九十三结至一百九十七结洋税，收支各数缮单汇报，恭折汇陈，仰祈圣鉴事：窃查安东海关征收洋税，自一百九十三结后，业经按结奏报在案，例应每届四结奏销一次。惟于宣统元年十月初十日准度支部电开："各关洋税四结奏底与清理财政全年册报相左一结，亟应改归一律，以便考核。安东关洋税，应即自一百九十三结起扣至一百九十七结止，计五结汇办奏销，并将前项更改缘由随折声叙，以后仍按四结递推。"等因，当经转饬遵照去后。

兹据安东关监督兴凤等处兵备道赵臣翼详称：安东、东沟正分两关，自光绪三十四年九月初七起，至宣统元年十一月十九日止，即西历一千九百八年十月一号起，至一千九百九年十二月三十一号止，计第一百九十三结至第一百九十七结，五结届满，查旧管，无项；计新收进出口各税共银二十九万九百三十三两六钱七分；开除经费并解部三成船钞暨解度支司各项共银二十九万九百三十三两六钱七分；实在，无项。造册详请奏销前来。臣等复核无异。

十二日奉到朱批："该部知道，单并发。钦此。"（《锡良遗稿·奏稿》，第1224—1225页）

10月8日（九月初六日）　东督锡良致外务部日韩合并后日本政府举动。

日韩合并以后，业将探得日政府一切举动随时函陈。兹据探报，该国在高丽、京元、湖南地方所建造铁路缩短年限，并力经营，并建设海军兵舍及水雷团于镇海湾。其安东铁路警察，将有增加之势，揆其用意，实以急进为主义。谨将此次探报各节，录呈钧鉴，伏乞垂察。（《清宣统朝外交史史料》卷17，第17—19页）

10月11日（九月初九日）　东督锡良致外务部报中俄界案会勘情形电。

申。中俄界案，前将宋道勘过阿巴该图大概情形，亦循额尔古讷河下勘日期，业已东电转陈钧察在案。兹据宋道呈送第三、四款会勘案内，称中俄委员同赴札赖诺尔车站迤南迤北，将达兰鄂、小木河及海拉尔河汊勘毕，各绘草图。俟全界勘竣，一并绘送等语。除批饬速勘，并俟图件送到另咨外，谨先将会勘情形电请鉴核。良。佳。（《清宣统朝外交史史

料》卷17，第35—36页）

10月12日（九月初十日）　奏直隶旗奉吉江会馆报领图旗蒙荒请免交一半地价。

奏为直隶旗奉吉江会馆报领图旗蒙荒，援案吁恳天恩免缴一半地价，恭折仰祈圣鉴事：窃查奉省图什业图王旗蒙荒，于光绪三十二年正月，经前将军臣赵尔巽奏明派员设局丈放。嗣因直隶保定府创设旗奉吉江会馆，并于馆内附设学校，凡各直省驻防旗人及东三省人之在直隶者，皆可入校肄业。据升任浙江抚臣增韫前在直隶布政使任内，派员来奉请领荒地，以为该校常年经费，其时适值奉省图什业图旗蒙荒开放，当饬来员赴局报领该旗上等毛荒七千五百余晌，除不可垦外，照章三七折扣，计实荒四千四百八十七晌三亩五分，经该局丈明，照数拨领。所有该会馆应缴此项地价正款库平银一万九千七百四十四两三钱四分，又经费库平银二千九百六十一两六钱五分一厘，迭经饬催，迄未呈缴。旋据该会馆以财力竭蹶，劝募罔应，请援照吉、江成案，将该会馆前领蒙荒，奏免缴价。当以奉省丈放蒙旗荒地，应收地价定章，以一半归王旗，以一半归公。且查图什业图垦局开办数年，经费不敷甚巨，全赖各处收款以资挹注，该会馆应缴银两为数不赀，碍难全数免缴。即经往复磋商，始据该会馆请将王旗应得一半地价并经费银两照数筹缴，其归公一半地价，委因筹措维难，仍请奏免前来。

臣查黑龙江省汤旺河荒地，并兴东、瑷珲、呼伦贝尔沿边招垦，均经奏准免收地价。上年奉省靖安县放剩扎萨克图蒙旗余荒，亦经奏准免价在案。现在旗奉吉江会馆创设学堂，报领图旗蒙荒作为学产，系为造就八旗并东三省人材起见，经营伊始，集款匪易，亦系实在情形。合无援案吁恳天恩，俯准将该会馆应缴公家一半地价正款，计库平银九千八百七十二两一钱七分，如数免缴，以广皇仁，而资兴学。

十七日奉到朱批："著照所请，该部知道。钦此。"（《锡良遗稿·奏稿》，第1230—1231页）

是日　整肃吏治，奏请将洪汝冲、姚鸿钧一并革职。

官员赌博，大干例禁。近来宦场恶习，宴会而外，麻雀盛行，隳品误工，莫此为甚。臣到任以后，叠经严申诰诫。讵查有署昌图府知府、留奉补用知府洪汝冲，性溺樗蒲，不理民事，一切案件，假手于人。与其帮审委员、留奉补用知县姚鸿钧暨幕友人等，时在署内聚赌，罔知顾忌。经臣数次密查，并饬民政使查明属实，殊属有玷官箴。相应请旨将该员洪汝冲、姚鸿钧一并革职，以示惩儆。

十七日奉到朱批："著照所请，该部知道。钦此。"（《锡良遗稿·奏稿》，第1232—1233页）

10月13日（九月十一日）　兴京副都统衙门为昭陵右翼翼长出缺造送应升人员防御庆德履历册事咨报东三省总督锡良。

钦差大臣东三省总督兼管东三省将军奉天巡抚事锡良为咨行事。旗务处案呈，前出有昭陵右翼翼长宗室凤佑病故一缺，现无记名应补人员，自应饬传满洲八旗应升人员来署考验，拣选正陪，咨送部旗带领引见补放。除分行外，相应咨行贵副都统查照转饬，遵将应升人员造具履历清册一本，加具烟结一纸，如有毕业人员，令其携带文凭，限于九月二十日连人一并咨送来署，以凭拣选。须至咨者。等因。准此，合亟札饬札到该尉、协领、总管，遵将应升人员造具履历清册一本，加具烟结一纸，如有毕业人员，令其携带文凭，赶紧呈送，以便拣选可也。一札兴京协领、开原城守尉、凤凰城城守尉、永陵总管。除分札外，合将前经留署当差之金州正红旗满洲蓝翎防御庆德造具履历清册一本，加具烟结一纸，连人一并备文咨送贵督部堂拣选施行。（《兴京旗人档案史料》，第403—404页）

是日　东督锡良致外务部日韩合并后日以急进为主义录呈探报各节请垂察函。

再，良此次由奉赴长，经过大小车站，目击日人于附属地内添盖房屋，百堵皆作。而长春车站规模宏大，昼夜经营，尤令人骇异。尚幸长春颜道世清自修马路，始行截止。又商埠界线业于去年划定，故未能尽行侵占，否则喧宾夺主，全为日人境界矣。又据探报，俄首相东来，由莫斯科经窝木斯克、托木斯克等省直至阿尔泰山，调查移民情形。沿途所接条陈，皆议修支路达蒙古，振兴商务等事。尚拟东行，因俄皇由德来电，调查后回，密商要政，现已回国。查俄人蓄意蒙部已久，自日韩合并，其希图进占蒙古，势所必然。前虎后狼，协谋吞噬，祸患之来，不知所届。伏乞筹示方略，俾有遵循。（《清宣统朝外交史史料》卷17，第

28—35页）

10月15日（九月十三日）　兴京副都统衙门为昭陵右翼翼长出缺造送应升人员防御玉和履历册事咨报东三省总督锡良。

永陵二品衔花翎总管祥征、左翼蓝翎翼长富裕、右翼翼长宝仁为呈送事。于九月十一日，遵副都统衙札开，为札饬事。印务处案呈，于宣统二年九月初十日，准督部堂咨开，为咨行事。旗务处案呈：前出有昭陵右翼翼长宗室凤佑病故一缺，现无记名应补人员，自应饬传满洲八旗应升人员来署考验，拣选正陪，咨送部旗带领引见补放。除分行外，相应咨行贵副都统查照转饬，遵将应升人员造具履历清册一本，加具烟结一纸，如有毕业人员，令其携带文凭，限于九月二十日连人一并咨送来署，以凭拣选。须至咨者。等因。准此，合亟札饬到该总管，遵将应升人员造具履历清册二本，加具烟结二纸，如有毕业人员，令其携带文凭，赶紧呈送，以便拣选可也。特札。等因。奉此，职等遵查除留省防御向由该佐径送拣选外，合将蓝翎补用佐领厢红旗防御玉和造具履历清册二本，并加具素不吸食鸦片印结二纸，连人一并备文呈送衙门查核转咨施行。须至呈者。等情。据此，查该总管呈送到应选翼长之厢红旗蓝翎补用佐领防御玉和履历册二本、烟结二纸，除将册、结各捡一分存查外，合将册一本、结一纸连人一并咨送贵督部堂查核，拣选施行。（《兴京旗人档案史料》，第405—406页）

10月16日（九月十四日）　密陈东省阽危亟宜练兵准备藉以图存之策。

奏为东省阽危，恐牵全局，亟宜练兵制械及时准备，藉以图存，恭折密陈，仰祈圣鉴事：窃东三省危迫情形，臣于上月入觐时，略陈大概。回奉以后，痛时局之日棘，昼夜彷徨，忧愤交集，复有不能已于言者。

日、俄之视我东三省为殖民地，环球皆知。近自协约告成，继以日、韩合邦，吞噬之心益炽，沿安奉、南满路线所至，其铁路警察及车站人员，多系陆军军队，安东、辽阳、海城、铁岭、长春且均有联队驻扎，吉林则延吉一带，亦骎骎逼处矣。其所以未遽实行侵略主义者，因近甫并韩，困于财力，故未能大肆野心。稍缓须臾，朝鲜全境布置粗完，势必席卷而西，踞吉、奉以窥顺、直。俄则进归蒙古，如在掌握。近于西伯利亚沿路车站，增建营房，添扎军队，其用意可知。况自伊犁以达吉、江，沿边万余里，处处毗连，随地可以侵扰。敌但一举足，我便当拱手以授之耳，庸有幸耶？

查甲辰日、俄之战，日兵数逾五十万，俄且过之。今者门户洞开，轮轨毕达，一旦有事，日人调全国之军队、兵舰，二三日可达，俄人调沿海州及西伯利亚一带驻扎十数万之兵，亦二三日可达。东省并客军计之，仅止二镇两协，岂能一撄一锋？明知强弱多寡之数悬殊，即再练一二镇，亦不足以言战守。然我即著著退让，安禁其不得寸取寸、得尺取尺？若能倾全国之力，以谋东三省，即以保固全国。将近畿陆军劝加训练，再罢可缓之举，节可省之费，添练数镇，以为后劲。人人有同仇之忾，日日存决死之心，建威销萌，敌或有所惮而不敢轻发。我再及时修明内政，固结民心，筹办移殖、路矿等事以为补牢之计。否则揖让救火，以危机四伏之东省，一旦祸发，以待朝鲜者待满洲，试问此万余里之版图，千百万之人民，将委而去之耶？抑何所恃以抵御之使不得逞耶？陪都如不能守，京师岂能宴然？土崩瓦解，即在目前，思之能勿心痛！

都中王公、大臣，与国同休戚，无不力矢公忠，而多以练兵为妄费者，毋亦鉴于庚子之役，有兵不能一战，且反滋扰害，故慨乎其言之！然此当深究夫胜败优劣之所由分，急起直追，刻求进步，庶乎有并驾抗衡之日。若因噎以废食，讳病而忌医，东省设有兵端，其能空奋夺击乎！抑将袖手旁观乎！祸悬眉睫，优游暇豫，以为尚未及身，迨至及身，悔之晚矣！是舍练兵而无以图存者也。

然使枪炮子药仍须购自外洋，平时操演不足支配，徒有形式上之训练，及兵事既起无制造厂接济军火，各国复禁止购运，则有兵与无兵等，亦立毙矣。

查沪、鄂有厂能造枪而不适于用，德州有厂能制弹而不应所需，川、粤道远不能救急，自非于北省特设大工厂，兼聘各国名匠，极力讲求，赶速制造，不足以顾东陲。

若武备不修，欲藉笔舌之争，以固吾圉，不出三稔，恐关以东，将为朝鲜之续耳。南宋士大夫议论未定，金人兵已渡河。以今方昔，实有同慨。应恳圣明大奋乾断，俯鉴愚诚，采纳施行，大局幸甚！

1910年（宣统二年 庚戌）58岁

朱批："该衙门知道，片并发。"（《近代史所藏清代名人稿本抄本》第3辑，第137册，第14—30页）

是日　奏陈挽救危局办法。

枪械为行军命脉，古云："器械不利，以卒予敌。"其理至明，况乎无械！外人谓我国通存枪炮子弹，临战不足一星期之用，此犹泛乎言之也。若东省现有枪弹，并不能备一日之战，险莫险于此矣。昨饬军械局电商德州制造厂，定造枪弹五百万颗，据覆三年方能交齐。我国立于大竞争世界，果何所恃乎！盖不待交绥而已知其失败矣。思之能弗悚然！

查各国兵工厂多有商办。我国亟宜择地设厂，招募外商或华洋合股，明定年限，妥定合同，由部督饬制造，以为统一各省军械之预备。缓急既有所恃，将来厂内工匠学徒精习其艺，并可收回自办，一举而数善备焉。陆军部尚书荫昌出洋多年，知之必详，应请敕令筹办。

然此系预备于日后，不能救急于目前。为救急计，速宜借债数千万，购枪三十万枝，每枝随带子弹一千颗。立刻密购，接续速来，俾应急需，迟恐小有事端，外人即借口禁卖军火，不可不虑。

此款为数甚巨，责之度支部，实属困难。再四思维，拟创办京外官吏所得税，分别差等，约计每年可得银二三百万两。如借债银二千五百万两，不及廿年，本利可以清偿。夫有国家，而后有官吏，有官吏而后有俸薪，大小臣工深明此义，无不乐为。且事轻易举，上不亏国，下不病民，以臣愚见，诚为至便。

近时大病，多议论而少成功。务期请宸衷立断，严饬施行，不胜激切吁祷之至！

朱批："该衙门知道，片并发。"（《锡良遗稿·奏稿》，第1235页）

10月17日（九月十五日）　总办李鸿谟为对青出站设税局事呈东三省总督锡良。

总办驻哈黑龙江铁路交涉总局花翎奉天候补知府李鸿谟为呈请事：准民政司函开，查对青山界内安设税局，前经贵局磋商迄今尚未决议。届冬令，粮运将次盛行，若不设法办理，则绕越影射弊端百出，各税捐不免大受影响，尚祈执事速饬柴委员于界外要隘地方先行设卡，以杜漏越，等因。正在转行间，本年十月初一日，青站税局柴委员树勋呈称，为铁路界外设卡堵征请转详事：窃查青山俄站，东通呼兰，北通兰西，东北有夹路一条可通绥化、巴彦，西北则通肇州所属之昌武城暨大青岗等处，正西则通五站及四站以东各处，此数路之粮均可运至对站。去年江关既设，呼兰、兰西各境应赴奉、吉、哈埠等处之粮莫不运至该俄站，用火车转运免至船运。尚须输纳江关之税，商民希图绕越避重就轻，几不啻以对青山俄站为逋逃薮。前呼兰税务总办黄守有鉴于此，是以呈请设局，迨至去腊俄公司阻挠后，商民知对站不设税局，买卖粮石既可免税又可免捐，并可免出境捐更可免车马捐。以小麦黄豆而论，在买粮者每百石可省钱五十余吊，在卖粮者每车粮可省钱四吊有奇。又况呼兰府属为审判筹款加收粮石一成捐，似此则所省更多。夫谁不设法绕道以往而乐赴有税有捐之地？现值封冻在即，运粮大贾以暨经商小贩到对站等候买粮如蝇之就腥闻，均在四处远近村屯批买麦豆，言明送至对青山站交载者不少，更有在对站开设粮栈之广利永，系广信公司股东。又有日商三井粮栈。该两家去冬今春在对站收粮甚多，均未纳税。在三井洋行本系外人，有强权而无公理，无足怪者。在广利永既系广信公司所开，理应为商民倡，乃竟附和外人殊深浩叹。近闻村屯批买粮石送对站交涉者，惟该两家为最多。现在已陆继运送，将来道路冻结坚固，粮车之聚集，势所必然。

目前站内设局交涉既无把握，若非一面界外设卡堵征，一面与俄交涉，实不足以固主权而杜漏卮，倘界外再不设卡，不准五站税务减收，即呼兰、绥化、兰西各处税务亦大受影响，第界外头头是道，非多设分卡不足以资防堵。委员履勘界外各处道路，参酌情形，对青山站界外须设分卡四处。查距对站东七里之陈世忠屯，所有呼兰暨城西一带运粮道路，该屯适当其冲，拟在该屯设立一卡，又距对站迤北五里之王真屯，所有兰西及小榆树一带，并对站东北可通绥化、巴彦各境之夹路一条，均至此屯汇总，拟即在此屯设立一卡，又距对站西北六里有余之小车家窝棚，所有肇州所属之昌武城及大青岗并四站以东所出粮石，该窝棚实为各路要扼，拟在该窝棚设立卡。又距对站西南四里有余之偏脸子地方，所有五站东南东北并四站东南所出之粮运赴对站者，亦必由此经过，该处亦须设卡一处，尚有对站正西六里之赵家岗，有路一条，相距偏脸子

1910年（宣统二年 庚戌）58岁

不足三里，偏脸子既有分卡，既可兼顾，无庸另设。因思对局仅有巡差四名、书识二名，以四巡二书分设四卡，实属不敷分布。况对局暂既不设委员，虽轮流驻卡，仍以五站为局。公文、册报、核缮需人，五站司书尚须收税，如此则对局二书只余一书可以分派，是非添募书巡不可，拟请于对局原设司书巡之外，添募马巡四名、书识三名、厨夫三名作为暂行章程。俟交涉有成，界内可以设局，即将所添书巡等撤裁，仍照对局原定章程开支。所以请添马巡者，以其稽查支路防堵车辆较步巡稍为捷便。且所设分卡系在村屯，税款为匪徒所注目，所收之款必须五日送局一次，更得马巡迅速，方昭慎重。计每卡设书识一名、马步巡各一名、厨夫一名，所有四卡房租即以对青山房租作抵，无庸另议。

惟查车家窝棚、偏脸子两路，冬春车多夏秋车少，非陈世忠屯、王真屯可比，拟定每届夏秋（三月十五日起至九月十五日止）撤去车家窝棚、偏脸子两卡，以节糜费，其陈世忠屯、王真屯两卡作为常年分卡。因查请添马巡四名、书识三名、厨夫三名以对局原定开支数目计之，春冬每月多支银八十八两，夏秋每月仅多支银二十两。常年所费无多，而于税务之利益实非浅鲜。虽收数之多寡并畅旺与否，固不可必而即此，设卡堵征最少亦足敷开支，亦且于呼兰、兰西、绥化等处税务大有裨益。况主权攸关，不仅以收数为目的乎。现于十月初一日将对局巡差四名派赴车家窝棚及王真屯两处设卡堵征，其陈世忠屯及偏脸子两处拟十月初五日募巡前往设卡，所有请添马巡、书识、厨夫工食银两，均定于十月初五日起支为实行之期。抑更有请者，界外设卡事同创始，不肖商民无理取闹，在人意中，设卡之初拟请文饬兰属就近防队派兵八名或呼兰乡巡警，每卡分设二名，以资保护，而藉弹压。俟两三月之后，商民稍就范，再行撤归防所。其护卡兵队，每名月给津贴二两，以昭激劝。再，对局原定通事一名。此次虽界外设卡，实尽靠租界，难免不无交涉，拟令其轮流驻卡，所有通事一名，仍请照旧。所有四卡应用铺垫，即以对青山、甜草岗两处铺垫分用，无庸另制，至甜草岗界外二十余里之内并无人烟，暂难设卡。将来非在界外择扼要处盖房，然盖房乃明春之事，此卡暂不能设。因查甜草岗站内有广济公司粮栈一所，自去岁设立，系广信公司股东与广利永连号，可否札饬广信公司令其知会广济公司，照章到局完税,为商民倡,或则他商因之有所观感亦未可知。所有对青山界外设卡、添募书巡各缘由,委员为整顿税务起见,实属节无可节。除缮单粘呈外,是否有当,未敢擅便,理合呈请鉴核转详饬遵施行,等情。

据此,查该委员所拟界外设卡堵征置一切办法,系因地制宜,甚属周详。惟事关税务,知府管见所及,谨另禀具陈,应请并饬民政司核议。议复行知到日,再由本局转饬遵照,除批复并照录司函转行遵照,并将知府另禀情形函致民政司查照外,理合照录原单具文呈请宪台鉴核批示遵行。须至呈者。(《中东铁路》(一),第429—432页)

10月18日(九月十六日) 兴京副都统衙门为造送应升汉军佐领之防御杨春元等履历册等事咨报东三省总督锡良。

兴京蓝翎协领毓瑛为呈报事:据正蓝旗蓝翎防御杨春元、蓝翎候补防御骁骑校宝铨呈称,为呈报事。遵衙门札开,为札饬事。遵副都统衙门札开,为札饬事。印务处案呈,于宣统二年九月初十日,准督部堂咨开,为咨行事。旗务处案呈:查前出有汉军佐领六缺,现无记名应补人员,自应按照定章饬传内外城旗应升人员,其实缺防御、骁骑校报捐佐领在任已满三年者,并准一体来署考验,拣选正陪,咨送部旗带领引见补放。除分行外,相应抄单咨行贵副都统查照转饬,遵将应升人员造具履历清册一本,加具烟结;如有毕业人员,令其携带文凭,限于九月二十日以前连人一并咨送来署,以凭拣选。须至咨者。等因。准此,合亟抄单札饬札到该协领转饬,遵将应升人员造具履历清册,加具烟结各二纸,如有毕业人员,令其携带文凭,依限呈送,以凭转咨可也。特札。等因。奉此,合亟抄单札饬札到正蓝、厢蓝等二旗,遵将应升人员造具履历清册、加具烟结各二分,如有毕业人员,携带文凭依限呈送,以便转送可也。特札。等因。奉此,遵将职应挑佐领员缺之履历造具图记清册一本、白册二本、烟结二纸,一并备文呈送衙门查核。须至呈者。等情。据此,合将该旗呈送到图记册一本存查,其白册二本钤用关防,连烟结二纸一并备文呈送衙门查核。须至呈者。等情。据此,查该协领呈送到应挑佐领员缺之正蓝旗防御杨春元履清册二本、烟结二纸,除将册、结各拣一分存查外,其册一本、结一纸,相应连人一并备文咨送贵督部堂查核施行。(《兴京旗人档案史料》,第408—409页)

| 1910 年（宣统二年 庚戌）58 岁 |

10月19日（九月十七日） 东督锡良致外务部铁路界外如日本要求协助弹压请驳拒电。

申。七月二十七日接奉钧函，以日使面称东省马贼跳梁，请为尽力弹压。当蒙钧部分别铁路界内外，告以中日两国协力办理，并饬良认真整顿，闻之感悚。查东清铁路原合同第五款，该铁路及铁路所用之人，皆由中国政府弹压，是铁路界内尚应尽保护之责。矧在界外，更属义不容辞。钧部所称协力办理，自是虑铁路界内或有窝藏、隐匿之患。彼既有护路兵驻扎，不得不与声明。若铁路界外，断无庸彼协助，或致越界拘捕，侵我主权。倘彼以协助为名，要求中日合办，务请钧部驳拒。除将各案详情另文咨呈外，谨先电陈。良。（《清宣统朝外交史史料》卷17，第38页）

10月24日（九月二十二日） 度支部咨外务部、东三省总督锡良安东关码头分界处中日合建一桥已由东海关拨款。

制用司案，呈准东三省总督锡咨称：窃照安东海关码头与日本所占租地分界处有小沟一道，日人建议修桥。当据兴凤道赵道电禀，以恐碍商民交通，拟由我先修，以图抵制。经本大臣饬同巴税务司赶紧酌量估勘去后。兹据该道呈称，日铁路公司以该处系铁道界内，坚不允我独修该道等。与之再三磋商，始允中日合办，各认出资一半，名曰公和桥。业已议定桥式绘图，估价共需小洋二千八百三十元六角四分，请示前来。查铁道界内桥梁，本在日人势力范围之内，现议合办，不特便于交通，且得收回一半权利，自应照准。所有中国应出桥资一半，小洋一千四百十五元三角二分，拟由该道库存项下先行垫发，另行造报核销。除批示外，相应连同原图咨行鉴核备案等因到部。查奉省安东海关码头与日本租地分界处，中日合建一桥，中国应出桥资一半，计小洋一千四百十五元三角二分，由兴凤道库存项下先行垫发。既据该督咨称，为便于交通，收回权利起见，应即照准。仍令将桥工认真修筑，毋得草率偷减，致滋縻费。一俟工竣，即行分晰造具详细清册，送部核销以重款项。除咨行东三省总督转饬查照外，暨咨呈外务部可也。须至咨者。（《清宣统朝外交史史料》卷17，第40页）

10月27日（九月二十五日） 续译蒙学教科书，并缮订成册进呈御览。

奏为续译蒙学教科书,敬谨缮订成册,进呈御览,恭折仰祈圣鉴事:窃筹蒙以兴学为先,而兴学以译书为急。宣统元年七月间,曾以振兴蒙学,深虑文言不能一致,教化难以强同,当委已革奉天蒙古右翼协领荣德为译书员,饬将学部审定初等小学教科书迻译满、蒙文字,以为学堂课本,业于十月间译成四册,缮订恭呈御览;随付石印二万部,发给奉、吉、江三省蒙旗各学堂在案。

兹该员复将五六七八册续行译出,分订六本,装成一函,禀请恭呈御览,伏候钦定前来。臣覆查译本,词句明显,义意恰当,洵足为开通蒙智之资。

十月初二日奉到朱批:"知道了,书留览。钦此。"(《锡良遗稿·奏稿》,第 1237—1238 页)

是日　密陈军械关系重要再恳饬购以备缓急折。

臣复留心访问,查德国现有一千八百八十九年式七密里九口径新枪五十万杆,存储待售,尚能适用。倘由中国全数购买,价值必廉;分期付款,筹拨亦易。有此大批枪械,既可藉备缓急,且需款较省,无须添借外债,仍抽收内外官吏所得税陆续归还,利便尤多。

现在外势日张,内讧迭起,统计我国现存枪炮子弹,遇有兵事,不能支数日之用,厝火积薪,至可危惧。为目前计,无论军备如何扩张,终恐缓不济急。惟有多购军械,普练民兵,费用只在购械,兵饷无须另筹,洵为财省效速。但使人人有自谋保卫之能力,庶可转弱为强。

东省自迭遭外侮以来,创巨痛深,民人学子,无不志气激昂,愤思振励,从前各属举办堡防,抽丁编练,不用公帑,所在皆有。臣体察情形,正可因势利导,曾经奏明改办预备巡警,由官督率编练,并于学堂实习兵式体操,期收实效而备干城。现在各属预警逐渐成立,将来合计人数约有二三十万人;惟均须发给枪枝,以资操演。倘前项枪械购定,东省并可陆续备价领发,以为固圉保边之助。相应仰恳天恩,俯准敕下陆军部,迅速全数商订购运,以重武备,而济急需,不胜吁祷之至。

朱批:"该衙门妥议具奏。"(《锡良遗稿·奏稿》,第 1238—1239 页)

11 月 3 日(十月初二日)　东督锡良致外部京奉展线及联络营业事

以速结为宜函。

敬肃者：查京奉车站展筑至奉天城根一事，前因日领要求联络南满，致未解决，已将全案咨送钧部。良以去年协约五案，只此一事为我所利，亟应早日议定，以便建筑而免妨碍，当经电钧部催议在案。兹准邮部函开，以联络一事系属节外生枝，未便照准，并钞送与钧部往来各函到奉。查铁路联络营业一节，系光绪三十一年中日会议东三省协约所规定，而去年闰二月所订合同，系专指旧车站而言。今既展长路线，则旧站必废，南满一线不能不与新站联络，似亦在情理之中。若此联络线仍仿照去年办法由我自修，似亦无大窒碍。倘日久迁延，在日人安坐以待，无事亟亟，而我之展长计划终为彼阻。二者兼权，似仍以从速议结为是。事关路政，本不敢妄参末议，但为便利东省商旅起见，不得不一再函商。究应如何核办之处，敬候卓裁。敬请钧安。（《清宣统朝外交史史料》卷17，第45—46页）

11月11日（十月初十日） 东督锡良致外部报日俄近日举动情形函。

日俄近日政策，迭经查探，函达座右。兹复据各处探报日俄举动情形，谨择要汇录，祈请钧鉴，伏乞垂察。恭叩崇安。

谨将近日探报日俄举动情形录呈钧鉴：

一、日本政府从前与各国所订通商条约，明年一律限满，日政府现与各国商议改订。其所提出之草约，各国率皆反对。即同盟之英国，关于关税亦极力抗议。且英国舆论因此颇不满于日本，日本国民亦诘责政府不应以区区关税问题开罪于同盟各国。

一、关东都督大岛此次回国，系为东三省外交统一问题。其意谓东三省对于日本之外交事件，应归彼处统一办理，外务省不应干预。去年回国时曾将此事提议，被外务省驳斥，此次回国必欲将此事达到目的而后已。

一、朝鲜总督寺内回国，闻有继任桂内阁总理大臣之说。因桂内阁为改订条约事大受国民诽谤，恐难久安于位。

一、日本政府现准许英国资本家投资一千万金元，在日本八平地方建设轻便铁道。盖苦于财政之窘迫，不得不利用外资也。

一、日韩合并后，朝鲜沿边人民因被日人逼迫，多欲迁入我国境内。延吉一处移徙甚多，殊难防制。窥彼政策，盖欲以朝鲜人民逐入我国扩张其势力。又以日本人民迁入朝鲜，以巩固其边陲。设谋至狡且毒，我国取缔韩侨问题宜早解决。

一、朝鲜总督府现拟于仁川、大连之间修一海底电线。又拟在朝鲜釜山修一船厂，预计船厂工费约五百万。

一、日本政府为奖励在我东三省及朝鲜之日人商业起见，于本月起将电报费一律减轻一半，前七字为一音者，现以十五字为一音。

一、逃匪陶什陶现在俄境赤塔附近某俄屯居住，一、二月间必来赤塔一次。

一、赤塔迤东约十余里，俄驻陆军步队约二万余。迤西约五六里，有黄肩牌马队四千余，不时演习。空中飞艇、子弹、军火堆积甚多，各处营垒布置细密。本年由西伯利亚增加铁路一股，曰伯㐌斯基亚铁路，现在直抵格林木斯基站，距满洲里四百里许。又满洲里站由赤塔新到陆军十五标步队五百名，即驻在俄武营之内。并闻将此站铁路护军改为陆军之说。

一、驻哈俄总领事署翻译珀珀夫并拉得金兵队衙门参将巴拉诺夫，招蒙古宝锁尔、绰鲁二人，有派往札萨克图等旗游说联络情事。（《清宣统朝外交史史料》卷17，第50—52页）

11月14日（十月十三日） 外部致锡良等据日使称玄德胜已释放电。

玄德胜一案，准日本使函称，业经政府奏请将该员特赦，已由驻韩总督于初九日释放。请转知该管官，勿再派给差使等因。希查照饬遵。外务部。元。（《清宣统朝外交史史料》卷17，第52页）

11月15日（十月十四日） 东三省总督督锡良为齐昂铁路与东清铁路接路合同饬司会核札饬民政司遵照。

钦差大臣头品顶戴陆军部尚书衔都察院都御史总督东三省等处地方兼管三省将军事务会办盐政大臣锡，钦命陆军部侍郎衔都察院副都御史巡抚黑龙江等处地方副都统衔会办盐政大臣衔周为通饬事：

提学司兼办劝业事务案呈：案据齐昂铁路公司总理鹤鸣呈为核东清

1910年（宣统二年　庚戌）58岁

铁路公司寄到接路合同，其间多有未合，应商改处，请示遵，等情。

除批呈暨合同均悉。候饬民政司、提学司会同详核复夺，再行饬遵，缴。印发外，合亟抄粘原呈暨合同札饬，札到该司，即便遵照，会核复夺。特札。计抄粘，右札仰民政司遵此。（《中东铁路》（一），第434—435页）

11月17日（十月十六日）　遵旨密陈东三省大局应行分别筹办情形。

奏为遵旨密陈东三省大局，应行分别筹办情形，恭折仰祈圣鉴事：窃臣承准军机大臣字寄：宣统二年八月二十二日，奉上谕："熊希龄奏朝鲜既并，满洲益危，非大变政策，无以救亡图存，密陈管见四条。著锡良按照所陈各节，严密体察，悉心规画，应如何分别筹办之处，著即逐一覆陈，候旨遵行。原折著摘抄给阅看。"等因。钦此。遵旨寄信前来。

臣查原折所陈四条，一曰："东三省已设各洋关，一律裁撤，作为无税口岸"等语。窃谓设关收税，虽为国家正项之岁入，如因地方未能发达，欲以鼓励进出口之货，原可减轻豁免，以利开通。英国伦敦为世界商务最盛之区，即系无税口岸。是谋国者，能注意于远大，必不计目前照例之进项，方足以成雄伟之图。今东三省出口货物逐年渐见增多，而地利未尽者尚不下十之七八。如果一律改为无税口岸，使货本更轻，销路愈旺，营业者与运售者彼此交劝，相率投资，则求过于供，不出数年，将无不辟之利源，无不尽之地力。与其为闭塞之经营，诚不若开通之变化。拟请由外务部与各国使臣商定，征收营业、销场等税办法后，明降谕旨，将东三省各关一律裁撤，以十年为限；十年之后，察酌情形，仍可再行收税。查东三省各关税岁入统计，约三百余万两，大连、营口系归部收，其余皆为东三省预算的款。裁撤之后，必须筹款抵补。既为大局远计，目前欲结各国之均势，将来可期内地之发达，以得偿失，轻重悬殊，自不能因此区区而沮大计。此裁撤洋关之策之可以实行者也。

二曰："改正东三省通商条约，许各国商人杂居内地。"等语。窃谓内地杂居，必以主权在我为要著。原奏谓"日人不遵约章，杂居城镇，无法使之迁徙，不如使各国商人任便居住"。其意若谓与其使日人恣行破坏，不若使各国互相维持。惟既准其杂居，则当任其保护，警察裁判之务，必须完备足用，而后主权可保。倘目前行政实力尚未充足，则彼之商民于受我治理之规条，必不肯帖然承认。是杂居而无主权，将来更难约束。况日、俄与我接壤，各国与我弯隔，既准一体杂居，则日、俄来者麇至，势不可御；各国商务未旺，来者必不甚多，日、俄杂居之民，势将喧宾夺主，其恣行破坏，必有更甚于今日者。为今之计，可与各国密约，以数年为限，为我预备开放之期。届期之日，收回治外法权，准其杂居内地。一面急用全力扩充警察裁判，分年预筹，逐渐推广，必使我之力量足以完全管领，彼之商民一律愿就范围，庶几有条不紊，流弊可免。此内地杂居之计之宜从慎行者也。

三曰："东三省矿产森林，均许各国商人设立公司，招股承办"等语。窃谓东三省现在情形，惟以招徕洋商、吸收外资为最急。其开矿章程，准附外股，业已明奉谕旨。然纯系洋股，不入华股，似亦未宜。臣拟特立东三省兴办实业章程，所有开矿、采木、耕种、牲畜、制造、纺织各事，一律招人开办。其办法分为二种：一为华洋合资之公司；一为华人领办洋人承租之公司。宽其规条，束以年限，使洋商可获投资之利，而中国不失收回之权。但使有数处公司成立，则闻风兴起者必不乏人。目下已有洋商来请试办农业者，容议有眉目，即当奏明立案。此招设公司之已在试行者也。

四曰："加借外债，经营移民开垦"等语。窃谓东三省大局危迫，自应大举，以图速效；然其提纲挈领之要务，则在于锦瑷铁路一事。诚使铁路即行开办，则精神振作，血脉贯通，一切移民开垦，均可应弦赴节，事半功倍。应办之事，千头万绪，原奏所称："此次借债二千万两，为数太少，无济于事"者，诚为灼知局中甘苦之论。若使锦瑷铁路未能即定，则勉强兴办，靡费更多，日复一日，事事皆落后著。臣当察度情形，于万不可缓者，随时奏明办理。只求款能应手，则进步必速。诚能由部预筹巨额，存储银行，专为东三省指拨之用，尤为深幸。此加借外债经营移民开垦之利在速行者也。

细察四端之宗旨，皆以实行开放为主义，所见远大，与顾此失彼、畏首畏尾者，不可同日而语。臣自知才绌，平日亦以谨慎保守为本。然当此时艰，日受激刺，非沉舟破釜，有进无退，断无可以幸存之望。朝廷如垂念东三省所处之奇危，请以原奏所陈四端，列为预定之政策，步步著著，依此实行。至于进行之步骤秩序，由臣随时奏陈，请旨遵办。臣惟有勉竭驽钝，收集才能，合群策群力之长，取得步进步之势，藉以仰答畀任之重于万一。

朱批："该衙门妥议具奏。"（《近代史所藏清代名人稿本抄本》第3辑，第137册，第30—84页）

11月18日（十月十七日） 东三省总督锡良为划清路界事札饬各属及民政司遵照办理。

本月十三日案据驻哈铁路交涉局李守鸿谟呈称：本年九月二十二日奉宪台札开，本月十六日准东三省军督部堂咨开，为咨行事，本年九月初六日承准外务部咨开，宣统二年八月二十六日准俄廓使节略，以东省铁路公司会同中国会议专员商订购买吉林、黑龙江两省铁路应用地亩章程，迄今不能完结。兹本国政府详核铁路所拟用之地数减少三分之一，于六个月内即行确定，若再耽延，仍应索照原合同地数办理，等因前来。此事议到如何地步，有无头绪，相应抄录节略咨行酌核办理，声复本部，以凭转复该使，附抄件，等因。承准此，除照录节略咨行吉林行省衙门外，相应咨行贵行省衙门查照，请烦转饬铁路交涉局遵办见复，以凭转咨，是为至要，计抄件，等因。查此案前据于道驷兴呈称，江省铁路各站展地计大中小共九十四站，除已定界线六十五站外，其余未足者尚有大中小共二十九站，云云。现在办理情形如何，仰即迅速查明具复，以凭转咨为要，除咨复外，合亟抄件札饬。札到该局，即便遵照。计抄件内开：照录俄廓使节略，案查三十三年七月间，东省铁路公司会同中国会议专员商订购买吉林、黑龙江两省铁路应用地亩章程，共需地十一万七千二百八十八俄晌。乃三年之久，中国地方官于办理丈量、分划及绘图、校对等事殊形迟缓，托故停搁，以致迄今不能完结，贵国政府以地数较多，曩时甚冀将总数减少，而铁路公司当时不肯退让应享之利。兹本国政府笃念两国久有之睦谊，详核铁路所拟用之地数，甚愿副中国所冀之意，可将地亩约照总数减少三分之一，其细情如减少之确数，以及地亩之处所，均可经铁路公司会同中国地方官就地斟酌商订。本国政府并望中国政府重视所让重要之举，以相当对待，应按照铁路公司之意，将购买铁路应用地亩尚未办妥之处，于六个（月）内即行确定。惟应预行声明，若再行耽延不办，本国政府于减少地亩一节不能允认，仍应索照原合同地数办理。以上各情，本大臣曾与贵部面商，兹备节略专送查核，即希从速见复，等因。

奉此，查划界一事，知府接事后既历次与达聂尔提议，达一味推延。嗣九月十七日奉宪台铣电，复经与达提议。达谓，现奉俄京总公司命令，饬先划吉省路界，不暇兼顾江省，江省路界请从缓办。知府诘之曰：江省路界划定者已有四分之三，未划者仅有大中小二十九站，彼此派员会同挨次勘划，计月余即可蒇事。若因吉省路界搁置不划，两省事体不相干涉，于理既说不去。且公司人员甚多，分途办理，亦未为不可，何为不能兼顾？达谓，今日另有要事，容再晤商，越日又往见达。达谓：两省可以同时分办。九月二十四日，知府送致达聂尔一函，声明本局委员业经派定，请其速派俄员一员，以便定期会同前往各站勘划。九月二十七日，达聂尔忽来一照会，仍谓现奉公司饬催速划吉属东路各站界址，西路势难兼顾，只可于东路划清后即办江省各站等语。查会同派员划界之议，知府已向达聂尔说定，达竟反复，殊非情理。知府亦即备一照会向其诘问，并仍请其派员，如三五日间公司无有照复，知府拟再晤达，当面催促。兹奉前因，理合将函稿并来往照会文稿一并抄录附文呈复。为此，呈请宪台鉴核备案施行。

再，本局前总办于道暨刘守先后经手划界情形，已经由知府于九月宁七日筱电禀明在案，合并声明。计呈录函稿并照会文稿一纸，等情。据此，除电饬该守盛铁路地段事，俄使节略言明六个月内确定。顷阅来禀，达竟故意推延，该守宜声明公司既有意延缓，则过不在本局。六个月以后仍宜照原议减少地亩办理，以杜口实，仰即遵照为要。院。咸。印。等因。并批呈暨附件均悉，仰即遵照咸电办理，候咨外务部、军督部堂查核，并俟饬民政司、交涉局知照。缴。附件抄发等因。印发暨分行外，合亟抄件札饬。札到该司，即便知照。特札。右札民政司准此。
（《中东铁路》（一），第442—444页）

11月25日（十月二十四日）　总督锡良、巡抚陈昭常奏筹办吉林全省府厅州县地方自治情形。

1910年（宣统二年 庚戌）58岁

跪奏为遵章筹办吉林全省府厅州县地方自治情形,恭折具陈,仰祈圣鉴事:窃臣于宣统二年二月,准宪政编查馆咨将钦定府厅州县地方自治章程暨选举章程,颁行到吉,当经饬由吉林地方自治筹办处遵照章程,分别筹办在案。惟查民政部奏定逐年筹办事宜清单,所列筹办府厅州县地方自治顺序,以等级言,则先之以省会首县,次外府首县,次冲繁厅州县,次指定偏僻厅州县,次其余偏僻厅州县。以年限言,则自宣统二年至宣统六年,凡各省厅州县之议事会、董事会,均依所定等级,分年照章成立。在部臣统筹全局,证之关内各省情形,自为不易之办法。而吉林地处边陲,事皆草创,审时度势,似有不能不因地制宜者。谨约举大概,为我皇上分别陈之:

一地方等级之宜略事变通也。查吉省原设府厅州县,均有直辖地方。比年因幅员广廓,治理难周,复经增改府厅州县各治,概依新章,不相统辖。论职官品级,虽有尊卑,而行政区划,实无差别。故筹办上级地方自治,在关内各省,须别府于厅州县,而于吉林则须合府厅州县,同时并举。现拟仍仿前定城镇乡自治办法,就各府厅州县,分为繁盛、中等、偏僻三项名目,以部定省会首县,外府首县及冲繁厅州县,须分三年举办者,均纳之于繁盛一级之中,统归一年筹办。其中等一级,则凡次于繁盛而不得称为偏僻者属之。至偏僻一级,吉省于东南、东北各属,均系区域初分,人民未集。部章于各省偏僻之府厅州县,复区为指定偏僻与其余偏僻两级,所议本极详备,而揆之吉省情形,属于部定之其余偏僻者较多,故与部分等级实难致。

一筹办次第之宜预定限期也。查各府厅州县,既依繁盛、中等、偏僻划分等级,自应按照等级之次第,以定筹办时期之先后。拟以宣统二年十月至宣统三年九月,筹办繁盛各府厅州县为第一期。以宣统三年十月至宣统四年九月,筹办中等各府厅州县为第二期。以宣统四年十月至宣统五年九月,筹办指定偏僻各府厅州县为第三期。以宣统五年十月至宣统六年九月,筹办其余偏僻各府厅州县为第四期。如此则分期筹办,虽与部定略异,而依限成立,仍与部章适符。

一选举机关之宜另行组织也。查府厅州县,在国法上为上级自治团体,其区域视城镇乡为大,其选举事务,自较城镇乡为繁。现设地方自治筹办处，系全省自治之总机关，自能专壹筹划。若各属则地方官事务殷繁，百端待理，以之兼任，保无贻误事机？似须另立机关，以专责任。拟饬各属遴选公正明达士绅，组立自治筹办公所，专理全属自治事务。至府厅州县选举事宜，按照定章，城镇由总董，乡由乡董管理。当此筹办伊始，除城自治职已先期成立外，其镇乡自治，或正在筹措，或尚未举行，是镇总董及乡董并未发生，而镇乡区域，势不能不另有管理选举之人。拟于城区仍照章以总董为选举管理员，其余未经成立之镇乡各区，则另设镇乡选举事务所，专管该区选举事宜，以期上下机关承接灵敏，藉收臂指之效。

以上三端，皆于遵照定章之中，参酌吉省情形，分别筹拟其详细办法，仍饬由地方自治筹办处妥列表式，咨部查核办理。

再，吉省府厅州县自治，虽拟分四期筹办，惟现定繁盛各属，实不及内省之中等。其中等以下地方，或设治未久，或甫经设治，地远人希，民贫财困，仅此三五年间，欲责其一例成功，虽有贤智，恐难为力。伏查宪政编查馆奏复山东巡抚奏陈地方自治请变通章程一折，内称：各省地方果有实在窒碍情形，应准该省督抚将一省中之何府厅州县，一府厅州县中之何城镇乡，胪陈实在情形，并缓办自治缘由，请旨办理等因。将来吉省筹办自治，此等情形在所不免，届时再当胪陈实在情形，援案奏请办理。臣责任所在，自不能不审察时势，先事绸缪。而宪政攸关，亦断不敢稍涉因循，预存观望。兹经拟定分期办法，仍当责成各属计日程功，切实筹办，以冀仰副朝廷实行宪政之至意。所有筹办吉省府厅州县地方自治情形缘由，除将顺序期限表，分咨查照外，谨会同东三省督臣锡，恭折具陈，伏乞皇上圣鉴，(《清代吉林档案史料选编·辛亥革命》，第179—181页)

是日 外务部咨锡良陈昭常法使言吉省添修铁路占用教堂地亩请查复事。

据法马使来照，以据驻奉本国领事报称：吉林有司欲由车站添修一路，以达河岸，所定路线竟将教堂地亩一段占据。该路线前因经过私有产业，经地主争辩屡为更改，而此次该有司又擅决定由教堂穿过等因。本大臣查必须用此地段，本馆毫无阻止之意。然吉林有司如此擅行占据，任意定价，则不能允准。夫定价一节，本当会同本国领事商定办法，方为合理。请将此节转致东三省总督照办等因前来。查此事是何情节，本部无凭悬断。惟既经该使声明毫无阻止之意，应由贵督抚转饬查明情形，酌量办理，并声复本部可也。(《清宣统朝外交史史料》卷18，第4—5页)

11月30日（十月二十九日） 据事直陈宪政编查馆解释法令议论纷歧，碍难遵从。

奏为宪政编查馆解释法令，议论纷歧，碍难遵从，谨据事直陈，仰祈圣鉴事：宣统二年九月二十九日，准法部文称："准宪政编查馆咨，以覆山东巡抚电文内开：本年直省高等审判厅依限成立，各该省原设发审局即应裁撤，查照奏定非常上告及再审之制，嗣后未设审判厅地方，已结案件，如果查有情节可疑，罪名未协者，应由司行令该管检察厅分别提起非常之告，或再审，均归高等审判厅审理。其寻常招解到省之案，不论翻供与否，均归该厅勘转报司，分别照章办理"等语，咨令该部通行一体遵照到臣。

当查此项电覆东抚办法，系与历次规定办法不符。该馆核定法院编制法原奏内称："外省未设审判厅地方，一应汇奏专奏死罪案件，暂由大理院覆判具奏，咨报法部施行。"又该馆议覆法部死罪施行办法原奏内称："外省未设审判厅地方，所有遣流以下案件，例应咨部候覆者，仍由各督抚咨报大理院，俟该院核定咨部后，即由该部转咨施行。"又该馆本年核覆吉林提法司呈请解释原文内称："已设审判厅，招解在新章以前，未经院司审勘者，均应发回，改为由司申部；未设审判厅地方，仍照旧例办理。"综以上各节所定，是未设审判厅地方，死罪及遣流以下案件，既由督抚奏咨统照旧例办理，其为循例解由院司勘转无疑。以上三端，均经该馆奏咨有案，并未声请更正。兹复另生条文，以未设审判厅地方已结招解事务，责令高等审检官兼综并理。无论此项办法显违定章，抑与本省情形尤多窒碍。

查本年奉省奏设特别地方审判厅，经臣声明，凡未设审判厅地方，审理未结上控之案，或控关官吏，由院司发觉提审案件，并一切京控发回省审讯者，均交该厅起诉。是州县已结干驳之案，均在院司发觉提审范围之列，于馆章不及之处，定司法特别之规，凡以为维持审级、郑重狱讼起见，仰蒙俞允照办，不容再有更张。则窒碍一。

高等未设分厅，推检员额有限，而遽责以处理全省五十余属之事，审判虑有不当，检察虑有不周，案证虑有拖累。则窒碍二。

四级三审已成定制，自非人民请求上诉，本无招解勘转之法。高等厅非州县比，岂可沿用州县办案成规，自紊其例？则窒碍三。

就令高等厅适用招解勘转之制，此项案件应否开庭公判，应否检察莅庭，章程既未明定，官吏何所适从？则窒碍四。

大理院覆判之制尚在，高等厅勘转之案安归？归于法部，则院判径废，将与奏案不符；归于大理院，则厅判虽决，仍无丝毫之效。则窒碍五。

高等厅之于州县，既非上级官吏，即无监督之权；各州县遇案送厅，纵使原判极偏，亦复无从驳正，发回势有所不可，定谳心有所未安。则窒碍六。

向例州县刑事案件，徒罪解府，遣流解司，死罪解院。倘令一律归厅招解，则解府之徒亦当改为解省，非所以恤累囚。则窒碍七。

奉省胡匪鸱张，凡属立决盗犯，部准就地正法，本不在常犯解勘之例。倘与寻常死罪一律办理，勘者既无平反之实，解者殊增疏脱之虑，非所以靖地方。则窒碍八。

臣忝应疆寄，不敢曲徇来文，冒昧从事。节经饬据奉天提法司吴钫悉心核明，呈请据奏请旨饬查前来。相因请旨饬下宪政编查馆查明覆奏，并请将奉省未设审判厅地方，一应死罪案件仍照定章办理。是否有当？伏乞皇上圣鉴训示。

十一月初六日奉到朱批："该衙门查核具奏。钦此。"（《锡良遗稿·奏稿》，第1246—1248页）

12月2日（十一月初一日） 关于俄兵驻守华界事，胪滨府知府张寿增呈报东三省总督锡良。

花翎三品衔胪滨府知府张寿增为呈报事：窃自满洲里发现瘟疫以来，除知府札饬阿察两卡伦严行查防外，知府会同巡防营在要路设卡数处，免使华人出境滋生交涉。并派巡兵四巡俄人有何举动。于十月二十七日由知府派出之巡兵报称：距满站二十华里许，有俄喀杂克兵七名驻守。

查此外在塔密托罗海山南约有十华里许，实系华界，俄兵驻守，实堪诧异。当经知府访明，系由贝加尔湖俄统领乐然四基派去。知府遂即亲往，与该统领会晤诘问。据该统领云，此为防瘟，俟疫过，即当撤退。知府未能承认并答云，仍希速撤，如为防瘟，俄兵应在俄界，此处可由知府派兵添岗，以免别项误会等语。当由该统领允许电请依尔古次总督，过二日再行照复。以上情形，业经由知府电禀在案，现在该统领尚未照复。今日复由知府照会该统领速行撤退俄兵并希照复，是否有当，除分报呼伦道宪外，理合具文呈请宪台鉴核批示祗遵。须至呈者。（《中东铁路》（一），第446—447页）

12月7日（十一月初六日） 奉省城镇乡自治会渐次成立，奏拟请查照馆章，征收附加捐税，拨充自治经费。

奏为奉省城镇乡自治会渐次成立，拟请查照馆章，征收附加捐税，拨充自治经费，恭折仰祈圣鉴事：窃奉省城镇乡地方自治，遵照筹备清单，提前赶办，业将次第办理情形，列入八月筹备宪政折内奏报在案。

现在各属城镇乡自治会渐次成立，所有会中一切办事费用动需款项，奉省财政困难，各项杂捐，除办警学外，绝无赢余，若非另筹捐款，颜若画一，则各属自为风气，办法纷歧，名目众多，民将不堪其扰，官亦无法可稽。

查城镇乡自治章程九十二条："就官府征收之捐款，附加若干作为公益捐者为附捐。"又"附捐数目不得过原征税捐十分之一"等语。兹经奉省咨议局提议公决，拟就各属税捐局于旧日征收税额之外，每项附加十分之一，专充自治会常年经费。此系间接于民，较诸他项筹款尚无琐碎烦扰之弊。征收之后，每月由各属警学收捐处向税捐局照捐册具领，按之自治章程第九十六条："附捐由该管官吏征收，汇交城镇董事会，或乡董收管"之交，亦无不合。拟即于宣统三年正月实行，呈请具奏前来。

臣惟宪政以自治为最急，需款亦以自治为最巨，而自治用款理应就地自筹，求其费省而事易集，舍此亦别无筹措之方。相应仰恳天恩，俯念奉省自治会需款孔殷，准就各项税捐加收一分附捐，专充自治常年经费。如蒙俞允，并拟饬由各地方官按各会治事之繁简，将此款妥为分拨，一俟厅州县自治会成立，再将分拨之法，归该议事会议决，照章办理。

十二日奉到朱批："该衙门知道。钦此。"（《锡良遗稿·奏稿》，第1254—1255 页）

是日　奉天全省各界绅民因时局迫不及待呈请锡良代奏明年即开国会以救危亡。

奏为奉天全省各界绅民，因时局迫不及待，呈请代奏明年即开国会以救危亡，恭折仰祈圣鉴事：窃本月初三初五等日，有各界绅民一万余人，手执请开国会旗帜，伏泣于公署之前，求为代奏。先经各司道婉加劝慰，仍不肯散。当由臣传见各代表，将宪政应如何预备，国会应如何组织，反复晓谕，以朝廷所定宣统五年时间已极缩短，不必再生异议。当据代表咨议局议长吴景濂等面递公呈，大意则以东省大势，较三次上书时日俄协约，日韩合邦情形，更有迫不容待者。日则安奉宽轨日夜并工，闻于明年即拟告成，沿路线内移民日多，且以协剿胡匪挟我外部。俄则以侵蚀瓯脱、扩张交通为政策，移民之谋更亟于日，不惟航权界约狡执无方，且阴以诱我边民藉窥蒙古，是危机之伏已岌岌不可终日。诚俟至宣统五年而此土尚为我有与否已不可知。现今朝野上下，无不公认国会为救亡之良药。果无此良药则已，既有此良药，则早服一日即早救一日之亡。乃犹纡徐以待，坐使良药不能及时收效，以致三省坐亡，牵及全国，此所由焦心沸血而不能已于再请缩短者也。况筹备之事，如官制、内阁、议院、选举法、宪法，缓图之即三年未必完全，急图之虽数月亦可蒇事。仍恳奏请明年八九月召集议院，以系人心而维大局。其情词迫切，出于至诚。万余人伏地悲泣，至有搏颡流血、声嘶力竭不能自已者。

臣维东三省自甲午、甲辰以后，受强邻之激刺，生国家之思想，人民知身家性命非合群不能自保；复目睹朝鲜亡国惨状，甚恐三省版图首沦异域，即万劫不能自拔，其切肤之痛，较之各行省有特别之危险，不能不有特别之请求。臣莅东以来，默察今日大势，欲求所以捍三省之危亡者，一无可恃，所恃者民心不死，皆知崇戴朝廷耳。夫以万余里朝纵夕横仅余此残缺不完之土地，与三百年深仁厚泽得来固结不解之民心，忍令转瞬之间拱手授之他人，为朝鲜之续乎！总之，时危势迫，为民人之大患，亦朝廷所深恫，何必靳此区区二年之时间，不与万姓更始耶？

臣待罪边陲，奉职无状，上无以匡国是，下无以慰舆情。伏乞圣明俯允所请，再降谕旨，定于明年召集国会，大局幸甚！如以臣言为欺饰，请先褫臣职，另简贤能大员以纾边祸，臣不胜迫切待命之至！伏乞皇上圣鉴。谨代奏。

十一月十三日奉到朱批："缩改开设议院年限，前经廷议详酌，已降旨明白宣示，不应再奏。东三省地方重要，该督有治事安民之责，值此时艰，尤应力任其难，毋许藉词诿卸，致负委任。钦此。"（《锡良遗稿·奏稿》，第1262—1263页）

12月8日（十一月初七日）　东三省总督锡良致外务部咨议局呈请催办奉海铁路祈核复电。

窃东省铁路自为日、俄所分据，足以扼南北之冲；而北由哈尔滨至海参崴，南由奉天至安东，又各有枝线。近来吉长展筑吉会，预约转瞬工事告竣，更置吉奉两省于日人掌握之中，其危险逼迫之情形甚于扼吭附背。本大臣筹议锦瑷一路，所以分日、俄之势，只为外交所牵制，开办需时。而日俄协约告成，又将多筑支路以巩固其势力。东省绅民怵祸至之无日，群拟添筑他路以为抵制，其拟建区域咸注重奉天东北之海龙府，或由开原起点，或由铁岭起点，两县绅民先后呈请。本年五月，咨议局临时会开会，又有奉天至海龙府之议。

查海龙府属本东西流围荒，土地新辟，物产丰饶，府东之朝阳镇尤为商贾荟萃之所，岁运粮食行销于外者以每石百斤计，常一千五六百万石，而林木、矿产不在其内。该处南至奉天六百余里，北至吉林五百余里，东北至延吉经行长白山之阴约八百里。前派安奉铁路查察经理员黄国璋亲诣该府履勘，据报情形相符。开原、铁岭两县绅民既各为其本土，以断断争论。而咨议局谓彼皆自保之计，未为大局之谋，别创奉海一议。仅以路线相比较，自以开原为最利、最便。铁岭一线必从开原经过，与南满有并行之嫌。惟开原路近，而必藉南满以为尾闾；我虽有利可图，适足为彼扩张势力之用。奉海从京奉接展，今为国防计，似宜由海龙直通延吉；于安奉、吉会两路中作一斜行线，以为出奇制胜之谋，不必以奉海为名，而海龙即在其中。

去年七月二十日，中日协约议定京奉车站接修至奉天城根，彼时内外所计画实已有通道延吉之心。今就绅民所提议以筑路为固圉之谋，似此线为京奉干路直抵延吉最为切要。本年十月十五日，复据咨议局呈请催办前来，本大臣督同司道等会商核议，佥称：奉延实为切要之图。惟需款较巨，究应如何筹集之法，除札复咨议局并绘具形势略图随文赍送外，相应密呈钧部核定，仍祈见复施行。须至咨呈者。（《清季外交史料》第8册，第4419页）

12月9日（十一月初八日） 旧病增剧奏请赏假半月。

奏为微臣旧病增剧，恳请赏假半个月以资调理，恭折仰祈圣鉴事：窃臣近年气体大亏，时患消渴之症，每届冬令，喘咳交作，心悸盗汗，夜不成寐；犹幸加意调摄，勉可支持。本年入冬以来，旧病加增，精神困惫，遇事稍加思虑，往往彻夜不眠。医者谓由心血亏耗之故，必须静心调养，方可就痊。东省政务殷繁，未便以羸病之躯，致滋贻误。惟有仰恳天恩，俯准赏假半个月以资调理，所有日行公牍，暂委民政使代拆代行。

十四日奉到朱批："著赏假半个月，假满即速销假，钦此。"（《锡良遗稿·奏稿》，第1256页）

是日 谢恩抵销失察吉林知府万绳武吸烟处分。（《锡良遗稿·奏稿》，第1256—1257页）

是日 兴京副都统衙门为骁骑校等出缺造送应升人员领催成斌履历册等事咨报东三省总督锡良。

钦差大臣东三省总督兼管东三省将军奉天巡抚事锡良为咨行事。旗务处案呈，查前出内外城满洲防御三缺、满蒙汉骁骑校三十四缺，续出汉军佐领一缺，自应按照章饬传应挑应补人员，依限来省考验拣选。除分行外，相应抄单咨行贵副都统查照转饬，遵将应升人员造具履历清册一本，加具烟结一纸，如有毕业人员，令其携带文凭，限于十一月初十日以前连人一并咨送来署，以凭考验。须至咨者。等因。准此，合亟抄单札饬札到该协领、总管，转饬遵将应升人员造具履历清册二本、烟结二纸，如有毕业人员，令其携带文凭，依限呈送，以便转咨可也。特札。计抄单各一纸，一札兴京协领、永陵总管。等因。准此，除分札外，查

| 1910 年（宣统二年　庚戌）58 岁 |

有经前都护灵饬调留兴当差之凤凰城正红旗满洲佐领下蓝翎五品顶戴领催成斌，应挑锦州正红旗骁骑校员缺，造具履历清册一本，加具烟结一纸，连人一并备文咨送贵督部堂查核施行。计咨送印册一本、印结一纸。（《兴京旗人档案史料》，第 420—425 页）

12 月 14 日（十一月十三日）　为拒绝俄在塔密托罗海山南设岗兵事，东三省总督锡良札饬民政司、交涉局、呼伦道知照。

钦差大臣头品顶戴陆军部尚书衔都察院都御史总督东三省等处地方兼管三省将军事务会办盐政大臣锡、钦命陆军部侍郎衔都察院副都御史巡抚黑龙江等处地方副都统衔会办盐政大臣衔周为札饬事：案据胪滨府呈称：窃俄人在满洲里北塔密托罗海山南约十华里，靠华人所种之菜园北一里许地方设立俄岗，当由知府面晤俄统领，希令速将俄岗撤退。该统领允许与依尔古次总督电请，再当照复，等因。业于十一月初一日呈报在案。

旋接准俄统领乐然四基照复，内称：据勘界处营官安得力扬阔云，该处系属俄地，请与勘界处专员、参谋处副参领儒达诺夫商办可也。此设岗之兵专为防瘟起见，等语。查此处在塔密托罗海山之南十华里，该处有菜园为记久矣，共认华界。查勘界处与地方之事无干，既据该统领声明该岗兵非勘界处所派，知府自难承认与勘界处商办。现在该统领既藉词推诿，勘界处认为俄界自应照章与俄外部官交涉。以上情形，业经电禀在案。

除分报呼伦道及照会俄外部官复照催俄统领外，所有呈报拒绝俄人设岗缘由，是否有当，理合具文呈报宪台鉴核批示施行，等情。据此，除批呈悉，仰即遵照前电，迅速据理交涉，仍将办理情形随时呈报为要，并候饬民政司、交涉局、呼伦道知照。缴。等因。印发并分札外，合亟札饬。札到该局，即便知照。特札右札仰交涉局遵此。（《中东铁路》（一），第 447—448 页）

12 月 16 日（十一月十五日）　东三省总督锡良致外务部奉省韩侨日众请向日使速议办法函。

本年八月初五、二十五两日，迭将奉省韩侨日众预筹对待之法函请与日使提议，恳为裁酌，示遵在案。兹据交涉司韩国钧呈称：派员分赴各州县详查，计安东、怀仁、宽甸、兴京、长白、通化、临江、辑安、抚松、安图、海龙等十一府县现有韩侨八千六百五十八户，男女丁口三万六千五百四十八人，佃种地亩七万三千三百五十亩九分五厘，住房一万八千二百三十八间半，牲畜一千五百零八头；较宣统元年共增七百十八户，男女丁口三千八百七十五人，地亩一千四百三十九亩，住房二百七十二间，牲畜四十二头。本年内，侨民户口所增之数即辑安一县已至一千余人，其余各府县亦自二百以上至九百不等。东边壤地本只鸭绿江一水之隔，越境极易，近日来者仍复络绎于道。若人吾国籍者，除兴京明家鸿一名外，他无所闻。计呈韩侨户口表一分等情。

据此查奉省韩侨延至十一府县之多，以后递年增加，势必普及东三省而后已。日既并韩，吉省之延吉一带尚有杂居区域，成案服我法权，奉省前未规定，虽词讼一切向由我地方官判断；万一日人藉口合并以相干预，抑或以查户口为名分派警察入我内地，听之则失我主权，不听则龃龉立见。良前函谓：韩侨为日本兼并满洲之导火线。非敢危词以耸听，实有见于眉睫之祸，不得不然。自并韩至今三阅月以来，日人尚未伸张其权力者，非忘之也，以韩境措置未周，不得不稍留以有待，我侥幸其无事，迨事迫而已不及自谋。兹乘日本整理韩事无暇兼顾之时，伏乞钧部迅与提议特别办法，抑即援照延吉成案，以期预杜后患。是否有当，谨候裁度施行。良。（《清季外交史料》第8册，第4422—4423页）

12月21日（十一月二十日） 假期届满病仍未痊恳请开缺。

奏为微臣假期届满，病仍未痊，恳恩开缺以免贻误，恭折仰祈圣鉴事：窃臣于十一月初八日，因旧病增剧，奏恳赏假半个月，仰荷朱批允准，天恩高厚，钦感莫名。现在假期届满，念时艰之日棘，懔疆寄之忝膺，苟病体稍可支持，亟应力疾销假，万不敢稍就逸豫，自外生成。乃旬日以来，加意调摄，而喘咳盗汗，夜不成寐，病势迄未稍减，实缘气血亏耗过甚，非仅恃药饵之力所能见功。臣才力本甚平庸，近因积病侵寻，精神复不足以继之，清夜自思，实难再胜封疆之任。况东省地方重要，臣到任以后，将及两年，未能办成一事，上无以对君父，下无以对人民，辜恩溺职，罪无可逭。相应仰恳天恩，俯准开缺，另简贤员接替，以重边寄，不胜吁祷之至！

1910年（宣统二年 庚戌）58岁

二十八日奉到朱批："著再赏假十五日，毋庸开缺。东三省地方重要，正当提前筹备宪政之时，该督自应力任其难，毋得诿卸。钦此。"
（《锡良遗稿·奏稿》，第1258页）

12月31日（十一月三十日） 奏报胡卢岛建筑海堤派员筹办购地开工情形。

奏为胡卢岛建筑海堤，派员筹办购地开工情形，恭折仰祈圣鉴事：窃臣前奏陈奉省胡卢岛商端口工程重要，拟筹的款以资开办等情，宣统二年七月二十七日奉朱批："该部知道。钦此。"旋准度支部遵旨咨照前来。

查此项港岛工程，本与拟办之锦瑷铁路联络一气。臣先经派委开缺广东按察使郑孝胥与洋员议订锦瑷铁路草合同，并饬将开港事宜一并筹画。当由该员带同奉省工程司琇斯驰赴该岛，察勘情形，以建筑海堤为开办下手之要著。兹据先后禀报，拟将应筑海堤，并停泊轮船码头，分为三段：先由海岸用沙石垫成堤坝，外砌片石以御巨浪之冲刷，直至水深之处，计长二千英尺，为第一段。复自水深之处，折而左转，用铁条洋灰凝结桩砸于码头两面，筑成护墙，中用沙土片石填塞，计长二千五百英尺，为第二段。末段水底更深，即用闭水围桩之法，纯筑洋灰墙，内仍实以沙土片石，计长二千四百英尺，为第三段。以此三段工程，分为六年办理。第一段及建造工程所、材料所、办公所诸项房屋，均于第一年内竣工。第二段又分为二节：其头节工程于第二年内竣工，其二节工程限于第三年内竣工。第三段则分为三节，于第四年、第五年、第六年内分年修筑，限至第六年一律竣工。此胡卢岛海堤工程分段分年预算办法之情形也。

臣与该员司等议定，即以宣统三年为开办海堤之第一年。目下应即购地动工，自胡卢岛至京奉铁路之连山站，先行修筑运料铁道二十余里，以为明年筑堤之预备。计商埠内已购胡卢岛前后及西大山、山城子、梁房子、柳条沟、望海寺等处民田二千余亩，铁路用地亦经分段购买。一面将应行购备之各项机器及钢轨、车辆等件，凡中国各省所有者，尽向华厂购办；其不能自制之件，则用投标之法，向各洋商开价购办。又因工程骤难大举，于上年冬间暂就臣署中设立筹办处，即派委郑孝胥督饬经理,俟明年胡卢岛办公房屋竣工之后,再行设立工程局以专责成。

十二月初六日奉到朱批:"该部知道。钦此。"(《锡良遗稿·奏稿》,第1259—1260页)

是日　变通奉省中学以上各学堂所授兵式体操,仿照陆军练习打靶,以重军学而育人才。

奏为变通奉省中学以上各学堂所授兵式体操,仿照陆军练习打靶,以重军学而育人才,恭折仰祈圣鉴事:窃据咨议局呈称:"军国民教育之能强人国,古今中外皆然。奉省僻处东陲,实行军国民教育为计尤急,拟将中学以上各学堂灼减随意科目,匀出时间,加授军学战术。又定章所授兵式体操,应仿照陆军,实行教练,并习打靶,以期养成军人之能力,藉振尚武之精神。事关变通定章,应请奏咨办理"等情,由该局各议员议决呈请前来。

臣查学堂教授之要著,原以德育、智育、体育三者并重。今中学以上各校,体操一门均习兵式,而比之陆军之教练相去悬殊,有形式而无精神,于体育似未完备,不足以养成强毅坚卓之人才。矧综揽奉省时局,尤以补救文弱之弊,提倡尚武之风,为当务之急。咨议局所议,实属深合时宜,应请准如所议,量予变通定章,实习打靶。已饬提学司先将各校体操正课改习兵学战术,再加兵式教练枪剑术,即将随意科目酌减,慎选妥员充当教习。自明年开学,一学期满练习就绪。再饬司妥订打靶章程,通行遵办。相应仰恳天恩,俯准饬部备案,以宏教练而冀实效。

十二月初六日奉到朱批:"该部知道。钦此。"(《锡良遗稿·奏稿》,第1260—1261页)

1911 年（宣统三年 辛亥）59 岁

1月4日（十二月初四日） 张元奇向锡良呈报关于宁远乡民围署抗捐警兵镇压情事。

奉天民政使司民政使张元奇为呈报事：案查前据署宁远州知州史锡芸呈报，乡民吃会聚众劫犯，警兵受伤用枪抵格，致触动枪机误伤乡民一案，当以该处乡民迭经聚众滋事，此次复敢聚众劫犯，以致民警交斗，击毙人命，案情较重。当经札委候补知府程学恂前往查办，去后，兹据该守覆称，遵于十一月二十一日驰抵该州，接晤绅商，详稽案卷，乃悉当日祸端之起因。该州警款每地一日，每月收捐钱五百文，嗣加收学款二百五十文，共收东钱七百五十文，按照铜元一枚合东钱一成。嗣遵宪台呈准警务通则，以亩计捐，统收银元，遂改为每亩月收小银元一厘五毫，以一厘为警款，以五毫为学款，计地六亩，月缴小银元九分。而该州现银元缺乏，收捐之时仍系以东钱折合银元。该州银价甚昂，每小银元一元，约合钱八吊四五，故捐虽只九分，若以省城银价核算，实合一角有奇，民间遂觉捐项过重。又前署牧慕昌治任内，因民间地亩不无隐瞒漏匿，遂定为每地一日酌加二亩，民间始亦遵从。至六月间，西乡三、四两区人民遂谓担负太重，希图轻减。该乡向有五会之名，系连合各屯抵御外来胡匪，闻警则聚，无事则散。六月间，该处民人乃复聚会商议此事，在乡民本无意识，不过欲求捐项减轻，而一二匪徒乘势煽惑，倡为抗拒，致有赴巡警区所攘夺枪械之事。知府详访民间舆论，有谓须将以前警务余款彻底清查者；有谓巡警不能卫民者；有谓学堂办理腐败者，虽属乡民希冀减捐以此借口，然使为地方官者，果能将警学各政，实力整顿，款不虚糜。而款项收支若干，又为决算榜示，以昭大信，则民间自然詟服。乃查王前牧崇闻于警学两端，向不甚过问，至巡官有兼办学务者，收捐绅董有挟款不交者，办理种种失当，无怪疑谤丛生，遂以酿成六月间聚众之事。事后，于确系为首之人，又未遵督宪批饬立时查拿，示以可玩，仅为呈请酌改亩捐，凡地不及三日者，议免二亩捐款。嗣奉宪台会同提学宪呈复，令该牧查明此项民地不及三日者共有若干家数，该牧又延不即办。旋交卸去，致民间观望，希冀之心，日甚一日，遂以酿成今日之事。此查明该州乡民所由聚会滋事之实在情形也。

史牧到任后，访闻芥花台、下碱厂等处，仍有聚众吃会之事，遂于本月初七日亲赴乡间开导，当将赵洛忠即赵长恩暨康德利、戴永凌三人拘带进城。初九日即有乡民百余人入城，至初十日陆续进城者，约数百人，其尚未进城行至半途者，共约有五千人。群称见官，将请减捐并求将会首赵洛忠等保释等语。是日，史牧正坐堂皇，提该会首等讯问，即有乡民数百人至州署前，口称须进内见官恳求。警兵见其人众势大，恐生意外，即于西辕门前拦阻，不许入署。史牧闻信，立饬警务长出外弹压，并传告众人谓，尔有事面求，可举乡老数人入内代表众情。讵乡民置之不理。正在抵拒喧嚷之际，乡民各执石块向内奋击，警兵始而用枪杆抵格，后见警兵苏福山等受伤倒地，一时情急，遂放枪恐吓，共放有十余枪。据当场之警兵称，均系望空开放，不意误伤乡民岳洛荣、薛永才二人，当场复拿获杨洛柏、周德宽、王恩祥等三名。当时，史牧见外面吵嚷不休，比即退堂，意欲出署向众开导。行至堂下，已闻枪声，民众见已酿祸，乃渐渐退去。防营闻警弹压，城绅复出城开导，将尚未进城之乡众中途拦回，遂即解散。当由史牧饬吏验明岳洛荣、薛永才二人所受伤痕，均系钢子所伤。而警兵中惟刘德纯、朱得胜、马万春、谢秉俭四名枪用钢子，即将该警兵看管。讯据该警兵等均称，人众势乱，仓猝之中实不知何人放伤等情。是役，计警兵受伤者三人，乡民受伤者二人。岳洛荣一名，业于十一日因伤殒命，薛永才亦于二十四日身死。此案详询本地绅商劝学所总董李晋云、三乡议长李国华、四乡议长徐尚志等，佥谓乡民抛石在先，警兵放枪在后。此查明乡民聚众闹署，投石伤人，致警兵开枪镇压误毙人命之实在情形也。

至警学亩捐一项，知府抵州后查知，各会首人等均已散归各屯，势

1911年（宣统三年　辛亥）59岁

难家喻户晓，因往访各该区议、董两会人等，连日切实开导，晓以利害，使之分头劝谕。据该议长等回称，乡民均知悔悟，已认赶紧措款，不致仍前违抗等语，并由该会议长等出具切结。

知府复查此案乡民聚众入城滋事，大半乡愚无知被协而来，现在既经解散，自应免予株连。惟会首赵洛忠等屡次纠众抗捐，并敢攘夺巡警枪械，实非安分之徒，应请饬该州牧照例惩办，以儆效尤。西乡土地瘠薄，加以银价踊贵，民间苦累，亦系实情，宜如何量予减缓之处，应由该牧会同该处议会通盘筹画，以善其后。所有查明此案并劝令缴捐各缘由，理合缮折呈覆鉴核，等情。

据此，查该守所查各节，尚属实在。该处地方官果能将警学各款实力整顿，收支款项详细榜示，刁民亦何能藉端煽惑，聚众滋事？乃王前署牧崇闻于警学利弊，既未认真改革，又不遵照宪台批示，将为首滋事之人查拿惩办，以致愚民有所藉口，始终抗捐，玩视地方官命令。该署牧虽经调省，应仍请记大过一次，以示薄惩。史牧到任未久，因访闻赵洛忠即赵长恩等仍有聚众吃会情事，亲赴乡间开导，将赵洛忠等带案讯究办理，尚无不合。惟乡民聚众进城，希冀将赵洛忠等保释，巡警弹压不服，用石向内攻击，以致巡警情急，放枪恐吓，误将乡民岳洛荣、薛永才击伤，越日身死。该牧辄谓因乡民夺枪触机致伤二人，呈报亦未尽实。现在开枪伤人之巡警刘德纯、朱得胜、马万春、谢秉俭等业经收押，若由该州集讯拟办，恐不足以资折服。应请将开枪巡警既屡次纠众抗捐，现经获案之赵洛忠即赵长恩及康德利、戴永凌等一并提省，发交特别审判厅研讯明确，分别拟办，以昭核实。被胁愚众既经解散，应免株连。该州警学两端，应责成史牧切实整顿。捐项应如何酌予核减，并即由该牧督同自治各会妥议办法，呈明核办。倘再办理不善，即惟该州是问。所有派员查明此案实在情形并请提省讯办各缘由，理合具文呈明宪台查核示遵，并请札饬提法司知照。须至呈者。右呈钦差大臣东三省总督兼管东三省将军奉天巡抚事锡。（《辛亥革命在辽宁档案史料》，第20—23页）

是日　清廷批东督锡良奏葫芦岛建筑海堤派员筹办购地开工情形折。

钦差大臣、东三省总督兼奉天巡抚事臣锡良奏，为葫芦岛建筑海堤，派员筹办购地开工情形，恭折仰祈圣鉴事：

窃臣前奏陈奉省葫芦岛商埠工程重要，拟筹的款以资开办等情。宣统二年七月二十七日奉朱批：知道了。钦此。旋准度支部遵旨咨照前来。查此项港岛工程本与拟办之锦瑷铁路联络一气，臣先经派委开缺广东按察使郑孝胥与洋员议订锦瑷铁路草合同，并饬将开港事宜一并筹画。当由该员带同奉省工程司琇斯驰赴该岛察勘情形，以建筑海堤为开办下手之要著。兹据先后禀报，拟将应筑海堤并停泊轮船码头分为三段。先由海岸用沙石垫成堤坝，外砌有石以御巨浪之冲刷，直至水深之处，计长二千英尺，为第一段；复自水深之处折而左转，用铁条、洋灰凝结桩砸于码头两面，筑成护墙，中用沙土有石填塞，计长二千五百英尺，为第二段；末段水底更深，即用闭水围桩之法统筑洋灰墙，内仍实以沙土有石，计长二千四百英尺，为第三段。以此三段工程分为六年办理，第一段及建筑工程所、材料所、办公所诸房屋均于第一年内竣工；第二段又分为二节，其头节工程限于第二年内竣工，其二节工程限于第三年内竣工；第三段则分为三节，于第四年、第五年、第六年内分年修筑，限至第六年一律竣工。此葫芦岛海堤工程分段、分年预算办法之情形也。

臣与该员司等议定，即以宣统三年为开办海堤之第一年，目下应即购地动工；自葫芦岛至京奉铁路之连山站先行修筑运料铁道二十余里，以为明年筑堤之预备；计商埠内已购葫芦岛前后及西大山、山城子、梁房子、桃条沟、望海寺等处民田二千余亩，铁路用地亦经分段购买，一面将应行购备之各项机器及钢轨、车辆等件，如为中国各省所有者尽向华厂购办，其不能自制之件则用投标之法向各洋商开价购办。又因工程骤难大举，于上年冬间暂就臣署中设立筹办处，即派委郑孝胥督饬经理，俟明年葫芦岛办公房屋竣工之后再行设立工程局，以专责成。除将该岛工程逐段前进另行随时奏报外，所有葫芦岛筑堤、购地、开工情形，理合恭折具陈，伏乞皇上圣鉴训示。

宣统二年十二月初四日奉朱批：该部知道。钦此。（《清季外交史料》第8册，第4425—4426页）

1月7日（十二月初七日）　为俄允退越界设岗事，东三省总督锡良札饬民政司、交涉局、呼伦道知照。

钦差大臣头品顶戴都察院都御史总督东三省等处地方兼管三省将军

1911年（宣统三年　辛亥）59岁

事务会办盐政大臣锡、钦命都察院副都御史巡抚黑龙江等处地方副都统衔会办盐政大臣衔周为札饬事：

案据胪滨府呈称：窃知府前于本月初一日俄兵越界设岗住守，除照会据理力与该兵统领争令撤退，并两次面晤拒绝各情，均前后呈报并随时电禀各在案。

旋因该统领拖延不复，当将前后应撤岗兵各情形复行照会俄外部官，以凭交涉地步。嗣经该统领照复，以为现驻俄兵之地非华土而实属俄土，请向我国勘界局总办儒面商可也，等语。知府以为设治边隅，应以职守斯土为己任，乃该统领复又如此支吾不撤，实属容心狡展已极。若不竭力争持，实系有关大局。知府接文后，随往会面驳诘。又复照复〔会〕内开，前与贵统领接洽时，按照贵处地图查考，塔密托罗海山该兵设岗处均在山南，且在我国界敖博以内，其确属华地可知。况此事为地方之事，无关勘界。贵统领既面称该兵非勘界局派去，系由贵营所派，本府自应照请贵统领从速将岗兵退出华境，以敦睦谊，本府无从与勘界处商办，等语。

旋于十一月二十四日据该统领面称，接到俄电，即于是日将俄兵尽行撤回，等语。所有呈报前后拒绝俄统领在华界派兵设岗并该统领允从撤退情形各缘由，除分报呼伦道外，理合具文呈请宪台鉴核施行。等情。据此，除批呈悉，据称前后拒绝俄统领在华界设岗，俄统领允从撤退，等情。仰即妥慎了结为要。候饬民政司、交涉局、呼伦道知照。缴。等因。印发并分饬外，合亟札饬。札到该局，即便知照。特札。右札仰交涉局准此。（《中东铁路》（一），第448—449页）

1月8日（十二月初八日）　假期又满病仍未痊再恳恩准开缺。

奏为微臣假期又满，病仍未痊，再恳天恩俯准开缺，以重边寄，恭折仰祈圣鉴事：窃臣于十一月二十日具奏病体未痊，恳请开缺一折，奉到朱批："著再赏假半个月，毋庸开缺。"等因，钦此。跪诵之下，感悚莫名。

伏念臣素性迂拘，渥承知遇，际此时艰日棘，仰荷圣明倚任，果使于事有济，虽捐糜顶踵亦所不辞。无如疾病侵寻，精力实难支柱，虽加意调养，而气血亏耗过甚，一时难望就痊。自问莅东两年，毫无裨益，何敢再以病躯恋栈，贻误地方！惟有再恳天恩，俯念东省地方重要，微臣病势难支，赏准开缺，另简贤员接替，以重疆寄。一俟臣病稍痊，即当泥首宫门，求赏差使，断不敢稍就安逸，自外裁成。无任惶悚待命之至！

十三日奉到朱批"著再赏假十五日调理。东三省关系重要，仍责成该督认真经理，毋得诿卸；不准开缺，凛遵旨行！钦此。"（《锡良遗稿·奏稿》，第1263—1264页）

1月11日（十二月十一日）　东督锡良等致军机处请代奏东三省发疫情形并请拨大连关税电。

军机处钩鉴：窃东三省自满洲里冬初发生鼠疫后，逐渐蔓延至哈尔滨，而疫势日厉，近每日死至百余名之多。长春渐次传染，奉省近亦延及，旬日之内染疫死者已十二人。若不严为之防，深恐延及关内。查疫症流行，关系民命，最为各国所注重。当哈埠染疫后，树模先在省城，并分饬地方官竭力防范。又于嫩江、瑷珲分设检疫所，查验入俄境之华人，免其禁阻往来。一面由锡良遴派委员医官，并电商直隶总督，暨由外务部先后添调医员赴哈防疗。长春及奉天省城亦即赶设病院、检疫所。昭常复亲赴哈埠督率料理。此次疫症，因东清、南满火车往来，蔓延甚速。闻大连亦已传染，尤应极力严防。业经调派医员生数十人，尚苦不敷分布。部派法医梅聂，现亦因染疫送入病院。拟再电由上海添调医员，并于火车经过大站，添设病院、检疫所。凡乘火车由哈赴长、由长赴奉之商民，节节截留，一体送所查验，过七日后方准放行。染疫者即送病院医治。惟染疫区域较广，经费浩繁，三省同一拮据，实属力有未逮。应恳敕下度支部迅速在大连税关先拨银十五万两，解交应用，俾济急需。仍俟事竣核实造报，无任吁祷之至。谨请代奏。（《中国荒政书集成》第十二册，第8186页）

1月12日（十二月十二日）　外务部致东三省总督锡良东省马贼充斥希严饬营警搜剿电。

马贼事前准节略，当复日本使。兹准照称：此事已达政府，现政府复行饬查，中国所称防剿未经实行，前逮捕之六人，其一系日警所捕，其二系日警协助，其余除击杀一人外，迄无著落。日人命产被害无已，请严饬防剿,万一徒托空言,恐敝政府将设法自卫。该使复面称:中国官授械团练一层,实多危险,总望设一妥法,从速剿办各等语。

查东三省铁路为各国往来要道,马贼充斥,出没无常,不特有碍公安,且易丛人口实。尊处虽经筹办,日政府仍谓我剿不力。日领报告与地方官所报不同,多方挑剔,用意叵测,必我有自治之方,庶彼无可乘之隙。万一藉口自卫,派兵干预,彼时虽竭力挽回亦恐不及,务希严饬营警认真搜剿,随时防范。至授械一节,究系如何办理,并希见复,余咨达。外。(《清季外交史料》第8册,第4426—4427页)

1月13日(十二月十三日) 宁远乡民围署抗捐警兵镇压情事继续发酵,为此,省咨议局呈请锡良将警务长及开枪之警兵与尸亲人等饬宁远州一概提省,送高等地方审判厅秉公审讯,并追究主使开枪之人,按律严惩祸首,俾免逍遥法外,以伸冤抑,而重民命。

奉天全省咨议局为呈请事:案据宁远州民人王俊山等为请议巡警枪毙人命,正凶未办,恳请议决转呈以伸民究一案。查此案起时,本局尚未闭会,当以人命重大,如办理失宜,激动民愤,恐蹈山东莱阳之辙。当经公举议员焉泮春、萧露恩、杜赞宸赴宁详密调查当日情事,以期确实。嗣准查复,以史牧两次拘押七人,乡民集会赴城恳请保释,寸铁未持,在州署西辕门外巡警连放十数枪,以致受伤多人,岳福登时殒命,薛永才伤重,未卜生死等情。报告前来。本局正在核议,嗣据王俊山等请议昭雪冤抑,沥陈当日情事,与调查报告略同。惟薛永才因伤过重,已于十一月二十二日夜间因伤毙命。史牧不拿凶手,反以乡民聚众哄堂,警兵因枪走火伤毙人命等情捏禀,恳请议决转呈,以伸冤抑等因。本局以案情重大,非寻常请议事件可比,历次会议可决代呈。查此案始因夏间青黄不接,西路地瘠民贫,无力纳捐,又以胡匪肆起,巡警不能御贼,乡民等在下碱厂集会倡办团练,索还巡警枪枝。前任王牧即以聚众抗捐上禀,嗣经官绅屡次开导,乡民勉力输将,已于八月初旬赴收捐处纳款。即有不齐,不过观望迟回,则是滞纳,而非抗违。其滞纳原因,实以夏季饷票未发,尚可推移日期,此亦情事之常。史牧到任伊始,整顿捐款,惩戒一二,以警其余,未始不可。乃已拘押三人,次日复由粮店捕拿乡民四名,已失之操切。众心不平,此举实有以激之。次日,乡民集会进城，不过为保释拘押之人，未持寸铁，乃不先行开导，警长率警兵反在街上开枪轰击，以致负伤多人，连毙二命。谓为走火误伤，其谁信之？民警相仇，已非一日。若不秉公核办，恐民愤愈激愈深，莱阳覆辙即在目前。本局持平核议，既不愿长乡民抗捐之习，尤不愿小民有枉死之冤。此案乡民集会专为保人，与捐款一事毫不干涉，只宜专就枪毙人命核办。请将警务长及开枪之警兵与尸亲人等饬宁远州一概提省，送高等地方审判厅秉公审讯，并追究主使开枪之人，按律严惩祸首，俾免逍遥法外，以伸冤抑，而重民命。所有议决宁远民人王俊山等请议一案，理合粘书转呈督部堂批示施行。须至呈者。议长吴景濂，副议长孙百斛，副议长袁金铠。(《辛亥革命在辽宁档案史料》，第24—25页)

  是日 外务部致东三省总督锡良日人在长春设派出所在吉林蒙古测绘希据约诘阻电。

  准军咨处函：据尊处咨称，日人在长春城内秘设关东都督府派出所，并在吉林、蒙古一带调查、测绘等语。业经照会日使，转饬禁除。查外人违约测绘，上年曾经本部咨请禁止有案。兹日人复有此等举动，应由尊处通饬各属查明确据，据约诘阻，并电复外务部。(《清季外交史料》第8册，第4427页)

  1月14日（十二月十四日） 为交涉局兼办路界税务等事，东三省总督锡良札饬民政司知照。

  窃铁路界内税务归交涉局兼办一议，知府照会铁路公司后，当抄稿禀请宪台鉴核，并禀明民政司查照在案。

  昨奉宪台冬电，往与达代办诘问轻便铁路尚未停工一事。知府江电禀复，文尾已将税务问题略陈数意，计已邀鉴，发电之前，维时霍总办已有照会前来，谓界内征税，伊并未允可，亦万无允可之理。又，铁路界内华人案件，按照合同第六条，亦须由铁路巡警查拿，转交该管交涉局照章会审，各等因。知府以界内税务归交涉局兼办，前已与霍总办议定。嗣见达数次，亦均有成说。当向达诘以前由，并谓此事已禀明抚宪在案，万难翻覆。达多方狡展，迨再三驳辩，达始谓，此事须详细研究，不能以照会公司即便施行。知府曰：我所致公司照会，文尾已经声明请公司照复。其事尚未实行，贵代办忽翻前议，未免失信。达曰：非将税

1911年（宣统三年 辛亥）59岁

项类目暨款项逐一磋议妥协，分条签押，不能见之实行。知府曰：前照文尾已声明，俟税单抄齐，再照送。达曰：以前江省税局有税有捐，而界内商家已在公议会纳有月捐，税局再捐，似觉重复。如此办理，事近烦苛。至洋货一项，又均在税关纳过进口税，亦不能再向重征。知府驳以税关所征系展进口税，局所征则系销场，公议会月捐系属铺捐，税局所征乃系正税。通省税章如此，岂各站即能独异。达曰：无论如何，洋货必不认捐。知府曰：洋货不捐，可以代为请示，土货何如？达曰：候细单开来，再议。至铁路巡警，公司自有权限，华官不能干预。而华巡警，公司则必不承认。试问如上海、天津及各商埠，凡外国租界均如何办理，可想而知。知府曰：铁路占地与商埠性质不同，又，敝总办照会所谓俄员不得径行派员攫拿华人，系指近日博税局暨以前对青山等事而言。达曰：公司办理无不遵守合同，铁路界内既为公司自有权限，一切施为碍难迁就。反复驳辩，达一味坚执，不可理喻。查博、对两站税务交涉，因出于公司之无理，而肇衅原因则起于各站华商之反抗。公司不察，遂甘为傀儡，横生阻力于其间。现拟向卖主征税，达始不认可，谓不如征之于商家。知府即接言曰，如此甚好，即作定议。达自知失策，因改其词。曰尚不能定，盖征之商家，是税是捐，无从分晰，是否重征，亦难索解，且须与各商会商议，亦多不便，各等语。以是论之，达之切索税章、税目一看，盖正有疑捐税之并征。将来送给阅看，公司亦不能不与各商会研究。华商以界内税务尚未定章，必将乘间觊觎，唆使公司阻挠政令。知府前拟将税捐各项合而为一，统名曰税。民政司已照拟另开税则，函送到局。惟江省通行税捐章程，某项应税若干，某项应捐若干，华商皆有所知，公司亦必有所闻。今将捐款加于税款之中，税款自多。界内如此，他处仍旧，是税则不一，界内华商将有违抗，公司亦必有异词，岂非倒持干戈，授人以柄。瞻前顾后，辗转筹思，似不如即照界内税章，通省改归一律，删去捐之名目，统名曰税。由宪台通行晓谕，俾众周知，以杜外人藉口，而利推行。

又，界内税章事繁词费，一时恐难议定。洋货既不认征，尽可与议土货。惟俄人不久即过新年，俄历年前又有一二佳节，间以礼拜，统计华历年前，公司能办事之日已为日无多。俄人过年后，即是中国年关，税章不定，交涉局兼办之议，自难实行，博税局又不能照前办事，税务久停，亦非所宜。且华商以停税而得利，必将兴心破败，致新章之不行。主权税课得失攸关，为今之计，只有先在界外要路设卡征堵，是第一要着。俟将来界内税章议定实行，再将外卡改归界内一律办理。盖奸商之谲计无可兴心，则后此之施为尚堪得手。除俟拟订简章与公司磋议，再行禀陈，并将此次会议情形另禀民政司查照外，所陈是否有当，合录来往照会文稿附呈悉阅，祗候钧裁，等情。

据此，除批禀暨抄件均悉。查铁路界内税务归交涉局兼办，本年春间经于道与该公司霍总办晤商，业经面允。无论何站税局，公司决无违言，等语。嗣该守与该达代办续议数次，大致亦以应允。兹何以忽翻前议，反谓并未允可，殊出情理之外。该守所筹权宜办法，拟先在博克图界外要路设卡堵征等情。与对青山事同一律，自系目前要着，仰即赶紧设立，呈明办理。至称税捐合并办法，与全省税章不同，恐滋口实，所虑亦属实情。惟本省通行税捐章程，能否改归律之处，候饬民政司会同清理财政局统筹全局核议复夺。其界内税章，该守仍应迅与该公司竭力磋商，务令就范，是为至要。至该公司照称，华人案件应由铁路巡警查拿，转交交涉局会审一节，此系专指犯罪平民而言。该税局书差乃系督抚派出经征国家税务之官吏，并未犯有何等案件，岂可援引此条以为解说，仰仍据理驳诘，以保主权，而崇国体。其如何办理情形，仍应随时具报，并候饬交涉局知照。缴。附件抄发，等因。印发并分行外，合亟抄粘札饬，札到该司，即便遵照。特札。计抄粘右札仰民政司准此。（《中东铁路》（一），第449—452页）

1月15日（十二月十五日）　清廷批准外务部等奏遵议锡良奏陈东三省大局应行分别筹办情形折。

总理外务部事务庆亲王奕劻等跪奏，为遵旨会同妥议，恭折复陈，仰祈圣鉴事：东三省总督锡良奏遵旨密陈东三省大局应行分别筹办情形一折，宣统二年十月二十日奉朱批：该衙门妥议具奏。钦此。钦遵由军机处钞交前来。查原奏于熊希龄密陈四条，谓有可以实行者曰：裁撤各关作为无税口岸，有宜从慎行者曰：许各国商人杂居内地，有已在试行者曰：矿产、森林招设公司，有利在速行者曰：加借外债经营移民开垦；

并谓细查四端之宗旨,皆以实行开放为主义,所见远大,与顾此失彼、畏首畏尾者不可同日而语;朝廷如垂念东三省所处之奇危,请以四端列为预定之政策,步步著著依此实行等语。

臣等窃维东三省逼处强邻,时局阽危,欲施挽救之谋固以开放门户为要义,实行开放之策尤以各国均势为指归。原奏第一端裁撤各关作为无税口岸以云开放,诚属造端宏大。惟按诸实际仍恐无补时艰,姑无论三省各关税岁入约三百余万两,未易筹款抵补也。即谓为鼓励通商起见,地方易于发达,不必计此区区之进款,究竟门户洞开得占优胜者,恐仍在邻近之邦,而不在欧美各国。该督原奏于内地杂居一节,即谓日、俄与我接壤,各国与我鸾隔;一准杂居,则日、俄来者麇至,各国来者必不甚多,免税亦何独不然。故此议于均势之计画似未能适当。

窃谓:无税口岸只宜于素称富庶之区,而非可恃为抵制之计,未可引英国伦敦以为效法。至原奏拟将征收营业、销场等税,由外务部与各使商定后即行裁撤。各关查销场税载在中英商约加税免厘款内,未便又与各使提议作为东三省单行之税法。营业税只应征诸华商,系属内政;若与各使协商,转失主权。近来东省内地各厘捐或征及有免单之洋货,各使屡有烦言。如果办营业税以代各项厘捐,并非指货收税,使洋商无可藉口,自是妥善办法。此则不议裁撤关税,亦属可行者也。

原奏第二端谓:内地杂居必以主权在我为要著。斯诚不易之论。主权者,警察、裁判实为大端。苟筹备尚未完全,则外人不愿就范围,杂居必诸多窒碍。虽现在东省情形日人多不遵守约章,杂居城镇无法使之迁徙,然理曲在彼,我犹可据约而争。若一经允认,自撤藩篱,适足便其拓殖之计。恐各国未及相与维持,而一国已先张其势力矣。应请照原奏所拟,先将警察、审判分年预筹,逐渐推广,必俟完备足用,然后相机与各国提议修改条约。即以开放内地杂居与收回治外法权为互换之利益,庶几悉协机宜,可收效果。

原奏第三端谓:矿产、森林等事惟以招来洋商、吸收外资为最急,拟特立兴办实业章程。查东三省地产丰饶、利源待辟,只因财力未逮,遂致举办维艰。自应设法招徕以冀振兴实业,且允许洋商投资设立公司,或拒或迎操纵由我,明示各国以同沾优例,即隐杜一国之独握利权。为结均势计，似视免税、杂居二者较为中肯。但使密筹组织之机关，慎订集股之规则，自可期无流弊而有成效。应俟该督拟定章程送部察核，如属妥协，即准施行。

原奏第四端拟加借外债经营移民开垦。夫移民开垦诚为今日固圉殖边最要之政策。言开放者欲使各国自由通商，此犹是不得已而藉外力以为护持，得失参半，非上策也。若能自行开垦，则内力渐充，外患自无从而侵入，斯诚保固根本之论，较之以上三端为尤要著。惟原奏于此事谓提纲挈领之要务在锦瑷铁路。铁路即开，则应弦赴节，事半功倍；铁路未定，则勉强兴办，糜费更多。又谓：只求款能应手，则进步必速。其主张加借外债者以此。窃以为移民之举有铁路固形利便，无铁路亦未见需费增多。锦瑷现既未有成议，垦务势难待诸路成。至兹事体大，自非有巨款不办。该督前奏请借债二千万两，内以五百万两为移民开垦之用，业经臣部议准，并由度支部筹借在案。应即先尽前项五百万两将招垦事宜妥为布置，次第扩充。如果办有头绪，功效渐彰，款项不致虚糜无著，将来应否加借外债，抑或由度支部另筹的款指拨，届时再行酌议。

以上四端皆关系东三省全局，臣等公同商酌，或应从缓办，不必持论太高；或利在推行，务先规定善法。总之，实行开放仍以不损主权、能达均势为紧要之关键，应请饬下该督分别办理，慎密筹画，但能立定宗旨，切实进行，自易转危为安，无虞缓不济急。所有臣等会同妥议缘由，理合恭折复陈，伏乞皇上圣鉴训示。再，此折系外务部主稿，会同度支部、税务处具奏，合并陈明。

宣统二年十二月十五日奉旨：依议。钦此。（《清宣统朝中日交涉史料》卷6，第8—10页）

1月16日（十二月十六日）　疫气蔓延，人心危惧，奏请俟事竣将在事出力人员照异常劳绩保奖。

奏为疫气蔓延，人心危惧，请俟事竣将在事出力人员照异常劳绩保奖，先予立案，俾资激励，以消灾疠，恭折仰祈圣鉴事：窃自满洲里鼠疫发生，与俄国接壤地方，已由臣树模分饬地方官认真办理。嗣因疫气浸盛，延及哈尔滨一带，经臣锡良、昭常督饬吉林西北道于驷兴开办防疫所，选派中、日医生，购备药料器具，由奉驰往襄助；复经外务部遴

1911年（宣统三年 辛亥）59岁

委中国医生伍连德、法国医生梅聂、英国医生吉陛同时前往。臣昭常因各国医生各执意见，恐互相推诿，事权不一，亲赴哈埠，督率筹办。奉天省城则特设防疫总局，由臣锡良委民政司张元奇、交涉司韩国钧总司其事，督同警务总局、卫生医院妥筹办法，订定章程，旬日以来次第成立，所订搜查、检验、治疗、消毒诸法，各国领事亦极赞成。现正商同日、俄车站，将东清、南满二三等火车暂停开驶南来，杜绝传染，为正本清源之计。其南满、京奉、安奉路线所经由长春、公主岭、昌图、铁岭、辽阳、新民、沟帮子、抚顺、本溪、凤凰、安东等处，均经颁发章程，一律查验；山海关、营口两处尤关紧要，另饬周道长龄从速筹备，并由省发款以资开办。现计奉天省城实系染疫而死者不满三十人，医官、警弁办理尚皆如法。其余各处亦间有发见，惟所需款项至钜，且无从预算。经臣等电奏，请由大连税关先拨银十五万两应用，钦奉电旨允准在案。

乃布置甫经就绪，事势忽复棘手，本月十三日法医生梅聂与奉天派往之刘医生，均在哈埠染疫病故，其余夫役人等亦多疫死。各医缘此寒心，伍医生连德上禀辞差，英国医生吉陛坚欲回京，军医学生全体乞退；经臣等往返电商，多方劝慰，现暂照旧办事；惟要求抚恤之款，按照俄国定例，每名外国医生至一万卢布。查疫势传染甚烈，外人尤极注意，办理稍不如法，即恐乘机干预。现在铁路所经各处一律开办，此项合格医生多方罗致，已属不敷分布，若再纷纷求去，必至贻误事机。惟医生检验疫病，虽医学精深之员无不畏疫如虎，即从事搜查防护各员弁与染疫之人时时接触，性命亦极危险。实缘疫气所至，朝发夕毙，前仆后继，官绅商民，无中外贵贱，日惴惴焉如临大敌。人心危惧至此，若不优加奖励，实不足以作办事者之气。臣等再三商酌，拟请在事官绅、中外医官、医生暨巡警、弁兵等，俟事竣择其尤为出力者，照异常劳绩保奖；其染疫死者，依阵亡例优恤。盖以防疫事同御敌，捐一己之性命以赴急难，与临战阵冒锋镝正复何异？否则，畏死之情人所同有，强迫之法官亦难施，疫气日炽，不特三省之民命、财产不能保护，且于国际交涉极有关系也。应恳天恩，俯念疫势蔓延，办理万分棘手，准予所请立案以资策励。俾疫气早消，三省人民共登寿宇，无任吁祷之至！

二十三日奉到朱批："该省疫气蔓延，朝廷深为系念，已屡申电谕矣。此奏固属可行，著允如所请。惟一切防疫销疫事宜，该督抚等务当仰体朕意，认真妥速办理，以卫人民，毋得视为具文焉。钦此。"（《锡良遗稿·奏稿》，第1265—1267页）

1月21日（十二月二十一日） 奏报查明奉省本年灾歉地方及赈抚情形。

奏为查明奉省本年灾歉地方，来春应否接济情形，恭折覆陈，仰祈圣鉴事：窃接准军机大臣字寄："宣统二年十月初三日奉上谕：'本年因安徽连遭灾歉，湖南、黑龙江猝被水患，当经分别颁发帑银，由该督抚等妥筹振抚。其余浙江等省，据报偏灾，亦经谕令该督抚等截留漕粮，并筹办急赈，妥为抚恤，小民谅可不至失所。惟念来春青黄不接之时，民力未免拮据，著该督抚等体察情形，如有应行接济之处，即著认真查明，据实覆奏，务于封印以前奏到，候朕于新正降旨加恩。此外各该省有无被灾地方，应行调剂之处，并著一体查明具奏。该督抚等务当痛除积习，饬属确查，不得稍有捏饰，以副朝廷实惠及民之至意。将此通谕知之。钦此。'"臣遵即通饬各属一体钦遵认真查明去后。

旋据各府、厅、州、县查明，报由民政使张元奇、度支使齐福田呈请覆奏前来。臣覆查新民等属旗民被灾地亩，业经另折奏恳天恩，俯准分别蠲缓钱粮；其新民一属被灾较重，先经筹办急赈、义赈分别赈抚。洮南府暨所属各县被水成灾，亦复酌拨赈银，前往散放，小民均不至失所。现查来春青黄不接之际，惟洮南府疏浚河渠以工代赈，镇东、靖安两县被灾较重，民食缺乏，均由臣督饬酌量接济，以期仰副朝廷勤恤民依有加无已之至意。

二十八日奉到朱批："知道了。钦此。"（《锡良遗稿·奏稿》，第1269—1270页）

是日 奏奉省八旗工艺厂办有成效及拨款扩充情形。

奏为奉省八旗工艺厂办有成效，拨款扩充以兴实业而广生计，恭折仰祈圣鉴事：窃今欲为八旗生计、兴实业，不外二端：务本则以农事为先，而收效则以工艺为速。设厂教工，轻而易举。使八旗子弟各执一业，人人皆能谋生，处处皆足自立，自不难徐收变通尽利之效。本省前奏办

1911年（宣统三年 辛亥）59岁

奉天八旗工艺厂并设分厂于锦州，即此意也。

查八旗工艺厂，两载经营，颇著成效，先后毕业，美绩粲然。迩来得利尤丰，月计开支经费以外，尚有盈余。自应拓充办理，增工料，立分厂，以厚资力而广规模。现拟添建房屋，购办机具，设法推广。并以东省向不产纸，皆用洋货，造纸一科，亟应振兴，期挽溢利，计需扩充经费约银二万两。又以工厂虽立而无学堂以为之辅，工艺难求精进，拟设八旗工业学堂，计需开办经费约银一万两。又以本省八旗分驻各城，而分厂仅有锦州一处，工徒入学不便，拟先就辽阳、牛庄二城添设分厂，计需开办经费约银二万两。合共应需开办经费约银五万两。查有陆续收存清理旗地照费可以拨支常年经费，即以奉厂原领额支之款，腾出抵用；如有不敷，另由旗租学费及鱼泡地租等项筹补。庶内外城旗通力合作，教育实业并进兼管，而八旗谋生自立之基系于此矣。

二十八日奉到朱批："该衙门知道，片并发。钦此。"（《锡良遗稿·奏稿》，第1272页）

是日 奏入官充公地丈放收价创设八旗兴业银行。

臣前于清理旗地办法折内，曾拟将内务府园庄各官地，分别清查丈放收价，专备筹办八旗生计之用，奏明奉旨，钦遵办理在案。

兹查有旗务处接管前军署各司入官充公地一项，计共五万余亩，事同一律，自应一并查丈放领。所收地价，按照本省地亩折中酌减，约可得银二十余万两之数，遵照奏案，另款存储。

查现在筹办八旗生计，如振兴实业、迁旗开垦等项，事繁款巨，非速设立银行经理其事，不足以资周转而利交通。拟即将此款创设八旗兴业银行，先行试办，如有成效，再议厚集股本，推广办理，实于八旗生计前途裨益非浅。

所有拟将入官充公地丈放收价创设八旗兴业银行缘由，理合附片具陈，伏乞圣鉴训示。

二十八日奉到朱批："览。钦此。"（《锡良遗稿·奏稿》，第1273页）

1月22日（十二月二十二日） 东督锡良咨外部日人测绘已饬各地方官警阻止。

案奉钧部十三日电开：准军咨处函，据尊处咨称：日人在长春城秘设关东都督府派出所,并在吉林、蒙古一带调查、测绘等语。业经照会日使转饬禁阻。查外人违约测绘,上年曾经本部咨请禁止有案。兹日人复有此举,应由尊处通饬各属查明确据,据约诘阻等因。准此。

查此案前据东三省陆军参谋处呈称:当经分别咨行去后,嗣准吉林陈抚台咨,据长春道密电称,有日人曾派测绘生华人张姓等四名深入内地,密测军用地势等因,当经饬由参谋处绘具所派出之测绘员手标记,咨复饬知,以资辨别,各在案。外人请领护照分往内地各处游历,本为约章所许。其私行测绘一节,承准钧咨历经分饬严防。欲杜其渐,自非由各地方官会同分驻各该营警等,一遇有外人入境,认真严查。奉电前因,自应通饬各属一体遵照。嗣后如查有私行测绘情事,立即阻止出境;如系外人,即报明交涉司照诘各领事,饬将护照取销;如系华人,即送司法衙门惩办。倘各该地方官等查禁不力,一经访闻,当即分别处罚,以昭儆戒。除分行通饬外,是否有当,相应咨呈鉴核。良。(《清季外交史料》第8册,第4439—4440页)

1月25日(十二月二十五日)　锡良奏报防疫情形并请续拨大连关税。

窃东三省疫染情形,前经电奏。现在哈尔滨一埠,疫毙者已二千六百余人。蔓延及其附近之双城、长春、新城、宾州、阿城、呼兰、绥化,亦已死一千数百人以上。各地方每日疫死百余人或数十人。双城至哈埠之道路间,死亡相继,前颠后仆,惨状殆不忍言!吉林省城如在围城之中,疫病亦已发见。黑龙江省城,前已消灭,顷又复发奉天省城,始疫迄今,已疫毙二百二十余人。沿铁道各属新民较甚,昌图、广宁、绥中均波及。疫盛之区,几有不可收之势!其已经传染、尚未传染地方,预备防范益形吃紧。病者治疗,生者隔离,死者消毒掩埋,非西医不办。派往各处之中西医士,又迭因传染死亡,后来者益视为畏途!电商南北洋饬调,尚不敷分布,不得不设法临时延致。应用药品,皆本国所无。津、沪市上购求已罄,不得不分电外国定购。隔离病舍,必距城市较远,必容纳多人。虽严寒冰坚,不得不设法建筑。顷商承外务部电示火车暂停。陆路亦派兵设卡,遮断交通。截留人数既多,设备稍一未周,恐不死于疫者,将死于饥寒!锡良等焦虑百端,彷徨夙夜,惟有不畏难、不惜费，救一分民命，即为国家培养一分元气。前经奏奉谕旨，饬拨大连关税十五万两，仅抵奉省购药、建筑两款，尚不敷用。拟请敕下度支部，再由大连关迅速先再拨银十五万两，迅速解交。江省用款，已在满、绥两关提拨十三万两，迫切待命，以济急需。谨请代奏。(《中国荒政书集成》第12册，第8186—8187页)

1月26日（十二月二十六日） 民政司使赵渊为昂昂溪税局被俄人查封事呈东三省总督锡良。

为呈报事：窃照本司访问昂昂溪税局有被俄人干涉情事，相隔半月之久，迄未据该局委员呈报。本司遂于十二月二十日遴派赋税科科员广东试用县丞黄国章前赴该局详查禀复去后。兹据该科员呈称：窃科员奉宪谕饬查昂昂溪税局因何被俄人干涉云云，理合据实呈复，计呈清单一纸，等情。据此，查铁路界内于光绪三十一年冬月间设局收税，迄今已历数年，铁路公司并未过问。迨及今年该公司忽倡改归交涉分局收税之议，旋又反复无常，亦并未提及应撤税局之说。乃十一月二十一日擅将博克图税卡查封，并将书差、税票、枪械等项提解赴哈，十二月初十日复将昂昂溪税局撤匾、掳人，搜取票账，铁路交涉局屡向交涉，仅将两局书差先后释放，其税票、枪械等件并不送回。查东省铁路界内公议会大纲第二条内开，凡中国主权应行之事，中国皆得在铁路界内施行，等语。今俄人不遵定章，无理取闹，实属蔑我主权，应请宪台分别咨行，切实交涉以保主权，所有派员查查明昂昂溪税局被俄人干涉缘由，理合备文呈请宪台鉴核施行。须至呈者。(《中东铁路》(一)，第458—459页)

1月29日（十二月二十九日） 东督锡良咨外部安奉铁路购地事竣呈送总图。

案照安奉铁路需用地亩，前与日人磋议之图说章程及地积表等，业经先后咨呈钧部查核。旋于本年三月间准邮传部电复，并咨开据情商准钧部复称：车站用地既经日本购地局声明为铁路所必需，决非供商业市街等设置之用，自可照准等因。当饬交涉司转行购地局并安奉铁路查察经理员分别实地勘查，陆续发价，各在案。兹全线购地事宜业经告竣，所有图表已分别核绘清楚，理合将总图十卷、表件四纸一并备文咨呈钧部，查核备案。再，查原议车站二十六站，当因日人在安东经营六道沟地方不遗余力，沿路市面所关，不得不为商民筹交通之便，体察情形将用地略加增减，饬添刘家河及孟家堡两处车站，与前送地积表稍有不符，合并陈明。(《清宣统朝外交史史料》卷19，第19册，第5—6页)

  2月5日（正月初七日） 锡良奏请息借银行银两，归入江皖赈捐展办清偿。

  窃东三省疫症蔓延，用款浩大，两次奏蒙恩准拨银三十万两。仰见朝廷轸念民生，有加无已，钦感莫名。查东省自染疫以来，死亡六七千人，传播及数十州县。其患疫较重者，不特全家毙命，并其房屋亦由官估价焚烧，情形至为可惨！旬月之内，中外医官疫毙十余人，员役兵警死亡相继。但就恤款一项，计之需费已属不赀。此外一切用项，如觅购医药、建设院所、制备衣粮，均属刻不容缓。即未经染疫处所，凡系铁道附近交通便利之处，亦须先事一一预备，以为之防。糜费之繁，不知如何结束？又因时届年终，行旅苦工，络绎于途，节节截留，动以数千百计，皆恃官为安抚，方免流离。以上各节，统三省计之，即使目前疫气消除，亦断非数十万金所能济事。现在各属请款，纷至沓来，计穷力绌。若专恃部拨，恐亦应付为难。辗转筹维，惟有援照江皖仿办赈捐，或可集成巨款。又查现办江皖赈务大臣盛宣怀办赈数十年，各省偏灾，无不力筹赈济。因与再电商，兹准覆称：三省近接京畿，谊难膜视，应由奉省奏明，先向各银行认息借用，日后归江皖新捐展期劝办，以为归款之计等语。在盛宣怀苦心孤诣，舍此别无筹赈之方。而东三省款迫用繁，舍此亦别无救急之策。相应仰恳圣恩，俯念东三省疫重地广，敕下度支部、邮传部转饬大清、交通东省两分银行，各息借银三十万，由锡良陆续借用。并恳敕下筹办江皖赈务大臣盛宣怀，归入江皖赈捐案内，展期推广，劝办东三省赈捐，以便清偿借款。所有防疫事宜，锡良仍当会商吉江两省巡抚，督饬所属竭力防弭，以期早日扑灭，上慰宸厪。(《中国荒政书集成》第12册，第8187—8188页)

  2月13日（正月十五日） 锡良致军机处日本关东都督大岛义昌请立防疫会议并愿助款请旨裁夺电。

  军机处钧鉴：再，日本关东都督大岛义昌，昨来奉会晤，请立中日防疫会议，由总督及都督各派委员五人，议决两国在南满提议各种防疫

| 1911年（宣统三年　辛亥）59岁 |

事务，兼备总督及都督之咨询。至防疫执行之事，中国属于防疫总局，日本属于防疫本部，不相侵越等语。谈次并以疫染不能早日扑灭为虑，中国此时倘因财政困难，不能切实进行，深愿尽力资助等语，殷殷相告。锡良答以朝廷关怀民瘼，巨费所不惜，尚无庸借助。惟防疫会议一端，意在互相辅助，似未便过于拒绝。是否可行，应请旨裁夺。谨此陈请。（《中国荒政书集成》第12册，第8193页）

是日　奏报三省疫情并规定扼要办法电。（《中国荒政书集成》第12册，第8193—8194页）

2月16日（正月十八日）　锡良奏报三省疫死人数并防卫困难情形电。

北京军机处钧鉴：申。窃东三省疫染情形，本月十五日电奏后，又据各属初报、续报，统计前后疫毙人数已达一万五千以上。死亡之惨，至堪悯恻！查各国防疫，以断绝交通、严杜传染为要着。我国素无防疫之法，商民狃于习惯，对官府之禁阻交通，则以为虐政。每遇实行隔离消毒，百计抵制，谣诼繁兴，甚至疫毙之尸，藏匿不报，以致蔓延未已，传染甚烈，实堪浩叹。如果煦仁孑义，勉顺舆情，主权民命，关系实为重大。哈埠疫染初起，人民但图自便，渐致死亡枕藉，办理棘手，可为前鉴。现该埠自调派军队严行防制后，疫势日轻，成效已著。各属亟应斟酌情形，仿照办理。至此次防疫，以奉天省城较难。盖哈埠华户仅五万人，奉省则二十万人以上。人多类杂，倘严持强制执行主义，难保不聚众抵抗，致生事端。然两害相较取其轻者，为主权计，为民命计，断不敢姑息从事，贻患无穷！锡良仍督饬在事人员，苦口谕导。一面密饬军警妥为防范，冀保公安。再，各属疫势，哈尔滨业已渐杀，长春、呼兰亦稍轻减，三省各省城日毙数人至二三十人，未甚剧烈，堪纾宸廑。谨请代奏。（《中国荒政书集成》第12册，第8194页）

2月17日（正月十九日）　续请日本要求立防疫会议电奏

军机处钧鉴：咸电陈请代奏：日都督大岛义昌要求防疫会议，昨准外务部全先电，遵已婉达。顷晤日总领事，复申前请，并以随时会商，期于疫病早日扑灭，为世界人道主义，非有他故，请勿误会。其持论不为不正。查防疫所以对待天灾，采取各国议论，以资防御，亦足为我利用。况始疫以来，交涉使本与随时晤商。此次所议，已声明关于防疫方法，互相讨论，办事权限，两弗侵越。彼亦承认实于国权无碍。应恳俯准由锡良派员会议，以期维持一切。无任吁祷，谨再陈请代奏。（《中国荒政书集成》第 12 册，第 8193 页）

  2 月 18 日（正月二十日） 东三省总督锡良札饬各属嗣后除正项钱粮外不得借端加摊。

  钦差大臣东三省总督兼管东三省将军奉天巡抚事锡为通饬事：案据承德县知县忠令呈称，案奉宪台批，据佟祥呈称，年四十岁，系正白旗满洲第一佐领下人，住西路巡警第四区卜三家子，为苛派钱粮恳恩究办事，情因身屯共册地三百六十日，每日每年应纳钱粮钱一千一百二千文，由乡正经手交界。今年乡正吕崇龄每日地竟派花户出钱二千一百文，屯中公用皆随时派出，不在此内，又添派门户钱每家或三千、二千不等，共派钱六十余千。此等苛派，昔年方长时或有之。自改良以后，各乡所举乡正，皆家道殷实，人品方正之人，甘尽义务，丝毫不能殃民。乃今日之吕崇龄，较昔日之方长苛派更加数倍，且时不容缓，小民受其蠹害，其将伊于胡底！是以叩乞督宪辕前，恩准究办，则阖乡小民均感公侯万代矣！等情一案。蒙批：所呈是否属实，仰承德县查明核办具复，等因。

  奉此，遵饬西路四分驻所一等巡长杨绍言详查去后。旋据该巡长呈称，遵即前往卜三家子详查，据该屯乡正吕崇龄、屯民关锡恩、卜丰、吕鹤龄、佟文德、刘玉恒、卜月堂等声称，身屯包纳生科地九日，每日钱粮钱二千八百文，共十五千二百文；又包纳牧养十六日，每日包纳钱粮一千一百二十文，共十七千九百二十文，又身屯雇用堡防丁一名，兼办各项杂事，年支钱二百四十千。及六七月间，禾稼幛起，胡匪易生。一名堡防照顾难周，又添一名，六七等二个月工价钱四十二千。又屯中办公纸墨、饭费等项，共花十六千。查身屯除包纳钱粮不计外，尚有册地三百四十八日半，每日应纳钱粮一千一百二十文，共三百九十千零三百二十文。以上各项花销及钱粮，共按三百四十八日半核算均摊，故身等每日派要钱粮二千一百文。于本年十月间，奉本区警官传饬设立预备巡警，身屯于是挑选预备巡警四名，每名每月工食钱二十一千，两个月共一百六十八千。又按三百四十八日半核算均摊，每日又派钱一千一百

| 1911年（宣统三年　辛亥）59岁 |

文。前后统共花销及钱粮在内按册地三百四十八日半均摊，每日共派钱三千一百文。均系实入实出，有账可查，身等决不敢稍加苛派，致干罪戾。

再，预备巡警灯油、纸张等费，预算约需钱六十千，拟由身屯花户均摊。此项尚未派出，俟有必需之时，始能催要。以上皆系身等实在情形也。但佟祥所控各节，伊实未加详查是否苛派，仍恳详查身屯花销账簿，倘身等有浮冒开支情事，甘领重咎，等情。据此，巡长复将该屯出入账簿详细核算，据称各节均属相符。查佟祥控称乡正吕崇龄苛派钱粮等情，伊实未加详查故也。除将该屯出入账簿抄录四柱清单一并随文呈送外，理合将查明各缘由备文呈复查核，等情。

据此，除批示外，知县查凡办一事，非款莫举。该屯众所述尚属实情，理合将卜三家子屯出入账簿抄录清单，一并具文呈复宪台查核，等情。据此，除批：呈单均悉，预备巡警出于雇用，已属大谬，既雇堡丁，复雇预警，尤属不合。该乡正包收钱粮兼办预警，是否该县委任？费用摊诸钱粮，系奉何项明文？即如该县所称，办事非款不举，亦应呈准有案，事关加摊钱粮，该乡正竟敢擅自作主，任意摊派，于小民财产前途何等危险！致诿谓原告未加详查等语，更属未合。警务用款，照章应榜示周知。该原告之不能详查，其未遵章榜示可知，既不榜示，何能责其详查？该县现已不司审判，职务较简，似此切近民生重要行政事务，竟漠不关心，迨告发查明，尚漫无可否，实属颟顸已极。应即将该乡正所雇之预警、堡丁立即裁撤，尚未摊派之六十千，亦即不准再摊。此外，既据查明实未浮冒，从宽免其追缴。会首、乡约等名目早经通饬革除，该乡正应即从宽立予革除。嗣后，除正项钱粮外，如查有借端加摊情事，定惟该地方官是问。至预警章程，业经改订颁发，应即遵照第二次颁定章程切实筹办具报，勿再误会，以雇佣充数。其预警费，除章程所规定外，并已由咨议局议决呈准，按照警务通则第五章十五条之截留备荒一成经费内提出五分为预警费，此项一成截留经费，本年必须遵行，候另饬遵照办理。藉名履亩敛钱，访闻不止该县一处，亦不仅预警一事。此后，如未经呈准，无论钱粮亩捐擅自借名加摊，一经察觉，定将该管官严予惩处。候通饬各属一体遵照，暨民政司、清乡局查照，并仰将此批传谕该原告佟祥知照。缴。印发暨通行外，合行札饬札到该州，即便凛遵。如复阳奉阴违，一经本大臣密查察觉或被人告发，定即参撤不贷。此札。右札复州准此。(《辛亥革命在辽宁档案史料》，第26—29页)

  2月20日（正月二十二日）　锡良致军机处代奏核拟防疫员医恤典银电。

  军机处钧鉴：洪。窃防疫关系重要，医员躬冒危险，救死扶伤。地方官吏督率躬亲，亦若身临前敌。自非优加抚恤，不足以昭激劝。锡良等饬据三省防疫局、司、道，拟具《防疫人员医官给恤等级清单》内开：

  恤银。一等防疫医官，外国人得有医学博士者，中国人留学外国得有医学博士者，自银一万两以下至七千两以上；二等防疫医官，卒业后在官设机关办事满十年者，得与一等比照；二等防疫医官，外国人曾在大学、高等专门医学堂毕业，所得学位非博士者，中国人在外国大学、高等专门医学堂毕业，所得学位非博士者，自银七千两以下至四千两以上；三等防疫医官，卒业后在官设机关办事满十年者，得与比照，满二十年得与一等比照；三等防疫医官，中国人在本国境内外国所设医学堂及在本国西医学堂三年以上毕业者，自银四千两以下至二千两以上；四等防疫医官，中国人在本国所设西医学堂未毕业学生及各项医学堂学生。与各项医生，应临时酌核当差情形、程度高下，分别给予自银二千两以下至二百两以上。一等防疫人员，二、三、四品现任人员，比照一等医官给予；二等防疫人员，四品候补候选人员，比照二等医官给予；三等防疫人员，五、六、七品现任人员，比照三等医官给予；四等防疫人员，五品以下候补候选人员，八品以下现任人员，以及派充重要差使人员，不论官阶有无大小，均比照四等医官给予；五等防疫人员，警员、夫役人等，得比照军营阵亡例，从优给予。警长、巡长以上警察人员，归入四等办理。

  不在此例他项恤典。一等防疫医官，得比照三品官吏阵亡例给予；二等防疫医官，得比照四品官吏阵亡例给予，三等防疫医官，得比照五品官吏阵亡例给予；四等防疫医官，得比照五品及五品以下官吏，临时酌核当差情形、程度高下，分别给予。一、二等防疫人员，得照阵亡例，

1911年（宣统三年 辛亥）59岁

依本品级给予；三、四等防疫人员，得照阵亡例，依本品级给予；三四等防疫人员派当重要差使或官阶过小及无官阶者，得比照五品及以下阶级，临时酌核当差情形给予等情前来。查所陈各条，均尚妥洽，复经电商外务部核定，饬先行试办外，合行奏明立案。谨请代奏。锡良、陈昭常、周树模。宣统三年正月二十二日。（《中国荒政书集成》第12册，第8195页）

2月24日（正月二十六日） 锡良奏请借款防疫并援照江皖赈捐章程办赈筹款，以资弥补电。

窃锡良本月初七日电奏，东三省疫重地广，用款浩大，请先向大清、交通两银行息借银两，并附办赈捐一案。钦奉电旨：著该部议奏。钦此。旋因待款甚迫，分电度支、邮传两部，请速议覆。当准邮传部电称：交通银行拨款浩繁，未能借给等因在案。兹查三省疫势，未能遽期消灭，所用款项，仅哈尔滨一处，已将近四十万两。三省统计，糜费之巨，不知胡底！地方公帑，挪用殆罄。交通断绝，市面恐慌。各处请款，急于星火，大局岌岌可虞！前奏现尚未准部复。处此艰危，朝不待夕。不得已，惟有径向各国银行先行商借银二百万两，以救眉急。并恳天恩，准予援照江皖赈捐章程，由东三省自办赈捐，藉资弥补大局。幸甚！（《中国荒政书集成》第12册，第8189页）

2月28日（正月三十日） 为安达厅铁路划界事，锡良札饬民政司知照。

钦差大臣头品顶戴都察院都御史总督东三省等处地方兼管三省将军事务会办盐政大臣锡、钦命都察院副都御史巡抚黑龙江等处地方副都统衔会办盐政大臣衔周为札饬事：案据铁路交涉局呈称：本年正月十三日奉宪台札开，案据安达厅呈称：案照本厅濒临铁路，交涉尤重，路界更宜早为划清，以免掣肘。通判于光绪三十三年到任时周历全境，见各站俄人挖有界壕，漫无限制，而各站华商并无驻足之区，尤属缺点，万不可不与之设法争回。曾经呈请前抚宪程，札催铁路交涉局速将改正铁路展地合同拟结，以清界限而保利权。嗣经该局宋总办与铁路公司磋商数月，始经议定，各站原占地点较前减缩，并于站内适中之地酌留华商地段及华官厅基址。合同业已签字咨部，迄今数年，界址仍未划分。俄人见有此约，凡站中紧要之处，均自行建房及招商修建，以为先占地步，将来此后划留时，我之权力万不能使彼族已成之局为我退出。若为我划留僻远之地，则界壕以外，我之大荒，弥望无垠，则又何须喋喋向彼饶舌，而索留华商华官之地乎。本年秋收稍丰，安达站又多粮客，将来必为本厅粮业总汇之区。现在商民在俄界建房营业者亦有多户，坐弃利权，殊属可惜。前据北乡巡官张双喜面禀，小河子车站二三里外有俄人垦地数处，意欲在该巡官处纳租，伊未敢受。通判以距站二三里外核之原合同地数，属彼属我尚未可定，当即谕以遇有此事，务须严行拒绝，随时呈报。是本厅所属路地如此，恐他处亦所不免。我国办理外交，处处落人后著，久为外人所窃笑。即如此次改订展地合同，鉴字已逾数年，而界限尚未分划，通判忝守斯土，不肯坐视不言。且界址不清，遇有行政交涉，殊多窒碍。拟请速为划分、绘图，札发下厅，以便遵守。通判为慎重交涉起见，是否有当，除径呈外，理合具文呈请宪台鉴核批示施行，等情。

据此，除批呈悉，候饬铁路交涉局遵照。缴。等因。印发外，合亟札饬。札到该局，即便遵照。缴。等因。并准民政司照会前因，查该站路界，知府前与铁路公司达代办议定，业经绘具图说，于本月初五日呈送宪辕，伏候鉴定，饬遵在案，理合具文呈复。为此，呈请宪台鉴核施行，等情。据此，除批呈悉，仰即查照前批妥慎划定，呈候核夺，并候饬民政司、交涉局、安达厅知照。缴。等因。印发并分饬外，合亟札饬。札到该司，即便知照。特札。右札仰民政司准此。（《中东铁路》（一），第465—466页）

是日　锡良、周树模为交涉局同铁路公司勘划路界事札饬民政司遵照。（《中东铁路》（一），第463—464页）

是日　外部致锡良等奉旨派周树模充会勘中俄边界大臣电。

敬电悉。额尔古讷河勘界案，本部已与俄使商定各派大员就近会同核定。于本日具奏，奉朱批：著派周树模充会勘中俄边界大臣。钦此。希查照钦遵，至应在何地会议，俟与俄使订明再达。外务部。（《清宣统朝外交史史料》卷19，第19册，第13页）

3月1日（二月初一日）　外部致锡良等英人进兵片马事报传失实请解释电。

| 1911年（宣统三年　辛亥）59岁 |

申。近俄国因西北中俄悬案照会本部，措词颇激，业已依据条约分别照复，彼尚受商。英人进兵片马，因促界务解决。现正与滇督协筹切实办法，外间报纸喧腾，言多失实。顷风闻日本留学生开会集款，电各省咨议局练国民军、办自治会，并电欧美留学会，似此举动，深恐摇惑人心，牵动全局。希即设法解释谣言，严密防范，勿任酿成事端，是为至要。外务部。（《清宣统朝外交史史料》卷19，第19册，第13页）

3月7日（二月初七日）　锡良为准骁骑校德荫俸银由兴京本旗就近关领事札兴京协领。

钦差大臣东三省总督兼管东三省将军奉天巡抚事锡良为札饬事：旗务处案呈，据留省辽阳厢蓝旗骁骑校德荫禀称：窃职于上年十二月十四日蒙宪台挑补辽阳厢蓝旗骁骑校员缺拟正，汇案具奏，于二十八日奉朱批：允行。钦此。嗣蒙留省充差，分行遵照在案。唯职眷属俱在兴京，应请援案将职应得俸银由兴京本旗就近造册关领，以资养赡，实为德便。理合禀请鉴核分饬施行。等情。据此，除批示禀悉，准由所请，仰候分行遵照。缴。等因。印发并分行外，合行札仰该协领即便转行该旗遵照办理。特札。右札兴京协领准此。（《兴京旗人档案史料》，第441页）

3月9日（二月初九日）　奏筹办检疫所经费不赀请饬邮传部协助电。

军机处钧：窃准邮传部虞电开：今日本部奏定邮部专责在派医随车查验，余归地方办理。权限所在，未能侵越等因。锡良查始疫以来，日本铁道会社担任防疫经费至百万之巨，并以食毛践土之义，报效中国防疫经费。铁路为营业性质，设备不周，疫氛传染，铁路之损失必多。是防疫之事，铁路固应担负。惟同属国家之事，锡良原无畛域之见。是以前经邮部电商奉天车站建筑留验所，即引为己责，惟费巨难筹。今邮部奏定办法，自当遵照，勉为其难，迅速筹备。惟开办及以后额支经费为数不赀。路局平时既获利益，有事自不能不为分任。可否饬下邮传部酌量协助，谨请代奏。（《中国荒政书集成》第12册，第8192页）

3月13日（二月十三日）　东督锡良致外部勘界事俄派全权大员与体制不符电。

申。勘界一事，支电尚未接复，顷据宋道电称：俄员已到满，务请转商俄使,饬该俄员和平商定,以免延误。又闻俄派会议大员即儒达诺夫,并有全权之说。儒最狡,似与俄国另派大员体制不符。是否乞卓夺,谨此电陈。良。元。(《清季外交史料》第9册料》第8册,第4455页)

3月14日(二月十四日) 外务部致锡良周树模勘界事希饬按图确指地名约俄员会勘电。

申。勘界事已据支电转商俄使,顷准节略称:俄、华各员已往奔留托罗海,惟华员不能按指界图之界限,确指其地系在何处;若宋道能按图指出其地,俄员无不肯往。该道谓:俄员不允会勘,殊属不符等语。希饬宋道按图确指地名,速约俄员会勘,以免藉词推宕。至会勘俄员,询据俄使云尚未派定。外务部。(《清季外交史料》第9册料》第8册,第4455—4456页)

是日 锡良致军机处代奏请订定往来验疫章程并防疫各种临时规则电。(《中国荒政书集成》第12册,第8189—8190页)

3月18日(二月十八日) 为与俄员划定库库勒等站界址事,东三省总督锡良札饬民政司、交涉局知照。

钦差大臣头品顶戴都察院都御史总督东三省等处地方兼管三省将军事务会办盐政大臣锡、钦命都察院副都御史巡抚黑龙江等处地方副都统衔会办盐政大臣衔周为札饬事:案据铁路交涉局呈称:窃知府于本年正月三十日奉宪台批回副呈一件,为与铁路公司议定库库勒等八站路界,绘图贴说,请鉴核示遵由。批示内开,呈图均悉。既据该守查勘,均系华商便利地段,仰即与该公司妥慎划定,以期早日竣事。惟查安达等站应划留华官厅地段,曾否划留,图内未据声明,应即查照办理,分别注明,以免后来辘轹。其余未经议定各站,仰仍照催速勘,无令久延为要,并候饬民政司、交涉局、调查局知照。缴。图存。等因。

奉此,自应遵照与铁路公司商定划分,并催议未经议定之各站界,惟现在时疫未净,前屡商以会派委员勘界,公司推执不允。而本局经手划界之绘图委员孙湘,因其颇通俄语,前以派定,期于本月初四日同俄员赴各站界内外查疫,往返约不出十日。俟孙委员回,再与公司商定日期,派员划分已定各界。惟前以俄医病故,未能如期成行,已经电禀在案。其续派之俄医现亦有病,孙委员即经派定,势虽听候。其未定各界,

1911年（宣统三年 辛亥）59岁

已连次催与会议，得复即可开议。

至各站应留之华官厅地段暨交涉局地段，因前呈之图须候批示，方能与公司议定。而厅局各应留地段，须于定议时，方能会商划留，是以原呈草图内未经声注此节。兹奉前因，理合具文呈明。为此，呈请宪台鉴核施行。

再，正在发文间，经俄员知会赴站查疫，准定于初六日早间行，迟十余日孙委员回，即可与公司商定划界之期也，合并声明。等情。据此，除批据呈已悉，仰仍妥速办理，以期早日蒇事。并候饬民政司、交涉局知照。缴。等因。印发并分札外，合亟札饬。札到该司，即便知照。特札。右札仰民政司准此。（《中东铁路》（一），第466—467页）

3月19日（二月十九日） 奏报奉省办理农林工艺大概情形。

奏为陈报奉省办理农林工艺大概情形，恭折仰祈圣鉴事：窃查上年七月间，农工商部奏复陈各省现办农林工艺大概情形一折，奉旨："著该部按照奏定章程，通行各省切实筹办，毋任延玩。钦此。"又十二月十二日农工商部奏请饬催各省造报，并查照七月间原奏，于每年年终由各省督抚将各该省办理农林工艺情形，专折自行奏明一折，奉旨："依议。钦此。"并准农工商部钞折咨行到臣。仰见朝廷重视实业、轸念民依之至意，钦服莫名。

窃维农工实业之消长，关系朝野财政之盈虚；矧奉省天产丰富，外人乘间投机，思攫大利，情势既迫，尤宜悉力经营以图抵制。近日本省绅士相与筹议，亟思将农工实业各种机关组织完备，同时并举，足征民智发达。顾此种事业全赖财力以拘成之，目下公家帑项奇绌，民间赀力有限，办理稍有不善，资本立见消耗。况一有失败，外力澎涨，补救不易，障碍尤多。此欧、美各国所以对于地方实业政策其始必用干涉主义也。故臣抵任后，凡遇兴办实业事件，必先审核其办法，于提倡保护之中寓限制维持之意。两年以来，督率劝业道，昕夕筹画，分别倡导，虽限于财力，规模稍隘，然各项机关已具基础，谨将现在办理情形为我皇上缕析陈之：

奉省农产之富久为环球所注目，所惜者蒙荒未僻，农智未开，地利未尽耳。办理农务自以垦荒为第一要义。查本年各属清赋项下，计共丈放十二万余亩，蒙旗所放垦者尚不在此例；并筹办长白府迁移旗民垦荒各事，均俟事竣另行列报。

又本省低洼宜稻之区极多，遇有淤废湖滩河荒，即饬地方官设法开浚，化荒为腴，便民种植，故上年创立官办水利局一，本年创立商办种稻公司二；民间既知效法，稻田自当日增，荒地亦自然日少矣。至各属农会半已设立，当可陆续遍设。

又，奉省柞蚕为出产大宗，现饬各属农商会组织柞丝公会，研究改良扩充事宜，并饬地方官于新添山场严加保护，不准增收捐项阻其进步，故各属柞蚕亦已日见推广。

牲畜亦与农业相辅，奉天农业试验场试验美利奴羊毛，成绩经南洋劝业会审查与头等奖励。现又向美国续购此项羊只及猪牛共五百余头，将来分给民间，孳配繁殖，所剪羊毛足以供给织呢之需。并在镇安官牧场增购传种洋马，广为孳配，以期改良军马。均系挽回利权之计。

林业一项，奉省天然森林多在鸭、浑沿江一带，徒以历年采伐无节，渐失旧观，现已将该处森林区域详细调查，并立保护章程，轮伐方法，严饬各地方官实力奉行。又饬劝业道编纂森林警察讲义，加入乡镇巡警课程之内，俾将来分派各处，均有保护森林知识。此外则人造林甚少，现由种树公所采取东西各国籽种，造林一千六百余亩，作全省模范，民间闻风颇相仿效。本年森林学堂速成班已经毕业，拟即分派此项学生赴各属办理林业，已有者实行保护，未有者极力扩充，不独谋地方公共之利，亦以拓国家财政之源。

至于工艺一项，省城则有官办奉天八旗工艺厂、八旗女工传习所、奉天第一女工厂、贫民习艺所、罪犯习艺所、造砖厂、官纸局、官商合办之惠工公司、商办之锦县第一工厂、镇安集义公司、彰武东升碱业公司、广宁工艺局、广裕实业公司、辽源城业公司、义州实业公厂、营口等处之机器榨油厂及官办之锦县八旗工艺分厂，皆成效卓著，而出品尤以锦县民立工厂所织爱国布最受社会欢迎。前由官绅合议，在安东、盖平两处各设一缫丝厂，以塞出口漏卮，而免利权外溢。安东厂集股二十万，商力不足，现由官代借十万补助之，明年即可开办。盖平亦已议有端绪。

1911年（宣统三年 辛亥）59岁

又因奉省游民众多，易为盗贼，饬由民政司、劝业道拟定简易筹款办法，饬各属筹办贫民习艺工厂各一所，所消纳游民，振兴土货。将来此项工厂若能一律成立，或于奉省工业前途不无起色。

此奉省现在办理农林工艺之大概情形也。

惟是农林亟待推广，应办工厂尚多，只以公家财力异常困难，民间投资不易踊跃，遂致徒付表决，不克同时举办。顾奉省目前情势不比内省，利权所在，觊觎者众，稍一迟回，人已先我，不得已拟先在省城设一劝业银行，仿日本农业银行办法，资本一百万，由官民分认；现正详订章程，筹集股款，若能成立，亦奉省办理农工实业之一助。

二十六日奉到朱批："农工商部知道。钦此。"（《锡良遗稿·奏稿》，第1275—1277页）

3月23日（二月二十三日） 总督锡良、巡抚陈昭常奏为遵章奏报第五届筹备宪政情形。

奏为遵章奏报吉省第五届筹备宪政情形，恭折具陈，仰祈圣鉴事：窃查宪政编查馆奏定，考核专科章程第三条内载：九年筹备事宜，责成内外臣工，每届六个月将筹办成绩胪列奏闻，并咨宪政编查馆查核。自光绪三十四年八月起，至十二月底止，为第一届。以后每年六月底暨十二月底止，各为一届。限每年二月、八月各具奏咨报一次等语。臣于第一、二、三、四各届，先后会同升任督臣徐世昌暨现任督臣锡，将筹备宪政情形，历次奏报在案。兹届第五届奏报之期，查准宪政编查馆咨行奏定修正逐年筹备清单内开：修正各项，以上年为始。又准宪政编查馆电称，奏报上年下半年成绩，仍应按原单所列办法等因。谨按原单开列督抚应办各项，除前届业经分别筹备外，本届再行接续筹备，或切实推广，或酌量提前各情形，谨为我皇上缕晰陈之：

一续办城镇乡地方自治一项。查筹办自治，首在划分区域与规定经费。经饬由自治筹办处，按照部章分别厘定。其必须略事变通者，亦经电部准行。综计繁盛各属及中等提前各城镇议事、董事会，均已具报成立。其余城镇，均经通饬依限筹办。至城镇乡自治章程之施行细则，及自治选举事宜之预备，亦饬由该处详晰规定，饬属遵守。所有下级自治规模，于焉大备。又自治研究所一项，单内虽未列入，惟培植人才实为自治先导。省城研究所自开办以来，上年已届三班毕业。所有毕业学员，迭经分派各属，襄办自治事宜，已足敷各属自治研究分所职教员之用。即于上年底，将该所裁撤各属之研究分所，在繁盛及中等地方，均已有一二班毕业。其偏僻各属，本年均须一律设齐，并经通饬时原定通则，量为变通。一推广学额。原定三十人，今定以八十人为额。二延长学期。原定半年为两学期，今定以半年为一学期，一年毕业。三减少班数。原定六班为止，今定以三班即行停止。盖于储才之中，实寓省时之计。又如宣讲所一项，计繁盛及中等各城镇，均已先后设立，现正推广办理。其偏僻各属，亦经次第普设，迭经饬由自治筹办处编刊各种宣讲书，以资讲演。凡足为自治补助机关者，略其于是。

　　一筹办府厅州县地方自治一项。查吉省筹办府厅州县地方自治情形，业于上年十月间，经臣专折奏明在案。府厅州县地方自治与城镇乡，虽分上下两级，而先后进行实相联属。兹仍按照城镇乡办法，分制筹办大纲、明细各表，饬属遵行。其筹办公所，责成兼办上下两级事宜。所属城镇，但各设选举事务所。至现在仅办城镇自治各属，亦但设选举事务所，即隶于此项筹办公所。似此经费较省，手续亦简，办事即联为一气，而权限仍属分明。此外如组织官绅研究所，以养成上级自治之人材。又如自治日报，改为旬报，以期筹办自治各事宜，得以分期宣布，实与研究所、宣讲所两项，同资补助。

　　一汇报人户总数一项。查原单以宣统三年为汇报户口总数之期。吉省系奏明提前办理，业于上年十二月，据各属将正附户数、男女口数，先后一律报齐，当即造册咨送民政部查核。并经通饬各属，仍遵部章，随时调查。户数册以两个月编订一次，口数册以半年编定一次，藉期周确。

　　一复查岁出入总数一项。查此项岁出入总数，即系指决算而言，业于上届折内声明在案。

　　一试办预算、决算一项。查宣统二年及宣统三年之预算，上年办竣以后，又迭次核减改正，均经奏咨有案。决算则光绪三十四年及宣统元年、二年年季册报，均饬由清理财政局按季编送，咨部查核，均于定限无误。

1911年（宣统三年　辛亥）59岁

一厘订地方税章程一项。查清理财政局新章、试办宣统四年预算，须划分国家税、地方税。自当先行拟定办法，以为标准，经饬由清理财政局于编订财政总说明书内，附拟划分两税简明表，并参照奉省规章，于地方税之中，划分省税、府厅州县税、城镇乡税各目，咨报度支部备核，以为厘订税项张本。

一推广厅州县简易识字学塾一项。查是项学塾，原为年长失学及无力入学者而设。课程既简，筹设宜广。现查吉省各属，于宣统二年下学期内，逐渐推广学塾共二百一十二所，增加学生共四千六百三十名。复查原单，此项学塾，至宣统三年，始为乡镇筹设之期。吉省则于城治遵章推广之外，兼及乡镇。核其成绩，以吉林府为最，双城府次之。其余各属，亦饬由提学司督饬添设，以广造就。

一厅州县巡警年内一律完备一项。查吉省城巡，已办者三十处，乡巡已办者二十六处。共分一百七十八区，马步长警共一万一千七百四十三员名，均于上届奏报在案。现饬各属将此项城乡巡警，统隶一局，藉便支配。缘吉省府厅州县，多系近年增设，虽有指定治所，并未置有城郭，殊难强为区别。计全省三十七属，除虎林、东守两厅，绥远一州，富锦、饶河两县，均系上年甫经设治，续行筹设外，其余三十二属，均已一律完备。共分城乡二百零五区，马步长警一万四千三百员名。另于城乡巡警以外，筹办森林巡警，业由方正县先行试办，以立基础。至预备巡警，上届奏报二万六千五百九十一名，现已增至三万一千一百二十九名，仍饬由民政司督饬各该属，生聚稍多，即行赶办，俾臻完备。

一省城商埠等处各级审判厅，限年内一律成立一项。查吉省筹设审判各厅，除省城早经成立外，依兰府、宁安府、滨江厅三处，均系商埠地方，应于宣统二年内一律成立。惟滨江、宁安，现因鼠疫流行，防务吃紧，势难兼顾。且道路梗塞，派出厅员亦均未能前往，当经专电报部，请将该二处审判厅，暂行展缓，俟疫气消除，再行开办在案。依兰府地方尚无疫气，业将地方初级两厅组织成立，饬由提法司分别拣派厅员，前往开办。其他各属有改设者，如农安县前设地方审判检察厅，与新章不符，今改为地方分厅，并添设第一初级审判检察厅一所，俾符定章。有提前者，如阿城县，地处繁盛，新城府，壤接蒙荒，该二属虽非商埠地方，迭据各该地方官绅禀称，司法经费已经设法筹集，厅署亦经修竣，自应分别提前成立，以顺舆情。至全省司法区域，现计划分十区，每区设地方厅一所，计全省应设十所。又事务较简之厅州县，各就本区设立分厅，计全省应设二十二所。又乡镇初级各厅，计全省应设四十所。综计上年业经成立者，共地方厅六所，分厅二所，初级厅十五所。余如双城、榆树、五常等处，亦均筹有端倪，务于第六届期内组织成立。此外关乎司法事项者。如省城创办司法养成所，即以前设检验学习所归并办理。又如就前设省狱，量为扩充，改建模范监狱。二者皆为司法要务，分端筹办，业已日臻完备。

统计以上九项，均系按年照原单本届应行筹备事宜，或接续筹备、或切实推广，或酌量提前者也。嗣后自应遵照此次修正清单，逐项办理。

臣惟宪政为当今急务，国会缩短年限，既奉明诏，则宪政之计日程功，较前尤为迫切。谨按修正单内所开各项内，以巡警及国民教育二项，归入普通行政，详绎修正之旨。凡单内所列提前各项，固属根本要图，然终以巡警教育两端，为根本中之根本。原单列入普通行政，具有深意。兹以原单为之基础，而以修正示其变通，并力进行，力期完备。惟臣所夙夜惴惴者，既强邻之交逼，又疫疠之时行，财政困难，民生凋敝，分期筹举，倍觉艰难，自当督率司道各员，淬厉精神，克期求备，以冀仰副圣主殷殷垂念宪政之至意。（《清代吉林档案史料选编·辛亥革命》，第181—186页）

是日　东督锡良致外务部奉省日人遇事干涉枪毙民人请主持电。

申。奉省中日人民杂处，时有冲突，日人处处以守备队兵及警察遇事干涉，枪毙民人之案一再发生。本年正月十四日，安奉铁路巡警桥头第二分局管内有苦力茹士臣被日警姜恒起诬窃妄拿，我警向索不交，因此苦力与日本居留民互殴，我警弹压不及，致被枪毙苦力曹振明一名，伤三名，日人亦伤八人，方在交涉未结。二月初十日，抚顺县属千金寨地方因防疫事隔绝交通，日居留民三人强欲通过，经阻不服，逞强砍伤我警白福有。华工大愤，环殴日人，神谷茂三郎身死。即有日居留民与守备队警察等包围我警署，该居留民追逐我警何福臣，枪刀齐施，当被击死。

以上两案经饬交涉司与日领交涉，而该领认为我警有意与日人起衅，一味要挟索取抚恤，而于我先后伤毙之曹振明、何福臣毫不肯认恤，甚至请我撤去巡警，种种无理之言。悍然不顾，推原其意，实欲藉此多事之秋扩张其势力。除仍饬交涉司与之和平交涉外，万一日使赴部，应请力为主持，谨此电陈。良。漾。（《清季外交史料》第9册料》第8册，第4462页）

3月28日（二月二十八日）　东三省总督锡良恭报筹办宪政第三年成绩。

奏为恭报筹办宪政第三年第二届成绩并第四年第一届筹备情形，恭折仰祈圣鉴事：窃查奉省第三年第二届筹备宪政事宜，业于上年八月奏报第一届成绩折内奏明在案。嗣奉上谕，缩短国会期限，并改正筹备清单，提前赶办；仰见我皇室励精图治之至意，感奋莫名。

伏查原单第三年各省应办之事，计分九项，其中关于民政者四，关于财政者三，关于司法及教育者各一。兹届奏报之期，敬为我皇上缕晰陈之：

一为续办城、镇、乡地方自治。奉省自治区域，计四十有六处。上年城、镇、乡同时举办者，业有承德、铁岭、辽阳、海城、开原、盖平、营口、昌图、西安、宁远、凤凰等十一属，八月以后赓续举办者复有抚顺、本溪、辽中、法库、复州、康平、海龙、东平、锦县、盘山、义州、安东、庄河等十三属，统计城、镇、乡会先后成立之处凡二十四属，比较全省自治区域，业已强半竣功。嗣因各属议员来自田间，未必皆明法理，特设自治职员研究会，并将议决各案，随时呈由自治筹办处人员逐项评论，刊发月报，以资观感。计自秋、冬两季开会以来，议董各员，尚能恪遵定章，循序办理。

一为筹办厅、州、县地方自治。查厅、州、县自治系城、镇、乡之上级机关，尤应早日成立，以资模范。自上年九月开办以来，凡选举之调查，名册之制造，议员额数之比算，现均办有端绪。循是以进，全省议事、参事各会，来年二月计可告成。至各属自治研究所，系宣统元年开办，统计至上年十二月为止，毕业学员已达三千七百八十五名。刻又遵章接续办理，务使法政知识普及，藉收知行并进之效。

一为汇报全省人口总数。奉省户数，业于上年遵章查竣，计全省正户一百一十一万八千五百一十三户，附户五十二万一千八百六十户，当经先后列表，咨报民政部在案。又虑迁徙并析，时有变更，节经饬令各属，随时由巡警列表稽查，按季具报，俾户数确实，将来清查口数，不致漫无凭依。至口数调查一节，虽系第四年应办之事，亦经提前赶办。业据兴京、法库、辽阳、海城、镇安、锦县、广宁、绥中、凤凰、海龙等十属，造册呈报，转咨在案。其余各属均可于本年十月一律报齐。

一为厅、州、县巡警。查奉省巡警一项开办较早，现在厅、州、县巡警及镇、乡巡警均已先后成立，据民政使张元奇呈报，全省警区二百一十有八，分所六百八十有七，巡警一万九千一百九十七名，足敷平时保安之用。又查东边一带，当鸭、浑两江流域之冲，国防紧要，兼之林工麇聚，易滋事端；复添备水上巡警，设总局一，分局十五，以资巡卫。复以奉省盗风素炽，常设巡警分布实恐难周，曾于上年奏设预备巡警，以补不足，刻正赶速筹办，已有多处告成。

此关于民政各项之成绩及筹办之实在情形也。

一为商埠审判厅。原单限令年内一律成立。查奉省商埠区域较多，历经提前筹设承德、抚顺、新民、营口、安东等处审判厅，上年十一月又奏设辽阳州地方初级两审判厅；并奏改抚顺为地方分厅，以裁节之经费，挹注辽阳；其余铁岭、凤凰、法库、同江各处应提前赶速设立者，已于宣统三年预算司法经费内筹定专款，本年当可次第告成。至扩充检察讲演会，筹办高等检验学习所、律师传习所，虽为原单所无，要皆补助法权独立之事。

此关于司法事项之成绩及筹办之实在情形也。

一为推广厅、州、县简易识字学塾。查此项学塾，上届已设七十四处，学生二千九百余人。嗣后逐加增设，现共有学塾二百六十处，学生八千七百八十五人。惟以奉省人口之多，教育虑有未遍，刻拟力图扩充，普及于乡村各处，总期编氓之知识日进，庶几新政之障碍潜消。

此关于教育之成绩及筹办之实在情形也。

一为覆查全省岁出入总数，试办全省预算决算，厘订地方税章程三项。查奉省岁出入总数及试办预算，业于上届奏咨在案。惟预算创办伊始，与行政互有关系。奉省各府、厅、州、县并各税局之改革办法及预

1911年（宣统三年　辛亥）59岁

算案内规定一切公廉各费，现已一律试办，以为将来实行预算之张本。至划分国家、地方两税，已饬清理财政局，分类列表，拟定说明书，转咨度支部在案，一经部臣厘订，自可次第实行。

此关于财政事项之成绩及筹办之实在情形也。

综上九端，约为四类，或办理已经竣事，或刻期先行妥筹，总期实事求是，不敢稍存敷衍。惟是轮轨交驰之地，疮痍满目之时，财力虽罗掘几空，望治则水火同迫，一切新政之举办，断不能拘牵文义，致误时机。臣才绵力薄，夙夜兢兢，惟有矢慎矢勤，力图进步，以仰副朝廷望治之意于万一。

三月初六日奉到朱批："该衙门知道。钦此。"（《锡良遗稿·奏稿》，第1277—1280页）

是日　开放站荒，筹设洮、辽驿站，系属经蒙始基，攸关大局，奏请准予于报效地价项下，提拨银三万两，以纾蒙困。（《锡良遗稿·奏稿》，第1287—1288页）

是日　东督锡良致外部日遣韩人入境调查韩侨请催日使妥定办法电。

据兴凤道电称：有韩人金利永、陈礼道、潘一清、李一赞等或持日领单衔护照，或竟无护照，先后到辑安县地方调查韩侨户口，侨民不服，聚众抗阻，情势汹汹，经该县将金利永等拘送江左韩境交日警署，请告日领禁止复来等情。

查奉省韩侨杂居遍十数府三十县，历有年所。自日并高丽，良深虑日人藉此干涉，将为并吞满洲之导火线，屡请钧部早与日使商明，日使延宕其词，迄无切实答复。年前屡有日人藉游历为名，希图调查，以我防阻严密，志未得逞。此次又以韩人任调查之事，鸭江沿岸州县与韩境仅一水之隔，来去甚易，地方官防不胜防；设稍疏觉察，侨民无知抗阻，日人转或藉此兴戎，危殆何可胜言。除饬交涉司照会日领禁阻，一面饬县严谕侨民不准聚众滋事外，谨此电请钧部照催日使，速为妥定办法，毋任盼企。良。勘。（《清季外交史料》第9册料》第8册，第4463页）

是日　外部致锡良闻日本运兵械往朝鲜似系假道赴奉希查复电。

传闻日本于本月二十四、二十五两日连开转运船三艘，装载兵丁、军械、粮食由横滨径往朝鲜，并闻横须贺与大坂等处同日均有船运兵前

往，似系假韩赴奉。希严密察访电复。外务部。(《清季外交史料》第9册料》第8册，第4463页)

3月29日（二月二十九日）　东督锡良致外部日本运兵探系驻满韩各师团期满换防电。

二十八日电敬悉。日本运兵确有其事，惟探系驻满及朝鲜各师团现均期满，应分派交换，未知是否属实。除再严密侦察外，谨先电闻。良。艳。(《清季外交史料》第9册料》第8册，第4463页)

3月31日（三月初二日）　奏报三省疫情并开会事宜。

军机处钧鉴：窃东三省疫症流行，府、厅、州、县地方蔓延所及者六十六处，死亡人口达四万二千以上。腊尾春初，疫势最为炽盛。哈尔滨一隅及其附近之双城、呼兰、长春，每日辄疫毙百数十人，岌岌不可终日！哈埠人口不及二万，死亡至六千以上。染疫各处，大半因有来至哈埠之人，因而传播。自外务部医官伍连德赴哈而后，并以陆军围守傅家甸，严行遮断交通。锡良督饬在事各员严厉进行，协力以图扑灭。二月以来，疫势以次衰减。现在统计染疫各属，月余无疫或十日半月无疫者，占十之八九。疫未消灭之区，类皆数日偶一发见，渐起渐灭。开会之期已届，全境肃清亦指日可期，堪以上纾宸廑。各国政府遣派医员陆续莅止，外部右丞施肇基已于二月二十五日到奉，招待事宜，会同商定，筹备亦大致周妥。合并陈明，谨请代奏。(《中国荒政书集成》第12册，第8196—8197页)

是日　奏请驿传事务改归劝业道管理。

查宪政编查馆奏定考核直省劝业道官制折内，载驿传一节应划归劝业道管理等因，行咨遵照在案。

查奉省驿传事务，经前督臣赵尔巽、徐世昌先后具奏，请将奉省驿站全行裁撤，并声明设立文报总分各局，专司驿递全省文报事务。奉旨："该部知道。钦此。"钦遵在案。现在奉省文报总局，即系专办驿传事务，自应遵照奏定官制办理，业于宣统二年十二月二十七日，遵章改归劝业道管理，以重职守。据劝业道赵鸿猷将接管文报总局日期并办理情形，造册呈请奏咨前来，臣覆查无异。

初九日奉到朱批："知道了。钦此。"(《锡良遗稿·奏稿》，第1291页)

1911年（宣统三年　辛亥）59岁

4月10日（三月十二日）　锡良致军机处代奏核给防疫员医恤银电。

军机处钧鉴：窃查防疫，事同赴敌，全赖在事员医躬冒危险，救死扶伤。而所以能致此者，尤在劝惩互用，有以激其任事之诚！疫兴以来，良日与群僚相勖勉。在事各员稍有畏缩，或办疫不力，经分别撤参，不少宽假。惟不职者既予以严惩，死事者自应邀优恤。良前会同吉江两抚，核议防疫人员、医官给恤等级，奏请立案，业蒙圣慈俞允。兹查英医嘉克森、日医守川歔显、交涉司练习员毓琛、医生王芝臣、张墨林，均因染疫先后身死。嘉克森、守川歔显各给恤银一万圆，毓琛当给恤银一千两，王芝臣给恤银二千两，张墨林给恤银二千元。又河南候补直隶州知州王文光委充隔离所所长，恤伤救疾，昕夕弗违，遂以积劳病故。该员虽非疫染身死，实属因公，亦经给恤银一千两。以上六员死事，皆在给恤等级未经奏定之先。其时疫氛正炽，凡与病人接近者，多被传染，群怀去志。良为维系人心起见，故于死者立时给恤，以励其余。除各该员应得恤典另行咨部核给，暨恤银在千两以下者，汇案报销外，所有给过各员医抚恤银两，合行奏明立案。谨请代奏。锡良。（《中国荒政书集成》第12册，第8197页）

4月10日（三月十二日）　奏检验学习所改办高等检验学堂。

奉省遵照法部来文，筹设检验学习所一案，业于宣统元年八月，由臣具奏，钦奉朱批："该部知道。钦此。"当经钦遵饬司办理去后。

查原奏遵照部文定为一年半即行毕业，本年五月已届毕业之期。

臣维检验学属专门，造就宜广，学科宜精。本届学习所毕业生至多不过百人，自应赓续办理，尤当力求进步。节经饬据奉天提法司吴钫呈请仍就该学习所校舍改办高等检验学堂，仍额定学生百名，酌添教员，量加功课，限令三年毕业，俟学习所诸生毕业考试完毕，即行开课。所需经费，年需库平银一万六千七百八十七两有零，遇闰照加，第三学期后，每年酌加试验川资费银一千两。除宣统四年以后经费列入豫算办理外，所有本年需用银两，即于审判厅提前筹办案内裁节之款，呈明动支，仍另具追加经费表册，咨部查照。臣覆加查核，所拟办法尚属周妥，经费亦复核实，自应准予照办。

十九日奉到朱批："该部知道。钦此。"(《锡良遗稿·奏稿》,第1293—1294页)

是日　外务部致锡良日使云奉天中日冲突各案愿就地处理电。

抚顺、本溪等处中日冲突各案文电均悉。昨日使云奉天又有兵民互斗案,并云此次回京曾受外部训条,各案均愿由地方官与领事持平处理,从速了结,不愿与致〔政〕府谈判,致成重大交涉。当请其电日领彼此秉公商办,希饬按照实情就地妥商了结。奉天兵民相斗是何情形,并电复。外务部。(《清季外交史料》第9册料》第8册,第4471页)

4月20日（三月二十二日）　奏两级师范数学理化选科学生毕业照章送部覆试。

奏为奉天两级师范学堂优级数学理化选科学生毕业,照章送部覆试,恭折仰祈圣鉴事:窃查奉天两级师范学堂,自光绪三十三年春改办优级历史地理、博物、数学理化选科各一班,每班学生各五十人,扣至宣统元年冬肄业期满,当将办理毕业及送京覆试情形,于宣统二年三月恭折奏报,并声明数学理化选科学生,增高程度,加习半年,暂缓毕业等情在案。是年六月数学理化选科加习期满,经臣亲莅该堂,督同提学使卢靖及学务公所、教育总会员绅,暨该堂监督、教员等,分科考试毕业。所有各科分数,照章核算,分别等第,计考列最优等范先炬等十三名,优等续昌等二十五名,中等王化民等九名,照章填发文凭。

除饬最优等各生赴部听候覆试,并将试卷、讲义、履历、分数表册咨部查核外,所有奉省优级师范学堂数学理化选科学生毕业并最优等各生送部覆试缘由,理合恭折具陈,伏乞皇上圣鉴。

四月初三日奉到朱批："学部知道。钦此。"(《锡良遗稿·奏稿》,第1299页)

是日　奏报新授盐运使熊希龄饬赴新任。(《锡良遗稿·奏稿》,第1306页)

4月22日（三月二十四日）　锡良致军机处代奏中日防疫会议撤会情形。

军机处钧鉴:申。查日本关东都督大岛义昌,前请组织防疫会议一事,当经电请钧处代奏。嗣于正月二十一日奉外务部电开,谓如于疫事有益,并无流弊,自无妨互相研究等因。良即派民政司张元奇、交涉司

1911年（宣统三年 辛亥）59岁

韩国钧为会议委员，并饬分清权限，毋任侵越。兹据该司等禀称：自正月三十日起至三月十六日止，会同日员会议八次，所议均在权限范围以内。中日员均无间言。现在疫势消灭，彼此声明撤会，足以上纾宸廑。谨将会议情形及和平撤会各缘由，电请钧处代奏。锡良叩。（《中国荒政书集成》第12册，第8197页）

4月23日（三月二十五日） 东督锡良致外部中日冲突各案请告日领勿偏执电。

二十日电敬悉。抚顺、本溪等处中日警察冲突各案，先据交涉司与日领提议，所有日领要求惩罚巡警、保证将来各条件，均已承认。惟赔偿抚恤一条，日领以日警等之死伤均应照给，置我警兵民人死伤于不顾，碍难准行。乃日领坚持不下，并声明报告政府办理，故有前此之电请。兹既据日使声称仍由地方官与领事持平处理，并蒙钧部请饬日领，自当饬司再与妥速另议。但于赔偿抚恤一事，恐日领仍持前说。拟请转告日使电饬日领，不得偏执己见，方易了结。至中日兵民冲突一节，系因陆军于行路时与日守备兵相碰，口角争殴，以致各受微伤，刻与日领商明各派宪兵与陆军、警察官长和平商办，事极微细，当可了结。谨此电陈。良。有。（《清季外交史料》第9册料》第8册，第4471—4472页）

4月24日（三月二十六日） 谢恩奉准开缺。

奏为奉准开缺，叩谢天恩，恭折仰祈圣鉴事：窃臣恭读电传宣统三年三月二十二日上谕："现在防疫事竣，东三省总督锡良著准其开缺，回旗调理。钦此。"遵即恭设香案，望阙叩谢天恩讫。

伏念臣忝领兼圻，瞬经两岁，力薄任重，建树毫无；重以衰病侵寻，常恐设施疏忽，用敢沥陈愚悃，屡渎宸聪，幸荷矜怜，俾资调息。望觚棱而拜命，垂鉴自天；节犬马之微劳，酬恩有日。臣惟有驰依倍切，惭悚莫名。惕涓埃未答之衷，退思补过，仰日月无私之照，永戴隆施。

四月初五日奉到朱批："知道了。钦此。"（《锡良遗稿·奏稿》，第1310页）

4月26日（三月二十八日） 为东三省疫气一律扑灭在事尤为出力人员请奖。

奏为东三省疫气一律扑灭，谨择在事尤为出力人员请旨奖励，恭折仰祈圣鉴事：窃查宣统二年十二月二十日，臣等以疫气蔓延，人心危惧，请俟事竣，照异常劳绩保奖，奏奉朱批，允如所请，钦遵在案。

比者东省疫气扑灭，业经先后电陈。兹查自三月后，奉天全省及吉、黑两省所属地方疫气，亦已一律消除。并由臣等通饬各属，将病院、隔离、留验、收容各所及检证、消毒等队，大加裁并，所余药料妥善保存，预为防范；其善后卫生事宜，责成警务局认真办理，不准以疫气已清，稍形松懈。现在京奉等处火车照常开驶，商务流通，人情均极安谧。各国医官连日开会研究，互有发明，足为后来医学进步之券。

查此次百斯笃之疫，实始于满洲里左近，由哈尔滨、长春蔓延于黑龙江、吉林、奉天，迨京奉、东清、南满火车停开，遮断交通，而疫势已如江河一泻千里，不可遏绝。外人谓百斯笃为国际病，持人道主义者本无分畛域，均有防卫之责，办理稍一不善，即予人以口实。兼以东省创见斯疫，晓以严防之法，总觉怀疑，造作种种谣言，几致酿成事端。隔离、消毒既于民情不便，焚尸、烧屋尤类残刻所为，然非实力执行，则疫无遏止之期，不特三省千数百万人民生命财产不能自保，交通久断则商务失败，人心扰乱则交涉横生，贻祸何堪设想。臣等苦无经验，只有坚持定见，博采群言，数月以来，仰赖圣主洪福，克收成效。在事人员，甘任劳怨，不顾利害，出死入生，如临大敌，若不酌予奖劝，何以昭励来兹。谨择其尤为出力者，开单随折请奖，其余各员或肩任义务，枵腹从公，或救死扶伤，奔驰疫地，均不无微劳足录，容再查明，另折续请，不敢稍涉冗滥。（《锡良遗稿·奏稿》，第1311—1312页）

4月29日（四月初一日）　抚民同知崇绶为俄国驻满沟站营官带队入境事呈报东三省总督锡良。

花翎肇州厅理事抚民同知崇绶为呈报事：宣统三年三月初五日，据厅属肇东分防贺良楫呈称：本月初一日午后，有俄国驻满沟站营官，携同翻译，带俄马兵十五名，由五里磨站到署拜会，措词闻报铁道西有大股马贼追寻至此。经历比即茶待，婉辞以对，谓：防界自上年秋迄今，从未有马贼滋扰，所称大股马贼窜境并未据报。即有窜境之贼，本国驻防各军足资扑灭，该国军队应照约保护铁道界内，毋劳越俎代谋。当派巡警防送出境至五里磨站。诘其姓字，该俄营官递呈名刺一纸，未译呈阅。该俄翻译现出护照，由哈尔滨俄国总领事衙门发给，吉林西北路兵备道盖印，往兰西县小榆树游历，注名石利尼阔夫。接谈语次与在途所询防送巡警，皆注意于肇界驻兵之多寡与道途之远近甚有意识。防界逼迩铁道，村屯散处，该俄人带队入境，事前未经照会，群情惶惑。应请交涉局照约诘问，阻其任意带队入境，以免意外交涉。理合具文，呈请鉴核转详，计附俄武弁名刺一纸等情。

据此，查该经历查报俄武弁无故带兵十余名入境侦探，以致居民惶恐不安，非照约诘问阻止，恐不免致生意外交涉各节，洵属实在情形。除批仰候据情转详外，合将俄武弁带队入境查探原由，检同俄武弁名刺一纸附封具文呈报宪台鉴核施行，须至呈者。(《中东铁路》(一)，第468页)

5月6日（四月初八日） 奏辽阳州知州张鼎镛遗爱在民恳请建祠。

奏为故员政绩照著，遗爱在民，恳恩准予捐建专祠，以顺舆情，恭折仰祈圣鉴事：窃据奉天民政使张元奇、提学使卢靖呈称：据辽阳州属官绅前内阁学士礼部侍郎衔尚贤、内阁中书尹果等三十八名联名呈称：该州故牧张鼎镛，江苏宜征县人，由道光丙午科举入考取咸安宫教习，咸丰三年，以知县拣发来奉，历任承德、海城、锦县，所至有声。同治元年，以卓异升补辽阳州知州，地当南北要冲，夙称难治。该故员下车伊始，即捕获马三达子、赵计注等著名盗犯数十起以惩治之。除暴之余，以崇尚学校为先务，政教并行，案无留牍。暇则宣讲襄平书院，亲教课艺，增置学田，优给膏火，得士之多，为诸邑冠。

其事之最难而最著者，如同治四年冬间，奉天四境盗贼蜂起，官不能制，省垣大吏轻信招抚，为以贼攻贼之计，派员带兵前往金州招降巨贼马傻子、康得山等大股赴省就抚。马傻子久觇辽阳富庶，意图混入城垣，据邑以叛。该员先事预防，严禁降队违章入城，应给口粮均就城外散放，更于要隘设兵扼守，贼不得逞。迨入省城后，竟于十二月初八夜，乘间劫狱，地方几为所陷，人始服其先见。同治六年夏间，海城邪匪赵锡百在辽北旛杆堡一带，以左道惑众，纠党至五六百人，蔓延至数十村，剋期举事，商民一日数惊。该员不动声色，密派兵勇，坚守城垣；一面联络乡团，直捣贼穴，力擒赵锡百等数十名，详请正法，解散余党，全活甚多。该员先后保卫辽城，均能消患未然，厥功甚伟。大府交章论荐，在任以知府升用。旋署昌图厅抚民同知，即请增设学官，定为学额，边外文风之开，以昌图为最先。又凤凰厅地邻东边，向为逋逃渊薮。故将军都兴阿、兵部侍郎延煦，会奏勘办边荒，特派该员及协领古尼音布，旗民会办，安插流亡，开荒升课，以益饷源。

该员从事边荒，春秋履勘，时越三年，任内之事，尤必悉心清理。嗣于同治十三年，在昌图任所积劳成疾，请假回省就医，卒以不起。殁后橐被萧然无异寒素，合省绅民至今称道弗衰。而综计该员在辽日久，政绩尤著，故感戴亦最深。绅等遵查光绪初年，直督李鸿章为天津府知府马绳武请恤案内，部议'嗣后四品以下官，如果政绩属实，遗爱在人，应三十年论定，准其公请据情代奏，于各故员立功地方，捐建专祠，以彰劳勤'等语。绅等或身承教泽，或追念循良，年事既属相符，援案例得申请，谨缕陈该员生平政绩，呈请转详代奏等情，由辽阳州知州史纪常转详到司。本司等查故员张鼎镛任辽日久，遗爱在人，身殁已逾三十年，核与建祠之例相符。会同呈请核办前来。

臣查该故员在奉服官二十余年，所到之处，循声卓著；而任辽日久，振兴文教，嘉惠士林，廓清蒦苻，安辑黎庶，历年已久，民不能忘，据详政绩事实，均与部议成案相符。可否吁恳天恩，准予该州地方捐建专祠，以表循良而资观感，出自逾格鸿施。

十五日奉到朱批："礼部议奏。钦此。"（《锡良遗稿·奏稿》，第1313—1314页）

5月7日（四月初九日） 东督锡良致外部京奉修筑直线架设天桥本与日领议妥请商定示遵电。

案准邮传部函开，前接铣电属议定沈站展筑事，业经函催外部并电达台端各在案。旋准外部函复：此案迁延日久，亟应筹一解决方法，以期结束等语。嗣复咨送日使原照一件、函一纸等因前来。当以日使仍主曲线办法，殊多窒碍，应仍照原议修筑直线，架设天桥横过南满路线，直达城根，俟展筑竣工后，再由京奉自筑一线与南满联络。其详细条款由东省及京奉路与南满铁道各派委员、技师会同商定，仍仿照光绪三十四年九月京奉与南满订定接联营业合同办理，以防流弊等语函复。外部与日使妥商去后，兹将本部致外部函二件、外部复函一件、咨一件、日使原照一件、图一纸先行钞录函达,仍希妥筹示复,计附图件等因,准此。

查京奉铁道修筑直线,架设天桥横过南满路线,直达城根,并一切桥梁尺寸办法,本已先经邮传部派员及技师会同奉天交涉司与日领商议就绪,因有京奉、南满联络之请,以致延搁。曾将会议情形、绘图于元年十二月间函请钧部鉴核在案,兹日使所称曲线办法即当时日领初次所提议,诚如邮传部所言殊多窒碍,未便照允。惟联络一事即非日人有所请求,而彼此两路客货接卸预为之备,亦为世界各路所通行。邮传部请俟展筑竣工后由京奉自筑一线与南满联络,其详细条款即由东省委员与京奉、南满铁道各委员、技师仿照三十四年合同会同商定,自是扼要办法,应请钧部从速商定示遵。(《清季外交史料》第9册料》第8册,第4484页)

5月11日(四月十三日) 王永江办理警政出力,奏请破格录用。

安边以自治为权舆,警政与自治相表里。得其人则绸缪未雨,预遏奸萌;失其人则治丝而棼,转滋扰累。熟权张弛,端赖激扬。臣自莅东来,留意警才,周咨博访,查有金州绅士已保分省补用知县候补府经历王永江,曾于光绪三十三四年间,办理辽阳警务学堂,训饬有方,成效卓著;升任川、滇边务大臣王人文前任奉天锦州府时,考查全省警务,为所倚任。旋经前督臣赵尔巽委充省城巡警总局顾问官,该员坚以该堂学生未毕业谢免,辞尊居卑,务竟前绪,器识远大,士论美之。嗣充辽阳警务长差,距今已逾三年,地当冲要,轮轨交驰,丛虓府奸,号称盘错。该员心知其意而游刃于虚,事不辞难而程功以渐,条理秩然,群推为全省警务之冠。似此心细才长,办事精实,求之侪辈,殆鲜伦比。臣查前辽阳州绅士候选主簿徐珍以创办团练,候选训导袁金铠以办理巡警,均经前督臣赵尔巽附片奏蒙恩准以知县遇缺即补在案。兹该员王永江所处较难,而所全较巨,应如何破格录用以资风厉之处,出自逾格鸿慈。

理合附片具奏,伏乞圣鉴训示。

四月十九日奉到朱批:"王永江著以知县分省补用,该部知道。钦此。"(《锡良遗稿·奏稿》,第1318页)

是日 奏绅士鹤鸣因防疫捐躯请照例给恤。

奏为绅士协助防疫,染疫捐躯,恳请照案给予恤典,以昭激劝,恭折汇陈，仰祈圣鉴事：窃查臣等拟定防疫人员医官给恤等级，奏请立案，于正月二十四日钦奉谕旨："锡良等电奏核拟防疫人员医官给恤等级，请立案等语，著照所请，该部知道。钦此。"钦遵在案。

兹黑龙江咨议局议长升用同知留江补用通判鹤鸣，充防疫会副议长，不避危险，亲率医员为民疗治，卒以染疫身死，据民政司呈请奏恤前来。臣等覆查奏准给恤章程内开："四等防疫人员，五品以下候选人员，八品以下现任人员，以及派充重要差使人员，不论官阶有无，均比照四等医官给予。"又"他项恤典，三、四等防疫人员，得照阵亡例依本品级给予"等语。该故员鹤鸣曾任实缺六品站官，嗣保升用同知、补用通判，业已比照四等医官给予恤银。合无仰恳天恩，准将该故员照阵亡例，依本品级给予恤典，以旌劳勋，出自逾格鸿施。

除将该故员履历咨部查照外，所有绅士防疫捐躯，拟请照案给恤缘由，谨合词恭折具陈，伏乞皇上圣鉴训示。

十九日奉到朱批："允行，该部知道。钦此。"（《锡良遗稿·奏稿》，第1320页）

是日　为奉省防疫出力人员择尤请奖。（《锡良遗稿·奏稿》，第1321—1323页）

是日　为奉天民政使张元奇、交涉使韩国钧请奖。（《锡良遗稿·奏稿》，第1323—1324页）

是日　外务部致锡良闻日人对于安奉华警意极叵测希通融迅结电。

申。日巡警争斗各案迭经函电遵处核办，该案所未商允者，只有抚恤一条。现日人对于安奉华警意极叵测，闻欲借此施用强硬手段，如果发生此种举动，更难收束。希即权衡轻重，迅速通融了结。彼正到处寻衅，并宜严饬我警，勿授以隙，致生事端，并电复。外务部。（《清季外交史料》第9册料》第8册，第4490页）

5月12日（四月十四日）　东督锡良复外务部抚顺桥头两案俟日领复到办理电。

申。初十日、十三日钧电均悉。抚顺、桥头两案已饬交涉司于十三日与日领面议，尚无非理之词，约于一二日内回复。此等案件明知关系较重，如能通融，自当从速了结。拟俟日领复到，再行相机办理，并已严饬

| 1911年（宣统三年　辛亥）59岁 |

该警勿再滋事矣。谨此奉复。良。(《清季外交史料》第9册料》第8册，第4493页)

5月19日（四月二十一日）　遵旨核减预算行政经费并追加款项。

奏为遵旨核减奉省本年预算行政经费，并将追加重要各款，分别缮具清单，并叙明理由，恭折具陈，仰祈圣鉴事：

窃前准度支部咨开："资政院会同内阁、会议政务处具奏，议决试办宣统三年岁入岁出总预算案折片等件，于上年十二月二十八日奉上谕：'试办宣统三年岁入岁出总预算案，由度支部拟定，奏交会议政务处会同集议，旋经该处王大臣奏交资政院照章办理。兹据该院奏称，此项总预算案，业经斟酌损益，公同议决，遵章会同会议政务处具奏，并缮具清单，请旨裁夺等语。现在国用浩繁，财力支绌，该院核定宣统三年预算总案，朕详加披览，尚属核实。如确系浮滥之款，即应极力削减；若实有窒碍难行之处，准由京外各衙门将实用不敷各款，缮呈详细表册，叙明确当理由，迳行具奏，候旨办理。至裁汰绿、防各营，于各省现在地方情形有无妨碍，著陆军部会同各省督抚悉心体察，熟权利害，从长计议，详晰具奏。又会奏议决京外各官公费标准一片，著俟编订官俸章程时，候旨施行。钦此。'"钦遵，由部咨行到奉。跪读之下，仰见圣明烛照，巨细毕赅，至为钦佩。当经通饬各署局遵照切实核减，由清理财政局汇编呈夺；并饬将另案批准追加各款一并汇编，呈候奏明请旨核办在案。

臣查上年办理预算，当以时艰款绌，但有可以节省之处，靡不切实删减，力求撙节。此次部定院核之数，无非为核实开支起见，自应协力办理。惟东省僻在边陲，一切用人行政，难以尺墨相绳。迭经饬属切实删减，并由会议厅集议数次，凡可遵照办理者，均经一律汰除；其窒碍滋多、难于牵就者，亦未便因噎废食，贻误事机。现由局详缮表册，首列预算原数，次列资政院核减数，次列认减数，其不能照减原因，即在各款后叙明确当理由，以备查核。计共减支岁出银九十二万四千一百九十九两四钱三分四厘。至追加各费，多系特别重要，于预算后发生之件；间有因各署局事属创办，头绪纷繁，以致原册漏列；亦有因上年审定预算时删削过甚，现经查明窒碍，不得不量予增加者。若随事援章奏请，则案牍滋纷；应即一并汇编，仍逐款说明备考。计共追加岁出银八十万八千八百八两六钱五分三厘。其应筹的款，即以此次核减之数抵补，尚属有盈无绌。合计本年收支总数亦无出入不敷之处，据清理财政局司道具呈请奏前来。相应请旨裁夺，饬部照准立案施行，以固预算而维大局。

除臣任内总督公费遵照院核数目开支业经奏明暨将原册咨送度支部查核外，所有遵减预算并追加出款各缘由，理合分缮清单，恭折具陈，伏乞皇上圣鉴训示。

再，此次减定数目，有由三月起照支者，有由四月起照支者。其以前用款，因未经议定，暂照部定预算之数发讫。所有溢支各款，应请在于上年余存金项下拨补。合并声明。

二十八日奉到朱批："度支部知道，单二件并发。钦此。"（《锡良遗稿·奏稿》，第1325—1332页）

5月23日（四月二十五日） 兴京副都统衙门为派员领取宣统三年夏季副都统津贴银两事咨请东三省总督锡良。

为咨领事。照得本副都统先后准加常年津贴银五仟两，俱按四季由度支司关领，历办在案。惟本年改定新章，拨由三陵衙门代领两仟两，其余三仟两仍按四季由度支司关领，扣去六分减平，每季应领实银七百零五两。现届应领宣统三年夏季分津贴银两之际，除出具正副印领二纸派差径赴度支司关领外，理合备文咨请贵督部堂查核饬发施行。（《兴京旗人档案史料》，第448页）

5月24日（四月二十六日） 恭报交卸东三省总督等篆务日期。

奏为恭报微臣交卸东三省总督等篆务日期，恭折仰祈圣鉴事：宣统三年三月二十二日奉上谕："前据锡良电奏，疫气已经扑灭，病势加剧，恳准开缺等语。东三省总督锡良，著准其开缺，回旗调理。"同日奉上谕："赵尔巽著授为钦差大臣，调补东三省总督兼管三省将军事务。钦此。"钦遵在案。

兹新任东三省总督臣赵尔巽于四月二十四日驰抵奉天省城，谒陵礼毕，臣随于四月二十六日派委奉天府知府都林布恭赍钦差大臣关防、东三省将军印信、奉天省印信、盛京总管内务府印信、大内宫殿钥匙，移交赵尔巽祗领任事。其一切文卷，因奉省系同署办公，案卷简要，均分

1911年（宣统三年 辛亥）59岁

辑于公署暨各司道，平时由督臣督饬经理各有专司，无庸移交。臣即于是日交卸，拟于五月初一日起程前往汴、鄂等处就医，一俟病痊，即行回旗，趋敏宫门，求効驰驱。

所有微臣交卸东三省总督等篆务日期，理合恭折具奏，伏乞皇上圣鉴。（《锡良遗稿·奏稿》，第1336页）

5月25日（四月二十七日） 东三省总督锡良为俄税官禁止华人过界及索要抗照事札。

钦差大臣头品顶戴都察院都御史总督东三省等处地方兼管三省将军事务会办盐政大臣锡、钦命都察院副都御史巡抚黑龙江等处地方副都统衔会办盐政大臣衔周为札饬事：

案据呼伦道宋道小濂呈称：窃查俄人禁止华人过界，前据库总卡暨吉拉林设治局呈报，迭经照会俄外部官转饬弛禁在案，迄今亦未接准照复。

顷又据阿巴该图卡官呈报：窃于本年三月十一日派通事吕炳福赴阿巴该图俄屯追缴票稍，适遇该俄屯税官言，中俄两国商约期满，俄上宪新定规章，无论中、俄人等过界，均须持有执照，方准出入等语。该通事未解其情，遂即回卡。署卡官于本月十五日带同通事赴俄税官处，询其要执照原由。据俄税官言，自俄历二月间，接奉俄宪公文并俄宪发给戳记，言中、俄商约已届期满，凡中、俄人等过界，必须持有该领事或税官执照，方准前往。否则，定行查禁。当由署卡官言，沿边自设卡伦以来，与外部官定准卡伦过界准带带械兵丁二名历经办理在案。故中、俄两国人民向准任便往来，从无索要执照之事。今虽商约期满，然尚未改定，似仍应照向章办理，不得轻生异议。该俄税官言，此系奉俄上宪命令，不能不遵照办理等语。署卡官见该税官言奉到公文，未便强与争辩，遂即回卡，等情。

据此，查中、俄陆路通商章程，沿边百里内原准两国商民任便贸易，并无不准过界与索要执照之事。现虽商约将届期满，然未改定以前，仍应照向章办理，断未有未经两国商订，遂由一面发照强行禁阻之事。该俄官此举实属与向章背谬，阻碍交通，有伤睦谊。除照诘俄外部官，俟议定办法续行呈报外，理合具文呈请宪台鉴核施行，等情。据此，除批据呈已悉，仰仍与俄外部官据理驳诘并将办理情形随时呈报为要，候饬民政司、交涉局知照。缴。等因。印发并分札外，合亟札饬。札到该局，即便知照。特札。右札仰交涉局准此。（《中东铁路》（一），第469—470页）

6月（五月）　为东三省疫事报告书作序。

三省防疫事既戢，有司者诠次本末，汇为一书，属余序而存之。使者自维薄德，天降灾眚，以贻厥咎，又复奚言！然暴扬症结，必俟针砭。恶石生我，固所求也。盖一发而势若飘风，不可揣测。疫疠流行，潜滋暗长。摧陷廓清，比于武事。壹是妨害，曾不顾省，尤莫如防疫之政之严。其时报章之所诋诃，士夫之所谏诤，类皆刿心怵目，莫知所措。即使者自问，向所设施，弭涸尚严，亦难自讳。顾欲别易一术也，以荡涤烦苛，少减罪戾而又不能，乃遂毅然行之。然吾民罹祸之酷，事后思之，有足悲者。爰撮大要，盖有数端。夫一人罹疫，全家奔避，边徼薄俗，吾华所讥。加以地寒民隩，往往麇众一室。而防疫新法则，固利在隔离。亲属畏灾，舁疫者于病院，而徙其余人。死生之命，悬于旦夕，骨肉之亲，不得省视，指顾吞声，乃同求诀。此其一也。岁晚务闲，侨子返故，络绎奔走，千百为群。加以俄有戒心，驱之南下，凥轮神御，载与并驰，殆有沛然莫御之势。而防疫新法则，又利在遮断交通，遏其奔轶。于时商贾不行，羁旅愁叹，其为怨毒，胡可殚论。此其二也。古者索室驱疫，职隶方相。黄门振子，史巫纷若。及至死亡枕籍，棺殓殡瘗，一如恒人。而防疫新法则，又利在消毒，而绝余孽。及其既死，欲掩埋则地冻冰坚，卒不可破，欲浮厝则厉气流走，滋蔓益多。不得已悉据其衣衾、棺椁而付之一炬。嗟乎！吾民何辜，既以疫死，又重苦之。此天下之至痛，而慈父、孝子所耳不忍闻、目不忍见者。世方以死累生，而乃以生累死，仁暴功罪，殆鲜定评。此其三也。其他患害，更难殚缕。要之，此举为古来日所未睹之事，即西哲亦鲜发明。初一为之，等于助虐。毒施人鬼，群疑众诧，为世诟病。而质之西医，则以此为人道主义，厉行防卫，佥谓确不可易之法。天下事岂可以恒理测耶！死者不可复生，二竖三彭，又不吾告。是耶，非耶？天耶，人耶？薄德致灾，重为民祸。浩劫有尽，茹痛无穷。此则使者之愚，所为临当垂发，忽反顾而流涕者耳。是为序。宣统三年五月。钦差大臣、东三省总督兼管三省将军、奉天巡抚事锡良。

| 1911年（宣统三年 辛亥）59岁 |

（《中国荒政书集成》第12册，第8169页）

11月18日（九月二十八日） 关于日人守田大佐派人在东省地方分途调查以及深入要地密测军用地图，且侦查我国军情等事，吉林巡抚陈昭常密咨告东督锡良。（《日本侵华罪行档案新辑》（三），第336—338页）

12月24日（十一月初五日） 恭报热河都统到任接印日期。

奏为恭报到任接印日期，叩谢天恩，仰祈圣鉴事：窃臣钦膺简命，补授热河都统，于十月十二日恭请圣训，遵即束装起程，二十九日行抵热河。经前任都统溥颋于十一月初二日委印务协领全龄，将都统印信暨文卷等件赍送前来。臣当即恭设香案，望阙叩头祗领讫。

伏查热河地居陷塞，都统总理旗民，荷倚畀之特隆，愧抚绥之乏术。虽前此边符忝握，敢诩驾轻就熟之能；矧现值宪政进行，益滋绠短汲深之虑。自维梼昧，深惧弗胜。惟有殚竭愚诚，认真经理。倘遇重要事件，会同直隶督臣陈夔龙和衷商办，以期仰酬高厚鸿慈于万一。

再，臣到热经过地方，雪泽尚匀，民情安谧，合并陈明。

十一月十五日奉旨："知道了。钦此。"（《锡良遗稿·奏稿》，第1337页）

是日 奏报热河筹备宪政情形。

奏为会奏热河筹备宪政情形，恭折具陈，仰祈圣鉴事：窃查光绪三十四年八月初一日内阁奉上谕："钦奉懿旨：'议院未开以前，逐年应行筹备事宜，各省督抚遇有交替，后任人员，应会同前任详细奏明。'"等因，钦此。自应钦遵办理。

兹臣锡良于十一月初二日接印，臣溥颋即于是日交卸。所有臣溥颋任内办过筹备事宜，除本年闰六月以前所办各项，业经按届奏报外，谨将七月以后筹备事宜，为我皇上缕晰陈之。

查本年筹备清单各项，如汇报户口总数，前因蒙旗口数仅到五旗，现又续到一旗。如筹办地方自治各属城议董各会，均经先后成立。建平县又添设乡议事会十六处，仅余新辟之开鲁、林西、隆化三属未及开办。如续办各级审判厅，前经派员调查并修理厅署暨模范监狱，八九月间本可开办高等及承德地方、初级三厅。因值东南变起，饷源骤短，只能查照度支部奏案，除兵饷外，其余不急各务，暂为缓办。余如简易识字学塾，承德、平泉、丰宁、建平、阜新各属皆有增设。乡镇巡警各属多已建设。惟承德府治因各处人心浮动，又值筹办冬防，添设巡警六十名，马巡二十名，俟大局平定，仍应随时裁撤，以节饷糈。此七月以后，臣溥颋筹备宪政之情形也。

伏查此次筹备各项，距上届奏报之期，仅余两月。虽值中原多故，进行不免为难，然文告督催实未稍懈。况现奉明旨，资政院奏请速开国会，诏进臣民商榷大政，尤当上下和衷，力谋促进。自当由臣锡良随时督饬办理。

再，此折系臣溥颋主稿，会同臣锡良具陈，合并声明。

宣统三年十一月十五日奉旨："内阁知道。钦此。"（《锡良遗稿·奏稿》，第1338—1339页）

12月31日（十一月十二日） 为捐款兴学之职僧醋尔陈木等员请奖。

奏为职僧捐款兴学，恳请饬部核奖以昭激劝，恭折具陈，仰祈圣鉴事：窃查接管卷内，据朝阳府知府麟祐详：住京嵩祝寺扎萨克喇嘛醋尔陈木，因该府属三角城子附近初等小学将次毕业生徒，贫困无力赴郡升学，该喇嘛捐资建筑高等小学校舍八间，修理门墙甬道，需费银一千零五十两；又因常年经费无着，复向北京普胜寺喇嘛巴达玛巴杂尔劝募银一千两、嵩祝寺得木奇瑞鲁布募银一千两，专作两等小学的款，以期持久。当经该府派员查明银数相符。虽据该喇嘛声称不敢仰邀旌奖，亦未便遽予湮没。喇嘛巴达玛巴杂尔拟请援照光绪三十年醋尔陈木在达赖喇嘛任内保护印册修像奏奖扎萨克喇嘛衔，遇缺即补；得木奇瑞鲁布拟援照宣统元年僧人伊喜因充达赖喇嘛下级通事奖给京缺苏拉喇嘛衔、三缺后即补，各项成案给奖，喇嘛醋尔陈木，已有莫尔根绰尔济名号，此次如何奖叙，请酌核奏请等情，经前都统臣溥颋饬据直隶提学使司核明，取具印甘各结，详请具奏前来。

查捐助学费千两以上，例得建坊。又新章，捐助学费，准照赈捐成数，核奖衔封等因。惟口外地处边徼，风气锢弊，经济艰窘，兴学困难。该喇嘛等热心公益，慨捐巨赀，求之绅衿，尚不多觏，今竟得诸方外，尤为不易。况该喇嘛醋尔陈木，不特谊切桑梓，自捐巨款，犹能募捐外籍，洵属好义急公，有裨学务。合无仰恳天恩，俯念边地兴学集款不易，

1911 年（宣统三年　辛亥）59 岁

准将该喇嘛巴达玛巴杂尔、得木奇瑞鲁布等，援照醋尔陈木、伊喜等成案，分别奖给升衔；至醋尔陈木已有莫尔根绰尔济名号，此次如何奖励之处，应请一并敕部核议，以励方外而昭激劝。

宣统三年十一月二十二日奉旨："该部查核办理。钦此。"（《锡良遗稿·奏稿》，第1339—1340页）

是日　奏围场地方恳请仍归热河管辖。

奏为围场地方恳请仍归热河管辖，以便治理，恭折仰祈圣鉴事：窃查围场地方，自建设厅治以来，本隶热河管辖。迨光绪三十一年，经前练兵处奏请开办围场屯垦事宜，并将该处地方事务一并划归直隶专辖。当时原为事权归一起见，乃改革以后，窒碍甚多。本年六月间，经前任都统溥颐具陈种种不便情形，请将围场地方仍归热河，奏奉朱批："内阁会议具奏。钦此。"钦遵在案。

臣到任后，详查档卷，博稽舆论，该厅划归直隶专辖，距口北道八百余里，本有鞭长莫及之虞。热河管理较便，乃因事权不属，壤地插花，转于地方一切行政，诸多关碍。推究利弊，自非仍归热河管辖，无以一政令而利措施。相应仰恳天恩，敕下内阁迅速会议，仍将围场地方改隶热河，以便行政。如蒙允准，所有围场屯垦事宜，拟请仍由直隶督臣派员专办，俾免纷更。

臣为地方治理起见，除分咨阁部外，谨恭折具陈，伏乞皇上圣鉴训示。

宣统三年十一月二十二日奉旨："著照所请，该衙门知道。钦此。"（《锡良遗稿·奏稿》，第1340页）

1月8日（十一月二十日）　锡良与赵尔巽等九人致电内阁。

内阁钧鉴：辰密。查自鄂省告变，各省匪党潜煽，防不胜防。朝廷爱惜民命，从宽认为政党，致失捕治之权，欲保治安，殊多棘手。近则土匪、马贼、痞棍亦皆冒称政党，借口号召。而彼党在长江一带任意拿人，目为汉奸，处以死刑，迫胁抄抢，目有所闻。仁暴相形，未免倒置。现在和议难恃，虽奉太后懿旨，国体付诸公决，而革军声言北攻，难就范围，国会将归无效。即使尚有磋议希望，而迁延时日，彼党满布北方，到处煽惑，尤以运动军队为最可虑。我或捕戮匪徒，彼且多方致诘，是彼独有利用匪贼之权，而我转失保卫地方之力。北军将士多主君宪，愤激已久，尤宜确定方针。为今之计，必须先清内乱，而后可以防外。应请颁布阁令，凡有大队反抗扰害者，即以兵力制服；其造谣煽动，轻者勒令驱逐出境，倘敢挟军械火器暨刊发伪印伪示以及散放票布，利用匪徒，意图暴动，即照土匪律严拿惩办。并商请各国公使、领事勿任潜匿租界、车站为根据地，为政治之运动，及公然结会招匪，买枪运炮，有则即行驱逐。各国公使、领事力主平和，谅表同情。如此，则民情可安，军气亦振，言战既有同仇之慨，停战亦无内顾之忧。尔巽等意见相同，谨此奉达。不胜激切待命之至。赵尔巽、陈夔龙、段祺瑞、胡建枢、齐耀琳、张锡銮、锡良、陈昭常、周树模。号。（《清代档案史料丛编》第8辑，第365—366页）

1912 年（民国元年　壬子）60 岁

1月18日（十一月三十日）　乌勒西松额请补前锋章京，奏请遵照新章免咨送部。

奏为拣员请补前锋章京，遵照新章，免咨送部，恭折具陈，仰祈圣鉴事：窃查热河驻防正红旗满洲佐领兼前锋章京祥顺，于宣统三年四月间因病出缺，报经前任都统溥颐，业将佐领员缺另行拣选，并将前锋章京一缺拣选得镶蓝旗满洲佐领乌勒西松额堪以拟正，镶白旗蒙古佐领来祥堪以拟陪，已于七月间咨送赴引。旋准陆军部咨，据该员等呈称，因湖北军务吃紧，川资将尽，恳准暂行回旗，俟军务平定，即行来京等情。查该员等既系川资用尽，自应饬令暂行回旗当差等因各在案。

兹于十一月十四日恭阅内阁官报内载："所有应补武职及应袭世职人员，即以具奏奉旨允准之日作为补缺承袭之日，毋庸再行引见验放"等语，"所有旗营应行引见补放各员，均应一律改为奏补，毋庸引见验放"等因，当经转饬遵办去后。兹据印房呈请以选送前锋章京拟正佐领乌勒西松额、拟陪佐领来祥尚未赴引，恳请照章奏补等情前来。查佐领乌勒西松额等既经以前锋章京拟定正陪尚未赴引，核与新章奏补之例相符。相应请旨，将拟正之佐领乌勒西松额补授前锋章京，以拟陪之佐领来祥作为记名。如蒙俞允，并请毋庸再行送引，以符新章。

宣统三年十二月初十日奉旨："著照所请，该衙门知道。钦此。"
（《锡良遗稿·奏稿》，第 1340—1341 页）

是日　奏热河盗匪充斥拟请添募练勇并恳拨款协济。

奏为热河盗匪充斥，拟请添募练勇，并恳敕部拨款协济，以顾边陲，恭折仰祈圣鉴事：窃固圉首在练兵，安民必先除暴。热河幅员辽阔，烟户畸零，马贼横行，久为盗薮，虽经历前任都统督饬剿捕，而匪徒迄未敛迹者，实缘地广兵单，不敷分布，以致防剿两难。查热河除陆军步兵一标、马队一营、炮队一队驻扎郡城附近外，计中东北三路，现有巡防马步队共十五营，合计兵丁仅二千八百余名。以热属辖境数千里之广，而兵力止有此数，以故设防地点，或数十里一棚，或百余里数百里一棚。驻扎既甚零星，声势未能联络，股匪悍贼遂敢纠结党羽，捆绑焚劫，恣所欲为。防兵众寡，相形既不足以制贼死命；即使跟追兜捕，而兵至则散，兵去则聚，此拿彼窜，习以为常。官力既穷，匪风益炽，地方遭其蹂躏，道途梗夫交通，轸念民瘼，至堪疚惕。

臣到任后，叠据各属禀请拨营援助；而防地同关紧要，实无可以抽调之兵。顾当此伏莽窃发，人心不靖之时，又何敢敷衍因循，致酿巨患。辗转焦思，计惟有添募练勇二营，每营勇丁四百名，择要驻扎，随时策应调遣，以为游击之师。核计薪饷等项年约需银八万两。固知边地异常瘠苦，无款可筹，部库供亿浩繁，同一艰窘。然必俟款有着落，始行招练，则匪党之蔓延愈甚，人民之受害愈深，星火燎原，不可不虑。臣现已饬兵备处派员分投招募，剋日编练成营。一面檄饬财政局，将现需饷项，暂行设法挪凑，以资目前之用。合无仰恳天恩，俯念热河匪患甚深，练兵刻不容缓，敕部协济银七八万两，以济急需，出自鸿慈逾格。

宣统三年十二月初十日奉旨："准其添募营勇，所需饷项，著度支部设法筹拨。钦此。"(《锡良遗稿·奏稿》，第1341—1342页)

1月22日（十二月初四日） 东三省总督赵尔巽致锡良电，并问请东三省应对之策。

热河锡帅鉴：湘、蜀无信，川人家信谓季带五千人赴边，行后数日，东省大乱，所闻止此。京开御议，亲贵皆赞共和，那、喀二王反对，致未解决。然甚危。奉军民各力争。设竟发表，公处必驻跸，东省应如何对待，请公教我。南党内讧有之，溃则未。革舰占登州。汉退兵后仍为革占。巽。质。(《清代档案史料丛编》，第8辑，第135—136页)

1月24日（十二月初六日） 锡良致东三省总督赵尔巽电，关切东省政局情况。

1912年（民国元年　壬子）60岁

盛京赵次帅鉴：湘。质电敬悉。事如发表，公拟如何？近日有无转机？季哥出省后，现抵何处？务乞密示。再，敝处地瘠才乏，知府要缺无人，拟调郑守焯来热，或殷守鸿寿，祈钧酌赐覆。良。鱼。（下午九点十分承德发十一点三十分到）（《清代档案史料丛编》第8辑，第138页）

1月31日（十二月十三日）　奏报查明热河旗营并喜峰口、宽城二汉站马均无缺额，及蒙古各站暂缓派员往查各情形。

窃查热河驻防官马，业经前任都统诚勋，以现有四百四十匹作为定额，如再有亏短情弊，定将该管各官从严参处等因，于宣统三年四月十四日奏奉谕旨允准在案。

查此项马匹，专为八旗兵丁差操之用，每岁自四月十五日起，留马三百二十匹以备差操，其余马匹，均赶赴海骝图马场牧放，至八月十五日收回。向系派员专司牧养，如有因病倒毙者，扣马乾购补。每届年底，咨报度支部、陆军部查核，并奏明有案。兹届年底，当即查验旗营马匹，均属膘壮足额。至喜峰口、宽城二汉站并蒙古十六站额设马匹，每岁派员查验一次。本年应行查办之期，据管站司员祥瑞呈称，喜峰口、宽城二汉站马匹，实无缺额疲乏等弊，加具印结备查。其蒙古十六站，前据该司员以前在察哈尔游牧差次数十年之久，感受严寒，腰腿作痛，呈请缓查等情，经前任都统溥颋于本年九月间咨明部院在案。其围场奇格马匹，每岁孳生若干，倒毙若干，应仍责成该翼长，例届三年，呈由臣咨报上驷院一次。除饬该翼长将孳生数目照例造册呈报外，所有查明热河旗营并喜峰口、宽城二汉站马匹均无缺额，及蒙古各站暂缓派员往查各缘由，理合循例，恭折具陈，伏乞皇上圣鉴。

宣统三年十二月二十一日奉旨："该部知道。钦此。"（《锡良遗稿·奏稿》，第1343—1344页）

2月9日（十二月二十二日）　热河都统锡良致内阁代奏辞职电。

窃良日来因屡受感冒，旧病增剧，心神恍惚，势难勉强支持。昨电请代奏开缺一折，尚未奉旨。际此多事之秋，何敢以病躯贻误。闻崑都统业已起程来热，以之更替，可称得人。务求迅赐代奏开缺，俾资调理，出自鸿施。无任盼祷之至。锡良叩。养。印。（《辛亥革命》（五），第332页）

清廷允之，从此不再出仕。不幸的是其卧病六年。(《清史稿》，第12535页)

　　2月12日（十二月二十五日）　清廷正式发布退位诏书，结束长达二百六十多年的统治。作为臣民的锡良五味杂陈，不得不接受现实，但又寄希望于民国能长治久安，社会进步。

　　是年　清帝退位后，锡良携眷寓居天津，训令其子斌循不入政界。

1913年(民国二年 癸丑)61岁

3月20日(二月十三日) 宋教仁在上海沪宁车站被枪手武士英刺杀,两天后不治身亡。

4月8日(三月初二日) 民国第一届国会开幕。

7月12日(六月初九日) 江西都督李烈钧在湖口举兵讨袁,二次革命爆发。

10月6日(九月初七日) 国会举行总统选举会,袁世凯当选为中华民国大总统。

11月4日(十月初七日) 解散国民党,剥夺国民党籍议员的证书、徽章。

三月 闻隆裕太后去世,拟赴京行礼,至天津站,不慎跌倒,以致中风不语。后移居天津红桥,与荣庆、张人骏、增韫等保持密切联系,以文字自娱。

1914 年（民国三年　甲寅）62 岁

5 月 1 日（四月初七日）　袁世凯公布《中华民国约法》，将责任内阁制改变为总统制。

5 月 26 日（五月初二日）　袁世凯任命锡良为参政院参政。（《政府公报》1914 年 5 月 27 日，《命令》）

7 月 8 日（闰五月十六日）　孙中山在日本东京成立中华革命党。

7 月 18 日（闰五月二十六日）　锡良因病辞任参政院参政。（《政府公报》1914 年 7 月 19 日，《大总统策令》）

7 月 28 日（六月初六日）　第一次世界大战爆发。

12 月 19 日（十一月初三日）　袁世凯公布《修改大总统选举法》。

锡良在病中。是年 5 月 2 日，参政院成立，锡良被袁世凯任命为参政员，拒不赴任。

1915年(民国四年 乙卯)63岁

1月18日(十二月初四日) 日本向袁世凯提出旨在灭亡中国的"二十一条"要求。

5月9日(三月二十六日) 袁世凯政府被迫接受日本最后通牒,部分承认日本帝国主义提出的"二十一条",消息传出,国人愤慨,全国掀起反日爱国运动。

9月15日(八月初七日) 陈独秀创办《青年杂志》,并在创刊号上发表《敬告青年》一文。

12月12日(十一月初六日) 袁世凯签发大总统申令,表示接受参政院代行立法院推戴皇帝一事,实行君主立宪国体。

12月25日(十一月十九日) 蔡锷、唐继尧等通电各省,宣布云南独立,并组织护国军讨伐袁世凯。

是年 锡良移居天津旭街十五号。

1916年(民国五年 丙辰)64岁

3月22日(二月十九日) 袁世凯取消帝制,称"总之,万方有罪,在予一人。今承认之案,业已撤销,如有扰乱地方,自贻口实,则祸福皆由自召。"(《政府公报》,1916年3月23日,《命令》)

6月6日(五月初六日) 袁世凯带着称帝未成的遗憾,因病薨逝。

9月1日(八月初四日) 《青年杂志》更名《新青年》。同时成立《新青年》杂志社。

是年锡良仍在病中。

1917年（民国六年 丁巳）65岁

3月12日（二月十九日） 俄国发生二月革命，推翻了沙皇专制政权。

7月1日（五月十三日） 张勋率辫子军拥清废帝溥仪在北京称帝复辟，复国号"清"，改年号为"宣统九年"。随后，段祺瑞率军攻占北京，溥仪宣布退位，复辟结束。段祺瑞重新控制北京政府，并拒绝恢复《临时约法》和国会。

8月14日（六月二十七日） 北京政府对德国、奥国宣战，参加第一次世界大战。（《政府公报》1917年8月14日，《布告》）

9月1日（七月十五日） 国会非常会议选举孙中山为中华民国军政府海陆军大元帅，不久，以军政府大元帅名义宣布讨伐段祺瑞。

11月7日（九月二十三日） 俄国十月革命爆发，列宁领导布尔什维克党创立了世界上第一个社会主义国家，开创了人类历史的新纪元。

锡良在病痛之中，闻见愈来愈多世事无常的社会变迁，病情不断加重。

1918年（民国七年　戊午）66岁

3月13日（二月初一日）　病逝，令其子斌循代上遗折。

奏为微臣衰病垂危，情殷恋阙，谨具遗折，仰祈圣鉴事：窃臣一介庸愚，少膺科第，由同治十三年进士即用知县，补授山西汾西知县，荐莅监司。渥蒙先朝厚恩，不次拔擢，历任山西、河南巡抚，热河都统，四川、闽浙、云贵总督，钦差大臣、东三省总督；受三朝特达之知，领十省封圻之寄，涓埃未报，疚戾实深。辛亥以来，臣心不死，臣力已衰，废疾遽膺，于兹六载。现复病势加重，自知不起。

伏念皇上深宫高拱，天亶聪明，当此冲龄，正宜力学。臣愚以为，亲师重道实进德之基，养晦遵时乃守身之大。臣惟愿我皇上，本尧舜之天资，守祖宗之成训，使圣功王道，日进无疆，则臣虽死之日，犹生之年。

伏枕哀鸣，语多戆直。谨竭余气，披沥愚忠，口授遗折，遣臣子前直隶候补道斌循呈递，伏乞皇上圣鉴。（《锡良遗稿·奏稿》，第1344页）

后被逊清皇室给以高度评价：持躬谨慎，练达老成，任内一切处分，悉予开复。封以谥号"文诚"，赏银五百元治丧。（《逊清皇室秘闻》，第211页）

参考文献

一　档案资料

中国社科院近代史所编、虞和平主编：《近代史所藏清代名人稿本抄本》第3辑，第18—140册，大象出版社2017年版。

中国科学院历史研究所第三所主编：《锡良遗稿·奏稿》，中华书局1959年版。

茹静整理：《锡良戊戌己亥日记》，《近代史资料》（总第126号），中国社会科学出版社2012年版。

《锡良函稿》，《近代史资料》（总第130—139号），中国社会科学出版社2014年—2019版。

金宇整理：《锡良镇压河口起义来往电文选》，《近代史资料》（总第111号），中国社会科学出版社2005年版。

二　文献资料汇编

中国第一历史档案馆编：《光绪朝朱批奏折》，中华书局1995—1996年版。

王彦威、王亮纂辑：《清季外交史史料》卷155，第80册，1934年版。

王彦威、王亮纂辑：《清宣统朝外交史史料》卷3—19册，外交史料编纂处1935年版。

北平故宫博物院编：《清宣统朝中日交涉史史料》卷1—6，北平故宫博物院1933年版。

"中央研究院"近代史研究所编：《清季中日韩关系史料》第11卷，"中央研究院"近代史研究所1972年版。

杨家骆主编：《清光绪朝文献汇编》第16—18册，鼎文书局1978年版。

李澍田主编：《东北农业史料·吉林农业经济档卷》，吉林文史出版社1989年版。

王彦威、王亮辑编，李育民、刘利民、李传斌、伍成泉点校整理：《清季外交史料》，湖南师范大学出版社2015年版。

王彦威、王亮辑编，李育民、刘利民、李传斌、伍成泉点校整理：《清季外交史料》第8册，湖南师范大学出版社2015年版。

故官博物院明清档案部编：《清末筹备立宪档案史料》中华书局1979年版。

四川省民族研究所《清末川滇边务档案史料》编辑组编：《清末川滇边务档案史料》，中华书局1989年版。

中国藏学研究中心、中国第一历史档案馆等合编：《元以来西藏地方与中央政府关系档案史料汇编》第4册，中国藏学出版社1994年版。

吴丰培编：《清代藏事奏牍》，中国藏学出版社1994年版。

卢秀璋主编：《清末明初藏事资料选编（1877—1919）》，中国藏学出版社2005年版。

中国第一历史档案馆编：《清代档案史料丛编》，第8辑，中华书局1982年版。

辽宁省档案馆编：《日本侵华罪行档案新辑》，广西师范大学出版社1999年版。

杨昭全、孙玉梅编：《中朝边界沿革及界务交涉史料汇编》，吉林文史出版社1994年版。

李文海、夏明方、朱浒主编：《中国荒政书集成》第12册，天津古籍出版社2010年版。

中华民国史事纪要编辑委员会编：《中华民国史事纪要（初稿）》，民国纪元前三年（1909）正月至十二月，"中华民国"史料研究中心1979年版。

《中国野史集成》编委会、四川大学图书馆编：《中国野史集成》第48册，巴蜀书社1993年版。

青岛市博物馆等编：《德国侵占胶州湾史料选编（1897—1898）》，山东人民出版社 1987 年版。

孙学雷、刘家平主编：《国家图书馆藏清代孤本外交档案》，第 30 册，全国图书馆文献缩微复制中心 2003 年版。

宓汝成：《中国近代铁路史资料（1863—1911）》第 2 册，中华书局 1963 年版。

交通、铁道部交通史编纂委员会编辑：《交通史路政编》第 13 册，交通、铁道部交通史编纂委员会 1935 年版。

朱寿朋编：《光绪朝东华录》第 2 册，中华书局 1958 年版。

沈桐生辑：《光绪政要》（1—5 册），台北文海出版社 1985 年版。

世续监修：《清实录·德宗实录》第 59 册，中华书局 1987 年版。

北洋洋务局纂辑：《约章成案汇览》，乙篇，上海点石斋 1905 年版。

中国史学会主编：《辛亥革命》，上海人民出版社 1957 年版。

辽宁省档案馆编辑：《辛亥革命在辽宁档案史料》，辽宁省档案馆 1981 年版。

黑龙江省档案馆编：《黑龙江报刊》，黑龙江省档案馆 1985 年版。

国家禁毒委员会办公室组织编写：《中国禁毒史资料》，天津人民出版社 1998 年版。

黑龙江省档案馆编：《中东铁路》（一），黑龙江省档案馆 1986 年版。

陈旭麓等主编：《汉冶萍公司》（三），上海人民出版社 2004 年版。

陈旭麓等主编：《中国通商银行》，上海人民出版社 2000 年版。

陈旭麓等主编：《义和团运动》，上海人民出版社 2001 年版。

《中国近代兵器工业档案史料》编委会编：《中国近代兵器工业档案史料》第一册，兵器工业出版社 1993 年版。

中国第一历史档案馆、福建师范大学历史系编：《清末教案》第 3 册，中华书局 1998 年版。

云南省档案馆、红河学院编：《滇越铁路史料汇编》上，云南人民出版社 2014 年版。

吉林省档案馆、吉林省社会科学院历史所同编：《清代吉林档案史料选编》，吉林省档案馆、吉林省社会科学院历史所 1981 年版。

潘景隆、张漱如主编：《清代吉林档案史料选编·吉林旗务》，天津古籍出版社 1990 年版。

中国地震局、中国第一历史档案馆编：《明清宫藏地震档案》上卷，地震出版社 2005 年版。

赵焕林、杨丰陌主编：《兴京旗人档案史料》，辽宁民族出版社 2001 年版。

中国第一历史档案馆、北京师范大学历史系编：《辛亥革命前十年间民变档案史料》上册，中华书局 1985 年版。

陈元晖主编：《中国近代教育史资料汇编》，实业教育、师范教育，上海教育出版社 2007 年版。

朱有瓛主编：《中国近代学制史料》第 1 辑，下，华东师范大学出版社 1986 年版。

谢青、吴红颖、楚正瑜主编：《四川省图书馆馆藏四川保路运动史料书影汇编》，四川大学出版社 2014 年版。

三　人物文集、日记、年谱等

沈云龙主编、李秉衡著：《李忠节公（鉴堂）奏议》，近代中国史料丛刊第 30 辑，文海出版社 1973 年版。

杨长虹编：《凤全家书笺证》，民族出版社 2012 年版。

李鸿章：《李鸿章全集》（1—12 册），时代文艺出版社 1998 年版。

（清）郭嵩焘撰、梁小进主编：《郭嵩焘全集》第 10 册，岳麓书社 2012 年版。

（清）郭嵩焘撰、梁小进主编：《郭嵩焘全集》第 11 册，岳麓书社 2012 年版。

杜春和等编：《荣禄存札》，齐鲁书社 1986 年版。

苑书义、孙华峰、李秉新主编：《张之洞全集》，第 1 册，河北人民出版社 1998 年版。

马吉森、马吉樟编：《马中丞（丕瑶）遗集》，台北文海出版社 1973 年版。

吴剑杰编著：《张之洞年谱长编》上，上海交通大学出版社 2009 年版。

陶世凤编：《复庵先生集》，台北文海出版社 1973 年版。

盛宣怀撰：《愚斋存稿》，台北文海出版社 1973 年版。

胡思敬：《退庐全集》，台北文海出版社 1973 年版。

（清）高枬：《庚子日记》，第 2 册，台湾学生书局 1976 年版。

四 地方志、碑刻、文史资料等

土默特左旗《土默特志》编纂委员会编：《土默特志》上册，内蒙古人民出版社 1997 年版。

郑裕孚：《归绥县志》，台湾成文出版社 1968 年版。

刘纬毅主编：《山西文献总目提要》，山西人民出版社 1998 年版。

平遥县地方志编纂委员会编：《平遥县志》，中华书局 1999 年版。

山西省史志研究院编：《山西通志》第 50 卷，中华书局 2001 年版。

四川省地方志编纂委员会编：《四川省志》，四川科学技术出版社 1999 年版。

上海图书馆编：《上海图书馆地方志目录》，上海图书馆 1979 年版。

张正明、科大卫、王勇红主编：《明清山西碑刻资料选》续一，山西古籍出版社 2007 年版。

中国人民政治协商会议江苏省扬州市委员会文史资料研究委员会编：《扬州文史资料》第 6 辑，中国人民政治协商会议江苏省扬州市委员会文史资料研究委员会 1987 年版。

赵尔巽等撰：《清史稿》，中华书局 1977 年版。

秦国经著：《逊清皇室秘闻》，紫禁城出版社 2014 年版。

五 期刊报纸类：

《邸抄》

《申报》

《直报》

《政治官报》

《内阁官报》

《四川官报》

《东方杂志》

《广益丛报》
《盛京时报》
《大公报》(天津版)
《时报》

后　　记

　　十年前，还在陕西师范大学攻读博士学位的时候，在对辛亥革命、北洋集团等相关问题研究的过程中，阅读了大量文献，诸如《锡良奏稿》《王文韶日记》《徐世昌日记》《严修日记》等，加之正在参与导师张华腾教授《袁世凯年谱长编》一书的编写，于是比葫芦画瓢，思想上就萌发了整理锡良年谱、王文韶年谱、徐世昌年谱、严修年谱等系列的想法。所谓野心很大，但后劲不够；口气很大，而底气不足。可说干就干，一发而不可收。幸运的是，2013 年 6 月以"锡良年谱"申报全国高等学校古籍整理项目，并得到批准资助。经过五年的资料收集整理，初稿 2019 年底已基本完成，共 120 余万字。毕竟才疏学浅，完稿之后，又请教了学界先进以求进一步完善，并尽量区分全集和年谱长编的不同，但终归能力有限，且转移了研究方向和阵地，因此，目前呈现在读者面前的文稿，肯定还有诸多不足甚或错讹之处，敬待学界先进批评指正。

　　尽管《锡良年谱长编》不算一份满意的答卷，但在收集整理资料上，下了很大功夫，值得一提的是，相对于学界关于锡良年谱的阙如，毕竟具有开创意义。虽然修改了数次，但对部分内容的编写，我自己也是相当不满意，特别是关于锡良早年和晚年资料，搜罗不够；有关锡良与各方的函电，整理得也很不充分；锡良参与重大历史事件的相关背景资料，交代得也不够清楚等。目前我已无力应对，只能留待他人奋力攻克。本来这样瑕瑜互现的作品面对今天的出版现实，必然会难见天日，幸运的是，西安科技大学马克思主义学院大力支持，全额资助出版（限支持专著），解决了我个人出版经费不足的难题，也给了我坚持学术道路，不断前行的动力和信心。

拙作的出版，还要衷心感谢高振岗院长、孙红湘教授、石磊教授、李金勇教授、师兄马建华博士，特别感谢家人的理解与支持！

丁　健
2019. 12. 27